Ausgehend von ihren Vorfahren in Deutschland und Schweden beschreibt Gunilla Palmstierna-Weiss ihr Leben: eine jüdische Buchdrucker-Familie mütterlicherseits und der Großvater väterlicherseits, Außenminister der ersten sozialdemokratischen Regierung in Schweden. Im Zweiten Weltkrieg konnte ihre Familie mit dem letzten Zug aus Nazideutschland nach Holland fliehen. Palmstierna-Weiss erzählt vom Erwachsenwerden in den dunklen Jahrzehnten. Erst nach ihrem Studium in Amsterdam und Paris kommt sie endgültig zurück nach Schweden und erlebt die Boheme in den 50ern in der Stockholmer Altstadt. Im Zuge ihrer Arbeit am Theater lernt sie Peter Weiss kennen, den sie heiratet und mit dem sie auch eine Arbeitsgemeinschaft bildet. Viele Reisen prägten ihr Leben (USA, Mexiko, Kuba und Vietnam). Erst machte sie als Keramikerin Karriere, schließlich entschloss sie sich Theater- und Opernausstatterin zu werden. Dies führte zur Zusammenarbeit mit einer Vielzahl von bekannten Regisseuren: Ingmar Bergman, Peter Brook, Fritz Kortner, Götz Friedrich in Stockholm, München, New York und der ganzen Welt. Sie alle, aber auch Freundinnen wie Siri Derkert oder Freunde wie Olof Palme werden von Palmstierna-Weiss liebevoll porträtiert.

Gunilla Palmstierna-Weiss, geboren 1928 in Lausanne, Schweiz, ist eine schwedische Bildhauerin, Keramikerin, Bühnenbildnerin und Autorin. Sie war von 1964 bis zu seinem Tod 1982 mit dem deutsch-schwedischen Autor, Dramatiker, Maler und Filmemacher Peter Weiss verheiratet, lebte aber bereits seit 1952 mit ihm zusammen. Gemeinsam mit ihm veröffentlichte sie 1968 das Buch »Bericht über die Angriffe der US-Luftwaffe und -Marine gegen die Demokratische Republik Viet Nam nach der Erklärung Präsident Johnsons über die ›begrenzte Bombardierung‹ am 31. März 1968« (Voltaire Flugschrift) und gab die Gesammelten Werke von Peter Weiss mit heraus. Zwischen 1966 und 1989 war sie als Bühnen- und Kostümbildnerin ständige Mitarbeiterin des schwedischen Regisseurs Ingmar Bergman. Heute kuratiert sie Ausstellungen (zuletzt in Peking) und mischt sich als Feministin u. a. mit Vorträgen in die schwedische Politik ein. Ihre Memoiren erschienen 2013 unter dem Titel »Minnets spelplats« in Schweden – sie wurden für die deutsche Ausgabe von der Autorin überarbeitet.

GUNILLA PALMSTIERNA-WEISS

EINE EUROPÄISCHE FRAU

Aus dem Schwedischen
von Jana Hallberg

VERBRECHER VERLAG

Erste Auflage
Verbrecher Verlag, Berlin 2022
www.verbrecherei.de
© Verbrecher Verlag 2022

Das Einbandfoto wie auch alle anderen Fotografien im vorliegenden Band enstammen dem Privatarchiv von Gunilla Palmstierna-Weiss.

Die Übersetzungskosten wurden mit einem Förderbeitrag des Schwedischen Kulturrates unterstützt, für den wir uns herzlich bedanken.
Der Verlag dankt ebenfalls der Schwedischen Akademie, die das Buchprojekt gefördert hat.

Gestaltung und Satz: Christian Walter
Konzept der Bildstrecke: Ulf Peter Hallberg / Sverker Michelsen
Druck: CPI Clausen & Bosse, Leck

ISBN 978-3-95732-517-4

Printed in Germany

Der Verlag dankt Lena Beyer, Lore-Marie Junghans und Marlene Münßinger.

Inhalt

MEINE HERKUNFT

- 9 Peder Herzog
- 12 Hilda Larsson-Sanderson
- 14 Hilda und Allan
- 17 Vera, meine Mutter
- 19 Erik Palmstierna
- 23 Ebba Palmstierna
- 26 Kule Palmstierna
- 27 Vera und Kule

MEINE KINDHEIT

- 31 Frühe Kindheit
- 33 Die Scheidung
- 38 Elsa-Brita Nordlund
- 40 In der Pflegefamilie
- 42 Nach Hause zu Vera
- 49 Stockholm–Wien und zurück
- 54 Solgården
- 56 Catherine
- 60 Adèle, eine treue Dienerin
- 64 René de Monchy
- 67 Die ersten Jahre in Holland

DER KRIEG

- 87 Die Bombardierung von Rotterdam
- 100 Der Krieg verschärft sich
- 105 René wird verhaftet
- 108 Die Endphase des Krieges

DIE JUGEND

- 111 Die Heimkehr nach Schweden
- 118 Wieder in Holland
- 122 Frans Wildenhain
- 124 Die Brüder Roland Holst
- 126 Begegnungen mit Kunst
- 130 Veras Tod
- 134 Nach Veras Tod
- 137 Hans
- 144 Die Ehe
- 148 Die Reise nach Frankreich

GAMLA STAN

155 Köpmangatan 10
158 Mauritz Herzog, Murre
161 Mark
167 Mikael
169 Junge Mutter
172 Die Abtreibungsfrage
174 Aufbruch
182 »Drei Krüge« im Skansen
187 Peters Wohnung
191 Studententheater Stockholm
194 Peters Familienhintergrund
199 Happenings
201 Carl-Fredrik Palmstierna
203 Das Gefängnis Långholmen
206 Fritiof Enbom
209 Ein bizarres Mittagessen
209 Wieder in Paris
215 Peters Filme
224 Der Freundeskreis
227 Kerstin und Carlo Derkert
235 Siri Derkert
236 Über das Museum für Moderne Kunst
240 Öyvind Fahlström
243 Abendessen für »die Gierigen«
245 Anna-Lena Wibom

USA, MEXIKO UND FRANKREICH

255 Die Reise in die USA
261 Mexiko
265 Wieder in New York
268 Gibt es Platz für uns?
271 Biot
273 Torun Bülow-Hübe
276 Reliefs
278 Gruppe 47
283 Verheiratet

THEATER

353 Marat/Sade
358 Uraufführung, Schillertheater
363 Wahrgenommen
364 Marat/Sade in London
369 Die Verfilmung
370 Dramaten, Stockholm
374 Nach Marat/Sade
376 Die Reise nach Auschwitz
381 Die Ermittlung, 1965
383 Die Ermittlung, Dramaten
387 Audition in New York
388 New York, 1965
390 Die politischen sechziger Jahre
395 Meinhof und Ensslin
400 Die Protestbewegungen
402 Viet Nam Diskurs
405 Das Russell-Tribunal

407 Die Reise nach Vietnam
418 Die Reise nach Kuba
425 Trotzki im Exil
434 Peters Herzinfarkt
439 Hölderlin
441 Krise

GEDANKEN ZU BILD UND RAUM

451 Ausgangspunkt
453 Das Bühnenbild
457 Macbeth
462 Figaros Hochzeit
466 Bluthochzeit
468 Die Rolle des Bühnenbilds
470 Show
473 Was ihr wollt
475 Ingmar, Kafka und Peter
477 Verschiedene »Totentänze«
481 Ingmar in der BRD
484 München, Salzburg
489 Ibsen, Strindberg, Molière
490 Der neue Prozeß
493 Nach Der neue Prozeß
501 Meine Rede zum Büchner-Preis
507 Literarischer Nachlass
513 Die Peter-Weiss-Ausstellung

MEMENTO MORI

519 Dom Juan
526 König Lear
530 Weitere Dramen
532 Eine Schachfigur
535 Strindbergs Intimes Theater
541 Fräulein Julie
544 Waldemarsudde
546 Moskau und Odessa
552 200 Jahre Dramaten
555 Die Balkonrede. Der Künstler als Arbeitgeber
559 Der Diebstahl
560 Berlin
562 Ich dachte, ich hätte meinen Teil geleistet
562 Peter-Weiss-Platz
565 Fortsetzung folgt ...

ANHANG

573 Künstlerische Arbeiten (Auswahl)
585 Personenregister

MEINE HERKUNFT

Peder Herzog

Ich habe mich oft darüber gewundert, warum mein Urgroßvater mütterlicherseits, Peder Herzog, in Forschungen zur Geschichte der Juden in Schweden nie erwähnt worden ist. Warum wurde er vom Stockholmer Bürgertum als Jude betrachtet, nicht aber von jenen Juden, die sich wie er Mitte des 19. Jahrhunderts in Stockholm niedergelassen hatten?

Peder Herzog wurde 1838 in Niederwiesen/Oppenheim in der Nähe von Mainz in Deutschland geboren. Sein Vater hieß Herzog, seine Mutter Oppenheim. Die Familie besaß eine kleinere Druckerei sowie eine Buchbinderei, aber auch einen Gutshof, was ungewöhnlich war, weil Juden meist kein Land besitzen durften, es »gehörte« lediglich sogenannten Strohmännern. Die Gegend um Mainz, Oppenheim und Frankfurt war für ihre Druckereien und Buchbindereien bekannt. Nicht von ungefähr hatte Gutenberg seine Laufbahn als Buchdrucker in dieser Gegend begonnen. Hier kann die Buchbinder- und Buchdruckerkunst bis in die Renaissance zurückverfolgt werden und noch heute ist es eine verlagsreiche Gegend. Buchbinder und Buchdrucker hatten in den jüdischen Gemeinden Tradition. Diese Berufe waren ihnen nicht verboten.

Peder Herzog verließ sein Elternhaus und ging als Fünfzehnjähriger auf die Walz, was damals zur Berufsausbildung gehörte. Er kam nach Hamburg und wollte weiter nach England, in das Land, in dem die Industrialisierung am weitesten fortgeschritten war, vor allem innerhalb seines Berufsstandes. Doch dann nahm er das falsche Schiff und landete in Stockholm. Er begann seine Laufbahn in Södermalm, wo er eine Stelle in einer Buchbinderei bekam, bei einer Witwe, die die Zunftrechte von ihrem Mann geerbt hatte. Peder Herzog kaufte sich durch seine Arbeit in ihre Buchbinderei ein, um später den Betrieb zu übernehmen. Zu diesem Zeitpunkt hatte er von der Buchbinder-Zunft bereits die Genehmigung erhalten, die Firma nach dem Tod der Witwe weiterzuführen.

Um 1870 erteilte der schwedische Staat den Juden die Erlaubnis, sich in Stockholm niederzulassen und dort dauerhaft zu arbeiten. Peder Herzog etablierte sich fast zeitgleich mit der Familie Bonnier. Anfangs hatte er keinen großen Erfolg, und so versuchte er es in Sankt Petersburg, wo es eine große schwedische Kolonie gab. Er beabsichtigte, dort eine Buchbinderei und eine Druckerei zu gründen.

Unglücklicherweise geriet er mitten in ein Pogrom, wurde inhaftiert und saß eine Zeit lang in der Peter-Pauls-Festung. Dort freundete er sich mit dem Gefängnisdirektor an, der ihm empfahl, sich taufen zu lassen. Er wurde getauft und aus dem Gefängnis entlassen.

Die Taufe hat er nie ernst genommen, sie bot ihm die Möglichkeit freizukommen, aber vielleicht betrachtete ihn die mosaische Gemeinde in Schweden deshalb nicht mehr als Juden. Er verließ Sankt Petersburg und kehrte nach Stockholm zurück.

Durch emsige Arbeit, Geschäftssinn, Erfindungsreichtum und einen kontinuierlichen Kontakt zu seinem Heimatland Deutschland, wurde er so erfolgreich, wie er es sich als junger Mann erträumt hatte. Er heiratete die Schwedin Bernhardina Wilhelmina Linmansson, die mit den Worten der damaligen Zeit als »tüchtiges Frauenzimmer« galt. Sie strickte nicht nur für ihre eigenen Kinder die Kleidung, sondern auch für Peders uneheliche Kinder.

Peders erste Initiative war, Bücher zu drucken, die sich in jedem schwedischen Haushalt befinden sollten und die er billiger als die Konkurrenz verkaufte: Bibeln und Psalmenbücher, gebunden in Leder.

Es war zwar kein echtes Leder, sondern Leinen um eine Art Karton, das aussah wie Leder. Bonnier beschuldigte ihn der unlauteren Konkurrenz und der falschen Warendeklaration, weil es kein echtes Leder war. Peder Herzog erwiderte: »Das ist das Leder, das man für diesen Preis bekommt.«

Er war der Erste, der modernes Büromaterial massenweise produzieren ließ, und auch der Erste, der Fotoalben herstellte. In Zeiten guter Geschäftsverbindungen zu Deutschland, beauftragte er Konstrukteure und Handwerker damit, die Fabrik zu modernisieren.

Er kaufte die neuesten Maschinen aus Deutschland und England. Er stellte Frauen ein und bildete sie aus, allerdings nicht aus ideellen Erwägungen. Für Frauen gab es kaum Erwerbsmöglichkeiten, daher waren ihre Gehälter deutlich niedriger als die der Männer. Die Firma P. Herzog & Söner (P. Herzog & Söhne) wurde strikt patriarchalisch geführt, im Guten wie im Schlechten. Im Guten, weil sie für ihre Angestellten Verantwortung übernahm, Krankengeld zahlte und Altersrente organisierte, im Schlechten, da Frauen, selbst wenn sie sich als tauglich erwiesen, nie befördert, und jene Frauen in der Druckerei, die eine Gewerkschaft mitgegründet hatten, fristlos entlassen wurden.

Peder Herzogs Unternehmen wuchs zusehends und hatte bald etwa dreihundert Angestellte. Mit der Zeit avancierte es zur größten Druckerei im Norden. Herzog war Initiator und Gründer von Esselte und kaufte Svanströms, die noch heute Büromaterial verkaufen.

Weitsichtig erwarb er in Stockholm Grundbesitz und ließ dort in Östermalm Wohnungen für Neureiche und die alte Oberschicht bauen. Als Bauherr errichtete er unter anderem für König Oscar I. auf dem Sveavägen eine Wohnung für die damalige Geliebte des Monarchen. Außerdem wurde Peder Herzog zum Generalkonsul in Liberia ernannt.

Ein hochnäsiger Höfling wunderte sich einmal darüber, wie es sein könne, dass der Generalkonsul Herzog immer noch so schlecht Schwedisch spreche. Die Antwort soll gelautet haben: »Auss demsselben Grund, auss dem Sie frogen, schlegkte Errziehunk.« Selbstironie, Humor, Schlagfertigkeit, die Fähigkeit, Beleidigungen und tragische Situationen in hinreißende Komik zu wenden, gehört wohl zum jüdischen kulturellen Erbe. Humor und Ironie haben sicherlich ihren Ursprung in der Selbstverteidigung.

Peder Herzog bekam in seiner Ehe sieben Kinder, drei Söhne und vier Töchter: James, mein Großvater Allan und Otto, Theresa, Elvira, Ottilia und Edith. James starb früh an einer Medikamentenvergiftung.

Allan, Direktor und Mitarbeiter der Firma P. Herzog & Söner, starb bereits vor dem Vater. So blieb nur noch Otto übrig. Aber wegen der Skandale, die er ausgelöst hatte und auf die ich noch eingehen werde, hielt man ihn für ungeeignet, die Firma nach Peder Herzog zu übernehmen.

Die vielen unehelichen Kinder Peder Herzogs hatten natürlich keinen Anspruch. Und dass die Töchter den Betrieb weiterführten, wurde gar nicht erst in Erwägung gezogen; Frauen waren weder mündig noch wahlberechtigt. Stattdessen heirateten die Töchter in das Großbürgertum ein und trugen mit ihrem Vermögen zur Expansion des schwedischen Finanzkapitals bei.

Schließlich übernahm der Mann von der Tochter Ottilia, Olof A. Söderberg, die Leitung nach Peder Herzog, danach wurde das Unternehmen an Peders Enkel mütterlicherseits, Ragnar Söderberg, vererbt. Söderberg & Haak erzielten einen immensen Kapitalzuwachs und auf diese Art und Weise wanderten Peder Herzogs Anteile und sein Kapital weiter in die schwedische Wirtschaft, in die Kulturförderung und in die wissenschaftliche Forschung.

Eine Tochter, Edith, blieb unverheiratet. Der Tradition nach kümmerte sie sich zu Hause um den hochbetagten Peder und dessen Frau.

Es ist eine Ironie des Schicksals, dass das Geld des im 19. Jahrhundert eingewanderten jüdischen Unternehmers Peder Herzog zu den verschiedenen Männern, die seine Töchter und Enkeltöchter geheiratet haben, weitergewandert ist.

Hilda Larsson-Sanderson

Meine Großmutter mütterlicherseits, Hilda, geboren 1879 auf Vikbolandet, war die Tochter von Anders Magnus Larsson (1840–1917) und Christina Carolina Alexandersdotter (1841–1919), einer Bauerntochter vom Gutshof Espdal. Anders Larsson war mütterlicherseits ein Nachfahre von Wallonen. Er hatte drei Pachthöfe, war Mitglied des Provinziallandtages und Auktionator. Von Hildas Mutter Christina weiß ich noch, dass sie zwei Wünsche hatte. Der eine Wunsch war, später ihre Kinder wiederzutreffen und die künftigen Enkel zu sehen. Der andere war, einmal eine Weste mit silbernen Knöpfen zu besitzen. Diese beiden Wünsche haben sich nie erfüllt.

In der Ehe wurden sechs Kinder geboren, von denen meine Großmutter das fünfte war. Nach drei Missernten gingen die Pachthöfe verloren. Hildas Vater hat sich davon nie wieder erholt. Er war ein gebrochener Mann, der im Alkoholdunst verschwand. Die Missernten, die den Niedergang und Fall der Familie verursacht hatten, geschahen lange bevor an Per Albin Hanssons sogenanntes »Volksheim« und an irgendein soziales Auffangnetz für von Missernten betroffene Bauern auch nur zu denken war. Die Söhne emigrierten als Erwachsene nach Amerika. Ein Sohn versprach bei der Abreise, reich wiederzukommen und das Schloss zu kaufen, das das Land und die Höfe an seinen Vater verpachtet hatte, was ihm später im Leben tatsächlich gelungen ist. Der andere Sohn kehrte nie wieder in das Land seiner Vorfahren zurück. Wie so viele andere blieb er in Amerika. Er ließ sich in der Nähe der Niagarafälle nieder und kam mit seiner Familie gut zurecht.

Die ältere Schwester Hulda blieb bei den Eltern und übernahm die Verantwortung für ihre Mutter und das kleine Heim, das ihnen nach der Katastrophe noch geblieben war. Meine Großmutter Hilda wurde mit sechs Jahren zu einem kinderlosen Onkel in Stockholm gegeben. Bestimmt stand dahinter der Gedanke, dass es ihr in Stockholm besser ergehen würde, da die Höfe verloren gegangen waren. Für Hilda war es ein Abschied für immer, vom Vater, von der Mutter und den Geschwistern, vom Hof und von den Tieren.

Diesen Schock hat sie nie überwunden und ihren Eltern diese Entscheidung auch nie verziehen. Dass dies aus der Not heraus geschah, konnte sie als kleines Mädchen nicht begreifen. Hilda wuchs bei Onkel und Tante Sanderson auf, die zahlreiche Wäschereien besaßen.

Die Erziehung war streng und lieblos. Für die beiden bedeutete Hilda eine extra Haushaltshilfe, ein kostenloses Dienstmädchen. Aber um eine Sache haben sich die Sandersons gekümmert: Hilda durfte Buchführung lernen. Das war einer der wenigen Berufe, die Frauen zu der Zeit erlernen konnten. Sie sollte wohl später einmal die Buchhaltung bzw. die Finanzangelegenheiten der Wäschereien übernehmen. Dazu ist es aber nicht gekommen.

Einen Beruf gelernt zu haben und sich selbst ernähren zu können, verschaffte Hilda eine größere Freiheit. Daher erfüllte sie den ausdrücklichen Wunsch der Sandersons nicht, sondern kehrte den verhassten Wäschereien den Rücken.

Hilda, inzwischen einundzwanzig, bewarb sich um eine Stelle in der Buchdruckerei P. Herzog & Söner in Stockholm.

Hilda war, dem Ideal der damaligen Zeit entsprechend, eine hübsche Frau mit üppigen Kurven und dichtem lockigem, blondem Haar.

Allan, der Sohn des Direktors Peder Herzog, verliebte sich in sie, hielt um ihre Hand an und heiratete sie 1899. Sie waren meine Großeltern mütterlicherseits.

Mit der Ehe endete dann natürlich auch schon Hildas Berufsleben. Sie vermisste es, weil sie nun wieder finanziell abhängig war. Nach der Norm der damaligen Zeit konnte eine Frau nicht zugleich berufstätig und verheiratet sein. Der Mann war das Oberhaupt der Familie und der Ernährer, die Frau hatte sich in dieses Schicksal zu fügen. Da Hilda in eine wohlhabende jüdische Familie eingeheiratet hatte, durfte sie sich stattdessen einem großen repräsentativen Haushalt mit mehreren Angestellten widmen.

Hilda und Allan

Meine Großeltern mütterlicherseits, Hilda und Allan, bekamen drei Kinder: meine Mutter Vera, Jane und Birgit, die später Bisse genannt wurde. Es hätte ein Märchen mit einem glücklichen Ende werden können, aber es kam anders.

Allans jüngerer Bruder Otto, ein Anwalt, war seit der Kindheit krankhaft eifersüchtig auf seinen älteren Bruder. Diese Eifersucht äußerte sich auf eigentümliche Weise. Jede Frau, in die Allan sich verliebte, wollte Otto auch haben. Allans erste Liebe wurde von Otto verführt und bekam ein uneheliches Kind von ihm: Mauritz, Murre genannt.

Allan verlobte sich mit einem Fräulein Sellman. Doch Otto heiratete die Verlobte. Sie bekamen drei Kinder: Sven, Sigvard und Thelma. Bei Sven wurde eine angeborene Syphilis diagnostiziert, Sigvard war schizophren und wurde in der Nervenheilanstalt Beckomberga behandelt und Thelma war geistig zurückgeblieben und wohnte später als Erwachsene in einem Heim für geistig Behinderte. 1912 ließ sich Otto wegen Alkoholismus von seiner Frau scheiden.

Kaum hatten Allan und Hilda geheiratet, da machte Otto auch schon Hilda beharrlich den Hof. Großzügige Geschenke waren dabei gang und gäbe. Allmählich begannen sie eine Affäre.

Mein Großvater war gegenüber der Firma pflichtbewusst und selten daheim. Zudem war er sparsam, fast geizig, ganz im Gegensatz zu Otto. Die Herzogs besaßen ein großes Sommerhaus in Nacka, die Herzogsche Villa. Zu der Zeit zogen Familien aus dem Bürgertum mit Kindern, Kindermädchen, Dienstmädchen, Möbeln und Klavier zu den Schären, um den Sommer auf dem Land zu verbringen.

Die Männer kamen am Wochenende und vertrieben sich die Zeit damit, auf der Veranda in männlicher Gesellschaft Schnaps zu trinken oder mit der Familie Krocket zu spielen. Stilgerecht trugen alle weiße Anzüge. Die Frauen saßen auf der Veranda, tranken Kaffee oder Tee und strickten. Auch sie trugen sommerliche weiße Kleider. Als ein besonderes Vergnügen leistete sich die Familie Herzog mehrere angekettete, zahme Bären. Nach außen hin eine Idylle, doch unter der Oberfläche spielte sich ein Familiendrama ab.

Wenn Allan nach dem Wochenende das Dampfschiff zurück nach Stockholm nahm, um zu arbeiten, fuhr Otto zur Herzogschen Villa, um sich mit Hilda zu treffen. Ein Schiffsverkehr, der niemandem entgangen sein dürfte.

Als meine Mutter Vera dreizehn Jahre alt war, ließen sich Hilda und Allan scheiden. Zur damaligen Zeit war eine Scheidung ein Skandal, und der Skandal war auch dadurch nicht geringer, dass der Bruder die Scheidung verursacht hatte. Unter diesem Druck heiratete Otto Hilda.

Für Allan und die drei Mädchen war das eine Katastrophe. Stockholm war klein, die Gesellschaftskreise auch und Toleranz gegenüber einer Scheidung gab es, wie gesagt, damals nicht. Die Familie wurde deshalb wie Aussätzige behandelt. Dass sie zudem auch noch jüdischer Herkunft war, hat die Sache nicht besser gemacht. Sowohl die mosaische Gemeinde als auch die Schwedische Kirche distanzierten sich von ihr.

Fäderneslandet, die Boulevardzeitung jener Zeit, zettelte Hassorgien gegen Juden und gegen das dekadente Bürgertum an und moralisierte auch über den Verfall der Sitten. Natürlich hat dieses Ereignis Vera, Jane und Birgit belastet. Als Hilda und Otto heirateten, wurden sie eine große Familie. Hilda mit ihren drei Töchtern, Otto mit seinen drei nervenkranken Kindern und seinem unehelichen Sohn Mauritz, Murre. Dieser wurde als Dienstbote in die Familie integriert, wohnte aber beim Dienstpersonal. Bei Abendessen aus besonderen Anlässen, bediente er in Livree und mit weißen Handschuhen.

Hilda und Otto bekamen drei gemeinsame Kinder, zunächst die Zwillinge Ulla und Marianne, doch Marianne starb kurz nach der Geburt. Zehn Monate später wurde Stig geboren, der von der Familie Herzog sehnsüchtig erwartete Sohn. Otto hatte nun sein Ziel erreicht, Allans Leben ein für alle Mal zu zerstören. Nach vollendetem Werk besaß Hilda für ihn keinen Wert mehr. Otto führte sein Leben fern von Hilda und den Kindern. Für Hilda wurde die Ehe zum Albtraum. Sie wollte sich wieder scheiden lassen und zu Allan zurückkehren. Aber noch einen Scheidungsskandal hätte die Familie Herzog unmöglich verkraften können.

Viel später kommentierte Hilda ihre Ehe mit Otto so: »Nicht einmal eine kleine Nelke habe ich seit dem Tag unserer Hochzeit bekommen.«

Großvater Allan lebte sehr zurückgezogen. Er war musikalisch und hatte zunächst eine Ausbildung als Opernsänger absolviert. Gegen seinen Willen musste er diese Karriere aufgeben und im Familienunternehmen arbeiten.

Die Frauen, die er liebte, wurden alle vom jüngeren Bruder angebetet. Konsequent erlitt Allan an dieser Front Niederlagen und Erniedrigungen. Er war introvertiert und melancholisch, was dazu führte, dass der extrovertierte und vergnügungssüchtige Otto bei Frauen die Oberhand behielt, vor allem bei Allans Frauen.

Nach der aufsehenerregenden und skandalösen Scheidung von Allan und Hilda, kompensierte Allan dies, indem er seine drei Töchter mit Geld überhäufte, nicht so sehr, um sie zu kaufen, sondern eher, um ihnen zu helfen, sich aus dem Zuhause, in dem sie lebten und das sie verabscheuten, zu befreien. Wenn das heute passiert wäre, hätte man Otto, ihren Onkel und Stiefvater wegen Inzest und Missbrauch Minderjähriger angeklagt. Damals hat niemand den Erzählungen der Mädchen Glauben geschenkt.

Allan hatte bis zuletzt gehofft, seinen Töchtern helfen zu können, aber vergeblich. Er starb 1918, mit siebenundvierzig Jahren. Er hatte sowohl Leukämie als auch Diabetes, aber in der Familie war man sich darüber einig, dass er vor Kummer gestorben ist.

Vera war achtzehn, Jane sechzehn und Birgit vierzehn. An Allans

Sterbebett versuchte Otto, die Vormundschaft über Allans drei Töchter zu erzwingen, um einen vollständigen Einblick in das Kapital sowie Zugang dazu zu haben. Er verwies darauf, dass die Mädchen sowohl seine Nichten als auch seine Stiefkinder sind. Als Vera davon erfuhr, leitete sie, um ihr eigenes und das Erbe ihrer Schwestern zu schützen, einen Gerichtsprozess gegen Otto ein, den sie gewann. Auch dieses Ereignis wurde von gehässigen und bissigen Kommentaren in der Zeitung *Fäderneslandet* begleitet. Um dem Elternhaus zu entkommen, heirateten Jane und Birgit früh, kaum mündig geworden: Jane einen homosexuellen Offizier und Birgit einen, wie sich später herausstellte, gegenüber Frauen gewalttätigen Offizier.

Mit dem geerbten Geld kauften sich beide später frei und heirateten die Adligen Lilliehöök und Lewenhaupt. Das Geld bescherte den armen Adligen ökonomische Freiheit und den Frauen einen Titel.

1936 starb Otto an Krebs, Magenkrebs hieß es damals. Seltsamerweise wollte er an seinem Sterbebett nur Vera sehen. Und das, obwohl sie sich seit ihrem sechzehnten Lebensjahr geweigert hatte, ihn zu treffen. Sie hatten sich also zwanzig Jahre lang nicht gesehen. Ihr konsequentes Verhalten nötigte ihm wohl Respekt ab. Eine Versöhnung gab es jedoch nicht.

Hilda lebte bis 1949 ihren eigenen Worten zufolge als glückliche Witwe, ohne Männer, unabhängig und mit dem Privileg, über ihre Finanzen selbst bestimmen zu können.

Vera, meine Mutter

Vera war als Sechzehnjährige ausgezogen und bei der berühmten Frauenkämpferin Beth Hennings eingezogen. Als Lehrerin an der Almqvist-Schule hatte diese Veras Begabung schon früh erkannt und ebenso ihre schwierige Situation zu Hause. Sie war die erste, die Vera ermunterte, weiter zu lernen, und war ihre Vertraute und Mentorin. Beth Hennings kümmerte sich um viele ihrer Schüler und spornte sie an. In ihren Memoiren *Resa genom 7 decennier* (Reise durch 7 Jahrzehnte) schrieb sie im Nachhinein: »Vera Herzog, eine junge und empfindsame Schülerin, die unter schwierigen Verhältnissen lebte, ist zu mir gezogen.« Als Vera später ein großes Vermögen von ihrem Vater Allan erbte, bezahlte sie eine neue Wohnung für beide. Darin fanden auch Eva Lagerwall und Gina Leffler, zwei zu Veras Freundeskreis gehörende Klassenkameradinnen, ein Zuhause.

Die Bindung zwischen diesen drei jungen Frauen war grenzüberschreitend schwärmerisch. Von Beth gefördert und angespornt, lernten alle weiter. Bereits vor dem achtzehnten Lebensjahr machten sie extern ihr Abitur und Eva wurde die erste Ärztin für Rechtspsychiatrie in Schweden. Sie lebte viele Jahre, bis zu ihrem Tod, in einer engen Beziehung mit der Schriftstellerin Cora Sandel zusammen. Gina Leffler wurde Kunsthistorikerin.

Vera machte ein sehr gutes Abitur, wurde sofort an der *Hochschule Stockholm* (Stockholms högskola) angenommen und studierte dort Kunstgeschichte. Um vor Ort kunsthistorische Studien betreiben zu können, lud Vera ihre Freundinnen Beth Hennings, Gina Leffler und Eva Lagerwall zu einer monatelangen Italienreise ein. Auf dieser Reise war eine Dreiecksgeschichte in Bezug auf Beth Hennings Gunst unvermeidbar, sodass sich nach der Heimkehr ihr Verhältnis zueinander veränderte.

Vera brach das Kunstgeschichtsstudium ab und begann Chemie zu studieren, bis sie sich schließlich für Medizin entschied.

Zu Beginn ihres Medizinstudiums bekam Vera Tuberkulose und ein Magengeschwür. Tuberkulose war zu der Zeit bei Medizinern nichts Ungewöhnliches. Wie gefährlich und ansteckend die obligatorischen Obduktionen sind, wusste man damals noch nicht. Hierbei haben sich die meisten Studenten infiziert. Die Einrichtung wurde Kadaverabteilung (Asis) genannt.

Nach einem Aufenthalt im Sanatorium reisten Vera und ihre Freundin Ninni Vougt nach Rättvik; dort quartierten sie sich im Persborg Hotel ein, das zu der Zeit insbesondere von wohlhabenden jungen Leuten bevorzugt wurde. Das Sommerhaus der Palmstiernas, *Solgården*, lag ganz in der Nähe. Ninni war mit Kule Palmstierna bekannt und brachte Vera und Kule im Persborg Hotel zusammen, wo auch der Treffpunkt für Ninni und Jerk Werkmäster war, der aus der Gegend stammte und später ein berühmter Künstler der dreißiger Jahre werden sollte. Nach knapp zwei Wochen verlobten sich Vera und Kule
1924

Erik Palmstierna

Mein Großvater väterlicherseits, Erik, hat sein Leben und seine politische Laufbahn in fünf dicken Bänden beschrieben, die 1950 im Verlag *Tidens förlag* erschienen sind.

Er wurde 1877 geboren und ist in Stockholm auf einem Gutshof inmitten eines Hüttengeländes aufgewachsen, der oben auf dem inzwischen gesprengten Berg lag, wo heute der nördliche Turm des *Kungstornet* steht. Der Vater war Oberzeremonienmeister am Königlichen Hof und Minister. Die Mutter, eine geborene Holst, stand unter dem starken Einfluss der Pietisten, eine puritanische und strenge Bewegung, die sich um die Armen kümmerte und auf das Meiste verzichtete. »Eine Kleinigkeit zum Essen und kalte Wohnungen.«

Als Dreizehnjähriger wurde Erik zur See geschickt, ein Leben, das er hasste. Er sah nicht gerade wie ein Schwede aus, in der Familie gab es jüdisch-spanische Vorfahren. Klein, dunkelhaarig und körperlich schwach wurde er schikaniert, heute würden wir ihn als Mobbingopfer bezeichnen.

Wie es die Tradition in seiner Gesellschaftsklasse verlangte, absolvierte er eine Ausbildung zum Marineoffizier. Entweder sollte man Offizier werden oder Diplomat. Erik wurde beides. Er war einige Jahre bei der Flotte in Karlskrona angestellt, ging aber später in die Politik.

In Karlskrona interessierte er sich vor allem dafür, wie geringverdienende Seeleute und Werftarbeiter wohnten. Er maß und berechnete, wie viel bzw. wie wenig Wohnraum und davon abgeleitet, wie viel Kubikmeter Luft jeder von ihnen zur Verfügung hatte.

Das Wissen um die Lebensbedingungen der hart arbeitenden Werftarbeiter machte ihm bewusst, in welchem Elend sie sich befanden. Die Kenntnis der sozialen Unterschiede führte zu einem Engagement, das später in eine politische Karriere münden sollte. Schon früh arbeitete er unentgeltlich im Zentralverband für soziale Arbeit (Centralförbundet för socialt arbete, CSA).

1899 heirateten mein Großvater Erik Palmstierna und meine Großmutter Ebba Carlheim-Gyllensköld. In der Ehe wurden drei Kinder geboren: mein Vater Kule 1900, Carl-Fredrik 1903, der persönlicher Sekretär von Gustaf Adolf VI. und Leiter der Königlichen Bibliothek im Schloss wurde, und die Tochter Margareta 1905, die Journalistin wurde und in das zum Hochadel gehörende französische Hugenottengeschlecht de Seynes einheiratete.

Anfangs war Erik ein Liberaler und saß 1908 als Abgeordneter im Reichstag. Nach der Begegnung mit Hjalmar Branting vollzog er den entscheidenden Schritt und trat 1911 in die sozialdemokratische Partei ein und gehörte als einer der Jüngsten der Führungsschicht der Sozialdemokratie an. In den Augen der adligen Familie war das natürlich ein gravierender Klassenverrat.

Sowohl er als auch die Familie bezahlten für diesen Schritt einen hohen Preis. Verfolgung, anonyme Briefe und Drohungen gehörten zum Alltag. Eriks pietistische Mutter sprach viele Gebete: »Lieber Gott, bewahre uns vor dieser Schande.« In seinen Memoiren schreibt er selbst: »Es war natürlich, dass ich, der ich mich gern der sozialen Reformarbeit widmen wollte, in die mächtigen Ströme der Zeit hineingezogen wurde, die, wenn auch auf anderem Wege, sich denselben Aufgaben widmeten. Die Masse als Erscheinung war furchterregend wie eine blinde Naturkraft. Das Individuum verliert sich in der Menge. Es ist für das Ganze da, stellt lediglich eine Nummer dar, um mit zehntausend anderen beim Aufmarsch der Massen den Takt vorzugeben. Das Geräusch der eigenen Schritte hört es nicht.«

Erik hatte eine Schwester, Agnes (1870–1956), die sich wie Erik sozial engagierte. Sie gehörte zu den Gründerinnen der *Christlichen Vereinigung für junge Männer* (CVJM) und der *Christlichen Vereinigung für junge Frauen* (CVJF) und kämpfte für das Wahlrecht der Frauen. Von der Familie wurde sie deshalb »Tante Böse« genannt.

Erik war von 1917–20 Marineminister in Nils Edéns Koalitionsregierung, wurde 1920 Außenminister und war der Jüngste in Brantings Koalitionsregierung. Wegen seines Eintretens für den Anschluss der finnischen Inselgruppe Åland an Schweden nach dem Ersten Weltkrieg musste er als Außenminister zurücktreten, als die Gegenpartei gewann.

Er hatte die Wahl, entweder Stadtrat in Stockholm, Bürgermeister in Falun oder Diplomat in London zu werden. Die Entscheidung fiel ihm nicht schwer. Er wurde Schwedens Botschafter in London von 1920–37.

Aus intellektueller und politischer Sicht war die Zeit in London für ihn ein bereichernder und fruchtbarer Lebensabschnitt. Zu seinem Bekanntenkreis gehörten angesehene Politiker, Schriftsteller, Musiker und Künstler, schwedische wie internationale. Einige von ihnen wohnten sogar längere Zeit in der Botschaft, manche wurden enge Freunde. Auch Mitglieder des schwedischen Königshauses gehörten zu seinem Freundeskreis.

Im Hinblick auf das sozialdemokratische Parteibuch mag das vielleicht seltsam erscheinen, aber von seiner aristokratischen Herkunft her ist es erklärlich, dass er trotz aller Einsichten und sozialdemokratischen Denkweisen noch ein gewisses Standesbewusstsein besaß, von dem er sich nur schwer befreien konnte.

Als schwedischer Botschafter in London in einer der damals wichtigsten Städte der Welt, hatte er eine Position inne, von der aus er leicht wieder in die Muster seiner Kindheit zurückfallen konnte.

Ebba, meine Großmutter väterlicherseits, hatte dieses alte Klassendenken nie hinter sich gelassen, was ihr in London das gesellschaftliche Leben erleichterte.

Den Sommer über wohnte die Familie im Sommerhaus *Solgården* in Rättvik, das sie 1913 gekauft hatte. Damals begann die erste grüne Welle für die privilegierte Klasse, doch es waren nicht irgendwelche Freizeithäuschen, sondern große Holzhäuser, die Personal und Gärtner erforderten. Nachbarn der Palmstiernas waren zum Beispiel auf der einen Seite des Siljans der Architekt I. G. Clason, der Erbauer von Strandvägen und des *Nordischen Museums* (Nordiska museet), der Schauspieler Anders de Wahl sowie die Familie Hilda und Axel Munthe (Gründer der gleichnamigen Stiftung auf Capri) und auf der anderen Seite der Maler Anders Zorn sowie der Komponist Hugo Alfvén, später der Alfvéngården.

Großvaters Leben in London sollte sich alsbald verändern. Er trat der Swedenborg-Gesellschaft bei und wurde zugleich ein aktiver Spiritist. Seine Berichte an das Außenministerium in Stockholm (UD) wurden erst nach den Séancen mit seinem spiritistischen Medium, Madame Adila Fachiri, abgeschickt. Bei einer Sitzung stellte sich heraus, dass sich eine bis dahin unbekannte Komposition von Robert Schumann, das Violinkonzert in d-Moll, im Musikarchiv der Universität in Berlin befindet.

Adila Fachiri war mit Schumann verwandt und Violinistin. Sie bemühte sich um eine Uraufführung des Werkes in London. Eriks

Musikkenntnisse waren unbedeutend, aber er fuhr mit seinem Diplomatenpass nach Berlin. Er bekam das Werk ausgehändigt, nahm es unerlaubt an sich und kehrte nach London zurück. Madame Fachiri präsentierte die Uraufführung des Werkes in der Schwedischen Botschaft. Dass die Komposition laut Testament nie hätte aufgeführt werden dürfen, war in der Séance nicht erwähnt worden.

Der Skandal war besiegelt. 1937, ein Jahr vor seiner Pensionierung, musste Erik zurücktreten. Nun ließ er sich von Ebba nach über vierzig Jahren Ehe scheiden, eine Ehe, die vielen politischen Turbulenzen standgehalten hatte. Bis zuletzt hatte Ebba versucht, sozial und politisch loyal zu sein.

In ihrem letzten Ehejahr kommunizierten beide nur noch über Briefe miteinander, die unter die Tür geschoben wurden. Nach der Scheidung ließ sich Ebba im *Solgården* in Rättvik nieder. Erik brach völlig mit der Familie, den Verwandten und Freunden. Er kehrte nie mehr nach Schweden zurück, sondern ließ sich in Ewelme nieder, einem kleinen Dorf außerhalb von Oxford, und zog in einer Ménage à trois mit Madame Fachiri und ihrer Schwester zusammen. Mit seiner Familie hatte er nur noch ein einziges Mal Kontakt, als diese ihm 1942 mitteilte, dass seine in Frankreich lebende Tochter Margareta an Krebs gestorben ist. Er telegrafierte via UD (Utrikesdepartementet, Außenministerium) zurück: »Sorry for you.« In der Kindheit war sie sein Lieblingskind gewesen.

Erik widmete sich der Niederschrift seiner Memoiren. Das war jedoch nicht so einfach, hatte doch sein Sohn Carl-Fredrik, sein früherer Sekretär, sämtliche Aufzeichnungen mit der Begründung beschlagnahmt, Erik sei unzurechnungsfähig. Obwohl Erik keinen Zugang zu seinen Notizen hatte, gelang es ihm, die fünf Bände Memoiren aus dem Gedächtnis zu schreiben. Der Rezensent der *Stockholms-Tidningen*, Ulric Palme, bewertete sie wie folgt: »Erik Palmstiernas Memoiren haben für diese Periode schwedischer Politik die gleiche Bedeutung wie Dardels Zeichnungen aus der Zeit Karls XV., so visuell ist seine Erinnerung.« Die Bücher beschreiben sehr lebendig die Geschichte der Sozialdemokratie und ihres Aufstiegs. Er muss ein Gedächtnis wie ein Elefant gehabt haben, wie man bei einem Vergleich der Aufzeichnungen mit den fertigen Manuskripten der Memoiren, die sich inzwischen im Bundesarchiv (Riksarkivet) in Stockholm befinden, feststellen kann.

Als Beispiel für Eriks drastischen Stil wähle ich ein Zitat, das dem Parteifreund Herman Lindqvist galt, einem korpulenten Mann, dem Großvater des Schriftstellers Herman Lindqvist. Dieser wurde in einem Satz so charakterisiert: »Herman Lindqvist verkörperte die schwedische Arbeiterbewegung, vergeistigte sie aber nicht.«
Erik Palmstierna hatte einen Vorschlag in Bezug auf Lenin, den er Hjalmar Branting unterbreitete und der die Weltgeschichte hätte verändern können. Als Lenin 1917 auf dem Weg nach Sankt Petersburg auf Durchreise in Stockholm war, schlug er vor, diesen gefährlichen Revolutionär ermorden zu lassen. Hjalmar Branting soll ihm darauf erwidert haben, es sei nicht Aufgabe der Sozialdemokratischen Partei, Revolutionare auf Durchreise zu beseitigen.
Als Zweiundzwanzigjährige besuchte ich aus reiner Neugier meinen Großvater in England. Es war das einzige Mal, dass ich ihn als Erwachsene getroffen habe. Wir führten eine angeregte Diskussion über Religion. Er schrieb gerade ein Buch, das alle Religionen zu einer einzigen vereinen sollte. Wir haben eine Zeitlang miteinander korrespondiert und er schickte mir eine kleine, von ihm selbst verfasste Schrift mit dem Titel *God's Innocence.* Als er achtzig war, verließ er England mit der Begründung, das Land sei zu reaktionär geworden, und zog mit Madame Fachiri und ihrer Schwester nach Florenz in Italien. Er starb 1959 und liegt auf dem protestantischen Friedhof in Florenz begraben. Ich habe seine gesammelten Werke von Swedenborg geerbt sowie seine alte Remington-Schreibmaschine.

Ebba Palmstierna

Meine Großmutter väterlicherseits, Ebba, geborene Carlheim-Gyllensköld, wurde 1877 geboren. Ihr Vater, Alfred Edvard Rutger Carlheim-Gyllensköld (1837–1928), war Kommandeur der Schwedischen Flotte in Karlskrona. Er heiratete relativ spät, 1874, Maria Ehrenborg (1845–1935).
In der Ehe wurden drei Jungen und drei Mädchen geboren. Die drei Jungen starben fast gleichzeitig, innerhalb einer Woche, an

Diphterie, und auch ein Mädchen starb jung. Übrig blieben meine Großmutter Ebba und ihre sieben Jahre ältere Schwester Maria, genannt Maj oder Kajan.

Großmutter Ebba wuchs zum Teil in Karlskrona auf, wohnte aber längere Zeit bei ihrer Großmutter väterlicherseits auf dem Carlheim-Gyllensköldschen Familiengut Vallen, einer alten Festung an der Laholmsbucht in Halland. Zu der Zeit war der Haushalt auf reine Selbstversorgung ausgerichtet. Alles wurde im Schloss oder in der Umgebung hergestellt. Der Schuster kam zweimal im Jahr und fertigte für sämtliche Familienmitglieder Schuhe an. Die Schuhe wurden halbjährlich abwechselnd rechts und links getragen. Zur Ausbildung eines Mädchens gehörte es, die praktischen Verrichtungen in einem Haushalt zu erlernen, um später im eigenen Zuhause über die Bediensteten bestimmen und urteilen zu können.

Aber vor allem wurde Nähen, Seidenstickerei und künstlerische Fertigkeiten wie Zeichnen und Aquarellmalerei, Rezitieren von Gedichten und Klavierspiel unterrichtet. Kontakte mit den umliegenden Schlössern und Anwesen wurden vor allem an großen Feiertagen gepflegt. Es wurden Feste gefeiert, bei denen die Gäste Tage oder gar Wochen blieben. Ein Umgang mit Personen außerhalb der eigenen Gesellschaftsklasse war kaum denkbar. Die Kindermädchen, die für die Kinder meist Geborgenheit bedeuteten, fielen nicht darunter.

Das Zuhause in Karlskrona war großbürgerlich, aber nicht wohlhabend. Deshalb waren die Aufenthalte im Schloss Vallen für die Erziehung und künftige Vermählung der Mädchen wichtig. Maj wurde Hofdame bei der Kronprinzessin Victoria. Nach einer unglücklichen Liebesgeschichte mit einem Höfling im Schloss kehrte sie nach Hause zurück und kümmerte sich um ihre alten Eltern.

Maj blieb unverheiratet, Ebba heiratete als Angehörige des niederen Adels standesgemäß den Freiherrn Erik Palmstierna. Beide traten als junge Leute in die liberale Partei ein. Zu der Zeit standen die Liberalen für eine radikale Politik, wenn auch nicht so radikal wie die damalige Sozialdemokratische Partei. Das Paar widmete sich der Wohltätigkeit, trat politisch für eine Veränderung der Gesellschaft ein, und Ebba wurde Vorkämpferin für das Wahlrecht für Frauen. Sie war Mitglied der *Svenska Kvinnors Rösträttsförening* (Vereinigung für das Frauenwahlrecht der schwedischen Frauen) in Zusammenarbeit mit Lotten von Kræmer, der Frauenrechtlerin und Gründerin der literarischen Gesellschaft *Samfundet De Nio* (Die Neun).

Als Erik zur Sozialdemokratie wechselte, blieb sie eine Liberale, das war für sie das äußerste Zugeständnis. Nach dem turbulenten politischen Leben mit Erik als Sozialdemokrat in Stockholm, war es für sie natürlich eine Genugtuung, als er Botschafter in London wurde und auch eine Kompensation für erlittene Enttäuschungen.

Sie bekam nun ein Leben mit einem großen Bekanntenkreis, viel Raum für Repräsentation und spielte eine wichtige Rolle in der Schwedischen Botschaft in der Portland Place, die sie sogar einrichtete. Dass es dann nach vierzig Jahren Ehe und gemeinsamen Kampf mit einer Scheidung von Erik enden sollte, war eine Erniedrigung, die sie sich nicht einmal in ihrer wildesten Fantasie hätte vorstellen können und über die sie nie hinwegkam. Lieber leiden und aushalten als die Scham zu erleben, geschieden worden zu sein. Zwischen den Eheleuten kam es zum völligen Bruch.

Als Großmutter Ebba nach Schweden zurückkehrte und sich im *Solgården* in Rättvik niederließ, wurde es zum Treffpunkt für Familie und alte Freunde, für Schriftsteller, Diplomaten und sogar für Mitglieder der königlichen Familie. Hier war sie eine ebenso gute Gastgeberin wie in der Portland Place in London. Die Pensionen in der Nähe, Siljansborg und Persborg, waren Begegnungsstätten der Oberschicht, und für diese war *Solgården* der zentrale Ort.

Großmutter Ebba wurde auch eine sogenannte Kräuterfrau, zu der die Leute im Dorf mit ihren Krämpfen gingen. Manche ihrer alten Arzneimittel waren lebensgefährlich und zu guter Letzt wurde sie vom Gemeindearzt gestoppt. Sie hatte Glück, dass niemand an ihren alten Hauskuren gestorben ist.

Ebba hatte sich seit ihrer Kindheit bis zum Lebensende ihren Glauben bewahrt. Den Pfarrer in Rättvik, den sie in ihrer Not nach der Scheidung aufsuchte, fertigte sie mit den Worten ab: »Er faselte nur von Vergebung und nahm mein Leid gar nicht ernst.« Den Glauben hatte sie sich zwar bewahrt, der Kirche jedoch abgeschworen. Großmutter Ebba hat bis zu ihrem Tod 1966 im *Solgården* gewohnt. Sie liegt in Rättvik begraben, laut Aussage von Verwandten in einem Grab mit Blick über den Siljan. Eine etwas seltsame Aussage, da sie ja unter der Erde liegt.

Kule Palmstierna

Kule, mein Vater wurde 1900 in Karlskrona geboren, wo Erik Palmstierna als Marineoffizier stationiert war. Er bekam zwei Geschwister, Carl-Fredrik und Margareta. In Kules ersten Lebensjahren war Erik die meiste Zeit auf See.

Nach ein paar Jahren zog die Familie aus Karlskrona nach Stockholm. Zunächst wohnten sie in einer Villa in Djursholm. Als Erik in die Politik ging und völlig von ihr beansprucht wurde, zog die Familie in die Villagatan 19 in Östermalm. Trotz Eriks politischen Engagements und seines Beitritts zur Sozialdemokratischen Partei zog die Familie ins großbürgerliche Östermalm.

Für Kule und seine Geschwister bedeutete Eriks politische Haltung, dass sie aus der Gesellschaftsschicht, zu der sie gehörten, größtenteils ausgeschlossen waren. Verwandte und alte Freunde sahen in Erik einen Klassenverräter, was Kule das Leben nicht leicht gemacht hat.

Zudem war Kule klein von Wuchs, ein weiterer Grund dafür, dass er gemobbt wurde.

In den wenigen Augenblicken, in denen Erik für die Familie verfügbar war, war die Beziehung angespannt. Eriks ständige Ungeduld konnte belastend sein und in vielen Fällen war er regelrecht gemein. Die Bindung zur Mutter hingegen war sehr eng.

Ebba wich nie von ihrem religiösen und pietistischen Hintergrund ab und dementsprechend streng war die Erziehung. Gelegentlich konnte sie Zärtlichkeit zeigen, selbst wenn es nur seltene Momente waren. Es ging darum, seine Kinder aus Prinzipienfestigkeit zu züchtigen. Diese Art von Erziehung war in Kules Milieu eher die Regel als die Ausnahme.

Die Kinder bekamen von Geburt an von Ebba eingeimpft, dass sie durch ihre Herkunft etwas Besseres seien als andere. Und dies, obwohl Ebba sich liberal engagierte, Wohltätigkeit unterstützte und für das Wahlrecht für Frauen kämpfte. Aber das war etwas anderes. Ihr war Eriks Wechsel zur Sozialdemokratie unangenehm, auch wenn sie sich nach außen hin loyal verhielt. In Kules Zuhause gab es während seiner ganzen Kindheit diese doppelte Botschaft.

Als Jugendlicher trat Kule auf Eriks Wunsch in den SSU, Schwedens

Sozialdemokratischen Jugendbund, ein. Aber er spürte keine Nähe zu den Menschen, die für eine andere Gesellschaft kämpften.
Nach dem Abitur wurde er aufgefordert, Jura zu studieren. Für ihren ältesten Sohn hatten die Eltern eine diplomatische Laufbahn vorgesehen. Kule, der musikalisch war und von Kindesbeinen an Geige spielte, hatte sich hingegen ein Musikstudium vorgestellt, dem sich die Eltern aber vehement widersetzen. Musik könne doch eine schöne Nebenbeschäftigung sein.

Bei einem Konzert an der *Hochschule Stockholm* traf Kule den Komponisten und Organisten Oskar Lindberg. Mit ihm zusammen gründete er 1922 den Verein *Stockholms Akademiska Orkester*. Bei ihrem ersten gemeinsamen Auftritt 1923 war Oskar Lindberg der Dirigent und blieb es danach auch. 1926 wurde aus diesem Verein schließlich ein eigenständiges Orchester unter der Leitung von Oskar Lindberg. Kules Musikengagement nahm mehr Zeit in Anspruch als wünschenswert war, sein Jurastudium litt darunter.

Die Eltern forderten ihn auf, sein Jurastudium endlich abzuschließen, sonst würden sie dessen Finanzierung einstellen. 1924 fuhr Kule allein zum Sommerhaus *Solgården* in Dalarna, um über seine Situation nachzudenken. Dort lernte er meine Mutter Vera kennen und heiratete sie nach kurzer Bekanntschaft.

Vera und Kule

Vera und Kules Verlobung wurde von der Familie Palmstierna nicht begrüßt. Ein Mädchen jüdischer Herkunft mit einer Mutter aus einem Bauerngeschlecht, noch dazu eine Schwiegertochter, deren Familie Scheidungsskandale und Erbschaftsprozesse im Gepäck hatte, sollte nach ihrer Einschätzung nicht Kules Zukunft bedeuten. Für Eriks Karriere könnte das nur schädlich sein.

Als Vera Kule im Hotel Persborg kennenlernte, hatte sie bereits ihr Vordiplom in Medizin abgelegt. Aber der Ehrgeiz dieser jungen Frau wurde von Erik und Ebba Palmstierna nicht gewürdigt. Vera gehörte nicht zu ihren Kreisen. Versöhnlich stimmte lediglich ihr Vermögen. Ärgster Widersacher der Ehe war Kules Bruder Carl-Fredrik.

Kule, der eine enge Mutterbindung und einen ausgeprägten Familiensinn hatte, stand nun vor der Schwierigkeit, sich für die Familie oder für Vera zu entscheiden. Er opferte die Familie und heiratete Vera 1924. Sie war damals zweiundzwanzig Jahre alt und er vierundzwanzig. Veras Mutter Hilda richtete die Hochzeit aus. Von den Palmstiernas nahm niemand daran teil.

Kule und Vera unternahmen viele Versuche zur Versöhnung. Sie reisten zum *Solgården*, um Ebba zu besänftigen. Dort fand ein Familienessen für Kules Schwester Margareta statt, die mit ihrem Mann François de Seynes aus Paris gekommen war. Die ganze Familie war versammelt. Es wurde für alle gedeckt, außer für Vera. Sie wurde in der Küche platziert, dies führte zu einem langjährigen Bruch.

Kule und Vera fuhren daraufhin nach London in der Hoffnung, Eriks Segen zu bekommen. Dort war aber die Ablehnung genauso groß. Mein Großvater sagte lediglich zu Vera: »Du hast dir einen kleinen Fußwärmer, einen Schoßhund angeschafft, jetzt musst du ihn auch versorgen.« Nach den gescheiterten Versöhnungsversuchen gingen sie auf eine lange Hochzeitsreise. An Geld mangelte es ihnen nicht. Zuerst führte die Reise nach Paris und dann gemächlich durch Italien, von Norden nach Süden, nach Capri und Sizilien, bis sie schließlich mit einer Rundreise durch Marokko und Tunesien beendet wurde.

Mit der Eheschließung wurde Kules Studienfinanzierung eingestellt. Er war nun finanziell völlig abhängig von Vera. Kule hatte Jura studiert, aber die Prüfungen nicht geschafft, sodass an eine Diplomatenlaufbahn nicht mehr zu denken war. Vera überredete ihn, Medizin zu studieren, was er dann auch tat. Arzt zu werden, galt innerhalb des Adels als unfein. Das war, als wollte man »Feldscher« werden. Dadurch sind Veras Aktien bei der Familie Palmstierna nicht gerade gestiegen.

Die Zukunft sollte zeigen, dass Kule seine Berufung gefunden hatte, was Vera schon früh begriffen hatte. Er wurde Arzt, Chirurg und Gynäkologe und schließlich ein geschätzter Oberarzt im Krankenhaus in Gävle *(Gävle lasarett)*.

Mit Veras Geld wurde eine Wohnung in der Polhemsgata 1 auf Kungsholmen gemietet. Das erste Kind, Hans, wurde 1926 geboren und danach wurde eine größere Wohnung in der Norr Mälarstrand

18, einen Katzensprung entfernt vom alten Karolinska Institut mit seinen Leichenschauhäusern und Studienräumen, gemietet.

Norr Mälarstrand war weit weg von Östermalm und wurde von den Herzogs wie auch von den Palmstiernas eher als ein Vorort betrachtet. Für die Jüngeren und Radikalen war das neue Kungsholmen aber die Verwirklichung einer Zukunftsvision, die beginnende Moderne. Kommilitonen und Freunde, insbesondere die Frauen, erwiesen sich als die Radikalen im Bekanntenkreis der Eheleute. Wahrscheinlich, weil sie sich ihr Studium erkämpfen mussten, während es für Männer selbstverständlich war, sich weiterzubilden. Viele dieser Frauen wurden später bekannte Ärztinnen und Wissenschaftlerinnen.

Als Frau das Studium abzuschließen, fiel nicht leicht. Es war erst die zweite Generation von Frauen, die die Möglichkeit bekamen, ein Studium aufzunehmen. Vera hatte selbst ein paar Mal erlebt, dass ein Professor während der Prüfung eine Trennwand zwischen ihm und ihr als Prüfling aufgestellt hat. Er wollte demonstrativ nicht sehen, dass er eine Frau prüfte. Die freie Liebe wurde von den Radikalen in den zwanziger Jahren bewundert. Im Nachhinein betrachtet, wurde diese Liebe für viele dieser sogenannten befreiten Frauen zur Falle.

Die Zerwürfnisse zwischen Vera und Kule nahmen ihren Anfang, als Vera von Kules Eltern und Geschwistern nicht akzeptiert wurde. Kule hatte zwischen Vera und ihnen wählen müssen und sich für Vera entschieden. Doch er vermisste seine Familie und auch seine Freunde aus der Kindheit sehr, die gegen seine Ehe mit Vera Partei ergriffen hatten. Die Ehe stand also unter keinem guten Stern. Stockholm war klein und die Kreise ebenfalls. Veras Vorschlag, Kule solle sein Jurastudium aufgeben und stattdessen Medizin studieren, entfernte ihn noch mehr von seiner Verwandtschaft und seinen Freunden. Zudem waren Vera und Kule Anhänger eines radikalen Plädoyers für die freie Liebe und offene Beziehungen. Dies wurde ihnen zum Verhängnis; die Untreue von beiden zermürbte das gegenseitige Vertrauen und den Zusammenhalt. Kules finanzielle Abhängigkeit trug ebenfalls wesentlich zu ihrer Entfremdung bei, denn letztlich empfand Kule sicher auch das unterschiedliche Studientempo als eine Niederlage. Vera fiel das Studium leicht, sie war ihm intellektuell überlegen. Kule war eher praktisch veranlagt.

Vera hatte nach der Geburt von Hans und vor meiner Entstehung zwei ernsthafte Beziehungen. Die erste mit ihrem Professor Israel Holmgren, der fast dreißig Jahre älter war als sie, aber intellektuell und emotional Kule sicherlich weit überlegen war. Für Vera war er ein anregender Liebes- und Diskussionspartner. Natürlich gab es einen Skandal. Scheiden lassen wollte er sich aus familiären Gründen nicht. Er hatte eine nervenkranke Frau, und in der damaligen Zeit war es beinahe unmöglich, sich von einem psychisch kranken Mann oder einer psychisch kranken Frau scheiden zu lassen. Selbstverständlich tat auch die bürgerliche Konvention ihr Übriges, eine Scheidung hätte seinem Ruf und seiner Karriere geschadet. Später hatte Vera auch noch ein kürzeres Verhältnis mit dem Professor der Psychiatrie, Sander Izikowitz. Um Kules verschiedene Affären wurde nicht soviel Aufhebens gemacht, er war ja ein Mann.

MEINE KINDHEIT

Frühe Kindheit

Sobald Kule anfing, Medizin zu studieren, unterbrach Vera ihr Studium. Es machte einen besseren Eindruck, wenn sie als Frau im Studium hinterherhinkte und er vorn war.

1928 fuhren sie nach Lausanne, in die Schweiz, und anschließend nach Paris, wo sich Kule mit der französischen Chirurgie befassen sollte, alles auf Veras Kosten. Ihre Reise nach Lausanne war eine Flucht, um der Einmischung durch die Verwandten zu entkommen und um sich als Paar wiederzufinden. Mit auf der Reise war mein zwei Jahre älterer Bruder Hans, um den sich das Kindermädchen Britta Esbjörnsson kümmerte, die später auch mein Kindermädchen wurde.

Ich wurde am 28. März 1928 im *La Maternité* in Lausanne geboren. Der Arzt für Geburtshilfe war über Nacht nach Hause gegangen. So hat Kule Vera entbunden. Es war seine erste Geburt. Nach dem Aufenthalt in der Schweiz fuhren Vera, Kule, Hans und ich sowie das Kindermädchen weiter nach Paris. Dieser Aufenthalt in der Schweiz und in Frankreich, fern von Schweden, war wohl die beste Zeit, die meine Eltern je zusammen verbrachten.

Zurück in Stockholm, versuchten sie, wieder ein Familienleben zu führen. Immerhin hatten sie zwei Kinder. Allerdings bekamen Hans und ich sie nicht oft zu Gesicht. Das Familienleben bestand hauptsächlich darin, dass wir gewaschen und im Schlafanzug unsere Eltern vor dem Abendessen trafen, manchmal auch beim Sonntagsfrühstück in ihrem Schlafzimmer. Das Kindermädchen kümmerte sich um uns, die Köchin um den Haushalt und die Putzfrau um Wäsche und Grobreinigung.

Obwohl ich so klein war, erinnere ich mich noch sehr genau an die Norr Mälarstrand 18. Hans und ich hatten ein blau gestrichenes

Kinderzimmer mit einer unebenen Wand, eingerichtet mit weißen Möbeln: eine weiße Kiste für die Spielsachen, ein großer weißer Kleiderschrank, der eine Lücke zwischen Schrank und Wand ließ, groß genug, um als Schandecke zu dienen, weißgestrichene Eisenbetten und dazwischen ein weißer Schemel. Über den Betten hing ein rundes Majolika-Gemälde mit dem in Windeln gewickelten Jesuskind als Relief auf blauem Grund. Auf dem Fußboden lag ein blauer Läufer von Märta Mååş-Fjetterström und das Fenster wurde von zwei dünnen, hellblauen Baumwollgardinen umrahmt. Vor dem Fenster stand ein großes braunes Schaukelpferd aus Gemla. Das Fenster war aus Sicherheitsgründen mit einem Gitter versehen. Wir wohnten im fünften Stock. Zwei weißgestrichene Türen führten in einen Korridor und zum Kindermädchen. Ich kann die ganze Wohnung beschreiben, Raum für Raum. Ich kam mit einem Jahr dorthin und verließ sie mit knapp vier Jahren. Viel später, als ich erwachsen war, habe ich dieses Zuhause aufgezeichnet und bekam bestätigt, dass meine Erinnerungen stimmten.

Ich glaube, es gibt Menschen, die von Geburt an über ein starkes visuelles Gedächtnis verfügen, so dass Handlungen und vorbeiziehende Orte sich wie in einem Film aneinanderreihen und unauslöschlich ins Gedächtnis einprägen. In ähnlicher Form gibt es bestimmt ein lexikalisches und musikalisches Gedächtnis. So erinnere ich mich an lange Spaziergänge von zu Hause bis zum Stadthauspark. Das waren nur wenige Wohnblocks, aber sie kamen mir unendlich lang vor.

Oft gingen wir am alten Karolinska Institut vorbei. Dort befand sich ein Leichenschauhaus, und jedes Mal, wenn wir daran vorbeigingen, beschrieb uns unser Kindermädchen, das wir Tatti nannten, ausführlich, wie die Toten dort lagen und wie sie aussahen. Ich wusste nicht, was Tod war. Aber sie erklärte uns lang und breit, wie meine Eltern an diesen toten Menschen herumschnippelten. Am spannendsten fand ich die Blutegel, die vor dem Institut herumlagen. Damals verwendete man noch Blutegel zur Blutreinigung.

Jeden Abend, wenn es zu dämmern begann, ging ein alter Mann die Norr Mälarstrand hinunter und zündete mit seinem langen Stock die Gaslaternen auf der Straße an. Ich vermute, das waren die letzten Gaslaternen Stockholms. Die prachtvolle Avenue gab es noch nicht. Sie war zum Teil noch Baustelle.

Am Kai lagen hohe Sandberge, die von großen schwarzen Lastkähnen abgeholt oder geliefert wurden. Nachts lagen wir Kinder mit einem Strick festgebunden im Bett. Das war zu der Zeit nichts Ungewöhnliches. Nacht war Nacht und da durfte weder herumgetollt noch Quatsch gemacht werden. Das Schlafen mit dem Strick fand ein jähes Ende, als das Gerücht die Runde machte, das Kind des Grafenehepaars Folke und Estelle Bernadotte sei durch so einen Strick erdrosselt worden. Das wurde ein Memento mori und der Strick verschwand.

Ich erinnere mich, dass mir ein weißer Lichtstrahl, der immer wieder langsam über das Dach bis ins Kinderzimmer wanderte, einen tüchtigen Schrecken einjagte. Erst später habe ich herausgefunden, dass dies der Widerschein der Autoscheinwerfer an die Zimmerdecke war.

Im Zimmer nebenan vernahm man bis in die späten Abendstunden hinein die schnellen Tretbewegungen des Kindermädchens, wenn es auf der Nähmaschine unsere Kleider nähte. Kaum war die Nähmaschine verstummt, da hörte man auch schon lautes Schnarchen. Hans gab mir Geborgenheit. Er konnte Märchen erzählen, sodass die nächtlichen Ungeheuer verschwanden. Wenn ich meinen Arm weit genug ausstreckte, erreichte ich seine Hand. Da konnte ich einschlafen.

Die Scheidung

Auch wenn es wenig Umgang mit den Eltern gab, spürten wir doch, dass sie da waren, was sich jedoch brutal veränderte. Aus einem für uns Kinder seltsamen und unerfindlichen Grund, verschwanden die Eltern plötzlich, nachdem sie eines Abends zu uns ins Zimmer gekommen waren, uns geweckt und umarmt hatten. Nur das Kindermädchen blieb.

Plötzlich wurde die Wohnung von fremden Menschen bevölkert. Kules und Veras Schlafzimmer wurde von einem uns unbekannten Paar in Beschlag genommen. Auch in weiteren Räumen durften wir uns nicht aufhalten. Türen, die früher offen standen, waren nun verschlossen.

Wir Kinder hatten lediglich Zutritt zum Kinderzimmer, zur Küche und zum Badezimmer des Personals. Alles geschah ohne jede Erklärung. Entweder, weil sie uns schonen wollten, aus purer Fantasielosigkeit oder weil Kinder als Gesprächspartner nicht zählten bzw. man davon ausging, dass Kinder nichts verstünden.

Es dauerte eine Weile, bis Großmutter Ebba mit ihrer Schwester Maj, Kajan kam. Uns wurde lediglich erklärt: »Eure Mutter ist ins Ausland gefahren. Wir wissen nicht, wann sie zurückkommt. Euer Vater hat eine andere Frau kennengelernt, eine Dame aus unseren Kreisen. Ihr Kinder werdet für eine gewisse Zeit bei einer Pflegefamilie außerhalb von Halmstad wohnen.« Wir kannten weder dieses Halmstad, noch wussten wir, was eine Pflegefamilie ist.

Das Kindermädchen, Kajan und wir beiden Kinder wurden in einen Zug nach Halmstad gesetzt. Kajan sollte uns bei der Pflegefamilie abgeben. Hans war damals sechs Jahre alt und ich vier. Selbst als Erwachsene erinnere ich mich noch ganz genau an die Reise, als wäre es gestern gewesen, an die endlose Fahrt in einem Zug mit Dampflok, an das Coupé mit den Plüschpolstern und den Spucknäpfen auf dem Boden sowie an den Geruch säuerlicher Brote.

Die erste Klasse hatte Plüschpolster, die zweite Klasse Rosshaarpolster, die dritte Klasse nur Holzbänke, aber Spucknäpfe gab es in allen Coupés.

Erst später erfuhr ich den Grund für diesen Aufbruch. Vera und Kules Ehe war nicht mehr zu kitten. Sie wollten sich eine Auszeit nehmen, jeder allein verreisen, um die Situation zu überdenken. Statt sich dem Problem zu stellen und dieses selbst zu lösen, kehrte Kule zu seiner Mutter zurück und wurde wie der verlorene Sohn in Gnaden wieder aufgenommen.

Großmutter reagierte schnell. Unter Aufbietung all ihrer Kräfte, ihres sozialen Netzwerks und ihrer Beziehungen gelang es ihr schließlich, ohne Widerstand oder Diskussion die ihr so verhasste Ehe von Kule und Vera zu zerstören. In Veras Abwesenheit und ohne deren Wissen wurde die Wohnung vermietet.

Das Personal wurde entlassen, die Adresse von Hans und mir bei der Pflegefamilie geheim gehalten. Als Vera zurückkehrte, hatte sie also keine Wohnung mehr, war Kule nicht erreichbar und die Kinder verschwunden.

Der Schock blieb nicht aus. Vera versuchte, sich umzubringen, wurde aber von Großmutter Hilda gerettet, die schon das Schlimmste befürchtet hatte. Viel zu gut kannte diese den labilen Charakter ihrer

Tochter, um nicht zu wissen, dass sie sich in einer scheinbar hoffnungslosen und überaus bedrückenden Lage das Leben nehmen würde. So hatte sie sich früher einmal nach einem schlimmen Familienzwist ein Auto gekauft und war absichtlich gegen eine Felswand gefahren. Das Auto wurde demoliert, aber Vera überlebte.

Vera wurde ins Krankenhaus gebracht, doch kurz nach ihrem Aufwachen meldete sich schon Großmutter Ebbas Anwältin bei ihr und übergab ihr ein Dokument mit den fertigen Scheidungsbedingungen. Die Anwältin Eva Andén war eine renommierte Frauenrechtlerin. Es ist mir völlig unbegreiflich, warum sie die Rechtssache gegen Vera, eine Scheidungsklage gegen eine andere berufstätige Frau, angenommen hatte. Schließlich war sie dafür bekannt, sich bei Scheidungsklagen für die Rechte der Frau einzusetzen. Vermutlich hatte sie der Status, den Großmutter Ebba und Großvater Erik in der Gesellschaft genossen, beeindruckt.

Andén forderte, dass Kule frei über Veras Einkünfte verfügen sollte, mit der Begründung, es sei ihm nicht zuzumuten, seinen Lebensstil herunterzuschrauben oder seine Gewohnheiten zu ändern.

Da schaltete sich Großmutter Hilda ein. Es wurde ein Kompromiss geschlossen: Vera sollte zehn Jahre lang für Kules Unterhalt aufkommen. Die Finanzierung seines Medizinstudiums sollte weder erwähnt noch erstattet werden. Kule sollte nie gezwungen werden, Unterhalt für die Kinder zu zahlen, auch nicht ihre Schulbildung. Das sei Veras Pflicht. Wenn Vera sich im Ausland niederlassen würde, müsste sie Kule um Erlaubnis bitten, die Kinder mitzunehmen. Einen Monat im Jahr dürften die Kinder bei Kule sein. Davon hat er nie Gebrauch gemacht. Vielmehr wurden Hans und ich jeweils zu Großmutter Ebba zum *Solgården* in Rättvik geschickt. Als Krönung war im Scheidungsvertrag auch noch festgelegt worden, dass der Hausstand, soweit ihn Kule nicht benötigte, auf die Kinder überschrieben werden sollte. Der Hausstand stammte zum größten Teil aus Veras Erbe.

Zu der Zeit gab es drei triftige Gründe für eine Scheidung, nach denen sich im Wesentlichen auch die Prozessdauer richtete: lang anhaltende Zerwürfnisse – ein Jahr, Verlassen der ehelichen Wohnung – zwei Jahre, und Hurerei – sechs Wochen, Schnellscheidung.

»Lang anhaltende Zerwürfnisse« wären ein zu milder Prozess gewesen. Bei »Hurerei« wäre auch Kules Untreue vor Gericht zur

Sprache gekommen. »Verlassen der ehelichen Wohnung« schien die beste Lösung zu sein. Das bedeutete für Vera zwei Jahre im Ausland. Erst danach sollte entschieden werden, wie mit den Kindern verfahren wird. Das blieb bis auf weiteres offen.

Viel später bekam ich von Kule ein Schriftstück, in dem er einiges über seine Vergangenheit notiert hatte. Als Erstes las ich seine Beschreibung der Familie Herzog, die er nach seiner Scheidung von Vera verfasst hatte. Peder Herzog »war ein kleines Judenmännlein«, das aus Sankt Petersburg eingewandert war. Dieses »kleine Judenmännlein«, wie er sich ausdrückte, war derselbe Mann, der seinerzeit die größte Druckerei im Norden gegründet hatte und einer der Bauherren für das neue Östermalm gewesen war, insbesondere für den Karlavägen. Auf derselben Straße hatte er einen Minipalast für seine Tochter und ihren Mann errichten lassen. Dieses Haus hat an der Stelle gestanden, wo sich heute Ecke Sturegatan und Karlavägen das *Park Hotell* befindet, das sogenannte *Söderbergska huset*. Nach dem Tod seiner Söhne ist ein großer Teil des Erbes seiner Tochter Ottilia, verheiratete Söderberg, zugefallen.

Dieses Kapital wurde meiner Ansicht nach gut verwaltet und legte den Grundstein für eine Stiftung, die noch heute große Summen für Forschung, Wissenschaft und Kultur ausgibt. Mit Hilfe von Peder Herzogs Vermögen, von dem auch Vera einiges geerbt hatte, wurde Kules Medizinstudium und auch sein Unterhalt nach seiner Scheidung finanziert. So konnte er seine Arztkarriere ohne Schulden beginnen.

Peder Herzog auf ein kleines Judenmännlein aus Sankt Petersburg zu reduzieren, entspricht der Verachtung für das »Jüdische«, die bei vielen aus seinem Bekanntenkreis gang und gäbe war.

Offenbar hatte Kule vergessen, dass sein eigener Vater in direkter Linie mit zwei der ersten Einwanderer jüdischer Herkunft verwandt war, und zwar mit Aron Isak aus Treuenbrietzen in Brandenburg und Michael Benedicks aus Bleicherode in Thüringen. Beide waren Siegelgravierer und Hoflieferanten. Michael Benedicks betrieb *Gysinge bruk* in Gästrikland. Aron Isak eröffnete mit Erlaubnis Gustavs III. die erste Synagoge in Schweden.

Nach der Scheidung von Vera lernte Kule Ninni von Platen kennen. Ninnis Milieu erinnerte mehr an das seiner Familie als an Veras intellektuelle Kreise. In der Ehe mit Ninni wurden zwei Kinder geboren, Stephan und Christina.

Trotz des ähnlichen Hintergrunds und Kules Gefühl, durch diese Ehe »nach Hause gekommen« zu sein, verließ auch Ninni ihn. Kules dritte und letzte Ehe war mit der viel jüngeren Ärztin und Psychiaterin Gunnel Alfvén. Diese hielt bis zu Kules Tod, aber es war eine Ehe, in der Gunnel auf Vieles verzichten musste, insbesondere darauf, ihre Karriere zu verfolgen. Sie bekamen drei Kinder, Kule, Rutger und Peder, der so alt ist wie mein Sohn Mikael.

Peder hieß anfangs Peter, änderte aber seinen Namen eigenmächtig in Peder. Offenbar, ohne zu wissen, was für eine Beziehung Kule früher zu diesem Namen hatte. Ich frage mich, ob Peder Kule nicht fremd vorgekommen ist?

Unstrittig war, dass die Familie Palmstierna während des Zweiten Weltkrieges auf der Seite der Alliierten stand und zahlreichen jüdischen Freunden aus Dänemark zur Flucht verhalf. Kule hatte auch gegen die Bollhus-Versammlung in Uppsala protestiert, auf der ein Teil der Studentenschaft sich dagegen ausgesprochen hatte, dass Schweden einige wenige jüdische Ärzte aus Deutschland und Österreich aufnahm. Carl-Fredrik, Kules Bruder, war im Dienstagsklub, einer liberalen Widerstandsgruppe, die von der Schriftstellerin Amelie Posse gegründet wurde. In dem oben erwähnten Schriftstück von Kule steht übrigens auch: »Ich verließ Hans, 6 Jahre alt, und Gunilla, 4 Jahre alt, für immer, weil jede Begegnung für sie und für mich zu schmerzhaft war.«

Vera fuhr nach Wien, um Psychoanalyse zu studieren, auf Empfehlung von Alfhild Tamm, der ersten schwedischen Psychiaterin, die bei Freud studiert hatte.

Vera hatte Alfhild Tamms Vortragsreihe über Psychologie und Psychoanalyse besucht und ihre Auslegungen von Freuds Theorien vernommen. Durch sie bekam Vera Kontakt zu den führenden Köpfen der Psychoanalyse in Wien. In Schweden war Alfhild Tamm auf diesem Gebiet Pionierin. Sie war eine der ersten, die die Psychoanalyse eingeführt haben. Sie gründete die erste Psychoanalytische Vereinigung zu einer Zeit, in der die Psychoanalyse noch als suspekt betrachtet und misstrauisch beäugt wurde.

In Wien ging Vera bei Heinz Hartmann in die Lehranalyse und nahm an Sigmund Freuds Seminaren teil.

Elsa-Brita Nordlund

Als Vera 1932–34 nach Wien reiste, wurde sie von ihrer Freundin und Kommilitonin Elsa-Brita Nordlund begleitet. Sie nahm ebenfalls an Sigmund Freuds Seminaren und an Hartmanns Lehranalyse teil. Möglich war dies nur, weil Vera ihr Geld lieh und für die teuren Analysestunden einen Vorschuss bezahlte.

Diese beiden jungen Frauen trafen 1932 jeweils ihren Fritz. Der Fritz meiner Mutter hatte den jüdischen Nachnamen Cohn, der von Elsa-Brita hieß Wimmer. Beide Männer studierten Rechtswissenschaften und Kunstgeschichte und kannten sich von frühester Kindheit an. Im Wien der dreißiger Jahre waren die meisten Studenten bitterarm. Und diese beiden Studenten fristeten ein karges Leben.

Beide benötigten zusätzliche Einkünfte. Eine Möglichkeit war, sich politisch zu betätigen. Veras Fritz wurde Sozialdemokrat, Elsa-Britas Fritz Nationalsozialist. 1938, nach dem Anschluss Österreichs an das Deutsche Reich, stieg Friedrich »Fritz« Wimmer schnell auf. Bei Hitlers Besuch in Wien anlässlich des Anschlusses stand Fritz Wimmer schräg hinter Hitler auf dem Balkon. Die Politik und die Tatsache, dass Veras Fritz Jude war, trennten die beiden Kinderfreunde für immer. Veras Fritz wurde zunächst als Sozialdemokrat verhaftet und eingesperrt. Später wurde er als Jude nach Auschwitz deportiert und dort ermordet.

Fritz Wimmers Parteikarriere ging steil nach oben und nun verfügte er auch über hohe Einkünfte. 1936 machte er Elsa-Brita einen Heiratsantrag. Zu einer Eheschließung ist es aber nie gekommen, und zwar aus drei Gründen. Der erste Grund war, dass Elsa-Brita nicht seine politische Auffassung teilte und nicht damit einverstanden war, in welche Richtung sich die Politik entwickelt hatte. Der zweite war, dass sie sich nicht vorstellen konnte, ihren Beruf aufzugeben, um »eine gute Hausfrau« zu werden. Der dritte Grund war in gewisser Weise wiederum politischer Natur. Hitler hatte seinen Mitarbeitern verboten, Frauen zu heiraten, die eine schwere Krankheit gehabt haben. Elsa-Brita hatte eine schwere Tuberkulose gehabt und viele Jahre in einem Sanatorium verbracht. Sie war daher nicht gesund genug für die arische Rasse. So wurde eine langjährige Beziehung durch eine krankhafte Ideologie beendet.

Fritz Wimmer heiratete dem nazistischen arischen Ideal entsprechend ein sogenanntes »hochbusiges Edelweib«. Mit ihr bekam er sein einziges Kind, Ironie des Schicksals: ein Kind mit Down-Syndrom. Man hatte zu der Zeit bereits mit dem sogenannten Euthanasie-Programm begonnen und tötete geistig zurückgebliebene und auch anderweitig behinderte Kinder, überhaupt all jene Menschen, die als unnütz betrachtet wurden. Fritz Wimmers Kind lag abgeschirmt im Einzelzimmer einer Spezialklinik.

Fritz wurde während der Okkupation Leiter der SS und der Sicherheitspolizei in den Niederlanden. Er war die rechte Hand von Reichskommissar Seyß-Inquart und wie dieser Österreicher und Jurist.

Beide wurden im ersten Kriegsverbrecher-Prozess 1946 in Nürnberg verurteilt. Seyß-Inquart zum Tode, Fritz Wimmer zu lebenslanger Haft. Allerdings benötigte die amerikanische Besatzungsmacht nach dem Krieg im geteilten Deutschland erfahrene Verwaltungsbeamte, und so wurde Fritz Wimmer nach drei Jahren entlassen und konnte seine juristische Laufbahn fortführen.

Im Gefängnis hatte er um Bücher gebeten. Seltsamerweise fiel ihm als erstes das Buch in die Hände, das Elsa-Brita ihm 1932 in Wien geschenkt hatte. Aus diesem Anlass schrieb er ihr. Nachdem sie sich jahrelang nicht gesehen hatten, trafen sie sich heimlich in Hamburg. Er hatte noch einmal geheiratet, eine wohlhabende Frau, die ein Schloss besaß, in dem sie wohnte. Seine Vergangenheit spielte für diese Frau keine Rolle.

Für Elsa-Brita hätte der Kontakt zu einem Kriegsverbrecher kompromittierend sein können. Aber es war ihr wichtig, eine endgültige Erklärung dafür zu bekommen, warum er diesen Weg gegangen war und wie er sich so entwickeln konnte.

Es begann ein langer Briefwechsel, den sie leider verbrannt hat. Für die Nachwelt wäre es interessant gewesen, diese politische und menschliche oder eher unmenschliche Entwicklungsgeschichte zu verfolgen. Elsa-Brita, die sich mitten in ihrer Karriere befand, hatte einfach Angst, ein Widersacher könnte sein Wissen über ihre Jugendliebe preisgeben und gegen sie verwenden.

Elsa-Brita war eine Pionierin der schwedischen Kinderpsychiatrie. Als Oberärztin im Karolinska-Krankenhaus in Stockholm war sie die Erste, die über Anorexie als Krankheit geforscht hat, es wurde ihr Spezialgebiet. Ein weiteres ist Wortblindheit, inzwischen Legasthenie genannt. Bereits in den dreißiger Jahren forderte sie, an Schulen Spezialunterricht für Kinder mit Legasthenie einzuführen.

Nach ihrer Pensionierung arbeitete sie mit Privatpatienten weiter und selbst als Achtzigjährige hatte sie noch eine volle Praxis. Von der psychoanalytischen Vereinigung wurde sie freilich nie akzeptiert, da sie die Kranken nach ihren eigenen Theorien behandelte, sich nicht sklavisch an die orthodoxe Freudsche Linie gebunden fühlte.

Elsa-Brita war in meiner Jugend oft bei uns zu Hause, und selbst nach Veras Tod 1947 hatten wir bis zu ihrem eigenen Tod 1988 sehr engen Kontakt. Sie war oft krank, und um ihre Erinnerungen an frühere Reisen aufzufrischen, wünschte sie sich von mir aus jedem Land, das ich besuchte oder in dem ich arbeitete, eine Bluse. Da kamen im Laufe der Jahre einige zusammen.

Ich glaube, sie vergaß mitunter, dass ich nicht Vera, ihre Kollegin und alte Freundin war. Sie verwechselte uns und sah in mir wohl auch die Tochter, die sie nie hatte. Ich balancierte zwischen diesen beiden Polen: die Vera zu sein, zu der sie ihre intellektuelle Verbindung hatte, und die Tochter, über die sie autoritär bestimmen wollte.

Was Elsa-Britas Fritz Wimmer angeht, so sollten Vera und ich ihm 1944 im besetzten Holland begegnen.

In der Pflegefamilie

Als Vera in Wien war, wurden Hans und ich, wie bereits erwähnt, bei einer Pflegefamilie außerhalb von Halmstad untergebracht, bei den Eltern unseres Kindermädchens. Sie lebten in ärmlichen Verhältnissen. Es roch immer modrig und muffig. Die Erziehung war streng, nicht nur uns, sondern auch den leiblichen, im Haus lebenden Kindern gegenüber. Prügel waren nichts Ungewöhnliches.

In Stockholm war Hans bereits eingeschult worden, in die Fagerlind-Moselius Privatschule in der Norr Mälarstrand. Nun besuchte er eine Dorfschule. Da es in der Pflegefamilie kein Kindermädchen gab, ging ich immer öfter mit ihm mit, saß mucksmäuschenstill in derselben Schulbank, bis der Unterricht zu Ende war.

Hans brachte mir Lesen und Schreiben bei, damit ich dem Unterricht folgen konnte. Somit wurde ich eigentlich schon mit fünf eingeschult. Lesen zu können, war für mich als Kind eines der größten Erlebnisse. An dem Tag, an dem ich das Rätsel der Buchstaben gelöst hatte, eröffnete sich mir eine neue Welt, was dazu führte, dass ich mich von der Erwachsenwelt abschirmen konnte. Viel später erlebte ich das Gleiche mit meiner Enkelin Thyra. Ihr erstes gelesenes Wort war ein langsames Buchstabieren von *Gustafsberg*, das auf der Toilette geschrieben stand. Ich glaube, ich habe Thyra vorher noch nie so glücklich gesehen wie damals, als ihr plötzlich klar wurde, wie man Buchstaben zu einem Wort und sogar zu Sätzen kombiniert, so dass das Leseabenteuer beginnen konnte.

In Halmstad spielte ich mit der Nachbarstochter. Ihre Mutter zeigte uns, wie man Schneebesen macht. Im Frühjahr brachen wir frische Birken- und Weidenzweige, die dann endrindet und mit Eisendraht zu Schneebesen zusammengebunden wurden. Sie wurden in Halmstad auf dem Markt verkauft.

Einmal sagte diese Mutter plötzlich: »Ich verstehe nicht, warum ihr, du und Hans, bei den Esbjörnssons lebt. Wie konnte man euch nur zu diesen Leuten geben?« Damals verstand ich nicht, was sie meinte. Jetzt habe ich es begriffen. Es gab keine Kontrolle darüber, wie wir versorgt und erzogen wurden.

Das Kindermädchen, das von Vera bezahlt wurde, nahm eine andere Arbeit an und zog weg. Sie wurde mit einer »Fordlaus« abgeholt, so wurde ein kleiner Ford genannt. In meiner kindlichen Naivität dachte ich, eine Riesenlaus hätte sie abgeholt und wäre mit ihr davongaloppiert. Hans und ich hatten das Märchenbuch *Hej, hopperi, hoppa* von Hugo Hamilton gelesen. Dieses Gedicht war fortan für mich immer mit ihrem Verschwinden verknüpft.

Als Kind empfindet man das Dasein oft als statisch. Das Schicksal, das einem zugeteilt wird, scheint unabänderlich, nicht beeinflussbar zu sein. Deshalb glaube ich, dass Kinder sich den widrigsten Umständen anpassen können, bei denen der autoritäre Erwachsene die Macht hat. Das Kind kennt oder sieht keine Alternative. Hans und ich hingegen träumten von Veränderung. Wir hatten uns bereits früh von der Welt der Erwachsenen abgeschirmt und lebten miteinander in einer Symbiose.

Wir hatten gehört, dass unsere Mutter sich in Österreich aufhielt, in einem Land, das uns kein Begriff war. Wir fragten uns, wo es wohl lag, dieses Land unserer Träume? Hans hatte sich in der Schule einen Atlas organisiert. So bekam er heraus, dass es sich um ein Land mit hohen Bergen handelt. Wir beschlossen, diese Berge zu finden. Wir wollten unsere Mutter suchen.

Eines Tages gingen wir, statt mit dem Bus zur Schule zu fahren, die Landstraße entlang, in die andere Richtung, um das Land mit den hohen Bergen zu finden. Wir hatten in der Schule Märchen gelesen und uns John Bauers Illustrationen angesehen. So etwa stellten wir uns Veras Zuhause vor.

Natürlich kamen wir nicht weit. Als wir am Fluss Nissan angelangt waren, wurden wir von einer Polizeieskorte zurück zur Pflegefamilie gebracht. Die Strafe folgte auf dem Fuß. Ich schlief im unteren, kastenähnlichen Teil des Ausziehbettes und man sagte mir: »Wenn du tagsüber nicht lieb und brav bist, schieben wir nachts dein Bett rein.« Hier liegt sicher die Ursache für meine lebenslange Schlaflosigkeit.

Zu den schönen Erinnerungen an die Pflegefamilie gehört das Baden am Samstag. In einem mit offenem Feuer beheizten Waschhaus badeten wir Kinder in großen Holzbottichen. Anschließend wurden wir in warme Handtücher gehüllt und ins Haus getragen. Ich habe immer versucht, so lange wie möglich diese Wärme, diese Nähe zu genießen, getragen zu werden, klein sein zu dürfen. Das kam mir wie ein Traum vor.

Nach Hause zu Vera

Nach zwei Jahren gab es eine Veränderung. Die gesetzlich vorgeschriebene eheliche Trennungszeit war vorüber. Vera sollte uns abholen, aber nicht in Halmstad, sondern in Stockholm. Das kam anscheinend unerwartet. Die Familie Esbjörnsson ging nämlich davon aus, dass wir zu Kule sollten. Aber der hatte gerade erst Ninni von Platen kennengelernt und es zeigte sich, dass sie um keinen Preis ihre Ehe mit zwei Stiefkindern beginnen wollte.

In dieser Situation konnte Vera Anspruch auf uns erheben. Die Pflegeeltern versuchten, uns weiszumachen, wie schlimm es uns bei Vera, diesem Monster, ergehen würde.

In Halmstad holte uns Kajan, Tante Maj, ab, in vielerlei Hinsicht Großmutter Ebbas dienstbarer Geist. Kajan sah aus wie ein Wesen aus einer anderen Zeit: Klein und zierlich, mit einem schwarzen, bis zu den Füßen reichenden Mantel, einem schwarzen Kapotthut, dessen Schleier über der großen krummen Nase flatterte, schwarzen Stiefeln und als Krönung eine schwarze Federboa. Sie war eine Mary-Poppins-Figur, aber keine strenge.

Die Übergabe von uns fand stilgerecht im Grand Hôtel in Stockholm statt. Oben an der Treppe stand Großmutter Ebba mit Hans an der einen und mit mir an der anderen Seite. Ganz unten an der Treppe, stand Vera, ein zartes, elegantes Geschöpf und sah zu ihren beiden Kindern hoch. Großmutters Stimme dröhnte: »So meine armen Kinderchen, nun geht hinunter zu eurer Mutter.« Ihre Stimme war sicherlich niemandem in der großen Eingangshalle entgangen. Wir gingen hinunter zu Vera.

Vera stand ganz still da. Sie traute sich kaum, uns anzufassen, vielmehr lotste sie uns schnell zu einer wartenden Droschke, einem Auto mit einem Sitz hinten und zwei Klappsitzen vorn.

Hans und ich setzten uns hinten hin. Hans drängte sich so tief in die Ecke, wie es nur ging, als wollte er mit dem Auto verschmelzen. Ich saß stockstéif auf meinem Platz. Vera saß vor uns, am äußersten Rand ihres Sitzes. Mit einer abwehrenden Geste flüsterte Hans: »Nicht hauen, nicht hauen.«

Es wurde ganz still. Als ich heimlich meine Mutter anblickte, sah ich, wie ihr Tränen über die Wangen liefen und mein erster Gedanke war: »So schlimm kann sie gar nicht sein.« Wir fuhren zur Pension Brevik auf Lidingö, wo wir wohnten, in der Erwartung, dass Vera für uns drei eine Wohnung mietete und einrichtete.

In der ersten Nacht krochen Hans und ich zusammen in ein Bett. Wie gewohnt erzählten wir uns unsere Gutenachtgeschichten und Fantasien. Wir waren gerade dabei, uns über alle möglichen hässlichen Kack-Geschichten kaputtzulachen, da entdeckten wir plötzlich zu unserem Erstaunen Vera an der Tür. Ganz still hatte sie dagestanden und lange ihre beiden Kinder beobachtet.

Dass sie uns zusammen im Bett erwischte, was in der Pflegefamilie streng verboten war, und auch noch unseren Fantasiegeschichten gelauscht hatte, die in der Pflegefamilie als unanständig bezeichnet und mit Prügel bestraft wurden, ließ uns vor Schreck erstarren. Das war wohl unser Ende. Aber Vera setzte sich auf die Bettkante und erzählte uns die schlimmste Kack-Geschichte, die wir je gehört hatten. Das Eis war gebrochen.

In der Pension durfte ich anfangs oft in Veras Zimmer schlafen. Ich fühlte mich auserwählt. In den Nächten erzählte sie mir ausführlich von ihren Aufenthalten und Studien in Wien, warum sie dorthin gefahren war und warum sie uns verlassen hatte. Sie sprach auch über das Antijüdische. Und in einem fast appellierenden Ton sagte sie: »Erzähle ja nicht, dass du zum Teil aus einer jüdischen Familie stammst.« Zu der Zeit wusste ich noch nicht einmal, was »jüdisch« bedeutet. Ich bekam eine lange Geschichte zu hören, über die Herzogsche Familie und ihre Herkunft, über das jüdische Erbe, über Pogrome und soziale Ausgrenzung.

Eines Nachts erzählte mir Vera auch von ihrem Selbstmordversuch, davon, dass sie in den Füßen bereits die Todeskälte gespürt hätte. Diese Geschichte hörte ich mir genauso ungerührt an wie die vorherigen auch. All das hatte für mich keine Realität, es waren lediglich eigentümliche Gutenachtgeschichten.

Ich wurde wie ihresgleichen behandelt, was ich damals als etwas Schönes, Vertrauensvolles empfunden habe. Ich gab ihr Geborgenheit und sie hat sich bei mir auf ihre sonderbare Art damit revanchiert, dass sie sich mir anvertraute.

Später habe ich diese Geschichten anders verarbeitet und begriffen, dass ich eine sehr unglückliche und sonderbare Mutter hatte, der nicht klar war, dass ich bloß ein Kind war. Ein Kind, das mit sechs Jahren noch nicht hätte erwachsen sein, sondern sich in normalem Takt hätte entwickeln sollen.

In der Pension wohnten zwei Kinder in unserem Alter, Yvonne und Pim Håkanson. Ihre Mutter, Mon, war geschieden, genau wie Vera. Ihr Vater war der Komponist Knut Håkanson. Zur Scheidung war es gekommen, weil Mon mit dem Komponisten Ture Rangström, einem engen Freund von Håkanson, eine Affäre hatte. Vera fand es schön, dass jemand in der gleichen Situation war wie sie.

Zudem stellte sich heraus, dass die drei ebenfalls nach Söder in Stockholm ziehen und in derselben Straße im Nachbarhaus wohnen würden. Vera hatte eine Wohnung in der Pålsundsgatan 3 gemietet und Håkansons in der Nummer 1. Für Mon Håkanson war es wichtig, dass sie in der Nähe von Ture Rangström war, der gleich um die Ecke in der Bastugatan wohnte. Für Vera war die Nähe zum Maria-Krankenhaus wichtig. Nach mehrjähriger Unterbrechung nahm sie ihr Medizinstudium wieder auf, und das Maria-Krankenhaus war ihre erste Etappe.

Für Hans und mich war die Freundschaft zu Yvonne und Pim aufregend und anstrengend zugleich. Aufregend, weil sie uns davon überzeugen konnten, sie hätten zwei Jahre auf dem Mond und ein Jahr unter der Meeresoberfläche gelebt. Leider stahlen sie uns die wenigen Spielsachen, die wir hatten. Nachdem wir aus Söder weggezogen waren, wurden Yvonne und Pim zu Fantasiegestalten, die uns in den erfundenen Märchen begleiteten. Viel später, als Erwachsene, sollte ich Yvonne in einem Theaterzusammenhang wiedersehen.

Eine weitere Spielkameradin war die Tochter des Hauswarts. Wir haben uns Höhlen aus Decken gebaut und ich wurde von der Hauswartfrau rausgeworfen, weil sie dachte, wir würden irgendwelche Sexspielchen machen. Die Spielkameradin erklärte mir ausführlich, das wäre, weil meine Mutter geschieden sei und Herrenbesuch bekäme. Außerdem würde unser Name nicht zu diesem Haus passen. Umgekehrter Klassenstolz.

Es zeigte sich, dass es für Vera doch nicht so einfach war, nach der anstrengenden Scheidung das Studium wieder aufzunehmen. Die Arbeit im Maria-Krankenhaus war nicht leicht. Außerdem belasteten Vera die Verleumdungen, die gegen sie angezettelt wurden. Meine Großmutter Ebba war die Drahtzieherin. Die früheren Verhältnisse mit den Medizinprofessoren Israel Holmgren und Sander Izikowitz machten Vera die Situation in Ärztekreisen auch nicht unbedingt leichter. Sie wurde zum Freiwild. Professor Key inszenierte im Maria-Krankenhaus regelrecht eine Hetzjagd auf sie.

Dann geschah etwas, was in einem Krankenhaus nicht geschehen darf. Eine Krankenschwester verabreichte eine falsche Injektion, woraufhin einige Patienten starben. Die Krankenschwester wurde entlassen, aber die Hauptverantwortung lag bei der Klinikleitung. Nach einem langwierigen Prozess sah sich Professor Key gezwungen, die Verantwortung dafür zu übernehmen und seinen Rücktritt zu erklären, da zweifellos *Lex Maria* vorlag. Dieser Terminus wird in Schweden noch immer verwendet, wenn durch mangelnde Routine im Gesundheitswesen Patienten einem Risiko ausgesetzt oder geschädigt werden. Vera betrachtete es als ein Geschenk des Himmels, dass Professor Key seinen Hut nehmen musste, das bedeutete für sie einen Quälgeist weniger. Das Praktikum im Maria-Krankenhaus wurde ein wenig erträglicher.

Vera war oft weg. Bereitschaftsdienste im Krankenhaus, die theoretische Weiterbildung und auch das gesellschaftliche Leben kosteten Zeit. Und das Liebesleben war mit der Scheidung natürlich auch noch nicht vorbei. Sie war erst dreiundreißig. Vera hat sich real nie um ein Kind oder um den Haushalt gekümmert. Sie hatte auch keine solchen Ambitionen, ihr Interesse galt dem intellektuellen Leben. Hier lag ihre Stärke.

Zeitweise war eine Putzfrau da, die einkaufte und zu Hause aufräumte, aber diese fand, ich sei ein altkluges und zu anstrengendes Kind und verschwand. Vera war der Meinung, für das Praktische seien Hans und ich zuständig. Wir übernahmen also die Arbeit der Putzfrau und dementsprechend sah es auch aus. Man mag das unverzeihlich finden, doch Hans und ich hatten einander, und wir waren daran gewöhnt, uns selber um uns zu kümmern.

Wir wurden Schlüsselkinder, im Guten wie im Schlechten. Wir trieben uns in Söder herum. Långholmen war aufregend. Oft hielten wir uns an der Baustelle der Västerbron auf. Die Arbeiter fanden mich anscheinend lustig und übertrugen mir hin und wieder kleine Botengänge, zum Beispiel leere Bierflaschen abzugeben. Hans lebte in einer Jungenbande gefährlicher, es gab schlimme Schlägereien. Einmal hatte ihn eine feindliche Bande auf Långholmen an einen Baum gefesselt und alleingelassen, wo er ausharren musste, bis ihn die Polizei fand.

Als ich in der Fagerlind-Moselius-Privatschule in der Norr Mälarstrand 24 anfing, in die auch Hans ging, begleitete mich niemand am ersten Schultag. Als Sechsjährige begann ich in der zweiten vorbereitenden Klasse. Aus Söder, wo wir wohnten, musste man mit der Fähre zur Schule fahren. Poletten kaufte man auf dem Söder Mälarstrand, die Endstation war auf der anderen Seite des Wassers, auf dem Norr

Mälarstrand. Dort musste ich die Straße überqueren, das goldene Gittertor finden, zwei Stockwerke hochrennen und meinen Klassenraum ausfindig machen.

Am ersten Tag setzte ich mich ganz nach hinten, neben einen Jungen, der Ygberg hieß. Den hatte ich mir ausgesucht, weil er Hans ähnlich sah. Das ging gar nicht! Ich war klein von Wuchs. Da musste ich ganz nach vorn. Der Junge war groß und durfte in der letzten Bank sitzen bleiben. Als der Schultag zu Ende war, erblickte ich all die Erwachsenen, Eltern, Kindermädchen, die ihre Kinder abholten. Hans und ich führten ein anderes Leben.

Die Schule ging davon aus, dass Kule unsere Schulbildung bezahlte. Dementsprechend handelten sie und hielten unsere Großmutter Ebba über unsere Ergebnisse auf dem Laufenden. Briefe von ihr an Hans und mich wurden an die Schule geschickt. Die Briefe wurden vor der Klasse vorgelesen.

Einmal hatte ich in einem Anfall von Aufsässigkeit Erbsen auf eine Nachbarin gepustet, die im gleichen Aufgang der Schule wohnte. Sie beschwerte sich bei der Klassenlehrerin Frau Fagerlind, dass ich hunderte Erbsen auf sie gepustet hätte. Mein realistischer Kommentar war, es seien nur vier gewesen, hundert Erbsen hätten ja gar nicht in meinen Mund gepasst. Die Strafe folgte auf dem Fuß. Die Schule bestand aus vier Klassen. Sämtliche Kinder wurden in einer Reihe aufgestellt, außer mir, ich saß in meiner Bank. Einer nach dem anderen ging an mir vorbei und sagte abwechselnd »Pfui Gunilla, igitt Gunilla«, bis Hans dran war, der sich weigerte.

Eines Tages, als wir beide beim Abendessen allein zu Hause waren, spielte Hans mit mir Wilhelm Tell. Er hatte eine kleine Pistole bekommen, aus der man Pfeile abschießen konnte. Er legte mir einen Apfel auf den Kopf. Dann zielte er auf den Apfel, schoss mir aber den Pfeil direkt in die Pupille des rechten Auges. Ich sah nur ein braunes Rinnsal in meinem Auge – das war Blut. Ich hatte Glück. Vera kam ausnahmsweise früh nach Hause, sie hatte keinen Bereitschaftsdienst. Im Eiltempo rasten wir ins Maria-Krankenhaus. Durch den Überdruck im Kopf wurde ich ohnmächtig.

Seit diesem Unfall kann ich im rechten Auge nur Hell und Dunkel unterscheiden. Wäre der Pfeil einen Zehntelmillimeter tiefer eingedrungen, wäre der große Sehnerv verletzt worden und völlige Blindheit die Folge gewesen. Ich habe gelernt, mit diesem Handicap zu leben und das mangelnde Perspektivensehen zu kompensieren. Für Hans war das eine Katastrophe. Ihm ging es wohl am schlimmsten von uns. Ich bekam alle Aufmerksamkeit, aber Hans stand mit der Schuld allein da. Er und ich haben nie über den Unfall gesprochen. Als das Unglück geschah, nahm Vera in ihrer Verzweiflung Kontakt zu Kule auf. Er kam nicht.

Das Leben ging weiter, und wir zogen wieder einmal um, diesmal in die Pilgatan, Ecke Norr Mälarstrand. Eigentlich wollten wir ja eine Wohnung im ersten Kollektiv-Haus Stockholms, in der John Ericssonsgatan 6, mieten, aber das war schon voll. Viele von Veras Freunden waren dort schon eingezogen, unter anderem Aina Versteegh-Lind, später Psychoanalytikerin, mit ihrem Mann John Lind, später Professor für Pädiatrie im Karolinska Krankenhaus. Zwei völlig weltfremde Menschen, die in ihrer Ratlosigkeit ihr erstes Kind Marika als Baby bei minus fünfzehn Grad auf dem Balkon liegen ließen. Kleine Kinder schreien nicht, wenn es zu kalt ist und zeigen auch sonst keine Reaktion. Vera rettete das Kind.

Auch Gustav Jonsson, Skå-Gustav genannt, wohnte mit der künftigen Psychoanalytikerin Esther Lamm in diesem Haus. Die Dachwohnung beanspruchte für sich der Architekt des Hauses, Sven Markelius, der später Stockholms Stadtarchitekt und ein Fürsprecher für den Funktionalismus wurde.

In den dreißiger Jahren war es leicht, eine Wohnung zu mieten. Überall standen Schilder mit der Aufschrift »Zu vermieten«. Man konnte herumlaufen, aussuchen und aussortieren. Angebote, im ersten Quartal mietfrei zu wohnen, waren durchaus nichts Ungewöhnliches, was von weniger finanzkräftigen Leuten weidlich ausgenutzt wurde, indem sie jedes Quartal in eine neue Wohnung zogen.

Meine Schwägerin Lena Jovinge-Palmstierna, deren Eltern arme Künstler waren, erlebte ihre Kindheit als einen einzigen Umzug. Die Vermieter forderten lediglich, dass die Möbel frei von Wanzen waren. Eine Kontrolle war obligatorisch. Meist wurden die Möbel begast. In den Dreißigerjahren waren Wanzen noch eine weit verbreitete Plage.

Da wir aus dem Arbeiterviertel Söder hierher gezogen waren, galten wir als suspekt und alle Möbel wurden begast. Allmählich wurde Stockholm wanzenfrei.

Stockholm–Wien und zurück

Kaum waren wir in die Pilgatan gezogen, da fuhren wir auch schon nach Wien, damit Vera dort ihre Psychoanalyse-Ausbildung weiterführen konnte. Wir wurden in einer Schule eingeschrieben, die wir selten besuchten. Stattdessen bekamen wir von Veras Freundin Ruth Selke zusätzlich Deutschunterricht. Sie und ihr künftiger Mann, Kurt Eissler, studierten damals Medizin und Psychoanalyse und waren arm wie Kirchenmäuse. Beide waren Juden, Vera rettete sie 1938, nach dem Anschluss, in letzter Sekunde nach Schweden. Von dort emigrierten sie in die USA. Ich traf sie viel später, 1966, in New York, als beide bereits etablierte Psychoanalytiker mit einer Adresse auf der Fifth Avenue waren.

Vera, Hans und ich kehrten 1936 nach Stockholm zurück. Zurück in die Pilgatan, zurück in die Schule und zurück in die Ausgegrenztheit. Ich hatte aber zwei Freundinnen, Isabel Birkhahn und ihre Cousine Dagny Levin.

Diese beiden machten mir das Leben erträglich, vor allem Isabel, obwohl sie eines Tages zu mir sagte: »Du kannst nicht zu uns nach Hause kommen, weil du ein Gojim bist.« Ich war schlimmer als ein Gojim, ein Nichtjude, weil meine Mutter die jüdische Herkunft verleugnet hatte. Ein Assimilierter war noch schlimmer. Ein Verleugner war wie ein Abtrünniger. Zu dem Zeitpunkt hatte ich keine Ahnung, was ein Gojim ist. Obwohl Isabel eines Tages äußerte: »Ich bin neidisch auf dich, du kannst samstags machen, was du willst. Warum glauben wir Juden nicht an Jesus? Dann hätten wir samstags frei und nicht Religion.«

Ja, warum eigentlich nicht? Ich meinerseits war neidisch auf ihren Familienzusammenhalt und ihren Glauben. Gemeinsam um einen Tisch zu sitzen und Zugehörigkeit zu spüren. Das war ein Gespräch unter zwei Achtjährigen. Vera führte ihre Studien fort. Das Leben war weniger kompliziert.

Hans und ich hatten uns daran gewöhnt, allein zurechtzukommen. Veras Liebhaber kamen und gingen, das hatte auf das Leben von Hans und mir keinen Einfluss. Es spielte keine Rolle, ob es Männer oder

Frauen waren, Hauptsache, sie respektierten uns. Vera war oft verreist. Kindermädchen hatten wir nur bei längeren Reisen. Meist waren es Freunde oder Kommilitonen. Sie lebten oft auf Pump und da war es natürlich ein Vorteil, in einem Haushalt zu sein, in dem sich die Kinder selber um sich kümmerten.

Als sich Vera einmal im Ausland aufhielt, bekam ich eine schwere Mandelentzündung. Das Kindermädchen begriff, dass es um Leben und Tod ging. In ihrer Angst rief sie Kule an, der als Arzt in Stockholm arbeitete. Er kam auch sofort, ich hatte ihn jahrelang nicht gesehen. Behandelt wurde ich von Doktor Ygberg, dem Vater eines Klassenkameraden. Die beiden Ärzte redeten über meinem Kopf hinweg, während Ygberg ein Loch in die Beule stach. Kule fuhr mich nach Hause und verschwand wieder.

Wenn Freunde von Vera bei uns wohnten, versuchten manche von ihnen, uns eine sogenannte normale Erziehung angedeihen zu lassen. Aber das war verlorene Liebesmüh, dafür waren wir viel zu selbstständig.

Einmal stellte Vera ein gewisses Fräulein Jansson ein. Sie war klein und zierlich. Das blonde Haar war wasserstoffgefärbt. Wir nannten sie »die Schickse«, Hexe auf Jiddisch, ein Ausdruck, den wir in Wien gelernt hatten. Sie nannte sich Freiherrin Palmstierna und empfing bei uns zu Hause zahlreiche Männer. Hinter einem Vorhang versteckt, spionierten wir ihr und ihrem Besuch nach. Hans und ich fanden das interessant, aber für Veras Ruf war das fatal.

Eine Extramama, insbesondere für mich, war Elsa-Brita Nordlund. Sie wohnte manchmal längere Zeit bei uns. Ihre Tuberkulose nahm keiner richtig ernst. Man spülte höchstens ihren Teller gesondert ab. Ausführlich erklärte sie uns, wie eine Lunge begast wird, und malte das auch auf. Sie berichtete auch von stärkeren Sinneswahrnehmungen im Sanatorium, hervorgerufen durch Fieber und Todesnähe. Ein Kampf ums Überleben, der zugleich die Lebenslust und die sexuelle Aktivität steigerte, etwas, was ich später in Thomas Manns Beschreibung eines Sanatoriums bestätigt bekam.

Sowohl Vera als auch Elsa-Brita hinkten mit ihrem Studium hinterher, wenn auch aus unterschiedlichen Gründen. Sie beendeten ihr Studium in demselben Semester und feierten das mit einem unglaublichen Fest bei uns zu Hause. Die Zukunftsperspektiven sahen zu diesem Zeitpunkt rosig aus. In der Pilgatan 4 verbrachten Hans und ich wohl die beste Zeit unserer Kindheit. Der Hof war immer voll von Kindern, die tobten, Brennball spielten und sich eben wie Kinder benahmen.

Hans besuchte das Kungsholmen-Gymnasium, übersprang eine Klasse und nahm zusätzlich Französisch-Unterricht. Zu Weihnachten hatte er einen großen Dolch bekommen, den er ständig bei sich trug. In der Schule nannte man ihn deshalb den »Französischen Schlächter«, ein irreführender Spitzname für einen sehr sanften und in sich gekehrten Menschen.

Hans hatte endlich ein paar Freunde gefunden, Anders Grape und Karl Axel Rundquist, mit denen er seinen Lesehunger teilen konnte. Literatur haben wir früh von Vera bekommen, einerseits durch ihre große, von Großvater Allan mütterlicherseits geerbte Bibliothek, andererseits durch ihre eigenen Einkäufe von brandaktuellen Büchern. Sie war diskussionsfreudig, aber streng, man musste begründen und analysieren können. Sie redete mit uns wie mit Erwachsenen. Hans war schon früh ein guter Diskussionspartner und für ihn waren die intellektuellen Gespräche sein einziger wirklicher Kontakt mit Vera.

Es wurde nicht zwischen Erwachsenen- und Kinderliteratur unterschieden. Man begriff eben das, was man begreifen konnte. Aber in ihrer Bibliothek gab es zwei verbotene Bücher: ihr Tafelwerk der Rechtsmedizin und *Die vollkommene Ehe* des Holländers van de Velde, mit für die damalige Zeit ausführlichen Beschreibungen verschiedener Stellungen beim Geschlechtsverkehr. Van de Velde hatte das Buch seiner Frau und Gesprächspartnerin gewidmet. Natürlich haben wir versucht, diese Bücher ausfindig zu machen.

Mein erstes großes Leseerlebnis waren *Grimms Märchen* in der ungekürzten und unzensierten Ausgabe von 1907. Ich empfand sie nie als furchterregend, weil ich mich immer mit dem kleinsten der beschriebenen drei Geschwister identifiziert habe, für den es stets gut ausging. Vielmehr erlebte ich in ihnen Gerechtigkeit, dass die Bösen ihre Strafe bekamen. Dass das oft grausame Strafen waren, wie etwa, dass die Stiefmutter in einer Nageltonne einen Berg hinuntergerollt wurde, kümmerte mich nicht. Die alten deutschen xylografischen Illustrationen aus dem 19. Jahrhundert regten die Fantasie an.

Mein Lieblingsmärchen war die wirklich sonderbare Geschichte vom Räuberbräutigam. In meiner Erinnerung handelt sie von einer Müllerstochter, die einen Holzfäller heiraten soll. Als Verlobte folgt sie ihm in seine Hütte, tief im Wald. Der Holzfäller erweist sich als Räuber. In der Waldhütte wohnt eine ganze Räuberbande. Sie rauben Mädchen, indem sie ihnen die Ehe versprechen. Kaum in der Räuberhöhle angekommen, werden die Mädchen ermordet. In der Räuberhöhle wohnt auch eine alte Frau. Sie hat Mitleid mit dem Mädchen und versteckt es hinter einem großen Bierfass. Die anderen Räuber kommen mit einer neuen Braut. Sie geben ihr erst weißen Wein, dann roten Wein und dann wieder weißen Wein, und da zerspringt das Herz des Mädchens. Sie zerteilen und salzen es. Am kleinen Finger des Mädchens befindet sich ein Ring. Da dieser festsitzt, hackt ein Räuber den Finger ab, der in hohem Bogen dem versteckten Mädchen in den Schoß springt. Die alte Frau hindert den Räuber, danach zu suchen. Sie schenkt immer wieder Bier in ihre Krüge, bis sie müde werden und einschlafen. Die Müllerstochter wird von der alten Frau gerettet und flieht nach Hause. Als Beweis dafür, was im Wald vor sich geht, zeigt sie den Finger mit dem Ring. Die Männer im Dorf durchkämmen den Wald. Die Räuber werden gefunden und getötet. Warum mich dieses Märchen am meisten fasziniert hat, weiß ich bis heute nicht. Vielleicht, weil das Mädchen gerettet wurde und ich mich mit ihm identifiziert hatte.

Viel später, als ich mich für kurze Zeit in Analyse begab, ging der Analytiker davon aus, dass *Hänsel und Gretel* mein Lieblingsmärchen sei. Er war sprachlos und konnte nicht erklären, warum ich den Räuberbräutigam vorzog. *Hänsel und Gretel* wäre wohl ein bisschen zu simpel gewesen.

Da Hans von der Fagerlind-Moselius-Schule zum Kungsholmen-Gymnasium gewechselt hatte, konnte er mich nicht mehr in der Schule verteidigen. Die Lehrer negierten oder bestraften mich für das kleinste Vergehen. Sie kontrollierten beispielsweise, ob ich mich gewaschen hatte.

Es war eine erniedrigende Prozedur, wenn Frau Jakobsson, meine Klassenlehrerin, in ein Taschentuch spuckte und mir damit den Hals abrieb, um zu sehen, ob ich sauber war, was ich höchstwahrscheinlich nicht war. Dieselbe Lehrerin wurde später Rektorin der Carlsson-Schule.

Ich fing an, die Schule zu schwänzen, machte keine Hausaufgaben mehr, schummelte, hörte nicht zu, versuchte mit aller Macht, dieser auferzwungenen Schulwelt zu entfliehen, bis es eines Tages nicht mehr ging. Endlich griff Vera ein und schrieb Frau Fagerlind einen Brief, dass sie die Unterrichtsmethoden der Schule nicht akzeptiere und beabsichtige, sie anzuzeigen. Das Geschrei blieb nicht aus. In dem Glauben, Kule hätte die ökonomische wie auch die praktische Verantwortung für mich, wandte sich Frau Fagerlind an ihn, damit er Vera zur Vernunft bringe. So kam heraus, dass er keinerlei Verantwortung trug, weder für mich noch für Hans, sondern Vera für uns beide verantwortlich war, und dass er keinen Kontakt zu uns hatte. Das war für verschiedene Seiten eine peinliche Auskunft. Ich wechselte mitten im Schuljahr zur Wallinska-Schule, einer Mädchenschule am Tegnérlund.

Da ich auf Kungsholmen wohnte, bedeutete das eine lange Fahrt mit der Straßenbahn. Aber ich hatte das Glück, in der Schule auf Lehrerinnen zu stoßen, die Verständnis für mich hatten. Der Unterricht interessierte mich, vor allem Geologie. Hätte ich dort bleiben dürfen, wäre ich bestimmt Geologin geworden. Aber ein halbes Jahr später zog ich nach Holland.

Ein erschütterndes Ereignis während meiner Zeit an der Wallinska-Schule war das Auftauchen eines Entblößers. Erschütternd für unsere Lehrerinnen, nicht aber für uns Schülerinnen. Für uns war das eine spannende Abwechslung im Schulalltag. Der Entblößer stand im Treppenhaus gegenüber von unserem Klassenraum und zeigte alles, was er hatte. Für einen Entblößer eine Traumsituation. Wir Mädchen guckten interessiert hin. Unser Interesse war anatomischer Natur. Wie passte all das in die Hose, ohne dass man es sah?

Unter den Schülern entbrannte eine lebhafte Diskussion, bis ein Mädchen rief: »Frau Lehrerin, da steht ein Mann mit aufgeknöpfter Hose und alles baumelt draußen, wie kriegt er denn das wieder in die Hose rein?«

Hysterie brach aus. Da ich die Kleinste war und in Türnähe saß, zwang mich unsere Lehrerin, aus dem Klassenzimmer zu robben, um nicht die Aufmerksamkeit des Mannes zu erregen. Ich sollte den Hauswart alarmieren. Plötzlich kippte die Stimmung. Die Hysterie der Lehrerin wirkte ansteckend. Alle Mädchen bekamen plötzlich Angst.

Selbstverständlich verschwand der Mann, aber die Hysterie erreichte ein solches Ausmaß, dass jedes Mädchen abgeholt und nach Hause gebracht werden musste. Ich wohnte zu weit weg und musste warten, bis sich die Hysterie gelegt hatte, und fuhr dann allein nach Hause.

Solgården

Die wiederkehrenden Sommeraufenthalte im *Solgården* bei Großmutter Ebba bedeuteten vor allem eins – Erziehung, Erziehung und nochmals Erziehung. Hier sollte uns die Erziehung, die wir angeblich von Vera nicht bekamen, eingebläut werden: Steh am Esstisch, kleinen Finger an die Tischkante, sprich nie, bevor du angeredet wirst, Zeitschriften unter den Arm, damit du nicht mit dem Ellbogen fuchtelst und deinen Nachbarn stößt, ein Lineal auf den Rücken, damit du gerade sitzt oder stehst, iss, was auf den Tisch kommt (zum Glück war Großmutter geizig, sodass es nicht viel zu essen gab), kleckere nicht auf den Tellerrand, sonst bekommt der Diener schmutzige Daumen auf seinen Bauwollhandschuhen. Nach dem Essen bedankte man sich zunächst bei Gott und dann bei Großmutter, wie das zusammenpasste, war mir ein Rätsel. Es war doch die Köchin Adèle, die eingekauft und das Essen zubereitet hatte, aber sie wurde bei dieser Danksagung nicht erwähnt. Das Anerziehen von Verhaltensregeln ist ein Sprachcode. Via Körpersprache, Tischmanieren und Sprechweise lernt man Abstand zu anderen Menschen zu halten, jemanden sofort einzuordnen. Das variiert zwar etwas von Land zu Land, läuft aber stets auf ein und dasselbe hinaus: Leute voneinander zu unterscheiden und ihre Klassenzugehörigkeit in Erfahrung zu bringen. Erziehung kann durchaus zu sozialer Rücksichtnahme führen, die oben geschilderte aber lediglich zu Disziplin.

Im *Solgården* war die Köchin Adèle unsere Rettung. Sie war kinderlieb, warmherzig und gutmütig, für uns hatte sie immer einen Leckerbissen in der Küche. Ohne sie hätten Hans und ich die Aufenthalte im *Solgården* nicht ausgehalten. Manchmal mussten wir mitten in der Nacht in die Stube hinunterkommen und wurden von Großmutter gefragt, ob unsere Mutter einen Geliebten hätte. Nein, wir wussten nichts. Veras Art, uns als denkende Wesen und nicht als unmündige Kinder zu behandeln, hatte den Grundstein für eine unverbrüchliche Loyalität ihr gegenüber gelegt, wie sonderbar sie sich auch gab. Wir begriffen, dass sich, wenn wir sie auslieferten, unser Leben noch einmal drastisch ändern könnte.

Meine Tante Margareta väterlicherseits hatte einen Franzosen geheiratet, mit dem sie sich regelmäßig in London traf, François de Seynes de Maysonade Larlenque de und noch mehr de's. Er gehörte einem französischen Adelsgeschlecht an und hatte eine Stelle in der Banque de France. Margareta und François bekamen drei Kinder: Catherine, Anne und Henri. Die Sommer verbrachten sie im *Solgården*, immer mit einer Mademoiselle, einem Kindermädchen. Wenn sie kamen, war die Überwachung von Hans und mir wie weggeblasen. Da drehte sich alles um die französische Familie. Für uns bedeutete das mehr Freiheit. Hans und ich wohnten zusammen mit der Haushaltshilfe Karin und der Köchin Adèle im Speicher neben dem großen Haus. Die drei französischen Kinder wohnten im großen Haus. Damals verabscheute ich sie, wegen der ganzen Aufmerksamkeit, die sie genossen, war ich eifersüchtig auf sie. Zu offensichtlich waren die Unterschiede, die zwischen ihnen und uns gemacht wurden. Catherine, die älteste, war etwa zwei Jahre jünger als ich. Hans und ich neckten sie ständig. Sie wollte mit uns zusammen sein und dasselbe machen wie wir. Sie rief dann »moi aussi, moi aussi!« (»ich auch, ich auch!«). Wir nannten sie »mojsi, mojsi«. Sie trug stets weiße Handschuhe, und wenn Schlafenszeit war, kam das Kindermädchen und deckte sie zu. Sie war auf unsere zeitweilige Freiheit eifersüchtig, und wir auf die Fürsorge, die sie bekam.

Einmal mussten wir Ostern im *Solgården* verbringen. Wir fuhren Ski, es lag ein wenig Neuschnee, einzelne Grashalme ragten heraus, die Sonne schien. Mir gefiel die Situation, die Skier, der Schnee, alles fühlte sich gut an. Ich lachte. Da drehte sich Hans wütend um, deutete mit dem Skistock auf mich und zischte: »Hier wird nicht gelacht.« Freiraum fanden wir bei den Nachbarn, den Clasons im Tånggården, das dem Architekten I. G. Clason gehörte. Hier gab es Kinder und Wärme, spielten wir Theater unter Anleitung von Anita, die vier Jahre älter ist als ich. Seitdem verbindet uns eine herzliche Freundschaft.

Als Anita Björk eine berühmte Schauspielerin wurde, haben wir mehrmals auch beruflich zusammengearbeitet.

Catherine

Meine Cousine Catherine wurde im Erwachsenenalter meine engste Freundin. Eigentlich waren wir in Bezug auf Herkunft und Erfahrungen gar nicht so verschieden. Catherine, Anne und Henri stammen aus einem französischen hugenottischen Adelsgeschlecht, dessen Familiensitz sich in Südfrankreich, in der Nähe von Marseille, befand. Wie ich erlebte Catherine den Zweiten Weltkrieg in Mitteleuropa, zunächst in Paris und dann in Südfrankreich. Im Jahre 1942 starb ihre Mutter Margareta an Brustkrebs und hinterließ drei Kinder. Catherine bekam als Dreizehnjährige die Verantwortung für die beiden jüngeren Geschwister. Nach einer religiösen Krise gab der Vater die Kinder weg, um eine Ausbildung zum Feldpfarrer absolvieren zu können. Catherine wurde in ein Internat gegeben und die Geschwister in eine Pflegefamilie. Nach dem Krieg nahm der Vater eine Pfarrstelle in einem kleineren Ort an. In der Zwischenzeit hatte er eine Freundin von Margareta geheiratet. Da sie Katholikin war, konnte er nicht mehr als calvinistischer Pfarrer arbeiten. Die Meinungsverschiedenheiten zwischen Hugenotten und Katholiken waren nicht ausgeräumt. Das Hinmetzeln der Hugenotten war auch nach vierhundert Jahren nicht vergessen.

François zog mit seinen drei Kindern und der Ehefrau zurück nach Paris. Er war finanziell unabhängig und arbeitete ehrenamtlich in einer Wohltätigkeitsorganisation, die sich um »displaced persons« kümmerte. Mit unglücklichen Fremden zu arbeiten, war eine Sache, sich um seine eigenen drei Kinder zu kümmern und sie zu versorgen, eine andere. Die Stiefmutter Totote interessierte sich mehr für Tiere als für ihre drei Stiefkinder.

Catherine und ich trafen uns wieder, als ich das erste Mal in Paris war. Sie hatte als Siebzehnjährige gerade ihr Abitur gemacht. Sie wollte Ärztin werden, was ihr Vater aber nicht zuließ. Da sie sich sehr für Theater interessierte, bewarb sie sich an einer Theaterhochschule in

Paris. Um ihre Ausbildung abschließen zu können, war sie gezwungen, gleichzeitig in der Wohltätigkeitsorganisation ihres Vaters zu arbeiten. Sich für Kultur, insbesondere für Theater zu interessieren, ging wohl an, aber dies als Beruf auszuüben, war für die Familie de Seynes, vor allem für François nicht »comme il faut«, nicht akzeptabel.

Catherine bekam gleich nach ihrem Studium eine Stelle als Schauspielerin an Jean Dastés Theater *Comédie de Saint-Étienne* in Saint-Étienne. Das war ein angesehenes künstlerisch anspruchsvolles und gesellschaftskritisches Theater, ein innovatives Zentrum vor allem für die neue Literatur und Dichtung.

Im Theater lernte Catherine den Künstler Jean Bazaine kennen, der für die Inszenierung, in der Catherine spielte, das Bühnenbild entworfen hatte. Jean war mehr als dreißig Jahre älter als Catherine, aber sie verliebten sich ineinander und Catherine wurde schwanger. Jean Bazaine war Katholik und mit einer zwölf Jahre älteren Frau verheiratet. Eine Scheidung war undenkbar. Ein uneheliches Kind war zu der Zeit auch nicht vorstellbar. Schwanger Theater zu spielen, ging auch nicht. Ihre Einkünfte waren gleich null. Schließlich wurde vereinbart, dass Catherine bei ihren Großmutter Ebb im *Solgården* in Rättvik wohnen sollte.

Ihr Vater hatte sich mit Jean Bazaine darauf geeinigt, dass ein Aufenthalt in Schweden während der Schwangerschaft, einer geheimen Schwangerschaft, die beste Lösung sei. In der Realität bedeutete dies, dass sich Catherine auch um die betagte und etwas senile Großmutter kümmern musste, ein praktisches Arrangement für alle. Fast ein Jahr lebte sie in Schweden isoliert auf dem Land. Ihre einzige Stütze war Adèle, die treue Dienerin der Großmutter.

Dieser Aufenthaltsort hatte jedoch auch einen Vorteil, eine gutsortierte Bibliothek. Catharine las nämlich mit Hilfe eines Wörterbuchs schwedische Bücher und Großmutter Ebba korrigierte ihre Aussprache. Auf diese Weise brachte sich Catherine ein »literarisches« Schwedisch ohne jeglichen Slang bei. Dass sie die schwedische Sprache beherrschte, sollte für sie später von großem Nutzen sein. So übersetzte sie zum Beispiel Strindberg und später auch Stücke von Peter Weiss aus dem Schwedischen ins Französische. Außerdem erhielt sie aufgrund ihrer Zweisprachigkeit die Rolle der französischen Mutter in Mai Zetterlings Film *Amorosa*, der von Agnes von Krusenstjerna handelt.

Eine wirkliche Freundschaft zwischen uns begann eigentlich erst mit dem langen Briefwechsel, den wir miteinander führten, als Catherine in Dalarna ihr erstes Kind erwartete. Weiter vertieft wurde sie später durch unsere Gespräche in Paris, in denen wir die Lebensbedingungen einer alleinstehenden Mutter mit Sohn in Frankreich und Schweden anhand der jeweils gültigen Rechtslage verglichen und festgestellt haben, dass diese sich in Frankreich seit Napoleon nicht verändert hat.

Nach französischem Gesetz konnte Jean Bazaine das Kind nicht legalisieren, weil er verheiratet war, sodass Catherine gezwungen war, ihren Sohn zu adoptieren, damit er überhaupt einen Nachnamen bekam, denn die Familie akzeptierte das uneheliche Kind nicht. In Schweden hätte das nie passieren können.

In Paris wohnte ich die meiste Zeit bei Catherine in der Rue Dutot. Jean war stets irgendwo im Hintergrund, trotz seiner Ehe und verschiedenen Affären. Ihre Beziehung ging in Freundschaft über. Irgendwie konnten beide nicht voneinander lassen, und als Jean fünfundachtzig war und seine gesetzliche Ehefrau im Alter von siebenundneunzig Jahren starb, heirateten Catherine und Jean im Beisein ihres Sohnes Jean-Babtiste und der Enkelin Aurore.

Durch Catherine und auch durch Jean bekamen Peter Weiss und ich Zugang zu den französischen Theater- und Filmkreisen. Wir lernten Jean-Luc Godard und Delphine Seyrig kennen, die ebenfalls bei Jean Dasté angefangen hatte und väterlicherseits eine Cousine von Catherine war. Während ihres kurzen Lebens wurde sie einer der großen Stars Frankreichs und zugleich eine bekannte Feministin. Die Streifzüge durch Paris, die Peter in *Die Ästhetik des Widerstands* beschreibt, unternahmen wir zusammen mit Catherine und ihrer Schwester Anne. Dass wir die Erlaubnis bekamen, uns das Atelier von Eugène Delacroix mit den dort noch befindlichen Gemälden genauer anzusehen, haben wir Jean Bazaine zu verdanken.

Catherine wurde eine geschätzte Schauspielerin. Sie gründete ein eigenes kleines mobiles Theater, *Théâtre des Quatre Chemins* (Theater der vier Wege). Für dieses Theater schrieb sie viele Stücke, unter anderem eins über Mama Jones, eine bekannte Propagandistin des Syndikalismus in den USA. *Dramaten* hat es ins Schwedische übersetzen lassen, es wurde aber nie aufgeführt.

Während der Studentenrevolte reiste sie mit ihrem Theater quer durchs Land und spielte in Fabriken vor streikenden Arbeitern. In *Femmes*, einem Mittelding zwischen Dramatik und Lyrik, veranschaulicht sie das Los der Frau von der Kindheit bis zum Alter – anhand von Gedichten und Balladen vom Mittelalter bis in ihre Zeit.

Catherine veranstaltete auch vier Ausstellungen über die Entwicklung des französischen Theaters seit dem Mittelalter. Dabei verkörperte jeweils ein Schauspieler jene Dramatiker, die die ausgestellten Werke geschrieben hatten. Catherine spielte die meisten Rollen.

Ich versuchte, das Theatermuseum Schwedens *(Drottningholms teatermuseum)* für dieses Projekt zu interessieren. Aber wie immer fehlte es an Geld. Wenn man bedenkt, was für einen großen Einfluss das französische Theater auf das schwedische gehabt hat, hätten diese Ausstellungen viel Inspiration geben können. Außerdem wäre es etwas Besonderes gewesen, wenn eine französische Schauspielerin die Rollen auf Schwedisch gespielt hätte.

Bei einem unserer Gespräche berichtete Catherine von einer Kindheitserinnerung: Sie sitzen beim Abendessen an einer langen Tafel, der Vater François und die Mutter Margareta an der Stirnseite, die Kinder mit der Gouvernante und dem Kindermädchen an den Längsseiten. Es ist Ende der 30er Jahre. Draußen auf der Straße gibt es Krawalle gegen Hunger und Arbeitslosigkeit. Als Catherine fragt, was da draußen vor sich gehe, gibt ihr der Vater François zur Antwort: »Ferméz la fenêtre«, »Schließt das Fenster.« Aber mit der Zeit öffneten Catherine und auch ihre beiden Geschwister das Fenster und brachen aus politischen Gründen mit ihrem Familienhintergrund.

Anne betrieb in Lausanne eine Zeit lang ein Zentrum für Verfolgte des Apartheidregimes in Südafrika. Henri wurde Fotograf und dokumentierte die Armut in Lateinamerika. Daraufhin wurden sie enterbt, was in Frankreich damals anscheinend möglich war.

Als ihre Verwandtschaft erfuhr, dass die Stiefmutter ein Testament zugunsten eines Katzen- und Hundefriedhofs sowie der katholischen Kirche verfasst hat, blieben die Proteste nicht aus. Ein Katzen- und Hundefriedhof ging wohl noch an, aber dass die katholische Kirche Hugenottenkapital erben sollte, war für sie ein Unding. Die Verwandtschaft zwang Totötte auf ihrem Sterbebett, ihre drei erwachsenen Stiefkinder zu adoptieren, damit diese das Kapital des Vaters erben konnten. Catherine hat ihren Anteil in ihr Theater gesteckt.

Adèle, eine treue Dienerin

Solgården fühlte sich für Hans und mich in früher Kindheit wie ein Verbannungsort an, und als Erwachsene bin ich selten dorthin gefahren. Wenn überhaupt, dann vor allem wegen Großmutter Ebbas treuer Dienerin Adèle. Im April 2009 ist Adèle hundert Jahre alt geworden. Sie brauchte weder ein Hörgerät noch eine Brille. Der Körper war ein wenig gebrechlich und zusammengesackt, aber der Verstand war klar. Erst mit neunundneunzig stieg sie beim Fensterputzen nicht mehr auf die Leiter. Adèle wurde in Uppsala geboren. Ihre Familie bestand aus einem alleinstehenden Vater mit sechs Kindern. Die Mutter starb im Kindbett, als das siebente Kind geboren wurde. Der Vater war Gärtnermeister an der Universität für Landwirtschaft in Ultuna. Der geringe Lohn reichte nicht für eine Berufsausbildung der Kinder. Für die Mädchen kam lediglich praktische Arbeit, meistens als Haushälterin in Frage, etwas, was die Mädchen bereits zu Hause gelernt hatten.

Adèle wurde mit siebzehn Haushaltshilfe der Familie Palmstierna. Anfangs nur im Sommer, wenn diese im *Solgården* Urlaub machte. Das dortige Personal bestand aus einer Haushälterin, einer Köchin, einer Putzfrau und einem Dienstmädchen sowie einem Gärtner. Das war ein großer Haushalt mit vielen Gästen, die aßen, tranken und übernachteten. Im Winter arbeitete Adèle in der bekannten Bäckerei Tössebageriet am Karlavägen in Stockholm.

Als mein Großvater Erik zum Botschafter in London ernannt wurde und Großmutter Ebba für die Repräsentation und den Haushalt in der Botschaft verantwortlich war, wollten sie ausschließlich schwedisches Personal. Der einzige Engländer unter den Angestellten war der Butler, denn darin waren sich alle einig, kein Schwede vermochte den englischen Butler zu ersetzen. Adèle wurde als Köchin eingestellt und Karin vom Mårsgården in Sjurberg als Hausmädchen.

Anfang der dreißiger Jahre fuhren die beiden gemeinsam nach London, um viele Jahre in dem großartigen Haushalt der Botschaft zu arbeiten. Wenn man die englische Fernsehserie *Herrschaft und Dienstboten* gesehen hat, kann man sich vorstellen, wie es damals in der Schwedischen Botschaft in London zugegangen sein mag.

Adèle bekam die Erfahrung eines großen repräsentativen Haushalts und lernte zugleich Englisch. Im Sommer arbeitete sie im *Solgården* und war für das gesellschaftliche Leben dort unverzichtbar. Nach der Scheidung meiner Großeltern 1937 kehrte meine Großmutter Ebba mit Adèle und Karin zurück zum *Solgården*, wo beide einen Vollzeitjob bei ihr erhielten. Da Karin alsbald heiratete, musste sich Adèle allein um alles kümmern, vom Fensterputzen bis zur Kellerreinigung. Sie war Mädchen für alles, kaufte ein und kochte, wusch und mangelte, achtete darauf, dass Heizöl geliefert wurde und der Gärtner seine Arbeit machte. Adèle herrschte über die Küchenbereiche und Großmutter über die Stube. Adèle aß in der Küche, für Großmutter wurde im kleinen Esszimmer gedeckt. Dass beide am gleichen Tisch saßen, war völlig undenkbar. Die großen Abendessen wurden in der Stube serviert und Adèle war ganz in Schwarz gekleidet, mit einer kleinen weißen Schürze und einer kleinen weißen Serviermütze auf dem Kopf. Großmutter bekam den Kaffee von ihr ans Bett gebracht.

Trotz der Klassenunterschiede waren sie wie ein Paar, wie zwei Seiten einer Medaille. Ihre Auffassungen entsprachen ihrer jeweiligen Erziehung. Die eine hatte ihre Prinzipien aus der Oberschicht, die andere die ihren aus der dienenden Klasse. Adèle kannte die ganze Familiengeschichte, die Tragödien und die Freuden des Lebens.

Die traditionelle Anrede der Großmutter lautete Freiherrin und die der drei Kinder stets Baron Kule, Baron Carl-Fredrik und Freiherrin Margareta. Adèle war immer nur Adèle. Das »Du« wurde in der Anrede nie verwendet, sondern nur die dritte Person, doch ein Fräulein Adèle wurde nie daraus. Sie hatte weder einen Titel noch einen Nachnamen.

Adèle war all die Jahre in den Gärtner Anders Karles verliebt, der immer nur Karles, nie Herr Karles genannt wurde. Sie hatten bestimmt ein Verhältnis, haben aber nie geheiratet. Adèle blieb Großmutter treu. Anders kam jeden Morgen und trank in der Küche seinen Kaffee, bis ins hohe Alter. Er starb in Adèles Küche, fiel mit dem Kopf auf den Küchentisch, die Kaffeetasse in der Hand.

Großmutter wurde langsam senil. Eigentlich hätte man sie in einem Pflegeheim unterbringen oder rund um die Uhr von einer Krankenschwester betreuen lassen müssen. Adèle übernahm es, sich um Großmutter zu kümmern. Sie hat sie fast zehn Jahre gepflegt. Der einzige

Unterschied in ihrem Verhältnis war, dass nun beide zusammen am Tisch im Esszimmer aßen, da Großmutter gefüttert werden musste. So erlangte Adèle zu guter Letzt die Oberhand über sie. Allerdings bin ich davon überzeugt, dass in ihren Augen der fürsorgliche, beschützende Aspekt entscheidend war. Die Freiherrin, die über sie bestimmt hatte, wurde ihr Kind. Als Großmutter für kurze Zeit im Krankenhaus Falu (Falu lasarett) lag, schlief Adèle neben ihr in einem Touristenbett. Als der Tod nahte, kümmerte sich Adèle fast rund um die Uhr um die Pflege. Zwischendurch wurde sie jeweils nur kurz vom Samariter-Pflegedienst abgelöst.

Das Einzige, was Großmutter bis zum Schluss konnte, war stricken. Großmutter hat immer Strümpfe gestrickt, die an die Armen, besonders in Afrika geschickt wurden. Als Großmutter starb, hinterließ sie einen zwei Meter langen Strumpf im Strickkorb.

Als das Ende nah war, rief Adèle die Söhne Kule und Carl-Fredrik an. Kule konnte nicht kommen, er war bei einer Freimaurerversammlung in Uppsala, und Carl-Fredrik war mit Frau und Kind gemeinsam mit dem alten König auf Zypern, eine Pflicht, die man nicht unterbricht, nicht einmal, wenn die eigene Mutter im Sterben liegt. Als die Atmung schwieriger wurde, kroch Adèle zu Großmutters ins Bett und wiegte sie im Arm, und Großmutter starb als dünnes ausgemergeltes Bündel in Adèles Armen. So hatte sie der Samariter-Pflegedienst vorgefunden.

Nach Großmutter Ebbas Tod führten Hans und ich ein eindringliches Gespräch mit Kule und Carl-Fredrik über Adèles Finanzen und ihre Rente. Wir waren davon ausgegangen, dass die Finanzen gesetzlich geordnet waren. Es zeigte sich, dass nichts eingezahlt worden war, weder Steuern noch Sozialabgaben oder Rentenbeiträge.

Das Monatsgehalt hatte in einem Umschlag auf dem Küchentisch gelegen, so war es immer gewesen. Niemand hatte an ihren Lebensabend gedacht. Das einzige, was Adèle von Großmutter erbte, waren zehntausend Kronen auf die Hand und Großmutters Rättviks-Kostüm.

Nach fünfzig Jahren Dienst durfte sie gnädigerweise ihr kleines Zimmer vor der Küche behalten, dafür, dass sie das Anwesen in Ordnung hielt, sich um die alltäglichen Dinge kümmerte, die Interessen des Hauses wahrte, die Fenster putzte und zusah, dass das Heizöl geliefert und der Garten gepflegt wurde. Kurz vor ihrem Rentenalter hatte sie vorübergehend eine Vertretungsstelle beim Samariter-Pflegedienst in Rättvik und Umgebung bekommen, aber für diese kurze Zeitspanne erhielt sie kaum Rente.

Meine französische Cousine Catherine und ich fuhren zum *Solgården*. Ich hatte Adèle nicht mehr gesehen, seit sie ihren 90. Geburtstag im *Hembygdsgården* gefeiert hatte, ein Fest, das die Nachbarn und das Dorf Sjurberg arrangiert hatten, um ihr zu zeigen, was sie ihnen bedeutet. Sie war damals eine aufgeweckte Neunzigjährige, die bis nachts um drei getanzt hat.

Als wir jetzt zum *Solgården* fahren wollten, hatten wir unsere Tante Beth, Carl-Fredriks Witwe, die das Anwesen besaß, gefragt, ob wir dort für ein paar Tage wohnen könnten, um Adèle zu treffen und zu gucken, wie es ihr ging. »Ja, aber wenn ihr Adèle sehen wollt, bereitet euch darauf vor, dass es stinkt«, sagte Beth und hielt sich mit Daumen und Zeigefinger elegant die Nase zu: »Fi donc.«

Adèle war bei unserem Besuch siebenundneunzig Jahre alt und lebte in einer richtigen Misere. Um weiterhin dort wohnen zu können, kümmerte sie sich noch immer um das Haus. Dafür erhielt sie hundertfünfzig Kronen im Monat. Benutzte sie das Telefon, wurde diese Summe davon abgezogen. Da blieb kaum ein Öre übrig, eher hatte sie Schulden.

Sie lebte noch immer in demselben heruntergekommenen Zimmer, und ihr ganzes Eigentum verwahrte sie in einem Unica-Koffer. Es war ihr nicht gestattet, das Badezimmer zu benutzen, und am liebsten auch nicht die Toilette. Sie hatte nur einen Kaltwasserhahn und einen Nachttopf in ihrem Zimmer.

Nicht einmal in meiner wildesten Fantasie hätte ich mir ausmalen können, dass das alte Klassendenken noch in diesem Ausmaß existierte. Dass ein Diener nur ein Diener ist und Adèle dankbar sein musste, dass sie ihr Zimmer behalten durfte.

Beths Tochter, meine Cousine Margareta, und ich versuchten, dieses Elend zu beenden, damit wenigstens Adèles letzte Zeit erträglich werden würde. Deshalb setzten wir uns mit den Sozialbehörden der Gemeinde Rättvik in Verbindung und erreichten schließlich, dass der Samariter-Pflegedienst fortan fünfmal täglich zu Adèle kam. Dabei ging es um Körperhygiene, Essen und allgemeine Fürsorge. Als Adèle hundert wurde, lebte sie immer noch im *Solgården*. Sie feierte einen großartigen 100. Geburtstag im Hembygdsgården. Adèle saß mit einem Blumenkranz auf dem Kopf ganz aufgeweckt da, mit gutem Gehör und ohne Brille.

Die zweiundneunzigjährige Beth und die hundertjährige Adèle saßen bei der Feier nebeneinander, aber sie sahen sich weder an, noch sprachen sie miteinander. Unter einem Dach gab es zwei Welten. Zwei alte Frauen, die nicht miteinander kommunizierten. Beth steckte noch immer Watte in die Schlüssellöcher, um nicht den Geruch von Adèle zu spüren.

Adèle starb mit hundert Jahren und vier Monaten. Sie durfte ihren 100. Geburtstag erleben, was hatte sie jetzt noch zu erwarten? Margareta, ich und Mikael fuhren zur Beerdigung, die in der Kapelle der Rättsviker Kirche stattfand.

Es waren achtundzwanzig Grad Minus, die Sonne strahlte über eine blauweiße Landschaft, es war fast zu schön. Ungefähr vierzig Leute kamen, um sie zu ehren. Nicht schlecht für eine Hundertjährige.

René de Monchy

In Wien hatte Vera einen neuen Mann kennengelernt, den holländischen Arzt, Neurologen und Psychoanalytiker René de Monchy, der später mein Stiefvater werden sollte. Sie hatten sich auf Freuds Seminaren kennengelernt. Beide waren geschieden, beide hatten zwei Kinder.

Hans und ich haben René ein Jahr, bevor er Vera 1937 heiratete, getroffen. René kam nach Stockholm. Er hatte sich ein schickes Sportauto gemietet, mit einem Verdeck. Er fuhr rasant. Wir Kinder lagen hinten auf dem Boden, um überhaupt atmen zu können. Im Sitzen wehte der Wind zu stark. Hans jammerte. Ich beruhigte ihn mit der Begründung, dass wir nun vielleicht endlich einen Vater bekämen.

Nach der Scheidung von Kule fühlte sich Vera in Schweden beobachtet und verfolgt. Sie dachte, sie könnte sich in einem anderen Land, mit einem Mann, der ihr Kollege war und den sie leidenschaftlich liebte, eine neue Existenz aufbauen. Sie hatten zusammen in Wien studiert und lange Reisen mit dem Auto durch Europa unternommen. Aber sie machte einen großen Fehler. Sie ist vor ihrer Ehe nicht ein einziges Mal in Holland gewesen. Sie hat sich nie über die Situation von Frauen dort informiert, weder Renés Verwandtschaft noch seine Freunde getroffen bzw. kennengelernt.

In Wien verkehrten Vera und René als Ausländer meist mit anderen Ausländern. Ihr Vorteil war, dass sie Deutsch, die Landessprache, beherrschten und dadurch mit Österreichern und mit anderen in Wien lebenden Ausländern kommunizieren konnten. Sie hatten gemeinsame Interessen und dieselben Ziele. Außerdem waren beide ungebunden, lebten ohne familiäre Beziehungen und Verpflichtungen. Ein Alltag mit seinen ganzen Anforderungen existierte für sie nicht.

Sie gehörten der wohlhabenden Oberschicht an, die in völliger Freiheit lebte. Etwas Anderes ist es, wenn man in eine neue Familie und Familienkonstellation in einem neuen Land kommt, von dessen Sprache man keinen einzigen Buchstaben kennt und man obendrein noch in eine besonders konservative patriarchalische Gesellschaft gerät, die in Bezug auf Demokratie und Frauenfragen bestimmt fünfzig Jahre hinter Schweden zurücklag und die noch immer mit den Konflikten zwischen den verschiedenen Glaubensgemeinschaften lebte. Katholiken und Calvinisten verkehrten nicht miteinander. Innerhalb des Calvinismus gab es zudem auch große Widersprüche zwischen den sogenannten *hervormde* und de *gereformeerde*.

Es wurde lange geheim gehalten, dass Vera beabsichtigte zu heiraten und nach Holland zu gehen, da sie uns Kinder mitnehmen wollte, denn dafür benötigte sie Kules Einwilligung. Sie traf sich mit Kule und bat ihn um Erlaubnis, Hans und mich mit nach Holland in den Urlaub nehmen zu können. Das hatte sie schon einmal so gemacht, als sie uns nach Wien mitnehmen wollte. Damals waren wir ja auch zurückgekehrt. Selbstverständlich hat sie ihm nicht erzählt, dass sie einen Holländer heiraten und wir nicht nach Schweden zurückkehren würden. Vera und René heirateten im Rathaus in Stockholm. Von Renés Verwandten war keiner dabei, es war seine dritte und ihre zweite Ehe, so etwas erledigt man am besten in aller Stille.

Aufsehen gab es dennoch. René sah dem gerade verstorbenen Ivar Krüger sehr ähnlich und die Boulevardzeitungen vermuteten, Ivar wäre auferstanden, nur eben unter anderem Namen. Die Wohnung war gekündigt, die Möbel weggegeben. Der Abschied auf dem Hauptbahnhof in Stockholm war dramatisch. Zu der Zeit, Ende der dreißiger Jahre, verreiste man nicht so oft. Flugreisen waren selten und mit dem Zug dauerte es lange. Es war wie ein Abschied für immer. Den Verwandten zufolge habe ich wohl gesagt: »Das wird spannend.« Dabei habe ich auch noch gelispelt.

Im Schlafwagen hatten wir zwei Doppelcoupés mit einer dünnen Verbindungstür. Der Zug hielt in Lübeck, und Hans und ich lehnten uns aus dem Fenster, als ein Mann auf uns zukam und uns Marzipan schenkte, weil wir so »reinarisch« aussahen. Hinter uns saß unsere Mutter mit ihrem jüdischen Hintergrund. Veras Kommentar dazu lautete: »Das ist kein Land für uns.«

Sie hatte schon früh begriffen, was in Deutschland stattfand. Als sie 1935 aus Wien und Berlin nach Hause kam, hatte sie versucht, Freunden und Verwandten zu erklären, was vor sich ging und was zu erwarten war. Sie hatte sogar Artikel geschrieben, die aber nie angenommen wurden. Es gab nicht viele Leute, die sie ernst nahmen oder ihr glaubten, aber durch ihren Briefwechsel mit einer engen Freundin in Berlin, Hanna Solms, die später zu der Gruppe gehören sollte, die das Hitler-Attentat geplant hatte, war sie früh über die Situation in Deutschland informiert und hatte ihre Haltung dazu.

> Die Kinder der Oberschicht hatten früher zu ihren biologischen Eltern kaum Kontakt, weshalb ihr Verhältnis oft kühl war. Die Verantwortung für die Kinder wurde von Ammen, Kindermädchen, Gouvernanten, Hauslehrern, Dienern und anderen übernommen. Die Kinder wurden bereits mit fünf Jahren in ein Internat gegeben: die Jungs in ein Jungeninternat, die Mädchen in Klosterschulen. Die Frauen, die als Ammen angestellt wurden, mussten ihre eigenen Kinder vernachlässigen, um die Kinder der Reichen zu stillen.
>
> In der Familie de Monchy wurde René nicht von seiner Mutter gestillt. Als einmal eine Zeit lang keine Amme zur Verfügung stand, musste er Eselsmilch trinken. Jeden Morgen kam ein Esel zu dem Haus in Rotterdam, um gemolken zu werden. Vermutlich war es eine billigere Alternative zu einer richtigen Amme.

Arbeiterkinder hatten aus ganz anderen Gründen wenig Kontakt zu ihren Eltern. Das hing damit zusammen, dass die Eltern lange und schwer arbeiten mussten. Viele Kinder wurden in der Zeit, in der die Eltern für den Unterhalt der Familie arbeiteten, alleingelassen oder eingeschlossen. Der Künstler Endre Nemes hat erzählt, dass seine Mutter, die als Köchin arbeitete, ihn mit einem Bein an den großen Küchentisch binden musste, während sie ihre Arbeit verrichtete.
Die Kinder der unteren Mittelschicht hatten engeren Kontakt zu ihren Eltern, vor allem zur Mutter. Das betraf Elternhäuser, in denen es zwar nicht genug Geld für Dienstboten gab, aber genug dafür, dass die Frau nicht arbeiten musste, sondern zu Hause bleiben, eine »Hausfrau« sein konnte. Möglicherweise konnte man sich ein Dienstmädchen vom Lande leisten, das sich um die Grobreinigung kümmerte und in einem Kabuff hinter der Küche lebte. Der Mutter oblag die Verantwortung für die tägliche Erziehung. Den Vater bekam man erst beim Abendessen zu Gesicht. Als Familienversorger durfte er nicht gestört werden, dennoch musste er in die Rolle desjenigen schlüpfen, der die Kinder für den Unfug, den sie tagsüber angestellt hatten, bestrafte. Literarisch wird dieses Thema in zahlreichen Büchern verarbeitet, die von der Abrechnung mit den Eltern handeln. Mitunter habe ich mich gefragt, ob dies eine Problematik der Mittelschicht sei.

Die ersten Jahre in Holland

Hans und ich sahen zum ersten Mal Kanäle, die höher als die Straßen lagen, auf denen wir fuhren. Auf den Kanälen glitten langsam lange flache Lastkähne dahin. Die Kanäle waren ganz grün vor Algen, weit und breit waren keine Bäume zu sehen, nur Weiden mit Kühen. Die Weiden hatten keinen Zaun, sondern waren von kleinen Wassergräben umgeben. Niedrige Bauernhäuser mit Strohdächern und nirgends ein Hügel, nur die Konturen von Städten und ein wolkenverhangener riesiger Himmel. Die Landschaft sah genauso aus wie auf alten holländischen Gemälden, Radierungen und Zeichnungen: Flachland mit niedrigen, strohbedeckten Häusern und ein riesiger Himmel mit runden treibenden Wolken. Bilder, auf denen der Himmel zwei Drittel einnimmt.

Wir kamen in Rotterdam an. Wir sollten in einem hohen, schmalen fünfstöckigen Haus, einem typischen holländischen Ziegelsteinhaus wohnen. Der Eingang führte durch eine große und schwere Haustür, deren Oberteil aus einem schmiedeeisernen verschnörkelten Gitter bestand, in dessen Mitte als kleine, zusätzliche Dekoration, ein grinsender Männerkopf prangte. Keine Klingel, sondern eine wuchtige Eisenstange, die sich nur mit Müh und Not herausziehen ließ. Drinnen dröhnte es dann wie Glockengeläut. Gespannt erkundeten Hans und ich das Haus, dessen Atmosphäre irgendwie an Dickens Erzählwelt erinnerte.

Das Erdgeschoß war größtenteils mit weißem Marmor ausgekleidet. Gleich links, eine halbe Treppe tiefer, befand sich die Küche, mit gefliestem Fußboden und einer langen Spüle aus rissigem Stein. Die Wände waren mit alten holländischen Delfter Fliesen mit dekorativen blauen Figuren gekachelt. Die Küche lag zur Hälfte unterhalb der Straße. Weiter hinten im Flur war links ein Wandschrank und am Ende des länglichen Flurs ein Bügel- und Nähzimmer, mit allem Zubehör. Daneben war das Esszimmer, ebenfalls eine halbe Treppe tiefer. Parallel zur Hinterseite des Hauses, draußen vor dem Bügelzimmer und dem Esszimmer, gab es eine große Terrasse. Darunter war ein schmaler Garten mit einem verschlungenen Pfad und einem großen, blühenden Kirschbaum.

Im ersten Stock befanden sich Renés Praxis und ein Warteraum. Eine schmale steile dunkelgrüne Treppe verband die verschiedenen Stockwerke miteinander. Renés Arbeitszimmer hatte Gerrit Rietveld eingerichtet. Der Raum war in Silbergrau mit einem Hauch Grün gehalten, darin ein runder Glastisch und die typischen Rietveld-Stühle, an der Wand Bücherregale mit Schiebetüren aus Glas. Eine Ecke im Raum wurde von einem silbergrauen glänzenden Vorhang verdeckt, dahinter befanden sich die Instrumente für Renés neurologische Untersuchungen. Einmal waren Hans und ich Versuchskaninchen bei einem Experiment. Wir standen mit René in einem Kreis und hielten uns an den Händen. René stellte einen elektrischen Apparat an und wir bekamen alle einen ordentlichen Stromschlag. Ich nehme an, das wird bei den Neurologen inzwischen nicht mehr praktiziert.

Vor dem Raum befand sich eine verglaste Veranda mit Blick auf einen Garten voller grüner Pflanzen. Der Warteraum neben dem Arbeitszimmer sollte später mit den Möbeln aus dem Palmstierna-Nachlass eingerichtet werden, die Hans und ich geerbt hatten. Im zweiten Stock befanden sich zwei Zimmer, Veras Praxis- und Wohnraum. Sie wurden mit den geerbten Möbeln und mit ihren Büchern eingerichtet.

Auf derselben Etage befand sich Renés und Veras gemeinsames Schlafzimmer, ebenfalls von Gerrit Rietveld eingerichtet. Alles war in einem Grauton gehalten, dazu eine kalte zitronengelbe Wand. Das Schlafzimmer wirkte eher wie ein anonymes Hotelzimmer. Das einzig Interessante darin war ein Van-Gogh-Gemälde in Grautönen. Vom Schlafzimmer ging ein Badezimmer ab, das sowohl vom Flur als auch vom Schlafzimmer aus betreten werden konnte.

Wie zu den übrigen Etagen führte auch in die dritte Etage eine schmale, grüne Treppe. Dort befanden sich ein funktional eingerichtetes Gästezimmer mit Bad und großer Kammer für Kleidung sowie zum Garten hin zwei kleinere Zimmer, die für Hans und mich vorgesehen waren. Anfangs war René allerdings der Meinung gewesen, die Kammer würde für einen von uns reichen. Vera protestierte, Kinder könnten nicht ohne Fenster leben. In den Zimmern hatten zunächst Renés Kinder aus erster Ehe, Petronella (Petie) und Charles, danach auch die beiden Stiefkinder aus zweiter Ehe gewohnt. Und jetzt sollten also Hans und ich dort einziehen. Ein Kind wie das andere, wir sind alle austauschbar.

Das Bad hatte eine Gasheizung, die mit einem lauten Knall anging. Wir Kinder durften die Badewanne nur bis zum extra gemalten Eichstrich von genau zehn Zentimetern mit Wasser füllen.

Eine weitere Treppe führte schließlich bis zum Dachboden, wo es zwei kleinere Zimmer gab, eins zur Straße hin und eins zum Garten. Dazwischen befand sich eine nicht beheizbare Kammer, in der das Personal wohnte. Dort gab es lediglich einen Kaltwasserhahn. Die Toiletten, die das Personal benutzen durfte, lagen unten im Keller, wo sich außerdem eine kleine Werkstatt, eine immer abgeschlossene Vorratskammer und ein Kohlenkeller mit dem Heizkessel befanden.

Wir wurden von einem Dienstboten in rotweißgestreifter Livree, einer Köchin und einem Hausmädchen empfangen. Es stellte sich heraus, dass der Dienstbote relativ neu war. Es war immer Renés Traum gewesen, einen Dienstboten zu haben. Dieser hieß Jean, war aber nicht der Traumprinz, den sich René vorgestellt hatte.

Bisher hatte Jean allein den Haushalt für René geführt, sich um die Einkäufe und Ausgaben gekümmert und diesem gesalzene Rechnungen präsentiert. Nun fürchtete er, dieses »Privileg« zu verlieren. Es behagte ihm nicht sonderlich, dass nun, wie er dachte, eine tüchtige Hausfrau sowie zwei neugierige Kinder ihm würden reinreden wollen. Er wusste ja nicht, wie weit Vera von einer Hausfrau entfernt war und wie wenig sich Hans und ich für seine Arbeit interessierten.

Im Haus fing es an zu spuken, die Toiletten wurden mit Kot beschmiert, er schob das auf die unerzogenen schwedischen Kinder. Eines Nachts schlich sich ein Gespenst in mein Zimmer. Es war weiß gekleidet und hatte anstelle des Kopfes einen Totenschädel. Statt zu schreien und nach unten zu Vera und René zu rennen, blieb ich schweißgebadet unter der Bettdecke liegen und beobachtete durch ein kleines Guckloch das Ungetüm. Ich dachte mir, wenn ich reglos liegenbleibe, wird das Gespenst bestimmt wieder verschwinden. Und so war es auch. Später stellte sich heraus, dass es der Dienstbote war. Der Totenkopf stammte aus Renés Praxis.

Als es das nächste Mal im Haus rumorte, war René verreist. Da sich Vera im Dunkeln fürchtete, schlief ich bei ihr im Zimmer. Mitten in der Nacht ging plötzlich das Licht im Bad an. Ich stand auf und machte es aus. Das wiederholte sich mehrere Male. Vera begann, den Dienstboten zu verdächtigen, aber René sagte, er ginge für diesen Mann »durchs Feuer«. Eines Morgens wurde auf der Treppe eine Perlenkette gefunden. Ich wurde beschuldigt, mit Veras Schmuck gespielt zu haben. René hatte Vera verboten, Wertgegenstände einzuschließen, weil das als Misstrauen gegenüber den Dienstboten angesehen werden könnte.

Eine Schwägerin schaltete sich ein und holte die Polizei. Der Dienstbote wurde sofort verhaftet. Er war ein bekannter Knacki. Das Haus wurde durchsucht. Der Keller war eine einzige Diebeshöhle. Er hatte auch die Köchin und das Hausmädchen bestohlen. Mit ihm verschwanden ihre Ersparnisse.

Viel später, während des Krieges, sah ich ihn wieder. Er trug eine Naziuniform und verkaufte die Zeitung der Nazipartei, *Volk en Vaderland* (Volk und Vaterland). Während des Krieges sang man zur Melodie eines alten Kinderreims:

Op de hoek van de straat	*An der Straßenecke*
staat een fariséer.	*Steht ein Pharisäer*
Het is geen mens,	*Das ist kein Mensch,*
het is een beest.	*das ist ein Biest.*
Het is een NSB'er.	*Das ist ein NSB-er.*
Voor tien cent,	*Für zehn Cent*
staat dic vent	*steht der Lump*
en verkoopt zijn	*und verkauft sein*
»Volk en Vaderland«.	*»Volk und Vaterland«.*

Während der Okkupation entließen die Deutschen Häftlinge aus den Gefängnissen. Sie wurden in die von Anton Mussert geführte holländische Nazipartei NSB aufgenommen. Zahlreiche Landesverräter waren deshalb Kriminelle. Sie verrichteten für die hohen Parteifunktionäre oft die gröberen, schmutzigen Arbeiten.

Vera hatte keine Ahnung, was von einer holländischen Hausfrau erwartet wurde. Sie wollte es eigentlich auch gar nicht wissen, es widerstrebte ihr, den Angestellten Befehle zu erteilen. Es war eher so, dass sie sich vor ihnen fürchtete.

In Schweden ist es häufig darauf hinausgelaufen, dass sie der Angestellten Geld gab, damit diese sich weiterbilden konnte. Hier war das völlig anders.

Bis zum Krieg hatte sich das Verhältnis zwischen Hausfrau und Angestellten seit dem goldenen Zeitalter, dem 17. Jahrhundert, kaum verändert. Die Hausfrau war die Chefin, die mit fester Hand über die täglich anfallenden Arbeiten waltete und Anordnungen traf. Meist gab es eine detaillierte, in der Küche aufgehängte Liste der zu erledigenden Arbeiten, die jeweils anzeigte, was am betreffenden Tage zu putzen, bügeln, einzukaufen, zu reinigen etc. ist. Da keine solche Liste existierte und Vera nie ihren Fuß in die Küche setzte, verwandelte sich die Küche alsbald in einen Tummelplatz für Freunde des Personals plus mich.

Zunächst waren es die Freunde des Dienstboten, die sich dort einnisteten. Das war praktisch für sie, mit dem Essen, der Wärme und der Diebeshöhle im Keller. Als Jean ertappt wurde und ins Gefängnis kam, wurde die Küche von einer neuen Truppe belagert, von den Bekannten der Köchin und des Hausmädchens. Die Köchin, Corrie, hatte einen Verlobten, einen arbeitslosen Kommunisten, der Jean Remortre hieß. Ich durfte weder René noch Vera erzählen, dass er sich ständig in der Küche aufhielt. Er und ich hatten ein gemeinsames Interesse, beide suchten wir Wärme und Essen. Er brachte mir einige »rote« Lieder bei. Der Tochter des Hausherrn kommunistische Lieder beizubringen, fand er natürlich lustig. An eins erinnere ich mich immer noch. Es wurde von dem Schlager *Bei mir bist du schön* inspiriert.

Bei mir bist Du schön,
Bei mir bist Du schön

We trekken van het steun	*Wir leben von der Stütze*
We eten van het crisiscommitté,	*Wir essen, was es gibt vom Krisenkomitee*
We eten erwtensoep,	*Wir essen Erbsensuppe*
zo dik als koeienpoep	*so dick wie Rinderschitt*
We eten groent'in blik,	*Wir essen nur aus Büchsen*
waar je de moord mee stik.	*bis wir dran ersticken.*

Die Erziehung der holländischen Oberklasse unterschied sich kaum von der schwedischen oder von der meiner französischen Cousinen.
Geiz als Prinzip ist ein Klassenmerkmal. Man soll lernen, enthaltsam zu sein. Geld, Aktien, Pfandbriefe, Häuser und vor allem Macht anhäufen, lebt aber zugleich, als wäre man arm wie eine Kirchenmaus.
Das Haus war immer kalt, die Heizung wurde nur für wenige Stunden angestellt. Man sollte als Kind abgehärtet und gegeißelt werden und lernen, sich ultimativ zu beherrschen.

Gefühlsbekundungen galten als etwas Böses und Vulgäres – alles nach dem kalvinistischen Prinzip, dass der ein Auserwählter Gottes ist, der sein Kapital gut verwaltet und sich geißelt. Die passende Religion für ein Handels- und Kolonialvolk.

Man sollte auch lernen, Menschen einzuordnen. Erkennen, ob jemand zur Hälfte oder ganz oder gar nur zu einem Achtel von einem anderen Volk abstammte; hatte jemand eine andere Hautfarbe, so war dies vielleicht auf eine nicht akzeptable Beziehung in weit zurückreichenden Generationen zurückzuführen. Man sollte lernen, diejenigen, denen es schlechter ging, nicht zu beachten, man gehörte einer privilegierten und auserwählten Klasse an. Der Geiz brachte der Oberklasse bei, das Kapital gut zu verwalten, der verdeckte Rassismus machte aus ihnen passable Kolonisatoren. Höflich und unantastbar sollte man sein.

Auch nach der Redeweise wurden die Menschen sortiert. Dabei ging es nicht um Dialekte, sondern um falsch verwendete Wörter; eine unschickliche Nuance reichte schon, um in eine ganz bestimmte Schublade verfrachtet zu werden.

Wer weiß, vielleicht hätte auch ich diese Werte angenommen, wäre ich nicht nach Veras Tod als Neunzehnjährige vor die Tür gesetzt worden. Hans und ich waren ja gezwungen, wieder bei Null anzufangen. Das eröffnete uns Perspektiven auf jene Milieus, in denen wir unter verschiedenen Existenzbedingungen in verschiedenen Ländern gelebt haben.

Die Putzfrau Nelly passte gut zu der Gruppe, und ich glaube, sie hat viel von dem kommunistisch engagierten Jean Remortre gelernt. Während des Krieges war dieser in der holländischen Widerstandsbewegung tätig; er flog unmittelbar vor Kriegsende auf, wurde inhaftiert und hingerichtet.

Einmal sagte Nelly im Vorbeigehen zu mir: »Eines Tages werden wir da oben sitzen und ihr hier unten.« Nelly war die Tochter eines Schusters, der seine Werkstatt und Wohnung im Keller des Nachbarhauses hatte. Die Schusterfamilie hatte einen Sohn, der schwer körperbehindert war und im Rollstuhl saß. Dieser stand bei Wind und Wetter vor der Werkstatt auf der Straße. Nelly wurde als Dienstmädchen ohne Gehalt angestellt, als Gegenleistung behandelte René den Bruder umsonst.

Was die Einkünfte in Holland anbelangt, so wurden diese in Arbeiter- und Bauernfamilien nach folgendem System verwaltet: Der Ehemann und auch die Kinder lieferten ihren Lohn bei der Mutter ab. Diese wiederum händigte ihnen ein Taschengeld aus. Einen kleinen Betrag aus den Einkünften der Kinder legte sie beiseite. Dieses Ersparte erhielten die Kinder erst, wenn sie auszogen, um zu heiraten. Da Nelly keinen Lohn bekam, war ihre Bitterkeit berechtigt. Sie heiratete jung und zog nach Niederländisch-Indien (Indonesien). Als ich sie das letzte Mal sah, sagte sie zu mir: »Ich komme reich nach Hause, du wirst schon sehen.« Nelly überlebte den Krieg, die japanische Okkupation sowie den Befreiungskampf Indonesiens und kehrte reich nach Hause zurück.

Aus ökonomischer Sicht waren Niederländisch-Indien und Südafrika nicht nur vorteilhaft für den Handel. Die Kolonien waren auch ein guter Ort, um dort Leute aus dem dicht besiedelten Holland unterzubringen. Aus politischer Sicht war es überdies auch eine effektive Art und Weise, die soziale Unzufriedenheit im Heimatland zu kanalisieren.

In der Schule lernten wir Malaiisch und in Geografie sämtliche Provinzen in Niederländisch-Indien, damit wir uns, falls wir dort arbeiten würden, zurechtfänden. Wir lernten auch Afrikaans, die Geschichte der Buren und ihre Freiheitslieder.

Das Wort »Bure« bedeutet Bauer, Burenkrieg also Bauernkrieg. Uns wurde eingetrichtert, dass dies der Kampf der streng kalvinistischen Bauern gegen die Engländer gewesen sei, um sich ihr Eigentum in Afrika zurückzuholen. In Wirklichkeit war es der Kampf zweier Kolonialmächte um Diamanten und andere Bodenschätze.

Nach unserer Ankunft in Rotterdam gingen Hans und ich sofort auf Entdeckungsreise. Wir versuchten, die Sprache mit Hilfe von Ladenschildern zu lernen, verglichen die Texte mit dem Deutschen und manchmal klappte es mit dem Verständnis sogar recht gut. Wir dachten, wir könnten auf der Straße Spielkameraden finden, so wie früher auf dem Hof in der Pilgatan in Stockholm. Hier ging das nicht. Die Seitenstraße, die an unser Haus grenzte, war ein Slum, eine richtige Hinterhofstraße, *achterbuurt*. Sobald wir dort auftauchten, bekamen wir Prügel. Nach Meinung der Bewohner hatten wir dort nichts zu suchen.

Die Balkone der Armen grenzten an unseren Garten. Wenn René und Vera Besuch hatten, warfen die Nachbarn Müll auf die Terrasse. Deshalb erhielt sie eine Überdachung.

Hans und mir war es verboten, hinunter zum Hafen zu gehen, weil das zu gefährlich sei, aber wir haben es natürlich trotzdem gemacht. Niemand hat uns kontrolliert oder gefragt, was wir vorhaben. Wir wunderten uns über die halbnackten Mädchen in den Fenstern. Prostitution kannten wir nicht. Die kleinen Kneipen fanden wir toll. Überall wimmelte es von herrenlosen kopulierenden Hunden.

Der Hafen von Rotterdam, schon damals einer der größten Häfen der Welt, war ein ungemein spannender Spielplatz. Wir durften in den kleinen Booten mitfahren, die Bedarfsartikel zu den größeren Schiffen brachten. Für die Hafenarbeiter waren wir eine Art Maskottchen, sie fanden uns lustig und wir sie aufregend. Nach einem tödlichen Unfall hatten wir keine Lust mehr dazu: Ein kleiner Junge war zwischen Boot und Kai ins Wasser gefallen. Wir sahen, wie sie mit dem Draggen nach ihm suchten und ihn schließlich aus dem Wasser zogen.

Wir erlebten den ersten Frühling in Rotterdam. Im Sommer fuhren wir nach Noordwijk, einen bekannten Badeort. Vera kaufte Kinder- und Wörterbücher. Sie hatte wohl begriffen, dass etwas Sprachunterricht nützlich wäre.

Es war ein glücklicher Sommer. Wir lagen alle drei am Strand und versuchten herauszufinden, was in den Büchern stand. Das ging ganz gut. Besonders bei einem Kinderbuch, das *Dik Trom* hieß, ein Buch über einen kleinen Dickwanst. Dik bedeutet dick und ist auch eine Kurzform von Diederik, Trom bedeutet Trommel. Es war eine Art holländische Pippi Langstrumpf, nur eben ein Junge.

In unserer Pension wohnte eine junge Frau mit einem kleinen Kind, ihr Mann war Marineoffizier und selten an Land. Sie fühlte sich allein und leistete uns Gesellschaft, half uns bei der holländischen Aussprache. Sie war die erste Freundin, die Vera in ihrer Einsamkeit in Holland hatte, René war nie da. Während des Krieges versteckte sich die Frau mit ihrem Kind bei uns. Ihr Mann war als Widerstandskämpfer hingerichtet worden.

Wir wurden in die *Rotterdamse Schoolvereniging* eingeschult, eine schöne Privatschule, die sich in unserer Straße, der Schiedamsesingel, befand.

Am ersten Tag gingen Hans und ich gemeinsam hin. Er hatte sein großes Mora-Messer aus Schweden dabei, das ihm sofort mit der Bemerkung »Wir wollen hier keine skandinavischen Wikinger haben« abgenommen wurde.

Hans bekam einen strengen Lehrer, mijnheer van der Ende, er hatte eine Glatze, in deren Mitte eine Warze prangte. Hans hatte in Stockholm und Wien gelernt, dass man, wenn man eine Frage bekommt, aufsteht, die Hacken zusammenschlägt, sich verbeugt und erst dann auf die Frage antwortet. Hans handelte sich damit eine Ohrfeige ein, weil der Lehrer glaubte, Hans würde ihn verhöhnen. In Holland blieb man in der Bank sitzen, wenn man auf eine Frage antwortete, ein Kulturschock.

Ich hingegen hatte einen lieben Lehrer, mijnheer Vroege, der wegen seiner borstigen Haare »Klobürste« genannt wurde. Am ersten Tag hatte ich Französisch. Geduldig übersetzte er das Französische für mich ins Deutsche. Allmählich beherrschte ich die französische Sprache. Innerhalb weniger Monate haben Hans und ich Holländisch gelernt. Nach einem Jahr war der Akzent gänzlich verschwunden.

Im Herbst 1938, also nach dem am 13. März 1938 erfolgten »Anschluss« Österreichs an Deutschland, kehrten Vera und René nach Wien zurück, um ihre Lehranalysen abzuschließen. Hans und ich wurden bei einer Metzgerfamilie in Kitzbühel untergebracht. Kitzbühel war damals noch kein schicker Skiort, sondern ein kleines Dorf, in dem Vera und René früher gewesen waren.

Warum wir nicht mit nach Wien kommen oder in Rotterdam bleiben durften, ist uns nie erklärt worden. Verglichen mit der früheren Unterbringung in einer Pflegefamilie war dieser Aufenthalt allerdings wesentlich kürzer.

Damit wir überhaupt etwas lernten, gingen Hans und ich in die Dorfschule, und zwar erneut in ein und dieselbe Klasse und saßen in derselben Bank. Keiner von uns lernte etwas, höchstens den Dorfdialekt. Der Fußboden in unserem Zimmer bei dem Metzger-Ehepaar wies zwischen den einzelnen Brettern erhebliche Ritzen auf, so konnten wir unsere Nachbarn, die Schweine im Stall unter uns sehen.

Wenn uns die Gastgeber losschickten, um Essen zu kaufen, konnte es passieren, dass das Gewünschte gelegentlich ausverkauft war. Wenn wir bestimmte Früchte haben wollten, erhielten wir zur Antwort: »Nein, die gibt es nicht, aber dafür kannst du heute Eier bekommen.« Das fanden wir seltsam, es war ein Vorbote der späteren Rationierung während des Krieges, die wir noch früh genug zu spüren bekommen sollten.

Um Weihnachten herum holten uns Vera und René ab. Aus ihrer Lehranalyse war nichts geworden. Die meisten Leute mit jüdischem Hintergrund waren aus Wien geflohen. Einige von Renés Freunden kamen mit nach Kitzbühel, die Brüder Cees und Koos van der Leeuw mit ihrer gemeinsamen Frau Betty und der Tochter Sylvia. Keiner der beiden Männer wusste, wer Sylvias Vater war. Auch sie waren früher in Wien in Analyse gewesen.

Die Brüder waren sehr wohlhabend und hatten ihren jüdischen Psychoanalytikern geholfen. Sie hatten deren Ausreisegenehmigung und Visum bezahlt, damit sie emigrieren konnten. Ein Emigrationsvisum kostete ein Vermögen, doch es ging um Leben und Tod.

In Holland waren die van der Leeuws als großzügige Förderer von Kunst und Architektur bekannt. Die De Stijl-Gruppe wurde zum großen Teil von ihnen gesponsert. Für die beteiligten Künstler war die finanzielle Unterstützung sicherlich nicht so dringlich und lebenswichtig wie für die jüdischen Psychoanalytiker, doch für viele von denen, die später einen großen Einfluss auf die innovative Kunst- und Architekturentwicklung haben sollten, bedeutete sie Unterhalt und Einkommen.

Auf einem der größeren Häuser in Kitzbühel stand in großen orangenen Lettern auf der weißen Wand geschrieben: »Nach Dachau«. Im Dorf wollte uns niemand erläutern, was das bedeutete. Als Vera uns abholte, kommentierte sie das kurz und bündig: »In diesem Land kann man sich nicht mehr aufhalten.« Wir kehrten nach Rotterdam zurück. Der Schaffner und einige Passagiere schrien uns einstimmig an: »Ausländer sind hier nicht erwünscht.« Es herrschte eine feindliche, überhitzte Atmosphäre, eine Vorahnung dessen, was erst noch kommen sollte.

Vera war hochschwanger. Hans und ich kehrten in die Schule in Rotterdam zurück. Ich fand ziemlich schnell Freunde. Eine Zeitlang kam es mir vor, als hätte ich sogar zu René guten Kontakt. Viel später habe ich begriffen, dass er eigentlich nur kleinen Mädchen gegenüber Gefühle zeigen konnte, so war es bei seinen früheren Stieftöchtern gewesen und sollte sich lange nach meinem Rauswurf bei der Enkeltochter von J. J. P. Oud, Rotterdams Stadtarchitekt, wiederholen. Sie wurde Pflegetochter in Renés vierter Ehe.

Vera begriff recht bald, dass sie einen großen Fehler gemacht hatte, als sie René geheiratet hat und nach Holland gezogen ist. Dort war es wie zu Großmutters Zeiten. Der holländische Mann war nach dem Gesetz das Oberhaupt der Familie und hatte dadurch das Recht, über die Finanzen, auch über das, was die Ehefrau in die Ehe eingebracht hatte oder selbst verdiente, zu bestimmen. Vera, die seit ihrem sechzehnten Lebensjahr selbstständig und ökonomisch unabhängig gewesen war, bekam nun in ihrem Mann einen Vormund. In Geldsachen war René ein Despot und zudem geizig.

Er brachte Vera dazu, ihren gesamten Besitz auf ihn zu überschreiben, da dies Hans und mich vor der Habgier der Palmstiernas schützen würde. Damals ist da vielleicht etwas dran gewesen, doch später sollte dieses Dokument für Hans und mich verhängnisvolle Konsequenzen haben. René wusste sehr wohl, was er tat.

Nach holländischem Gesetz werden Kinder aus einer früheren Ehe automatisch ökonomisch geschützt und der neue Ehemann oder die neue Ehefrau bekommen keinen Anteil aus dem Erbe der Kinder. Ein holländisches Gesetz, das Vera nicht kannte und über das sie niemand in Kenntnis setzte. Ohne es zu ahnen, hatte sie uns enterbt.

René, der dieses Gesetz kannte, war natürlich bemüht, es zu umgehen. Das, was später Hans und mir zustehen würde, wurde beiseite geschafft. Sogar das, was uns nach Kules und Veras Scheidung überschrieben worden war. Deshalb besitzen die Kinder aus Renés vierter Ehe das Erbe der Palmstiernas.

Schwieriger als den materiellen Verlust zu akzeptieren, ist es, den emotionalen Betrug zu verwinden, und das braucht seine Zeit.

In Hollands Klassengesellschaft gab es innerhalb der Oberschicht, in die Vera eingeheiratet hatte, einen versteckten Antisemitismus, der siebenmal schlimmer war als in jenem Schweden, das sie hinter sich gelassen hatte. Manche aus der holländischen Oberschicht verfolgten sogar Hitlers Vormarsch in Deutschland mit einer gewissen Bewunderung. Dass dieser auch von Antisemitismus begleitet war, war für sie durchaus akzeptabel.

Veras schwedisches Arzt-Examen wurde in Holland nicht anerkannt und so musste sie erneut ihr Studium aufnehmen. Mit den Analysepatienten musste sie noch warten, bis sie die Sprache besser beherrschte. Der Gedanke, nach Schweden zurückzukehren, blitzte auf. Aber ein derart großer Umzug am Ende der Schwangerschaft wäre wohl kaum zu bewältigen gewesen. Außerdem hatte sie Angst vor der Rückkehr; das Scheitern zuzugeben, erschien ihr unerträglich. Zudem wäre sie bestimmt bestraft worden, weil sie Hans und mich ohne Erlaubnis mitgenommen hatte.

Nach Kules Meinung hatte sie Hans und mich entführt. Juristisch gesehen, war da ja auch etwas Wahres dran. Er wollte, dass wir beide nach Schweden zurückkehrten und auf eine Internatsschule gingen, natürlich auf Kosten von Vera. Kules neue Frau dachte gar nicht daran, unsere Stiefmutter zu sein. Außerdem gab es bereits ein Kind und ein zweites war unterwegs. Kules Forderung war also absurd.

In dem juristischen Schriftverkehr zwischen Kules und Renés Anwälten ging es zunächst u. a. um die Konfirmation und das Abitur. Eine holländische Schulbildung und ein holländisches Abitur hätten Hans eine diplomatische, staatliche oder militärische Laufbahn in Schweden verwehrt, worin Kule für Hans die einzig mögliche Zukunft sah.

Was mich anbelangt, so wurde darauf gedrängt, dass, falls sich bei mir eine künstlerische Begabung zeigte oder ich weiter Ballett tanzte, was ich zeitweise getan hatte, dies rechtzeitig zu unterbinden sei, da auch ich ein schwedisches Abitur ablegen sollte.

Das Absurde daran war, dass die holländische Schule den Schülern viel mehr abverlangte als die schwedische.

Es war leicht, Befehle zu erteilen, wenn man selbst nie Verantwortung übernommen, sich nie um uns gekümmert, geschweige denn Unterhalt für uns gezahlt hat. Alles verlief im Sande. Aber nicht nur die Zukunft von Hans und mir stand zur Debatte, Kules Anwalt wollte auch noch wissen, aus welcher Gesellschaftsschicht René stammte. Das veranlasste einen wütenden René dazu, seine Vorfahren bis zurück zur Bartholomäusnacht von 1572 aufzulisten, als die hugenottischen Grafen de Monchy aus Frankreich ins religiös tolerantere Holland geflohen sind.

Anstatt über das Schicksal von Hans und mir zu befinden, stritten die der Oberschicht angehörenden Kule und René heftig darüber, wer von ihnen die nobelsten und die am weitesten zurückreichenden Ahnen hatte. Dass die Pflegefamilie, bei der wir früher untergebracht waren, in keiner Weise an diesen Kampf um die Ahnen heranreichte, blieb außer Betracht. Eine Zeit lang war auch die Rede davon, dass René Hans und mich adoptieren sollte, aber das wurde aufgegeben.

Vera beschloss, das Kind zu Hause in Rotterdam zu gebären und dann nach Schweden zurückzukehren. Vera hatte bereits zwei schwere Geburten hinter sich. Sie war klein und zierlich, eher knabenhaft mit schmalen Hüften. Daher wundert es nicht, dass sie bei der Geburt Lachgas haben wollte, aber in Holland gab es das nicht. Dort sollte man unter Schmerzen gebären, denn in der Bibel steht geschrieben, dass eine Frau ihr Kind unter Schmerzen gebären soll und so wurde es dann auch. Allan René wurde am 9. März 1939 zu Hause geboren.

Hans und ich hatten gewettet, was für ein Kind es wohl werden würde. Um keine Konkurrenz zu bekommen, wünschte sich Hans ein Mädchen und ich aus demselben Grund einen Jungen. Es wurde ein Junge.

Wir hatten um eine Schachtel Pralinen gewettet, obwohl sie sich keiner von uns leisten konnte. Das Taschengeld war gering und ging oft schon bei Tisch flöten. Jedes Mal, wenn wir auf die Tischdecke kleckerten, mussten wir nämlich ein Geldstück auf den Fleck legen.

Aber ich konnte und wollte nicht ohne Geld sein. Ich lernte schnell, wie man ein geschickter Taschendieb wird, nicht bei anderen oder draußen, sondern zu Hause. Bei den Abendgesellschaften leerte ich die Tasche nicht ganz aus, so dass etwas Kleingeld drinblieb. Hans hat sich das nicht getraut, aber ich habe die Beute redlich mit ihm geteilt.

Bei den Abendgesellschaften zu Hause servierten meistens Hans und ich. Das sah so niedlich aus mit zwei als Hausmädchen und Dienstbote verkleideten Kindern. Selten aßen wir das Gleiche wie die Erwachsenen. Wir bekamen das, was in der Küche vom Personal gegessen wurde. Und das unterschied sich durchaus von dem, was die Erwachsenen aßen.

In Holland war es zudem so, dass das Fleisch zunächst dem Hausherrn vorgelegt wurde, der dann das Fleisch für alle am Tisch, aber auch für das Personal aufschnitt, das währenddessen daneben stand und auf seine Portion wartete.

Nach dieser Prozedur schloss die Hausfrau den Braten ein, ebenso wie den Zucker und das Gebäck. Vera konnte oder wollte sich nicht mit dieser Gewohnheit abfinden, Essen einzuschließen. Was für die holländische Hausfrau eine Selbstverständlichkeit bedeutete, war für Vera ein Gräuel. Es endete damit, dass der Braten und andere Delikatessen zurück in die Küche wanderten, was nicht nur vom Küchenpersonal, sondern auch von uns Kindern maximal ausgenutzt wurde.

Zu Hause fanden politische Diskussionen statt. Vera und René vertraten völlig entgegengesetzte Auffassungen. Vera hatte in Schweden immer die Sozialdemokraten gewählt und René in Holland die Ultrarechten. Seiner Meinung nach sollte die Ehefrau genauso wählen wie ihr Mann. Was sie dachte, sollte in den vier Wänden bleiben. Die Frauen in Holland hatten zwar 1919 das Wahlrecht zugestanden bekommen, aber es war dennoch schwer, das Patriarchat aufzubrechen.

Hans isolierte sich immer mehr in seinem Zimmer. Er fürchtete sich regelrecht vor René, weil er spürte, dass der ihn nicht mochte. Selbstverständlich nötigten die Intelligenz von Hans und dessen analytische Fähigkeiten René Respekt ab, aber es blieb kühl zwischen ihnen. Obwohl Hans noch jung war, las er sprachwissenschaftliche Bücher und versuchte, den Ursprung der Wörter und der Sprache zu ergründen.

Hans war immer Klassenbester, nicht nur in Sprachen, sondern auch in Mathe. Für ihn bedeuteten Sprachen, Literatur und Forschung Flucht aus den Schwierigkeiten des Alltags. In seinen Augen war ich eine Verräterin, weil ich, wie ich seinerzeit meinte, ein gutes Verhältnis zu René hatte.

Sowohl Vera als auch René machten mich zu ihrer Vertrauten, wenn es um ihre gescheiterte Beziehung ging. Als Kind fühlt man sich geschmeichelt und stolz angesichts dieses Vertrauens, aber in Wirklichkeit lebte ich ihr Leben und nicht meins.

Sie überließen mir einfach den neugeborenen Allan. Vera hatte keine Kraft, sich seiner anzunehmen und René konnte sich als Mann nicht vorstellen, sich rein praktisch um ein kleines Kind zu kümmern. Allan schlief in meinem Zimmer, und wenn er gestillt werden musste, trug ich ihn nach unten zu ihnen ins Schlafzimmer, wartete und nahm ihn nach dem Stillen wieder zu mir nach oben.

Eines Nachts hörte ich es in Veras und Renés Zimmer poltern. René schlief nach einem Ehestreit im Gästezimmer. Von einer tiefen Depression geplagt, hatte Vera eine Menge Schlaftabletten genommen und versuchte, in ihrem verwirrten Zustand Allan in der Badewanne zu ertränken. Ich rettete ihn, schaffte Vera ins Bett und weckte René.

Er holte einen riesigen Glastrichter mit herabhängenden Schläuchen hervor, pumpte ihr aber nicht den Magen aus, sondern stellte den Apparat beiseite, auf einen Glastisch, und verschwand, ohne etwas zu unternehmen.

Mit Allan im Arm saß ich die ganze Nacht über da und lauschte auf Veras Atem. Lebte sie noch? Würde sie aufwachen? Am nächsten Nachmittag erwachte sie völlig niedergeschmettert. Dass zwei Ärzte und Psychoanalytiker nicht erkannt haben, dass dies die äußerste Konsequenz einer schweren Depression war, ist mir unbegreiflich. Es wurde nichts unternommen. Vera rechtfertigte sich damit, dass sich René bestimmt um Hans und mich kümmern, ich ja sowieso immer zurechtkommen würde. Sie verglich mich mit Scarlett O'Hara in *Vom Winde verweht*. Ich habe das Buch gelesen, weiß aber nicht so recht, ob das positiv oder negativ gemeint war.

René hatte zwei Kinder aus erster Ehe. Sie hatten früher in dem Haus gelebt, in dem Hans und ich nun wohnten und waren erneut in dieselbe Straße, nur ein Stück weiter nach oben gezogen. Die Mutter, Nelleke, Renés erste Frau, hatte wieder geheiratet.

In Holland bestimmten bis in die vierziger Jahre hinein die Eltern über die Partnerwahl ihrer Kinder, solange diese noch nicht dreißig Jahre alt waren, doch wurde diese Vormundschaft selten wahrgenommen.

Renés Mutter hatte sich geweigert Nelleke zu akzeptieren, sodass René sogar gegen seine Eltern prozessiert hat, um seine Ehe mit ihr durchzusetzen. Aber als er sein Ziel erreicht hatte, interessierte ihn Nelleke nicht mehr, es ging um einen Machtkampf, um die Selbstbehauptung gegenüber der Mutter. Angesichts dieser Ausgangsposition war die Ehe von vornherein zum Scheitern verurteilt, die Scheidung von Nelleke unvermeidlich.

Ein weiterer Scheidungsgrund war Renés Verhältnis zu einer anderen Frau. Im damaligen Holland war eine solche Affäre ein Skandal.

Die neue Frau, die Renés zweite Ehefrau wurde, hatte zwei Kinder und zog mit ihnen in das Haus ein, in dem wir später wohnen sollten.

Das Haus erinnerte an die Burg vom Ritter Blaubart. Rein und raus mit den Frauen und den dazugehörigen Kindern, die Frauen wurden unglücklich und die Kinder waren austauschbar.

Als Peties und Charles Mutter Nelleke starb, wurde Charles von seinem Stiefvater rausgeworfen. Ein einsamer und schwieriger Vierzehnjähriger zog bei uns ein. Er war verzweifelt, bekam aber keine Hilfe. Vera war zu sehr mit ihrer eigenen Situation beschäftigt. Sie verhielt sich völlig passiv.

René war von diesem anstrengenden Jugendlichen nur genervt, er hat das Kind nie gemocht.

Charles bekam ein Zimmer ganz oben auf dem Dachboden, das Zimmer der Haushälterin. Voller Kummer und Verzweiflung zerschlug er das ganze Mobiliar, was ihm eine Tracht Prügel einbrachte, und eine Woche später wurde er auf ein Internat in der Schweiz geschickt.

Sein Aufenthalt dort dauerte länger als geplant, da fünf Jahre Krieg dazwischenkamen und er nicht nach Holland zurückkehren konnte, bevor die Deutschen kapituliert und sich zurückgezogen hatten. Während des Krieges wurden junge Männer zur Zwangsarbeit in die Fabriken der deutschen Kriegsindustrie deportiert und viele kehrten nie zurück. Für eine solche Deportation hätte Charles genau das richtige Alter gehabt.

Ich habe beobachtet, dass Kinder, die nie von ihrem Vater geliebt wurden, später im Leben ständig bis zur Schmerzgrenze darum betteln. Charles wurde als Erwachsener ein solcher nach Liebe lechzender Sohn, natürlich ohne Erfolg. Er trat in die Fußstapfen des Vaters und wurde Arzt. Seinen eigenen Kindern vermochte er nichts zu geben und auf seine alten Tage brach er sogar den Kontakt zu ihnen ab.

Petie, seine ältere Schwester, blieb beim Stiefvater und übernahm die Hausfrauenrolle der Mutter. Sie war oft bei uns zu Hause. Petie wurde als dumm angesehen und erhielt die niedrigste Schulbildung. Sie war aber sehr sprachbegabt, doch nach Renés Meinung hatte Sprachbegabung nichts mit Intelligenz zu tun. Er nannte das »Nachäffungskunst«. Jedenfalls brachte sie sich rasch Schwedisch selbst bei.

Nach einer gescheiterten Ehe, als sie mit drei Töchtern allein dastand, machte sie Abitur und promovierte alsbald über die englische Sprache im 17. Jahrhundert.

Peties erster Mann, den sie am Ende des Krieges kennengelernt hatte, wurde von der Verwandtschaft nicht akzeptiert. Er hatte nicht den richtigen Namen und möglicherweise sogar, zum Schrecken der Verwandtschaft, einen leicht ostindischen Einschlag. Sie schlief mit ihm, als er sich als Widerstandskämpfer zur holländischen Befreiungsarmee durchschlagen sollte.

Im Vertrauen hat sie mir erzählt, das sei für ihn das beste Abschiedsgeschenk gewesen. In dieser Zeit lastete das Enthaltsamkeitsgebot schwer auf den Mädchen. Leider war es aber anscheinend so, dass Loek, wie er hieß, durch sie vor allem in eine noble Familie kommen wollte.

Nach Kriegsende heirateten sie und er nahm ihren Mädchennamen an, was bis dahin völlig unüblich war. Er war Geschäftsmann und ihr Name war dazu wohl zugkräftiger. Er verließ Petie dann, sodass sie mit drei kleinen Töchtern allein dastand. Später kam heraus, dass er wieder geheiratet hatte, und zwar eine Deutsche, was selbst geraume Zeit nach Kriegsende noch als Verrat angesehen wurde. Es dauerte lange, bis nach der deutschen Okkupation die Wunden geheilt waren. Der Deutschenhass war fest einzementiert.

Petie sollte noch zweimal heiraten. Beide Male wurde sie verwitwet. Mit ihren eigenen Kindern kam sie nur schwer zurecht, aber ihre späteren Stiefkinder liebten sie.

Hans und ich wurden in einer Tanzschule angemeldet. In der Turnhalle standen die Jungen auf der einen Seite und die Mädchen auf der anderen. Die Lehrerin gab den Takt durch Klatschen vor. Auf Kommando wurden die Mädchen aufgefordert und sollten mit einem Jungen Foxtrott zu tanzen, wobei sie sich genauso schämten wie die Jungen, die verschwitzte Hände hatten.

Zu der Gruppe gehörten auch zwei dänische Mädchen. Ihr Vater war Ingenieur und einer der Konstrukteure des neuen Tunnels, der in Rotterdam die Maas unterquerte.

Eines Tages kamen die Mädchen nicht zur Tanzstunde. Uns wurde erklärt, dass ihre Eltern nicht fein genug wären, nicht die zu uns passende Herkunft hätten. Für Hans und mich war es unbegreiflich, dass

Kinder aufgrund ihrer Herkunft ausgeschlossen werden können. Die Däninnen wurden meine besten Freundinnen in Rotterdam. Ich wollte auch Klavier spielen lernen, doch Vera war dagegen, weil Großvater Allan immer nur gespielt hat, wenn er unglücklich und melancholisch war.

Mein Musikinteresse wurde früh geweckt. Wir hatten ein riesiges Grammophon und René stellte es häufig an. Konzerte in Konzertsälen wie in Kirchen waren obligatorisch, auch Theater gehörte zur Erziehung dazu. Kino hingegen war eher bedenklich, das hatte immer noch etwas Vulgäres an sich. Aber für mein gestohlenes Geld gingen Hans und ich so oft wie möglich ins Kino. Manchmal gelang es uns auch in Filme reinzukommen, die für Kinder verboten waren. In den besseren Kinos klappte das nicht, nur in den kleinen am Hafen, da nahmen sie es nicht so genau. Ich besorgte das Geld und Hans die Karten.

Bei dem Film *Captains Courageous* (dt. Manuel) habe ich hemmungslos geheult, als der Held am Ende ertrank. In *La kermesse héroque* (dt. Die klugen Frauen) erlebte ich zum ersten Mal die Pracht der Kostüme. Dieser Film war in Holland zunächst verboten, weil er den achtzig Jahre währenden holländischen Freiheitskrieg gegen die Spanier ins Lächerliche zog. Die Wochenschauen und die nachfolgenden Zeichentrickfilme waren jugendfrei. Da konnte man einfach sitzenbleiben und sich das ganze Programm noch einmal von vorn ansehen, ohne dass es jemandem auffiel.

Der schlimmste Film, den ich damals gesehen habe, handelte vom Paarungstanz der Skorpione. Nach der Paarung wurde das sich paarende Männchen getötet und den Skorpionbabys zum Fraß vorgeworfen. Der zweitschlimmste Film war, als Tarzans Sohn in einem riesigen Spinnennetz hängenblieb und sich gleich mehrere Riesenspinnen auf ihn zubewegten. Selbstverständlich hatte ich Angst. Noch Jahre später schaute ich unter dem Bett nach, ob da nicht eine große Spinne liegt. Vielleicht ist darin meine Insektenphobie begründet.

DER KRIEG

Die Bombardierung von Rotterdam

Am 10. Mai 1940 wurden Hans und ich von einem ohrenbetäubenden Geknatter und dem Geräusch von Flugzeugmotoren geweckt. Wir kletterten auf das Dach, sahen Flugzeuge oben und wilde Schießereien unten. Wir dachten, das wäre eine Übung, eine sehr realistische Übung. Aber dem war nicht so. Der Krieg war ausgebrochen. Deutschland war in Holland einmarschiert.

Die Stimmung im Haus hatte etwas Unwirkliches an sich, alle schwiegen – keiner kommentierte das Geschehen, keiner verstand dessen künftige Bedeutung. Das einzig Konkrete, was man tun konnte, war, Essen zu hamstern und die drei im Haus befindlichen Badewannen mit Wasser aufzufüllen, eine Notmaßnahme, die über den Rundfunk allen Haushalten empfohlen wurde. Der Keller wurde mit einigen Holzpfeilern verstärkt, ein Schutzraum notdürftig eingerichtet.

Die Gefahr war so ungewohnt und fremd für uns, dass wir, sobald der Bombenalarm ertönte, dachten, man bräuchte sich nur während des Sirenengeheuls im Keller aufzuhalten. Wenn es still war, gingen wir hoch, und sobald die Sirenen signalisierten, dass die Gefahr vorüber war, gingen wir hinunter. Dieses Missverständnis hätte uns fast das Leben gekostet.

Am 14. Mai erfolgte der große Angriff auf Rotterdam. Die Stadt hatte bereits kapituliert, überall hingen weiße Laken. Rotterdam war eine offene Stadt, die Verteidigung war eingestellt worden. Darauf nahm die deutsche Luftwaffe keine Rücksicht. Sie flogen tief über der Stadt, streiften fast die Schornsteine, als sie die Bomben abwarfen, gewöhnliche Bomben, falls es so etwas gibt, und Brandbomben. Überall im Hafen brannte es, sogar die Pfähle im Wasser brannten, weshalb das Gerücht die Runde machte, man hätte auch reines Phosphor eingesetzt.

Die Bombardierung von Rotterdam war als großes Warnsignal für Brüssel und Paris gedacht: Wenn ihr nicht kapituliert, werdet ihr ebenso ausgelöscht wie Rotterdam. Der holländische Oberbefehlshaber Winkelman hatte bereits den Befehl zur Kapitulation gegeben, um die Bedrohung von Utrecht und Eindhoven abzuwenden. Das Königshaus und die Regierung waren geflohen. Rotterdam war die erste europäische Stadt, die während des Zweiten Weltkriegs völlig zerbombt wurde. Als Übung hatten die Deutschen bereits 1937 Franco geholfen, Guernica in Spanien in Schutt und Asche zu legen.

Während der Bombardierung suchten wir, die Familie und das Hausmädchen, Schutz in unserem provisorischen Bunker im Keller. Wir trösteten uns damit, dass, wer die Bomben nicht hört, getroffen worden ist. Solange wir das Pfeifen vernahmen, konnten wir erleichtert aufatmen; es ist nicht hier, betrifft nicht uns. Dann knallte es! Ich stand gegen einen hölzernen Stützpfeiler gelehnt, und spürte, wie das ganze Haus schwankte, ein großer Teil des Vorderhauses stürzte ein. Eine Kohlenstaubwolke drängte aus dem Nebenkeller herein, die Wasserleitung war geplatzt und das Wasser spritzte.

Wir befanden uns auf der Hinterseite zum Garten, das hat uns gerettet. Ein undefinierbarer Gasgeruch breitete sich aus. Wir hatten zwar Gasmasken, aber ich hatte meine verbummelt und war fest davon überzeugt, dass ich allein sterben würde, meine Beine sackten fast zusammen. Aber es war kein Giftgas, der Geruch stammte von der ganzen Zerstörung, von den Haushaltsgasen und demolierten Kloaken.

Vera hatte verzweifelt versucht, Allan eine Gasmaske aufzusetzen. Es ging nicht, was vielleicht ein Glück war, sonst wäre er bestimmt an dieser Konstruktion erstickt. Das Hausmädchen verfiel in Panik und René gab ihr eine Ohrfeige, damit sie sich wieder zusammennahm und nicht noch mehr Angst und Schrecken verbreitete. Es gelang uns, in den Garten zu kommen, dort blühten die Pfirsich- und Kirschbäume.

Nachdem wir über Ruinen geklettert waren, konnten wir uns bis zur Straßenseite vorkämpfen und sahen dort das ganze Ausmaß der Zerstörung. Überall brannte es. Bis zu unserem Haus lag alles in

Schutt und Asche. Wir waren das letzte Angriffsziel in der Gegend gewesen. In Panik setzte Vera Allan auf die Straße, inmitten von Glasscherben aus geborstenen und zerschlagenen Fensterscheiben. Ich hob ihn hoch und suchte in einer übriggebliebenen Hausnische Schutz für uns beide. Aus der brennenden Innenstadt wälzte eine graue Menschenmasse heran, Alte und Junge, Kinder und Hunde.

Besonders im Gedächtnis geblieben ist mir ein alter Mann mit einer alten Frau auf dem Rücken, im linken Arm ein Baby und im rechten ein Bündel. Alle waren grau, der Ascheregen der brennenden Stadt hatte sich wie ein grauer Film über die fliehenden Menschen gelegt.

Viel später sah ich im Prado-Museum in Madrid ein Triptychon von Hieronymus Bosch. Auf einer Seite des Triptychons stellt der Künstler den Leidensweg Jesu Christi nach Golgatha dar. Menschen, Natur und Gebäude sind ganz in Grau gemalt. Das erinnerte mich an Rotterdam.

Nach dem Bombenangriff wurde es überall ganz still, nicht einmal Vögel waren zu hören. Der Luftdruck der Explosionen hatte sie getötet. Die Hitze des Brandes hatte die Wolken zerstoben und durch den Rauch schimmerte die Sonne. Langsam breitete sich ein süßlicher Geruch von all jenen aus, die umgekommen waren. Im größten Park der Stadt sammelte man die Toten zur Identifizierung. Die Leichen wurden auf offenen Ladeflächen der Autos und mit Hilfe von Sackkarren auf den notdürftig von herabgestürzten Ziegelsteinen der Häuser freigeräumten Straßen transportiert.

Das Wasser der Kanäle und Gräben konnte wegen der Verunreinigung durch die Leichen nicht verwendet werden. In den fünf Kriegstagen, die Hollands Kapitulation vorausgingen, lernten wir schnell die Wirklichkeit des Krieges kennen.

Niemand durfte die Stadt Rotterdam verlassen, sie war abgesperrt. Wir waren Gefangene unserer eigenen Stadt. Nur das deutsche Militär durfte passieren.

Wir kamen bei einer Verwandten von René unter. Widerwillig überließ sie uns in ihrem großen Haus zwei Zimmer. In der ersten Nacht konnten wir nicht schlafen. Nur im Nachthemd ging ich nach unten und stellte mich in die offene Haustür zur Straße.

René stand bereits dort, nur im Schlafanzug und mit Pantoffeln. Es herrschte eine seltsame Stille. Er nahm mich bei der Hand, und

Hand in Hand liefen wir, so gut es ging, durch die zerstörte, noch immer brennende Stadt. René weinte. Wir kletterten über Schutthaufen. Wir kamen an dem Süßwarenladen vorbei, in dem ich mir oft etwas für mein gestohlenes Geld gekauft hatte. Drinnen lag die tote Besitzerin. Leise gingen wir weiter.

Wir begegneten einem Mann. René hielt ihn zunächst für betrunken und schimpfte ihn aus; er hatte ein Ventil für seine Angst gefunden. Es zeigte sich jedoch, dass der Mann völlig erschöpft war. Er suchte seinen Sohn. Wir, die Zwölfjährige und der Stiefvater, gingen weiter und beobachteten nur. Für kurze Zeit war der durchstrukturierte Alltag aufgehoben. Für kurze Zeit waren wir einander sehr nah. Weder Vergangenes noch Künftiges existierte.

Einige Tage später streifte ich allein durch die Stadt. Eine der größeren Straßen war freigeräumt worden, damit die deutschen Panzer durchfahren konnten. Als ich auf dem Bürgersteig stand, rollte gerade eine Kolonne nach der anderen vorüber. In den Panzerluken standen schwarzgekleidete, siegesgewisse junge Männer. Es gab kein Jubelgeschrei zur Begrüßung, die wenigen Menschen auf der Straße kehrten ihnen den Rücken zu. In den übriggebliebenen Häusern an der Straße wurden die Fensterläden geschlossen. Ich war neugierig und beobachtete den Einmarsch der Eindringlinge.

Ein älterer Mann, der hinter mir stand, drehte mich so, dass ich der Kolonne den Rücken zuwandte und zischte: »Das ist die einzige Art, wie wir protestieren können: Kehr ihnen den Rücken zu und beachte sie nicht, behandle sie wie Luft.«

Wir wurden zu anderen Verwandten evakuiert, in ein großes Haus in Kralingen, einer feineren Gegend von Rotterdam, während unser Haus notdürftig ausgebessert wurde.

Aus Angst vor dem Krieg und dem sporadischen Beschuss schliefen wir im Erdgeschoß, alle in einem Zimmer, das vermittelte eine falsche Geborgenheit und war auf Dauer nicht haltbar. Das Seltsame war, dass die Angst eine erotische Atmosphäre schuf. Beim Einschlafen spürte ich eine Hand auf meinem Körper. Es war, als löste sich die puritanische Erziehung für einen kurzen Moment auf. Angst und sexuelles Ausleben lagen dicht beieinander.

Man dachte, schon bald würden Frieden und normale Verhältnisse wieder einkehren. Es dauerte eine ganze Weile, bis man begriff, dass dies erst der Anfang einer langanhaltenden unbarmherzigen Okkupation war.

Wir kehrten zu unserem zerstörten Haus zurück. Der erste Stock war von der Bombe völlig zerstört worden, der zweite von Granaten und Maschinengewehren zerschossen, Küche und Keller waren wie leergefegt.

Irgendwie kehrte der Alltag aber doch zurück. Man versuchte, die normalen Gewohnheiten aufrecht zu erhalten. Die Patienten kamen wieder, lagen auf der Analysecouch und erzählten vom Leid ihrer Kindheit. Die Lebensmittelrationen wurden kleiner. Die Deutschen hatten relativ schnell Hollands Vorräte aufgebraucht und die Hungersnot wurde spürbar. Der Schwarzhandel blühte.

Im Hafen lagen riesige deutsche Kriegsschiffe, bereit, England einzunehmen und zu erobern. Ohne sich mit holländischen Experten zu beraten, begannen die Deutschen den Wasserspiegel im Hafen zu erhöhen, um ihre Monster von Kriegsschiffen ankern zu können. Es drohte eine Katastrophe. Das Wasser stieg und stieg.

Wir standen auf dem Dach unseres Hauses und beobachteten die sich anbahnende Überschwemmung. Große Teile Rotterdams lagen sechs Meter unter dem Meeresspiegel. Es gab drei hintereinanderliegende Deiche, um das trockengelegte Land zu schützen. Der erste hieß der Wächter (de Wachter), der zweite der Schlafende (de Slaper) und der letzte der Träumer (de Dromer). Wir wohnten hinter dem Wächter. Ein Wasserregulierungssystem, das über Jahrhunderte hinweg raffiniert konstruiert worden war, drohte zusammenzubrechen. In letzter Sekunde, als uns nur noch wenige Dezimeter von der Überschwemmung trennten, wurde das Experiment gestoppt. Die Bevölkerung wurde verschont, nicht aus humanitären Gründen, sondern weil die Deutschen einsehen mussten, dass ihre Berechnung falsch war. Die Erhöhung des Wasserspiegels brachte für die Kriegsschiffe nicht den gewünschten Effekt.

Die Schule begann. Alle Kinder und Jugendlichen aus der Schule wurden zusammengerufen. Da das Erasmus-Gymnasium nicht mehr existierte, versammelten wir uns vor dem *Museum Boijmans van Beuningen*, ein für alle erkennbares Gebäude, das keine Ruine war. Wir wurden klassenweise auf verschiedene Privathaushalte aufgeteilt. Wir wurden aufgerufen, doch in jeder Klasse fehlte jemand. Über unsere

Erlebnisse wurde nicht gesprochen. Alle waren Betroffene. In der Schule ging es nur um den Unterricht.

Nach der Kapitulation am 15. Mai war der Hafen von Rotterdam den Bombenangriffen der Alliierten ausgesetzt. Nachts konnte man die Scheinwerfer und das Sperrfeuer sehen, jeder vierte Schuss war eine Leuchtrakete. Es sah wie das Feuerwerk aus, das ich zu Friedenszeiten gesehen hatte, doch hier herrschte der Tod. Im Scheinwerferlicht blieben nämlich die britischen Flieger hängen und wir beteten zu Gott, dass sie entwischten. Wurden sie mit ihrer Bombenladung abgeschossen, bedeutete das für die Piloten und die Besatzung den sicheren Tod, aber zugleich war es eine Katastrophe für die Zivilbevölkerung. Nacht für Nacht wiederholte sich dieses Schauspiel des Todes, bis man sich vor lauter Müdigkeit seltsamerweise daran gewöhnt hatte.

Hans, Allan und ich schliefen anfangs im Keller. Eine Verwandte von uns, eine alte Dame, schlief immer auf dem Dachboden. Sie wollte oben auf dem Haus landen, falls es von einer Bombe getroffen wird.

Vera durchlebte eine religiöse Krise. Sie bekam die fixe Idee, dass sie am Ausbruch des Krieges schuld sei. Sie, die Atheistin, betete jeden Abend zu Gott. Mit der Zeit wurden es immer mehr Gebete. Da sie meinte, der Krieg sei ihr Fehler, bat sie um Vergebung. Wir fanden das peinlich. Aber ebenso plötzlich, wie sie mit dem Beten angefangen hatte, hörte sie auch wieder auf. Gott hatte nicht geholfen, also existierte er nicht.

Die Forderung der Deutschen, dass Juden einen gelben Stern tragen sollten, kam bereits 1940. Man sollte seinen jüdischen Hintergrund melden. René meldete Vera. Ob aus bürokratischem Eifer, aus Angst vor der Besatzungsmacht oder weil er sie loswerden wollte, weiß ich nicht. Jedenfalls war es unbedacht und verantwortungslos. Ihre Approbation als Ärztin wurde eingezogen und sie bekam Arbeitsverbot. Es war ihr auch verboten, sich auf öffentlichen Plätzen aufzuhalten. René verlor alle seine öffentlichen Aufträge, was er Vera zum Vorwurf machte.

Seltsamerweise bemühten sich die Deutschen darum, Veras Hintergrund genauestens zu untersuchen, mit dem Ergebnis, dass ihr Großvater nicht als ursprünglich deutscher Jude, sondern als russischer Jude betrachtet wurde. Das hatte sicher mit dem Aufenthalt meines Urgroßvaters in Sankt Petersburg zu tun. Peder Herzogs zweite Einwanderung nach Schweden geschah ja von Sankt Petersburg aus. Juden aus dem Osten wurden noch mehr verachtet als Juden aus dem Westen. Auch in den jüdischen Kreisen in Holland gab es eine Abneigung gegenüber Juden aus dem Osten. Meine Großmutter Hilda in Schweden nahm Kontakt zum schwedischen Botschafter Arvid Richert in Berlin auf und bat ihn um Hilfe, um Vera und auch uns andere zu schützen. Vera bekam ihre schwedische Staatsbürgerschaft 1942 zurück und stand unter dem Schutz des noch existierenden schwedischen Konsulats in Berlin. Das rettete sie vor der Deportation. Es gab zwar immer noch strikte Einschränkungen, aber die Deportation wurde aufgeschoben. In der deutschen nationalsozialistischen Bürokratie gab es unbegreifliche Ausnahmen. Diesmal zu Veras Vorteil.

Der schwedische Botschafter Arvid Richert war einer der wenigen, die aktiv versucht haben, gegen die Judenverfolgung in den besetzten Ländern einzuschreiten.

Arvid Richert hat dafür gesorgt, dass schwedische Frauen mit jüdischem Hintergrund, die mit Holländern verheiratet waren, vor Gefängnis und Deportation bewahrt wurden, indem sie ihre schwedische Staatsbürgerschaft zurückbekamen. In Holland waren das siebzehn Frauen, Vera war eine von ihnen. Durch sein kluges Agieren rettete er zahlreiche Menschen. Arvid Richert forderte außerdem, die deutschen Gefängnisse *Vught* und *Westerbork* besichtigen zu dürfen. Diese Lager waren Zwischenstationen für Auschwitz und die anderen Vernichtungslager. Die deutschen Behörden beklagten sich bei der schwedischen Regierung über sein Agieren. Daraufhin wurden Arvid Richerts Möglichkeiten, seine Hilfsaktionen fortzusetzen, erschwert. In der dicken dreibändigen Ausgabe von Raul Hilbergs *The Destruction of the European Jews* wird Arvid Richert mehrmals erwähnt. Hans und ich besaßen die schwedische Staatsbürgerschaft, was Hans davor bewahrte, mit Siebzehn zum »Arbeitsdienst« in die deutsche Rüstungsindustrie einberufen zu werden. Viele seiner Klassenkameraden wurden in deutsche Kriegsfabriken deportiert.

Vera hatte kurz vor Kriegsausbruch in Holland ein Sommerhaus gekauft. Sie wollte sich nicht das Sommerhaus Sprenglo der Familie de Monchy in Ostholland mit Renés Brüdern und deren Familien teilen. Außerdem war Sprenglo so düster; verfallen und ungepflegt, da sich niemand darum kümmerte. Es hatte einen Hauch von Grimms Märchen.

Als das neue Sommerhaus, de Ebbenhorst, besichtigt wurde, war ich dabei. Ungeachtet meines jungen Alters durfte ich Vorschläge zum Umbau machen und bei der praktischen Arbeit mithelfen. Ich habe dieses Haus geliebt und dachte, es wäre immer für mich da. Da die Alliierten den Hafen von Rotterdam bombardierten, zogen wir nach Ebbenhorst. Verglichen mit den anderen Einwohnern Rotterdams, war das natürlich ein Privileg.

Hans und ich wechselten erneut die Schule, diesmal ins streng kalvinistische *Christelijk Lyceum* in Harderwijk. In Religion konnten wir beide nie gute Noten bekommen, da wir noch der schwedischen Lutherischen Kirche angehörten.

Viel später erzählte mir der damalige Rektor, die Schule hätte noch nie einen so vielseitig begabten Schüler wie Hans gehabt. Das hätten sie ihm ruhig sagen können, als er noch dort zur Schule ging. Auch Vera und René hätten es ihm sagen können. Am Ende des Halbjahres kam Hans mit sehr guten Noten in allen Fächern nach Hause. Die Notenskala war von 1 bis 10. Wenn Hans in einem Fach eine Neun hatte, lautete der trockene Kommentar. »Das kannst du besser!«, ein Resultat der schwarzen Pädagogik. Hans, der äußerst selten mit jemandem befreundet war, fand in dem Klassenkameraden Jury Mendelaar einen guten Freund. Dieser Klassenkamerad sollte meine erste Liebe werden. Jury war in Niederländisch-Indien aufgewachsen. Er war bei Kriegsausbruch zufällig mit seiner indonesischen Mutter und seinem jüngeren Bruder in Holland zu Besuch und blieb wegen der Okkupation dort hängen. Der Vater, Offizier in der holländischen Kolonialarmee, war auf Java stationiert.

Als die Japaner Indonesien angriffen und besetzten, wurde er gefangenengenommen und zusammen mit den Holländern, die in Niederländisch-Indien lebten, in ein japanisches Konzentrationslager gebracht, wo er, wie viele andere, umkam. Jury Mendelaar wurde mit seiner Familie in unseren Nachbarort evakuiert. Ihr Haus befand sich tief in einem Buchenwald, in dem bisschen Wald, das Holland hat.

Die Schule in Harderwijk, die einer großen Kaserne glich, war für uns Schüler nicht mehr zugänglich. Die deutsche Armee hatte sie annektiert, nun war sie eine echte Kaserne. Ursprünglich wurden die meisten Schulen in Europa nach dem Vorbild von Kasernen gebaut. Die deutschen Soldaten brauchten nur einzuziehen. Die Lehrerwohnungen wurden für die deutschen Offiziere beschlagnahmt.

Genau wie in Rotterdam, wurden wir Schüler bei Privatpersonen in der Nähe untergebracht. Sie stellten ihre Wohnungen zur Verfügung, und die Wohnzimmer verwandelten sich in Klassenräume. Dafür bekamen sie eine Kohlenration zum Heizen.

Um von zu Hause zur Schule zu kommen, musste man ziemlich weit radeln. Im Winter fuhren wir von unserem Dorf Hulshorst bis zur Stadt Harderwijk mit dem Zug. Im Zug war es unglaublich voll, die deutsche Armee hatte die meisten Abteile in Beschlag genommen, sodass sich die anderen Passagiere in die wenigen verbliebenen Dritte-Klasse-Abteile drängen mussten.

Diese Personenzüge wurden bestückt, damit sie wie Militärzüge aussahen, während die Militärzüge unbestückt waren, damit sie Personenzügen ähnelten. Ziel war es, die Flieger der Alliierten zu verwirren. Unabsichtlich wurden ihre Fliegerangriffe auf zivile Ziele gerichtet und Beschuss aus der Luft war nichts Ungewöhnliches. Bei so einem Beschuss saß ich glücklicherweise auf der richtigen Seite des Abteils. Die Passagiere auf der anderen Seite meines Abteils stürzten blutig zu Boden. Englische Spitfires beschossen die vollbesetzten Züge. Zugfahren glich einem Hasardspiel. Es waren zwiespältige Gefühle. Die Alliierten waren ja trotz allem unsere künftigen Befreier.

Einmal hatte sich ein junger deutscher Soldat in unser Zugabteil verirrt. Er hatte einen Sitzplatz. Ich war auf dem Heimweg von der Schule, stand mit einer schweren Schultasche beladen, müde und dünn da. Wohlerzogen bot er mir seinen Platz an. Ich konnte unmöglich das Angebot eines deutschen Soldaten annehmen. Man konnte sich einfach nicht auf seinen Platz setzen. Ich drehte mich langsam um, damit ich, genau wie die übrigen Passagiere mit dem Rücken zu ihm stand. Er war Luft.

Ich konnte jedoch nicht umhin, den Kopf zu drehen und ihn heimlich anzusehen. Tränen rannen über seine flaumigen Wangen.

Er war vielleicht achtzehn Jahre alt und ich fünfzehn. Mir wurde bewusst, wie Hass alles verändern kann. Es gab nur Schwarz und Weiß. Eine Grauskala war undenkbar. Hätte ich sein Angebot angenommen, wäre ich meinerseits von meinem Umfeld ausgegrenzt worden.

Je länger der Krieg währte, desto mehr stumpfte man ab. Das war eine Art zu überleben. Im Gefühlsleben gab es keinen Platz für Nuancen. Alles verschärfte sich, der Nahrungsmangel wurde akut. Da wir auf dem Lande wohnten und ein großes Grundstück hatten, waren wir privilegiert. Rasenflächen wurden zu Kartoffeläckern, und auch anderes Nützliches wurde angebaut. Kaninchen und Hühner wurden angeschafft.

Tabak konnte man nirgendwo auftreiben. Hans und Vera rauchten viel und testeten alle möglichen großen Blätter, die wie Tabak aussahen. Sogar Fingerhut, Digitalis, was nicht gerade gut fürs Herz war und sie in große Atemnot versetzte. Als Ärztin hätte Vera Digitalis kennen müssen.

Schließlich bauten wir Tabak an, fermentierten und trockneten ihn. Diese nassen, grünen Blätter hingen zum Trocknen im Wohnzimmer an der Wand, bis sie braun und faserig waren.

Da es unter Strafe stand, Essen auf dem Schwarzmarkt zu kaufen und zu hamstern, verwahrten wir schwarz erworbenen Schinken in großen Salzbottichen unter den Rhododendrenbüschen im Garten. Wie man es auch anstellte, immer kamen Maden in das Fleisch. Natürlich konnte man dieses fast gelbblaugrüne Fleisch nicht wegschmeißen, Essen war Essen und bedeutete Überleben. Also wurden die Maden vor der Zubereitung abgespült.

Hans hatte die Theorie, dass die Maden mit dem Fleisch in einer Symbiose lebten, Maden und Fleisch gehörten zusammen und deshalb war das ungefährlich. Am Ende hängten wir das verbotene Fleisch in den Schornstein und räucherten es.

Hans und ich waren gute Kunden auf dem Schwarzmarkt. Bei den Bauern in der Nachbarschaft tauschten wir Bettwäsche, Leinen, Silber und andere begehrenswerte Dinge gegen Mehl, Eier und Butter ein. Die Butter der Bauern war bewusst schlecht geschlagen und schwamm wie Hafergrütze. Sie wurde pfundweise verkauft. Je wässriger sie war, desto mehr verdiente der Bauer daran. Trotz Schummeleien waren die Bauern tief religiös und gottesfürchtig. Calvin sagt: »Wen Gott liebt, macht er reich.« Für diese Bauern war alles Sünde, nur nicht der Schwarzmarkt. Wir versuchten einige Male, Freunde nach Hause zum Tanzen einzuladen. Da waren wir sogar tagsüber gezwungen, die Fensterläden zu schließen. Wenn der sündige Tanz gesehen worden wäre, hätte es Schwierigkeiten mit den Bauern und dem Schwarzhandel gegeben.

Tanz und physischer Kontakt mit dem anderen Geschlecht war Sünde. Nachts waren die Fensterläden natürlich immer zu. Es wurde völlige Dunkelheit gefordert, nicht ein Lichtstrahl durfte durchschimmern. Zudem galt nach Einbruch der Dunkelheit Ausgangsverbot.

Künstler, Schriftsteller und Musiker durften unter den herrschenden Bedingungen natürlich nicht ins Ausland reisen. Konzerte und Ausstellungen waren untersagt, bis auf die von der Besatzungsmacht genehmigten, und zu denen ging man nicht hin. Wer ausstellte oder Konzerte in öffentlichen Räumen organisierte, wurde als Mitläufer betrachtet. Das Kulturleben verkam. Bücher wurden kaum gedruckt.

Aber wer eine größere Wohnung besaß oder darüber verfügte, organisierte Ausstellungen, Lesungen, Vorträge und Konzerte. Kultur wurde zum Synonym für Widerstand. Die Kulturschaffenden hatten auch ökonomische Gründe, bei diesen Kulturveranstaltungen mitzuwirken. Den Obolus, der für die Veranstaltung bezahlt wurde, bekam der Auftretende als Honorar. Für viele waren diese Untergrundorganisationen eine Art zu überleben.

Es wurden Diskussionsabende organisiert, die auch bei uns zu Hause stattfanden. Aus kultureller und politischer Sicht war es für Hans und mich eine Schulung, die über das Normale hinausging. Sich bis zuletzt die kulturelle Identität zu bewahren, war gleichbedeutend mit Überleben und Widerstand. In Krisenzeiten begreift man, wie wichtig Kultur ist; später habe ich dieselbe Situation in der DDR, der Tschechoslowakei und in Vietnam erlebt.

Auch die Psychoanalytiker hielten ihre Sitzungen bei uns zu Hause ab. Ein wichtiger Punkt auf der Tagesordnung war, auf welche Art und Weise man die jüdischen Psychoanalytiker, die aus Österreich und Deutschland geflohen waren, verstecken konnte. Vor dem Krieg hatte man sich in der Körperschaft nicht darüber einigen können, ob man sie ins Land kommen lassen sollte oder nicht. Jetzt, während der Okkupation, waren sich alle darüber einig, sie zu retten.

1942 begannen die Deportationen der jüdischen Bevölkerung. Von der Amsterdamer Bevölkerung waren zehn Prozent Juden. In diesem flachen, überbevölkerten Land konnte man sich kaum verstecken. Nach dem Krieg kehrten nur etwa fünfhundert der Amsterdamer

Juden zurück. Holland hatte immerhin seit dem 17. Jahrhundert Religionsfreiheit. Ein Großteil der Juden bestand aus Nachfahren der spanischen und portugiesischen Juden, die während der Regierungszeit von Königin Isabella und König Ferdinand aus Spanien geflohen waren. Kulturell und ökonomisch hatte diese Einwanderung für Holland eine große Bedeutung. Auch die Einwanderung aus dem Osten, aus Deutschland, Österreich und Polen hat das holländische Kultur- und Geschäftsklima beeinflusst.

Als die Deportation der Amsterdamer Juden begann, protestierte und demonstrierte ein Großteil der Einwohner dagegen, vor allem die Arbeiter, die aus Protest gegen die Deportation streikten.

Die Arbeiter und die Bürgerlichen organisierten eine gemeinsame Aktion für die Verteidigung der Juden. Aus Solidarität trugen viele eine gelbe Blume im Knopfloch. Und außerdem wurden in Amsterdam und Rotterdam einige Fassaden gelb gestrichen und mit dem Davidstern dekoriert. Das hat natürlich nicht geholfen. Die Demonstrationen wurden gewaltsam niedergeschlagen.

Wir waren mit unseren schwedischen Pässen erst einmal sicher. Dennoch erlebten wir trotz des sogenannten Neutralitätsscheins mehrere nächtliche Hausdurchsuchungen. Einmal stieg die Sicherheitspolizei durch das Fenster im Erdgeschoß ein, direkt in Veras und mein Schlafzimmer. Gerade als ich mich auf den Nachttopf setzen wollte, leuchtete mir ein Scheinwerfer ins Gesicht. Auf Vera war ein Revolver gerichtet. Man befahl uns, still zu stehen. Hans wurde aus seinem Bett gerissen, auch der dreijährige Allan. René war in Rotterdam.

Sie suchten nach Juden, Widerstandskämpfern- oder Kämpferinnen und nach versteckten englischen Piloten, die abgestürzt waren und von der Bevölkerung versorgt wurden. Sie suchten auch nach Radios und kontrollierten, ob man zu viel Essen im Haus hatte. In so einem Moment arbeitet das Gehirn auf Hochtouren. Soll ich kooperieren, um mein Leben zu retten oder einfach abwarten? Schließlich versuchte ich mir einzureden, dass ich gar nicht da war, dass das alles nicht real war. Instinktiv beschlossen wir zu schweigen.

Hans bekam eins übergezogen, weil er etwas zu mir auf Schwedisch gesagt hatte. Sie fanden nichts Verdächtiges. Hinterher kamen der Schreck und das große Zittern. Wir hätten an diesem Tag eigentlich ein kleines jüdisches Mädchen bei uns aufnehmen sollen, aber das

Mädchen war nicht gekommen. Vielleicht ist dies der Grund für die Hausdurchsuchung gewesen. Jemand hatte uns angezeigt.

Wenn Hans und Vera keine schwedischen Pässe gehabt hätten, hätten sie mitgehen müssen. Hans, weil er gerade im richtigen Alter für den »Arbeitsdienst« war und Vera wegen ihres jüdischen Hintergrunds. Allan war zu klein und ich zu uninteressant. Selbstverständlich hatten wir ein Radio, wir hörten jeden Abend BBC. Das Radio wurde in einer Kiste unter den Büschen im Garten versteckt. BBC zu hören, schenkte uns eine Atempause, aber wenn das entdeckt wurde, gab es Gefängnisstrafen.

Meine erste Liebe war, wie gesagt, Jury Mendelaar. Er und ich hatten im Wald ein leeres Haus entdeckt, het Boshuis, das Waldhaus. Wir hatten das Haus für uns allein. Und das in einer Zeit, wo die Mädchen ständig kontrolliert wurden. Der Krieg half uns zu entwischen.

Wir sagten zu unserer jeweiligen Familie, dass wir bei einem guten Freund, den die Familie kannte, übernachten würden. Wir machten uns sogar das Ausgangsverbot zunutze und dass man nachts das Telefon nicht benutzen konnte bzw. durfte. Da nur drei Gespräche am Tag erlaubt waren, rechneten wir eiskalt damit, dass unsere nächtliche Abwesenheit nicht kontrolliert werden würde.

Die Liebesgeschichte mit Jury endete jedoch in einer Katastrophe. Jury und sein Bruder, der auch Hans hieß, hatten eine jüdische Familie in ihrem Keller versteckt. Sie wurden von ihrer eigenen Nanny verraten, die seit der Geburt bei ihnen war. Sie hatte sich in einen NSB-ler, einen Nazi, verliebt. Vielleicht hatte sie sich verplappert oder sie schlimmstenfalls, blind vor Liebe zu ihrem neuen Freund, verraten. Jury wurde festgenommen, seinem Bruder gelang die Flucht. Ich erfuhr sehr schnell davon und rannte zum Bahnhof Hulshorst, von wo die jüdische Familie und Jury deportiert werden sollten. Dort stand Jury mit der kleinen jüdischen Familie. Sie wurden von vier Männern mit gezogenen Pistolen bewacht. Die Männer sahen aus wie Goebbels-Kopien, in Trenchcoats und mit Schlapphüten. Das Ganze ähnelte einem schlechten Kriminalfilm, aber es war Wirklichkeit.

Wer Juden versteckte, den erwartete dasselbe Schicksal wie sie. Der Zug fuhr ein, ein altertümlicher Zug mit langen Brettern an der Außenseite, die als Trittbretter dienten und von außen die Abteile miteinander verband.

Die kleine Gruppe wurde unter Hieben und Schlägen in ein Zugabteil geschubst. Keiner auf dem Bahnhof tat etwas, niemand konnte etwas tun, alle standen wie versteinert da. Ich hängte mich an die Abteiltür und versuchte, die bewaffneten Männer zu erweichen, bekam aber einen Tritt in den Bauch, sodass ich in einen Graben rollte. Niemand traute sich, mir zu helfen. Ich war eine Unberührbare. Schließlich gelang es mir, wieder hochzukriechen. Alles war still. Zu Hause wurde das mit den Worten kommentiert, ich könnte Gott danken, dass man mich nicht auch noch mitgenommen hätte.

Jury hat nicht überlebt, die Ruhr holte ihn drei Tage vor der Befreiung Bergen-Belsens. Ich habe von ihm noch eine kleine indonesische Beteldose aus Silber und Gold, eine Sirih-Schachtel und ein Buch über indonesisches Kunsthandwerk mit einem sehr unschuldigen Liebesbrief auf der ersten Seite.

Er wollte, dass ich das Land kennenlerne, in dem er aufgewachsen ist, Niederländisch-Indien. Im Herbst 1945 sah ich die ersten Dokumentarfilme über die Konzentrationslager, darunter auch die Bilder aus Bergen-Belsen. Ich sah die Leichenhaufen und begriff, dort irgendwo lag Jury.

Der Krieg verschärft sich

Der Krieg und die Okkupation gingen weiter, immer mehr Menschen hungerten. Nacht für Nacht hörte man das Dröhnen der englischen und amerikanischen Flugzeuge. Die Amerikaner flogen hoch und warfen ihre Bomben aus großer Höhe über Deutschland ab. Die Engländer flogen tiefer und machten Tiefflüge bei ausgewählten Zielen. Auf dem Rückweg über Holland an der deutsch-holländischen Grenze stürzten viele ab. Im besetzten Holland gab es eine größere Chance, als Pilot versorgt und versteckt zu werden als im Feindesland.

Unser Zuhause Ebbenhorst lag im östlichen Teil Hollands. Eines Nachts hing ein englischer Pilot mit seinem Fallschirm in einer Tanne vor unserem Wohnzimmer. So schnell konnten wir ihn gar nicht verstecken, wie das deutsche Militär vor Ort war. Übrig blieben nur seine mit

Lammfell gefütterten Stiefel. Ein Hund kam angerannt, im Maul eine Hand mit einem Ehering am Ringfinger. Später fanden wir einen Fallschirm im Wald. Ihn mitzunehmen oder zu verstecken, war strafbar. Hastig zerschnitten und zerrissen wir ihn und nähten aus der festen und imprägnierten Fallschirmseide Regenmäntel für Familie und Freunde.

Die Winter waren ungewöhnlich kalt. Es war nicht möglich, mehrere Zimmer zu beheizen, deshalb wurde in einem Zimmer ein Kamin angezündet. In diesem Zimmer hielten wir uns alle auf, erledigten Hausaufgaben, auch das Essen wurde auf dem Kamin zubereitet. Zum Glück hatten wir in der Nähe einen Wald. Den Menschen in den Städten erging es schlechter.

An Dienstpersonal war nicht zu denken. Es war unmöglich, diese kleine Essensration zu teilen. Allan bekam wohl als einziger eine einigermaßen richtige Portion, er war ja so klein.

Vera wurde immer verschlossener. Unser letztes Hausmädchen, Annie, eigentlich ein sanfter Mensch, wurde geisteskrank. Sie hörte ständig, wie Gott zu ihr sprach und lauschte seinen Befehlen. Wir haben das nie ernst genommen. Nachdem sie entlassen, aber noch nicht ausgezogen war, verschwand sie plötzlich mitten in der Nacht. Sie hatte dem Ausgangverbot getrotzt und war nachts im Dunkeln losgeradelt. Den dreijährigen Allan hatte sie mitgenommen, in die nächste Stadt, wo sie mit Gottes Hilfe ihren Verlobten erlösen lassen wollte. Gott hatte ihr befohlen, ein unschuldiges kleines Kind mitzunehmen.

Auf dem Weg zum Verlobten änderte Gott seine Meinung und befahl ihr, Kind und Fahrrad in einem Graben zurückzulassen; sie sollte ihren Weg allein fortsetzen. Als wir bemerkten, dass Allan weg war, dachten wir zunächst, sie würde sich für ihre Entlassung rächen. Unsere Angst war unbeschreiblich.

Am Morgen fanden Bauern Allan mutterseelenallein draußen auf dem Acker. Sie hatten ihn wiedererkannt, und ein Bauer brachte ihn zurück, schmutzig und voller Schlamm. Das Hausmädchen Annie wurde in die Nervenheilanstalt eingeliefert. Auch in Kriegszeiten gibt es gewöhnliche Geisteskrankheiten, die behandelt werden müssen.

Hans war ein Meister darin, aus dem, was es gab, eine passable Mahlzeit zuzubereiten. Er legte einen Küchengarten an und pflanzte verschiedene Kräuter an, las alte Rezepte aus den Hungersnöten vergangener Zeiten und kreierte merkwürdige Suppen.

Der Gemüseanbau war für sein späteres Interesse für Umwelt und Anbau bestimmt von Bedeutung. Er kratzte Körner und verschüttetes Mehl bei einer nahegelegenen Mühle zusammen und versuchte, damit zu backen. Einen Teil der Körner hat er zusammen mit der Zichorie, die fast überall wuchs, geröstet. Er zermahlte alles und entwickelte daraus einen Kaffeeersatz.

Hans wie auch Vera waren Pilzspezialisten. Wir sammelten und trockneten die Pilze, und zusammen mit Hans' Kräutern wurden daraus passable Gerichte. Wir hielten Kaninchen und Hühner. Manchmal verkauften die Bauern etwas, das einem Kaninchen oder Hasen ähnelte und »dakhasen« (Dachhase) genannt wurde. In Wirklichkeit waren es Katzen.

René pendelte zwischen Ebbenhorst und Rotterdam hin und her. Als Arzt hatte er größere Bewegungsfreiheit als ein Normalbürger. Ich holte ihn immer vom Bahnhof ab und brachte ihn auch hin. Ich radelte hin und zurück und manövrierte sein Fahrrad mit der rechten Hand. Eines Abends hatte er ein falsches Fahrrad gegriffen, eins mit Handbremse, und als er auf dem Weg zum Bahnhof eine Kurve fuhr und im Glauben, da wäre eine Fußbremse, bremste, stürzte er in einen tiefen Graben. Er stieß mit dem Kopf an den Grabenrand und verletzte sich im Nacken. Halb bewusstlos lag er im Graben, den Kopf im Wasser. Der dicke Wintermantel war pitschnass.

Wie ich ihn da rausgeholt habe, ist mir ein Rätsel. Er war schwer und groß. In Krisensituationen bekommt man anscheinend einen Adrenalinkick und entwickelt ungewöhnliche Kräfte. Ich hievte René auf meinen Gepäckträger, band ihn mit einem Gürtel fest und bugsierte ihn nach Hause. Er begriff, dass sein Nacken verletzt bzw. vielleicht sogar gebrochen war. Mit beiden Händen hielt er seinen Kopf fest, damit er nicht die Position änderte. Ein Kollege von René kam zu uns nach Hause und legte ihn in ein Gipsbett und so lag er dann wochenlang.

Er und Vera lagen krank im selben Zimmer. Sie stellten die Betten so hin, dass sie einander nicht sehen mussten. René akzeptierte nur die Krankheiten, die er selbst hatte oder gehabt hatte. Schwäche von anderen ertrug er nicht. Vera war in ihre Krankheit geflüchtet, auch ihre alte Tuberkulose war wieder aufgeflammt, wahrscheinlich wegen der Mangelernährung. Dies und ein Rückfall in Anorexie waren der

Anfang einer langsamen Selbstauslöschung. Hans und ich wechselten uns bisweilen ab, um sie zwangsweise zu ernähren.

Wir mussten sämtliche Aufgaben im Haushalt übernehmen und teilten sie gerecht unter uns auf. Seltsamerweise wurden René und Vera gesund und alles wirkte viel freundlicher. Bei uns in der Nähe wohnte ein Künstlerpaar, das Vera und mich in Malerei unterrichtete. Bezahlt wurde nicht nur mit Geld, sondern vor allem mit Essen. Vera fand eine neue Beschäftigung. Sie malte und schrieb für Allan Kindergeschichten. Mit der ihr eigenen, bisweilen manischen, Intensität wurde ihre Malerei mehr oder weniger professionell. Neben der Malerei begann sie zu sticken. Vera hat mich dazu animiert, meine ersten Textilmuster zu zeichnen, die sie dann auf Servietten und Handtücher nähte. Von dem Künstler Gijs Voskuyl und seiner Lebensgefährtin lernte ich die Grundlagen, wie die alten Meister ihre Farben herstellten und wie Ölmalerei rein technisch abläuft – von der Grundierung der Leinwand bis zur Firnis. Die Farben stellten wir selbst her. Leinwände gab es nicht zu kaufen, stattdessen präparierten wir Handtücher und alte Laken. Für mich war es nützlich und für Vera therapeutisch.

Die fünf Wochen Sommerferien waren nicht zum Faulenzen gedacht. In einer puritanischen Gesellschaft sollte man stets mit etwas Nützlichem, Lehrreichem oder Anwendbarem beschäftigt sein. Als Vierzehnjährige übersetzte ich ein kleines Buch des Klassikers Felix Timmermans mit dem Titel *Das Schweinchen* ins Schwedische. Die Geschichte ist in Kurzfassung folgende: Gott kam hinunter auf die Erde, um die Tiere der Erde zu verändern, einzukleiden und zu verschönern. Er hatte Farben, Pinsel und andere Dinge dabei. Als Gott glaubte, fertig zu sein, kam ein schüchternes und trauriges Schwein zu ihm und klagte, Gott habe es vergessen. Gott sagte streng zu dem Schwein: »Du hast ja gebummelt und bist zu spät gekommen, ich habe keine Farben oder anderes Material mehr, alles ist aufgebraucht.« Doch dann bekam Gott Mitleid mit dem Schwein und sagte: »Ich schau mal, was ich machen kann«, und begann, es umzugestalten. Er fasste dem Schwein an die Nase, zog daran und erschuf so einen langen Rüssel mit zwei sichtbaren Löchern. Gott riss einige Borsten aus dem Pinsel und platzierte sie hier und dort auf dem Rücken des Schweins. Schließlich nahm Gott seine Lockenzange und ringelte damit den dünnen kleinen Schwanz. Als das Schwein das Ergebnis sah, wurde es stolz und froh. Glücklich stellte sich das Schwein auf Zehenspitzen, um sich zu bewundern. Seitdem gehen alle Schweine auf Zehenspitzen, haben hier und da Borsten auf dem Rücken und auch einen schönen Ringelschwanz. Die Übersetzung hätte man bestimmt nicht anerkannt, das Schwedische war erbärmlich. Es war ein Gemisch aus den Sprachen, die ich gelernt hatte. Eine Krux bei der Übersetzung war auch, dass es im Holländischen weder å, ä noch ö gibt. Die Auflagenhöhe betrug fünfzig Exemplare und so musste ich jedes einzelne å, ä und ö per Hand einfügen. Ich durfte das Buch setzen, drucken und einbinden. Außerdem habe ich es mit einem Linoleumschnitt illustriert.

Die Malerei, das Musterzeichnen und das Buch waren ein bescheidener Anfang meines späteren Lebens als Künstlerin und Kunsthandwerkerin. Die Arbeit mit dem Buch offenbarte eine innere Fantasiewelt, eine Welt, jenseits der Welt der Erwachsenen und jenseits der Wirklichkeit des Krieges – die Schaffenslust.

Die Zeiten wurden immer absonderlicher, die Hoffnung auf baldigen Frieden sank. Wir hörten die verbotenen Sendungen der BBC. Sie begannen immer mit Beethovens *Fünfter Symphonie*. Mit Kissen auf dem Radio, um den Ton zu dämpfen, damit niemand das entdeckte, dass wir dieses verbotene Gerät besaßen, hörten wir in den Nachrichten, wie sich der Krieg entwickelte. Wir hatten eine Karte, in die wir Nadeln steckten, um den Kriegsverlauf zu verfolgen. Auf diese Art lernten wir die Welt kennen, Orte, die uns sonst unbekannt geblieben wären, wie die umgetauften Städte der Sowjetunion, Orte in Nordafrika, und der Vormarsch Japans in Asien hat uns diesen Teil der Erde nähergebracht.

Als Einwickelpapier ins Rot-Kreuz-Paket aus Schweden geschmuggelt, bekamen wir einige Seiten aus Ilja Ehrenburgs Buch über die tapferen Sowjetsoldaten, die alles meisterten, sogar im Winter im eisigen Wasser zu stehen. Damals haben wir blind an alles geglaubt, was er schrieb.

Wir wollten es glauben. Das gab uns Hoffnung. Um den Ausgang des Krieges zu erfahren, wurden aus lauter Verzweiflung zu Hause spiritistische Séancen abgehalten. So lautete die Antwort auf die Frage, »Wer gewinnt den Krieg?« »Der Stärkste«, und auf: »Und wer ist der Stärkste?« »Der, der den Krieg gewinnt.« Auch Wahrsagerinnen wurden befragt. In hoffnungslosen Situationen probierten auch rational denkende Menschen sonderbare Wege.

Die meisten Jugendlichen in unserem Freundeskreis beschäftigten sich mit etwas Illegalem, mit der Herstellung falscher Lebensmittelmarken, falscher Ausweise sowie dem Schwarzhandel mit Essen. Der Ausweis war am schwierigsten, da sich auf der Vorderseite der Daumenabdruck der Person in Druckerschwärze befand.

Hans war einer der Kuriere für diese gefälschten Ausweise und Essensmarken, die an untergetauchte Personen übergeben wurden. Diese Tätigkeit stand unter strenger Strafe. Hans und ein Kumpel wurden verraten und entlarvt, und Hans war dabei, als eine Person erschossen wurde. Wer von ihnen geschossen hatte, weiß ich nicht. Zum Glück konnte der Täter nicht ermittelt werden, aber für Hans wurde es ein lebenslanges Trauma. Zwar hieß es, entweder er oder der Verräter, und doch war er dabei gewesen, als jemand getötet wurde.

René wird verhaftet

1944 wurde René verhaftet und ins *Vught* gebracht, ein Durchgangslager für den Weitertransport zu den Konzentrationslagern in Richtung Osten.

Die Ursache war, dass die holländische Ärzteschaft gegen das Sterilisierungsprogramm der Nazis sowie gegen die Deportation holländischer jüdischer Ärzte protestiert hatte. Zweiundzwanzig angesehene Ärzte wurden als Geiseln genommen, darunter René – er war ein bekannter Neurologe und Psychoanalytiker.

Zudem stammte er aus einer angesehenen Familie in Holland. Die Deutschen wollten ein Exempel statuieren. Unter Lebensgefahr nahm Vera Kontakt zu Fritz Wimmer in der Besatzungsverwaltung auf. Er war ja ein früherer Freund von ihr und Elsa-Brita Nordlund in Wien gewesen und nun der engste Vertraute des Reichskommissars Seyß-Inquarts. Die beiden bildeten die höchste Instanz in der Besatzungsverwaltung und waren hohe SS-Offiziere. Sie bestimmten über die Deportationen und die endgültige Liquidierung der jüdischen Bevölkerung.

Vera, die wegen ihres jüdischen Hintergrunds Ausgangsverbot hatte, und ich, unternahmen eine drei Tage während, riskante Reise aus dem Osten Hollands ins SS-Hauptquartier Haag. Ziel war es, Renés Freilassung zu erwirken. Ich begleitete Vera auf der Reise, da sie einen starken schwedischen Akzent hatte und man mit den Holländern in Konflikt geraten wäre, falls man sie für eine Deutsche gehalten hätte. Sie schwieg die meiste Zeit, und ich musste reden. Das Wichtigste war jedoch, dass ich, mit meinem schwedischen Pass mit dem Namen Palmstierna und als Veras Tochter, Veras frühere Beziehung mit der Familie Palmstierna beweisen konnte.

Wir hatten auch meine Geburtsurkunde aus Lausanne mitgenommen. Darin stand mit Titeln und allem Drum und Dran, wer ich war und wer Vera gewesen war. In dem schlechten physischen Zustand, in dem sie sich befand, hätte Vera die dreitägige Reise auch nicht allein bewältigt. Wir mussten lange Strecken laufen.

In Haag hatten die höchsten SS-Funktionäre ihr Hauptquartier in einem früheren holländischen Regierungsgebäude, einem Patrizierhaus.

Das Treffen mit Fritz Wimmer beschränkte sich zunächst auf ein kühles und erniedrigendes Gespräch, bis Wimmers Adjutant den Raum verlassen hatte. Da änderte sich der Ton. Nun wurde über Freunde aus früheren Zeiten geplaudert und auch nach der gemeinsamen Freundin Elsa-Brita gefragt.

Plötzlich war die Audienz zu Ende und Fritz Wimmer wies eiskalt, aber höflich darauf hin, dass er ohne etwas zu versprechen, die Sache mit René untersuchen, und falls möglich, einschreiten würde. Möglicherweise wusste Fritz Wimmer nichts von Veras jüdischem Hintergrund. Er kannte sie aus Wien und damals war sie die geschiedene Baroness Palmstierna gewesen.

Im Hochquartier rannten elegante, schwarzgekleidete, wohlgenährte junge SS-Männer hin und her, gaben sich gegenseitig Befehle und übergaben links und rechts Stapel mit Dokumenten. Ständig streckten sie ihre Arme zum Hitlergruß aus und schlugen mit einem lauten Knall die Hacken zusammen. Zugleich kamen sie nicht umhin zu flirten. Ich war eine blonde Sechzehnjährige und sie hielten mich für eine von ihnen. Ich fand das erniedrigend, aber da musste man mitspielen, sich zugleich distanzieren und die ganze Zeit im Hinterkopf behalten, warum wir hier waren. Die ganze Situation war gefährlich und erniedrigend.

Niemand weiß, ob das Gespräch mit Fritz Wimmer geholfen hat, René freizubekommen oder ob zugleich andere Kräfte an seiner Entlassung mitgewirkt hatten. Eins ist jedoch sicher: Am Ende wurde er für einundzwanzig Liter Genever freigekauft, der dem Gefängnispersonal übergeben wurde.

Für uns hätte der Kontakt mit Wimmer dennoch in einer Katastrophe enden können. Es zeigte sich, dass er Umgang mit uns wollte. Für uns war das völlig undenkbar. Der Besuch eines hohen SS-Offiziers hätte dazu führen können, dass man uns später als Landesverräter liquidiert. Wir verwiesen auf Veras Tuberkulose und der Wunsch nach Umgang hörte schlagartig auf.

René dankte uns unsere Bemühungen mit einem ordentlichen Wutanfall. Lieber wäre er im Lager geblieben, als dass man einen solchen Kuhhandel mit ihm triebe. Allein der Gedanke, unser Besuch in Haag könnte vielleicht seine Freilassung bewirkt haben, war erniedrigend. Er konnte überhaupt nicht begreifen, dass Vera das aus Liebe für ihn getan, sich seinetwegen erniedrigt hatte.

Aus dem Lager brachte René die Erkenntnis mit, dass diejenigen, die einen Glauben oder eine politische Überzeugung hatten, größere Chancen hatten, die Hölle zu überleben. Von einem älteren Gefangenen bekam er folgenden Rat: »Versuch, deine Rituale beizubehalten, wasch dich und bind dir, selbst wenn du nur eine Schnur hast, eine Krawatte, ritualisiere dein Leben. Wer das nicht macht, hat aufgegeben und geht schneller unter.«

Dass René freigelassen wurde, hieß nicht, dass er außer Gefahr war. Wir gruben ein Loch im Wald und bauten eine unterirdische Höhle, die man mit Reisig bedecken sollte. Das ganze Projekt war der naive Versuch, ihn verstecken zu können. Ein Suchtrupp mit Hunden hätte das Versteck sofort ausfindig gemacht.

Die Endphase des Krieges

Ohne unser Wissen hatte René durch einen Patienten Kontakt zur Widerstandsbewegung aufgenommen. Das war Ende 1944, zu diesem Zeitpunkt waren die Alliierten in Europa auf dem Vormarsch. René bekam einen riskanten Auftrag. Er sollte Karten und Zeichnungen von den Positionen der deutschen Artillerie entlang der holländischen und belgischen Küste rausschmuggeln. Es gab immer noch viele, die England in der Endphase des Krieges mit sogenannten V-2-Raketen beschossen. Diese mussten eliminiert werden.

Mit falschen Visa in seinem Pass sowie mit Karten und Zeichnungen, eingenäht in die Kleidung, sollte er Anfang 1945 als Kurier nach Stockholm via Berlin reisen und wir, seine schwedische Familie, sollten ihm als Deckmantel dienen. Dieses falsche Spiel führte bei uns zu einem schweren inneren Konflikt. Keiner von uns war ein Berufsspion.

Selbstverständlich hielten Freunde und Familie uns für Verräter, was schwer zu akzeptieren, ja fast unerträglich war. Wir konnten doch nicht verraten, warum wir reisten und wie wir diese Möglichkeit bekommen hatten. Alles ging rasend schnell.

Aus Sicherheitsgründen nahmen wir den Nachtzug nach Berlin, weil dann das Risiko, beschossen zu werden, geringer war. Im Zug gab es keine Beleuchtung, nur wenige, sehr kleine Lampen, die blau leuchteten.

Wir wurden dennoch beschossen, der Zug hielt an, viele Passagiere sprangen vom Zug. Wir blieben. Wenn wir gesprungen wären, hätten wir einander verloren und wären auch nicht mit dem Zug mitgekommen, wenn er weitergefahren wäre. Mit Toten, Verletzten und übrigen Passagieren an Bord setzte der Zug seine Fahrt nach Berlin fort.

Der Potsdamer Bahnhof und der Lehrter Bahnhof waren ausgebombt. Von Berlins Zentrum stand kaum noch etwas. Nur die Gleise und kaputten Stahlkonstruktionen der Bahnhöfe waren noch zu sehen.

Hans und ich standen bei der Ankunft am Zugfenster und sahen die ganze Zerstörung Berlins. Die Stadt war ein einziger Trümmerhaufen. Dieselbe Zerstörung hatte ich in Rotterdam erlebt, aber hier war sie fast noch schlimmer, gewaltsamer. Die Menschen bewegten sich wie Zombies.

Das Gruslige war, dass wir kein Mitleid, kein Erbarmen spürten. Auch wir waren vom Krieg völlig abgestumpft und konnten uns mit ihrem Leid nicht identifizieren. Wir sahen in ihnen nur Feinde, die ihre gerechte Strafe bekommen hatten.

Wir begriffen, dass die Ruinen das Ergebnis der Bombenangriffe der britischen und amerikanischen Flieger gewesen waren, die monatelang mit ihrem dumpfen Dröhnen über uns hinweg geflogen waren. Man konnte die Uhr nach ihnen stellen.

Renés Kontaktperson tauchte in Berlin nie auf. Entweder hatte man sie liquidiert oder es war nicht der richtige Zeitpunkt. Wir hatten uns ja verspätet. Wir haben nie erfahren, was passiert war.

Panik kam auf. Jetzt ging es darum, in Berlins Ruinen das Schwedische Konsulat zu finden und dort Schutz zu suchen. Hans, Allan und ich mussten auf dem ausgebrannten Bahnhof warten, während Vera und René nach dem Bunker suchten, der das schwedische Konsulat sein sollte. Es begann zu dämmern, dann war die Stadt in ein Dunkel gehüllt. Wir wussten, bei Einbruch der Dunkelheit kommen die Bombardements.

Hans und ich saßen dicht gedrängt auf einer kaputten Bank. Allan war auf meinem Schoß eingeschlafen. Ein Frisör, der seinen halbausgebombten Salon unter dem Straßenniveau hatte, schrie uns an, wir sollten uns gefälligst nicht auf seine Bank setzen. Für uns war das ein weiterer Beweis für die Unmenschlichkeit des Feindes. Als es dunkel wurde, fand uns ein Angestellter des Konsulats. Nach kurzem Aufenthalt konnten wir die Reise nach Schweden antreten.

Wir flogen mit einem orangen Diplomatenflugzeug. Die Farbe Orange war das Ergebnis einer inoffiziellen Abmachung zwischen den kämpfenden Parteien. Diese Flugzeuge sollten nicht beschossen werden und die Flugzeiten waren genau geplant.

Das viermotorige Flugzeug war nur für wenige Leute berechnet, es war eng. Mit an Bord waren die letzten drei Angestellten des Konsulats, darunter der Koch des Botschafters Arvid Richert. Wir flogen von dem damals noch intakten Flughafen Tempelhof, dem Stolz von Hitlers Architekten Speer, weg aus dem völlig zerbombten Berlin.

DIE JUGEND

Die Heimkehr nach Schweden

Als wir im Frühling 1945 endlich in Malmö angekommen waren, gab es Probleme mit Allans Pass. Er war in Veras holländischem Pass eingetragen und der Pass-Kontrolleur sagte kurz und bündig, da er nicht eingereist war, würde man ihn in ein Flugzeug zurück nach Berlin setzen, falls es eins gäbe. Allan war erst fünf Jahre alt. Vera wurde ohnmächtig, ich schrie. Ein anderer Zollbeamter beobachtete die Situation und kümmerte sich um die Prozedur. Man brauchte für Allan lediglich ein provisorisches Visum und die Garantie, dass eine in Schweden wohnhafte Person für seinen Unterhalt aufkommt. Verwandte gab es ja. Das Ganze war nur ein grausames Spiel von jemandem, der uns die Freude, in ein freies Land gekommen zu sein, nicht gönnte.

In Malmö waren die Straßen hell beleuchtet und Allan, der nur Krieg erlebt hatte, fragte, ob denn Weihnachten oder Geburtstag wäre. Vera hatte Geld in Schweden. Wir nahmen uns ein Hotel und fragten, ob es etwas zum Essen gäbe, woraufhin die Angestellte im breitesten Schonisch erwiderte: »Sie brauchen nur zu bestellen, Sie bekommen alles, was Sie wünschen.« Ins Zimmer wurde ein, nach meinem Gefühl, riesiges Tablett gebracht, mit Weißbrot, richtiger Butter, fetter Wurst und Käse, Kaffee, weißem Zucker und dicker Milch. Zunächst trauten wir uns nicht, diese Köstlichkeiten anzurühren. Wir standen nur da, guckten und weinten. Der nächste Genuss war warmes Wasser, Bad, Dusche und richtige Seife.

In Stockholm wurden wir alle sowohl von den schwedischen als auch von den holländischen Behörden verhört. Vor allem René. Er wurde immer wieder von der holländischen Botschaft verhört. Sie mussten überprüfen, ob seine Geschichte stimmte. Ziel war es, dass er sich als Arzt der holländischen Befreiungsarmee anschließen sollte.

Aber es kam anders. Man fand es wichtiger, dass ein Arzt die weißen Busse nach Deutschland begleitete, um sich um die aus den Konzentrationslagern befreiten holländischen Gefangenen zu kümmern. Hier waren seine Kenntnisse als Mediziner, Neurologe und Psychiater nützlicher.

Endlich war Frieden und die Erwartungen waren groß. Am Friedenstag, den 8. Mai, war ich allein. Ich ging zur Kungsgatan und hörte den unglaublichen Jubel. Ich sehnte mich nach meinen Freunden in Holland und wünschte mir, ich hätte diesen Tag mit ihnen gemeinsam erleben können.

Es war nicht leicht, sich an Schweden, ein Land, in dem Frieden herrschte, anzupassen und zu entdecken, dass die Sprache nicht mehr dieselbe war, seit wir das Land verlassen hatten. Der Umgang mit Gleichaltrigen wurde dadurch erschwert, dass sie ein anderes Leben geführt, andere Probleme gehabt hatten und in vielerlei Hinsicht von dem, was in Europa und in der Welt vor sich ging, nichts wussten. Es war, als wäre man auf einem fremden Planeten gelandet.

Hans und ich fühlten uns als Außenseiter und schwiegen über unsere Erfahrungen. Das führte dazu, dass wir Kontakt zu Älteren suchten, zu Menschen mit einem größeren Bewusstsein in Bezug auf die politischen Ereignisse und dem, was jenseits von Schwedens Grenzen geschah.

Wir nahmen Kontakt zur Clarté-Bewegung auf. Damals war die Clarté-Bewegung noch nicht zersplittert, Kommunisten und Sozialdemokraten konnten sich noch einigen und über Politik diskutieren. Die Diskussionen, die dort geführt wurden, passten zu Hans und meiner Haltung. Ich war jung und zu der Zeit sehr schweigsam, äußerte mich nie. Aber ich hörte zu. Ich war eher eine Beobachterin als eine Teilnehmerin.

Durch die Clarté-Bewegung gewann ich zwei Freunde fürs Leben, Kerstin und Carlo Derkert. Bei der Clarté-Bewegung traf ich auch kurz den Zeichner Mark Sylwan. Er sollte ein paar Jahre später mein erster Mann und Vater meines Sohnes Mikael werden. Mark war einer der wenigen in der Clarté-Bewegung, die ich kannte. Einige der politischen, antinazistischen Zeichnungen, die er während des Krieges im *Vecko-Journalen* publiziert hatte, befanden sich in den Rot-Kreuz-Paketen, die meine Großmutter Hilda uns nach Holland schickte. Sie schickte jeden Monat ein Paket, aber nur wenige kamen an. Darin waren Mehl und Knäckebrot, eingewickelt in Marks Zeichnungen aus *Vecko-Journalen*. Ob das Zufall war oder ob sie das bewusst gemacht hat, weiß ich nicht. Für uns war das damals sehr stimulierend, aber zugleich nicht ungefährlich.

Unsere Ankunft in Schweden bedeutete auch ein Wohnungsproblem. Zunächst wohnten wir für kurze Zeit in Ninni Vougts und Jerk Werkmästers Sommerhaus in Rättvik, während wir uns eine Wohnung in Stockholm suchten. 1945 war es genauso schwer, eine Wohnung zu finden wie jetzt in den 2000er Jahren.

Wir wohnten in einer kleinen Zweiraumwohnung auf Djurgården, in der Hans in der Badewanne schlafen musste, und dann bekamen wir eine Dreiraumwohnung in der Linnégatan. Beide waren untervermietete Wohnungen. Es gab für Vera und René keine Möglichkeit, in einer Dreiraum-Wohnung sowohl zu arbeiten als auch zu wohnen. Schließlich fand Vera eine Wohnung in einer Neubausiedlung in Fredhäll.

Für Vera war es problematisch, ihren Beruf als Ärztin wieder aufzunehmen. Die lange Abwesenheit von Schweden hatte zur Folge, dass sie in der Karriere weit hinter ihren alten Kommilitonen zurücklag. Die Frauen, mit denen sie zusammen studiert hatte, hatten nun eine feste Stelle im Gesundheitsdienst und sich das hart erkämpft. Ärzte aus anderen Ländern hatten denselben Status wie Ärzte, die als Flüchtlinge oder Emigranten nach Schweden gekommen waren. Ärzte aus anderen Ländern waren gezwungen, ein schwedisches Arzt-Examen abzulegen. Vera konnten sie ihren schwedischen Abschluss nicht wegnehmen, dennoch bekam sie keine Stelle. Ihre Enttäuschung war groß.

Ein Beispiel für diese nationalistische Behandlung war, als man die Approbation des international bekannten Professors für Kinderchirurgie, Waldemar Goldschmidt, der während des Nationalsozialismus nach dem Einmarsch der Deutschen in Österreich als Flüchtling gekommen war, nicht anerkannte. Es half nichts, dass er mehrere Lehrbücher über Kinderchirurgie verfasst hatte, die die schwedischen Mediziner in ihrer Ausbildung verwendeten oder dass er vor dem Krieg mehrmals vom Karolinska Institut in Stockholm als Referent eingeladen worden war.

Auch René bekam zu spüren, wie es ist, nicht anerkannt zu werden, obwohl er in Holland ein angesehener Neurologe und Psychoanalytiker war und mehrere internationale Publikationen vorzuweisen hatte. Es wäre ein Leichtes gewesen, sich über seine Ausbildung und seine Kompetenz zu informieren.

René und Vera verfügten nicht nur über die üblichen medizinischen Kenntnisse, sondern auch über eine psychoanalytische Ausbildung, die sie bei Freud absolviert hatten. Zudem hatten beide in diesem Beruf praktiziert. Aber 1945 war man in Schweden gegenüber der Psychoanalyse noch skeptisch. Für die Psychoanalytische Vereinigung hingegen waren beide ein Gewinn. Sie etablierten sich und spezialisierten sich vor allem auf die Ausbildung anderer. Viele gingen bei ihnen in die Lehre, darunter Lajos und Edith Székely, Esther Lamm, Stefi Pedersen und Annastina Rilton. Die meisten von ihnen sollten später angesehene Psychoanalytiker werden.

Andere gingen bei ihnen in Analyse und wollten ihr Inneres erforschen, wie der Endokrinologe Rolf Luft und der Gründer des Filminstituts, Harry Schein – auch Peter Weiss wandte sich an René. Für Vera war die schwedische Sprache selbstverständlich kein Hindernis. Zu René kamen vor allem die deutschsprachigen Patienten. Mir war es unbegreiflich, wie man bei jemandem in Analyse gehen kann, der weder die eigene Muttersprache beherrscht noch mit dem nationalen und kulturellen Hintergrund vertraut ist. Karin Boye ging für kurze Zeit in Deutschland in Analyse und schrieb in einem ihrer Tagebücher, dass insbesondere die sprachlichen Assoziationen, die speziellen Kulturtraditionen, die für sie wichtig waren, dem Analytiker nichts sagten. Wie erklärt man zum Beispiel schwedische Kinderreime, Wortspiele oder schwedische Poesie?

René wurde Vorsitzender in der schwedischen Psychoanalytischen Vereinigung und Vera Sekretär. Soviel ich weiß, arbeiteten sie streng freudianisch, und die Proteste blieben natürlich nicht aus. Später sollte eine Zersplitterung innerhalb der Psychoanalytischen Vereinigung relevant werden, vergleichbar mit den Zersplitterungen in politischen oder religiösen Sekten. Vera war außer ihrer Arbeit als Psychoanalytikerin freiberuflich bei Elise Ottesen-Jensen tätig, die 1933 eine der Gründer der damals noch infrage gestellten RFSU (Riksförbundet für sexuell upplysning, Bundesverband für sexuelle Aufklärung) war.

Für Vera war die Zusammenarbeit mit der radikalen Elise Ottesen-Jensen, »Ottar«, inspirierend. Dort arbeitete auch ein politischer Flüchtling, Max Hodann (1894–1946), der zwischen 1928 und 1933 Stadtarzt und Leiter des Gesundheitsamtes in Berlin-Reinickendorf, Berlin-Charlottenburg war. Auf seine Initiative hin wurde dort ein wissenschaftliches Institut für sexuelle Aufklärung gegründet. Max Hodann war Sozialist und in der sogenannten Wilhelm-Reich-Gesellschaft. Er wurde 1933 von den Nazis verhaftet und konnte später in die Schweiz fliehen. Als Arzt nahm er 1936–39 am Spanischen Bürgerkrieg teil. Nach Francos Machtübernahme ging er nach England. Er versuchte dort ein pädagogisches Institut für sexuelle Aufklärung zu eröffnen, was ihm nicht gelang. 1939 kam er als staatenloser Flüchtling nach Schweden. Elise Ottesen-Jensen stellte ihn als Arzt und radikalen Sexualexperten ein. Max Hodann war im RFSU von 1942 bis zu seinem Tod 1946 tätig. Während seiner Zeit im RFSU arbeitete Vera mit ihm zusammen. Max Hodann war einer von Weiss' Freunden. Er kommt in Peters Roman *Die Ästhetik des Widerstands* vor und ist in dem Abschnitt über den Spanischen Bürgerkrieg eine wichtige Figur.

Das holländische Abitur meines Bruders Hans taugte nicht, um ins Karolinska Institut zu kommen. Er musste sein Abitur erneut ablegen und begann im Gymnasium *Norra Latin*. Dort entdeckten die Lehrer sehr bald, dass er in Latein, Griechisch und Mathematik viel mehr wusste, als die meisten anderen, was dazu führte, dass er parallel zu seinem Oberstufen-Unterricht andere Schüler in diesen drei Fächern unterrichtete. Renés Umgang mit Architekten und die Tatsache, dass er mich gern zu den verschiedenen neuen Gebäuden mitnahm, inspirierte mich als Jugendliche dazu, Architektin zu werden.

Wer in Holland Architekt werden wollte, studierte vier Jahre an der Kunstakademie und ein Jahr an der Technischen Hochschule. In Schweden war es umgekehrt, hier studierte man vier Jahre an der Technischen Hochschule und vielleicht ein Jahr an der Kunstakademie.

Ich begriff schnell, dass ich in Schweden nie Architektin werden könnte. Meine holländischen Abschlussnoten hätte man nie anerkannt und mich noch einmal auf die Schulbank zu setzen, um eventuell an die Technische Hochschule zu kommen, kam mir falsch vor.

Mit siebzehn bewarb ich mich stattdessen an der *Technischen Hochschule*, die später in die Kunsthochschule *Konstfack* umbenannt wurde. Als ich den Rektor der Schule, Dag Melin, aufsuchte, saß er hinter einem großen Schreibtisch ganz hinten in einem riesigen Raum. Ich machte einen Knicks und verkündete, dass ich an der Technischen Hochschule studieren wolle. Er erklärte kurz, dass es eine untere und eine höhere Stufe gäbe, ich knickste noch einmal und sagte: »Ich nehme die höhere Stufe, weil ich viel lernen möchte.« Ich hatte keine Ahnung, dass man zunächst die zweijährige untere Abteilung absolvieren musste, bevor man sich um die dreijährige höhere bewerben konnte. Ich musste in der Abendschule anfangen. Die Abendschule hatte den Vorteil, dass die Leute, die dort hingingen, wirklich motiviert waren. Und da ich mich weitgehend auch um den Haushalt kümmern musste, ließ sich das gut kombinieren.

Im Sommer besorgte ich mir ein Praktikum im Bereich Textil, indem ich mich an der Hochschule für Handarbeit und Handwerk, *Handarbetets vänner Sätergläntan* in Insjön in Dalarna bewarb und angenommen wurde. Für das nötige Geld forderten Vera und René eine Gegenleistung. Ich sollte den sechsjährigen Allan mitnehmen und während der Kurse auf ihn aufpassen, wovon die Lehrer dort gar nicht angetan waren bzw. womit sie überhaupt nicht gerechnet hatten. Zu der Zeit war es nicht üblich, Kinder mitzunehmen, aber da es eine groteske Situation war, haben sie das akzeptiert.

Wenn ich webte, saß Allan entweder neben mir oder unter dem Webstuhl und half mir beim Zählen der Fäden. Er durfte mithelfen, die Spulen zu drehen, wenn die Fäden aufgewickelt werden sollten, um später um die große Kettspule gewickelt zu werden. Da stand er mitten im Raum und drehte das Garn vor und zurück, es glich einem Karussell. Allan wurde das Maskottchen des Kurses. Viel später im Leben, als Allan bereits etablierter Forscher, Chemiker und Physiker war, besorgte er sich einen eigenen Webstuhl und webte zur Entspannung.

Die Schule glich einem strengen Nonnenkloster. Eine Teilnehmerin wurde von der Schule relegiert, als herauskam, dass sie einen Jungen in ihrem Zimmer gehabt hatte. Und wir anderen wurden einem Kreuzverhör unterzogen, ob wir gesündigt hätten. Es war das Jahr

1945. Ich lernte, Teppiche, Mustergewebe und einfachen Damast zu weben. Mit meinen Probestücken aus Sätergläntan wurde ich in der unteren Abteilung der *Konstfack* angenommen. Ich hatte mich nicht für den Textilzweig beworben, sondern für dekorative Malerei. Das bedeutete damals, dass man lernte, Hausflure auszuschmücken, Theaterkulissen zu malen und Schaufenster zu dekorieren. Dieser Unterricht hatte den Vorteil, dass der Schwerpunkt auf den verschiedenen Techniken lag, wie Stucco lustro, Intarsien, Malerei, Aquarell und Modellkonstruktionen von verschiedenen Zimmern, die dekoriert werden sollten. Es war das letzte Jahr für diese Art von Unterricht. Später wurde er in eine vorbereitende Ausbildung für Malerei umgewandelt, damit man sich an der Kunstakademie bewerben konnte.

Ich studierte fünf Jahre an der *Technischen Hochschule*, mit mehreren Unterbrechungen, bevor ich meine Ausbildung dort in Bildhauerei und Keramik abschloss.

Als ich aus Sätergläntan zurück nach Stockholm kam, hatte ich kein eigenes Zimmer mehr. Vera und René hatten seit langem getrennte Schlafzimmer. Ich schlief bei Vera. Genau wie früher in Holland konnte sie nicht allein schlafen, ihre Angst war zu groß. Sie brauchte jemanden, der sie weckte, wenn sie Albträume hatte. Da sah sie an der Wand Gestalten und verschiedene Monster. Ich beruhigte sie, indem ich darauf einging, auf die Wand deutete und fragte: »Ist das Monster hier oder dort?«, und dann das eingebildete Ungeheuer von der Wand klaubte und aus dem Fenster warf.

Ich wiegte sie und strich ihr über die verschwitzten Haare bis sie einschlief. Es war, als tröstete man eine Dreijährige. Ihre Angst war real, ich beruhigte sie, wünschte mir aber zugleich, von der Verantwortung befreit zu werden. Am Morgen nach den Attacken war sie am Boden zerstört und entschuldigte sich.

Als Ärztin hatte sie Zugang zu verschiedenen Medikamenten. Sie hat sich natürlich mehrere starke Beruhigungsmittel verschrieben und meiner Ansicht nach bestimmt auch Drogen.

Wenn René verreist war, brauchte sie weder Drogen noch Medikamente. Sie wollte sich scheiden lassen, hatte aber Angst vor ihm. Sie war davon überzeugt, dass man ihr Allan wegnehmen würde. Für René wäre eine dritte Scheidung eine soziale Katastrophe gewesen. Er wäre nie darauf eingegangen.

Wieder in Holland

Im Herbst 1946 fuhr ich zusammen mit René zurück nach Holland. Ich sollte beim Umzug von unserem Haus in Ebbenhorst nach Schweden helfen. Vera hätte mitfahren sollen, aber sie weigerte sich. Sie wollte nie mehr holländischen Boden betreten. Sie hatte wohl die Hoffnung, dass René dort bleiben würde. Es kam anders. Ich blieb und René fuhr zurück nach Schweden, um seine Praxis weiterzuführen.

In Holland war er nicht willkommen. Manche hielten ihn immer noch für einen Verräter. Unsere sonderbare Reise bei Kriegsende nach Stockholm via Berlin ist und bleibt für viele ein Mysterium.

Die Reise nach Holland führte mit dem Zug durch ein völlig zerbombtes Deutschland. Wenn der Zug langsamer fuhr oder anhielt, rannte eine Kinderschar neben den Waggons her und bettelte um Essen und Kleidung.

Wir stiegen in Hamburg um. Der Bahnhof war eine einzige Ruine. Als wir die Grenze zwischen Deutschland und Holland passierten, standen dort dieselben Zöllner wie bei unserer Ausreise aus Holland. Damals hatten sie sich wie furchterregende Despoten benommen, jetzt standen sie als Bettler dort, mit der Mütze in der Hand. Ihre ganze Körpersprache hatte sich verändert. Jetzt baten sie um Essen für ihre Kinder.

Als ich die Möglichkeit bekam, in Amsterdam ein Studium anzufangen, war die Verlockung so groß, dass ich blieb. Ich fühlte mich Vera gegenüber als Verräterin und fand auch, dass ich Allan im Stich ließ, aber für kurze Zeit keine Verantwortung übernehmen, keine Drogen wegwerfen oder Alkohol auskippen zu müssen und ein eigenes Schlafzimmer zu haben, kam mir wie eine, wenn auch schuldbeladene Befreiung vor. Freunde der Familie, die in Amsterdam lebten, boten mir an, bei ihnen zu wohnen, wenn ich im Haushalt mithalf. Ich begriff, dass sie das Gefühl hatten, ich müsste mal rauskommen.

Das Paar hieß Annie und Eep Roland Holst. Annie war eine hochangesehene Künstlerin, Porträtzeichnerin und Grafikerin. Sie stand unter dem Einfluss der »Neuen Sachlichkeit«, die in Holland sehr etabliert war. Sie war auch, wie viele Künstler ihrer Generation, von der realistischen, traditionsgebundenen holländischen Kunst des 17. Jahrhunderts, Hollands »Goldenem Zeitalter«, beeinflusst. Annies Vater, der Schriftsteller Johan de Meester, war ein sozial engagierter Schriftsteller, vergleichbar mit Èmile Zola und wurde deshalb auch Hollands Zola genannt. Annies Schwester war Konzertpianistin und ihr Bruder Johan de Meester jr. Regisseur in Amsterdam und Haag. In Bezug auf seine Auffassung vom Theater hatte er seine Entsprechung in dem Regisseur Alf Sjöberg in Schweden. Eeps Tante, Henriette Roland Holst, eine Dichterin, die mit Lenin im Briefwechsel gestanden hatte, war eine holländische Rosa Luxemburg. Aber sie wurde nicht ermordet, sondern ist sehr alt geworden.

Eep sammelte chinesische und indische Antiquitäten. Er hatte zusammen mit seinem Bruder ein Familienunternehmen geerbt, eine Versicherungsfirma. Der Bruder kümmerte sich um die Firma und Eep repräsentierte sie. Geld gab es genug und es wurde entsprechend auch ausgegeben. Ein dritter Bruder war der Dichter Adriaan Roland Holst, Jany genannt, den man mit dem schwedischen Dichter Vilhelm Ekelund vergleichen könnte.

Das Haus, in dem sie wohnten, bestand aus zwei kleineren, miteinander verbundenen Ziegelsteinhäusern aus dem 17. Jahrhundert, die aussahen wie auf einem Gemälde aus jener Zeit. Die Fassaden der Häuser zeigten zu einem Deich. Auf der Rückseite gab es einen parkähnlichen Garten, der von einem Kanal begrenzt wurde, und dahinter lag eine offene Weide mit Kühen. Die Weide war von kleinen Wassergräben umgeben. Sloterdijk, wie das Dorf damals hieß, lag eine halbe Stunde mit dem Rad vom Zentrum Amsterdams entfernt. Das Dorf wurde inzwischen abgerissen, Sloterdijk wurde Amsterdam einverleibt und so gibt es heute nur noch einen Bahnhof und einen angesehenen Schriftsteller dieses Namens.

Das Zuhause von Roland Holst war ein kulturelles Zentrum, offen und großzügig für holländische Verhältnisse. Das Zuhause war ästhetisch eingerichtet, mit einer Mischung aus Antiquitäten und modernstem Funktionalismus. Hier wurde mein Interesse für Einrichtung und Farbkombinationen begründet.

Einmal in der Woche war Tag der offenen Tür mit Diskussionen über Literatur und Musik. Die Themen variierten. Mal ging es um moderne Literatur und neue Dichtung, mal um Malerei oder Kunstgeschichte. Im Zusammenhang mit den Diskussionen wurde oft Musik gespielt, meist von einem jungen Komponisten. Kulturelle Zusammenkünfte, die während des Krieges ein Protest gegen die Okkupation gewesen waren, wurden nun als Tradition fortgeführt. So kurz nach Kriegsende war das öffentliche Leben noch nicht in Gang gekommen, sodass sich das kulturelle Leben hauptsächlich zu Hause abspielte.

Die Sehnsucht nach neuen Kunstformen war groß, und als eine der ersten wurde der Film importiert. In Amsterdam gab es ein kleines altmodisches Kino, das neue Experimentalfilme und sehr alte Filme zeigte. Auf dem Programm stand häufig die *Räubersymphonie*. Der Film war in Österreich, in den Alpen, von einer Gruppe landesflüchtiger Schauspieler (um Friedrich Feher) aus Deutschland gedreht worden. Das war eine richtige Räubergeschichte, genauso witzig wie Lubitschs *Sein oder Nichtsein* und *Skandal in der Oper (A Night at the Opera)* von den Marx Brothers. Ich habe ihn in mehreren Cinematheken gesucht, aber vergeblich.

Annie und Eep Roland Holst hatten zwei Söhne, Ritsaert und Reinout, benannt nach einer alten holländischen Ritterballade, *De vier Heemskinderen* (Die Heymonskinder). Sie handelt von vier Rittern, Ritsaert, Reinout, Writsaert und Adelaert, die für das Gute kämpften und zu viert auf dem Pferd Beiaard ritten. In der Familie Roland Holst wurden es jedoch nur zwei Söhne. Annie konnte sich nicht vorstellen, für insgesamt vier Kinder ihren Beruf als Künstlerin aufzugeben.

Es war schwer genug, sich in dem sehr konservativen Holland als Frau und Künstlerin zu behaupten. Selbst wenn man Geld hatte, bedeuteten die alltäglichen altmodischen Haushaltsaufgaben in einem Zuhause, dass die weibliche Berufstätigkeit unterbrochen wurde.

Als ich einzog, war Ritsaert achtundzwanzig und Reinout sechsundzwanzig Jahre alt. Beide hatten sich während des Krieges versteckt, um der Einberufung zum Arbeitsdienst in Deutschland zu entgehen. Dadurch hatten sie fünf Jahre von ihrer Studienzeit verloren. Reinout wurde außerdem nach dem Krieg für zwei Jahre in die holländische Armee einberufen und sollte nach Niederländisch-Indien, Indonesien, geschickt werden, damit Holland seine Kolonien künftig behalten könnte. Bei ihm kamen also zwei weitere verlorene Jahre hinzu.

In Amsterdam bekam ich durch die Vermittlung des Regisseurs Johan de Meesters einen Praktikumsplatz im Stadttheater (Stadsschouwburg) von Amsterdam. Das war keine künstlerische Arbeit, sondern pure Schinderei, von der Reinigung der Pinsel bis zum Bemalen der Bretter. Ich durfte mitmachen und lernte dabei alles über die praktische Arbeit hinter der Bühne. Ich bekam auch ein wenig Geld, was notwendig war, da ich von zu Hause keine finanzielle Unterstützung erhielt.

Für zwei Stücke, bei denen Johan de Meester Regie führte, eins in Amsterdam und eins in Haag, hatte ich als »Brettermaler« das Dekor gemalt. Das eine Stück war Jean Anouilhs *Antigone* und das andere *Die Dreigroschenoper* von Bertolt Brecht.

Ich finde diese Inszenierung von *Antigone* immer noch sehr radikal und bahnbrechend. Sie wurde auf einem abfallenden Boden mit Schachmuster gespielt. Die Wände waren weiß, die Männer trugen schwarze Fräcke mit verschiedenen Orden, die jeweils ihren Rang angaben, die Frauen waren weiß gekleidet, und Antigone trug ein rotes Kleid. Die ganze Inszenierung war von Kurt Joos Choreografie inspiriert.

Von Annie Roland Holst ermuntert, wandte ich mich an den Keramiker und Bildhauer Frans Wildenhain. Ich hatte sein Werk gesehen und die Kritiken über seine neueste Ausstellung gelesen. Er hatte seine Keramikwerkstatt in einer stillgelegten Fabrik auf einem alten heruntergekommenen Industriegelände.

Er dachte gar nicht daran, mich als Schülerin aufzunehmen: »Mädchen heiraten nur und die Energie, die man für sie aufbringt, ist reine Zeitverschwendung«, lautete sein Kommentar. Eine ganze Woche lang ging ich jeden Morgen zu ihm oder saß vor seiner Tür, bis er endlich nachgab.

Ich bezahlte ihn mit dem Wenigen, was ich im Theater verdient hatte und saß auch Modell für ihn. Durch ihn bekam ich Kontakt zur Rietveld-Akademie, an der er Lehrer für Bildhauerei und Keramik war. Er schmuggelte mich als Modell rein, zugleich konnte ich die Abendkurse besuchen.

Frans Wildenhain

Frans Wildenhain wurde in einer Arbeiterfamilie in Halle geboren. Jung und künstlerisch begabt, kam er mit der radikalen Bauhausschule in Dessau in Kontakt. Er fing als Schüler an und wurde dann in der Schule als Lehrer angestellt. Er heiratete seine sieben Jahre ältere Lehrerin und spätere Kollegin, die Designerin und Keramikerin Marguerite Friedlaender, die aus einer bekannten deutsch-jüdischen Intellektuellen-Familie stammte. Sie war bei der Gründung der Schule von Anfang an dabei gewesen.

Für Frans, der aus dem Arbeitermilieu stammte und nicht die geforderten Abschlüsse besaß, war die Bauhausschule die einzige Schule, die es ihm ermöglichte, Kunst und Design zu studieren, und wo neben Kunsttheorie politische Diskussionen an der Tagesordnung waren.

Frans hatte das Glück, die Blütezeit der Bauhausschule zu erleben, mit den innovativen, radikalen Künstlern wie Walter Gropius, Gerhard Marcks, Lyonel Feininger, Paul Klee, Oskar Schlemmer, László Moholy-Nagy und J. J. P. Oud.

Der holländische Architekt Oud war ein enger Freund von René. Er war oft bei uns zu Hause. Nach dem Krieg hatte er das neue Rotterdam gezeichnet. Auch er hatte mir empfohlen, mich an Frans Wildenhain zu wenden. Durch Frans bekam ich Einblick in die Theorien und das Wirken von Bauhaus. Er achtete sehr darauf, das Erbe weiterzuführen und hatte die Ambition, mir die Formensprache vom Bauhaus und auch dessen politische Position beizubringen. Ich wurde von ihm regelrecht geprüft, ob ich auch wirklich fleißig gelernt hatte, und er kontrollierte genau, was ich verstanden hatte.

Politisch befand er sich am linken Rand, in Richtung Syndikalismus. Er erklärte mir ausführlich, wie er zu seiner Haltung gekommen war, dass eine Gruppe und nicht ein Leiter regieren sollte. Allerdings hatten wir uns als Kinder durch meine intellektuelle und politisch versierte Mutter schon früh umfangreiche politische Kenntnisse angeeignet. Frans eröffnete mir stattdessen eine neue spannende Welt – er vermittelte mir Grundkenntnisse über die moderne Kunst und ihre Entwicklung.

Er war ein strenger Lehrer. Obwohl er seine Ausbildung am Bauhaus erhalten hatte, das für Freiheit und Gleichberechtigung in der Kunst plädierte, hatte er immer noch reichlich deutsche Disziplinerziehung in sich.

»Es dauert sechs Jahre, um ein guter Töpfer und Keramiker zu werden. Zunächst macht der Lehm, was er will, dann kannst du ihn nach deinem Wunsch formen und schließlich kannst du eine Form, die du geschaffen hast, haargenau wiederholen«, erklärte er. Er ließ mich töpfern bis zum Umfallen, und als ich bereits so viele Gegenstände getöpfert und designt hatte, dass sie eine ganze Wand bedeckten, musste ich alle zerschlagen und durfte nur drei kleine Vasen aufbewahren, die akzeptiert worden waren. Zwei von ihnen verwendete er für Glasurproben, aber die dritte durfte ich behalten – die sollte Vera bekommen.

Trotz seiner Strenge und den hohen Anforderungen wurden wir am Ende gute Freunde, und er begann von sich, seinem Hintergrund und warum er als deutscher Flüchtling in Holland gelandet war, zu erzählen.

Als die Nazis in Deutschland die Macht ergriffen hatten und die Bauhausschule geschlossen wurde, flohen die meisten Lehrer in andere Länder. Auch Frans und seine jüdische Frau. Sie flohen nach Holland, wo sie berufliche Kontakte zu dem Architekten J. J. P. Oud hatten, und eröffneten eine eigene Töpferei, *Het Kruikje* in Putten, einem kleinen Dorf nahe der deutschen Grenze. Aber als die Deutschen in Polen einmarschiert sind und Frankreich und England Deutschland den Krieg erklärt hatten, erkannten Frans und Marguerite, dass es höchste Zeit war, sich aus dem Staub zu machen. Sie beantragten ein Visum und eine Einreisegenehmigung für die USA.

Marguerite fuhr voraus und Frans blieb, um ihr gemeinsames Unternehmen abzuwickeln. Er schaffte es nie loszukommen. Die deutsche Invasion am 10. Mai 1940 kam dazwischen.

Als deutscher Flüchtling und verheiratet mit einer Jüdin standen seine Chancen schlecht. Entweder hätte man ihn direkt an die Front geschickt oder als Deserteur hingerichtet. Seine einzige Möglichkeit war unterzutauchen. Während des Krieges versteckten ihn Freunde, auch in den letzten schweren Jahren mit Hunger und Entbehrungen. Offiziell existierte er nicht und besaß daher natürlich auch keine Essensmarken. Er arbeitete unter dem Namen von Freunden und konnte auf diese Weise in den fünf Jahren, die die Okkupation dauerte, zu seinem Unterhalt beitragen.

Nach dem Krieg beantragte er erneut ein Visum für die USA, um mit seiner Frau vereint zu werden. Aber er war Deutscher, ein früherer Feind, weshalb er unmöglich ein Visum bekommen konnte. In der Wartezeit richtete er sich eine Werkstatt in Amsterdam ein. In dieser Zeit wurde ich seine Schülerin. Ich erlebte ein ums andere Mal seine Enttäuschung, wenn er wieder eine Absage erhielt.

Nach drei Jahren bekam er schließlich sein Einreisevisum und fuhr nach San Francisco, wo Marguerite zu einem Kunsthandwerkskollektiv gehörte. Sie war in den USA eine angesehene Keramikerin geworden. Nach acht Jahren Trennung war allerdings der Traum einer erneuten Vereinigung geplatzt. Frans Wildenhain etablierte sich als Bildhauer und Keramiker im Norden der USA und wurde ein geschätzter Lehrer an der Universität Rochester. Dreizehn Jahre nach meiner Lehrzeit bei ihm besuchte ich ihn in Rochester. Er hatte wieder geheiratet, war kinderlos und sehnte sich nach Europa.

Erst da begriff ich, dass das, was wir gemeinsam in Amsterdam erlebt hatten, mehr als nur Freundschaft gewesen ist. Zunächst war er der strenge Lehrer gewesen, doch langsam hatte sich eine tiefe Hingabe und Zärtlichkeit zwischen uns entwickelt. Erst bei unserem Wiedersehen in Rochester begriff ich, dass daraus hätte mehr werden können. In seinem Atelier hatte er noch die Skulpturen, für die ich ihm Modell gesessen hatte. Ein Porträt von mir stand auf seinem Schreibtisch. Frans' Frau hatte instinktiv seine Gefühle für mich erkannt und das Beste, was ich tun konnte, war, die beiden allein zu lassen und abzureisen. Wir haben uns nie wieder gesehen.

Die Brüder Roland Holst

Die Söhne in der Familie Roland Holst und ich waren wie Geschwister. Reinout war der Intellektuelle und Ritsaert der Chaotische. Ich war in Reinout unheimlich verliebt, zeigte es aber nie. Er war der schönste Mann, den ich je gesehen hatte. Aber zwischen Reinout und mir hätte es nie etwas werden können. Seine Mutter Annie hatte andere Pläne mit ihrem Sohn. Sie hatte bestimmt, wen er heiraten sollte, und da er eine starke Bindung zur Mutter hatte, folgte er ihren Wünschen.

Annie hatte einen sehr reichen Cousin in den USA, Curtis Bok, ein hochrangiger Jurist. Das Vermögen der Familie basierte auf einem Zeitschriftenimperium. Seine Tochter, Welmoet, sollte nach Holland kommen, um das Land, aus dem die Familie stammte, kennenzulernen. Annie hatte sie als Ehefrau für Reinout erkoren. Der Gedanke war, dass er dadurch in die USA emigrieren und endlich sein Studium zum Veterinär absolvieren könnte, wie er es sich gewünscht hatte, in Holland jedoch nicht verwirklichen konnte. Durch die sieben verlorenen Jahre war er zu alt, um an die Universität zu kommen. Und so geschah es.

Welmoet kam nach Amsterdam und sie heirateten. Reinout wurde Veterinär und eröffnete in San Diego eine große Tierklinik. Als ich das erste Mal in den USA war, wohnte ich einige Tage bei ihnen. Ihr Familienleben war kühl und konventionell. Viel später habe ich erfahren, dass ihr gemeinsames Kind den Kontakt zu ihnen abgebrochen und Reinout sich nach seiner Pensionierung um seine an Alzheimer erkrankte Frau gekümmert hat. Als er Krebs bekam und es keine Hoffnung auf Heilung gab, erschoss er Welmoet und sich selbst.

Die Welt ist klein. Welmoets Bruder heiratete Alvar und Gunnar Myrdals Tochter Sissela.

Ritsaert und ich verbrachten jede freie Minute miteinander. Er war ein guter Jazzpianist und träumte von einer Zukunft als Berufsmusiker, doch zu der Zeit gab es keine Möglichkeit, sich in Holland als Jazzmusiker zu etablieren. Jazz hatte sich hier noch nicht durchsetzen können, und die Familie ermunterte ihren Sohn auch nicht dazu. Durch ihn bekam ich einen Einblick in die Welt des Jazz und seine Bedeutung. Damals, nach dem Krieg, war es nicht leicht, Grammophonplatten zu bekommen. Hans schickte mir ein paar Platten aus Schweden, unter anderem mit Lionel Hampton, einem Idol von Ritsaert.

In Amsterdam gab es einige Klubs, die man für sündig hielt, wo Jazz der zwanziger, dreißiger und vierziger Jahre gespielt wurde und wo auch Jam-Sessions stattfanden. Für mich war diese Musik neu. Die Isolation während des Krieges und das Desinteresse zu Hause für Jazz führten dazu, dass Jazz für mich eine positiv schockierende Entdeckung wurde und ein lebenslanger Begleiter, zusammen mit klassischer Musik.

Ritsaert liebte sein altes Motorrad, eine Harley-Davidson, über alles. Ich half ihm, dieses Kleinod auseinanderzubauen, zu putzen und wieder zusammenzusetzen. Das Motorrad bedeutete für uns eine große Freiheit. Wir konnten quer durchs ganze Land fahren. Wir lebten wie Geschwister; übernachteten zusammen, reisten zusammen und gingen zusammen aus. Ritsaert emigrierte später ebenfalls in die USA und ließ sich in San Diego nieder. Dort konnte er sich als Jazzmusiker versorgen. Er wurde zwar kein bekannter Musiker, aber die Musik, die er spielte, fand Anklang.

Begegnungen mit Kunst

Ich durfte anstelle von Annie mit Eep Roland Holst zu verschiedenen Kunstveranstaltungen gehen. Wenn er weg war, konnte sie sich ihrer eigenen künstlerischen Arbeit widmen. Ich war einigermaßen präsentabel. Wahrscheinlich hielten die Leute mich für seine Tochter oder junge Geliebte, da er für Affären bekannt war.

Er nahm mich unter anderem zum *Rijksmuseum* in Amsterdam mit, um mir zu zeigen, wie Rembrandts *Nachtwache* gereinigt wurde. Er gehörte zu einer Gruppe, die gegen diese Reinigung protestiert hatte. Es war ein Kampf dafür und dagegen. Die Befürworter fanden, es sei verschmutzt und die Lasuren seien nachgedunkelt. Die Gegner waren der Meinung, dass Rembrandt bewusst einen Teil des Gemäldes dunkel gehalten hätte und dies für Rembrandts Maltechnik typisch sei. Da erstere gewannen, hatte ich die Möglichkeit, in regelmäßigen Abständen die Prozedur zu verfolgen. Viele Figuren, die vorher kaum zu sehen gewesen waren, traten nun hervor.

Zu Lebzeiten hatte man Rembrandt vorgeworfen, keine Rücksicht darauf genommen zu haben, wer wichtig war und wer einen niedrigeren Rang hatte, sondern wichtige Personen im Dunkeln und weniger prominente im Licht stehen ließ. Das, was Rembrandt selbst »verdunkelt« hatte, wurde dreihundert Jahre später einfach weggewaschen. Jetzt sind alle zu sehen.

Beim Reinigen des Gemäldes entdeckte man, dass ein Stück der Leinwand abgeschnitten worden war, wodurch Rembrandts Komposition zerstört wurde. Als man seinerzeit *Nachtwache* aufhängen wollte, war es für die vorgesehene Wand zu groß und so schnitt man einfach ein Stück ab. Dadurch hatten sich Komposition und Lichtproportionen auf dem Gemälde verändert.

Ein anderes Mal nahm Eep mich mit, als die große Ausstellung von Wandteppichen vom Ende des 15. Jahrhunderts, *La Dame à la licorne* (Dame mit dem Einhorn) aus dem *Musée de Cluny* in Paris im *Rijksmuseum* stattfinden sollte.

Ich durfte beim Anbringen dieser Kostbarkeiten helfen oder besser gesagt, ich war Handlangerin und reichte die Nägel. Aber ich durfte die Wandbehänge aus nächster Nähe betrachten, sie befühlen, die Rückseite untersuchen und nachsehen, wie sie konstruiert sind. So eine Gelegenheit kommt nicht wieder. Heutzutage werden die Wandteppiche nicht mehr ausgeliehen. Sie hängen permanent im *Musée de Cluny* und um *La Dame à la licorne* zu schützen, gibt es nur eine sehr schwache Beleuchtung, was es erschwert, die Details zu erfassen. Noch immer sind diese Wandteppiche das Schönste und Aufregendste, was ich gesehen habe. Alle sind voll von Symbolen aus jener Zeit, wobei jede einzelne Blume, jedes Tier, die verschiedenen Farben und die Bewegung der »Dame« ihre eigene Bedeutung haben, und alles ist geschickt in vollendeten Kompositionen eingewebt.

Zusammen mit Eep hatte ich ein sonderbares Treffen mit dem Kunstfälscher Han van Meegeren, der gegen Kaution aus dem Gefängnis entlassen wurde. Er war der Künstler, der 1938 den Verkauf eines neu gefundenen Werks von Jan Vermeer an das Museum *Boijmans Van Beuningen* in Rotterdam vermittelt hatte.

Eep, der wusste, dass Meegeren eine Schwäche für junge Frauen hatte, lud mich mit ihm zusammen zum Mittagessen ein. Ich hatte die Aufgabe, ihn zum Reden und Prahlen zu bringen. Beim Essen ging es vor allem um Fälschungen von Vermeers Gemälden.

1938 hatte man im *Museum Boijmans* ein neu gefundenes Werk von Vermeer, *Emmaüsgangers* (Emmausjünger), ausgestellt. Es hing in einem mit schwarzem Samt ausgekleideten Raum. Die Beleuchtung war äußerst schwach, es wurde gedämpfte Musik aus dem 17. Jahrhundert gespielt. Als Besucher durfte man in einer langsamen Prozession zu zweit an dem Gemälde vorbeigehen. Auch ich war als Zehnjährige mit René und Vera inmitten dieser Prozession endloser Bewunderer gewesen. Die Kritiken waren überragend. Eep Roland Holst begriff schon damals, dass dies höchstwahrscheinlich eine Fälschung war. Er war der Meinung, dass Vermeer niemals runde Glubschaugen gemalt hätte. Jesus wie auch die anderen Personen auf dem Gemälde waren mit solchen Augen versehen worden. Eep hat einen Artikel geschrieben, in dem er seine Beobachtung dargelegt hat. Aber die fast hysterische Begeisterung über einen neuentdeckten Vermeer war bereits im Gange und nicht mehr zu stoppen. Eep wurde wegen seines Hinweises von der Presse buchstäblich verfolgt.

Die Fälschung wäre bestimmt nie entdeckt oder bestätigt worden, wenn nicht Han van Meegeren nach dem Krieg des Landesverrats angeklagt worden wäre. Ihm wurde vorgeworfen, Verkäufe holländischer Kunstschätze an Hermann Göring in Deutschland vermittelt zu haben. Han van Meegeren stand vor dem Dilemma, entweder als Landesverräter oder als Kunstfälscher verurteilt zu werden.

Vor die Wahl gestellt, sich zwischen zwei Übeln zu entscheiden, beschloss er, als Kunstfälscher verurteilt zu werden. Um beweisen zu können, dass er Göring Fälschungen verkauft hatte, forderte er, dass er, statt ins Gefängnis zu gehen, Zugang zu einem Atelier mit Chemikalien, Farben und alten Malleinwänden und Holztafeln. Unter Bewachung präparierte er Leinwände und Holztafeln, stellte Farben her und malte eine Kopie eines bekannten Motivs aus dem 17. Jahrhundert. Das Gemälde bewies, dass er nicht nur ein guter Fälscher, sondern auch ein kompetenter Chemiker war. Auf dem neugemalten Gemälde konnte man jedoch wieder die Glubschaugen sehen, die Jesus und die übrigen Personen auf dem Vermeer-Gemälde in Rotterdam hatten.

Später stellte sich heraus, dass seine Frau für alle Figuren Modell gestanden hatte. Man kann sich fragen, warum dieser geschickte Fälscher keine Augen kopieren konnte, aber vielleicht war das sein »geheimer Vorbehalt«.

Zu guter Letzt bekam Eep Recht. Van Meegeren wurde nur als Kunstfälscher verurteilt. Er sah sich als Widerstandskämpfer, weil ihm das Kunststück gelungen war, Hermann Göring zu täuschen.

Van Meegeren starb ziemlich bald nach seiner Verurteilung. Er hinterließ etliche eigene Gemälde in einem kitschigen und halbpornografischen Stil. Alle waren technisch genauso geschickt gemalt wie sein falsches Vermeer-Gemälde.

Das gefälschte Vermeer-Gemälde gibt es noch in Rotterdam, doch heutzutage ist es zusammen mit anderen Fälschungen berühmter Künstler im Keller des Museums untergebracht. Die Fälschungsausstellung ist gut besucht.

Als die Rede auf Herman Göring kam, erzählte Eep von seiner Begegnung mit ihm in Berlin. Als Eep in Deutschland Ökonomie studierte, war er privat bei einem Schokoladenfabrikanten untergebracht. In der Familie gab es eine Tochter. Eep war ein hübscher junger Mann und ein notorischer Verführer. Er begann bald ein Verhältnis mit der Tochter des Hauses. Die Familie war dieser Beziehung nicht ganz abgeneigt. Sie ging davon aus, dass ihre Emmy sich reich in Holland verheiraten könnte. Deutschland litt immer noch unter den Folgen der Niederlage im Ersten Weltkrieg und der Wirtschaftskrise. Es kam jedoch keine Ehe zustande.

Eines Tages, viel später, bekamen Annie und Eep eine Einladung von Hermann Göring und Emmy, die nach dem Tod der Schwedin Carin von Kantzow Görings zweite Frau geworden war. Nun wollte sie ihrem früheren Geliebten zeigen, dass sie Karriere gemacht hatte. Sie hatte in die oberste Nazischicht eingeheiratet.

Dies geschah vor dem Ausbruch des Krieges. Aus purer Neugierde reisten Eep und Annie nach Berlin, wo sie vom Ehepaar Göring empfangen wurden.

Göring trug eine Uniform aus rosa Wildleder und Emmy war in Goldlamee gekleidet. Dem Ehepaar trippelten zwei kleine Löwenjungen hinterher, begleitet von je einem Tierpfleger, die die Hinterlassenschaften der Löwen aufwischten.

Nach dem Abendessen schlug Göring einen Kinobesuch vor. Er hatte in einem der großen Salons sein eigenes Privatkino. Die Filmprojektoren waren durch ein großes Rubensbild verdeckt und ein zweigeteilter Renaissance-Wandteppich bildete den Vorhang vor der weißen Leinwand. Das Licht wurde gedämpft, Stimmungsmusik aufgelegt, das Rubens-Gemälde nach oben, die Renaissance-Wandteppiche zur Seite gezogen und der Film konnte beginnen.

Ein Opernbesuch stand ebenfalls auf dem Programm, Annie und Eep hatten einen engen Freund aus Berlin dazu eingeladen, den Banker

Robert von Mendelsohn, der aus einer der prominentesten jüdischen Familien stammte. Ihnen zu erlauben, von Mendelsohn in die private Opernloge mitzunehmen, war zu viel für Göring. Aus dem Opernbesuch wurde nichts. Natürlich war das von Seiten des Paares Roland Holst eine Provokation. Schon ziemlich bald nach ihrem Besuch in Berlin wurde die Judenverfolgung verstärkt und ist eskaliert.

Im Mai 1940, nach Hollands Kapitulation, wollte Göring die Bekanntschaft auffrischen. Das wurde abgelehnt und zwar mit der Begründung, dass nun jeder auf seiner Seite der Barrikade stünde und ein Umgang deshalb unmöglich sei. Sie waren sich sicher, dass es Repressalien geben würde, aber es gab keine.

Als ich 1946–47 bei den Roland Holsts wohnte, radelte ich jeden Tag nach Amsterdam, und damit es schneller ging, hielt ich mich an einem Lastwagen fest. Ich wurde von der Polizei geschnappt, zeigte meinen schwedischen Pass vor und tat so, als ob ich die Sprache nicht verstünde. Ich durfte weiterradeln. Aber als sie mich das nächste Mal schnappten, begriffen sie, dass ich gebluff hatte. Es gab eine Gerichtsverhandlung.

Als sie meinen Namen vorlasen, sagte der Richter verächtlich: »Ein typischer italienischer Name.« Zur damaligen Zeit gab es in den Niederlanden viele Vorurteile gegenüber den Italienern, sie wurden Gipskatzen genannt. Ich wurde dazu verurteilt, entweder eine Geldstrafe zu bezahlen oder drei Tage in Haft zu sitzen.

Ich entschied mich für die Haft, da ich kein Geld hatte. Damit waren sie plötzlich nicht einverstanden, es sollte unbedingt eine Gel strafe sein. Als ich den Raum verlassen wollte, rannte mir der Richter hinterher und lud mich zum Essen ein. Er bezahlte meine Geldstrafe.

Veras Tod

An meine Familie in Schweden schrieb ich Briefe. Anzurufen war damals nicht üblich. Ich korrespondierte sowohl mit Vera als auch mit René. Allan schickte ich einmal in der Woche Zeichnungen und mit Hans, der einberufen worden war, führte ich einen Briefwechsel auf

Holländisch. Veras Briefen entnahm ich, dass einiges im Argen lag, aber ich ließ es nicht an mich heran.

Ihre Briefe wurden immer bizarrer. Ich hätte begreifen müssen, dass ich zu Hause gebraucht wurde, konnte aber die Freiheit und die künstlerischen Impulse nicht einfach preisgeben. Sogar Verwandte schrieben mir, ich solle nach Hause kommen. Ich legte die Briefe zur Seite und schrieb zurück, dass ich bald kommen würde. Vera begann spätabends oder nachts anzurufen. Ich versprach ihr, sobald wie möglich nach Hause zu kommen.

Eines Nachts rief Vera gegen drei an. Sie wollte sich verabschieden. Sie sagte mir, sie habe Tabletten genommen, hundert Fenemal und hundert Fenedrin. Ohne sie würde es uns besser gehen und René würde sich selbstverständlich um uns kümmern. Im Hintergrund hörte ich ein Geräusch. Es war Hans, der Ausgang bekommen hatte. Ich überzeugte sie, ihm den Hörer zu geben und schaffte es, ihm die Situation zu erklären. Vera nahm wieder den Hörer und sagte: »Warum hast du mich verraten? Es liegt ein Abschiedsbrief für dich auf meinem Nachttisch. Tschüss, so long, ich schaffe auch das hier noch.« Das waren ihre letzten Worte, bevor sie auflegte.

Da stand ich mit dem Hörer in der Hand und konnte nichts tun. Ich weckte die Familie Roland Holst und organisierte mit ihrer Hilfe sofort einen Flug nach Hause. Früh am Morgen fuhren Ritsaert und ich mit dem Rad zum Shuttlebus. Es war ein grauer Märzmorgen, neblig, glatt und elendig. Frans Wildenhain stand am Bus, und wir sagten Adieu. Er gab mir die kleine Vase, die ich für Vera aufgehoben hatte. Ich landete in Bromma.

Hans und Allan standen da und warteten. Allan hatte man nicht gesagt, was vor sich ging. Er war ja erst acht Jahre alt. Vielleicht war das gut so. Er war einfach nur froh und ausgelassen, dass ich endlich nach Hause gekommen war. Hans erklärte mir, er hätte mit René darum gerungen, Vera ins St-Görans-Krankenhaus zu bekommen. René betrachtete es als Schande, dass eine Ärztin, noch dazu eine Psychoanalytikerin, wegen eines Selbstmordversuchs ins Krankenhaus eingeliefert wurde. Das würde den Beruf und die Psychoanalytische Vereinigung in Misskredit bringen.

Ich fuhr ins Krankenhaus. Vera lag in einem Einzelzimmer. Eine barsche Nachtschwester saß neben dem Bett und strickte. René hatte fünf lila Tulpen mitgebracht, die auf dem Nachttisch standen. Vera war bewusstlos und hat es wahrscheinlich gar nicht mitbekommen. Nach dieser kleinen Fürsorge hatte sie sich bestimmt lange gesehnt. Auf Veras linker Gesichtshälfte prangte ein großer blauer Fleck. Ich wollte bleiben, aber die Nachtschwester war der Meinung, dass wir nach Hause fahren sollten. Später habe ich es bitter bereut, dass ich nicht darauf bestanden hatte zu bleiben. Vera lag im Sterben. Zwei Stunden später erhielten wir den Anruf.

Wahrscheinlich empfand sogar das Krankenhauspersonal Selbstmord als Schande. Wir sollten dafür bestraft werden und sehen, wie elendig sie gestorben war. Vera lag in einem völlig zerwühlten Bett. Dem Augenblick des Todes muss ein Kampf vorausgegangen sein. Der Nachtschwester zufolge hat sie geweint, bevor sie erstickt ist. Die Haare waren verschwitzt und verfilzt, der blaue Fleck im Gesicht trat jetzt noch deutlicher hervor, weißer Schaum stand um den Mund. Heutzutage legt man diejenigen, die sich mit Tabletten vergiftet haben, in einen Respirator, was viele gerettet hat. Die Hände waren verkrampft, die Arme klammerten sich an die zerknüllte, hochgezogene Bettdecke. Ihre Beine waren nackt. Ihre kindlichen, tapsigen, glattrasierten Beine lagen da, als gehörten sie nicht zu diesem Körper, die schönen gepflegten Füße mit den rosa lackierten Zehennägeln gehörten in eine andere Welt. Ich stand am Fußende und hielt mich am eisernen Bett fest.

Warum war ich nicht geblieben? Warum hatte ich mich überreden lassen zu gehen? Ich hätte sie im Arm halten können, dann hätte sie nicht einsam sterben müssen.

Vera war am Ende wie ein schutzloses, nacktes Vogeljunges, das aus dem Nest gefallen ist, das niemand hochnimmt oder wärmt. Hans schaffte es nicht zu bleiben. Er und René sind schon vor mir losmarschiert. Ich ging allein im Dunkeln nach Hause, im Schneematsch und im herabrieselnden Schnee. Ich lief über die Västerbron nach Fredhäll, wo wir wohnten. Im Innern nagte der Zweifel, ob es wirklich ein freiwilliger Tod war. Es gab Polizeiverhöre. Ich bin in Amsterdam gewesen und Hans, der seinen Wehrdienst ableistete, war nachweislich erst spät nach Hause gekommen. Die Verhöre mit uns waren kurz, die mit René dauerten umso länger. Der Hauptgrund war Veras blauer Fleck. Wo kam der her? Das wurde nie untersucht.

Soweit ich weiß, hatte Vera den Abend vor dem Selbstmord bei Elise Ottesen-Jensen verbracht. Vera arbeitete an einem Buch über sexuelle Aufklärung für Kinder, was sie diskutierten. Als ich viel später Elise Ottesen-Jensen nach jenem Abend fragte, erzählte sie mir, sie habe Vera dringend zur Scheidung geraten, wenn sie nicht untergehen wolle.

Ich vermute, dass es in dem letzten Gespräch zwischen Vera und René um Scheidung ging und dass es dabei zu Handgreiflichkeiten gekommen ist, daher der blaue Fleck. Was sie sich gegenseitig angetan haben und was zu ihrer Verzweiflungstat geführt hat, habe ich nie erfahren.

Vera ist fünfundvierzig Jahre und vier Monate alt geworden. Sie war eine zarte Person, zermürbt von den Skandalen in ihrer Familie, zermürbt von den missglückten Ehen, zermürbt von Krieg und Isolation in Holland, zermürbt von einer verurteilenden patriarchalischen Gesellschaft; am Ende war sie zu schwach, um den Kampf bestehen zu können. Nie wurde ihr die Achtung zuteil, die sie angesichts ihrer Fantasie, ihrer Intelligenz und ihrer aufgeweckten Art verdient hätte.

Vera hat ihren drei Kindern das Leben wahrlich nicht leicht gemacht. Dennoch empfand ich nie Verbitterung, eher große Traurigkeit, Zärtlichkeit und Mitgefühl für ein vergeudetes Frauenleben, auch weil sie nie die Möglichkeit bekam oder ergriff, ihre Begabung zu entfalten.

Veras Trauerfeier in der Kirche *Oscarskyrkan* in Östermalm war ein seltsames Erlebnis. Das meiste wurde von Veras Verwandtschaft bestimmt. Weder René, Hans noch ich kannten uns in schwedischen Beerdigungsriten aus. Der damalige Pfarrer in der Oscars-Gemeinde, der Vera beerdigen sollte, bemerkte: »Ihr könnt dankbar sein, dass ein Selbstentleiber heutzutage in geweihter Erde liegen darf.«

Keiner von uns wusste, was ein »Selbstentleiber« ist. Ich schaute nach und erfuhr, dass Selbstentleiber ein altertümliches Wort für Selbstmörder ist. Wir, die trauernden Angehörigen, wurden also 1947 darüber aufgeklärt, dass wir dankbar sein sollten, dass Vera in geweihter Erde liegen darf. Bis zuletzt hat man sie mit Verachtung gestraft. Sobald es 1952 erlaubt war, trat ich aus der Schwedischen Kirche aus und zwar aus vielen Gründen.

In der Kirche saß ich vorn rechts, in Schwarz und mit einem Trauerflor vor dem Gesicht, zusammen mit der Familie, und ganz hinten saß ihr Mentor, der Psychoanalytiker Tore Ekman. In den dreißiger Jahren war er Mitglied der radikalen Zeitschrift *Spektrum* gewesen, die sich für Psychoanalyse einsetzte. Auf sein Betreiben wurde René nach Veras Selbstmord als Vorsitzender und als Mitglied aus der Psychoanalytischen Vereinigung ausgeschlossen.

Vera liegt auf dem Norra kyrkogården in Solna begraben. Sie wollte nicht im großen Herzogschen Familiengrab bei der *Solna Kyrka* ihre letzte Ruhe haben.

> Im Nordischen Familienbuch von 1907 steht, dass bis 1864 in Bezug auf Selbstentleiber galt, dass »ein solcher nicht auf dem Friedhof begraben sein dürfe, nicht in geweihter Erde liegen dürfe, sondern im Wald vom Henker vergraben werden solle«. Nach 1864 durfte ein Selbstentleiber auf dem Friedhof begraben werden, jedoch »in aller Stille« auf der nördlichen Seite und so weit wie möglich von der Kirche entfernt. 1894 wurden auch diese Bestimmungen aufgehoben.

Nach Veras Tod

Als Hans und ich Kule mitteilten, dass Vera gestorben ist, lautete sein erschrockener Kommentar: »Ich nehme an, ihr erbt genug, ich kann euch nicht unterstützen.« Aus seiner Perspektive war das vielleicht verständlich, für uns war das ziemlich drastisch. Wir hatten kein Wort von Finanzen gesagt. Kule war zum dritten Mal verheiratet und hatte vier Kinder zu Hause. Seine letzte Frau, Gunnel Alfvén, war noch Medizinstudentin und hatte keine Einkünfte. Hans und mich kannte er ja kaum.

René war einer Vereinbarung mit Vera zufolge als Vormund von Hans und mir eingesetzt worden, da wir noch nicht mündig waren. Veras Hoffnung, René würde für uns sorgen, erfüllte sich nicht, es gab keinen Nachlass von Vera. René brachte das Kunststück fertig, Alleinerbe zu werden. Das einzige, an das er nicht herankam, war eine kleine Lebensversicherung, die Vera für uns Kinder abgeschlossen hatte und die auf unsere Namen ausgestellt war. Der Betrag war minimal, da Vera es nicht geschafft hatte, vor ihrem Tod viele Jahresbeiträge einzuzahlen.

Zunächst wollte die Lebensversicherungsgesellschaft die Versicherungen überhaupt nicht auszahlen, da es sich um einen Selbstmord handelte, aber da der zeitliche Abstand zwischen Einzahlung und Tod groß genug war, konnte die abgeschlossene Versicherung nicht als Spekulation betrachtet werden.

Hans und ich hatten Vertrauen zu René und betrachteten ihn als unseren Vater, deshalb unterzeichneten wir die Papiere, die er uns nach Veras Tod vorlegte. Wir ahnten ja nicht, dass wir ihn damit zum Alleinerben machten und er uns nur ein paar Tausender auszuzahlen brauchte. Dadurch wurde mir die Macht, die Anziehungskraft des Kapitals bewusst. Geldgier siegte über menschliche Verantwortung. Nun zeigte sich, dass er all dem, was wir – René, Vera, Hans, Allan und ich – gemeinsam durchgemacht hatten, keinerlei Bedeutung beimaß.

Wenn René mittellos gewesen wäre, hätte man dies vielleicht noch verstehen können. Aber René gehörte in Holland der Oberschicht an, besaß eigenes Vermögen und war ein Großverdiener. Sein Vater hatte ein beträchtliches Erbe hinterlassen, das auf Großimporten von Öl, Baumwolle, Gewürzen und Zucker sowie auf einer Reederei basierte.

Die holländischen Kolonien bildeten die Voraussetzung für dieses Vermögen. Das Erbe wurde unter den vier Söhnen aufgeteilt. Anfang des vorigen Jahrhunderts war es in Holland immer noch üblich, dass bei mehreren Söhnen einer studieren und später in einem intellektuellen Beruf tätig sein sollte. In diesem Fall war das René. Seine drei Brüder teilten die Firma des Vaters unter sich auf. Einer kümmerte sich um den Ölimport, einer um den Baumwoll- und Gewürzimport und einer um die Holland-Amerika-Linie. René hatte sich immer seinen reicheren Brüdern finanziell unterlegen gefühlt. Die Einkünfte aus dem intellektuellen Beruf konnten sich nicht mit denen der geschäftstüchtigen Brüder messen.

Nach sechs Wochen wurde Hans mitgeteilt, dass er zu Hause nicht mehr erwünscht sei. Sechs Garnituren Bettwäsche war alles, was er mitbekam. Er mietete ein Zimmer bei einer alten Dame in Sundbyberg. Soviel ich weiß, haben sich Hans und René seitdem nie wiedergesehen.

Ich wurde gebraucht, um mich um Allan zu kümmern und bekam somit noch eine Weile Aufschub. Als ich nach Amsterdam zurückkehrte, um meine Arbeiten und mein Studium abzuschließen, nahm ich Allan mit. René hatte keine Zeit für ihn. Es stellte sich heraus, dass er schon seit längerem ein Verhältnis mit einer Schülerin hatte, die zu ihm in Lehranalyse ging, was natürlich unschicklich war. Seine neue Frau war nur vier Jahre älter als ich. Hätte Vera das gewusst, hätte sie bei einer Scheidung eine recht starke Position gehabt.

Im August 1947 kehrten Allan und ich nach Stockholm zurück, Allan zur Schule und ich zur Kunsthochschule *Konstfack*. Diesmal studierte ich zunächst Keramik und machte später mit Bildhauerei weiter. Die Fachrichtung Dekorationsmalerei, die ich früher belegt hatte, gab es nicht mehr. Das Zuhause befand sich in einem Auflösungszustand. René war selten daheim, außer wenn er hinter verschlossener Tür mit seinen Patienten saß. Hans hatte ausziehen müssen, und es war bloß noch eine Frage der Zeit, wann Renés neue Frau einziehen würde. Im Herbst 1947 war auch ich nicht mehr zu Hause erwünscht und wurde buchstäblich auf die Straße gesetzt. Man betrachtete mich weder als nützlich noch als geeignet mich weiterhin um Allan zu kümmern. Sie hatten wohl vor, den Kontakt zwischen Allan und mir zu unterbinden.

René hatte sein altes Leben hinter sich gelassen und für Hans und mich gab es im neuen keinen Platz mehr. Für Allan, dessen biologischer Vater er war, galten andere Bedingungen. Für Allan war dies alles ein Schock. Erst Veras Tod, dann das Verschwinden von Hans und schließlich mein Rauswurf. Er war doch erst neun Jahre alt. Ich versuchte so lange wie möglich, den Kontakt zu ihm aufrechtzuerhalten, aber dem wurden viele Steine in den Weg gelegt.

Einige Jahre später, als René mit seiner neuen Frau und seinen Kindern nach Holland zurückgegangen war, kehrte Allan nach Stockholm zurück. Als Sechzehnjähriger hatte er sich von seinem ersten verdienten Geld eine Fahrkarte gekauft. Es zeigte sich, dass es René trotz allem nicht gelungen war, das Band zwischen Allan und mir zu zerschneiden.

Als kleines Mädchen hatte ich mir immer einen Vater gewünscht, mein biologischer Vater war ja nicht präsent, und ich glaubte, ich hätte in René einen Vater gefunden. Ich war mit ihm gereist, hatte mit ihm meine berufliche Zukunft besprochen. Er wusste seit meiner frühen Kindheit, dass zu mir ein künstlerischer Beruf passte und hat mich zu verschiedenen Architekten und Künstlern mitgenommen. Ich habe geglaubt, ihm läge etwas an mir und meiner Zukunft. Er war öfter mit mir unterwegs als mit Vera.

Es sollten viele Jahre vergehen, bis ich akzeptieren konnte, dass sich von einem Tag auf den anderen eine Leere auftat, dass kein Band zwischen uns existierte und nichts irgendeine Bedeutung gehabt zu haben schien.

Viel später, als ich über Menschen mit Borderline las, konnte ich René in der Beschreibung wiedererkennen. Eine Sache ist, eine Erklärung zu bekommen, eine andere, den Schmerz zu überwinden.

Hans

Nachdem ihn René vor die Tür gesetzt hatte, wandte sich Hans an Kule und versuchte eine Beziehung zu Kule und dessen Frau Gunnel Alfvén aufzubauen. Er hatte keine finanziellen Forderungen, nur das Bedürfnis dazuzugehören. Kule war immerhin sein biologischer Vater. Hans hatte als Mediziner die Möglichkeit, sich drei Monate lang seinen Unterhalt als Militärarzt zu verdienen, obwohl er die Ausbildung noch nicht abgeschlossen hatte.

Die Beziehung zu Kule wurde jedoch nie richtig gut. Für einen solchen Neubeginn war seit der Scheidung zu viel Zeit vergangen. Am freundlichsten war Gunnel zu ihm. Als Gegenleistung stellte sich Hans als Babysitter für die vier neuen Geschwister zur Verfügung. Sie waren für ihn ein Ersatz für die Familie, aus der er ausgestoßen worden war. Gunnel war noch Medizinstudentin und hatte ein langes Studium vor sich, und ein Babysitter ermöglichte es ihr, die Abendkurse zu absolvieren.

Im Haus befand sich auch Gunnels acht Jahre ältere Schwester Kersti Alfvén. Zusammen mit ihrem Bruder Ingmar wurde sie schon früh von ihrer schizophrenen, in einer Nervenheilanstalt untergebrachten Mutter getrennt. Seit ihrem dreizehnten Lebensjahr hatte

Kersti die Verantwortung für ihre jüngeren Geschwister übernehmen müssen. Deshalb war es für sie nur konsequent, Gunnel auch jetzt zu unterstützen.

Kersti war Diseuse, Rezitatorin und avantgardistische Tänzerin. Ihre Einkünfte waren nicht so rosig, und dadurch, dass sie Gunnel half, hatte sie eine kostenlose Bleibe.

Hans lernte die siebzehn Jahre ältere Kersti kennen und die beiden wurden ein Paar. Sechs Jahre lang, zwischen 1949 und 1954, lebten sie in einer minimalen Einraumwohnung, die eigentlich die Mädchenkammer zu Kules und Gunnels Wohnung war. Als sie ihre Beziehung, die als äußerst sonderbar empfunden wurde, bekanntgaben, wurden sie von der Verwandtschaft ausgegrenzt. Gunnel glaubte, die Schwester und Gesprächspartnerin an Hans verloren zu haben.

Kersti war klein und zierlich. Sie erinnerte stark an Vera. Kersti durfte nicht das studieren, was sie wollte, eignete sich aber selbständig Kenntnisse an, lernte insbesondere verschiedene Sprachen. Sie war äußerst belesen und in Bezug auf das Kulturleben immer auf dem Laufenden. Da Hans nicht in Schweden aufgewachsen war, wurde Kersti für ihn zu einer wichtigen Vermittlerin von Kenntnissen über schwedische Kultur, insbesondere Literatur und Geschichte.

Sie war für Hans die Rettung. Sie bedeutete für ihn Geborgenheit während des Studiums. Hans, ein scheuer Mensch, für den ein Handschlag schon fast zu intim war, lebte regelrecht auf. Kersti wurde zum ersten Mal als gebildete Frau respektiert. Sie gab Hans die intellektuelle Inspiration und die Stimulanz, die er brauchte. Ohne die Nähe, in der die beiden lebten, wäre Hans, glaube ich, wohl kaum all die Jahre mit sich zurechtgekommen. Sie lebten wie in einem Kokon, zu dem niemand Zutritt hatte.

Da beide gut in Sprachen waren, führten sie ihre Korrespondenz auf Latein oder Französisch. Seine Tagebücher schrieb Hans auf Niederländisch. Diese Sprache war sein geheimer Schlupfwinkel. Als Bestätigung dafür, dass er Niederländisch beherrschte, belegte er an der Universität Altniederländisch und Literatur.

Das Problem mit Kersti war, dass sie eine schwere Zwangsneurose hatte und an einer Waschmanie litt. Man konnte sie nie besuchen. Wenn jemand ihr Zuhause betreten hatte, fühlte sie sich gezwungen, tagelang die Wohnung bis zur kleinsten Ecke zu schrubben. Hans kam damit zurecht. Er besaß durch Veras verschiedene Phasen im Leben langjährige Erfahrung.

Hans studierte Medizin und legte sein Examen ab, hat aber nie als Arzt praktiziert. Während seines Studiums traf er den Chemieprofessor Einar Hammarsten, der in seiner Jugend Vera und Kule als Studenten gehabt hatte. Hans wurde Einar Hammarstens Assistent und promovierte später in Chemie.

Als ich seine Dissertation in die Hand bekam, ein paar Blätter mit unbegreiflichen Formeln, war ich erstaunt, wie man mit so wenig Text promovieren konnte. Meine chemischen Kenntnisse beschränkten sich allerdings auf Keramikglasuren und Tonmischungen.

Hans hatte sich schon früh für die Umwelt interessiert, noch während des Krieges. Als Wissenschaftler wurde er ein Mahner und Warner in Umweltfragen. Viele Forscher hatten bereits in einem frühen Stadium vor Fehlentwicklungen gewarnt, z. B. auch Georg Borgström. Der Unterschied zwischen ihnen und Hans lag in der Art und Weise, wie sie ihre Entdeckungen und Ideen dargeboten haben.

Hans schrieb didaktisch und einfach, ohne mit unverständlichen wissenschaftlichen Begriffen um sich zu werfen. Seine Artikel in *Dagens Nyheter*, bestellt von Chefredakteur Olof Lagercrantz, endeten stets mit der Aufforderung, die vorhandenen Möglichkeiten für Veränderung zu nutzen. Ich nannte sie Psalmenverse. Er schenkte immer Hoffnung und verwies auf Alternativen. Er war der Meinung, dass der Mensch im Grunde ein soziales Wesen sei. Ohne diese soziale Bindung hätte die Menschheit nicht so lange überlebt. Im Gegensatz zu Weltuntergangspropheten war er ein Zukunftsoptimist. Hans hob das Interesse von Elin Wägner und der *Fogelstad-Gruppe* für Umweltfragen zu einer Zeit hervor, als so etwas eher belächelt wurde.

Sein populärwissenschaftliches Anliegen führte dazu, dass viele in der akademischen Welt ihm den Rücken kehrten, ja geradezu feindlich gesonnen waren. Einer ließ ihn jedoch nicht im Stich: der Cousin von Kersti und Gunnel, der Professor und Nobelpreisträger Hannes Alfvén.

Im Privatleben von Hans sollte es jedoch bald eine Veränderung geben. Ich hatte an der *Konstfack* eine gute Freundin und Kommilitonin namens Lena Jovinge-Söderberg, die dort den gleichen Kurs wie ich belegte. Nach meiner Scheidung von Mark Sylwan passte sie oft auf meinen Sohn Mikael auf, wenn ich abends unterrichtete.

Eines Abends, als sie wieder auf Mikael aufpassen sollte und ich gleichzeitig Hans zum Essen eingeladen hatte, vergaß ich meine Abmachung. Mikael und ich waren rausgegangen. Lena und Hans standen vor verschlossener Tür. Sie sind dann zusammen ausgegangen. Dieser Abend war für sie entscheidend.

Nach sieben Jahren Beziehung verließ Hans Kersti. Für Kersti war das eine Katastrophe. Hans hingegen trat in eine andere Lebensphase ein. Er heiratete Lena und sie bekamen zwei Söhne, Tom und Måns. Beide sind heute Ärzte, Tom zudem Professor für Psychiatrie.

Lenas Vater war Torsten Jovinge, einer der wenigen Puristen innerhalb der schwedischen Malerei. Zu Beginn der spanischen Revolution wurde ihm in Barcelona die Kehle durchgeschnitten. Es hieß, er wurde in einem Massengrab beerdigt, an unbekanntem Ort. Vermutlich wurde er deshalb ermordet, weil er kontinuierlich seine Gemälde nach Schweden schickte, mit denen er den Bürgerkrieg dokumentierte.

Torsten Jovinge war mit seiner puristischen Malerei seiner Zeit voraus. Heute ist er ein geschätzter und angesehener Künstler, der hohe Preise auf dem Kunstmarkt erzielt. Damals, in den dreißiger Jahren, war die Familie arm wie Kirchenmäuse. Lena war sieben und ihre Schwester drei Jahre alt, als ihr Vater verschwand.

Die Mutter, Stella Falkner, war ebenfalls Künstlerin. Sie heiratete später den Literaturwissenschaftler Tom Söderberg, Hjalmar Söderbergs Sohn. Stella war die Schwester von Fanny Falkner, August Strindbergs letzter Liebe; ihre Eltern besaßen den Blauen Turm, in dem Strindbergs letzte Wohnung war.

Hans heiratete in die schwedische Literatur und Kunst ein. Durch Lenas Familie bekam er das Gefühl, dazuzugehören und geachtet zu werden.

Lena gab ihren Beruf als Keramikerin und Designerin auf. Hans hatte dies aber nicht von ihr verlangt. Im Gegenteil, er hatte ihr sogar ein Atelier gebaut, das nie benutzt wurde. Seit der Eheschließung konzentrierte sie sich auf die Familie, was Hans Geborgenheit und die nötige Ruhe zum Arbeiten schenkte. Als Dank dafür führte er sie in seinem ersten Buch *Plundring, svält, förgiftning* (dt. Unsere geplünderte Welt) 1967 als Mitarbeiterin an.

Hans trat in die sozialdemokratische Partei ein. Ich wollte natürlich wissen, warum er sich gerade für die Sozialdemokraten entschieden hatte. Ich hatte mich nämlich etwas weiter zum linken Rand hin bewegt, mich interessierten die Syndikalisten. Die Begründung von Hans lautete: »Selbst wenn ich nur zu dreißig Prozent dafür wäre, so bin ich doch jetzt Mitglied einer Partei, die die Macht hat und gegenwärtig über die Möglichkeiten und Ressourcen verfügt, die Einstellung zur Umwelt zu verändern und somit etwas Konstruktives aufzubauen. Wäre ich stattdessen in eine kleine Partei eingetreten, die weiter links steht, hätte ich nie die Machtposition bekommen, die ich jetzt habe. Ich möchte das Negative in etwas Positives wenden, und hier habe ich vielleicht die größte Chance, das auch wirklich zu tun.«

Zunächst fand ich das Argument mit den dreißig Prozent etwas zynisch. Später begriff ich, dass er als pragmatischer Realpolitiker viel bewirken konnte. Und das ist ihm innerhalb der kurzen Zeit, die ihm beschieden war, auch gelungen. Natürlich handelte er sich dadurch in der Partei viele Feinde ein. Einer von ihnen war Valfrid Paulsson, der näher an der Wirtschaft dran war, und dort war Hans gar nicht gern gesehen.

Hans trat im Fernsehen auf und war beliebt, da er seine Thesen freundlich vortrug, stets mit einem schiefen, scheuen Lächeln. Ein Lächeln, das ankam und das ich aus seiner Kindheit kannte, wenn er sich verteidigen musste. Als ich Konrad Lorenz' Buch über das Verhalten von Tieren las, erfuhr ich, dass Hunde, die sich verteidigen, zunächst ein schiefes Hundelächeln anzeigen, um zu signalisieren, dass sie nicht beabsichtigen zu beißen und auf diese Weise den Gegner entwaffnen. Vielleicht spürte das Publikum instinktiv, dass Hans Recht hatte und ihnen nicht aggressiv seine Meinung überstülpen wollte, sondern an eine konstruktive Zusammenarbeit appellierte. Schon in seiner Jugend war Hans ein guter Pädagoge gewesen.

Am 24. Mai 1975 fuhr ich mit meinem Mann, Peter Weiss, nach Bremen zur Premiere von Peters Stück *Der Prozeß*. Am Abend vor unserer Abfahrt war Hans bei uns zum Essen, in unserem Landhaus auf Ljusterö. Wir feierten, dass Hans und Peter es gemeinsam geschafft hatten, dass es endlich mit dem Wasserski der Nachbarn und ihrem nervenaufreibenden Motorbootterror, ein Geräusch, das Peter fast in den Wahnsinn trieb, vorbei war. Hans hatte auf Grund seiner Position als Umweltschützer bei den Behörden Gehör gefunden.

141

Racer-Wettbewerbe und Wasserski wurden aus Umweltschutzgründen gestoppt. In unserer Bucht war es wieder still.

Am Abend nach dem Essen, als Hans nach Hause fahren sollte, ging er unseren Hügel hoch, drehte sich um und fragte: »Kann ich morgen euer Bad benutzen? Unseres ist noch nicht fertig.« Hans und Lena hatten ebenfalls ein Landhaus auf Ljusterö.

Zwei Tage später klingelte um drei Uhr früh bei uns im Hotel in Bremen das Telefon. Gunnel Alfvén war dran. Sie sagte bloß: »Es gab einen Unfall.« Peter, der den Hörer abgenommen hatte und dachte, es ginge um unsere Tochter Nadja, schrie los. Aber es war nicht Nadja, es war Hans.

Er war umgekommen, ertrunken. Für Peter war es eine Erleichterung, dass es nicht Nadja war, was verständlich ist. Für mich hingegen blieb in dem Moment die Welt stehen. Ich flog noch am selben Morgen via Hamburg nach Hause. Auf der Toilette im Hamburger Flughafen konnte ich mich nicht mehr beherrschen und heulte wie verrückt. Eine sogenannte »Toilettendame«, eine kleine korpulente Frau, hielt mich zunächst für betrunken. Als ich ihr die Situation erklärte, nahm sie mich in den Arm und wiegte mich wie ein kleines Kind. Sie wusch mir das Gesicht, kämmte mir die Haare und half mir beim Einchecken nach Stockholm. Die Wärme und das Mitgefühl einer mir unbekannten Frau werde ich nie vergessen. Im Flugzeug bekam ich Zeitungen. Alle enthielten Artikel über den Tod von Hans.

Die Schlagzeilen lauteten: »Umweltschützer ertrunken aufgefunden, großer Verlust für das Land.« Von Stockholm fuhr ich direkt nach Ljusterö, wo sich Lena, Tom und Måns befanden. Die ganze Nacht saß ich am Fenster der Veranda und blickte über die Förde und bildete mir ein, zu sehen, wie Hans und sein Boot näherkamen und anlegen wollten.

Nun mussten wir uns um die praktischen Dinge kümmern. Lena war völlig handlungsunfähig. Sie schaffte es nicht, Hans tot zu sehen, also musste ich ihn identifizieren. Die Identifizierung von Hans fiel mir sehr schwer, es war nicht Hans und er war es doch. Es war nicht der Mensch, den ich gekannt hatte und dennoch hatte der Ertrunkene Ähnlichkeit mit ihm.

Er hatte Schrammen im Gesicht und an den Händen. Man sagt, dass die Toten im Augenblick des Todes Ruhe im Gesicht ausstrahlen.

Das Gesicht von Hans drückte Wut und Trauer darüber aus, dass er so brutal von den Lebenden getrennt wurde – oder habe ich das nur hineingedeutet?

Da Hans aus der Kirche ausgetreten war, fand die Beerdigung in der Sundbybergs Kirchenkapelle statt, was vonseiten des Pfarrers ein Zugeständnis war. Der Sarg war mit Mittsommerblumen und Wiesenkerbel geschmückt, die Kapelle mit Flieder. Für die Dekoration hatten die Freundinnen von Hans' Söhnen gesorgt.

Die Kapelle war überfüllt, auch draußen stand eine Menschenmenge. Von Seiten der Regierung kamen sowohl Olof Palme als auch der frühere Ministerpräsident Tage Erlander. Die Schauspielerin Anita Björk, die wir seit frühester Kindheit kannten, las einen von Hans' Lieblingstexten, eine Rede des Indianerhäuptlings Seattle von 1854, die davon handelt, dass die Erde uns allen gehört und dass der Mensch ein Teil der Natur ist, jedoch nicht ihr Beherrscher, und von der Pflicht des Menschen, sich während seines Lebens gut um die Erde zu kümmern. Die Freundin Marit Paulsen, die damals noch Sozialdemokratin war, kümmerte sich um das Beerdigungsritual. Auch Olof Palme sprach.

Hinter mir saß Carl-Fredrik Palmstierna mit seiner Frau Beth. Als zum Abschluss die Internationale gespielt wurde, die Anwesenden sangen und alle in der Kapelle aufstanden, hörte ich, wie Beth Carl-Fredrik zuflüsterte: »Bleib sitzen, du darfst bei diesem Lied nicht aufstehen.«

Bei Carl-Fredrik war es sicher ein Reflex, der ihm seit frühester Kindheit im Rückenmark saß, dass man zu den Tönen der Internationale aufsteht, der war bei ihm noch da, obwohl Carl-Fredrik politisch dunkelblau (konservativ) geworden war. Erik Palmstierna, sein Vater, war ja allen zum Trotz Sozialdemokrat gewesen.

In den Zeitungen stand, Hans hätte Selbstmord begangen. Es half nichts, dass seine Söhne und auch andere Leute in Artikeln wiederholt beteuerten, dass dies nicht stimmte. Es wurde ein Mythos. Die Rekonstruktion des möglichen Geschehens ergab, dass Hans in seinem Ferienhaus auf Ljusterö gewesen ist, um in aller Ruhe einen Artikel zu Ende zu schreiben. Da er zu einer Geburtstagsfeier auf der Alfvénschen Insel Edö Ö eingeladen war, wollte er mit seinem Motorboot dorthin fahren. Umweltbewusst wie er war, besaß dieses aber keinen

Benzin-, sondern einen Elektromotor. Unterwegs fiel die Batterie aus, sodass er gezwungen war, das letzte Stück an Land zu rudern. Da er auf See die Batterie nicht wechseln konnte, legte er bei Edö an, sprang an Land, machte das Boot fest; dann zog er sich die Schwimmweste aus, da sie ihm hinderlich war, sprang wieder ins Boot und muss dabei entweder den Halt verloren haben oder umgekippt sein. Vielleicht hat er auch einen Stromschlag von der Batterie bekommen und ist deshalb ins Wasser gefallen. Hans war von der körperlichen Anstrengung erhitzt, aber das Wasser hatte nur sieben Grad. Er bekam einen Krampf, das Herz litt unter dem Kälteschock. Hans versank einen Meter vom Strand entfernt im tiefen kalten Wasser. Er war sehr seefest, aber das hat ihm hier nicht geholfen.

Es ist völlig ausgeschlossen, dass er Selbstmord begangen hat. Er stand seiner Familie sehr nahe. In seinem Berufsleben war er ein Fighter. Er hatte gerade eine interessante Arbeit im Landwirtschaftsministerium bekommen, als Olof Palmes Berater für Umweltfragen. In seinem Landhaus lag ein fast fertiger Artikel. Er war angeln gewesen und hatte verschiedene Gerichte eingefroren. Er war in unserem Landhaus gewesen, hatte das Badezimmer benutzt und auf den Toilettendeckel einen Zettel gelegt mit folgendem Wortlaut: »Wir sehen uns am Montag.« Er wusste, dass ich in Bremen war und am Montag wieder nach Hause kommen sollte.

Die Ehe

Als ich gezwungen wurde, mein Elternhaus 1947 zu verlassen, war ich wohnungslos und musste mich bei Freunden oder Bekannten einquartieren. Ende der vierziger Jahre in Stockholm eine billige Wohnung zu finden, war schwer. Ein Zimmer bei einer Witwe oder einer Alleinstehenden, die ihre karge Rente aufbessern wollte, war damals die einzige Möglichkeit. Im Allgemeinen vermieteten sie ungern an junge Mädchen.

Nach einer Weile bekam ich ein Zimmer zu den üblichen Bedingungen: Rauchverbot, keine Männer im Zimmer und keine Telefongespräche. Der Telefonanschluss befand sich nur bei der Vermieterin, und sie hatte das billigste Abonnement, was bedeutete, dass sie pro Tag nur drei Anrufe tätigen konnte.

Ich traf mich zwar mit Mark, wollte aber nicht zu ihm ziehen. Man hatte ihm sein Atelier am Valhallavägen gekündigt, das er als Untermieter von dem Porträtmaler William Fleetwood gemietet hatte. Fleetwood fand, dass Mark ein Lotterleben führte. Mark und der Künstler Lars Norrman hatten sich das Atelier geteilt. Der Schriftsteller Sven Rosendahl sowie der Journalist Olle Strandberg, der mit der Schauspielerin Majken Torkeli liiert war, übernachteten oft dort. Bestimmt waren sie nicht besonders leise, aber entscheidend für die Kündigung war, dass Lars Norrman in die Briefkästen der Nachbarn gepinkelt hatte. Mark zeichnete später ein Porträt von Lars Norrman als Gargantua in Rabelais Erzählung darüber, wie Gargantua eine ganze Stadt mit seiner Pisse überschwemmt. Mark trank nicht, aber die übrigen waren starken Getränken recht zugetan. Lars Norrman hatte in dem Jahr in der Kunsthalle *Liljevalchs* ausgestellt, zusammen mit einer von ihm erfundenen Afrikanerin, die »Mama do Ama do aus der linken Hütte« genannt wurde. Als herauskam, dass das alles ausgedacht war, gab es Ärger. Im Grunde hatte das Ganze einen rassistischen Anstrich, aber darauf hat niemand reagiert. Dem Rassismus hat man damals noch keine Beachtung geschenkt. Die Reaktionen beruhten nur darauf, dass die Leitung der Kunsthalle reingelegt worden war.

Weil meine Verwandtschaft mich drängte und ich mich einsam fühlte, heiratete ich nach ungefähr einem Jahr Beziehung, am 12. Dezember 1948, in der Kirche von Solna (Solna kyrkan) Mark, im alten Brautkleid meiner Großmutter Hilda. Wir mussten zum König gehen, da ich noch nicht volljährig war. Ich benötigte zudem Kules Erlaubnis, was sich ziemlich merkwürdig anfühlte. Trauzeugen waren die Künstler Einar Jolin und Ivan Fischerström vom Bonnier Verlag. Einar Jolin verhielt sich versnobt korrekt, Ivan Fischerström dagegen benahm sich ausgesprochen surrealistisch. Er war der Meinung, dass er mein Bräutigam sein sollte und versuchte, Marks Platz am Altar einzunehmen, was für Verwirrung sorgte und dem Pfarrer einige Probleme bereitete.

Da Mark in größeren Menschenansammlungen Panik bekam, hatte ihn sein Hausarzt mit Fenedrin vollgepumpt, damit er nicht ohnmächtig wurde. Dass das Drogen waren, wusste man damals nicht. Mark

war also high, und als wir am Altar niederknieten und der Pfarrer in seiner Rede an das Brautpaar kurz abschweifte und einige banale Bemerkungen über Kunst, Künstler und ein kleines rotes Häuschen machte, fauchte Mark ihn an: »Halten Sie sich verdammt noch mal an die Regeln.«
Der anschließende Empfang war eine Farce, Buñuel hätte es nicht besser gestalten können. Großmutter Ebba und Großmutter Hilda, die sich seit Kules und Veras Scheidung nicht mehr gesehen hatten, saßen jeweils an einer Seite des Pfarrers. Sie hatten das Kriegsbeil noch nicht begraben und beschimpften sich gegenseitig eiskalt hinter seinem Rücken.

Diese ganze Feier war ein Zur-Schau-Stellen dessen, wie man mit den eingepaukten Mitteln der Konvention einander um Ruhm und Ehre bringt, ein Machtkampf zwischen Adel und Bürgertum. Meine nächsten Angehörigen atmeten dennoch erleichtert auf, dass ich unter der Haube war und mit dem vierzehn Jahre älteren und damals angesehenen Zeichner und Grafiker Mark Sylwan ihrer Ansicht nach eine gute Partie gemacht hatte.

Mark und ich hatten es geschafft, uns bei einer älteren Lehrerin am Valhallavägen einzumieten. In ihren besten Jahren hatte sie an einer Mädchenschule in Östermalm Französisch unterrichtet, und wenn sie mit uns sprach, dann meist auf Französisch. Später stellte sich heraus, dass sie Vera unterrichtet hatte. Wir mieteten zwei Zimmer und einen winzigen Waschraum mit einem Kaltwasserhahn sowie einem Nachttopf, den man gnädigerweise in ihrer Toilette ausleeren durfte. Die Zimmer wurden mit einem Kachelofen beheizt. Die Vermieterin war äußerst aufdringlich. Sie schraubte die Schlösser zu unseren Zimmern ab, und manchmal tauchte sie mitten in der Nacht auf, setzte sich auf die Bettkante und erklärte Mark ihre Liebe.

Als ich einmal nach Hause kam, stand Mark hinter dem Sofa, fuchtelte mit ausgestreckten, abwehrenden Händen und schrie ihr auf Französisch zu: »Ne me touche pas, ne me touche pas«: Fass mich nicht an! Fass mich nicht an! Kurz darauf wurde sie von einigen Sozialassistenten abgeholt. Sie quetschten sie in den kleinen Fahrstuhl und verfrachteten sie dann in das unten wartende Auto. Mehrere Personen im Haus hatten sie angezeigt, aber soviel ich weiß, gab sie Mark und mir die Schuld für ihre Einweisung in die Nervenheilanstalt.

Es stellte sich heraus, dass sie einen Ehemann hatte, der sich erst nach ihrer Einlieferung zu erkennen gab. Er segnete den Tag, an dem sie abgeholt und gezwungen wurde auszuziehen.

Mark und mir wurde die Unterkunft gekündigt, und wir mussten ausziehen. Wir brauchten eine Wohnung und einen Arbeitsplatz. Sich für eine Wohnung auf die Warteliste setzen zu lassen, war sinnlos. Das bedeutete jahrelanges Warten. Man musste sich in den Wohnungsmarkt einkaufen. Wer das Glück hatte, einen Vertrag für einen Volvo PV 444 zu besitzen, konnte diesen sofort gegen eine Wohnung eintauschen. Der Volvo-Vertrag war auf dem Schwarzmarkt ein begehrtes Tauschobjekt. Es gab jede Menge Interessenten für das neue Nachkriegsmodell und die Wartezeiten waren lang.

Ich hatte durch Veras Verwandte einen Volvo-Vertrag bekommen. Über verschiedene Kanäle erfuhr ich, dass es in der Köpmangatan 10 in Gamla Stan (Altstadt) eine möblierte Wohnung auf dem Dachboden gab, die der Eigentümer, der zugleich der Hausbesitzer war, unter der Hand verkaufen wolle. Den Dachboden hatte er sich als Liebesnest eingerichtet. Die Einrichtung bestand aus einigen überdimensionalen Matratzen und einigen riesigen Hausbars. Wenn er meinen Volvo-Vertrag bekäme und ich ihm für einen ordentlichen Batzen Geld die Matratzen und die Hausbars abkaufen würde, bekäme ich den Mietvertrag. Ich borgte mir von meiner Großmutter Hilda Geld. Sie stellte jedoch die Bedingung, dass auf dem Mietvertrag nur mein Name stehen dürfe. Das war sehr vorausschauend von ihr.

Die Dachbodenwohnung lag vier Treppen hoch, es waren Treppen mit hohen, unregelmäßigen Stufen. Zur Wohnung gehörten eine Mini-Kochecke und ein kleiner Waschraum, aber nur mit kaltem Wasser. Zum Glück gab es in der Wohnung eine Toilette. Ein Großteil von Gamla Stan hatte immer noch Plumpsklos, also Trockentoiletten auf dem Dachboden oder auf dem Hof. Einmal in der Woche, nachts zwischen drei und vier Uhr, wurden die Fäkalientonnen abgeholt.

Das Licht in der Wohnung kam von acht kleinen Dachfenstern sowie aus einer Fensternische, wo sich das einzige Fenster befand, das sich öffnen ließ. Mitten im Raum stand ein riesiger Backofen. Ein Eisenofen war die einzige Wärmequelle. Der Dachboden war nicht gerade modern und außerdem schlecht isoliert, es gab uralte Balken und breite Dielen. Im Laufe der Jahre habe ich diesen Dachboden mehrmals umgebaut. Am Ende hatte ich dort drei Zimmer mit Küche und einem kleinen Bad.

Die Reise nach Frankreich

Mark und mir wurde die Unterkunft am Valhallavägen gekündigt. In die Köpmangatan konnten wir aber trotz Vertrag nicht sofort einziehen. Die Lösung war, nach Paris zu fahren. Mark sollte eine längere Reportage über Frankreich nach dem Krieg illustrieren, und ich sollte durch die Vermittlung meiner französischen Verwandten einige Intensivkurse Theaterdekoration an der *Ècole nationale supérieure des Arts Décoratifs* in Paris besuchen. Ich hatte eine kleine Versicherung, die die Kosten deckte. Die Schwedische Krone stand hoch im Kurs. Für uns Schweden war Paris damals billig.

Wir checkten in einem kleinen Hotel in der Rue Monsieur le Prince ein. Mark hatte vor dem Krieg zusammen mit Sven Rosendahl und Lars Norrman dort gewohnt. Ob es damals auch schon so schmutzig war, ist schwer zu sagen, jedenfalls war es dreckig. Der Teppichboden mit den großen Blumen war so alt, dass er jahrzehntealten Schmutz aufwies. Das Doppelbett glich einer Hängematte. Die Bettwäsche war isabellfarbig und starr. Das Bidet war sicher seit Jahren nicht gereinigt worden. Aber die Unterkunft war billig und lag mitten in der Stadt, im Quartier Latin.

Das Schlimmste waren jedoch die Wanzen. Der Portier, bei dem ich mich beschwerte, war der Meinung, mein Ausschlag käme von einer Allergie, ich als Schwedin würde den französischen Wein nicht vertragen. Als ich ihm ein paar Wanzen auf das Pult legte, sagte er: »Nein, Madame, das sind keine Wanzen, sondern kleine Rußflocken von der Heizung«, nahm die Tierchen zwischen Daumen und Zeigefinger und zerquetschte die sogenannten Rußflocken.

Wir hatten uns Fahrräder mit nach Paris genommen und fuhren damit zu Ausstellungen und Museen. Mark hatte eine Pressekarte und ich als Studentin eine Passepartout-Karte, womit wir überall umsonst reinkamen. Bei der allgemeinen Suppenküche für Arbeitslose aßen wir Brot und Fleischsuppe, Wein gab es umsonst. Was dort angeboten wurde, hatte Qualität. Die Franzosen waren der Ansicht, dass auch die Armen ein Recht auf anständiges Essen hatten. Wir klapperten alle Ausstellungen ab, gute wie schlechte, vor allem auf der Rue de Seine. In einer kleinen Galerie stellte der deutsche Künstler »Wols«, Wolfgang Schulze, aus. Seine surrealistischen, spröden Gemälde sollten meine Auffassung von Kunst entscheidend beeinflussen.

In einer Seitenstraße befand sich eine Druckerei, die Raymond Duncan, dem Bruder der Tänzerin Isadora Duncan gehörte. Die Druckerei arbeitete zum großen Teil mit Lithographie-Steinen. Die Buchstaben, die sie verwendeten, erinnerten an Antiqua, an gerade römische Buchstaben. Das Gedruckte war durchgehend sauber und schön.

Die Wände waren voll von Porträts der Schwester Isadora, dort hing auch ein gerahmtes Foto von dem Auto, in dem sie verunglückt war, als ihr langer Schal sich in einem Rad verfing und sie strangulierte.

Alle, die in der Druckerei arbeiteten, trugen eine Toga und hatten ein Haarband um, das die langen Haare hochband. Dazu wurden einfache, selbsthergestellte Sandalen getragen. Raymond hatte ein Harem von Frauen, die sich um den Haushalt und die Druckerei kümmerten. Er bot mir an, mitzuarbeiten. Ich wäre dann in einer Toga herumgelaufen und hätte zu Raymonds Harem gehört. Dass ich frischverheiratet war, war für ihn eher das kleinere Übel. Er betrachtete sein Angebot als ein Geschenk des Himmels und erklärte, sein künstlerisches Schaffen entstünde nicht aus dem, was er sieht, sondern durch seinen Atem und hätte seinen Ursprung in seinen Lungen.

Dass ich zu Raymonds Harem gehört hätte, hat Mark nicht verschreckt, das wäre doch ein interessantes Experiment gewesen. Aber das Gerede vom Erschaffen aus den Lungen heraus, ließ Mark zweifeln und von einer Zusammenarbeit mit Raymond Duncans Druckerei Abstand nehmen.

Die Galerie Maeght gehörte schon damals zu den angesehensten Galerien. Sie wurde nach dem Krieg mit Picasso, Braque, Legér, Bazaine und anderen heute bekannten Künstlern dieser Epoche berühmt. Es wird behauptet, den Grundstein für das Kapital der Galerie Maeght hätte der erste Besitzer gelegt, der die Kunstsammlungen jüdischer Flüchtlinge spottbillig aufgekauft habe. Heutzutage ist die Galerie ein mächtiger Konzern.

Die erste Ausstellung, die ich besuchte, war die von Otto Freundlich. Mark und ich hatten nie von ihm gehört. Er war ein deutsch-jüdischer Künstler in Paris. Nach der deutschen Okkupation von Frankreich, als die Deportationen von Juden aus Paris begannen, wurde Otto Freundlich als einer der ersten deportiert. 1943 wurde er in Majdanek in Polen ermordet.

Seine Witwe, eine polnische Künstlerin, hielt sich zur gleichen Zeit wie Mark und ich in der Galerie auf. Sie war ein kleines, verkommenes und verhutzeltes Wesen. Sie stellte sich uns als Madame Kosnick-Kloss-Freundlich vor. Sie hatte die Namen ihrer drei verstorbenen Männer behalten.

Sie lud uns in ihr und Otto Freundlichs Atelier ein. Dort war seit der Deportation ihres Mannes nichts verändert worden. Überall lag Staub in dicken Schichten und das, was ich zunächst für Gardinen hielt, waren dicke Spinnweben. Das Bett war braungrün vor Dreck, bestimmt war es immer noch dieselbe Bettwäsche seit Freundlichs Deportation.

Otto Freundlichs Plastiken nahmen den größten Teil des Ateliers ein. Sie ähnelten riesigen Klumpen, die auf minimalen Sockeln balancierten. Die Skulpturen durften nicht berührt werden. Der Staub war heilig. Es war 1949 und sie wartete noch immer auf ihn. Das Atelier, der ganze Raum und die Madame selbst erinnerten mich an den Film *Great Expectations,* (dt. Große Erwartungen) an die Frau, die im Brautkleid an der Hochzeitstafel sitzt und seit Jahrzehnten auf ihren Bräutigam wartet, der sie am Hochzeitstag sitzen gelassen hatte. Seit dem Tag war nichts angerührt worden. Alles war mit Staub und Spinnweben bedeckt.

Wir wurden zum Essen eingeladen, Lebereintopf in dieser Hitze. Ich hatte vor dem Essen die Kochnische gesehen und bekam keinen Bissen runter. Mark sah sie erst hinterher und übergab sich. Plötzlich strich sie mir über den Bauch und sagte: »Sie sind schwanger, ich weiß, dass ich als Ihr Kind wiedergeboren werde.« Ich war im fünften Monat schwanger. Als mein Sohn Mikael geboren wurde, schickte Mark ihr ein Telegramm: »Leben Sie noch, Madame?«, um sich zu vergewissern, dass sie nicht gestorben und durch mich wiedergeboren war. Sie lebte.

Ich traf sie viel später, in den sechziger Jahren, in Westberlin wieder, als sie eine große Ausstellung von Otto Freundlich eröffnete und zugleich ihre eigenen Textilien ausstellte. Ihre Kunst erinnerte stark an Freundlichs Gemälde, besaß aber einen Eigenwert. Die Gemälde waren in äußerst verfeinerter Stickerei ausgeführt. Die Farbskala war dieselbe wie auf Freundlichs Gemälden. Das waren keine neuen Werke, sondern Stickereien, die sie während ihres Zusammenlebens mit Otto Freundlich ausgeführt hatte. Vielleicht hatte sie ihn zu der Farbskala in seinen Gemälden inspiriert. Vielleicht hatte er sie inspiriert. Dass sie zusammengehörten, war eine Tatsache. Später erfuhr ich, dass Freundlichs klare Farbskala erst nach der Begegnung mit ihr entstanden war, was allerdings in Kunstbüchern nie erwähnt wird.

In Paris lernten wir zahlreiche junge schwedische Künstler und Schriftsteller kennen. Nach dem Eingesperrtsein während des Krieges war die Sehnsucht nach draußen groß. Die meisten saßen im *La Coupole*, *Café de Flore* oder im *Café du Dôme*. Mark und ich konnten es uns nur selten leisten, dorthin zu gehen, aber etliche ließen anschreiben oder bezahlten mit ihrer Kunst.

Viele dieser jungen Künstler und Schriftsteller sollten später im schwedischen Kulturleben Bedeutung erlangen, zum Beispiel Lars Forssell, Pär Rådström, Stig Claesson (Slas), Birgitta Liljebladh, Christer Strömholm, der sich damals Christer Christian nannte, und Pontus Hultén, der an seiner Dissertation schrieb und ein Doktorandenstipendium hatte. Es gab einen lockeren Zusammenhalt unter den Schweden, man lud sich gegenseitig nach Hause zum Essen ein, borgte sich Geld, übernachtete beieinander und vermittelte, wenn es beruflich nicht so gut lief, den einen oder anderen nützlichen Kontakt. Auf einen konnte man jedoch nicht zählen, und zwar auf Pontus Hultén. Er aß und schlief bei allen, gab aber keinen seiner Kontakte weiter. Viele haben sich gefragt, was wohl aus diesem egofixierten Menschen geworden sein mag. Er legte eine glänzende Karriere hin und wurde später Leiter des *Moderna Museet* in Stockholm und des *Centre Pompidou* in Paris.

Mark hatte die Idee, dass wir von Paris nach Avignon mit dem Rad fahren sollten. Für ihn war das keine große Sache. Vor dem Krieg war er allein von Stockholm nach München zur Kunstakademie geradelt, wo er bei dem norwegischen Illustrator und Satiriker Olaf Gulbransson, bekannt durch die Zeitschrift *Simplicissimus*, studierte.

Wir radelten von Paris los. Ich war Radfahren zwar aus meiner Kindheit in Holland gewohnt, aber Holland ist flach und Frankreich hügelig, außerdem war ich schwanger. Wir fuhren und fuhren, durch kleine Dörfer, auf schier endlosen Wegen in der Sommerhitze. Wir fielen auf. Frankreich war damals noch nicht so ein Touristenland wie heute. In den kleinen Dörfern, die wir passierten, lud man uns oft zu Speis und Trank ein. Wir übernachteten unter freiem Himmel und in Scheunen. Wir fuhren an Bourges und dessen mittelalterlicher Burgruine vorbei. In einem Museum schenkte uns der Hausmeister mehrere Honiggläser. Was macht man mit Honiggläsern auf einer Fahrradtour?

Bei Paaren, die gemeinsam Rad fahren, habe ich beobachtet, dass der Mann der Frau immer um eine Radlänge voraus und nie auf derselben Höhe ist, nicht einmal, wenn es möglich ist. Mark war da keine Ausnahme. Egal wie schnell ich fuhr, er war mir immer eine Radlänge voraus. Schließlich kamen wir nach Nîmes. Dort beschloss ich: keinen Tritt mehr, auch wenn das Ziel unserer Reise nach wie vor Avignon war. Wir verkauften die Räder und kauften uns Busfahrscheine nach Avignon.

Da wir geschichtsinteressiert waren, wollten wir uns vor unserer Weiterfahrt noch die große römische Arena in Nîmes ansehen. Allerdings kostete das Eintritt. Unsere Freikarten galten nicht, was uns wunderte. Als wir hineingingen, sahen wir mitten in der Arena einen riesigen Boxring und rundherum ein großes Publikum, hauptsächlich Männer. Als Frau und noch dazu schwanger, fiel ich auf jeden Fall auf.

Es stellte sich heraus, dass hier ein Match im »Catch-as-catch-can« zwischen dem Franzosen Rigoulot und dem Schweden Cadier stattfand. Wir hatten keine Ahnung, was da vor sich ging. Wir hatten unsere teuren Tickets bezahlt und setzten uns neben den Ring. Das war die schlimmste Schlägerei, die ich je gesehen hatte. Von dem Versuch, dem Gegner die Finger in die Augen zu stechen bis zum Verdrehen der Eier des Widersachers war alles erlaubt. Der Schwede verlor. Zunächst wurde er gegen das Seil geschleudert, dann schnellte er auf einen Tisch vor dem Ring, um schließlich im Publikum zu landen.

Der Schiedsrichter zählte ihn in einem Affentempo aus. Mark sprang hoch und schrie: »Sie zählen zu schnell!«, der Schiedsrichter erwiderte: »Wenn ein Franzose bei einem Match in Schweden verloren hätte, dann hätte Ihr Schiedsrichter auch schneller gezählt.« Nach dem Match trafen wir Cadier. Er sah völlig unverletzt aus. Er erklärte, es wäre zwar ein rauer Kampf, aber eben auch viel Spiel und Akrobatik dabei. »Catch-as catch-can« hat seinen Ursprung in der Römerzeit, aber da ging es um Leben und Tod. Man kämpfte so lange, bis einer der Widersacher starb. Die einzige Gemeinsamkeit war, dass sich das Match in einer alten römischen Arena abspielte. Ansonsten war es ein reines Show-Match.

Die nächste Station war Avignon mit seinem fantastischen Papstpalast. Avignon ist bereits seit 1936 im Sommer ein Zentrum für französisches Theater. Während des Krieges war der Spielbetrieb eingestellt, inzwischen aber wieder aufgenommen worden. Als wir dort waren, wurde gerade Sartre gespielt. Es war meine erste Begegnung mit seiner Dramatik. Aufgeführt wurden *Die schmutzigen Hände* (Les mains sales), ein Stück über moralische Abrechnung innerhalb der Widerstandsbewegung. Wie soll man sich verhalten? Ab wann ist es Kollaboration? Wann ist es Verrat? Wann kann man jemanden hinrichten? Die Inszenierung war in Paris heftig kritisiert worden. Zur gleichen Zeit hat Alf Sjöberg dieses Stück am *Dramaten* in Schweden inszeniert.

Mark und ich gönnten uns ein Essen in einem besseren Restaurant in Avignon. Hierzu muss ich vorausschicken, dass Mark dazu neigte, in Ohnmacht zu fallen, wenn er Blut sah oder wenn bestimmte Körperorgane, insbesondere Innereien, erwähnt wurden.

Mark aß genüsslich ein Pilzragout, bis ich ihn darauf aufmerksam machte, dass es Gehirn ist. Mark wurde ohnmächtig und der Avignon-Aufenthalt war zu Ende. Ich hätte es besser wissen müssen.

Es ging heimwärts. Mark musste seine Reportage abgeben und ich setzte, so gut es ging, mein Studium fort. Das Kind sollte Ende November kommen. Ein Semester an der *Konstfack* könnte ich also noch schaffen.

GAMLA STAN

Köpmangatan 10

Nach dem Frankreichaufenthalt konnten Mark und ich in die Köpmangatan 10 einziehen. Es wohnten nur Arbeiter und Handwerker im Haus, darunter ein Schuster, der zugleich auch Pförtner war. Gamla Stan (die Altstadt) war zu der Zeit ein armer Stadtteil, der einzige Stadtteil in Stockholm, in dem ausgelaugte Arbeiter und heimkehrende Seemänner immer noch eine billige Bleibe fanden. Dasselbe galt für Künstler. Man konnte zu einem erschwinglichen Preis ein Zimmer oder eine Wohnung finden. Die Mischung aus alteingesessenen Stockholmern, Arbeitern, Seemännern und vielen anderen sonderbaren Existenzen verwandelten diesen Stadtteil in eine geschlossene, lebendige und spannende Welt. Er war auch sehr kinderfreundlich. Die alten Männer auf dem Platz hielten ein Auge auf die Kinder und es gab wenig Verkehr. Dort, wo später Antiquitätengeschäfte entstanden, waren damals Lumpenläden, und in fast jeder Straße gab es eine Bierstube. Frauen hatten dort keinen Zutritt, die Begründung lautete: »Es gibt keine Damentoiletten.«

In der Trädgårdsgränd, um die Ecke von der Köpmangatan, gab es eine Tischlerei, in der Elis Nilsson auf Bestellung Holzschränke aus dem 17. Jahrhundert baute, ohne Holzpflöcke, sondern mit Nägeln. Auf meine Frage, ob die Leute die Fälschung nicht bemerkten, erwiderte er: »Wenn die Leute so dämlich sind, sollen sie sie ruhig mitnehmen.«

Am Nachmittag stand immer süßer Vermouth und Selbstgebrannter auf seiner Tischlerbank. Wenn man dort saß und mit den alten Männern süßen Vermouth trank, fühlte man sich in eine mittelalterliche Kneipe versetzt. Ich weiß nicht mal, wie sie alle hießen, sie nannten sich der Vadder, der Daumen, der Fräser, der Köhler und so weiter.

Am Ende der Trädgårdsgränd, ganz oben, wohnte die Zeitungsfrau. Sie hatte einen Zeitungsstand an der Ecke Hamngatan/Regeringsgatan. Dort stand sie bei Wind und Wetter und verkaufte Zeitungen. Das war einer der wenigen Stände, an denen man ausländische Zeitungen kaufen konnte. Sie soll stinkreich gewesen sein. Wenn es in dem Gässchen zu laut wurde, goss sie einen Eimer Wasser über die alten Männer aus, die draußen standen und tranken. Auf die gleiche Art und Weise leerte sie morgens ihren Nachttopf aus.

In der Köpmangatan gab es viele kleine Lebensmittelgeschäfte. Bei uns im Haus war ein Milchladen, in dem man Milch lose kaufte. Wenn man kein Geld hatte, wurde das in einem kleinen Notizbuch mit gelbem Einband notiert. Den Stiftstummel, ein Kopierstift, leckte der Verkäufer an, damit der Text besser zu lesen wäre. Etliche Male, wenn das Geld knapp war und wir das Holz und den Koks nicht bezahlen konnten, legte es die Frau im Milchladen aus und schrieb den Schuldenbetrag in das kleine gelbe Buch.

Schräg gegenüber von unserer Haustür in der Köpmangatan war ein Lebensmittelgeschäft. Als ich einmal dort einkaufen wollte, stand eine zierliche ältere Frau neben mir. Sie hatte eingekauft und sollte bezahlen. Die Rechnung betrug zehn Kronen, aber sie legte nur neun Kronen fünfundsiebzig hin. Als die Verkäuferin darauf hinwies, dass das nicht reicht, antwortete sie: »Hier steht ja ‚Circapreis pro Kilo Kartoffeln', dann gebe ich dafür auch einen Circazehner.«

Als wir beide das Geschäft verließen, fragte ich sie nach ihrem Namen. Anna Lundmark, lautete die Antwort und kurz darauf fragte sie mich, ob ich nicht Arbeit für sie hätte, zum Beispiel Putzen. Anna Lundmark wohnte in Gamla Stan und wollte am liebsten dort arbeiten. Ich war neugierig auf sie und sagte ja. Ihre sofortige Antwort lautete: »Ich komme morgen, aber denk dran, ich möchte mit Frau Lundmark angeredet werden.« Meine Nachbarn hatten sich über meine Treppenreinigung beschwert. Alle vierzehn Tage war ich mit Saubermachen dran, ich war darin nicht so geübt wie die anderen Frauen im Haus, die es von klein auf kannten. Frau Lundmark konnte das. Das war der Beginn einer langen Freundschaft.

Anna Lundmark hätte es im Leben weit bringen können, wenn sie die Möglichkeit dazu bekommen hätte. Sie war in Norrland aufgewachsen. Der Vater war Waldarbeiter gewesen und aufgrund einer Arbeitsverletzung früh arbeitslos geworden. Ihre Mutter war in ihrer Erinnerung jemand, der ständig ein krankes oder sterbendes Kind umhertrug oder wiegte. Ihre ersten Schuhe bekam sie zum Schulanfang. Als Dreizehnjährige bekam sie zur Konfirmation eine Bibel und zugleich ein Gebiss. Ihre Lehrerin meinte, sie gehöre aufs Gymnasium, aber dafür gab es kein Geld. Als sie jung war, arbeitete sie mit kurzen Unterbrechungen südlich von Stockholm und ließ sich mit knapp zwanzig Jahren in Gamla Stan nieder. Frau Lundmark heiratete, ließ sich aber bald darauf wieder scheiden, weil sie von ihrem alkoholisierten Mann misshandelt wurde. Sie war zu der Zeit schwanger und hat illegal abgetrieben, weshalb sie keine Kinder mehr bekommen konnte. In zweiter Ehe war sie mit einem rundlichen kleinen Mann verheiratet, den sie versorgte und um den sie sich kümmerte wie um ein kleines Kind.

Für alles fand sie Verwendung, wie für kleine Garnreste oder Stofffetzen. Daraus fertigte sie ziemlich knotige Hausschuhe, Handschuhe und Topflappen, die wir zu Weihnachten bekamen. Aus meinen zerrissenen Laken nähte sie Kopfkissen. Nichts durfte weggeworfen werden. Ich bekam drei Handtücher aus feinstem Leinen, die ihre Mutter aus selbstgesponnen Leinen gewebt hatte. Ich habe es nie übers Herz gebracht, sie zu verwenden.

Frau Lundmark war bei einigen Feiern in meinem Atelier dabei. Sie kannte die meisten, da ihre Reinigungsarbeiten auch auf unseren Freundeskreis in Gamla Stan ausgedehnt wurden. Manchmal trank sie ein Glas zu viel, machte dann Striptease und zeigte einen ausgemergelten, abgekämpften Körper. Sie sah aus wie ein Modell für eine von Käthe Kollwitz Zeichnungen.

Ich beobachtete, dass sie beim Essen immer ihren rechten Arm um den Teller legte, als wollte sie ihn schützen. Dasselbe sah ich viel später in Moskau, als ich im *Maly Teatr* gearbeitet habe. Viele meiner Mitarbeiter haben schnell und still gegessen, den Arm um den Teller gelegt. Wohl eine unbewusste Geste, um in Hungersnöten seine Portion zu schützen.

Anna ärgerte sich immer über die feinen Titel der Frauen, wie Oberlandesgerichtsrätin, Konsulin, Doktorin, Freiherrin, Gräfin und viele andere. Ihr Kommentar lautete: »Und was bin ich, die mit einem Schuster verheiratet war? Eine Schusterin?«

157

In den sechziger Jahren begann die große Sanierung von Gamla Stan. Die meisten Wohnungen sollten in Genossenschaftswohnungen umgewandelt werden. Die Leute wurden einer nach dem anderen aus ihren Wohnungen geworfen. Auch wir mussten aus unserer Wohnung heraus. Nachdem wir uns drei Jahre mit meinem Vermieter gestritten hatten, wurde mir eine Wohnung im Stadtteil Östermalm angeboten. Die meisten haben nicht so lange durchgehalten. Frau Lundmark hatte sich ein kleines Kapital vom Munde abgespart und bot der St.-Nikolai-Kirche (Storkyrkan), die Eigentümerin der Immobile war, an, den für die Wohnung geforderten Betrag zu zahlen. Das lehnten sie mit der Begründung ab: »Sie passen nicht zu der Klientel, das wir dort haben wollen.« Ich nahm sofort Kontakt zum Gemeindepfarrer auf. Es half nichts. Er antwortete: »Jetzt sollen frische Kräfte nach Gamla Stan kommen.«

Frau Lundmark musste nach mehr als fünfzig Jahren Gamla Stan verlassen. Ihr und ihrem Mann wurde eine Wohnung in Vasastan, Sibirien, wie man es damals nannte, zugewiesen. Sie hat den Umzug nicht überlebt.

Mauritz Herzog, Murre

In Gamla Stan wohnte auch Mauritz Herzog, Murre. Murre war zwar aus der Familie Herzog ausgestoßen worden, jedoch stets präsent. Wie bereits erwähnt, war Murre das erste Kind von Otto Herzog, ein unehelicher Sohn.

Er war das Ergebnis einer kurzen Beziehung und einer ebenso kurzen Verlobung. Otto war gezwungen, das Kind anzuerkennen, nicht aus Liebe oder Fürsorge, sondern weil Peder Herzog, Ottos Vater das forderte. Peder Herzog hatte selbst mehrere uneheliche Kinder, die er anerkannt hat.

Murre wurde in der Familie nie als richtiger Sohn betrachtet. In diesem großen Zuhause hatte er die Rolle eines Dienstboten und Aufpassers und trug stets die traditionelle Livree eines Dienstboten.

Selbstverständlich wurde er nicht bezahlt. Er bekam Kost und Logis und wohnte im Dienstbotenbereich. Zu Weihnachten saß er mit dem Personal am Ende des Tisches, während seine übrigen Geschwister und Verwandte an den Längsseiten saßen.

Als Otto 1935 starb, erbte Murre nichts. Im Testament gab es eine Klausel über den homosexuellen Mauritz Herzog. Seine Halbgeschwister sollten ihm jeden Monat fünfundzwanzig Kronen auszahlen, unter der Bedingung, dass er das Geld selbst abholte. Murre wurde in der Verwandtschaft Mädchen für alles. Bei Umzügen oder Festen half er mit und konnte sich ein kleines Taschengeld verdienen. Wenn er sich seine fünfundzwanzig Kronen abholte, wurde oft ein Essen serviert.

Murre wäre gern Schauspieler geworden, eine Ausbildung konnte er sich jedoch nicht leisten. Dem Theater am nächsten kam er, wenn er für die Theaterchefin Brita von Horn, Leiterin des avantgardistischen *Dramatikerstudios*, das am Hamngatsbacken in Stockholm lag, Manuskripte ins Reine schrieb. Da fühlte er sich frei. In Bezug auf Homosexualität ist das Theater ja stets liberal gewesen.

Vera und Murre standen einander nahe und waren in vielerlei Hinsicht Vertraute. Vielleicht weil Vera spürte, dass sie bisexuell war, oder aber weil Vera begriff, wie wahnsinnig schlecht die Verwandtschaft ihn behandelte. In der Zeit, in der Vera in Schweden lebte, war Murre stets in ihrer Nähe und zur Hand.

Murre wohnte in einer sehr kleinen Wohnung im ersten Stock in der Österlånggata in Gamla Stan, Eingang von der Bredgränd. Die Wohnung bestand aus einem Zimmer mit zwei Fenstern mit Blick über Sankt Göran mit dem Drachen. Die Kochnische war durch einen Vorhang abgetrennt. Das einzig Prachtvolle im Raum war ein großes Gemälde mit einem realistisch gemalten nackten Mann. Das Gemälde war in verschiedenen Blautönen gehalten. Es hätte von Eugéne Jansson sein können. Es hing über Murres Bett.

Im Erdgeschoß, unter Murres Wohnung, befand sich eine der größten Bierstuben von Gamla Stan, stets gerammelt voll mit alten echten Pilsnertrinkern.

Als Mark und ich nach Gamla Stan zogen, wurden wir Nachbarn von Murre, und Murres Freundschaft mit Vera wurde nun auf mich übertragen.

Nach der Scheidung von Mark wurde Murre mein Babysitter und meine Rettung, als ich mehrere Abende in der Woche in den Abendkursen der ABF und der *Kursverksamheten* an der *Hochschule Stockholm* unterrichtete.

Murre kam immer und als Entlohnung reichte ihm ein gutes Essen, und dass er meine Schminke benutzen durfte. Darüber hinaus überließ ich ihm meine Schnapsrationen. Damals gab es noch das sogenannte Rationierungsbuch. Als Frischgeschiedene hatte ich Anspruch auf einen Liter Schnaps und vier Flaschen Wein pro Quartal sowie ein paar Flaschen Bier.

Die Verwandtschaft war außer sich. Wie konnte ich ihn nur als Babysitter anstellen, er war doch homosexuell? Aber Murre war ja nicht pädophil.

Er liebte große kräftige Lastwagenfahrer. Außerdem hatte er einen festen Freund, der Sigge hieß und Hofmeister im *Hotel Anglais* war. Diese Beziehung wurde mit den Jahren immer enger. Ich wurde als Trauzeugin zu ihrer Hochzeit eingeladen. Diese Eheschließung war natürlich nicht rechtskräftig. Aber für Murre und Sigge bedeutete es viel, vor einem Pfarrer, einem homosexuellen natürlich, und ein paar Freunden seinem Partner die Treue zu schwören. Die Hochzeit fand in Murres kleiner Wohnung statt. Sigge erschien im Frack und Murre mit Schleier.

Murre stickte gern, meisterhaft konnte er große Tischdecken mit kleinen Blumen besticken. Diese wurden dann an Verwandte verkauft, die so für ein Butterbrot prachtvolle Leinentischdecken für ihre feinen Feste erhielten.

Murre war ein Pedant und Zwangsneurotiker. Seine Neurose äußerte sich darin, dass er ständig alles zählte. Beim Autofahren zählte er die Laternen. Da sich das Tempo der Autos im Laufe der Jahre erhöhte, musste er das Zählen schweren Herzens aufgeben. Als Peter Weiss in mein Leben trat und Amateurschauspieler benötigte, engagierte er mehrmals Murre. Das waren Höhepunkte in Murres Leben.

Murre bekam Magenkrebs, das einzige Erbe seines Vaters Otto. Ich wollte das Sozialamt einschalten, eine bessere Pflege für ihn organisieren. Das war das einzige Mal, dass er böse auf mich war. Wenn ich noch einmal das Sozialamt erwähnte, würde er den Kontakt zu mir abbrechen. Das hat seinen Stolz verletzt.

Sigge und ich kümmerten uns abwechselnd um ihn. Die Ärzte verschrieben immer stärkere Medikamente, aber am Ende half keines.

Eines Tages sagte Murre zu mir: »Morgen um drei darfst du nicht kommen. Morgen um drei sterbe ich, und da möchte ich mit Sigge allein sein.« Sigge hatte bereits am Abend vorher einen Sarg in den Raum gestellt. Murre wollte den Sarg selbst sehen und auswählen. Es sollte ein weißer Sarg sein, wie bei Vera.

Am nächsten Tag rief Sigge an und teilte mir mit, dass Murre tot ist. Er war nachmittags um drei gestorben. Sie hatten zusammen Champagner getrunken. Murre hatte zwar das meiste wieder erbrochen, dennoch hatte er genug geschluckt, um relativ schnell für immer einzuschlafen.

Nun lag Murre frischrasiert und gewaschen in seinem Sarg. Hellrote Nelken umkränzten seinen Kopf und ein Strauß Nelken lag in seinen verschränkten Händen. Sigge und ich klappten den Deckel herunter und verschlossen den Sarg. Murre hatte mir einen Brief hinterlassen. Darin stand sein letzter Wille. Er wollte neben Vera in ihrer Grabstätte liegen und dort liegt er auch.

Die reichen Halbgeschwister kamen und holten sich das Wenige, was es noch in Murres Zuhause gab. Sigge wurde nie erwähnt.

Viel später, eigentlich erst jetzt beim Schreiben, habe ich begriffen, dass Sigge als letzten Liebesbeweis Murre Sterbehilfe geleistet hat.

Mark

Das einzige große Zimmer, das wir in der Köpmangatan hatten, war Marks Arbeitsplatz. Ich hatte einen kleinen Tisch im provisorisch eingerichteten Schlafzimmer.

Viel später, als ich über Elsa und Natanael Beskow las, begriff ich, dass dies für Beziehungen zwischen einem Künstler und einer Künstlerin signifikant war. Elsa Beskow zeichnete und schrieb ihre Märchen im Wohnzimmer auf der äußersten Kante eines kleinen Couchtisches, während Natanael im Obergeschoß ihrer Villa ein großes Atelier hatte, das er fast nie benutzte.

Wir hatten ein offenes Haus für Freunde. Fast immer kam jemand zum Essen oder übernachtete bei uns. Mark war viel älter als ich, und die Künstler und Schriftsteller, mit denen wir verkehrten, wie Åke

Ljunggren und Arnold Ljungdal von der Clarté-Bewegung, stammten auch aus einer anderen Generation.

Åke Ljunggren hatte einen vielbeachteten Artikel über den Einfluss der katholischen Kirche in Polen geschrieben. Åke sollte später in die Politik gehen, jedoch zur äußersten Rechten, eine Art früherer Göran Skytte. Arnold blieb dem Marxismus treu. Sein Buch *Marxismens världsbild* (Das Weltbild des Marxismus) war zu der Zeit ein beliebtes Diskussionsthema. Auch der Dichter Erik Blomberg kam oft vorbei, Mark hatte einige Gedichte von ihm illustriert. Natürlich war ich jung und hatte auch noch nicht so viel wie die anderen gelesen, aber es gab eine gewisse Reserviertheit mir gegenüber. Die Autorin Tora Dahl, verheiratet mit dem Kritiker Knut Jaensson, brachte das in Bezug auf die Gruppe von männlichen Autoren, mit denen sie Umgang hatte, auf den Punkt: »Sie nehmen den weiblichen Intellekt nicht ernst und lassen einen nie mitdiskutieren.«

Ich hatte mich beruflich noch nicht etabliert und war in den Augen von Mark und seinen Freunden eine junge Frau, die sich amateurhaft mit Kunst oder besser gesagt mit Kunsthandwerk beschäftigt. Dass ich beruflich tätig war, war ihnen völlig fremd. Außerdem war Kunsthandwerk nicht ganz so fein im Vergleich zu Kunst mit großem K, Malerei und Bildhauerei.

Eine solche Einstellung gab es auch gegenüber den Studentinnen an der *Konstfack* oder an der Kunstakademie. Die männlichen Studenten wurden meist bevorzugt, wenn es um ein Praktikum, eine Ausstellung oder eine Arbeitsstelle ging.

Eine Frau durfte sich gern auf künstlerischem Gebiet auskennen, aber dass sie selbst künstlerisch tätig ist, dadurch mit ihnen konkurriert und ihren Lebensunterhalt selbst bestreitet, passte nicht in ihr Weltbild. Vielen Frauen ist diese Herabsetzung zum Verhängnis geworden. Nur wenige meiner ehemaligen Kommilitoninnen haben sich als Kunsthandwerker oder als freischaffende Künstler etabliert. Was für eine Vergeudung von Begabungen und staatlichen wie kommunalen Mitteln!

Arnold Ljungdal kam am liebsten, wenn Mark auf Reportagereise war, unter dem Vorwand, mir ausführlich das *Kommunistische Manifest* erklären zu wollen. Ich lernte alles über das *Kommunistische Manifest*, begriff jedoch nicht, dass er eigentlich etwas anderes wollte.

Stieg Trenter hatte ich einige Male zusammen mit Mark getroffen. Sie waren früher als Jugendliche Klassenkameraden gewesen. Mark erzählte, Stieg habe bereits in seinen frühen Aufsätzen Detektivgeschichten geschrieben.

Während der Schulzeit hatte sich Stieg in Marks Schwester Siv verliebt. Sie hat sich jedoch nicht besonders für ihn interessiert. Um sich mit ihr zu treffen, hatte Stieg eine praktische Idee. Er schenkte ihr ein Aquarium, das er mehrmals pro Woche reinigen musste. Zu seinem oder vielleicht auch zu Sivs Leidwesen, führte sein Werben zu keinem Ergebnis. Als Mark und ich nach Gamla Stan gezogen sind, wurde die Bekanntschaft mit Stieg aufgefrischt. Nach Marks und meiner Scheidung, traf ich mich wieder öfter mit Stieg.

Ich erzählte ihm von meinem Beruf und von einer Legende, die man sich in der Porzellanfabrik *Gustavsberg* erzählte, dass ein Arbeiter in einen großen Tonbehälter gefallen sei, in einen Bottich, in dem große Mengen Ton verarbeitet werden. Der Arbeiter sei zermahlen, geknetet und dann Teil des Tons geworden. Den Ton wegzuwerfen, wäre zu teuer und auch sinnlos gewesen. Die Produktion wurde fortgeführt. Aus diesem Ton sind Tassen, Schalen, Teller und noch viel mehr hergestellt worden.

Gleichzeitig hatte ich ihm von der chinesischen und japanischen Ochsenblutglasur berichtet. Diese Glasur gilt als äußerst schwierig.

In einem seiner Bücher, in dem ein Mord geschieht und jemand in einen großen Bottich für die Verarbeitung und Mischung von Ton geworfen wird, bedient er sich dieser beiden Motive, des Tons und der Glasur. Allerdings hatte er etwas missverstanden. Als man in seiner Geschichte die Gegenstände aus dem Ton, in dem der Ermordete zermahlen worden war, brannte, färbte sich die Glasur blutrot. Zum Dank für die Idee schickte er mir in regelmäßigen Abständen eine gut verpackte Holzkiste mit geräucherten Makrelen aus seiner Fischräucherei.

Ivar Lo-Johansson war oft bei uns zu Hause, und dass ich Palmstierna hieß, signalisierte ihm, dass ich eine Despotin war, aus einem Herrenhaus stammte und Landarbeiter unterdrückte.

Ich führte heftige Diskussionen mit ihm über die freie Liebe – seine These war, wenn man die Mädchen gewähren ließe, könnten viele Probleme gelöst werden. Sein Buch *Geniet (Das Genie)* war gerade erschienen. Es bezog sich auf die sowjetische Frauenrechtlerin und Botschafterin Alexandra Kollontaj, die geschrieben hatte: »Wir sollten die Liebe als ein Glas lauwarmes Wasser betrachten.« Eine ganze Generation, meine Generation, ließ sich von diesen Mythen beeinflussen. Es gab keine guten Verhütungsmittel, die Frauen brachten die unehelichen Kinder zur Welt und hatten dann mit der Schande und den Schwierigkeiten zu kämpfen, sich und das Kind durchzubringen. Legale Abtreibungen gab es nicht. Kindergärten, Horte, kostenloses Schulessen oder eine Zwischenmahlzeit auch noch nicht. Kindergeld stand ebenfalls noch nicht auf der Tagesordnung und Wohngeld für alleinstehende Frauen mit Kind gab es erst viel später. Sozialhilfe war mit Schande verbunden. Wer das bekam, konnte mit einem Coupon Kleidung für die Kinder kaufen und fühlte sich im Geschäft gebrandmarkt.

Noch immer gab es in den Tageszeitungen Anzeigen wie: »Unscheinbare Frau sucht eine Stelle als Haushaltshilfe, geringe Gehaltsansprüche.« Was so viel bedeutete wie, dass sie ein uneheliches Kind erwartete oder bereits hatte. Und wie viele Frauen mussten ihr Kind in eine Pflegefamilie geben oder das Kind zur Adoption freigeben! Es war leicht zu schreiben: »Lasst die Mädchen gewähren«, ohne vorher die gesellschaftlichen Probleme gelöst zu haben. Das war eine männliche Perspektive, handelte von der sexuellen Frustration des jungen Mannes und war zugleich ein Angriff auf die bürgerliche prüde Gesellschaft mit ihren ganzen Vorurteilen. Das war in vielerlei Hinsicht verständlich, die vorgeschlagene Lösung war jedoch zu simpel und zu einseitig. Ivar Lo und ich konnten uns nie einig werden.

Trotz unserer Auseinandersetzungen habe ich alle Bücher von Ivar Lo gelesen und betrachte ihn als einen großen sozialen Schriftsteller. Ich erinnere mich besonders an eine ironische Schrift darüber, was passiert, wenn ein Buchstabe auf einer Schreibmaschine kaputtgeht und man meint, ihn durch einen anderen ersetzen zu können. Erst da habe ich verstanden, dass er Humor hatte.

Enge Freunde in Gamla Stan waren Birgit Åkesson und ihr Mann, der dänische Bildhauer Egon Möller-Nielsen. Birgit wurde Picasso des Tanzes genannt und war eine Schöpferin neuer Ausdrucksformen. Egon hat als Erster Spielskulpturen für Kinder gefertigt und in Stockholmer Parks aufgestellt.

Ein anderer Freund war der Filmemacher Hampe Faustman, dessen sozial engagierte Filme mich dazu bewogen haben, den Film als ein wichtiges künstlerisches Medium anzusehen. Leider hat er sich früh das Leben genommen. Sein Engagement hätte man als Gegengewicht zu vielen anderen Filmemachern aus der Zeit, unter anderem zu Ingmar Bergman, gebraucht. In diesen Jahren wurde auch die Freundschaft zu Carlo und Kerstin Derkert aus der Clarté-Zeit vertieft.

Durch Mark lernte ich Zeichner wie Birger Lundquist, Gösta Kriland, Jan Thomaeus, Ann Margret Dahlquist-Ljungberg, Uno Stallarholm, Gunnar Brusewitz und später Björn Berg und Martin Lamm kennen.

Viele dieser Zeichner sind heute mehr oder weniger in Vergessenheit geraten. Das wäre eine Ausstellung zum Thema »Vergessene Zeichner aus den Jahren 1940–1950« wert. Ihre Zeichnungen zeugen von hoher künstlerischer Qualität und liefern zugleich wichtige Bilddokumentationen über jene Zeit.

Birger Lundquist zeichnete täglich für *Dagens Nyheter* und Mark für *Svenska Dagbladet*. Die Zeichner wurden häufig für journalistische Aufträge losgeschickt, wie Premieren, Boxkämpfe, Gerichtsverhandlungen, zu allem, was berichtenswert erschien. Dieses Revier, das heute die Fotografen übernommen haben, gehörte früher den Zeichnern.

Birger Lundquist war bis zu seinem viel zu frühen Tod mit zweiundvierzig Zeitungszeichner. Mark und Birger gehörten zur letzten Generation von Reportagezeichnern, eine Tradition, die weit zurückreicht. Beide waren würdige Nachfahren solcher Künstler wie Sergel und Ehrensvärd aus dem 18. Jahrhundert. In gewisser Weise wetteiferten Mark und Birger miteinander darüber, wie sie ihre Reportage zeichneten, wie sie den jeweiligen Auftrag auffassten, den sie für die Zeitung dokumentieren sollten.

Marks politische Zeichnungen sind vergleichbar mit denen von Honoré Daumier, dem Zeitungszeichner der *La Caricature* im 19. Jahrhundert. Außer den journalistischen Aufträgen illustrierten Birger Lundquist und Mark die Tagesverse der Zeitungen, die Marginalzeichnungen. Birger Lundquist hatte das große Glück bei *Dagens Nyheter* mit Alf Henriksson zusammenzuarbeiten, während Mark bei *Svenska Dagbladet* einen weniger inspirierenden Verfasser der Tagesverse hatte.

Diese wiederkehrenden Aufträge haben Mark schließlich die Lust am Zeichnen verdorben.

Einmal wurde Mark losgeschickt, den Boxkampf zwischen Joe Walcott und Olle Tandberg, damals ein großer schwedischer Boxer, zu zeichnen. Ich begleitete ihn. Wir saßen unmittelbar am Ring. Während Mark auf weißem Papier zeichnete, wurde das Blatt von einem Sprühregen aus feinen Schweiß- und Blutstropfen durchnässt. Wie das Match ausging, haben wir nicht gesehen. Mark war in Ohnmacht gefallen.

Anlässlich der Beerdigung des skandalumwitterten, homosexuellen Königs Gustav V. in der *Riddarholmskyrkan* versammelten sich einige von den Journalisten, die das Ereignis verfolgen und schildern sollten, bei uns zu Hause. Mark und Birger sollten die Beerdigung zeichnen. Man diskutierte die aktuellen Prozesse gegen Haijby, Kejne und den Oberlandesgerichtsrat Quensel, was von Birger wie folgt kommentiert wurde: »Wie soll das denn jetzt mit den Prozessen gegen Haijby und der Zeitung *Arbetet* weitergehen, wenn der Kronzeuge in der *Riddarholmskirche* liegt?«

Mark illustrierte auch Klassiker wie *Berättelser från de sju haven*, Märchen der Gebrüder Grimm und Lichtenbergs Aphorismen. Er entwarf neue Reihen für Buchverlage, darunter die *Kokardreihe*, zeichnete die neuen Fünf-Kronen-Scheine und den Tausender-Schein, gestaltete Briefmarken und zeichnete auch Porträts.

Manche Porträts erforderten mehrere Sitzungen. Ein Porträt sollte von dem jungen Weltverbesserer Abbé Pierre, ein anderes vom damaligen Finanzminister Ernst Wigforss angefertigt werden. Meine Aufgabe war es, bei den Sitzungen den zu Porträtierenden zu unterhalten, damit das Porträt so lebendig wie möglich wurde.

Die Gespräche mit Abbé Pierre gewährten mir einen Einblick in das neue Denken innerhalb der katholischen Kirche. Abbé Pierre, Gründer der Wohltätigkeitsorganisation *Emmaus*, wurde durch seinen Kampf gegen die Armut international bekannt. Später wurde er zum Vorbild für die Priester in Lateinamerika, die gegen Armut und Korruption kämpften. Der Papst distanzierte sich vom Kampf dieser Priester. Es wurde ihnen verboten, weiterzumachen, da dies eine unzulässige politische Einmischung in die Regierungsgeschäfte eines Landes sei. In diesen lateinamerikanischen Ländern gingen Kirche und

Wirtschaft Hand in Hand. Den weiterhin aktiven Priestern wurden ihre Ämter entzogen, manche wurden verbannt und viele ermordet. Ernst Wigforss kannte meinen Großvater Erik Palmstierna. Über den politischen Erik Palmstierna wusste er Dinge zu berichteten, von denen ich keine Ahnung hatte. Ernst Wigforss gehörte zum linken Flügel innerhalb der Sozialdemokratie, Erik zum rechten Flügel. Wigforss, vor seiner politischen Laufbahn ein Linguist und langjähriger Universitätsdozent, informierte mich ausführlich über die Geschichte der Sozialdemokratie und vermittelte mir seine Perspektive auf Schwedens Wirtschaft im Verhältnis zur damaligen Weltwirtschaft. Seine Sichtweise könnte man auch heute noch als radikal bezeichnen.

Mikael

Am 29. November 1949 wurde Mikael in der Entbindungsklinik *Södra BB* geboren. Damals durften Väter noch nicht bei der Geburt dabei sein und in Marks Fall war das auch gut so, er wäre sonst in Ohnmacht gefallen. Man hatte die Geburt eingeleitet, weil ich bereits drei Wochen über dem Termin war. Einleiten hieß, dass ich Rizinusöl gemischt mit warmem Pilsner bekam. Die Wehen setzten ein, aber das Rizinusöl hatte einen anderen unappetitlichen Effekt. Ich wurde von der Hebamme streng zurechtgewiesen: »Hier wird nicht geschrien.« Also fluchte ich.

Ich hatte mich auf ein Mädchen eingestellt. Es wurde ein Junge, und seltsamerweise hätte ich mir in dem Augenblick, in dem ich ihn sah, nichts anderes vorstellen können. Mich überkam eine große Ruhe, und als ich die Augen schloss, sah ich in den wenigen stillen Sekunden ein glänzendes Meer, einen Horizont und einen Himmel in derselben graublauen Farbe wie das Meer. Eine solche Ruhe habe ich nur in ganz wenigen Momenten meines Lebens gespürt.

Das Kind wurde sofort weggetragen und ich lag allein im Kreissaal. Dann ging die Tür auf und Mark kam herein, zusammen mit seiner ersten Frau Susanne. Mark hob sogleich meine Decke hoch und fragte »Ist der Bauch jetzt weg, wirst du wieder hübsch sein?« Das Kind hatte er vergessen.

Ich lag zehn Tage in der Klinik. Die Kinder wurden pünktlich alle vier Stunden zum Stillen hereingetragen. Wenn man in dem Moment sein Kind nicht mit einer der Brüste stillen konnte, brachten sie den Säugling gar nicht erst herein. Dann dauerte es acht Stunden bis zur nächsten Schicht. Die alte Krankenhausdisziplin wurde streng eingehalten.

Wenn die Visite mit dem Oberarzt an der Spitze kam, sollten alle Patienten in Habachtstellung daliegen und auf der Decke durfte es nicht die kleinste Knitterfalte geben. Wer stehen konnte, sollte neben dem Bett stehen.

Als ich das Baby meiner Zimmernachbarin sah, dachte ich, so etwas Hässliches habe ich noch nie gesehen. Als kurz darauf mein Kind hereingetragen wurde, erkannte ich an ihrem Gesichtsausdruck, dass sie über mein Kind das Gleiche dachte. Es ist bestimmt eine biologisch vererbte Überlebensgarantie für das Kind, wenn man das eigene Neugeborene für das Schönste hält.

In den letzten Tagen in der Klinik wurde ich in ein feuchtes Spannlaken gerollt, um den faltigen Bauch zu straffen. Zwei Schwestern standen jeweils auf einer Seite des Bettes und zogen so fest sie konnten an dem Laken, so dass es eine Art Korsett bildete. Als dann das feuchte Laken trocknete, wurde das Korsett enger. Wie eine Mumie lag ich im Bett und konnte kaum atmen.

Bei meiner Entlassung bekam ich zu meinem Erstaunen fünfhundert Kronen vom Staat durch die Klinik geschenkt. Das war eine große Überraschung für mich, hatte ich doch nicht einen Öre und wurde auch nicht abgeholt. Die nächste Überraschung erwartete mich zu Hause. Die Wohnung war nicht geheizt, der Abwasch von zehn Tagen stand übereinandergestapelt und die Betten waren nicht gemacht, kurz gesagt, ein Chaos.

Marks erste Frau Susanne hatte keine Wohnung und war zusammen mit ihrem neuen Mann bei uns eingezogen, in unsere Wohnung. Auch wenn sie mir nicht missfiel und ich sie als Künstlerin sogar schätzte, mit ihr unter einem Dach zu wohnen, war etwas anderes. Dadurch, dass sie bei uns wohnten, haben sich die Probleme zwischen Mark und mir noch verschärft.

Junge Mutter

An der *Konstfack* hatte ich Torun Bülow-Hübe, Studentin des Metallzweiges, kennengelernt. Sie hatte gerade von einem dänischen Journalisten ein Kind bekommen, während ich meins erwartete. Unsere ähnliche Situation war der Anfang einer lebenslangen Freundschaft. Wir versuchten beide, unsere Kinder mit in die Hochschule zu nehmen, aber das ging nicht. Es hieß, studieren ja, aber ohne Kinder. Dann überlegten wir, sie mit einem Babysitter auf dem Hof zu lassen. Wir hatten ein Zelt gekauft, um sie vor Regen zu schützen. Aber das ging natürlich auch nicht. Dass der eigene Partner einspringen könnte, war undenkbar.

Schließlich bekam ich Kontakt zu einem französischen Mädchen, das Schwedisch lernen wollte. Wir vereinbarten einen Tausch. Tagsüber zwischen 9 und 15 Uhr kümmerte sie sich um Mikael und abends lernte ich mit ihr Schwedisch. Im Kühlschrank stand Muttermilch für Mikael bereit.

Schon bald funktionierte meine Ehe mit Mark überhaupt nicht mehr. Wie sehr ich auch Marks künstlerische Begabung bewunderte, vermochte dies nicht die Fürsorge und Rücksicht zu kompensieren, die notwendig ist, wenn die Familie Zuwachs bekommt. Er fand, das Kind nähme zu viel Platz weg und wäre ein Störfaktor.

Auf die gleiche Art und Weise hatte Marks Vater, Christopher, reagiert. Mark und seine Schwester hatten das Leben ihres Vaters so sehr gestört, dass er sich gezwungen sah, wochen- oder gar monatelang im Hotel zu wohnen. Sein Zufluchtsort war das Hotel *Metropol* gegenüber dem Hauptbahnhof in Stockholm. Vom Hotelpersonal wurde er als einsamer Sonderling beschrieben, der sich bei jedem Musikstück der Restaurantkapelle höflich verneigte.

Er war ein stiller Eigenbrötler, der niemals hätte heiraten sollen. Marks Mutter erledigte in der Abwesenheit ihres Mannes die ganze Arbeit für die Zeitschrift *Norden*, eine Zeitschrift über neue Erfindungen, die er gegründet hatte. Christopher war Ingenieur und Erfinder sowie einer der Gründer des *Patentamts* (Patentverket). Er hatte längere Zeit in den USA Gleise gebaut und war dort offenbar als Outsider vereinsamt; nach seiner Rückkehr nach Schweden hat er spät geheiratet.

Obwohl Mark seinen Vater kritisierte, war er in Bezug auf seine eigene Familie ebenso abwesend und egozentrisch. Die Mutter, die ihr Lehrerstudium nie abschließen konnte, fand in Mark ihren einzigen Schüler. Jeden Tag, wenn er aus der Schule kam, stand ein Pult mit Papier und Tinte bereit, um ihm die täglichen Lektionen einzupauken. Sie soll an der Tür gestanden, mit einem Glöckchen geklingelt und dabei gerufen haben: »Mark, der Aufgabentisch ist gedeckt.« Seine Schulnoten waren erbärmlich, und so flüchtete er sich aus reinem Selbsterhaltungstrieb ins Zeichnen, was er schon sehr früh ausgezeichnet beherrschte.

Mark war mit seinem Leben als Zeichner allerdings unzufrieden. Er sah das Zeichnen mit den Augen seiner Verwandten. Es hätte ein Hobby bleiben sollen, es war kein richtiger Beruf. Mark stammte aus einer Familie, wo ein Abitur und eine akademische Ausbildung gefordert wurden. Er hätte Bürokrat oder Akademiker werden sollen.

Mark unterrichtete an der *Steiner-Prag-Schule für Buchkunst*. Das Honorar war gering. Steiner-Prag war ein bekannter tschechischer Buchgrafiker, der nach Schweden geflüchtet war und während des Krieges eine Schule für Buchkunst und Grafikdesign gegründet hat.

Diese Schule existierte nicht lange, dennoch hatte sie für die schwedische Buchkunst eine große Bedeutung. Einer der bekannteren Schüler war der Grafiker Karl-Erik Forsberg, der für den Verlag *Norstedts* tätig war. Seine neuen Schriftarten und Exlibris gehören heute zu den Klassikern.

Mark unterrichtete auch Graphikdesign via NKIs Briefschule. Für jeden Brief, den er an die Schüler schickte, musste er sich erst einmal selbst alles erarbeiten. Er musste immer einen Schritt voraus sein.

Mark suchte einen Ausweg, um den Lebensunterhalt nicht mehr mit Zeichnen bestreiten zu müssen. Weihnachten 1950 hatte er einen Geistesblitz. Er erfand ein mechanisches System, das mein Bruder Hans *FAC* nannte, abgeleitet vom Lateinischen *facere*, kreieren. Marks Erfindung war ein Bausatz, mit dem man große Konstruktionen dreidimensional testen konnte. Einer der Auftraggeber war Philips. Mark war wie besessen, binnen weniger Tage hatte er nur noch diese Erfindung im Kopf. Vom Künstlerischen wollte er nichts mehr wissen.

Da er selbst so sehr davon überzeugt war, brachte Mark viele in seiner Umgebung dazu, Geld in *FAC* zu investieren. Er nahm ungewöhnlich hohe Kredite auf, doch die Erfindung wurde von Konkursen begleitet. Aufträge für verschiedene Verlage interessierten ihn nicht mehr, aber wir benötigten Einkünfte. Schließlich zeichnete ich Buchumschläge in Marks Geiste mit seiner Signatur, was jedoch auf lange Sicht unhaltbar war. Die Erfindung von *FAC* bedeutete das Ende unserer Beziehung.

Der Charme, den Mark ausstrahlte, gründete sich auf seine Neugier und seine genaue Beobachtungsgabe beim Zeichnen. Das verwandelte sich dann in Manie und zeitweise auch in physische Brutalität. Mark suchte eine neue Gemeinschaft mit jemandem, der ganz in ihm aufging und blind auf seine Erfindung und deren künftiges Potential vertraute.

Diese Frau kam und sollte seine dritte Ehefrau werden. Es war Hellis Breslauer. Sie war früher einmal, kurz nach dem Abitur, mit meinem Bruder Hans verlobt gewesen, bevor sie ihn Hans zufolge für den Dichter Erik Blomberg sitzen ließ. Mark und Erik Blomberg waren enge Freunde. Ich lud sie zu uns nach Hause ein und Hellis war von Mark und seiner Erfindung ganz hingerissen. Kurz darauf begannen die beiden ein Verhältnis.

Ich kannte Hellis schon lange, sie war ursprünglich ein jüdisches Flüchtlingskind. Die Eltern hatten sie und ihren Bruder allein von Österreich nach Schweden geschickt, damit sie die Judenverfolgung überlebten. Hellis wurde bei einer Familie Levin untergebracht und war Spielkameradin und Pflegeschwester von Dagny Levin. Dagny war eine der wenigen, die ich noch aus meiner frühen Kindheit in Stockholm kannte. Als ich 1945 nach Stockholm zurückkehrte, war Dagny eine der ersten, die ich besuchte und Hellis war ebenfalls dort.

Wir beide waren befreundet und Hans war in sie verliebt.

Hellis war jetzt ausgebildete Psychologin und arbeitete mit psychisch schwer geschädigten Kindern zusammen mit Gustav Jonsson in Skå-Edeby. Sie sollte es mit Mark am längsten aushalten, Hellis war sehr geduldig.

Die Abtreibungsfrage

Die Diskussionen zwischen mir und Ivar Lo-Johansson über die freie Liebe als Ideal gingen weiter. Seine Perspektive war problematisch, bedeutete sie doch Freiheit für Männer, nicht für Frauen, denn ohne Änderung des Abtreibungsgesetzes ändert sich auch die Situation der Frauen nicht.

Die Verhütungsmittel waren immer noch recht primitiv. Wer ein Verhütungsmittel haben wollte, benötigte die Hilfe eines Arztes oder einer Hebamme, z. B. um ein Pessar oder eine Spirale eingesetzt zu bekommen, was die meisten scheuten, da man gezwungen war, dies zu begründen. Junge und unverheiratete Frauen wurden oft nonchalant behandelt.

Eine Abtreibung war nur in drei Ausnahmefällen erlaubt. Nach strenger Prüfung konnte man eine Genehmigung bekommen, wenn man eine Vergewaltigung oder eine bestehende Lebensgefahr nachweisen konnte. Die dritte und gebräuchlichste Möglichkeit war der sogenannte »Zwei-Ärzte-Nachweis«.

Um diesen Nachweis zu bekommen, mussten ein Psychiater und ein Gynäkologe nach mehreren Gesprächen dem Eingriff zustimmen. Nicht selten wurde sogar noch ein Psychologe hinzugezogen, bis der Eingriff endgültig genehmigt wurde. Die Prozedur zog sich oft in die Länge, doch die gesetzlich vorgeschriebene Frist durfte nicht überschritten werden. Es war, als würde man in einem Sumpf waten.

Konnte man eine psychologische Horrorgeschichte präsentieren, war man eindeutig im Vorteil und hatte man zudem noch das nötige Geld, um einen Privatarzt zu bezahlen, erhöhte dies die Chance für eine Abtreibung, was bedeutete, dass die Mittellosen oft gar keine Möglichkeit hatten. Nach zwei legalen Abtreibungen wurden die Frauen meist sterilisiert.

Männer wurden in die Abtreibungsprozedur nie einbezogen, und unabhängig davon, wie viele Schwangerschaften sie verursacht hatten, wurden sie auch nie sterilisiert.

Die Abtreibungsfrage wurde für mich 1952 akut. Meine Geschichte handelte von all den Ärzten in meiner Familie und dass ich von einem

Flüchtling, einem Emigranten, schwanger geworden bin. Das passierte nach dem Ende meiner Ehe mit Mark.

Dass der Vater ein Flüchtling war, wurde als Argument für die Abtreibung akzeptiert. Viele Ärzte dachten noch immer, das Fremde enthielte schlechtes Erbgut.

Dass ich alleinstehend mit Kind war, spielte hingegen keine Rolle. Der Kommentar eines Psychiaters lautete: Das wird dem Bundesgesundheitsamt wie Musik in den Ohren klingen. Nach meiner Aufnahme im Krankenhaus wurde ich erneut ausgefragt. Ein junger Arzt, ein früherer Assistent von Kule, stand mit dem Telefonhörer in der Hand da und forderte mich auf, Kule Bescheid zu sagen, er würde sich bestimmt um mich und das künftige Baby kümmern.

Ich weigerte mich und erklärte, Kule als Arzt sei eine Sache, Kule als Vater aber eine andere. Um mit dem Kind, das ich schon habe, zurechtzukommen, sei dieser Eingriff unvermeidbar. Der Arzt legte widerwillig auf und informierte mich darüber, wie groß das Risiko sei, steril zu werden. Ich war gerade fünfundzwanzig geworden.

Als ich aufwachte, lag ich mit fünf anderen Frauen im Saal. Die Krankenschwester kam herein und erklärte, hier wird nicht geweint. Die anderen Patienten im Saal waren viel älter als ich.

Sie sahen aus wie müde Hausfrauen und waren es auch. Alle hatten mehrere Kinder, schlechte Finanzen und schafften die Doppelbelastung nicht mehr, während sie sich um die bereits vorhandenen Kinder kümmerten.

Die Nachtschwester, die nach uns sehen sollte, war hochschwanger. Ob das Zufall oder der moralischen Anklage diente, ist schwer zu sagen. So ein Eingriff lässt niemanden unberührt.

In Stockholm gab es den tschechischen Arzt und Gynäkologen Paul Lindner. Nach dem Einmarsch der Deutschen in die Tschechoslowakei war er nach Schweden geflohen. Er hielt an der medizinischen Fakultät in Stockholm Vorlesungen und viele seiner Artikel sind ins Schwedische übersetzt worden.

Lindner war Chefarzt in einem Krankenhaus in Prag gewesen. Als ausländischer Arzt ohne schwedischen Abschluss, noch dazu als Flüchtling, durfte er keine schwedischen Bürger behandeln, Ausländer und Flüchtlinge hingegen schon.

Er war ein progressiver Gynäkologe, der die Auffassung vertrat, die

Frau habe das Recht auf Selbstbestimmung. Das war sein Beitrag zur aktuellen Diskussion über Abtreibung, die der RFSU (Bundesverband für sexuelle Aufklärung) initiiert hatte.

Erst nach gründlicher Befragung in geborgener Atmosphäre führte er die Abtreibung durch. Für die Beratung und den Eingriff nahm er den normalen Arzttarif. Er stellte aber die Bedingung, dass der Mann, der die Schwangerschaft verursacht hatte, dabei sein sollte. Er war in Flüchtlings- und Emigrantenkreisen bekannt. Später wurde er verhaftet, verurteilt und bekam eine Gefängnisstrafe, die er im Gefängnis *Långholmen* in Stockholm absaß.

Sein humanitäres Anliegen stand nie zur Debatte, auch sein schweres Asthma war kein mildernder Umstand. Als er rauskam, war er ein gebrochener Mann und starb schon bald nach seiner Freilassung.

Als Lindner in *Långholmen* saß, organisierten wir, zahlreiche Frauen verschiedenen Alters, einen Protestmarsch vor dem Gefängnis mit einem Aufruf zu Lindners Freilassung. Es war vor allem eine Demonstration für legale Abtreibung. Das war Mitte der fünfziger Jahre.

1971 sollte ein ähnlicher Marsch für legale Abtreibung über den *Champs Elysée* in Paris ziehen, mit der Schriftstellerin Simone de Beauvoir und der Anwältin Gisèle Halimi an der Spitze.

Aufbruch

Im Sommer 1952 fuhr ich nach Kivik, wo ich für Mikael und mich ein kleines Ferienhaus am Meer gemietet hatte. Mikael war damals zweieinhalb.

Ich hatte Kivik unter anderem deshalb ausgesucht, um die Möglichkeit zu haben, Allan zu treffen, bevor er mit René und dessen neuer Frau, dem neuen Kind und Renés Schwiegermutter für immer nach Holland zurückkehren würde. Vor dem Umzug nach Holland sollten sie in Kivik ihren Sommerurlaub verbringen. Es war mir wichtig, Allan klarzumachen, dass es mich immer noch gab. Eine andere Ursache war, dass sich im Nachbardorf Vik eine Künstlerkolonie befand. Ich kannte alle: die Avantgarde-Tänzerin Birgit Åkesson, den Bildhauer Egon Möller-Nielsen und deren Tochter Tufsen, den Künstler Jan Brazda und seine Frau Lucy sowie den Schriftsteller Bertil Bodén und seine Frau Ylva, eine Psychologin, und deren beiden Töchter. Sie hatten für den Sommer einige Ferienhäuser in Vik gemietet. Das war der Beginn vom *Österlen der Künstler*.

Ich verspürte das dringende Bedürfnis, mal etwas anderes zu sehen als Marks Erfindung, die unser Zuhause völlig vereinnahmt hatte. Ich musste andere Leute treffen, die mir eine andere Perspektive geben konnten und mich mehr inspirierten.

Am 4. August radelte ich mit Mikael nach Vik. Dort war kein Mensch, alle waren auf dem Jahrmarkt in Kivik. Ich fuhr wieder zurück nach Kivik, und mitten in dem Gewimmel von Kommerz, nackten Damen, Tingeltangel und dem stärksten Mann der Welt, der mit einem einzigen Handgriff ein dickes Telefonbuch zerfetzte, traf ich Peter Weiss. Ich kam mit einem müden zweijährigen Sohn, Peter mit einer bockigen achtjährigen Tochter.

Wir hatten uns kurz im Herbst 1949 kennengelernt, als eine indische Tanz- und Musikgruppe zum ersten Mal in Schweden gastierte. Unter der Leitung von Ram Gopal trat das Ensemble im Zirkus auf Djurgården auf. Peter kam mit der Dänin Le Klint und ich mit Mark Sylwan. Es war eine kurze Begegnung, die mir aber nicht aus dem Kopf gegangen war.

Als Peter und ich einander in Kivik vorgestellt wurden, sagte er als erstes: »Wohl auf einem Landsitz geboren.« Was erwidert man darauf? Ich erzählte von meiner Arbeit und meinen Zukunftsplänen, auch etwas über meine Herkunft, über die Länder, in denen ich gelebt hatte, ein wenig über den Krieg in Holland und über meine politische Haltung.

Wir kamen auf den Surrealismus und die Psychoanalyse zu sprechen, was ihn sehr erstaunte, da zu der Zeit Psychoanalyse und Surrealismus in Schweden keine bekannten Begriffe waren. Ich erzählte ihm, ich hätte unter Marks Namen den Umschlag für André Bretons Buch *Nadja* gemacht. Peter wunderte sich darüber, dass ich es überhaupt gelesen hatte. Es stellte sich heraus, dass André Bretons *Nadja* zu Peters Lieblingsbüchern gehörte. Sein Kommentar zu meinem Buchumschlag war, so etwas Hässliches habe er noch nie gesehen. Im Laufe des Gesprächs wurde ihm allmählich klar, dass ich bei den Themen, die ihn interessierten, nicht ganz unbeleckt war, und dass ich nicht von einem schwedischen Landsitz stammte. Das Gespräch wurde lebhafter, und plötzlich drehte sich Peter zu mir um und sagte: »Wenn wir einmal eine Tochter bekommen, soll sie Nadja heißen.« Wir kannten uns kaum, unsere Beziehung begann in der Nacht darauf und Nadja wurde erst nach zwanzig Jahren Zusammenlebens geboren.

Peter wollte, dass wir nach Vik zurückkehren, um uns ein Rundfunkprogramm über Film anzuhören, das er zusammengestellt und auch selbst vorgetragen hatte. Darin analysiert er die Experimentalfilme, die kurz zuvor in der Cinemathek in Kopenhagen gezeigt worden waren. Die Themen kreisten um Surrealismus, Psychologie und Grausamkeit. Er sprach über die Filme von Salvador Dalí, die viel später als Luis Buñuels Filme bekannt werden sollten. Die beiden Surrealisten arbeiteten zusammen. Als die Filme entstanden, war Salvador Dalí der bekanntere von beiden, weshalb ihm anfänglich die ganze Ehre zuteilwurde. Ausgangspunkt für den Rundfunkbeitrag war *Ein andalusischer Hund*.

In Vik war die Psychoanalyse eines unserer Gesprächsthemen gewesen. Dabei kam heraus, dass Peter ausgerechnet René aufgesucht hatte, um bei ihm in Analyse zu gehen. René soll das aber mit der Begründung »Sie werden ohnehin verrückt, es hat also keinen Sinn« abgelehnt haben.

Ob das nun stimmt oder nicht, sei dahingestellt, so jedenfalls lautet Peters Version. René konnte brutal zu Patienten sein, vor allem, wenn sie nicht bezahlen konnten. Peter hatte ihm angeboten, statt mit Geld mit seinen Gemälden zu bezahlen, was René aber zu unsicher war. Außerdem war er der Meinung, dass die Bezahlung des Analytikers zur Analyse gehörte, es sollte wirklich wehtun. Allerdings nahm René Peters damalige Partnerin Le Klint als Patientin an. Le Klint war eine sichere Bank. Sie stammte aus einer bekannten und wohlhabenden Architektenfamilie in Dänemark und war zudem eine sehr charmante Frau.

Als René sich wieder in Holland niedergelassen hatte, folgte sie ihm in ein entlegenes Dorf, in dem René lebte und auch seine Praxis hatte. Das war unser altes Ferienhaus, *de Ebbenhorst*. Le mietete in einer alten Pension in der Nähe und wohnte dort lange Zeit allein und isoliert. Sie lebte nur für die tägliche Dreiviertelstunde Analyse.

Peter ging dann bei Lajos Székely in Analyse, einem Psychoanalytiker, der seine Lehranalyse absolvierte und René als Mentor hatte. Peter bezahlte Székely mit Gemälden, was sich für diesen später als gute Investition erweisen sollte. Für Peter war die Analyse bei Székely aus rein intellektueller, sprachlicher und künstlerischer Sicht bestimmt die bessere Wahl. Lajos Székely hatte einen tieferen Einblick in die Situation des Künstlers und war in Bezug auf europäische Kunst und Literatur zweifellos kompetenter als René. Seine Flucht aus Ungarn aufgrund seiner jüdischen Herkunft ähnelte eher Peters Erfahrung. Auch das hatte eine große Bedeutung. Zudem sprach Lajos genauso gut Deutsch wie seine Muttersprache, was die Kommunikation und die literarischen Assoziationen erleichterte. Psychoanalyse ist trotz allem sprachliche Kommunikation. Ohne die vier Jahre bei Lajos hätte Peter *Abschied von den Eltern* (auf Schwedisch *Diagnos*) und *Fluchtpunkt (Brännpunkt)* bestimmt nicht auf diese objektive und zugleich poetische Art und Weise schreiben können, wie sie in den Endfassungen aufscheint. Ich bin jedoch der Ansicht, dass die deutschen und schwedischen Titel nicht ganz übereinstimmen. Während *Diagnos* und *Abschied von den Eltern* durchaus als adäquat anzusehen sind, geht bei *Brännpunkt* für *Fluchtpunkt* die doppelte Bedeutung im Deutschen verloren. Die Dimension von Flucht verschwindet.

Je politischer Peter wurde, je mehr er sich der Außenwelt zuwandte und begriff, dass das Ich auch in einen gesellschaftlichen und politischen Kontext zu setzen ist, desto mehr verlor die Psychoanalyse für ihn an Bedeutung.

Die Vorgehensweise, den Patienten einzig aus dem Ich heraus zu deuten und dabei von der Gesellschaft, in der wir leben, abzusehen, konsequent die damit verbundenen Probleme des Patienten auszublenden, stand freilich bei Lajos, einem orthodoxen Freudianer, nie zur Diskussion.

Nebenbei erzählte ich Peter, dass Lajos' Frau bei Vera in die Lehranalyse gegangen sei und ihr zu Ehren ihre Tochter Vera getauft hätte. Später verwendete Peter in seinem Buch *Das Gespräch der drei Gehenden (Vandring för tre röster)* viele von den Geschichten, die ich ihm über Vera und ihre Art zu leben erzählt hatte. Wir hatten einige Dispute darüber. Er meinte, als Romanschriftsteller hätte er das Recht, das, was ich oder andere erzählt oder erlebt haben, zu verwenden. Niemand nähme etwas aus dem Nichts, und ich hätte ja aus diesen Geschichten nichts gemacht. Ein Roman sei ein Roman und keine Dokumentation.

Am Abend nach unserer ersten Begegnung kehrte ich mit Mikael nach Kivik zurück. Ich hatte Peter kurz den Weg zu meinem Haus beschrieben und auch eine einfache Karte in den Sand gemalt, die ich dann versehentlich mit dem Fahrrad überrollte und vernichtete. Mitten in der Nacht tauchte Peter auf. Am nächsten Tag kam Marks erste Frau Susanne ohne Vorwarnung vorbei und wollte sich das Haus mit mir teilen, was ich aber nicht wollte. Stattdessen überließ ich es ihr und zog mit Mikael nach Vik. Dass ich Peter kennengelernt hatte, ließ sich nicht verheimlichen.

Ich hatte mir einen langsameren Verlauf vorgestellt, aber das Gerücht eilte mir voraus. Ich hatte keine Chance, mit Mark vernünftig über die Zukunft zu sprechen. Als ich nach Stockholm zurückkehrte, war das Schloss zu meiner und Marks Wohnung ausgetauscht, und ich stand vor verriegelter Tür. Erst nach langem Warten öffnete Mark und sagte: »Pack deine Sachen und geh!« Was diese Sachen sein sollten, war nicht ganz klar. Die eine war Mikael und die andere war mein Gepäck. Das war ein irrationaler Eifersuchtsanfall. Mark hatte ja bereits eine neue Beziehung mit Hellis.

Wo sollten wir hin? Freunde von mir besaßen einen leergeräumten Fabrikraum in der Gamla Brogatan im Klara-Viertel. Das war keine Dauerlösung, dort gab es weder Wasser noch eine Toilette, es war ein richtiges Rattenloch, aber wenigstens hatten wir ein Dach über dem Kopf.

Mit Mikael an meinem Arbeitsplatz, der frisch eingerichteten Keramikwerkstatt im *Skansen*, zu wohnen, wäre eine weitere, wenn auch nur kurzfristige Lösung gewesen. Weder der Fabrikraum in der Gamla Brogatan noch die Keramikwerkstatt im *Skansen* waren jedoch eine geeignete Umgebung für ein kleines Kind. Zudem akzeptierten meine Arbeitskollegen kein Kind in der Keramikwerkstatt.

In seiner Wut und Eifersucht schrieb Mark an die Sozialbehörden, ich sei als Mutter ungeeignet. Die Begründung lautete, ich hätte keine Bleibe – dass er mich rausgeworfen hatte, erwähnte er nicht – und ich wäre verschuldet. Dass das seinetwegen geschehen ist, verschwieg er geflissentlich. Ein Nachteil für mich war auch, dass ich ein Verhältnis mit einem Emigranten hatte, der zudem bereits zweimal verheiratet gewesen war, und, laut Mark, ein ausschweifendes Leben führte, worüber er die Sozialbehörden informierte.

Allerdings konnte oder wollte er sich nicht selbst um seinen Sohn kümmern und begründete das damit, dass ihn die Arbeit als Künstler sowie seine anspruchsvollen Erfindungen zu viel Zeit und Kraft kosteten, als dass er sich noch um ein kleines Kind kümmern könnte. Er sei von seinem Beruf völlig beansprucht. Deshalb wollte er, dass die Sozialbehörden Mikael in einem Kinderheim unterbrachten oder ihn zur Adoption freigäben. Nachdem ich eine Kopie von Marks Brief bekommen hatte, bin ich zum ersten Mal in meinem Leben zu Kule und Gunnel, seiner Frau, gefahren und habe um Hilfe gebeten. Ich borgte mir ein Auto und fuhr mit Mikael zu ihnen nach Gävle.

Kule war Oberarzt im Gemeindekrankenhaus und Gunnel, die inzwischen auch Ärztin war, leitete die Kinderpsychiatrische Abteilung. Kule war über die Situation nicht erfreut und wollte ungern da hineingezogen werden. Gunnel hingegen stellte sich ganz auf meine Seite. Mikael durfte vorübergehend bei ihnen in Gävle bleiben. Gunnel schrieb an die Sozialbehörden in Stockholm: »Selbstverständlich kann, solange die Scheidung andauert und solange die Mutter ihre finanzielle Situation und die Wohnungsfrage noch nicht geklärt hat, das Enkelkind bei seinen Großeltern wohnen.« Für dieses Schreiben und ihr sofortiges Handeln bin ich ihr ewig dankbar.

Kule und Gunnel waren in Gävle hochangesehen. Sie hatten ein gut organisiertes Zuhause mit fünf Kindern und einer Putzfrau sowie geordnete Finanzen. Bestimmt spielten auch die Namen Palmstierna und Alfvén eine Rolle, darüber hinaus war Kule bei den Freimaurern und Gunnel im Zonta.

Wenn ich diese in der Gesellschaft etablierten Personen nicht als Referenz gehabt hätte, wäre Mikael zweifellos in ein Kinderheim gebracht oder zur Adoption freigegeben worden. Wenn ich aus der untersten sozialen Schicht gekommen wäre, hätten die Sozialbehörden sicherlich sofort eingegriffen und Mikael von mir getrennt. Nun ist es anders gekommen, aber ich begriff, dass wir immer noch in einer ungerechten Gesellschaft lebten und meine soziale Herkunft diesmal ein Vorteil war. Mikael wohnte längere Zeit in Gävle.

Ich musste akzeptieren, dass ich die Woche über von ihm getrennt war. Jedes Wochenende fuhr ich hoch nach Gävle und blieb dort zwei Nächte und einen Tag. Die Nächte gehörten Mikael und mir. Da konnte ich ihn bei mir im Bett haben. Tagsüber musste ich ihn mit den anderen in der Familie teilen. So einem kleinen Kind das »warum« zu erklären, geht nicht, und die Abschiede waren für uns beide schwer. Der Umzug nach Gävle sollte für Mikael ein bleibendes Fragezeichen werden und hat selbstverständlich auch Spuren in unserer Beziehung hinterlassen. Mit seinem Zweifel an mir muss ich für immer leben. Dass ich gezwungen war, die Dinge zu wiederholen, denen ich als Kind selbst ausgesetzt war, hat die Sache nicht besser gemacht, auch wenn diesmal andere Gründe vorlagen.

Mikael blieb länger bei Kule und Gunnel, als ich gedacht hatte. Es dauerte, bis ich meine Wohnung zurückbekam. Das geschah erst, als Mark und Hellis definitiv in Gustav Jonssons Kinderdorf *(barnby)* Skå-Edeby zogen. Ich konnte beweisen, dass die Wohnung in Gamla Stan mir gehört, dank meiner vorausschauenden Großmutter Hilda. Den Kredit für die Wohnung hatte ich ja nur unter der Bedingung bekommen, dass ich allein auf dem Mietvertrag stehe.

Die Finanzen zu klären, dauerte länger. Kule, der weder bei Hans noch bei mir jemals für den Unterhalt aufgekommen ist, hätte nun seine früheren Versäumnisse kompensieren können, aber das passierte nicht. Ich musste jeden Monat ein ordentliches Sümmchen für Mikael hinblättern.

Von Vorteil war, dass ich mich ihm, gleichsam im Takt mit den gezahlten Beträgen, immer weniger zu Dank verpflichtet fühlte. Ohnehin übernahm Gunnel die Verantwortung für Mikael und nicht Kule, warum sollte er sich auch geändert haben? Der Umzug zurück zu mir nach Hause, endlich, nach so langer Zeit, war für Mikael alles andere als einfach. In Gävle gab es gleichaltrige Kinder, der jüngste Sohn, Peder, war nur sechs Wochen älter als Mikael, so dass sie beide wie Brüder aufgewachsen sind. Auch für ihn war der Aufbruch schmerzhaft.

Als ich nach der Scheidung mein Atelier in der Köpmangatan 10 zurückbekam, hatte Mark seine Werkstatt, die sich ein Stockwerk unter dem Atelier befand, der dritten Frau des Fotografen Christer Strömholm überlassen. Sie mietete es mit einem Abrissvertrag als Arbeitsraum. In Wirklichkeit wohnte sie dort. In der Wohnung ging es hoch her. Sie lebte mit Männern und Frauen zusammen. Eine der Frauen war die Schlagerkomponistin Kai Gullmar, eine andere deren Liedtexterin.

Letztere machte mir beharrlich Avancen. Um mich zu erweichen, schenkte sie Mikael, der damals sechs Jahre alt war, ein Fahrrad. Ich erklärte ihm, dass sich Liebe nicht erkaufen lässt. Ich wollte, dass er das Fahrrad zurückbringt, eine Anweisung, die nicht umsetzbar war. Das Fahrrad wurde auf den Dachboden verfrachtet. Als wir uns einmal im Treppenhaus begegneten, fragte der Sechsjährige: »Ist das die Tante, die dich kaufen will?«

Die Avancen gingen weiter. Eines Tages stand vor meiner Tür ein Karton mit einer Prinzessinnentorte, eine Schüssel mit Krebsen und eine Flasche Whisky. Auf dem Tortenkarton stand: »Achtung! Torte gefüllt.« Die Torte war mit Ein- und Zweikronenstücken gefüllt. Ich schlug vor, dass sie, Peter und ich, die Torte gemeinsam essen sollten. Davon hielt sie gar nichts.

Die Avancen von Frauen zurückzuweisen ist schwieriger als die von Männern, denn bei diesen wurde man früh darauf getrimmt, vorsichtig zu sein. Ich wollte, dass die Avancen aufhörten, ohne dass ich sie verletzte.

Das Problem wurde anders gelöst als erwartet. Peter, der meistens bei mir wohnte, machte der nächtliche Lärm in der Wohnung unter uns verrückt: das Wummern der Musik, die sich ständig wiederholenden Lieder und das dumpfe Stampfen von tanzenden Leuten. Natürlich ist so ein Krach lästig, doch bei Peter kam noch hinzu, dass er extrem geräuschempfindlich war. Eines Nachts warf sich Peter seinen Morgenrock über, rannte hinunter zu der Gesellschaft und hämmerte gegen die Tür, die nach einer Weile sperrangelweit geöffnet wurde. Dort stand ein nackter Balletttänzer in Pose. Er dachte, Peter gehöre zu ihnen. Die Frau, die mir Avancen gemacht hatte, kam an die Tür und schrie: »Jetzt will er sich auch noch beschweren, dabei ist er nicht mal mit dem Fräulein da oben verheiratet« und knallte die Tür zu. Der Lärm ging weiter, aber die Avancen hörten auf.

Peter konnte allerdings auch selbst Musik bis zum Anschlag aufdrehen. Einmal dröhnte aus unseren Lautsprechern Edgard Varèses Elektro-Komposition *Amèriques*. Mikael, der das empfindliche Gehör von Kindern hatte, rannte zu Tode erschrocken die Treppen hinunter und weiter bis zum *Stortorget*, wo die Männer saßen und ihr Bier tranken, und bat sie, ihm behilflich zu sein, den Lärm abzuschalten.

In der Österlånggatan unterhalb des Köpmantorget lag das wiederentdeckte *Marsyasteatern*. Es war anfänglich das Werk des Regisseurs Per Edström. Die Stadt Stockholm hatte Geld investiert und eine ältere Enthusiastin, Ise Morssing, steckte ihre ganze Energie und ihr Kapital in dieses Theater. Außer dem *Marsyasteatern* gab es noch das *Pistolteatern* von Pi Lind und Staffan Olzon sowie das *Teatern i Gamla Stan* unter der Leitung von Bengt Lagerkvist, das als Avantgardetheater angesehen wurde. Das *Marsyasteatern* hat als Erstes Theaterstücke des deutschen Dramatikers Tankred Dorst gespielt, noch bevor dieser in Deutschland bekannt wurde. Dort habe ich auch das Bühnenbild für das Stück *Eine Tür muss offen oder zu sein* in der Regie von Andris Blekte angefertigt. Aus dem *Marsyasteatern* wurde später das *Turteatern*, bis es schließlich, genau wie die anderen Theater in Gamla Stan, der Sanierung zum Opfer fiel. Gamla Stan als avantgardistisches Theaterzentrum verschwand.

»Drei Krüge« im Skansen

Nach vielem Hin und Her sowie einigen Unterbrechungen durch Studienaufenthalte in Amsterdam und Paris, beendete ich meine Ausbildung an der *Konstfack* im Frühling 1952. Ich hatte Dekorative Malerei, Textil, Bildhauerei und Keramik studiert.

Bei der Abschlusszeremonie bekamen zwei Studentinnen kein Abschlusszeugnis, da sie dem damaligen Rektor Åke Stavenow zufolge »Springer« waren, d. h. zu oft die Studiengänge gewechselt hatten. Die eine war Torun Bülow-Hübe und die andere ich. Eigentlich war es ohnehin albern, ein Abschlusszeugnis für Kunst oder Kunsthandwerk zu haben. Man wurde danach beurteilt, was man zustande brachte, das Ergebnis zählte. Wir mussten nie ein Abschlusszeugnis vorzeigen. Torun wurde später eine der bekanntesten und erfolgreichsten Designerinnen im Silberhandwerk und auch ich bin ohne ein Papier, auf dem steht, dass ich mein Studium an der *Konstfack* absolviert und abgeschlossen habe, ausgekommen.

Nach dem Abschluss erhielten alle männlichen Absolventen eine Arbeit als Designer an verschiedenen Fabriken in Schweden. Vergeblich bat ich den Rektor, auch mir eine Arbeit oder eine Stelle in einem Keramikbetrieb zu besorgen. Seine Begründung, warum er mir keinen Platz vermitteln wollte, lautete: »Wozu brauchen Sie eine Arbeit, Sie sind doch verheiratet?« Nach unserem Studium standen wir, Greta Berge, Eva Lindbeck und ich – drei junge Frauen – ohne Arbeit da.

Ich wusste, dass die Keramikwerkstatt im *Skansen* geschlossen werden sollte. Eine Freundin von mir, Ulla Paalen, hatte die Werkstatt geführt, doch sie wollte nicht mehr ständig vor einem Publikum arbeiten. Sie und ihr Mann hatten ein rein kommerzielles Unternehmen.

Ich ging zum Geschäftsführer Bo Lagercrantz und dem Volkskundler Mats Rehnberg im *Nordischen Museum* und schilderte ihnen, wie wir uns die Tätigkeit in der Keramikwerkstatt im *Skansen* vorstellten, und beide bürgten für uns drei. Es gelang uns sogar, die Leitung des *Skansen* davon zu überzeugen, dass sie nur dabei gewinnen konnten, wenn sie uns als Mieter einsetzten und wir lediglich gut designte, hochwertige Keramik herstellen würden.

Wir tauften die Werkstatt *Tre Krukor* (Drei Krüge) und platzierten, wie es früher üblich war, drei eigenhändig getöpferte Krüge als Aushängeschild über den Eingang. Wir waren sehr verschieden. Greta hatte von uns die meiste Fantasie. Sie war von mexikanischer Kunst inspiriert und stellte Gegenstände her, die in ihren Formen unserer Zeit weit voraus waren. Später, als sie den viel älteren Künstler Bo Beskow heiratete, hängte sie ihre Tätigkeit als Künstlerin und Keramikerin an den Nagel. Bo war der Meinung, ein Künstler in der Familie sei genug.

Eva heiratete den Bildhauer und Glasdesigner Christer Sjögren. Die beiden sollten, nachdem unsere Werkstatt geschlossen worden war, längere Zeit zusammenarbeiten. Eva variierte ihr Design nicht besonders, doch mit den Jahren verfeinerte sie ihre Arbeiten. Ihre Formen und technischen Kenntnisse sind wie erlesene Variationen eines Themas, der Fuge. Ihre Gegenstände haben etwas Erhabenes und sind wunderschön.

Für mich stand das Experimentieren mit der Form im Vordergrund, zugleich mussten die Erzeugnisse funktional und verkäuflich sein. Ich stand immer noch unter dem Einfluss vom Bauhaus, machte mich aber allmählich davon frei und strebte eine Kombination von Bildhauerei und Keramik an.

Als wir unser Unternehmen gründeten, kannten wir einander kaum, zudem hatten wir keine Ahnung, worauf wir uns da einließen. Die Keramikwerkstatt war alt, eine zugige Bretterbude, die man aus dem Norden hergebracht hatte.

Für den Publikumsverkehr musste die Werkstatt täglich geöffnet sein, außer am Heiligabend und am Karfreitag. Eine von uns dreien war immer für die Eintrittskarten zuständig. Voller Preis für Erwachsene, halber Preis für Kinder und Militärangehörige. Diese Einnahmen kamen dem *Skansen* zugute. Wir bezahlten eine recht hohe Miete und zudem wollte *Skansen* zehn Prozent vom Verkaufserlös haben. Es war uns natürlich untersagt, die Werkstatt zu modernisieren. Die Öfen befanden sich in einem miserablen Zustand. Ohne jegliche Konstruktionskenntnisse bauten wir sie auseinander und mit einer gewissen Portion Logik gelang es uns, sie zu reparieren, sodass sie wieder funktionierten. Wenn die Öfen nicht in Betrieb waren, war es im Winter hundekalt. Die einzige Wärmequelle außer den Öfen war ein alter Eisenofen, der mit Holz gefeuert wurde. Das Brennholz, das *Skansen* uns verkaufte, war teurer als das in der Stadt. Mit Wohltätigkeit hatte *Skansen* nichts am Hut.

Wir hatten ja einen Vertrag und hofften auf Einnahmen. Mit Buchhaltung und Ähnlichem kannte sich keiner von uns aus, aber das lernten wir. Da der Strom nachts billiger war, brannten wir das Material nachts. Das hieß, dass eine von uns immer im Kabuff, unserem Büro, übernachten musste. Wir wechselten uns alle drei Nächte ab. Nachts allein im *Skansen* zu schlafen, war nicht ganz ohne: die Wölfe heulten, die Affen johlten und man fühlte sich schon selbst wie ein Tier im Käfig. Es gab weder eine Toilette noch eine Waschmöglichkeit. Früh am Morgen, wenn die Tiere gefüttert wurden, konnte man in irgendein Tierhaus schlüpfen und duschen, aber da musste man mit den Wärtern auf gutem Fuß stehen.

Drei junge Frauen, die vor einem Publikum arbeiteten und töpferten, waren ein Magnet, vor allem im Sommer und während des Weihnachtsmarkts. Wir bekamen ein interessiertes männliches Publikum.

Ich dachte immer, ich würde mich daran gewöhnen, vor Publikum zu arbeiten, aber dem war nicht so. Am Ende war ich ganz zermürbt von den ständigen Kommentaren und den Kindern, die man mir auf die Arbeitsbank setzte. Am schlimmsten waren die Flirter. Im Prinzip erging es uns genauso wie den Tieren im *Skansen*.

Die Arbeit vor Publikum hatte jedoch den Vorteil, dass man sich eisern auf die eigene Arbeit konzentrierte, um sich von den Zuschauern abzuschirmen. Diese Konzentration führte zu einer umfangreichen Produktion. Positiv war auch, dass mitunter eine konstruktive Frage zur Arbeit gestellt wurde. Die Tätigkeit didaktisch zu erklären, hat Spaß gemacht. Dabei habe ich gelernt, kurz und knapp den ganzen Herstellungsprozess von der Idee bis zum Endergebnis zu beschreiben. Dennoch sahen wir uns schließlich gezwungen, eine dicke Kette zwischen uns und dem Publikum zu spannen.

Unsere Erzeugnisse präsentierten wir auf einem großen Tisch und boten sie zum Verkauf an. Wie man einen Preis bestimmt, hatten wir jedoch nie gelernt. Es ist schon seltsam, dass die Hochschulen für Kunst und Kunsthandwerk bzw. künstlerisches Schaffen jedes Jahr Absolventen ohne Kenntnisse in Bezug auf Marketing, Buchhaltung, Vertragsabschluss, Steuer usw. entlassen. Wir haben all diese Dinge durch unsere Fehler gelernt.

Drei Krüge erregte viel Aufmerksamkeit, das war etwas Neues, wir kamen in die Zeitungen und stellten in verschiedenen Galerien aus. Das war der Beginn unserer Karrieren. Zu der Zeit wurde dem Kunsthandwerk auf den Kulturseiten der Tageszeitungen keine Beachtung geschenkt, die waren der Kunst mit großem »K« vorbehalten. Ich kämpfte dagegen an und schrieb Artikel darüber, dass das Kunsthandwerk eine andere Seite des künstlerischen Schaffens ist und es die angewandte Kunst als Kunstrichtung schon immer gegeben hat.

Die Tätigkeit im *Skansen* wurde bald um Schüler und Assistenten erweitert. Unsere Zusammenarbeit in *Drei Krüge* dauerte vier Jahre. Dann hatten wir die Arbeitsbedingungen im *Skansen* satt.

Niemand von uns wollte die Leitung der Werkstatt allein übernehmen. Ich glaube, dass wir mittlerweile auch voneinander genug hatten. Hätte *Skansen* die ungünstigen ökonomischen Bedingungen geändert und eine von uns angestellt, hätte das Unternehmen bestimmt weiterentwickelt werden können.

Eva und ich besorgten uns eigene Werkstätten. Ich wollte gern mit Steinzeug weitermachen, einem Material, das bei hohen Temperaturen gebrannt wird und größere Möglichkeiten bietet, als die bei niedrigen Temperaturen gebrannte Keramik in *Drei Krüge*.

Ich fand einen Raum in der Köpmangatan in Gamla Stan, in der Nähe meiner Wohnung. Das hatte für mich, aber auch für Mikael und Peter viele Vorteile. Die Werkstatt war einer der ältesten Läden von Gamla Stan gewesen. Der Laden hatte damals, als ich ihn übernahm, noch einen Erdfußboden. Der Laden bestand aus zwei hintereinander liegenden Räumen, die zusammen einen langen Korridor bildeten. Ein Schaufenster zur Straße hin, mit der alten aufklappbaren Fensterluke, die früher die Theke zur Straße war, gab es immer noch. Nur die Glasscheibe war neu. Ich habe den Laden verändert, indem ich den Erdboden aufgegraben und mit Hilfe eines Nachbarn, des Tischlers Elis Nilsson, den hinteren Raum mit einem Betonboden und den vorderen mit einem Holzboden versehen habe.

Beim Graben fand ich in der Erde Geschirr, es war allerdings nicht ganz so schön wie Lohes Silberschatz, den man in den dreißiger Jahren in einem Keller in Gamla Stan entdeckt hatte. Hier handelte es sich um gewöhnliche Küchengeräte: eine Eierkuchenpfanne, die auf das 17. Jahrhundert datiert wurde, ein Waffeleisen und einige Töpfe. Die Eierkuchenpfanne benutze ich heute noch.

Als ich über die Geschichte des Ladens nachgeforscht habe, stellte sich heraus, dass hier eine der bekanntesten Ballerinen Schwedens geboren worden ist, Carina Ari. In dem Laden hatte ihre Mutter Kohl und Kartoffeln verkauft. Carina Aris' Begabung ist an diesem Ort entdeckt worden. Ihre Ausbildung absolvierte sie an der Königlichen Oper in Stockholm. Heutzutage ist der Laden völlig zerstört, nicht einmal das letzte und älteste Schaufenster mit Luke in Gamla Stan ist davon verschont geblieben.

Ich töpferte hinter dem einzigen Fenster der Werkstatt, das zur Straße hin lag. So groß war der Unterschied zum Schau-Töpfern im *Skansen* eigentlich nicht, außer, dass ich von den Leuten, die davorstanden und zuguckten, kein Eintrittsgeld kassierte.

Als Herbst und Winter sich näherten und es draußen kalt wurde, kamen die Männer, die sonst auf dem Platz saßen und dort ihr Pils tranken, zu mir herein und wärmten sich auf. In dieser Werkstatt kam Peter auf die Idee, gemeinsam mit Christer Strömholm den Dokumentarfilm *Ansikten i skugga* (Gesichter im Schatten) zu machen, und zwar über diese sonderbaren Männer und ihre Lebensbedingungen.

Peters Wohnung

Als ich Peters Wohnung in der Fleminggatan 37, im vierten Stock, zum ersten Mal sah, war sie ganz anders, als ich sie mir vorgestellt hatte. Die Wohnung war nicht gerade ein ästhetisches Erlebnis. Zunächst kam ein langer, schwarzer Flur, gleich rechts eine kleine, heruntergekommene Küche mit einem alten schwarzen eisernen Gasherd mit zwei Flammen, einer alten Spüle aus Emaille und einem schmutzigen Ausguss mit einem Kaltwasserhahn. Die Essecke bestand aus einem wackeligen Bridgetisch und zwei Küchenstühlen. Die Küche war bestimmt seit den zwanziger Jahren, sprich seit dreißig Jahren, weder renoviert noch gestrichen worden.

Weiter hinten im Flur gab es links eine altmodische kleine enge Toilette mit einem Waschbecken und einem tropfenden Kaltwasserhahn. Am Ende des Flurs lag rechts ein Zimmer, das bestimmt einmal eine Mädchenkammer gewesen war. Peter vermietete es an Jan Thomaeus, einen Zeichenlehrer, der im Internat *Viggbyholm* unterrichtete. Am Ende des Flurs gelangte man in ein großes viereckiges helles Zimmer mit zwei Fenstern zur Fleminggatan, mit Blick auf das St. Erik Krankenhaus und den dazugehörigen Park. In der Ecke stand ein großer weißer Kachelofen. Er wurde von einem sich umarmenden Paar gekrönt, das im Nachhinein mit grellen Farben bemalt wurde. Das war das Werk von Helga Henschen, Peters erster Ehefrau. Es war der einzige kleine Farbtupfer in dem ansonsten beige tapezierten, düsteren Zimmer mit braunem Korkteppich. Ursprünglich sollte Helga miteinziehen, aber daraus wurde nichts. Helga und Peter lebten de facto nur zwei Jahre zusammen. Die Fleminggatan gehörte zu ihrem Aufbruch und die Ehe war vorbei, ihre Freundschaft währte jedoch das ganze Leben.

Die Einrichtung bestand aus einer großen Holzplatte auf zwei Böcken, einem Hocker, zwei wackeligen Stühlen und einer Staffelei. In der Kammer vor dem Wohnzimmer gab es ein Bett. Daneben stand als Nachttisch ein schwarz bemalter, verstaubter und zerschlissener Gartentisch aus Bambus. Auf dem schwarzen kleinen Tisch stand eine große Lampe mit einem Le-Klint-Lampenschirm, vermutlich das einzige, was Peter von seiner Scheidung von Le noch behalten hatte, und neben der Lampe ein großer Aschenbecher, bis zum Rand gefüllt mit Kippen.

Vor dem Fenster stand ein schlichter Schreibtisch aus Kiefernholz. Peter hatte ihn von dem Künstler Adja Yunkers übernommen, als dieser Schweden für immer in Richtung USA verließ in der Hoffnung, dort größere Möglichkeiten für eine Künstlerkarriere zu haben als in Schweden. Den Schreibtisch hat Peter bis zu seinem Tod verwendet. Auf dem Schreibtisch stand eine alte Remington-Reiseschreibmaschine, die Peter durch halb Europa geschleppt hat, bis er schließlich in Schweden gestrandet ist. Vor dem Fenster am Bett hing leicht schief eine schwarze Samtgardine, die notdürftig vor dem eindringenden Morgenlicht schützte. Alle Fenster waren vor Staub ganz grau.

In meinem Eifer, etwas Positives beitragen und die Wohnung verschönern zu wollen, putzte ich alle Fenster, was ich lieber nicht hätte tun sollen. Das war kein Hit. Peter hatte die Fenster bewusst grau werden lassen, er wollte den Effekt von trübem Licht in den Räumen haben. Dass man denselben Effekt auch mit dünnen weißen Gardinen erzielen kann, wäre ihm nie eingefallen. Ich habe ihm dünne Gardinen genäht.

Meist hat es etwas Erholsames an sich, wenn jemand spartanisch, ohne einen Haufen Nippes zu Hause oder in einem Atelier lebt. Aber hier hatte es etwas von Endstation an sich. Die Wohnung sieht man in Peters erstem Kurzfilm, der in Zusammenarbeit mit der Diseuse Eva-Lisa Lennartsson entstanden ist. Man könnte denken, die Tristesse im Film sei konstruiert. Das war sie aber nicht. Genauso sah es aus.

Ich kam in Peters Leben, als er das Gefühl hatte, in eine Sackgasse geraten zu sein. Die Malerei war ihm zu statisch, befriedigte ihn nicht mehr. Ein Durchbruch war ihm nicht vergönnt gewesen.

Er illustrierte seine eigenen Werke und die von anderen. Es war aber nicht so, dass die Aufträge nur so hereinströmten. Seine ersten Bücher auf Schwedisch hatten keinen Erfolg. Das Schreiben ging nur schleppend voran. Seine drei letzten Bücher auf Schwedisch sind im

Selbstverlag erschienen und die Druckkosten dafür wurden mit Gemälden an den Besitzer der Buchdruckerei Björkmans eftr., Hubert Johansson, bezahlt.

Als wir uns kennenlernten, beendete Peter gerade den Roman *Duellen (dt. Das Duell)*, ein Buch, das er eigenhändig illustrierte. Jetzt war er davon besessen, Filme zu machen. Film ist Bild, Bild in Bewegung, Sprache, Ton und Musik. Das hat ihn fasziniert.

Peter und ich fuhren im Spätherbst 1952 nach Paris. Er tauschte seine Wohnung mit einer französischen Familie und dadurch konnten wir es uns leisten, in Paris zu leben. Ihr Domizil war an der Seine, aber vom Wasser bekamen wir nicht viel zu sehen. Die Wohnung lag im Souterrain. Unsere Aussicht waren Füße und Beine. Aber Hauptsache, wir waren in Paris.

Wir unternahmen endlose Spaziergänge durch die Stadt und entlang der Seine. Mittag aßen wir in der Mensa. Die meiste Zeit verbrachten wir in der Cinemathek und im Studentenfilmstudio der Universität. Mein Interesse für Film wurde in den vierziger Jahren geweckt, als ich bei der Familie Roland Holst in Amsterdam wohnte. Es gibt kaum einen Klassiker aus den Anfängen des Films oder einen Experimentalfilm aus den frühen zwanziger Jahren bis zu den fünfziger Jahren, den Peter und ich nicht gesehen haben.

Die Cinemathek öffnete mittags um eins und schloss am späten Abend. Wenn die Cinemathek zumachte, liefen wir weiter zum Studentenfilmstudio der Universität. Da ging es oft hoch her. Gebrüll, wenn jemandem etwas nicht passte, Schlägereien, wenn es Meinungsverschiedenheiten gab, Pfiffe und Ausrufe wie: »Eh bien! Etcetera, etcetera!«, wenn der Film lang, langsam oder langweilig war.

Die Filmvorführungen waren ziemlich primitiv. Die Filme wurden mit einem einzigen, laut surrenden Projektor gezeigt. Mal mit, mal ohne Ton, und manchmal kam der Ton auch später, was wilde Proteste auslöste. Einmal passierte es, dass der Film mit der Schlusssequenz begann, da blieben die Reaktionen im Publikum nicht aus. Die meisten Filme wurden unzensiert gezeigt, unter anderem Jean Vigos *L'Atalante (dt. Atalante)*. Michel Simon hatte sich eine rauchende Zigarette in den Nabel des obszön tätowierten Bauchs gesteckt, was die Zensur sofort strich. Einige Jahre später wurde *Atalante* völlig zerstückelt in den Kinos gezeigt.

In einer märchenhaften Mischung wurden surrealistische und experimentelle Filme sowie Dokumentarfilme vorgeführt. Was mich am meisten beeindruckt hat, war die intensive Schaffenslust, die Fantasie, die gewagten Experimente; die Freude und der Glaube, dass man mit Hilfe des künstlerischen Schaffens, der Fantasie, die eigene Situation wie auch die der anderen ändern könnte. Im Film ist alles möglich.

Wir sind auch recht oft ins Theater gegangen und haben Inszenierungen von Absurdisten wie Jarry, Adamov, Ionesco und Genet gesehen, auch der Spanier Arrabal wurde gespielt. Das absurde Theater wurde größtenteils in kleinen Off-Off-Theatern in Paris dargeboten, im Geiste von Artaud mit seinem *Theater der Grausamkeit* als Inspiration. Ob die Aufführungen gut waren oder nicht, spielte keine so große Rolle. Es repräsentierte etwas Neues innerhalb des Theaters, etwas, das uns damals gerade zupasskam. Voller Ideen fuhren wir nach Hause. Aber nach Hause zu kommen, war, als würde man seinen Fuß in Sirup stecken. Das meiste stieß auf zähen Widerstand.

Es ist nicht einfach, ein Filmprojekt durchzuführen, wenn man weder über die finanziellen Mittel noch über die richtigen Kontakte verfügt. Kontakte werden früh im Leben geknüpft, ihre Nutzung setzt aber voraus, dass man von Anfang an Teil der Gesellschaft ist, in der man lebt. Zudem ist es eine Klassenfrage. Als Emigrant war Peter außen vor. Obwohl ich Schwedin bin, habe ich das bis zu einem gewissen Grad auch selbst erlebt. Als ich als Siebzehnjährige nach Schweden zurückkehrte, verfügte ich nicht über die gängigen Assoziationen oder Referenzen zur schwedischen Kultur. Das betraf auch die Sprache und das Wissen darüber, was ein Name repräsentiert, ich kannte auch nicht den Unterschied zwischen den verschiedenen Zeitungen oder Zeitschriften.

Ich war recht unbeleckt, was die schwedische Gegenwartsliteratur betraf. Manche Scherze verstand ich überhaupt nicht. Schwedische Geschichte musste ich nachholen. Mit meinem Namen Palmstierna waren alle davon überzeugt, dass ich die Geschichte meiner Familie in- und auswendig kannte und eine von ihnen war. »Nach Hause« nach Schweden zu kommen, hatte etwas Unwirkliches an sich.

Lange Zeit blieb ich stumm, beobachtete nur, ohne Anteil am Geschehen zu nehmen, und fühlte mich ausgeschlossen. Als Peter in mein Leben trat, zwang er mich zu reden, an Diskussionen teilzunehmen, Vorträge zu halten, öffentlich Stellung zu nehmen, mich zu äußern.

Gut möglich, dass er das im Nachhinein bereut hat, denn ich hatte so viel aufzuholen und hörte deshalb kaum auf zu reden oder zu diskutieren.

Studententheater Stockholm

Die Zeit, die mir nach der Arbeit in der Werkstatt *Drei Krüge* noch blieb, verbrachte ich im *Studententheater Stockholm (Stockholms studentteater)*, zuerst als Zuschauerin, dann als Assistentin des Regisseurs Per Verner-Carlsson bei seiner Inszenierung des Stücks *Die Ballade vom großen Makabren (La Balade du grand Macabre)* des Flamen Michel de Ghelderode.

Hierbei war es für mich von Vorteil, dass ich Holländisch sprechen konnte. Holländisch und Flämisch sind sich sehr ähnlich. Die Sprachen unterscheiden sich in der Aussprache, aber nur wenig in der Grammatik.

Ghelderodes Stück war seinerzeit in Belgien von der Zensur verboten worden. Man betrachtete es als blasphemisch, ja sogar als pornographisch. Das *Studententheater Stockholm* gastierte mit dem Stück bei einem Theaterfestival in Brügge und Erlangen, mit Allan Edwall, Håkan Serner, Gunilla Rönnow, Gösta Alm und anderen. Für viele dieser Schauspieler bedeutete diese Aufführung ihr Durchbruch.

Das Stück *Die Ballade vom großen Makabren* im Rahmen eines Gastspiels in Belgien zu präsentieren, war möglich, da es auf Schwedisch gespielt wurde, eine Sprache, die den Belgiern gänzlich unzugänglich war. Das Blasphemische und Unanständige bekamen die Belgier also gar nicht mit. Ghelderode saß in der ersten Reihe und sah zum ersten Mal eine Aufführung seines Werks. Er hatte Tränen in den Augen.

Viel später sollte der Komponist György Ligeti zu diesem Text eine Oper komponieren, deren Uraufführung an der Oper in Stockholm *(Operan)* stattfand, mit Michael Meschke als Regisseur.

Ich ziehe ihr Per Verner-Carlssons Inszenierung vor, weil es wichtig ist, dass jedes Wort im Text deutlich verstanden wird. Bestimmte Texte können einfach nicht als Oper präsentiert werden.

In Stücken sind Wörter das Wichtigste und werden sie vertont, muss sich die Musik dem Geschriebenen unterordnen, den Text verstärken. Anhand von Pers Inszenierung von *Die Ballade vom großen Makabren* habe ich erlebt, wie inspirierend und wichtig eine durchgearbeitete Analyse und die Neue Einfachheit als Mittel waren. Per wurde sehr stark von dem französischen Regisseur Roger Blin inspiriert, der seinerseits von Antonin Artaud und dessen »Theater der Grausamkeit« beeinflusst worden war.

In Per Verner-Carlssons Inszenierung bildeten Text, Spiel und Bild eine Einheit, bei der sich die einzelnen Teile zu einem in sich geschlossenen Ganzen fügten. Großartiges Theater ist ein Gesamtkunstwerk. In *Die Ballade vom großen Makabren* trug Ingrid Rosell die Hauptverantwortung für Bühnenbild und Kostüme.

Später sollte sie ihre Zusammenarbeit mit Per Verner-Carlsson fortführen, Kostüme und Masken für die viel beachtete Inszenierung von Jean Genets *Les paravents (dt. Die Wände)* im *Stockholms stadsteater* entwerfen.

Per Verner-Carlsson führte eine neue Darstellungsweise ins schwedische Theater ein, eine Einfachheit, die mich an jene Komponente vom Bauhaus erinnerte, die mich – vermittelt durch meinen damaligen Lehrer Frans Wildenhain und durch den holländischen Regisseur Johan de Meester – schon früh inspiriert hatte. Es war ein Rückbesinnen auf eine Ästhetik, die nun für meine künftigen Bühnenbilder richtungsweisend sein sollte.

Während der Tournee mit *Die Ballade vom großen Makabren* in Belgien sah ich zum ersten Mal James Ensors und René Magrittes Bildkunst in Wirklichkeit. Ghelderodes Stück brachte in Worten viel von dem zum Ausdruck, was diese beiden Künstler durch ihre Gemälde vermittelten. Sie waren Seelenverwandte. Nach der Tournee erfolgte eine kurze Zusammenarbeit mit Per Verner-Carlsson an dem von ihm neugegründeten *Skolbarnsteatern* (Schulkindertheater).

Die Inszenierung von *Nalle Puh* war meine erste Aufgabe. Gerissa Jalander, die erste Frau des Regisseurs Hans Dahlin, spielte die Eule. Da ihre Nase klein, spitz und gebogen und in einem recht rundlichen Gesicht platziert war, brauchte sie keine Maske. Ich malte ihr lediglich die Nase gelb an, schminkte das Gesicht grau und schon war die Eule fertig.

Mit dem Regisseur Åke Petterson, der Pers Assistent gewesen war, setzte ich meine Arbeit am *Studententheater* fort, hier entwarf ich Bühnenbild und Kostüme zu Stücken der Iren John Millington Synge und Seán O'Casey. Das Budget war wie immer minimal. Kostüme und Bühnenbild mussten also aus dem Nichts erschaffen werden.

Peter besaß einen alten Mantel, der noch aus seiner Zeit an der Kunstakademie in Prag stammte. Der war bestimmt mindestens achtzehn Jahre alt. Es gibt aus dem Jahre 1938 ein Selbstporträt von Peter in diesem Mantel, der schon damals wie ein abgewetzter und zerlumpter Vagabundenmantel aussah. Er hätte aus einem Beckett-Stück sein können und passte so wie er war ausgezeichnet zu einem der Stücke, weswegen ich ihn mir, ohne Peter zu fragen, einfach genommen hatte.

Bei der Premiere hörte ich, wie Peter laut und vernehmlich schrie: »Mein Mantel, mein Mantel!« Viel später habe ich den italienischen Film *Il capotto* (dt. Der Mantel) gesehen, der auf einer Novelle von Nikolaj Gogol basiert. In der Schlussszene irrt der verzweifelte Beamte, der seinen Mantel verloren hatte, durch den Nebel und schreit: »Il capotto, il capotto!«

Der Beamte war allein aufgrund seines eleganten Mantels geschätzt und befördert worden. Mit Peters Mantel ist es eigentlich eher umgekehrt. Für Peter war der Mantel eine Erinnerung, ein Relikt aus einer glücklichen Zeit an der Kunstakademie in Prag. Eine Erinnerung, die achtzehn Jahre später auf der Bühne des *Studententheaters Stockholm* auflebte und wieder verschwand. Aber der Schrei klang wie im Film.

Später arbeitete ich noch einmal mit Åke Petterson bei einer Jubiläums-Revue zusammen, die die Arbeiter der Eisenhütte in Ankarsrum geschrieben hatten. Mit den Arbeiterinnen nähte ich die Kostüme und mit den Arbeitern schreinerten wir das Dekor.

Zum ersten Mal bekam ich für eine Theaterarbeit ein Honorar: eine gusseiserne Sitzbadewanne für meine altmodische Wohnung in der Köpmangatan.

Die Badewanne wurde ohne Genehmigung eingebaut. Die Freude über die Badewanne löste einen Wettstreit darüber aus, wer als Erster darin baden sollte. Schließlich quetschten sich Peter, Mikael und ich gemeinsam in die Mini-Wanne. Wasser wurde kaum benötigt.

Peters Familienhintergrund

Peter und ich haben oder hatten in vielerlei Hinsicht einen ähnlichen kulturellen Hintergrund, dieselben Interessen, dieselbe Neugier auf das Neue und Experimentelle in Kunst, Literatur, Film und Musik.
Die Bildung, die ich durch mein häusliches Umfeld umsonst bekommen hatte sowie meine Ausbildungen in Amsterdam, Paris und Stockholm, hatte Peter in England, an der Kunstakademie in Prag und im Dunstkreis von Hermann Hesse in der Schweiz erworben. Wir unterschieden uns jedoch durch die Familienverhältnisse.

Peter wuchs mit einer dominanten, fordernden und theatralischen Mutter und einem unermüdlich arbeitenden und selten anwesenden Vater auf. Eine Familie, in der Zusammenhalt als etwas Selbstverständliches betrachtet wurde, mit einem Vater als bereitwilligen Familienernährer und einer Hausfrau. Peters Vater, Eugen, stammte aus dem jüdischen Teil von Galizien.

Galizien, früher Bestandteil der Habsburger Monarchie, gehörte nun zu Polen, Ungarn, der Tschechoslowakei und der Ukraine. Es war politisch und religiös von Spannungen, aufreibenden Konflikten und wiederkehrenden Pogromen geprägt. Für einen jungen Mann jüdischer Herkunft war die Ausreise in den Westen eine Überlebenschance, eine ökonomische Notwendigkeit und eine Möglichkeit, die rigide religiöse Atmosphäre gegen eine seinerzeit offenere deutsche Kulturgesellschaft einzutauschen. Es ging darum, als progressiv denkender Jude zu überleben. Eugen schwor dem orthodoxen religiösen Glauben seiner Kindheit ab. Daraufhin wurde er aus der Familie ausgestoßen. Danach heiratete er eine Katholikin, konvertierte zum Protestantismus und ließ seine Kinder in der Evangelisch-Lutherischen Kirche taufen. Für den Abtrünnigen hielt die jüdische Gemeinde eine symbolische Totenmesse nebst Beisetzung ab; fortan betrachtete sie ihn als Toten, als eine Unperson.

In Deutschland baute Eugen eine Textilfirma auf. Früh erkannte er die nationalsozialistische Gefahr und emigrierte mit seiner großen Familie nach England, um dort erneut eine Textilfirma aufzubauen. Einige Jahre später schätzte er die politische Situation allerdings falsch ein, denn er zog 1937 mit der Familie aus England nach Warnsdorf in der damaligen Tschechoslowakei, weil es dort für die Textilbranche günstiger war. Hinzu kam, dass er dort seine Muttersprache sprechen konnte. Durch die politischen Veränderungen in Europa nach dem Ersten Weltkrieg war Eugen zunächst ungarischer, dann österreichischer und schließlich tschechoslowakischer Staatsbürger geworden, und dies, ohne seine Heimatstadt verlassen zu haben. Im Ersten Weltkrieg hatte er als Soldat in der k.u.k. Armee gedient. Als die Deutschen 1938 das Sudetenland annektierten, erkannte Eugen, dass eine erneute Flucht unumgänglich war. Er hatte Kontakte zur Textilindustrie in Alingsås und emigrierte mit seiner Familie nach Schweden. Da er und seine Familie tschechoslowakische Staatsbürger waren, stand in ihren Pässen kein großes J für Jude. In diesem Fall hätten sie an der Grenze sofort aus Schweden abgeschoben werden können, gemäß einem Abkommen zwischen Deutschland und Schweden, das deutsche und österreichische jüdische Staatsbürger betraf.

Nach Alingsås hatte er ein Patent für Filmdruck mitgenommen, ein neues Verfahren zum Bedrucken von Textilien. Eugen gelang das Kunststück, erneut eine Textilfirma aufzubauen.

Die Familie bedeutete ihm alles, auch wenn er nach Art der alten Patriarchen nie anwesend war. Das Berufsleben nahm seine ganze Zeit in Anspruch.

Peters Mutter Franciska hatte zwei Söhne aus früherer Ehe, Arwed und Hans, die zwölf und zehn Jahre älter waren als Peter. Als sie sich von ihrem ersten Mann scheiden ließ – die Ursache soll eine fortschreitende Geisteskrankheit gewesen sein – bestritt sie ihren und der Söhne Lebensunterhalt als Schauspielerin am Theater von Max Reinhardt, dem Deutschen Theater in Berlin. Eugen hatte sie auf der Bühne gesehen und beschlossen, dass er diese Frau haben will. Als alleinstehende Frau mit zwei Kindern war es für sie schwierig, einen Partner zu finden, der sie und die Kinder akzeptierte. Das hat Eugen getan.

Soweit man das aus Franciskas Tagebüchern schließen kann, verband sie eine tiefe Liebe. Nach ihrer Vermählung mit Eugen hat sie ihre Theaterkarriere aufgegeben. Für Frauen waren Beruf und Ehe damals nicht vereinbar, eine Karriere am Theater schon gar nicht. Franciska stammte aus einer streng religiösen katholischen Schweizer Familie mit sechs Töchtern. Sie erzählte, dass der Vater mit einer Reitgerte in der Hand am Esstisch gesessen hätte, und wenn sich eine von den Töchtern nicht benahm, sie sogleich gezüchtigt hätte. Die Familie, die Hummel hieß, war in Basel ansässig, und der Vater besaß eine Uhrenfabrik. Noch schweizerischer kann man kaum sein!

Mit der Heirat schworen beide dem Glauben ab, in dem sie erzogen worden waren. Beide wollten in der deutschen Gesellschaft Fuß fassen und als Kompromiss ließen sie ihre Kinder evangelisch-lutherisch taufen. Die tschechoslowakische Staatsbürgerschaft behielten sie jedoch. Zu der Zeit nahm die Ehefrau stets die Staatsbürgerschaft des Mannes an, wenn sie einen Ausländer heiratete.

Als Franciska und Eugen sich kennenlernten, wurde Eugen in die k.u.k. Armee einberufen und im damaligen Polen stationiert. Das war zu Beginn des Ersten Weltkrieges.

Peter wurde in Neubabelsberg in Berlin geboren, und da Eugen in Polen stationiert war, verbrachte Peter seine ersten Lebensjahre dort. Dank ihrer »theatralischen« Überredungskunst gelang Franciska das Kunststück, dass Eugen vom Militärdienst befreit wurde. Zudem war er kriegsversehrt, was natürlich auch zu seiner Freistellung beigetragen hat.

Eugen baute seine Textilfirma auf und seine Familie konnte als wohlhabende deutsche bürgerliche Familie betrachtet werden. Nach Peter wurden rasch hintereinander zwei Töchter geboren, Margit Beatrice und Irène, später kam auch noch der Nachzügler Alexander hinzu.

Zusammen mit den beiden Halbbrüdern waren sie eine Familie mit sechs Kindern, die nach deutscher Tradition erzogen wurden. Die Familie wohnte sowohl in Berlin als auch in Bremen in den reicheren Villenvierteln.

Ein schwerer Schicksalsschlag traf die Familie, als Peters Schwester Margit Beatrice bei einem Autounfall ums Leben kam. Peter fühlte sich am Tod der Schwester schuldig. Er hatte sie gerufen, als sie auf der gegenüberliegenden Seite die Straße entlang ging, ohne sich umzusehen, war sie über die Straße ihm entgegengerannt und von einem Auto überfahren worden. Drei Tage lang rang sie mit dem Tod. Das wird in *Abschied von den Eltern* beschrieben. Mitunter verstärkt der Tod in der Erinnerung an den Verstorbenen das Liebesband, eine nachträgliche Konstruktion. Peter hat seine Liebe zu ihr in dem handgeschriebenen und illustrierten Jugendwerk *Beatrice* geschildert.

In Dantes *Göttlicher Komödie* wird die große unerreichbare Liebe zu Beatrice gestaltet. Das Werk begleitete Peter sein Leben lang. In seinem in Anlehnung an Dante verfassten Gegenwartsstück *Inferno* spielt Beatrice, genau wie für Dante, eine wesentliche Rolle. Der Unfall passierte 1935, kurz vor der Emigration nach England. Für diejenigen, die die politischen Intentionen der Nazipartei durchschauten, waren die Zeichen nach Hitlers Machtübernahme nicht schwer zu deuten. Doch viele Juden, die seit Generationen integriert waren, in der deutschen Gesellschaft gewirkt, sogar als Soldaten in der deutschen Armee gedient hatten, bemerkten die nahende Katastrophe nicht.

Wir wissen jetzt das Ergebnis, aber sich damals vorzustellen, was der Nationalsozialismus fertigbringen würde, war sicherlich undenkbar. Eugen berief sich bei seiner Entscheidung nicht auf seine jüdische Herkunft. Er sagte, der Umzug nach England hätte rein geschäftliche Gründe. Genau wie mein Urgroßvater Peder und dessen Nachfahren wollte Eugen nicht als Jude angesehen werden.

Es war nicht leicht, sich in England zu etablieren. Vor allem wegen der Sprachschwierigkeiten. Dennoch lebte die Familie auf einem soliden wirtschaftlichen Niveau. Sie wohnte in einer Villa in Chislehurst, so dass Eugen auch dort Franciskas Forderung nach einem standesgemäßen Leben erfüllen konnte. Peter verließ das Gymnasium. Wäre er in Berlin geblieben, hätte man ihn als Halbjuden ohnehin vom Schillergymnasium verwiesen. In London musste er mit Kursen in Englisch, Buchhaltung, Fotografie und Schreibmaschine beginnen. Englisch und Schreibmaschineschreiben brachten ihm später den größten Nutzen. Buchhaltung war bei ihm vergebliche Liebesmüh. Alexander wurde auf ein teures Internat für Jungen geschickt.

Auf den Englandaufenthalt folgten, wie gesagt, die Zeit in der Tschechoslowakei und anschließend die Flucht nach Schweden, die erneut als reine Geschäftsentscheidung getarnt wurde.

Eugens Lebensgeschichte hat kaum jemand aus der Familie Beachtung geschenkt, nicht einmal seine beiden schreibenden Söhne. Die Tochter Irène hat ihn kurz in ihrer Familienbiographie voller Verbitterung erwähnt. Diese rührte daher, dass er sie daran gehindert hatte, einen schwedisch-jüdischen Geschäftsmann zu heiraten. Eugens Begründung lautete: »Keine weiteren Juden in der Familie«. Für ihn war das Judentum lediglich eine angsterfüllte Belastung. Sicherlich war es ein Versuch, die Tochter vor kommenden Judenverfolgungen zu schützen. Er wollte, dass sich seine Kinder in der schwedischen Gesellschaft assimilieren. Irène heiratete stattdessen einen schwedischen Ingenieur, der in der Firma des Vaters arbeitete. Sie bekamen drei Kinder. Irène absolvierte eine Ausbildung als Tanzpädagogin und Choreographin und spezialisierte sich auf schwerbehinderte Jugendliche.

Ihr Bruder Alexander beschrieb autobiografisch das eigene Schicksal und dabei auch kurz sein von Bitterkeit geprägtes Verhältnis zum Vater, dem er die Schuld dafür gab, wie sein Leben verlaufen ist. Peter verstand die Bemühungen seines Vaters erst lange nach dessen Tod. Im Zusammenhang mit dem Drama *Die Ermittlung* 1965, schreibt Peter in dem Artikel *Meine Ortschaft* über Auschwitz: »Es ist eine Ortschaft, für die ich bestimmt war und der ich entkam« Erst zu diesem Zeitpunkt erkannte er die Bemühungen des Vaters, seine Angehörigen und sich selbst zu retten, ein spätes und schmerzhaftes Erwachen. Von Eugens drei Geschwistern waren die beiden Brüder in die USA und nach England emigriert, die Schwester aber in Wien geblieben. Sie und ihre Familie wurden in Auschwitz ermordet. Das Datum ihrer Deportation ist im österreichischen NS-Archiv dokumentiert.

In seinen autobiografischen Büchern schildert Peter eine Kindheit, die von seiner Mutter dominiert wurde, von Eugen eigentlich nur insoweit, als dieser auf Geheiß der Mutter die Bestrafungen für die täglichen »Sünden« vornehmen musste. Ansonsten war der Vater unsichtbar. Das entsprach durchaus der in Deutschland üblichen patriarchalischen und autoritären Erziehungspraxis im Wechsel von Strafe und Belohnung. Die Eltern glaubten, eine solche Erziehung sei zum Besten ihrer Kinder. Auch wenn Peter sich von diesem Kindheitsmilieu distanzierte, war ihm bei all seiner Kritik an den Eltern im tiefsten Inneren doch sehr wohl bewusst, dass er, wenn es wirklich schlimm um ihn stand, immer auf ihre Hilfe rechnen konnte. Diese Gespaltenheit in seinem Verhältnis zu Eugen/Daddy und Franciska/Mutti sollte Peter sein Leben lang begleiten. Peter wurde von Eugen finanziell solange unterstützt, bis dieser in der Fabrik in Alingsås aufhörte und pensioniert wurde. Das habe ich erst viele Jahre nach Peters Tod herausgefunden.

Als ich Peter kennenlernte, hatte er zwei Kinder: die achtjährige Tochter Randi, die sich als Erwachsene in Rebecca umbenennen ließ, mit Helga Henschen, und den zweijährigen Sohn Paul mit Carlota Dethorey; ihr Vater Ernesto Dethorey, ein Liberaler aus Mallorca und Gegner von Franco, lebte mit seiner schwedischen Frau in Schweden im Exil. Vor Franco hatte er an der Spanischen Botschaft in Stockholm gearbeitet. Als Franco an die Macht kam, blieb Ernesto in Schweden und wurde Professor für spanische Sprache und Literatur an der Universität Stockholm.

Ich war mit Helga und Carlota, Randis und Pauls Müttern, eng befreundet und ich hänge auch an meinen Stiefkindern, habe aber nicht vor, mich über ihre Lebensgeschichte oder über meine Beziehung zu ihnen näher auszulassen. Sie hatten ihre eigenen Erfahrungen, sind außerhalb unseres Heims aufgewachsen und haben sich ihren eigenen Familienhintergrund geschaffen. Peter hat leider wenig Anteil an ihrem Leben genommen und wenn doch, dann eher an Randis als an Pauls Leben.

Randi war oft bei uns zu Hause. Ich wollte auf sie zugehen, begriff aber schon bald, dass sie vor allem den Kontakt zu Peter suchte. Vielleicht war mein ständiges Bemühen um Ausgleich falsch. Randi hat schließlich ihre Haltung deutlich gemacht, indem sie aus Protest in *The Church of Scientology* eingetreten ist. Alle Versuche, sie daran zu hindern, scheiterten, und darüber waren ich und natürlich auch Peter sehr bestürzt. Heute ist sie Künstlerin, lebt in Florida und ist mit einem Holländer verheiratet, der der gleichen Sekte angehört.

Happenings

Paris in den fünfziger Jahren bedeutete für uns nicht nur Film. Durch die Silberschmiedin Torun Bülow-Hübe lernten wir bei einem unserer vielen Aufenthalte den Fotografen Gilles Ehrmann kennen, der ihr »Leibfotograf« war und für eine der großen bedeutenden Modezeitungen arbeitete.

Er war ein enger Freund des dadaistischen Dichters Gherasim Luca und dessen Frau, der Künstlerin Micheline Catty. Gherasim war

Rumäne jüdischer Herkunft. Er war nicht nur Dichter und Dadaist, sondern auch Organisator von Happenings. Das war lange bevor Happenings im *Moderna museet* in Stockholm aktuell wurden, inspiriert von amerikanischen Künstlern, die dort ausstellten.

Zu diesem Pariser Kreis gehörten der deutsch-französische surrealistische Maler, Bildhauer und Fotograf Hans Bellmer, dessen pornografische Skulpturen für die Sittenpolizei einen Grenzfall bedeuteten, ferner der Dichter Paul Celan, ebenfalls ein Rumäne jüdischer Herkunft und nicht zuletzt auch der französische Dichter Robert Filliou, der Begründer der Bewegung Fluxus, mit seiner Frau, der Dänin Marianne Staffels, die ihre eigene Variante der Happenings einbrachten.

Der seit langem etablierte Tristan Tzara, der eigentlich Samuel Rosenstock hieß, bewegte sich ebenfalls in diesem Kontext. Auch er war Rumäne jüdischer Herkunft. Er war mit der schwedischen Künstlerin Greta Knutson verheiratet und hatte das Glück, dass Greta ein großes Erbe bekam. Davon ließ er sich in Paris nach Entwürfen des Architekten Adolf Loos ein eigenes Haus bauen.

Bis auf Tzara waren alle arme Schlucker. Sie hatten den Zweiten Weltkrieg in Frankreich erlebt, sind während des Krieges Kommunisten gewesen oder geworden, und einige von ihnen wie Tristan Tzara nahmen aktiv an der Widerstandsbewegung teil.

Die meisten Kontakte hatten wir mit Gherasim Luca und Micheline Catty sowie mit Robert Filliou und Marianne Staffels.

Das Politische war damals nicht die Hauptsache, im Mittelpunkt stand die Kunst oder besser gesagt, die Antikunst. Einmal waren wir bei Gherasim und Micheline zu Hause. Sie wohnten in einer Bude, die eher einem Stall glich.

Die Happenings, an denen wir mitwirkten, waren eher spielerisch, ein recht unschuldiges erotisches Spiel, das von Gilles Ehrmann fotografiert wurde. Für Peter nahm es in diesem Fall eine ernstere Wendung. Er war in ein Kostüm eingeschnürt, das man ihm zugeteilt hatte.

Gherasims Interesse an mir fand bei Peter keinen Anklang. Er riss sich das Kostüm vom Leib und sagte auf Schwedisch: »Das macht keinen Spaß, wir gehen jetzt«, und so verließen wir auf Peters Initiative rasch die Gesellschaft. Aber Gherasim blieb ein Freund, und Peter und er tauschten ihre Werke aus.

Gherasim lebte vierzig Jahre lang als Rumäne ohne Pass in Paris.

Als er ungefähr achtzig Jahre alt war, warf man ihn aus seiner kleinen Bleibe. Aus hygienischen Gründen wie es hieß. Gherasim nahm sich auf die gleiche Weise das Leben wie Paul Celan: Er sprang in die Seine und ertrank.

Robert Filliou wohnte mit Marianne Staffels im jüdischen Viertel im Zentrum von Paris. Sie hatten ein Zimmer ganz oben in einem kleinen schmalen Haus. Dort setzten sie seine Projekte um. Die jüdischen Viertel bestehen nur aus ein paar Straßen mit kleinen Cafés für drei bis vier Personen. Man konnte die Adresse leicht verfehlen.

Carl-Fredrik Palmstierna

Nach meiner Scheidung von Mark nahm aus unerfindlichen Gründen mein Onkel väterlicherseits, Carl-Fredrik Palmstierna, Kontakt zu mir auf und lud mich zu verschiedenen Abendessen ein, insbesondere zu Abendessen von Vera Sager im *Sagerschen Palais*. Bedienstete mit weißen Handschuhen standen hinter den Stühlen. Wenigstens hatte ich die Codes gelernt, wie man sich in einer solchen Gesellschaft benimmt. Später, als Peter ernstlich in mein Leben trat, war es mit diesen Leuten schwieriger.

Carl-Fredrik besorgte mir vom *Ritterhaus* (Riddarhuset) ein Stipendium für ein Auslandsstudium. Die unausgesprochene Bedingung war, dass ich allein reiste, ohne Partner, vor allem ohne Peter.

Als ich das Stipendium erhielt, reisten Peter und ich zum ersten Mal nach Italien. Viel später, als Peter und auch ich etablierter waren, wurden wir für kurze Zeit wieder in Gnaden aufgenommen. Vor allem die Dramen *Marat/Sade* und *Hölderlin* interessierten Carl-Fredrik. Als er aber mitbekam, dass Peter und ich eine ganz andere politische Einstellung hatten und unser Engagement nicht dem seinen entsprach, reichte es ihm, distanzierte er sich von uns in mehreren Hetzartikeln und gehässigen Berichten und Angriffen im *Vecko-Journalen*.

Das betraf vor allem Peters und mein Engagement für Vietnam und die Organisation des Russell-Tribunals in Stockholm.

Carl-Fredrik forderte in seinen offenen Briefen, dass diejenigen, die sich in diesem Krieg engagierten, selbst zum Gewehr greifen und zu den Kriegsschauplätzen fahren sollten. Er selbst war tatsächlich im Finnland-Krieg gewesen, und zwar in derselben Truppe wie Harry Martinson. Er hat aber nur am ersten Finnlandkrieg teilgenommen, am zweiten, als Finnland sich mit den Deutschen zusammengetan hat, nicht mehr.

Ich vermute, dass Carl-Fredrik Dolmetscher gewesen ist. Er sprach Russisch, schießen konnte er nicht. In den dreißiger Jahren hatte er längere Zeit in Moskau gelebt. Für seine Dissertation über Karl XII. waren die Archive in Moskau unumgänglich und die russische Sprache Voraussetzung.

Ich antwortete auf seine Angriffe im *Vecko-Journalen*. Meiner Ansicht nach sollte jeder am besten mit dem kämpfen, was er gut beherrscht. Wenn Peter mit Artikeln und Dramen oder ich mit Vorträgen und Aufrufen aufklären kann, so sei das auch eine Form des Kampfes. Mit der Waffe in der Hand wären wir beide recht linkisch gewesen und hätten bloß im Weg gestanden, vielleicht vor allem Peter. Ich hatte wenigstens gelernt, mit Pistolen zu schießen. An dem Tag, als wir aus Berlin in Schweden ankamen, hatte ich nämlich beschlossen, schießen zu lernen. Der Krieg war noch im Gange und ich dachte, dass es nützlich wäre, sich selbst verteidigen zu können, falls sich die Lage änderte.

Buster von Platen, Chefredakteur des *Vecko-Journalen* und auch ein enger Freund von Carl-Fredrik, was ich damals allerdings nicht wusste, amüsierte sich über den Streit zwischen Carl-Fredrik und mir, den Kampf zweier Palmstiernas.

Carl-Fredrik redigierte 1969 die Briefbiographie *Lågande längtan bara ...*, die seine Schwester, Margareta de Seynes, in den vierziger Jahren herausgebracht und mit der sie in ihren Kreisen viel Aufmerksamkeit bekommen hatte. In der Neuausgabe hatte er ziemlich viel geändert und gestrichen, vor allem aber noch ein paar Sätze hinzugeschrieben. Sie betrafen die politische Haltung von meinem Bruder Hans und mir sowie meine Ehe mit Peter.

Hans war in der Sozialdemokratischen Partei und ein fleißiger Schreiber gewesen. Ich stand sogar noch weiter links. Das behagte Carl-Fredrik überhaupt nicht. Dass mein Großvater Erik Sozialdemokrat gewesen war, zählte nicht mehr, hatten Carl-Fredrik und Kule doch gegen ihren Vater protestiert, indem sie ultrakonservativ wurden.

In der neuen Ausgabe von *Långande längtan bara*... steht über Kules Heirat 1924: »Eine frühe Ehe, die ein negatives Element in die Familie einbrachte.« Das waren Hans und ich.

Nach dem Tod meiner Großmutter Ebba fiel mir ein Familienalbum in die Hände. Das Album enthielt die typischen Familienaufstellungen sowie ein paar uninteressante Naturaufnahmen. Mitten in dieser sogenannten Idylle gab es vier Seiten mit Fotos vom Finnlandkrieg, aufgenommen von Carl-Fredrik. Es lag Schnee und es war vermutlich eiskalt. Als Wegweiser hatte man tiefgefrorene russische Soldaten kopfüber aufgestellt, damit sie mit ihren steifgefrorenen Armen und Beinen die Richtungen anzeigten. Was für eine Entmenschlichung im Krieg!

Allen Konflikten zum Trotz kam es zwischen Carl-Fredrik und mir schließlich zu einer Art Versöhnung. Ich bekam Respekt vor seiner Belesenheit und er vor meinen Bühnenbildern. Aber dass ich mit Ingmar Bergman arbeitete, war ihm völlig unbegreiflich.

Es gab zwei Personen im schwedischen Kulturleben, die er verachtete, die eine war Ingmar Bergman, die andere Olof Lagercrantz, ein enger Freund von Peter und mir. Diese Personen ließen wir aus unseren Diskussionen heraus, die sich meist um deutsche Klassiker drehten.

Carl-Fredrik heiratete auf seine alten Tage Elisabeth Tham. Damals war er Chef der Bernadotte-Bibliothek. Beth wurde zur ersten Hofmarschallin ernannt. Sie bekamen eine Tochter, die nach Fredriks Schwester auf den Namen Margareta getauft wurde.

Das Gefängnis Långholmen

Mitte der fünfziger Jahre bekam ich das ungewöhnliche Angebot, im Männer-Gefängnis *Långholmen* zu unterrichten. Diejenigen, die mir diese Arbeit anboten, wussten, dass ich sozial engagiert war und Kurse für verhaltensauffällige Kinder gegeben hatte. In *Långholmen* ging es aber um Erwachsene, um Männer, die vielleicht einmal als Kinder verhaltensauffällig gewesen sind.

Zwei Leute sollten in *Långholmen* anfangen: meine gute Freundin Anna-Lena Wibom und ich. Bei der heutigen Bürokratisierung glaube ich nicht, dass man uns mit so wenig Berufserfahrung und ohne akademische Abschlüsse eingestellt hätte. Es war ein Experiment, für uns aber ein Sprung ins kalte Wasser.

Ich unterrichtete vor allem Theater und Kunsthandwerk, insbesondere Keramik. So sollte ich ihnen unter anderem beibringen, wie man töpfert, eine absurde Idee. Das Hantieren mit dem weichen, sinnlichen Lehm im Unterricht führte zu manchen unverschämten Anspielungen. Ich sollte den Häftlingen auch im Fernstudium, bei ihren Lehrbriefen von *NKI* und *Hermods*, helfen. In punkto Theater gab es eine Zusammenarbeit mit Per Edström. Soviel ich weiß, war es das erste Theaterexperiment in einem Gefängnis Schwedens. Allerdings blieben die inszenierten Stücke innerhalb der Gefängnismauern. An Tourneen war nicht zu denken.

Wir probten einige Klassiker, vor allem Strindberg, aber auch Dario Fo, der den Häftlingen eigentlich besser gefiel. Wie man es auch anstellte, sobald in den Stücken Wörter wie »Freiheit« auftauchten, wurden sie stärker betont als andere, das ließ sich einfach nicht dämpfen.

Als ich nach *Långholmen* kam, waren das Gefängnis und die Haftanstalt alles andere als idyllisch. Hatte man endlich die quietschenden Eisentüren passiert, kam die ganze Tristesse zum Vorschein: Korridore, Zellen, mit ihren abgenutzten Schlössern, schlechte Beleuchtung, alles in Grau und Beige. Und überall gab es einen ganz speziellen muffigen Geruch von Männern, die lediglich auf die stinkende Seife sowie auf die Scheuer- und Desinfektionsmittel des Gefängnisses angewiesen waren. Mich erinnerte er an den Geruch, den ich im Krieg und später auch in der DDR wahrgenommen habe.

Anna-Lena und ich hatten Zugang zu den Freizeiträumen und auch zum Lager auf dem Dachboden des Gefängnisses. Dort gab es stapelweise Zwangsjacken und Jacken aus früheren Jahrhunderten. Die Jacken waren aus grobem, naturgefärbtem Leinen hergestellt und mit grauem Flanell gefüttert, sie hatten gewöhnlich kleine viereckige Knöpfe, früher auch häufig Bleiknöpfe. Um Selbstmord oder eine anderweitige Verwendung des Bleis zu verhindern, wurden die Knöpfe der Gefängniskleidung später aus Leinen genäht und das Blei entfernt.

Anna-Lena und ich deckten uns reichlich mit diesen Kleidungsstücken ein und verteilten sie an Freunde; sowohl Peter als auch Pontus

Hultén und Carlo Derkert liefen im Alltag in diesen Gefängnisjacken herum. Später dienten sie mir als Vorlage für die von mir gezeichneten und verwendeten Kostüme in Peters Stück *Marat/Sade*. Auf dem Dachboden fand ich auch Literatur über das Gefängnis und Bilder vom Kirchenraum sowie Informationen darüber, welche Predigten der Pfarrer gehalten hatte. Eine Illustration zeigte, wo die Gefangenen saßen. Es gab keine Kirchenbänke in der üblichen Anordnung, sondern jeder Gefangene saß in einer eigenen kleinen Box. Der Kopf guckte oben aus einem Loch heraus und an der Vorderseite der Box gab es zwei runde Öffnungen für die Arme. Die Arme sollten draußen und die Hände vor der Box gefaltet sein. Diese Illustrationen waren später meine primäre Inspirationsquelle für das Bühnenbild von *Marat/Sade* in Berlin.

Viele Häftlinge baten mich, für sie Amphetamin einzuschmuggeln. Eine bestimmte Diätpille war besonders begehrt. Sie meinten, ich als Frau käme leichter an sie heran, was ziemlich weithergeholt war, da ich damals recht dünn war. Ich bin auf solche Anfragen nicht eingegangen – außerdem hatte ich keine Lust, selbst im Gefängnis zu sitzen.

Ich lernte ziemlich viele Häftlinge kennen. In der Stadt konnte es passieren, dass mich jemand grüßte und ich nicht gleich wusste, ob es ein ehemaliger Gefangener war oder jemand, dem ich auf einer Party begegnet bin.

Unter meinen Schülern gab es einen sehr höflichen, kooperationswilligen Gefangenen, mit dem es Spaß machte zu reden. Er war charmant und sah gut aus. Er hatte sein Hemd immer ganz weit bis zur Brust aufgeknöpft. Ich war neugierig, was für ein Verbrechen dieser nette Mann wohl begangen hatte. Da ich Zugang zu den Gefängnisakten hatte, las ich seine Akte, und was darin stand, gab mir zu denken. Er war einer der schlimmsten Zuhälter der Stadt gewesen oder war es immer noch. Mit seinem Charme bezirzte er die Frauen und nutzte sie dann aus. Als er aus dem Gefängnis entlassen wurde, standen vier Frauen am Tor und warteten auf ihn.

In meiner Naivität hatte ich gedacht, viele Häftlinge seien politisch progressiv – aus Protest gegen die bestehenden Gesellschaftsstrukturen – oder hätten ein revolutionäres Ideal. Ich stellte jedoch fest, dass viele geradezu konservativ waren.

Das Gefängnis Långholmen liegt auf der sogenannten Grünen Insel, die ursprünglich nur aus nackten Klippen bestand. Im Laufe der Jahrhunderte mussten die Gefangenen Erde dorthin befördern und die verschiedensten Baumarten anpflanzen. Heute ist es eine idyllische grüne Insel mit einem Gefängnisgebäude, aus dem inzwischen eine Jugendherberge und Ateliers für Künstler geworden ist. Die Häuser des Gefängnisdirektors und der restlichen Angestellten wurden in Wohnhäuser umgebaut.

Fritiof Enbom

Ein Gefangener, mit dem ich mich angefreundet hatte, war der zu Lebenslänglich verurteilte Fritiof Enbom.
Lebenslänglich bedeutete damals fünfzehn Jahre. Bei den meisten wurde die Strafe verkürzt, sodass daraus zehn Jahre wurden. Fritiof bekam keine solche Verkürzung. Seine Strafe stand in keinem Verhältnis zu dem, was er getan hatte, aber sein Verbrechen kam gelegen und passte gut in die Zeit des Kalten Krieges. Fritiof war vermutlich ein Mythomane und hat sich selbst in die missliche Lage hineinmanövriert.

Leider wurden außer ihm noch andere Leute bestraft. Für die damalige kommunistische Partei war Fritiof eine Belastung und niemand wollte etwas mit ihm zu tun haben. Sein Agieren hatte der Partei geschadet.

Dass er bereits im Zweiten Weltkrieg den militärischen Transitverkehr der Deutschen durch Schweden ausspioniert und diese Informationen an die damalige Sowjetunion weitergeleitet hatte, war kein mildernder, sondern eher ein erschwerender Umstand. Er wollte belegen, dass Schweden im Zweiten Weltkrieg keineswegs neutral war.

In *Långholmen* kümmerte sich Fritiof um Büroangelegenheiten und war teilweise auch für die Bibliothek verantwortlich. Er war einer von denen, die sich dafür einsetzten, dass im Gefängnis Kunst, Theater und Literatur unterrichtet werden. Fritiofs Situation war nicht leicht. Im Gefängnis gab es eine Rangordnung, in der Sprengmeister und Bankräuber hohes Ansehen genossen, während Spione und Pädophile auf der untersten Stufe standen.

In den letzten Jahren seiner Gefängnisstrafe hatte Fritiof zwei Tage pro Quartal Freigang. Das Schwierige an seiner Situation war, dass er ganz auf sich allein gestellt war. Er hatte niemanden, bei dem er wohnen konnte und auch niemanden, der beim Freigang die Verantwortung für ihn übernahm. Deshalb blieb er meist im Gefängnis.

Wir, das heißt Peter und ich, Carlo und Kerstin Derkert und Anna-Lena Wibom übernahmen die Verantwortung für Fritiof und so wohnte er während des Freigangs jeweils bei einem von uns.

Während seiner Gefängniszeit hatte er eine Ausbildung als Schriftsetzer gemacht, was von seinem früheren Beruf als Journalist nicht so weit entfernt war. Als er aus dem Gefängnis entlassen wurde, fand er sofort eine Arbeit. In der Nahe von uns, in Östermalm, erhielt er auch eine kleine Wohnung. Seltsamerweise lebte er darin immer mit zugezogenen Gardinen. Die Wohnung war wie eine Höhle. Als würde das Licht der Freiheit ihn blenden. Er lernte eine Frau kennen und es hätte in seinem Leben einen Neuanfang geben können. Aber es kam anders.

Ich wurde von Ingrid Dahlberg vom Fernsehtheater angerufen, die von mir einige Auskünfte über Enbom einholen wollte. Sie ging davon aus, dass ich seine Akte im Archiv des Gefängnisses *Långholmen* habe einsehen können. Dem war auch so, aber ich unterlag der Schweigepflicht. Darauf berief ich mich und sagte ihr zugleich, dass sie, wenn sie nichts Neues in der Enbom-Affäre herausgefunden hätte, bitte schön, zur Kenntnis nehmen sollte, dass er seine Strafe in voller Länge, ohne das übliche Drittel Abzug abgesessen hat. Er sollte eine Chance bekommen, sich zu resozialisieren und ein neues Leben aufzubauen. Ich flehte sie buchstäblich an, kein Programm über Enbom zu machen. Auch Anna-Lena wurde gefragt, ob sie weitere Informationen über ihn hätte. Sie erwiderte dasselbe wie ich.

Enbom selbst wollte unter keinen Umständen ins Fernsehen. Er schrieb und bettelte, dass man ihn da raushalten möge. Nichts half. Es wurde ein Programm mit Ausschnitten aus der Zeit vor *Långholmen* und dem Gerichtsverfahren gegen ihn. Neue Erkenntnisse gab es nicht.

An dem Abend, als das Programm im Februar 1973 gesendet wurde, war Fritiof zusammen mit Peter und mir bei Anna-Lena Wibom und Pontus Hultén zu Hause. Ein nervöser Fritiof sah das Programm über sich selbst, ein Programm, das weder eine neue Perspektive in den Fall Enbom einbrachte, noch den Kalten Krieg als Ursache für die strenge Strafe benannte, die er bekommen und abgesessen hatte. Es wäre interessant gewesen, wenn man eine neue, tiefgehende Analyse dieses Zeitraums in der Geschichte Schwedens bekommen hätte. Aber es gab nichts dergleichen. Das Programm hätte genauso gut »Die Geschichte eines Mythomanen« heißen können. Man hätte seine Erzählungen gar nicht ernst nehmen dürfen und die Strafe dementsprechend anpassen müssen. Auch die anderen Verurteilten hatten das Fernsehen gebeten, das Programm nicht zu senden. Nicht wegen Enbom, sondern weil sie fürchteten, es könnte ihren eigenen Anträgen auf Wiederaufnahme schaden.

Nach dem Fernsehprogramm wurde Fritiof misshandelt und von seiner Freundin verlassen. Wir hörten eine ganze Weile nichts von ihm. Dann ging Peter zu ihm, klingelte an der Haustür, aber niemand öffnete. Die Polizei wurde gerufen, und als sie sich Zutritt verschafft hatte, erblickte sie Fritiof, der sich erhängt hatte.

Peter hat im Anschluss an die Ausstrahlung des Films einen Artikel in *Dagens Nyheter* geschrieben, »Lasst Enbom in Ruhe« (»Lämna Enbom i fred.«)*, dessen Untertitel lautet: »Har vi dödsstraff i Sverige? (»Haben wir in Schweden die Todesstrafe?«) Er beschuldigte das Fernsehen und Ingrid Dahlberg, den Justizmord an Enbom zwanzig Jahre später zu wiederholen. Natürlich war die VPK über den Artikel nicht erfreut. Aber darin ging es nicht um das Politische im Fall Enbom, sondern um die völlige Machtlosigkeit des kleinen Mannes gegenüber den großen Konzernen. Es ging um die Macht des Fernseh-Mediums.

---

* Vgl. Peter Weiss: *Dem Unerreichbaren auf der Spur*. Essays und Aufsätze. Berlin 2016.

Ein bizarres Mittagessen

Kurz vor diesen Ereignissen sollte ich dreißig werden, doch ich hatte nicht die Absicht, meinen Geburtstag zu feiern. Ich erwartete auch keine Gratulanten. Zufällig war Kule in der Stadt und kam mit Carl-Fredrik vorbei. Aus der Nachbarschaft gesellten sich der Tischler Elis Nilsson, wie üblich mit einer großen Flasche süßen Vermouth, sowie sein Kollege Vadder hinzu. Fritiof Enbom war auch dabei, denn er wohnte gerade während eines Freigangs bei uns.
Ich kochte dieser bunten Gesellschaft etwas zu Mittag. Kule und Carl-Fredrik unterhielten sich nur über feine Leute und darüber, wen sie von ihnen kannten. Wie früher als Kinder und Jugendliche stritten sie sich darum, wer der Beste, der Größte wäre und wer die feineren Leute kannte. Da geriet Kule ins Hintertreffen. Carl-Fredrik war ja am Königlichen Hof tätig. Beide ignorierten Elis und die anderen, behandelten sie so wie ihre Dienstboten: Sie sahen sie nicht. Auch Peter, der etwas später eintraf, war für Kule und Carl-Fredrik Luft. Kaum war er da, standen sie auf und gingen ohne Tschüss zu sagen, was sehr verletzend war. Dass sie mit dem bekannten kommunistischen Spion Fritiof Enbom an einem Tisch gesessen hatten, ahnten sie nicht. Dieser Gedanke wäre zu absurd gewesen.

Wieder in Paris

Peter, der nun ganz zum Film wechseln wollte, suchte für die Zusammenarbeit einen Partner, der seine Filmideen finanziell unterstützen würde. Er nahm ein paar skizzenhafte Entwürfe mit nach Paris, in der Hoffnung, dies würde zu etwas führen. Er dachte, wenn er bloß jemanden von der alten Garde der Experimentalfilmemacher träfe, würde er vielleicht eine Chance bekommen oder wenigstens einen Hinweis, an wen er sich wenden könnte, um in der Filmwelt Fuß zu fassen. Da Peter kein Französisch sprach, war das schwierig. Ich wurde seine ständige Dolmetscherin.

Wir lernten viele junge Filmemacher kennen. Eine von ihnen war Agnès Varda. Ihr Dokumentarfilm über die Rue Mouffetard und den Place de la Contrescarpe war ein frühes Experiment, das den Alltag in diesen heruntergekommenen Vierteln schilderte. Zwischen ihrem Film und Peters und Christer Strömholms Film über die Männer in Gamla Stan, *Ansikten i skugga* (Gesichter im Schatten) gibt es Ähnlichkeiten.

Peter und ich besuchten den legendären Filmemacher Abel Gance in der Hoffnung, Kontakte knüpfen zu können. Er wohnte in einer luxuriösen Wohnung in der Nähe der Tuilerien. Abel Gance war ein eleganter und sehr egozentrischer älterer Herr, der nur über sein eigenes Werk sprach, unter anderem über den großen Anti-Kriegsfilm *J'accuse* (Ich klage an), der vom Ersten Weltkrieg und von Napoleon handelt, ein narzisstischer Film, den Kritikern zufolge sein Meisterwerk. Seine Filme waren von lustvoller technischer Experimentierfreude geprägt, etwas, das sich mit Peters Auffassung vom Film als Medium deckte. Es kam zu einem Missverständnis. Abel Gance, der keine Aufträge hatte, dachte, Peter würde ihm helfen. Beide erwarteten also vom anderen etwas Kreatives.

Abel Gance lebte mit einer jungen Schauspielerin zusammen und ihr Interesse an Peter wurde offensichtlich. Sie dachte wohl, wenn sie Peter verführte, könnte sie Abel helfen. Mit Abel Gance zusammenzuarbeiten oder durch ihn Kontakte zu bekommen, misslang. Sie hatten falsche Erwartungen ineinander gesetzt und in Kombination mit Abel Gances Eifersucht führte das dazu, dass wir uns schnell aus dem Staub machten.

Wir lernten die Tochter des früh verstorbenen Filmregisseurs Jean Vigo kennen, der *Zéro de conduite* (dt. Betragen ungenügend) gemacht hat. Sie zeigte uns den Film. Er handelt davon, wie Kinder in einem französischen Internat gedemütigt werden, ein anarchistischer Film, der sich gegen die französische autoritäre Erziehung richtet. Der Film war wegen seines rebellischen Charakters und seiner Kritik am französischen Schulsystem sechzehn Jahre lang verboten. Als er schließlich gezeigt wurde, war es eine zusammengestrichene Fassung.

Inzwischen wird *Betragen ungenügend* als Klassiker betrachtet und hat viele Nachfolger inspiriert, zum Beispiel Vittorio De Sicas *Das Wunder von Mailand*. Die Schlussszenen in beiden Filmen ähneln sich: Der frühere zeigt, wie die ausgestoßenen und gepeinigten Kinder auf einem Dach stehen und sich gen Himmel wenden, in dem späteren fliegen sie hoch zum Himmel, nicht im religiösen Sinne, sondern hin zur großen Freiheit. Im Jahre 1956 kam der Film *Sie küßten und sie schlugen ihn* von François Truffaut heraus, der die grausame Wirklichkeit von Kindern in Schule und Elternhaus schildert. Hier diente wohl ebenfalls Jean Vigo als Inspirationsquelle.

Jean Vigos Tochter vermittelte den Kontakt zu dem Leiter der Cinémathèque in Paris, Henri Langlois, und zu seiner Assistentin, Madame Merçon, einer großen, kräftigen, leicht schmuddeligen Dame in einem bis zu den Füßen reichenden, zerschlissenen, grauen Kaninchenfellmantel, ständig eine Gauloise rauchend, die nach französischer Art im Mundwinkel klebte.

Auch sie hatte eine Assistentin, Lotte Eisner, eine aus Deutschland geflüchtete dünne Frau, die dem Filmschauspieler Peter Lorre ähnlich sah. Lotte Eisner hatte den seltenen Beruf einer Filmwissenschaftlerin. Diese beiden Frauen saßen wie zwei Zerberusse vor der Tür und kontrollierten knallhart, wem die Gnade zuteilwurde, zum Chef vorgelassen zu werden, und wer abgewiesen wurde. Bei unserem ersten Treffen wurden wir abgewiesen.

Sie überwachten auch das Kinopublikum im Zuschauerraum, damit sich niemand irgendwelche Freiheiten herausnahm, fotografierte oder heimlich filmte. Da wurde man sofort rausgeworfen. Ganz vorn im Zuschauerraum saßen die ältesten Filmliebhaber, in der Mitte die Kritiker, und ganz hinten saßen wir und andere Neulinge. Wehe dem, der sich auf den falschen Platz setzte, der fiel in Ungnade, was Peter passierte. Es war das erste Mal, dass ich sah, wie er fast anfing zu weinen. Viel später sollte ich in den Memoiren des deutschen Filmregisseurs Schlöndorff lesen, dass selbst zwanzig Jahre später noch dieselbe Ordnung im Zuschauerraum herrschte.

Henri Langlois hatte zusammen mit dem Dokumentarfilmer Georges Franju dieses große Archiv gegründet, das zunächst privat war, später aber verstaatlicht wurde. Langlois hatte die Filme, die es in diesem riesigen Archiv gab, größtenteils selbst zusammengetragen, oftmals mit zweifelhaften, ja geradezu gesetzeswidrigen Methoden.

Ein paar Jahre nach unserem Besuch, als Peter zahlreiche Kurzfilme gemacht hatte, sandte er diese zu einem Kurzfilmfestival der Cinémathèque in Paris. Die Filme wurden gezeigt, jedoch nie zurückgeschickt.

Die Bezahlung für die Vorführung blieb ebenfalls aus. Es war eine große Ehre, dass die Filme dort gezeigt wurden, und Langlois vertrat mit souveräner Entschiedenheit die Meinung, dass Peters Filme nach dieser Vorführung der Cinémathèque gehörten und somit Teil der Sammlung waren. Dank dieser besonderen Sammelmethoden von Langlois ist das Pariser Filmarchiv eines der größten der Welt.

Langlois lebte, wohnte und schlief mit den Filmen. Die Filme waren seine Familie und seine Geliebten. Als die Cinémathèque verstaatlicht wurde, versuchte Frankreichs Kulturminister, der Schriftsteller André Malraux, Langlois zu feuern. Der Protest von Filmemachern aus der ganzen Welt war jedoch so groß, dass Malraux sich gezwungen sah, Langlois wieder einzustellen.

Wir lernten auch Georges Franju sowie seine Lebensgefährtin und Mitarbeiterin Dominique Johansen kennen. Sie wohnten fast ihr ganzes Leben in einem kleinen Hotel in Paris. Dort entwarfen und verwirklichten sie ihre Projekte. Im Hotel zu wohnen, war für Pariser Verhältnisse nichts Ungewöhnliches.

Georges Franju sollte später für den Film *Le sang des bêtes* (dt. Das Blut der Tiere) bekannt werden. Das war ein Dokumentarfilm über einen Schlachthof, der im Kontrast zu dem idyllischen Vorort stand und Anlass zu lebhaften Diskussionen bot, einerseits über die Grausamkeit der Schlachthöfe, andererseits darüber, ob man so etwas dokumentieren dürfe.

Wir lernten auch den holländischen Dokumentarfilmer Joris Ivens kennen. Er hatte in seinem *Nieuwe gronden* (dt. Neue Erde) den Bau des großen holländischen Deichs dokumentiert, der die Nordsee von der Zuiderzee trennte und dieses Binnenmeer größtenteils trockenlegte. Das, was von der Zuiderzee noch übrig ist, heißt heute Ijsselmeer. Als wir ihn kennenlernten, war er, der für diese Dokumentation holländischer Ingenieurskunst als Held gefeiert wurde, in Ungnade gefallen und wurde als Staatsfeind betrachtet. Er hatte den Vormarsch der Holländer in den Kolonien Niederländisch-Indien dokumentiert, Enthüllungen, die von den Behörden nicht mit Wohlwollen aufgenommen wurden. Der Film durfte nicht gezeigt werden, er wurde verboten.

Wir trafen uns wieder, als seine Filme in den späten Fünfzigern in dem Gymnasium *Borgarskolan* in Stockholm gezeigt wurden. Er war der Erste, der mich genauestens darüber informierte, wie die holländische Kolonialherrschaft tatsächlich ausgesehen hatte. Vorher hatte der holländische Autor und Beamte in Niederländisch-Indien, Eduard Douwes Dekker, der unter dem Pseudonym Multatuli (Lateinisch etwa für »Ich habe vieles ertragen«) schrieb, den Vormarsch der Holländer in diesen Breitengraden in dem Buch *Max Havelaar* enthüllt. Dekker schrieb über sich: »Mein Pech ist, dass ich in Holland geboren wurde, wo es nur ein Gesetz, einen Glauben, einen Gott gibt: das Geld.« Als Filmemacher vermochte Joris Ivens mit seiner Bilderwelt die Unterdrückung eindringlicher zu beschreiben, als es dem Autor möglich gewesen war.

Damals erinnerte ich mich an eine Geschichte aus meiner Kindheit in Holland. Mein Stiefvater war mit seinem Vater nach Niederländisch-Indien gereist, um seine kolonialen Besitztümer zu besichtigen. Das waren Baumwoll-, Zucker-, und Gewürzplantagen sowie die beginnende Ölindustrie. Sie trafen einige ranghohe Javaner, unter ihnen einen Sultan. Dieser hatte sich auf einen höheren Stuhl gesetzt als seine holländischen Besucher. Zur Strafe gab ihm der holländische Gouverneur eine Ohrfeige. Es war wichtig, dass der Stuhl des Sultans niedriger war, da die Stühle die Machtstrukturen repräsentierten. Joris Ivens trafen wir später noch einmal, im Zusammenhang mit unserem Engagement für Vietnam. Er hielt sich längere Zeit in diesem Land auf und schilderte während des Krieges die Zerstörung Nordvietnams durch die USA. Joris Ivens ist und bleibt einer der großen Dokumentarfilmer.

Im Winter 1954, kurz nach Silvester, packte ich meine »Ente« voll mit Keramik und Zeichnungen. Ich sollte zusammen mit Torun Bülow-Hübe, die ihren Silberschmuck beisteuerte, eine Ausstellung in der *Galerie du Siècle* auf dem Boulevard Saint-Germain in Paris haben.

Peter sollte mitkommen, um eigene Dinge zu erledigen. Er hatte das meiste von Samuel Beckett gelesen und einer schwedischen Literaturzeitschrift vorgeschlagen, ein Interview mit ihm zu führen. Das war ein Projekt auf gut Glück, er war sich bewusst, dass das Ganze auch im Sande verlaufen könnte. Beckett war dafür bekannt, kein besonders zugänglicher Interviewpartner zu sein.

Im Schneegestöber, ohne zu wissen, dass es so etwas wie Winterreifen gibt, fuhren wir mit dem Auto nach Paris. Peter hatte keinen Führerschein. So fuhr ich die ganze Strecke.

Auf den Autobahnen in Deutschland tobte der Sturm und man konnte nirgends anhalten, ohne von der Straße geweht zu werden. Da half nur weiterfahren. Nicht einmal zum Austreten traute man sich anzuhalten. Peter saß gut eingemummelt in Decken und Zeitungen gegen die Kälte und benutzte für die Notdurft eine Konservenbüchse.

In Paris stellte man uns eine Einzimmerwohnung zur Verfügung, die im Erdgeschoß lag, in einem Viertel, in dem fast nur Algerier wohnten. Die Unruhe auf den Straßen war spürbar. Die Polizei war ständig präsent, genau wie die nächtlichen Schusswechsel. Es war mitten in der Algerienkrise.

Zuerst gaben wir meine Keramik in der Galerie ab, danach fuhren Peter und ich zu Samuel Beckett und seiner Frau. Sie waren ein sehr höfliches Paar und empfingen uns. Peter und Beckett redeten stundenlang. Inzwischen saß ich in der Küche mit seiner Frau, die mir ganz einfach Möhren anbot, die sie gerade mit einem Reibeisen rieb. Es war eine karg möblierte Wohnung. Die Aussicht war auch nicht besonders aufmunternd, man blickte über einen Gefängnishof.

Beim Abschied empfahl uns Beckett, wir sollten uns sein Stück *Warten auf Godot* in der Regie von Roger Blin, der ein enger Freund meiner Cousine Catherine war, ansehen. Das Stück wurde in einem kleinen Avantgarde-Theater gespielt, im Théâtre de Babylone. Wir gingen noch am selben Abend hin. Im Zuschauerraum waren vier Leute, zwei davon waren Peter und ich. Das war vor Becketts großem Durchbruch als Dramatiker. Viel später sollten wir Beckett bei Siegfried Unseld, Peters und Becketts Verleger, wiedersehen. Das geschah unter etwas luxuriöseren Bedingungen.

In Berlin sah ich ein Stück von Beckett in seiner Inszenierung – wenn ich mich recht entsinne, war es das *Endspiel*. Als Regisseur war er fordernd, mürrisch, geradezu bissig. Er duldete keine Abweichungen, weder vom Text noch von den Bewegungen, wie er sie sich vorgestellt hatte, auch ließ er den Schauspielern kein bisschen Interpretationsfreiheit. An einem künstlerischen Dialog, der das Stück hätte bereichern und weiterentwickeln können, hatte er kein Interesse. Bei der Premierenfeier in Berlin war auch Becketts Frau dabei. Sie tauschte das Festessen auf seinem Teller gegen geriebene Möhren aus.

Ich habe mehrmals erlebt, dass ein Regisseur, der sein Werk selbst inszeniert oder in die Aufführung involviert ist, Schwierigkeiten hat,

den auf der Bühne Agierenden die Textinterpretation zu überlassen, damit sie der Rolle szenisch etwas hinzufügen bzw. etwas geben können, das über das, was der Autor geschrieben hat, hinaus geht.
Das betrifft auch das Praktische. Was sich der Autor im Kopf, in seiner Fantasie vorgestellt hat, ist eine Sache, wie man diesen Gedanken auf der Bühne umsetzt, eine andere. Schnelle Szenenwechsel bereiten meist Probleme. Da sind bis zu dreißig Leute auf der Bühne und der Autor will, dass die Spielfläche eine Sekunde später leer ist. Gedanklich ist das möglich, praktisch jedoch nicht realisierbar.

Das Ideal wäre ein eigenes Theater, eine eigene Bühne, wie sie Bertolt Brecht, Molière und auch Shakespeare hatten, wo man rein technisch ausprobieren kann, ob der Text standhält.

Peters Filme

Peters Film *Studie II* hätte nie fertiggestellt werden können, wenn nicht alle Mitwirkenden umsonst gearbeitet hätten. Es ging darum, Enthusiasten zu finden, die gern an einem experimentellen Film arbeiten wollten, aber auch Zeit dafür hatten und deren finanzielle Situation dies zuließ.

Der einzige in der Gruppe der Interessenten, der eine Kamera besaß, war der Zahnarzt Arne Lindgren, ein Filmliebhaber, der sich großzügig engagierte, ohne sich in die Form oder in die Intention des Werkes einzumischen. Er war wohl der einzige von uns allen mit einem festen Einkommen, er hat auch die Filmentwicklung bezahlt.

Als Raum nutzten wir die Theaterbühne der *Hochschule Stockholm* in der Holländargatan, die Anfängern, dem Experimentaltheater oder, wie in diesem Fall, für Filmexperimente zur Verfügung stand. Da ich als Dozentin an der *Hochschule Stockholm* tätig war, genügte dieser Bezug, um den Raum umsonst nutzen zu können.

Hier wurde die *Arbetsgruppen för film (Arbeitsgruppe für Film)* mit vielen jungen wie auch älteren Filmschaffenden gegründet, unter ihnen Rut Hillarp und Mihail Livada, die Schriftsteller Margareta Ekström und Eivor Burbeck, die Kritiker Hanserik Hjertén sowie Nils Olsén, der spätere technische Leiter für die Werkstätten im

Technischen Museum, und Stig Lasseby, der sich auf Trickfilm spezialisiert hatte.

In allen Filmen von Peter wirkten Laien mit. Viele von ihnen sollten später in ihren jeweiligen Tätigkeitsbereichen berühmt werden. Bei *Studio II* waren der Begründer der Bildtherapie in Schweden Jan Thomaeus und der Dichter Lars Forssell dabei, später Mitglied der Schwedischen Akademie.

Auch ich habe in manchen Szenen mitgespielt, in einer nur mit meinen Beinen, in einer anderen bohren mir zwei Schauspielerinnen jeweils von einer Seite ihren Kopf in die Haare. In der Hand halte ich eine lebende und wütende Ratte. Die Ratte hatten wir uns von Peters zweiter Frau Carlota Dethorey geborgt, die in ihrer Wohnung ein paar zahme Ratten und Schlangen beherbergte. Diese Filmszenen in *Studio II* hielt man damals für zu gewagt. In Schweden herrschte noch eine strenge Filmzensur.

Bedeutsam für unsere Filmarbeit war, dass ich damals einen alten *deux chevaux*, eine »Ente« besaß und als Einzige einen Führerschein hatte.

Dieses Auto war in fast allen Filmen von Peter dabei, nicht im Bild, sondern als Transportauto. Es eignete sich auch gut für langsame bewegliche Kameraaufnahmen. Von Vorteil war auch, dass meine Wohnung in der Köpmangatan ein großes Atelier war, das Innenaufnahmen ermöglichte. Zudem stammten die meisten Requisiten aus dem Erbe meiner Großmütter. *Växelspel* (Wechselspiel) wurde zum Beispiel in meinem Atelier gedreht. Da habe ich nicht nur bei den Dreharbeiten mitgewirkt, sondern stellte auch eine Suppenküche für alle Beteiligten bereit.

Der männliche Schauspieler in *Växelspel*, Čelo Pertot, gehörte zu einer Gruppe italienischer berufserfahrener Gastarbeiter, die in den fünfziger Jahren nach Schweden geholt wurden. Mit ihrer Hilfe sollte die schwedische Industrie wieder auf die Beine kommen. Celo arbeitete nebenbei in einer kleinen Metallwerkstatt, die sich gegenüber von meiner Werkstatt *Drei Krüge* im *Skansen* befand. Čelo Pertot hatte ein klassisches griechisches Profil, was ausschlaggebend dafür war, dass man ihn fragte, ob er in Peters Filmen mitwirken wolle, natürlich umsonst.

Als Gegenspielerin wurde Ena Strandmark ausgewählt. Sie war mit dem Schauspieler Erik Strandmark verheiratet und beide waren enge

Freunde von uns. Ena stammte aus Trinidad und hatte ein westindisches exotisches Aussehen.

Ein exotisches Aussehen war im Stockholm der fünfziger Jahre eine Rarität. Eifersüchtig wachte Erik über jede Aufnahme. Ena war hübsch und Peter wurde nachgesagt, dass er ein Verführer sei. Für jede Filmsequenz hatte Peter eine detaillierte Vorlage gezeichnet. Nach jeder Aufnahme machte Erik, um sich zu beschäftigen und um seine Anwesenheit zu rechtfertigen, Bleistiftzeichnungen von den Tagesaufnahmen. Das Ganze war leicht zu durchschauen.

Da Erik ein guter Zeichner war, hatte die Dokumentation trotz seiner Eifersucht ihren Wert. Erik Strandmark wirkte in einigen Filmen von Ingmar Bergman mit und drehte auch einen eigenen Spielfilm *Sköna Susanna och gubbarna* (Die schöne Susanna und die alten Männer).

Das führte zu einer gewissen Konkurrenz zwischen Erik und Peter. Eriks Film wurde finanziert, Peter musste sich das Geld zusammenbetteln. Für Erik war Film lebenswichtig. Er litt, ähnlich wie Ulf Palme, unter Bühnenangst und war auf der Großen Bühne im *Dramaten* kollabiert. Erik wollte auch weg von dem damals recht diktatorischen Regietheater, und so schwebte ihm der Filmberuf vor.

Gemeinsam mit Ena und den beiden Töchtern verließ er Schweden, um sich als Dokumentarfilmer in Trinidad, Enas Heimatland, zu etablieren, wo er Ena vor langer Zeit als Matrose in einer Kunstausstellung kennengelernt hatte. Eriks Traum erfüllte sich nicht. Es gab finanzielle Schwierigkeiten und die soziale Situation in Trinidad war prekär. Die letzte Möglichkeit, ein Filmprojekt zu realisieren, war, mit dem schwedischen Journalisten Torgny Sommelius jr. in dessen Privatflugzeug in den Dschungel zu fliegen, um dort zu filmen. Sie starteten. Das Flugzeug hob ab und stürzte vor den Augen von Ena und den Kindern ab. Erik und Sommelius starben. Das Flugzeug fing an zu brennen und niemand von ihnen konnte gerettet werden.

Eine Witwe mit zwei Töchtern hatte kaum eine Chance, allein und ohne Ausbildung in Trinidad zurechtzukommen. Als schwedische Staatsbürger durften sie nach Schweden zurückzukehren.

Wir, eine kleine Gruppe von Freunden und Kollegen von Erik und Ena, gründeten einen Fonds, um die Familie nach Hause zu holen. Die Schauspieler von *Dramaten* halfen ebenfalls mit, indem sie eine

Vorstellung zugunsten des Fonds gaben. Das Geld wurde für die Heimreise auf einem Frachtschiff verwendet. Auch eine Wohnung wurde organisiert. Ena gehörte zwar zu einem Kreis von Kulturpersönlichkeiten in Trinidad und war mit dem künftigen Nobelpreisträger Derek Walcott bekannt, doch das reichte nicht aus. Aus sozialer und ökonomischer Sicht war Schweden für sie und ihre beiden Töchter ein sichererer Ort.

In Peters Film *Frigörelse* (Befreiung) spielte der Kunsthistoriker Carlo Derkert die einzige Rolle. Der Film handelt von der Befreiung eines Mannes und war von psychoanalytischen Theorien inspiriert. Die Rolle war Carlo wie auf den Leib geschneidert. Das war sein Thema. Der Film wurde bei Ingegerd Granlund, der Rektorin der Mädchenschule *Nya Elementar för flickor,* in Östermalm gedreht. Ihr Zuhause hatte das passende hochbürgerliche Interieur und eignete sich als Hintergrundkulisse für *Frigörelse.*

Jetzt im Nachhinein erkenne ich, dass dieser Schaffensprozess für Peter enorm wichtig war. Aber während er andauerte, konnte ich mich darüber ärgern, dass man nicht sah, was außerhalb der kleinen privaten inneren Sphäre geschah, dass man nicht erkannte, dass das, was sich im eigenen inneren Mikrokosmos abspielte, allem Anschein nach das Ergebnis des Makrokosmos, der Welt da draußen, war.

Peter wurde die Wohnung in der Fleminggatan 37 gekündigt. Er wusste nicht, dass man von der Wohnungsbaugesellschaft HSB eine gleichwertige Wohnung hätte fordern können. Plötzlich hatte er weder einen Arbeitsraum, noch eine eigene Wohnung. Ich stand seit Jahren auf der Liste für eine sogenannte Kulturwohnung. Damit waren die damals noch nicht sanierten Holzhütten in Söder gemeint. Ich bekam ein kleines Häuschen in der Bergsprängargränd unweit der Sofiakirche. Der Vorteil war, dass es einen großen Garten hatte.

Ich überschrieb Peter meinen Vertrag und er zog ein. Es war ein schöner Sommer, und in diesem Haus und in diesem Garten haben er und der Architekt Hans Nordenström den Gefängnisfilm *Enligt lag* (Im Namen des Gesetzes) detailliert konzipiert. Aber dann wurde es doch nicht das Gefängnis *Långholmen*, wie sie gedacht hatten, sondern das Jugendgefängnis in Uppsala. Peter hatte Kontakt zu einer Psychologin dort, zu einer Dänin, die Sylven Schmidt hieß. Der Film wurde streng zensiert. Heute wäre das unbegreiflich, aber damals herrschte noch immer Prüderie. Die unschuldigen Bilder aus dem *Playboy* bei den Häftlingen an den Wänden und eine angedeutete Onanie waren zuviel.

Dann kam der Winter und es zeigte sich ganz deutlich, dass das Haus in der Bersprängergränd eine schlecht isolierte Behausung von früher war, als die Familien sich wie Ratten frierend zusammendrängten. Die Dielen lagen direkt auf der Erde, Feuchtigkeit und Kälte krochen vom Boden hoch.

Die Türen waren so niedrig, dass Peter sich ständig ducken musste. Die Toilette war ein Plumpsklo draußen. Die Sommerzeit mit Flieder und Blumen war romantisch, aber sie war vorüber und der Winter mit seiner Kälte war nichts für Peter.

Peter hatte jedoch Glück im Unglück. Ein Freund von mir, der Werbezeichner Svend Gebuhr, wollte um jeden Preis in diese Gegend ziehen. Geld für die Sanierung hatte er. Außerdem wusste er, wie er die Stockholmer Stadtverwaltung überzeugen konnte, sich für etwas einzusetzen, das man großspurig »Kulturhaus« nannte.

Als Gegenleistung bekam Peter dessen Atelier ganz oben in der Västerlånggatan 44, unweit meiner Wohnung und Werkstatt. Da Peter meistens bei mir wohnte, war das ein großer Vorteil.

In diesem Atelier wurde *Hägringen* (Fata Morgana) geplant, der auf Peters frühem Roman *Dokument I* basiert. Peter hatte vor seiner Arbeit am Gefängnisfilm den Film *Vad ska vi göra nu då?* (Was machen wir jetzt?) gedreht, ein Auftragswerk der Sozialdemokratischen Partei, der Jugendliche vor Drogen abschrecken sollte.

Die mitwirkenden »Schauspieler« waren zum Teil windige Gestalten. Ein Kleinkrimineller, ein Seemann, ein Mädchen aus einem Jugendheim, mein alkoholisierter Onkel Murre, der Tischler aus unserer Nachbarschaft und viele andere. Für den Auftraggeber war es ein billiger Film. Die meisten bekamen kein Honorar.

Peter erhielt für den Anti-Drogen-Film ein geringes Entgelt, das den Grundstock für den Langfilm *Hägringen* bildete.

Vom *Cinema 16* in New York kam der Cineast Edouard de Laurot, gemeinsam mit seiner Frau und seiner kleinen Tochter. Peters Experimentalfilme waren im *Cinema 16* gezeigt worden und de Laurot hatte versprochen, sich für *Hägringen* einzusetzen. Er kam mit zahlreichen Taschen an, die ich mit meiner »Ente« vom Hauptbahnhof abholte.

Mitgebracht hatte er gestohlenen Rohfilm in Schnipsln, die der Fotograf Gustaf Mandal mühselig zu größeren Streifen zusammenfügte. Das Material reichte immer nur für eine Aufnahme pro Sequenz. Das Casting der Schauspieler war ein Kapitel für sich. Keiner der Mitwirkenden wurde bezahlt und wir, die dabei waren, schrieben fiktive Verträge, als würde das später mal ein richtiger Kassenschlager werden.

Eine Woche vor Beginn der Dreharbeiten nahm sich die einzige professionelle Schauspielerin, die auch für die Hauptrolle vorgesehen war, das Leben, was eine Panik auslöste. Wir hatten nur eine bestimmte Zeit, um den Film fertigzustellen.

Anstelle eines Schauspielers übernahm Staffan Lamm die männliche Hauptrolle. Staffan war der Sohn der Psychoanalytikerin Esther Lamm und Skå-Gustav Jonssons, beide enge Freunde von Peter und mir. Staffan hatte gerade Abitur gemacht. Er war ein unbeschriebenes Blatt mit Filmambitionen.

Die weibliche Hauptrolle sollte Li Hertzman-Ericson, die bereits über etwas Schauspielerfahrung verfügte, spielen. Doch als sie hörte, was Peter von ihr verlangte, lehnte sie dankend ab. Sie sollte ohne Seil auf dem angrenzenden Dachgiebel vor Peters Atelier, im sechsten Stock in der Västerlånggatan, tanzen. Sie sagte: »Goodbye, Herr Weiss« und verschwand. Jung und verliebt wie ich war, übernahm ich die Rolle, spielte und tanzte ohne Seil auf dem Dach. Wenn ich mir diesen Teil des Films heute ansehe, wird mir schwindlig.

Staffan sollte ebenfalls Sprünge und Bewegungen auf dem Dach vollführen und dann noch bis an die Dachrinne kriechen und hinunter zur Västerlånggatan blicken, den Kopf über der Rinne. Die Szene wurde von unten, von der Straße aus, gefilmt. Man hätte leicht schummeln können, aber Peter und der Fotograf forderten Realismus – »cinéma real«.

Esther Lamm sah sich den Film an und ging davon aus, dass Staffans Part zusammengeschnitten worden sei. Als sie erfuhr, dass alles echt war, ging sie zu Peter und gab ihm eine Ohrfeige.

Weder Staffan noch ich waren eigentlich Schauspieler, und natürlich wären da zwei Profis vonnöten gewesen. Heute betrachte ich den Film vor allem als ein Dokument über das Stockholm, das abgerissen wurde, und sehe von unseren Leistungen ab.

Fast alle aus unserem Freundeskreis wirkten mit: Pontus Hultén spielte einen grobschlächtigen Bildhauer, Siri Derkert sprang hinter einem Sofa hervor und schrie: »Gerechtigkeit für Frauen«, der Fotograf Tor-Ivan Odulf, der spätere Psychoanalytiker, war ein Besserwisser, der seine Repliken mürrisch hervorstieß.

Der damals noch sehr junge Lars Edström, später Leiter des Stadttheaters, spielte eine Commedia dell'arte-Figur in einem Leichenschauhaus. Auch Carlo Derkert wirkte mit, der Schauspieler Håkan Serner und Nachbarn aus unserem Haus, der Tischler und sein Saufkumpan Vadder aus der Trädgårdsgränd, das Hausmeisterehepaar und deren Enkel, mein neunjähriger Sohn Mikael sowie abgedankte Boxer.

Bei einer Szene, mit der keiner von uns etwas zu tun haben wollte, blieb Peter nichts anderes übrig, als die Rolle selbst zu übernehmen. Er musste in der Västerlånggatan durch den Dreck kriechen und wurde von staunenden Müllmännern weggefegt.

Der Film entwickelte sich zu einer Geschichte über die Zerstörung des damaligen Stockholm. Man kann den Abriss des zentralen Teils Stockholms mitverfolgen, wie die alten Häuser an der Drottninggatan dem Erdboden gleichgemacht, die Höfe mit alten Wandgemälden abgerissen werden, wie Sergels Atelier, das völlig intakt war, verschwindet und wie die Schule *Nya Elementarskolan*, in der Carl Jonas Love Almqvist einst unterrichtete, niedergewalzt wird.

Das, was in anderen Ländern der Krieg im Stadtzentrum zerstört hat, wurde jetzt in Stockholm von den Verantwortlichen ausradiert.

In dem früher so lebendigen Teil Stockholms sollten nach amerikanischem Vorbild Geschäfte, Banken und Versicherungsbüros errichtet werden.

Es ist also nicht nur ein Film über jemanden, der, wie im Roman *Dokument I* beschrieben, in eine Stadt geht, um dort Anschluss und einen Ort zum Leben zu finden. Am Ende verlässt er die Stadt wieder, fort von der ersehnten Gemeinschaft. Er ist jemand, der nicht dazugehört.

Alle Geräusche im Film – das Rauschen und Brausen der Stadt – erzeugte Peter selbst; zu einigen Sequenzen sang und summte er. Der Fotograf des Films, Gustaf Mandal, war ein findiger und professioneller Fotograf, der sein ganzes Können für dieses Experiment einsetzte. Mandal hätte man unter einen Zug stecken können und er hätte das Nötige gefilmt.

Edouard de Laurot, der mit Taschen voller Rohfilm angekommen war, wurde zum Problem. Es zeigte sich, dass er Frau und Kind misshandelte. Anna-Lena Wibom und ich versuchten, einzugreifen und die misshandelte Ehefrau und das verprügelte Kind zu retten. Wir kidnappten sie einfach aus Peters Atelier, wo sie wohnten.

Ich hatte die »Ente« vor der Haustür in der Västerlånggatan geparkt. Es gelang uns, die beiden schnell davon überzeugen, mit uns mitzukommen, aber de Laurot roch den Braten, rannte uns hinterher und stellte sich vor das Auto, was jedoch nichts half. Er musste zur Seite springen. Ich steckte meinen Kopf raus und schrie: »Drop dead in a madhouse.«

Danach versuchte er, sich hinten am Auto festzuklammern, aber ich gab Gas. Bei Anna-Lena konnten sich Frau und Kind ein paar Tage erholen, doch wie so viele misshandelte Frauen kehrte sie zu ihrem Mann zurück.

Als Frau und Kind weg waren, bekam de Laurot in Peters Atelier einen Tobsuchtsanfall, und Peter versuchte, ihn mit ein paar von seinen Beruhigungstabletten zu besänftigen. Es zeigte sich aber, dass der Mann ein richtiger Junkie war, sodass Peters schwache Mittel wirkungslos blieben. Peter wurde angegriffen und bekam es mit der Angst zu tun.

Die Polizei kam und de Laurot wurde wegen Drogenbesitzes in Gewahrsam genommen. Seine Tasche war voll mit Präparaten, von denen wir kaum etwas gehört hatten. Die ganze Familie wurde abgeschoben und musste in aller Eile Schweden verlassen.

Versehentlich ließ er eine kleine Brieftasche mit privaten Papieren zurück. Aus ihnen ging hervor, dass er gar kein französischer Adliger war, wie er angegeben hatte, sondern ursprünglich aus Polen stammte. Er hatte sich einen französischen adligen Namen gekauft, um im Westen besser vorankommen zu können. Immerhin konnte dank de Laurots Rohfilm Peters Projekt realisiert werden.

Der Film wurde im Kino *Terrassen* gezeigt, die Kritik war vernichtend. Staffan Tjerneld schrieb unter anderem: »Hisst die Pestflagge über dem Kino« und noch mehr in dem Stil. Er schrieb auch noch etwas Unverschämtes über eingewanderte Künstler, die Platz beanspruchten und mit wenig künstlerischem prätentiösem Unsinn daherkämen. Das war das Ende für Peters Filmträume in Schweden.

In der Hoffnung, eine etwas subtilere Erklärung zu bekommen, schrieb ich in meiner Naivität an sämtliche Kritiker, was mich gelehrt hat, mich nie wieder auf eine Diskussion mit einem Kritiker einzulassen. Sie haben die Zeitung hinter sich und behalten stets das letzte Wort. Meine Bemühungen erwiesen sich als fatale Dummheit. So wie ich in dem Brief an den Kritiker Jurgen Schildt aus unerfindlichen Gründen den Buchstaben L in seinem Namen vergaß. Vielleicht war es ein Freud'scher Versprecher. Jedenfalls ließ sich dieser Fauxpas später nie mit Jurgen klären.

Peter hatte das Buch *Avantgardefilm* (dt. Avantgarde Film) geschrieben, das 1956 bei Wahlström & Widstrand erschien und in dem er einige der Filme beschreibt, die wir in Paris gesehen hatten. Er schrieb: »Soll der schwedische Film nicht gänzlich stagnieren, so muss eine Institution geschaffen werden, durch die neue Talente ihre Chance erhalten, welche den Film als ihre künstlerische Ausdrucksform gewählt haben. Es müsste ebenfalls ein öffentliches Kino geben, (eine Entsprechung zu den Vorführungen des *dänischen Filmmuseums*), in dem man versuchen könnte, ein neues Publikum für Filme mit avantgardistischem Charakter zu gewinnen. Vorläufig jedoch existiert innerhalb der zu 100-prozentig kommerziell ausgerichteten Produktion in Schweden noch eine grundlose Furcht vor allem und jedem, was nach Experiment riecht.«*

Auf Harry Scheins Initiative hin sollten 1963 die ersten Filmreformen kommen. Alle Filme, die in Schweden gezeigt wurden, sollten zehn Prozent ihrer Einnahmen an einen Filmfonds abgeben. 1971 war das Filmhaus in Stockholm fertig. Zum Haus gehörten zwei Kinos für die Vorführung nichtkommerzieller Filme. Ohne Harry hätte dieses großartige Projekt nicht realisiert werden können.

In *Avantgarde Film* schreibt Peter über Ingmar Bergmans *Gycklarnas afton* (Abend der Gaukler): »Hier findet sich nichts von der üblichen Dialog-Krankheit des Films; es wird überhaupt nichts gesprochen, die Bilder allein sind es, die in einer bedeutungsgeladenen Sequenz den Verlauf des Geschehens ausdrücken.«** Ich gebe Peter

---

* Weiss, Peter: *Avantgarde Film*, edition suhrkamp, Suhrkamp Verlag Frankfurt am Main 1995, S. 147.
** Ebenda, S. 140.

Recht. Vielleicht hat dieser Film von Bergman mich am meisten beeindruckt. In diesem Zusammenhang darf man Sven Nykvist nicht vergessen.

Im Buch beschreibt Peter auch ausführlich, welche Gedanken hinter seinen eigenen drei ersten Filmen steckten. Diesen Abschnitt schreibt er, als wäre er ein außenstehender Rezensent. Für mich sind die Ähnlichkeiten zwischen den Filmen *Studie II* und *Växelspel* sowie Peters letzten Arbeiten in der Bildkunst, die Collagen, die *1001 Nacht* illustrierten, frappierend.

In den frühen Filmen Anfang der fünfziger Jahre entstanden Kompositionen aus abgerissenen, sich bewegenden Körperteilen. In Peters Illustrationen zu *1001 Nacht* ist das Bild starr, aber auch hier ist die Collage-Technik eine Komposition aus zusammengefügten menschlichen Gliedmaßen.

Der Freundeskreis

Die fünfziger Jahre waren das Jahrzehnt, in dem wir beinahe tagtäglich Diskussionen mit einer Gruppe von Freunden führten, von denen die meisten genau wie wir in Gamla Stan wohnten. Das waren der Kunsthistoriker Carlo Derkert und die Theaterhistorikerin Kerstin Derkert, die Künstlerin Siri Derkert, die Schauspieler Erik und Ena Strandmark, der Tänzer Willy Sandberg, der Künstler Öyvind Fahlström und die Literaturhistorikerin Birgitta Tamm, später auch die Künstlerin Barbro Östlihn, der Kunstwissenschaftler Pontus Hultén mit der Übersetzerin Gunilla Nordlund sowie die Filmwissenschaftlerin Anna-Lena Wibom, der Schauspieler Ulf Palme und seine Frau Annuska, der Filmemacher Hampe Faustman, die Schauspielerin Gerissa Jalander und der Regisseur Hans Dahlin, der Regisseur Per und die Schauspielerin Marianne Edström, die Schriftstellerin Sun Axelsson, der Dokumentarfilmer Staffan Lamm, die Psychoanalytikerin Esther Lamm und ihr Rulle sowie die Choreografin und Tänzerin Birgit Åkesson mit dem Bildhauer Egon Möller-Nielsen.

Aus Vasastan kamen der Architekt Hans und der Modeschöpfer Mickan Nordenström. Der Fotograf Christer Strömholm war unter anderem aus Paris angereist, stets mit neuen Frauen, die er so formte, dass sie alle gleich aussahen. Der Dichter und Verleger Bertil Bodén aus Saltsjö-Duvnäs, der Künstler Per Olof Ultvedt und Marianne Ultvedt aus Lidingö, der Toningenieur Stig Carlsson und viele andere gehörten zu dieser bunten Truppe mit ähnlichen Interessen.

Die Nähe zum *Goldenen Frieden* war schon auffallend. Wenn die Kneipe zumachte, kamen der Schriftsteller Peder Sjögren, die Dichter Lars Forssell, Erik Lindegren, Paul Andersson und Per-Evert Taube oft direkt vom *Goldenen Frieden* zu uns und blieben bis zum Morgengrauen. Auch der Schriftsteller Artur Lundkvist mit der Dichterin Maria Wine, der Schriftsteller Bertil Schütt und der Ingenieur Gert Nymann waren ständige Gäste.

Die Treffen fanden oft bei uns oder bei den Derkerts statt, weil wir unsere Wohnungen zur Verfügung stellten und Kinder hatten, die im besten Fall ins Bett gingen und schliefen. Wenn man Kinder hatte, traf man sich natürlich zu Hause, und wenn man auch noch zentral wohnte, war das für die Besucher von Vorteil.

Bei Carlo und Kerstin Derkert drehten sich die Gespräche um Kunst, Literatur, Theater und Film, Tanz und Musik, oft auch um Psychoanalyse und Politik.

Bei Erik und Ena Strandmark wurde meist über Theater und Tanz gesprochen. Wegen Enas westindischer Herkunft wurde viel westindische Musik gespielt, das Trommeln auf einem Benzinfass war etwas Neues, Literatur aus dieser Gegend war kaum bekannt. Derek Walcott war der einzige Dichter und Dramatiker, den wir kannten. 1992 bekam er den Nobelpreis für Literatur. Der Regisseur Alf Sjöberg und seine Frau Elsa waren enge Freunde der Strandmarks und mit der Zeit wurden auch sie Peters und meine Freunde.

Bei Peter und mir wurde dieselbe Mischung aus Kultur und Politik wie bei Carlo und Kerstin erörtert. Sein eigenes Atelier hielt Peter aus diesen Zusammenkünften jedoch heraus.

In jedem Kontext war das Essen wichtig. Wein war nicht so üblich, da er rationiert war, es gab immer noch das Rationierungsbuch. Allmählich kam Wein hinzu und Vino Tinto wurde aus Bjäres Marmeladengläsern getrunken. Feinschmecker waren wir nicht. Wenn der Vino Tinto mehr als 4,50 kosten würde, wollten wir aufhören – daran hat sich jedoch niemand gehalten.

Jetzt im Nachhinein sieht es so aus, als hätten sich damals nur berühmte Leute getroffen. So war es aber nicht. Wir waren alle jung und die meisten hatten noch nicht ihren Durchbruch als Künstler erlangt. Viele von denen, die ich nicht genannt habe, waren früh weg vom Fenster, die Selbstmordrate war ziemlich hoch.

Für uns waren die Diskussionen das Wichtigste. Es war eine mentale Überlebensfrage, zu begreifen, für wen man eigentlich schöpferisch tätig ist und welche Möglichkeiten es gibt, als Künstler seinen Lebensunterhalt zu bestreiten. Wichtig war, dass man beachtet und geachtet wurde. Deshalb war diese Gruppe als Diskussionsforum so inspirierend. Kein Künstler, ob nun Maler, Schriftsteller, Musiker, Tänzer oder Kunsthandwerker, schafft nur für sich allein oder für die Schublade. Man strebt nach einem Dialog und dafür braucht es eine Begegnung.

Es war eine Zeit, in der es kein Fernsehen gab, das Radio nur zwei Programme hatte und P2 lediglich klassische Musik sendete. Wir hörten uns Schellack-Platten an, die auf einer neuen Art von Grammophon abgespielt wurden, und zwar mehrere Platten hintereinander. Sie plumpsten herunter wie Eierkuchen. Als die ersten Platten mit 45 Umdrehungen und die großen LPs herauskamen, war das eine Sensation. Als ich das erste Mal die Platten mit 45 Umdrehungen in der Musikabteilung des NK-Kaufhauses sah, hielt ich sie für Werbung. Zu Hause angekommen, erkannte ich, dass es doch keine Werbung war, sondern dass ich einen Stapel Jazzplatten mitgebracht hatte, darunter *Take the »A« Train* mit Dave Brubeck, *On the Sunny Side oft the Street* und *Summertime* mit Sidney Bechet. Diese Platten bereicherten unsere wiederkehrenden Tanzabende.

Wir hörten uns alle musikalischen Neuheiten an, Klassisches und Modernes, elektronische und konkrete Musik, auch Jazz – meistens zu Hause bei Carlo und Kerstin, und wenn wir nicht gerade auf irgendwelchen Kissen auf ihrem schiefen Fußboden lagen, tanzten wir zu allem, was es gab. Der Rhythmus in der elektronischen und konkreten Musik brachte uns mitunter in Schwierigkeiten. Wir fanden uns radikal, weil wir nicht mehr eng tanzten. Jeder tanzte für sich und hatte seine eigene Interpretation, der er treu blieb.

Oyvind Fahlström stand immer auf demselben Fleck und hüpfte völlig unrhythmisch hoch und runter. Jan Thomaeus, der ein Faible für Volkskunst hatte, tanzte – egal, was gespielt wurde – eine Art Hambo. Siri Derkert, die stets gesehen und gehört werden wollte, stand wie ein kleines Kind auf dem Bett und hüpfte und schaukelte beim Singen vor und zurück. Birgit Åkesson versuchte sich an Slow-Motion-Bewegungen und Peter war der Einzige, der noch am Engtanzen festhielt. Leicht vorgebeugt schwebte er mit irgendeiner Frau im Arm durch den Raum. Man kann gar nicht alle verschiedenen Stile oder individuellen Deutungsversuche der Musik, die getanzt, gesteppt und gestampft wurde, aufzählen.

Oft gingen wir erst spät nachts aus, in der Regel nach eins, und hörten uns im *Nalen* Jamsessions an. Dort wurde der neue und progressive Jazz gespielt – ein Jazz, der große Ähnlichkeit mit der klassischen Musik hatte.

Nalen war in den Augen der Bürgerlichen und auch einiger Intellektueller ein suspekter Ort, ein vulgäreres Vergnügungslokal für das Volk. Manche hielten es auch für einen Sündenpfuhl. Die Pfingstbewegung mit Pastor Lewi Pethrus an der Spitze wollte dieses sündige Lokal schließen lassen. Im *Nalen* wurde kein Alkohol ausgeschenkt. Die Sünde bestand darin, dass sich dort Jugendliche trafen, die sich verschwitzt und heiß tanzten – zu einer, nach Meinung der Gegner, erregenden Musik.

Carlo und ich lernten Jitterbug zu tanzen und nahmen an einem Wettbewerb im *Nalen* teil. Wir belegten den letzten Platz, doch schon allein dafür, dass man in diesem ausgelassenen und akrobatischen Kontext mitwirken durfte, hatte sich das ganze Training gelohnt.

Kerstin und Carlo Derkert

Kerstin und Carlo Derkert kannte ich von Clarté. Kerstin hatte sich für diese antinazistische Bewegung engagiert. Sie gehörte zu der Gruppe, die während des Krieges geholfen hatte, Herbert Wehner zu verstecken, und sie war mit dem jungen Willy Brandt befreundet. Brandt und Wehner kamen als Flüchtlinge vor dem Naziregime hierher. Es gab Leute, die bei einer deutschen Okkupation bestimmt sofort liquidiert worden wären. Kerstin und Carlo wären unter ihnen gewesen.

Kerstin hieß mit Mädchennamen Hildinger. Ihr Vater war Rektor von Gymnasien in Helsingborg und in Falun. Ursprünglich hieß er Hilding Andersson, ließ aber aus praktischen Gründen seinen Nachnamen in Hildinger ändern. Dieser Vater unterrichtete nicht nur die Jugendlichen am Gymnasium, sondern auch seine eigenen Kinder. Als Gutenachtgeschichte wurden deutsche Klassiker auf Deutsch vorgelesen. Später ging er dazu über, die lateinischen Klassiker im Original vorzulesen. Kerstin erhielt eine gediegene klassische Ausbildung. Sie studierte Theaterwissenschaft bei Professor Agne Beijer, der 1921 das *Drottningholm-Theater* (Drottningholmsteatern) wiederentdeckt hat, ein Projekt, das für die schwedische und internationale Theatergeschichte von großer Bedeutung war.

Nachdem Kerstin Carlo an der *Hochschule Stockholm* kennengelernt hatte und die beiden ein Kind erwarteten, wie es damals hieß, hinkte sie wie viele andere Studentinnen im Studium hinterher und ihre Dissertation wurde für lange Zeit auf Eis gelegt.

Kerstin hatte gegen eine starke Schwiegermutter, die Künstlerin Siri Derkert, anzukämpfen. Carlo hatte sich seiner Meinung nach in Kerstin verliebt, weil sie zu Siri Distanz wahren konnte. Sie ist nicht in stumme Bewunderung verfallen und ihr Kommentar soll gelautet haben: »Ich mag Siri nicht, respektiere aber sie und ihre Kunst.« Als Tora, das älteste Kind, geboren werden sollte, wurde vereinbart, dass die Geburt zu Hause stattfinden sollte. Während der Geburt hörte Kerstin Siri sagen: »Carlo, jetzt gebiert sie uns beiden ein Kind.« Nun war das Maß voll und unter Aufbietung ihrer letzten Kräfte bestellte Kerstin ein Taxi und gebar das Kind in der Entbindungsklinik *Allmänna BB*. Danach borgte sich Kerstin Geld von ihren Eltern und verließ das Land.

Nur wenige Jahre nach dem Krieg ins Ausland zu reisen, war keine Kleinigkeit. Man benötigte für jedes Land einen Pass und ein Visum. Wie es Kerstin gelungen war, sich in Nullkommanichts ein Visum für die Tschechoslowakei, die ja zu den Oststaaten gehörte, zu besorgen, war ein Rätsel. Vermutlich war ihre Mitgliedschaft bei Clarté hilfreich.

Nach der Tschechoslowakei ging es nach Paris. Von dort schrieb sie Carlo: »Du musst dich zwischen mir und Siri entscheiden. Wenn du dich für mich entscheidest, kommen Tora und ich nach Hause.«

Carlo entschied sich für Kerstin. Nach Kerstins deutlicher Stellungnahme gelang es sowohl ihr als auch Siri, eine respektvolle Distanz zueinander zu wahren.

Siri wurde nicht aus Kerstins und Carlos Zuhause verbannt. Carlo setzte seine Zusammenarbeit mit Siri in Bezug auf ihre Kunst fort und Kerstin konnte mit Siri anregende Diskussionen über Politik und die Situation von Frauen in unserer Gesellschaft führen.

Kerstin war in ihren Äußerungen unsentimental und direkt. Ihre Ansichten waren gut durchdacht, meist originell, oft den unseren entgegengesetzt. Sie ließ sich selten von ihrem Umfeld beeinflussen. Später, als Peter sich als deutschsprachiger Schriftsteller etabliert hatte, war sie selbstverständlich eine Diskussionspartnerin von ihm.

Kerstin las perfekt Deutsch. Ihre Unterstützung bei Peters Trilogie *Die Ästhetik des Widerstandes* war maßgeblich. Der Suhrkamp Verlag hatte den Titel *Widerstand* vorgeschlagen. Aber nach Diskussionen mit Kerstin wurde daraus *Die Ästhetik des Widerstands*.

Bald sollten Kerstin und Carlo in der Wohnung unter ihnen ein Arbeitszimmer bekommen. Aber meist wurde es Freunden zur Verfügung gestellt, besonders der dänische Psychoanalytiker Tage Philipsson, ein Schüler von Wilhelm Reich, nutzte den Raum.

Im Gegenzug durften Carlo und Kerstin bei ihm umsonst in Therapie gehen. Er war ein Therapeut ganz nach dem Geschmack der Zeit, und zu ihm gingen Gustav Jonsson aus Skå-Edeby, Jan Thomaeus von der Viggbyholmskolan, die Filmemacherin Barbro Boman und viele andere. Während sie darauf warteten, dass sie an die Reihe kamen, saßen »die Patienten« um Carlos und Kerstins großen Küchentisch herum. Hier wurde über Politik, Kunst und Film diskutiert und natürlich über deren meist unglückliche Kindheit.

Peter und ich distanzierten uns von Philipsson. Wir hielten ihn für einen Scharlatan. Seine Therapie war eine Auslebungstherapie, eine Richtung, die wie viele andere kam und wieder verschwand.

Unser Umgang mit den Derkerts wurde intensiviert, als Carlo an seiner Dissertation über Vincent van Gogh arbeitete und im *Nationalmuseum* jobbte.

Carlo und ich konnten bis zur Erschöpfung argumentieren. Carlo provozierte gern – meist mit völlig aus der Luft gegriffenen Behauptungen.

Das führte dazu, dass ich oft in eine Verteidigungsposition geriet und mich gegen etwas verteidigen musste, was ich weder gedacht noch behauptet hatte. Am Ende hatte ich den Dreh raus und sagte: »Ja, Carlo, du hast vollkommen Recht.« Da verschwand das Provozierende, und er konnte mit einem schiefen Lächeln sagen: »Aha, darauf bist du also nicht reingefallen.«

Kerstin war diejenige, die bei vier Kindern in zwei Intervallen zu Hause bleiben musste. Zunächst wurden die Mädchen Tora und Johanna geboren. Als die Mädchen selbstständig waren und Kerstin wieder ihren Beruf hätte aufnehmen und auch ihre Dissertation hätte abschließen können, wurden die Jungs Jacob und Sebastian geboren. Jacob nannten wir Sputnik, weil die Schwangerschaft mit dem Flug des sowjetischen Raumfahrtschiffes Sputnik zusammenfiel. Sebastian nannten wir Basta, weil wir Freunde der Meinung waren, es reiche jetzt mit den Kindern.

Als die Jungs größer waren, trennten sich Carlo und Kerstin. Kerstin verließ ihr Zuhause in der Sankt Paulsgata 35B und übernahm Siri Derkerts Atelier auf Lidingö, in das sie mit ihrem Sohn Jacob und dessen Flügel zog. Carlo blieb mit dem anderen Sohn Sebastian in der alten Wohnung.

Es war eine Trennung in aller Freundschaft, aber sie war wegen ihrer verschiedenen Gewohnheiten und schlechten Angewohnheiten notwendig. Carlo war chaotisch und Kerstin eine Pedantin. Carlo war lebhaft, hitzig und diskutierte ständig. Kerstin war langsam und sehr nachdenklich. Jede Äußerung von ihr war gut überlegt. Ihre Bewegungen waren ebenfalls langsam, wie die eines Schlafwandlers. Als Kerstin einmal in normalem Schritttempo ging, rief Carlo ihr enthusiastisch nach: »Kerstin, oh, wie ich dich liebe, wenn du rennst!« Intellektuell ergänzten sie einander und hatten dadurch einen regen Austausch.

Kerstin bekam nun die nötige Ruhe, um ihre Dissertation abzuschließen, eine Ruhe, die sie bei einem Zusammenleben mit Carlo nicht gehabt hätte. Nach der Trennung von Tisch und Bett hatten sie wieder mehr Kontakt zueinander als zu uns anderen. Wir waren fast eifersüchtig auf ihren freundschaftlichen und intellektuellen Umgang.

Kerstin wurde eine sehr geschätzte Dozentin am Institut für Theaterwissenschaft an der Universität Stockholm.

Ich war davon überzeugt, dass sie sehr alt werden würde. Einerseits aufgrund ihrer Gene – fast alle in ihrer Familie sind etwa hundert Jahre alt geworden – andererseits, weil ich dachte, dass, wenn man sich so langsam bewegte wie Kerstin, auch der Tod spät und langsam einträte. Es kam anders. Kaum vierundsechzig, bekam sie ein frühes malignes Melanom. Es ging sehr schnell.

Die letzten Wochen, die Kerstin noch blieben, wohnte die Familie und manchmal auch ich in ihrem Krankenzimmer. Dort sah es aus wie auf einem Campingplatz im Aufbruch. Kerstin verweigerte den Tropf, weil sie begriff, dass sich ihr Todeskampf dadurch nur verlängerte. Carlo spielte die Musik, die sie liebte, aber auch das verbat sie sich am Ende: »Das tut nur weh und erinnert an das Leben.« Kerstin starb im Krankenhaus *Södersjukhuset,* im Kreise ihrer Familie.

Kerstin lebte auf Lidingö und war auch dort gemeldet. Carlo und ich gingen davon aus, dass die Zeremonie in der Kirche von Lidingö stattfindet. Auf dem Lidingö-Friedhof befand sich Derkerts Familiengrab. Carlo hatte mich gebeten, Trauerrednerin zu sein.

Der verantwortliche Pfarrer verweigerte uns eine Beerdigungszeremonie in der Kirche, weil Kerstin aus der Schwedischen Kirche ausgetreten war. Carlo verwies darauf, dass Siri Derkert erst kürzlich dort begraben worden war, doch nein, der Pfarrer blieb dabei und bemerkte: »Du Carlo, so bekannt du auch bist, unter Druck setzen lasse ich mich von dir dennoch nicht. Möglicherweise könnt ihr auf den Kirchenhügel.« Carlo wurde wütend und schrie: »Du bist doch Pfarrer und hast einen guten Draht zu Gott, kannst du uns dann wenigstens schönes Wetter garantieren?« Am Ende hielten wir die Zeremonie im *Millesgården Museum* auf Lidingö ab und ich übernahm es, Trauerrednerin zu sein.

Dann kam die nächste Schwierigkeit. Kerstin wollte auf keinen Fall neben Siri im Familiengrab der Derkerts liegen. Sie wollte, dass ihre Asche in den Wind gestreut wird. Nach meiner Erfahrung erledigen die Bestattungsinstitute das ruckzuck, bevor man überhaupt sagen kann, wo, wann und wie das vonstattengehen soll. So haben sie es mit Hans, meinem Bruder gemacht und seine Asche war verschwunden und verstreut, bevor man uns gefragt hat.

Ich habe Carlo gewarnt und den Bestatter angerufen, der mir erklärte, dass weder die Familie noch ich dabei sein dürften. Man könnte ja sonst Blumen an den Ort legen, an dem sich die Asche befindet. Nur ein Pfarrer oder ein Trauerredner dürfte zugegen sein. Da hatten sie Pech, denn die Trauerrednerin war ich.

Um fünf Uhr früh fuhren Carlo und ich zum Friedhof. Carlo musste sich hinter ein paar Büschen auf einer Anhöhe in der Nähe verstecken. Ganz prosaisch kamen zwei Männer mit einer Schubkarre an. Darauf standen zwei Urnen.

Ich fragte: »Wohin streut ihr die Asche?« Die Antwort lautet: »Die wird nicht verstreut – das schadet der Natur.« Ich durfte nicht bis zu der richtigen Stelle mitgehen, wo die Asche in ein Loch in der Erde gekippt wurde, machte es aber dennoch. Die Urnen wurden geöffnet und der Inhalt mal aus der einen, mal aus der anderen Urne in das Loch gekippt.

Es gelang mir, den Namen auf der anderen Urne zu entziffern. Ich kannte ihn, es war der Name eines Mannes, der einer der Liebhaber meiner Mutter Vera gewesen war. Ich holte Carlo. Er hatte gesehen, wie die Asche in der Erde verschwunden war.

Jedes Jahr am Beisetzungstag fuhr er zu dieser Anhöhe. Dort verbrachte er den ganzen Tag und hatte auch ein kleines Picknick dabei.

Carlo hatte eine sonderbare Kindheit, zumindest nach seiner Version. Seine Kindheit war ein ständig wiederkehrendes Thema in unseren Diskussionen über Therapie und Analyse.

Zum Jahreswechsel 1913/14 befand sich seine Mutter mit ihrem Lebensgefährten, dem finnischen Künstlerkollegen Valle Rosenberg, in Italien. Siri wurde schwanger und brachte Carlo in Italien zur Welt. Aus Geldmangel fuhr Siri allein nach Schweden zurück.

Da sie sich als Modezeichnerin einen Namen gemacht hatte, ging sie davon aus, sie könne mit dem Zeichnen der neuen Damenmode für die Frauenzeitschrift *Idun* genug Geld zusammenbekommen, um bei ihrer Rückkehr nach Italien Valle, Carlo und sich zu versorgen.

Es kam anders. Der erste Weltkrieg brach aus und Siri konnte nicht nach Italien zurückkehren. Valle Rosenberg, der sich um Carlo kümmerte, wurde aus Italien ausgewiesen. Da Valle Finne war und Finnland zu Großrußland gehörte, betrachtete man Valle als Russen und als Feind. Valle war gezwungen, Carlo in Italien zurückzulassen, da er nicht mit Siri verheiratet war und keinen Rechtsanspruch auf ihn hatte.

Carlo blieb bei der Familie Gabriellini, die in Pisa ein Café betrieb und in deren Haus Valle Rosenberg ein Zimmer gemietet hatte. Kurz nach seiner Heimkehr nach Finnland starb Valle an einer schnell fortschreitenden Tuberkulose.

Solange der Erste Weltkrieg andauerte, konnte Siri nicht nach Italien fahren, um Carlo nach Hause zu holen. Die Jahre vergingen und Carlo wuchs in der Familie Gabriellini auf.

Ein paar Jahre nach Valles Tod begann Siri ein Verhältnis mit dem Grafiker und Zeichner Bertil Lybeck. Mit ihm bekam sie zwei Töchter, Sara und Liv. Sie heirateten, um die Töchter zu legalisieren, ließen sich aber kurz danach scheiden. Für die Töchter erhielt Siri keinen Unterhalt.

Allein hatte Siri keine Möglichkeit, ihre Familie durchzubringen und so wurden die Töchter in einem Kinderheim in Dänemark untergebracht. Als sich Siris ökonomische Situation etwas gebessert hatte, reiste sie durch Europa, um ihre drei Kinder zu holen, was ihr die Eltern nicht glaubten, sondern für Hirngespinste hielten. Sie hatten nämlich nie erfahren, dass drei Enkelkinder im Ausland lebten.

Carlo war inzwischen sechs Jahre alt, als diese fremde Frau, seine biologische Mutter, nach Pisa kam, um ihn abzuholen. Sie hatte das Gesetz auf ihrer Seite, und Carlo wurde von den Menschen getrennt, die er für seine Eltern hielt, von einem Zuhause, das er als seins betrachtete. Siris Sprache konnte er nicht verstehen.

Mutter und Sohn fuhren nach Paris, wo Siri Freunde und Verwandte hatte. Das Geld ging aus und Carlo musste über längere Zeit in Paris bleiben. Alsbald wurde Siri mit ihren drei Kindern in Schweden wieder vereint.

Die Großeltern mütterlicherseits haben nie geglaubt, dass Carlo Siris Sohn ist. Er durfte bei ihnen wohnen, als wäre er ein Freund von Siri und nicht ihr Enkelkind. Bis Carlo einundzwanzig war, hieß er Gabriellini, wie die italienische Pflegefamilie.

Die Großeltern lebten in einer Villa auf Lidingö und auf dem riesigen Grundstück stand ein kleines Häuschen, das Siris Zuhause und Atelier wurde. Dort lebte sie mit ihren beiden Töchtern Liv und Sara. Sara erkrankte sehr früh an Scharlach und wurde völlig taub. Später wurde sie in der Schule für Taubstumme, *Manillaskolan*, auf Djurgården untergebracht.

Liv wurde Künstlerin. Sie schrieb und illustrierte Bücher. Bei einer Kunstreise mit Siri nach Frankreich starb Liv an einer verschleppten Lungenentzündung. Sie wurde nur etwas über zwanzig Jahre alt. Über viele Jahre stand Livs Urne auf einer Säule bei Siri im Garten. Die Nachbarn beschwerten sich. Daraufhin wurde Livs Urne ins Haus geholt und stand nun in Siris Küchenfenster. Es war ein seltsames Gefühl, wenn man bei Siri zu Abend aß und die Urne im Rücken hatte. Erst viel später, als Siri verstorben und begraben worden war, gelangte Livs Urne in dasselbe Grab wie Siri auf dem Lidingö-Friedhof.

Carlo zog nach einigen Jahren aus dem Haus der Großeltern aus und bei Siri ein. Carlo fand, dass seine Mutter, die er nie Mutter oder Mama genannt hat, ein interessanteres Leben führte als die Großeltern. Als aktive Künstlerin lebte sie inmitten einer inspirierenden Kunstszene.

Siri war auch politisch engagiert und eine überzeugte Feministin. Besonders interessierte sie sich für das Kulturleben. Bis ins hohe Alter verfolgte sie alles, was mit modernem Tanz, Musik, Film und Kunst zu tun hatte. Viel später, als ich nach meinen Augenoperationen im Huddinge-Krankenhaus lag und Hörbücher brauchte, zeigte sich, dass sehr viele dieser Hörbücher von und für Siri bestellt worden waren. Sie wurden für Siri im Blindeninstitut hergestellt, als sie am Ende ihres Lebens kaum noch etwas sah. Als Letztes bestellte sie das Tagebuch des Tänzers Nijinsky.

Über Carlos Mutterbindung ist viel geschrieben und gesprochen worden. Ich sehe das eher so, dass Siri Carlo in seiner Jugend den Weg ins Leben gebahnt hat und sich daraus Freundschaft und Verbundenheit entwickelt haben.

Natürlich wird das Ganze dadurch verkompliziert, dass sie seine biologische Mutter ist und von daher die psychologischen Begriffe über Mutterfixierung und deren negative Auswirkungen ständig heruntergebetet werden. Es gibt natürlich auch eine einfachere Erklärung, nämlich, dass Siris Umfeld aus einem inspirierenden, aktiven Kreis bestand, der fest im kulturellen und politischen Leben verankert war.

Gegenüber von Carlos und Kerstins Wohnung im Erdgeschoß in der Sankt Paulsgatan 35B in Stockholm war eine Parkbank. Sobald es draußen warm genug war, saß Carlo schon gegen fünf Uhr morgens dort, las und zeichnete. In Erinnerung an Carlo Derkert wurde dort eine Holzbank mit der Inschrift »Carlos Bank« (»Carlos bänk«) aufgestellt.

Siri Derkert

Sie gehörte zur *Fogelstadgruppen* (Fogelstad-Gruppe) mit Honorine Hermelin an der Spitze. Ihre engsten Freunde und Kollegen waren die Künstler Mollie Faustman, Vera Nilsson, Maj Bring, Ninnan Santesson und die Schauspielerin Naima Wifstrand. Es war ein starkes Frauenkollektiv, das Männer größtenteils aus ihrem Leben verbannt hatte. Selbstverständlich gab es unter ihnen auch Konkurrenz in Bezug auf ihr künstlerisches Schaffen. Alle wollten ausstellen, alle wollten als Künstler anerkannt werden, jedoch nicht als Künstler*innen*.

Das Wort Künstlerin war in ihren Augen zweideutig, konnte mit Amateurhaftigkeit gleichgesetzt werden, da die Kunst von Frauen bis weit ins zwanzigste Jahrhundert hinein oft als Amateurkunst angesehen wurde. Von der Konkurrenz untereinander abgesehen, gab es zwischen den Frauen Zusammenhalt und Solidarität. Alle waren radikal, einige von ihnen hatten 1950 den *Stockholmer Appell (Stockholmsappellen)* initiiert, ein kritisches Pamphlet, das sich gegen den Einsatz von Atombomben durch die USA und den Besitz von Atomwaffen richtete. Den *Stockholmer Appell* hatten nicht nur die Linksradikalen unterschrieben, sondern es war ein allgemeiner Aufruf, der weit über die Parteigrenzen hinausreichte.

Auch wenn viele von Siris Freundinnen zur Fogelstad-Gruppe gehörten, standen die meisten von ihnen politisch viel weiter links als die zumeist liberalen Mitglieder dieser Gruppe.

Ich begegnete Siri Derkert 1950, als sie öffentlich für die Kampagne gegen die Atombombe eintrat, eine Kampagne, die von vielen auch als Demonstration gegen die USA aufgefasst wurde. Die Kampagne startete in Paris, initiiert von den Nobelpreisträgern Fréderic und Irène Joliot-Curie. Viele Unterzeichner hatten später Schwierigkeiten, ein Einreisevisum für die USA zu bekommen. Die Kampagne fand während des Kalten Krieges statt.

1940–41 stellte die Bildhauerin Ninnan Santesson ihr Atelier auf Lidingö Helene Weigel, Bertolt Brecht und deren Kindern zur Verfügung, als diese aus Nazideutschland geflohen waren.

Hier wurde zum ersten Mal in Schweden Brechts Stück *Die Mutter. Leben der Revolutionärin Pelagea Wlassowa aus Twer*, ein Stück, das auf Maxim Gorkis Roman *Die Mutter* basierte, aufgeführt. Es wurde von drei jungen künftigen Schauspielern gespielt: Birgitta Valberg, Anders Ek und Carlo Derkert.

In Bezug auf Carlo entschied Siri: »Ich brauche keinen Schauspieler, sondern einen Kunsthistoriker«, und so wurde es dann auch. Es zeigte sich, dass Carlo bei seinen Kunstvorführungen seine Schauspielkünste erfolgreich unter Beweis stellen konnte.

Über das Museum für Moderne Kunst

Die neue, internationale Ausrichtung innerhalb des kulturellen Lebens begann mit der Gründung eines Museums für moderne Kunst. Der damalige Leiter des *Nationalmuseums*, Carl Nordenfalk, wie auch sein Vorgänger Otte Sköld wollten die moderne Kunst von der älteren trennen, unter anderem aus Platzmangel, und ergriffen die Initiative zur Errichtung des *Moderna museet* auf Skeppsholmen.

Als künftigen Museumsleiter hatte man Carlo Derkert vorgesehen, der im *Nationalmuseum* angestellt war. Aber es gab einen Haken, er hatte seine Dissertation über Van Gogh noch nicht abgeschlossen. Eine Promotion war jedoch Bedingung für den Leitungsposten eines Museums.

Während man auf Carlos Dissertation wartete, schlug Carlo für die Übergangszeit Pontus Hultén als Leiter vor.

Als die Frage später erneut aktuell wurde, lehnte Carlo den Posten des Museumsleiters definitiv ab. Er begründete dies unter anderem damit, dass er nicht in der Bürokratie versinken, sondern auch weiterhin Vorträge über Kunst halten, Kunst präsentieren und für seine Familie da sein wolle. Zu der Zeit war es recht ungewöhnlich, dass ein Mann in seiner Position die Familie als wichtiger erachtete.

Stattdessen bildeten sie ein Duo, mit Pontus Hultén an der Spitze und Carlo an seiner Seite, und schufen gemeinsam das *Moderna museet*. Ich möchte nicht behaupten, dass Carlo und Pontus einander mochten, aber sie ergänzten sich und das kam dem neuen Museum zugute.

Pontus war Manager und auf die neue amerikanische Kunst ausgerichtet, die in Europa größtenteils unbekannt war. Er arbeitete eng mit Billy Klüver zusammen, einem schwedischen Ingenieur und Wissenschaftler, der bei *Bell & Co* in New York angestellt war. Billy Klüver saß wie die Spinne im Netz, wenn es um amerikanische Kunst ging. Als findiger Ingenieur arbeitete er mit vielen damals unbekannten jungen Künstlern zusammen. Pontus hatte auch engen Kontakt zu Hans Nordenström, einem Kindheitsfreund von Billy Klüver, und die drei arbeiteten fortan eng zusammen.

Pontus wohnte zeitweise bei Hans und beteiligte sich maßgeblich an der Gestaltung der Zeitschriften für Technologen *Gåsblanderen* und *Vårblandaren*, die zweimal jährlich erschienen. Mindestens eine Woche lang saßen, lagen und schliefen die Technologen Tag und Nacht zusammen, dachten sich bei diesen Sèancen Witze, Geschichten und eine geistreiche Antiwerbung aus, wobei jede Menge Alkohol floss. Einer von ihnen musste jedoch immer nüchtern bleiben. Er notierte und sammelte die verrücktesten Beiträge.

Zu Hans Nordenströms Zeit war diese Zeitschrift von Surrealismus und Dadaismus inspiriert, frech und schockierend. Bei Hans wohnte der Bildhauer Jean Tinguely aus der Schweiz, der in Schweden damals unbekannt war. Aus Hans und Monica Nordenströms Küchengeräten konstruierte er einige seiner frühen mechanisch beweglichen Werke, wodurch die Idee zu der Ausstellung *Bewegung in der Kunst* (Rörelse i konsten) entstand.

In Stockholm wurde der damalige Leiter der *Liljevalchs konsthall* gefragt, ob er an dieser experimentellen Ausstellung interessiert sei. Er lehnte ab. Gleichzeitig hatte Jean Tinguely das Projekt im *Stedelijk Museum* in Amsterdam vorgestellt. Dessen legendärer Leiter Willem Sandberg begriff sofort, dass dies etwas Neues war und investierte in das Projekt.

Mit Müh und Not erwirkten Hans und Pontus, dass ihre Namen zusammen mit dem von Tinguely, dem Initiator und Kurator der Ausstellung, erwähnt wurden.

Pontus bat mich, den von ihm und Hans verfassten und im schwedischen Katalog veröffentlichten Text ins Niederländische zu übersetzen. Zunächst lehnte ich ab, da ich der Meinung war, dass Übersetzung nicht mein Gebiet war. Außerdem hatte ich keine Zeit, da ich gerade mein erstes Wandrelief aus Steinzeug und Beton für das Rundfunkhaus von *Sveriges Radio* in Stockholm entwickelte. Aber nach vielen Bitten ging ich darauf ein. Pontus' Begründung war, ich würde mich mit moderner Kunst, den Kunstbegriffen auskennen und beherrschte die niederländische Sprache. Peter hat mich gewarnt.

Ich ackerte wie eine Besengte. Dann schickte ich meine Übersetzung an kompetente Freunde in den Niederlanden, damit sie Verben und Adverbien, Ausdruck und Rechtschreibung kontrollierten. Ich lieferte die Übersetzung pünktlich ab und verlangte zugleich ein bescheidenes Honorar. Es zeigte sich jedoch, dass Pontus davon ausgegangen war, dass ich die Übersetzung umsonst anfertige.

Aber eine Arbeit ist Arbeit, und es war ja nicht Pontus' privates Geld, sondern das des niederländischen Museums. Es gab auch keinen Grund, in meinem Falle die für professionelle Übersetzer übliche Gage nach unten zu drücken. Pontus rächte sich, indem er den Text einem anderen Übersetzer zuschanzte, der ein paar Änderungen vornahm und seinen Namen unter meine Übersetzung setzte. Schließlich bekam ich doch ein paar Hunderter für den Aufwand, aber selbst das fand Pontus noch zu viel. Zwischen dem *Stedelijk Museum* und dem *Moderna museet* wurde vereinbart, dass Stockholm als zweite Stadt *Bewegung in der Kunst* ausstellen sollte. Es war eine der ersten großen Ausstellungen im *Moderna museet*, ein Meilenstein und ein Erfolg. In Stockholm wurde die Ausstellung mit einigen schwedischen Künstlern ergänzt, darunter Per Olof Ultvedt. Hans Nordenström wurde gänzlich übergangen und nicht als einer der Initiatoren erwähnt. Jetzt war es Pontus' Ausstellung.

Für die Ausstellung *Das Wunschmuseum (Önskemuseet)* hatte der Kunstkritiker Ulf Linde die Idee, Kunst aus Museen der ganzen Welt zu leihen, um den Bestand des *Moderna museet* und des *Nationalmuseums* zu ergänzen und um zu zeigen, wie ein Wunschmuseum für moderne Kunst aussehen könnte. Ulf Linde wurde kaum erwähnt und man dankte ihm auch nicht für seine originelle Idee und die Arbeit, die er in deren Verwirklichung investiert hat. Stattdessen dankte man Peggy Guggenheim, die für die weitere Karriere des Museumsleiters wichtiger war.

Ulf Lindes Wissen war für das *Moderna museet* unschätzbar. Gerade durch die Zusammenarbeit zwischen Pontus, Carlo und Ulf entwickelte sich das Museum weiter. Dass Pontus allein die Ehre des Gründers des *Moderna museet* zuteil wird, ist in Bezug auf die Geschichtsschreibung nicht ganz korrekt.

Ich möchte Pontus' Einsatz, der natürlich sehr bedeutend ist und war, nicht schmälern. Ich möchte nur darauf verweisen, dass diese frühen und wichtigen Gesprächspartner keine Erwähnung finden.

Das *Moderna museet* entstand zu einer Zeit, als man in Schweden vorübergehend in Kultur investierte und Geld dafür vorhanden war. Als verantwortliche Kultusminister setzten sowohl Ragnar Edenman als auch Olof Palme auf Kultur. Hans Flodén und Carl Albert Andersson in der Kulturverwaltung der Stadt Stockholm trugen ebenfalls dazu bei. Das war zu einer Zeit, als die Sozialdemokraten die Verbindung von Kultur und Volksbildung noch nicht vergessen hatten.

Carlo Derkert war ein bedeutender Referent und Vermittler von Kunst für Kinder und Erwachsene im *Moderna museet* und im *Nationalmuseum*. Ihm ist es zu verdanken, dass im Museum Werkstätten eingerichtet wurden, um die Kreativität bei Kindern zu fördern. Carlos' Vorlesungen für Kinder waren konzentriert und intensiv. Er behandelte Kinder gleichrangig, Sprache und Tonlage waren dieselben, ob er sich nun an Erwachsene oder an Kinder wandte. Er wählte drei Skulpturen oder drei Gemälde aus und erklärte seinem jungen Publikum, wie komplex das jeweilige Kunstwerk war, in welcher Zeit es geschaffen wurde und welche Intentionen der Künstler hatte.

Carlos Vorträge und Präsentationen entwickelten sich zu einer Schauspielkunst auf höchstem Niveau. Sie wirkten stets improvisiert, obwohl sie es nicht waren.

Alles war genauestens berechnet und eingeübt worden, bis hin zur kleinsten Bewegung. Jeder Auftritt konnte, genau wie im Theater, bis ins Detail wiederholt werden. Er hatte die Bewegungen des Franzosen und Pantomimen Ètienne Decroux gründlich studiert, aber auch Marcel Marceaus spezielles Bewegungsschema – Bewegungen, die zu seinem langen dünnen Körper, den intensiven Augen und den langen schmalen Fingern passten. Seine Manuskripte für die Vorträge waren ebenso kryptisch und schwer entzifferbar wie die des Philosophen Ludwig Wittgenstein und ebenso künstlerisch wie Carl Fredrik Hills Notizen, die philosophische Überlegungen und Gedanken über Kunst, Politik und Psychologie, die während seiner Krankheitsperioden entstanden waren, miteinander verflochten.

Es gab sogar Skizzen für Bewegungen, wie sich die Füße bewegen und ihre Position verändern sollten, wie die Hand mit dem ausgestreckten Finger auf einen speziellen Zuschauer deuten sollte, während Carlo sich scheinbar spontan vorbeugte. Es gab ein gewisses Maß an Improvisation, aber größtenteils folgte er seinen gut durchdachten und niedergeschriebenen Manuskripten. Er war belesen und schmückte seine Darlegungen detailliert aus. Mal wurde die Stimme erhoben, mal zu einem Flüstern gesenkt.

Leider hat bis heute niemand seine literarisch wie optisch interessanten Notizen untersucht oder publiziert, die zeigen, dass er immer bereit war, etwas Neues zu sehen, zu lesen und zu entdecken oder eine neue Perspektive zu finden. In all den Jahren, in denen wir Kontakt zueinander hatten, konnte es passieren, dass Carlo anrief, meist um drei oder vier Uhr morgens, und rasch hervorstieß: »Ist deine Zeitung gekommen, lies den Artikel auf Seite drei, da steht was Interessantes, ruf mich später an«, und dann den Hörer auflegte. Informationen dieser Art gehörten zu unseren seit Jahrzehnten geführten Gesprächen dazu.

Öyvind Fahlström

Öyvind Fahlström und ich waren im engeren Freundeskreis die Jüngsten. Er wohnte ebenfalls in Gamla Stan, zusammen mit Birgitta Tamm, die zu unserer aller Bewunderung ihre Dissertation auf Latein schrieb.

Von seiner Kunst sah ich als erstes eine Oper. Ja, genau, sah, nicht hörte. Eine Oper, die mit Tusche auf dünnem Kupferblech gezeichnet und in einer Galerie in der Grev Turegatan, *Galerie Aesthetica*, ausgestellt wurde. Es war ein kleiner Raum und seine Zeichnungen befanden sich, zu einer einzigen langen Reihe aneinandergeklebt, an den vier Wänden – die Tür zur Straße blieb ausgespart. Die Zeichnungen befanden sich alle auf derselben Höhe, waren gleichgroß und bildeten ein langes Band.

Die Idee war, dass man langsam durch den Raum gehen und sich die Zeichnungen ansehen sollte. Dabei sollte Musik entstehen und der Betrachter eine Oper hören, die Öyvind komponiert hatte.

Öyvind lud oft ein paar Leute zu sich nach Hause ein, zu einer Vernissage seines großen Gemäldes *Ade-Ledic-Nander*, das jetzt im *Moderna museet* hängt. Das waren nicht irgendwelche Vernissagen. Das Gemälde war mit einem Stück Karton abgedeckt, das ein ausgestanztes Loch von einigen Quadratzentimetern hatte. Man sah nur diesen kleinen viereckigen Bildausschnitt. Ein Quadratzentimeter nach dem anderen wurde aus dem Karton herausgeschnitten und für jedes neue Quadrat gab es wieder eine Vernissage. Zu dem Gemälde gehörte auch ein Text mit einer eigens dafür erfundenen Sprache, die bestimmt vom Dadaismus inspiriert war.

Schließlich war das Gemälde fertig und gänzlich freigelegt. Auch wenn es ein abstraktes Gemälde ist, erinnert es mich an Details auf dem Gemälde von Hieronymus Bosch *Der Garten der Lüste*. Während weitere Quadratzentimeter von Öyvinds Gemälde abgedeckt wurden, trug der Schriftsteller Ilmar Laaban dadaistische Gedichte vor oder ein Musiker, darunter Knut Wiggen, bot ein kurzes elektronisches Musikstück dar.

Ilmar Laaban ist ein in Schweden übersehener Intellektueller. Seine Essays und Bücher über Literatur, Musik und Kunst haben dieselbe Dignität wie die zeitgenössischen französischen Philosophen. Aber er war seiner Zeit voraus. Als Flüchtling aus Estland via Finnland passte er nicht ins damalige schwedische Kulturklima. Ich habe mich oft gefragt, warum er geblieben ist. Er sprach sechs Sprachen fließend und konnte sich auch schriftlich problemlos ausdrücken. Die Sprache, Sprachen waren sein Leben. Er selbst sprach furchtbar schnell. Als Ilmar Laaban schließlich seinen Durchbruch in Schweden bekam und mit einer Ausstellung von Gemälden und Texten in der *Liljevalchs* geehrt wurde, hatte er einen Schlaganfall bekommen, litt an Aphasie und konnte weder sprechen noch sich bewegen.

Öyvind war äußerst produktiv. Er hatte es sich zum Prinzip gemacht, nicht alle Gemälde selbst zu malen. Das Wichtigste für ihn war die Idee. Eigentlich ist das eine alte Tradition. Rubens hat auch nicht alles auf seinen Gemälden selbst gemalt, sondern hatte Schüler, die auf verschiedene Gegenstände auf dem Bild spezialisiert waren. Im Falle von Öyvind haben wohl die meisten seiner Freunde ihren kleinen Teil gemalt, auch Peter Weiss' Tochter Randi. Das entehrt Öyvind nicht. Es kam ihm auf das Konzept an, und mit seiner raschen Art zu assoziieren, hätte er nie alle seine Einfälle selbst verwirklichen können.

Als Barbro Östlihn in sein Leben trat, war Öyvind schon relativ etabliert. Barbro, ebenfalls Künstlerin, hatte, wie viele andere, überhaupt keine Einkünfte, und so einigten sie sich darauf, dass sie einige seiner Werke fertigstellte und er für ihren Unterhalt aufkam. Diese Gemeinschaftsarbeit funktionierte über viele Jahre.

Barbro hatte ich damals an der *Konstfack* in Stockholm kennengelernt. Als ich sie das erste Mal traf, fand ich, dass sie aussah wie meine Zelluidpuppe, die ich als Kind hatte, mit demselben, leicht dicklichen Babykörper. Sie trug ein enganliegendes großgemustertes lachsrosa Viskosekleid, schwarze Lackpumps und hatte eine riesige schwarze Lacktasche dabei. Barbro redete immerzu, sie war nie still, und wir nannten sie Rabarbara. Peter war einmal so unverschämt, dass er Öyvind mit Blick auf Barbro fragte, ob er mal das Radio ausmachen könne.

Seltsam war, dass Barbros Gemälde, im Unterschied zu ihrem ständigen Gerede, eine unglaubliche Stille ausstrahlen. Ihre großen Werke, geduldig und mit äußerster Präzision gemalt, drücken nicht nur Schweigen und Stille aus, sondern wurden tatsächlich auch über lange Zeit in völliger Stille gemalt. Meiner Meinung nach gehört Barbro zu den Großen unserer Generation. Sie wird in mehreren größeren Kunstmuseen, unter anderem im *Moderna museet* in Stockholm repräsentiert. Heute ist ihre Kunst ein Sammlerobjekt.

Öyvind und Barbro zogen nach New York, wo Öyvind schließlich so gut verdiente, dass er jemanden für Barbro einstellen konnte, der seine Werke beendete, und Barbro konnte sich endlich wieder ihrer eigenen Malerei widmen. Barbro hat für ihr künstlerisches Schaffen einen hohen Preis gezahlt. Sie verzichtete auf ihre Kinder. Beim Umzug nach New York ließ sie sie in Schweden zurück. Aber das war noch nicht alles.

Öyvind wurde einer der Großen. Es begann in den sechziger Jahren im *Moderna museet* in Stockholm, später schloss er sich einer amerikanischen Künstlergruppe an, zu denen Robert Rauschenberg, Andy Warhol, Sam Francis und andere gehörten. Das war bestimmt Pontus' Verdienst.

1974 habe ich Öyvind zum letzten Mal getroffen, als er in Stockholm war, um seine Magenbeschwerden untersuchen zu lassen. Er hatte eine schnelle Scheidung von Barbro erwirkt und lebte nun mit einer jungen Kunststudentin zusammen, die ihren Lebensunterhalt damit bestritt, dass sie Öyvinds Gemälde zu Ende malte.

Es stellte sich heraus, dass Öyvind unheilbar an Magenkrebs erkrankt war und im Sterben lag. Auf seinem Sterbebett, einen Tag vor seinem Tod, heiratete er seine neue Liebe und Barbro stand nach all den Jahren völlig mittellos da. Die neue Frau hatte finanziell kein Erbarmen mit Barbro. Weder sah sie, noch begriff sie Barbros Leistung in Bezug auf Öyvinds Schaffen. Barbro zog nach Paris, wo sie 1995 demselben Krebsleiden erlag wie Öyvind. Sie verweigerte die Behandlung. Barbro hatte mit dem Leben abgeschlossen.

Abendessen für »die Gierigen«

Anna-Lena Wibom und ich hatten die Tischmanieren unserer Freunde, insbesondere unserer Männer, satt. In Anna-Lenas Fall die von Pontus Hultén, in meinem Fall die von Peter. Die anderen Gäste waren auch nicht besser, obwohl alle aus demselben Milieu kamen und ein gewisses Maß an Erziehung erhalten hatten. Es ging uns nicht um eine so strenge Erziehung, wie ich sie bekommen hatte, auch nicht um das bürgerliche, gewohnte Ritual, das Anna-Lena erfahren hatte. Es ging lediglich um normale Rücksichtnahme gegenüber seinen Tischnachbarn.

Wir luden den engsten Freundeskreis ein, dem außer Pontus und Peter auch Carlo und Kerstin Derkert, Staffan Lamm und Jan Thomaeus angehörten. Als Beobachter hatten wir ein Pärchen, die Architekten Mårten und Lena Larsson, zu unserem Experiment eingeladen.

Alle unsere bisherigen Mahlzeiten liefen so ab: Kaum hatte man sich hingesetzt, schon war fast alles aufgegessen, und es standen nur noch leere, schmutzige Teller da. Man musste rasch zugreifen, schnell und viel essen, bis alles weg war.

Wir hatten das Ganze satt und so kamen wir auf die Idee, statt zu wenig zu viel Essen anzubieten.

Bei mir zu Hause in der Köpmangatan wurde folgendes aufgetischt: zwei riesige gefüllte Puten, Gemüse, Salat, Kartoffeln, Reis, Saucen und anderes. An Wein fehlte es auch nicht. Wir hatten uns mehr oder weniger ruiniert, hofften aber, dass es das wert sein würde. Das Essen wurde wie ein nie versiegender Quell immer wieder nachgefüllt.

Wie immer wollte jeder als Erster zugreifen, außer Carlo, den man, wie wir wussten, erst bitten musste, der aber, wenn er erst einmal angefangen hatte, nie aufhörte. Für Carlo war Essen eine bürgerliche Geißel, jedenfalls für einen kurzen Moment – bis die Gier kam. Es wurde eine Fressorgie, aber das Essen ging nicht aus, es wurde immer mehr aufgetischt. Allmählich erlahmten ihre schnellen Bewegungen, verschwanden die Seitenblicke, wer das Meiste bekommen hatte.

Jan Thomaeus, der wie immer als Reserve ein wenig Essen und eine Flasche Wein unter seinem Stuhl versteckt hatte, konnte sich nicht mehr rühren. Staffan Lamm, der sich seinen Teller bis zum Rand gefüllt hatte, bekam keinen Bissen mehr hinunter, sondern stocherte nur noch im Essen herum. Pontus kroch auf allen Vieren über den Fußboden und sank erschöpft auf mein Bett. Carlo saß reglos mit schiefem Oberkörper da. Peter, der sich alles aufgeknöpft hatte, was zu eng war, blickte nur verwundert und verständnislos drein. Er konnte das Erlebte nicht begreifen. Kerstin, die endlich einmal normal gegessen hatte, war wie erstarrt. Mårten und Lena, die von Anfang an eingeweiht waren, fanden allerdings, dass wir zu weit gegangen sind.

Als Anna-Lena schließlich erklärte, warum wir dieses Festmahl arrangiert hatten, wurden sie wütend, waren aber zum Glück viel zu erschöpft, um sich zu bewegen und aggressiv zu werden. Anna-Lena und ich machten uns aus dem Staub und überließen sie ihrem Schicksal. Über die Mahlzeit wurde nie gesprochen.

Anna-Lena Wibom

Anna-Lena Wibom, die eine meiner engsten Freundinnen werden sollte, lernte ich durch Carlo und Kerstin Derkert kennen. Siri Derkert, Carlos' Mutter, war die Nachbarin von Anna-Lenas Mutter Lisa auf Lidingö. Lisa war Kunstkennerin und ihr Zuhause war ein Treffpunkt für Künstler wie Siri Derkert, Claes Bäckström und Evert Lundquist. Bei einer solchen Herkunft war es einleuchtend, dass Anna-Lena anfing, an der Universität Kunstwissenschaft bei Oscar Reutersvärd zu studieren, der klassische Kunst lehrte und selbst ein progressiver Künstler in Schweden war.

Anna-Lena zog nach Gamla Stan und übernahm Siri Derkerts »pied-à-terre«, das in Carlo und Kerstins Viertel lag. Durch die Derkerts lernte Anna-Lena Pontus Hultén kennen. Aus einem unerfindlichen Grund hielten sie ihre Beziehung vor uns geheim. Vielleicht, weil Pontus zu der Zeit noch verheiratet war und zudem ein Verhältnis mit Gunilla Nordlund hatte, einer Übersetzerin, die zu unserem Kreis in Gamla Stan gehörte. Es war nicht leicht, das Geheimnis zu wahren, weil wir von Kerstin und Carlos' Küche aus direkt in Anna-Lenas Wohnung blicken konnten. Wir wussten, wenn die Gardinen zugezogen sind, ist Pontus da.

Ihre Beziehung währte das ganze Leben, überstand auch die Trennung. Pontus lebte mit weiteren Frauen zusammen und führte seine Karriere im Ausland fort, hauptsächlich in Paris, wo er Leiter des neugebauten *Centre Pompidou* wurde.

Als Pontus später alt und krank wurde, holte Anna-Lena ihn aus seinem Schloss *La Motte,* südlich von Paris. Sie organisierte seinen Umzug nach Stockholm, besorgte ihm eine Wohnung und die nötige Unterstützung. Im *La Motte* lebte seine letzte Partnerin, die deutsche Kunsthistorikerin Marie-Louise von Plessen. Sie war am Umzug nicht beteiligt und kehrte nach einer Ausstellungsarbeit in ein leeres Schloss zurück.

Es ist bestimmt Anna-Lenas Verdienst, dass das *Moderna museet* in Stockholm jetzt Pontus' Kunstsammlung besitzt, die für die avantgardistische Kunst der fünfziger, sechziger und siebziger Jahre repräsentativ ist. Im *Moderna museet* hat alles angefangen, deshalb ist es nur konsequent, dass die Sammlung sich in Stockholm befindet. Der Kreis hat sich geschlossen.

Die Zeit, als Pontus und Anna-Lena ein Paar waren, war eine Umbruchperiode für das Kulturleben in Stockholm. Damals wurde das künstlerische Schaffen internationalisiert.

Alles Experimentelle geschah in den sechziger und siebziger Jahren im *Moderna museet*, das ursprünglich eine Turnhalle für das Militär gewesen ist und von Ragnar Uppman genial umgebaut worden ist. Es wurde zu einem Treffpunkt für die künftige schwedische und internationale Avantgarde.

Anna-Lenas Onkel, der Großbaumeister Allan Skarne übernahm die Kosten für das große Mobile von Alexander Calder vor dem Eingang des *Moderna museet* und für die Ausstellung *HON – en katedral (SIE – eine Kathedrale)* von Niki de Saint Phalle.

Durch Allan Skarne bekamen Pontus und Anna-Lena auch eine Wohnung am Kungsholmstorg, die zu einem wichtigen kulturellen Treffpunkt wurde. In dieser Wohnung lebten, diskutierten, aßen und feierten gastierende Künstler aus Paris, den USA, Italien, der Schweiz, Deutschland und Österreich, viele von ihnen waren noch unbekannt. Für Gastfreiheit und Finanzierung sorgte Anna-Lena.

Robert Rauschenberg, Sam Francis, Alexander Calder, John Cage, Merce Cunningham, Jean Tinguely, Niki de Saint Phalle, Daniel Spoerri, Jasper Johns, Roy Lichtenstein und viele andere kamen dorthin – fast alle, die später zu der neuen Richtung in Kunst und Kultur beitragen sollten. Viele sollten nicht nur unsere Freunde, sondern auch unsere Inspirationsquelle werden. So wurde Peter durch ein Relief von Donald Judd zur grafischen Gestaltung seiner Trilogie *Die Ästhetik des Widerstands* inspiriert.

Zu dem Kreis gehörten auch schwedische Künstler wie Öyvind Fahlström, Per Olof Ultvedt und Carl Fredrik Reuterswärd sowie der Kritiker und Musiker Ulf Linde.

Vorübergehend war Stockholm ein Zentrum für Kunst, Film, Musik, Tanz und Happenings. Das *Moderna museet* trat genau zu einer Zeit in Erscheinung, die sich durch Proteste in Kunst und Politik manifestierte. Alles, was damals passierte, lief unter dem Begriff Happening und war von einer unprätentiösen Verspieltheit geprägt, die allmählich institutionalisiert wurde.

Das Museum wurde nur von wenigen Leuten betreut, von Pontus Hultén, Carlo Derkert, der Sekretärin Märta Sahlberg sowie dem Hausmeister des *Nationalmuseums* Nils Lundgren und seiner Frau. Als Pontus und Anna-Lena getrennte Wege gingen und Pontus Leiter des *Centre Pompidou* wurde, unterstützte sie weiterhin seine Projekte. Von den Ausstellungen Paris–New York, Paris–Paris und Paris–Moskau hätte die letztgenannte ohne Anna-Lenas Kenntnisse über den russischen Film und die russische Kunst, insbesondere über die von Stalin verbotene moderne Kunst in der Sowjetunion, unter anderem von Kasimir Malewitsch und El Lissitzky, gar nicht durchgeführt werden können. Anna-Lena spricht Russisch und verfügte aufgrund ihrer internationalen Aufträge für das Schwedische Filminstitut über die notwendigen Kontakte in der Sowjetunion, erhielt jedoch nie eine offizielle Anerkennung. Im Katalog steht lediglich: »Une ami à moi m'a dit« (Eine Freundin von mir hat mir gesagt). Das war typisch Pontus.

Anna-Lena ist fünf Jahre jünger als ich. Unsere Herkunft und unsere Erfahrungen sind recht verschieden, aber wir waren immer füreinander da, in guten wie in schlechten Zeiten. Als ich Nadja per Kaiserschnitt bekam, warteten Anna-Lena und Peter gemeinsam auf die Geburt. Als ich später wegen meiner Augenoperationen lange im Krankenhaus lag, kam Anna-Lena spät abends zu mir, tauschte den Preiselbeerensaft im Krankenhaus gegen Rotwein aus und stellte einen Teller mit gutem Käse auf den Nachttisch. Als Peter starb, fand das Totenmahl bei ihr zu Hause statt.

Als ich wegen meines Lungenkrebses zur Bestrahlung musste, holte mich Anna-Lena immer früh am Morgen ab und fuhr mich ins Huddinge-Krankenhaus, wo ich eine fünfstündige Behandlung absolvieren musste. Zwischen all den Tropf-Tüten und Kabeln servierte sie ein deftiges Mittagessen für mich und die übrigen Patienten. In dieses Science-Fiction-Milieu führte sie ein irrationelles, lustbetontes Moment ein.

Ich habe ihre Achterbahnfahrt mit Pontus verfolgt und die Tragödie miterlebt, als ihr einziges Kind, die Tochter Klara, plötzlich verstarb. Als Anna-Lena eine Weile nichts von Klara gehört hatte, fuhr sie zu ihrer Wohnung, aber niemand öffnete. Sie spähte durch den Briefschlitz und sah Klara tot vor dem geöffneten Kühlschrank liegen. Es muss sehr schnell gegangen sein.

Gemeinsam sprachen wir mit der Polizei, die rasch vor Ort war. Die Polizei durchsuchte die Wohnung nach Drogen wie auch nach Spuren eines Überfalls. Niemand wusste, dass sie dünne Blutgefäße hatte.

Pontus war kein besonders guter Vater gewesen, aber zur Beerdigung auf Lidingö kam er. Sie wurde größtenteils unter seiner Regie und nach seinem Empfinden durchgeführt. Es war eine eigentümliche, anarchistische Beerdigungszeremonie.

Nadja wollte ein Gedicht lesen. Das ging aber nicht, da sie hochschwanger war und kurz vor der Entbindung stand. Während des Totenmahls, das diesmal bei mir stattfand, rief Nadjas Lebensgefährte, Pontus Gustafsson, an und teilte mir mit, dass die Tochter Thyra geboren worden sei. Bei einer anderen Gelegenheit hätte ich es hinausposaunt, aber diesmal musste ich es für mich behalten.

Anna-Lenas Filmtätigkeit begann 1954 im *Moderna museet* mit Filmvorführungen für Kinder und Erwachsene. 1970, als das Filmmuseum auf Gärdet in Stockholm fertig war, wurde sie von Harry Schein, dem Gründer, dort angestellt, um die Filmvorführungen der *Cinemathek* zu organisieren. Sie hat viel im Filmmuseum geleistet.

Mit dem Filmklub fing alles an, später repräsentierte sie den schwedischen Film im Ausland und organisierte den Filmaustausch mit anderen Ländern. Anna-Lena spricht mehrere Sprachen und verfügt auch über die hierfür notwendigen juristischen Kenntnisse.

Anna-Lena brachte Tarkowski dazu, *Offret* (dt. Opfer) auf Gotland zu drehen, da er wegen der Zensur in der Sowjetunion nicht filmen konnte. Sie war es auch, die Erland Josephson für die Hauptrolle vorgeschlagen hat.

Zudem saß Anna-Lena beim Filmfestival 1988 in Berlin und 1990 in Venedig in der Jury.

Sie hat auch selbst mehrere Filme produziert: Jösta Hagelbäcks und Sten Holmbergs Film *Kejsaren* nach dem Roman von Birgitta Trotzig, Marie-Louise De Geer-Bergenstråhles (später Ekman) *Barnförbjudet*, Jan Lindqvists *Tiden är en dröm* sowie Stig Björkmans und Sun Axelssons Film *Gå på vatten om du kan*.

Nach ihrer Pensionierung begann sie zu unser aller Erstaunen eine neue Tätigkeit. Heute ist sie Spezialistin für chinesische Gärten und tritt somit in die Fußstapfen des bekannten Gartenarchitekten und

Chinaexperten Osvald Sirén. Auf ihre Initiative hin und nach ihren Entwürfen legte das *Ostasiatische Museum* (Östasiatiska museet) in Stockholm einen klassischen chinesischen Garten an, mit einem kleinen Pavillon auf dem Parkplatz vor dem Museum.

Leider wurde der Garten abgerissen. Es gibt nur noch den Pavillon, den Anna-Lena übernommen hat und der auf einer Landzunge bei ihrem Landhaus in den Stockholmer Schären besichtigt werden kann. Für vorbeifahrende Seemänner eine eher ungewöhnliche Richtmarke.

Ihr eigener Garten auf Lidingö ist ein Mustergarten geworden. Möglicherweise ist ihr Garteninteresse ein genetisches Erbe von ihren Ahnen, die Gutsherren und Großbauern waren. Sie ist auch eine begabte Blumenfotografin. Ich könnte die Liste ihrer beruflichen Fähigkeiten endlos fortsetzen, aber das Wichtigste ist unsere lange Freundschaft, die bereits begann, als sie sechzehn und ich einundzwanzig war, und die gehalten hat, obwohl wir sehr verschieden sind.

Anna-Lena hat nicht eine einzige Premiere von all den Stücken versäumt, an denen Peter oder ich überall auf der Welt gearbeitet hatten. Manchmal ist sie eingeschlafen und hat ihren Kopf auf die Schulter irgendeines prominenten Premierenbesuchers gelegt, aber Hauptsache, sie war da.

Nach Peters Tod zogen Nadja und ich nach Lidingö und wir wurden ihre Nachbarn. Mein Beruf brachte es mit sich, dass ich oft im Ausland gearbeitet habe, dann war Anna-Lena die Extramama für Nadja.

Einmal wohnte Andrej Tarkowski bei Anna-Lena und wunderte sich darüber, dass Nadja bei ihr und ich weg sein konnte. Dabei hatte er doch seinen Sohn in Moskau zurückgelassen, als er im Westen blieb und die Sowjetunion für immer verließ, was ja mit Nadjas Situation nicht vergleichbar war. Sie fühlte sich bei Anna-Lena geborgen.

Ein Hobby, dem Anna-Lena und ich jahrelang frönten, war, auf Auktionen zu gehen. Wir konzentrierten uns auf einfaches Kunsthandwerk und kauften Porzellan und Glas aus den zwanziger Jahren. Wir hatten die Idee, ein Café mit *Wipalms skrot och korn* (Wipalms Schrot und Korn) zu eröffnen, und wer Kuchen, belegte Brote, Tee oder Kaffee kaufte, sollte obendrauf noch Porzellan, Besteck und Gläser bekommen. Es wäre eine neue Art gewesen, Auktionsschnäppchen zu veräußern. Zum Glück ist nichts daraus geworden. Anna-Lena und ich haben nämlich unterschiedliche Auffassungen von Ökonomie.

Unser Interesse für Kunsthandwerk sollte vielmehr auf Reisen zum Ausdruck kommen. Allerdings hatten wir unterschiedliche Vorlieben. Anna-Lena sammelte ausgefallene Teppiche, vor allem Schlaf- und Gebetsteppiche aus dem Tibet mit eingewebten Tigermotiven. Auch nordafrikanische Teppiche mit simplen Symbolmustern hatten es ihr angetan.

Eine Reise führte nach Marokko, wo wir in die Berge fuhren, zu kleinen abgeschiedenen Dörfern. Hier knüpften und webten traditionell die Frauen die Teppiche. Junge Mädchen saßen in einem großen dunklen Zelt im Kreis. Die Jüngsten waren sechs Jahre alt und die Ältesten etwa vierzehn. Vor jedem Mädchen hing ein einfacher Webstuhl von der Decke herab.

Die Mädchen saßen beim Weben mit einem breiten Riemen um den Rücken festgezurrt, waren buchstäblich an ihre Arbeit gebunden und webten von früh bis spät. Die spärliche Beleuchtung kam von einem kleinen Loch im Dach.

Wenn die Weberin sich dem 14. Lebensjahr näherte, durfte sie sich ihren eigenen Brautteppich weben. Vor dem Zelt standen die älteren Frauen und färbten das Garn mit Pflanzenfarben. Sie bestimmten, welche Muster gewebt oder geknüpft werden sollten. Die Männer kümmerten sich um den Verkauf.

In Marokko sahen wir ein weiteres Handwerk, die Verarbeitung des teuren und bekannten weichen marokkanischen Leders, aus dem die großen Modehäuser ihre Produkte fertigen lassen.

Die Herstellung ist eine schreckliche Prozedur. Man hatte Löcher in den Felsgrund gebohrt, halb mannshoch tief und mit einem Durchmesser von weniger als einem Meter. Die Löcher waren mit einer widerwärtig stinkenden Masse gefüllt, in die man die abgezogenen Tierhäute warf.

In den Löchern standen halbnackte Jungen und dünne Männer bis zur Taille und trampelten unablässig auf den Häuten herum, bis sie weich genug waren. Ein Kontrolleur nahm in regelmäßigen Abständen einen Lederfetzen zur Hand, um zu prüfen, ob das Leder fertig war. Der Gestank und die Herstellungsart waren unerträglich.

In einer Keramikfabrik, in der klassische marokkanische Krüge hergestellt wurden, saßen kleine Jungen und Mädchen und klopften die Glasur ab, die auf die Set-Platten des Keramikofens geflossen und dort festgeschmolzen war. Die Kinder waren in eine Feinstaubwolke gehüllt. Auf das Risiko einer Staublunge wurde keine Rücksicht genommen. Es ist ein furchtbarer Preis, den die Hersteller dieser erlesenen Handwerksgegenstände bezahlen müssen.

Wir fuhren auch in ein Dorf in einer von Berbern bewohnten Gebirgsgegend im nördlichen Marokko, in dem zahlreiche antike marokkanische Teppiche zum Verkauf angeboten wurden. Anna-Lena interessierte sich für einen solchen Teppich, aber der Preis war für marokkanische Verhältnisse relativ hoch. Im Gegensatz zu mir ist Anna-Lena eine Meisterin im Verhandeln. Ein Teppich nach dem anderen wurde gezeigt. Über drei Tage wurde geschachert und gefeilscht. Ich saß auf einem Stapel Teppiche wie eine Zuschauerin bei einer Vorstellung. Es war wie ein Duell, ein zwei-Personen-Stück.

Doch Anna-Lena machte den Fehler, dass sie den Besitzer der Teppiche fragte, ob er Deutscher sei, weil er größer als die meisten Marokkaner war und ungewöhnlich blaue Augen hatte. Da machte es Klick bei ihm und er antwortete großspurig: »Wir Berber stammen in direkter Linie von den Vandalen ab, deshalb sind wir groß, und von ihnen haben wir auch unsere blauen Augen.«

Anna-Lena kaufte schließlich drei Teppiche statt einen, was insgesamt weniger kostete als der Teppich, den sie zuerst kaufen wollte. Zudem wurden diese kostenfrei nach Schweden geschickt. Auch ich bekam einen Teppich, obwohl ich bei diesem Kampf gar nicht mitgemacht hatte, und profitierte so von Anna-Lenas Verhandlungskünsten.

Ein anderes Mal reisten wir via Thailand nach Nepal. Ich hatte mir eigentlich Tibet vorgestellt, weil das ein alter Traum von mir ist, seit ich mit acht Jahren über Tibet und die Gebetsmühlen der tibetanischen Mönche (sopin prayers) informiert wurde. Darauf sind Gebetstexte eingraviert. Die Rollen werden ein paar Mal gedreht und schon werden unzählige Gebete direkt zur angebeteten Gottheit gesandt. Als Achtjährige fand ich das natürlich praktisch, weil ich keinen einzigen Psalm auswendig konnte, wie es die Schule forderte. Das wäre die Lösung für mein Problem gewesen. Es wurde jedoch nichts aus Tibet, weil wir kein Visum bekamen. Stattdessen fuhren wir nach Nepal. Unsere Reiseführerin und Dolmetscherin Pen Pan Jar, Leiterin des thailändischen Filminstituts in Bangkok, war eine enge Freundin von

Anna-Lena. Sie kannte Nepal sehr gut und organisierte einen Dolmetscher, der Französisch und Englisch sprach und Vishnu hieß. Er informierte uns ausführlich über die politische Situation in Nepal. Das Land befand sich in der Krise, unmittelbar vor einem Aufstand gegen die herrschende Königsfamilie, die 239 Jahre regiert hatte. Es waren vor allem die Maoisten, die die Gesellschaft verändern wollten. Kaum hatten wir Nepal verlassen, da ging auch schon der Aufstand los. Bereits als wir dort waren, haben wir die Spannungen zwischen Hindus und Buddhisten und ihre Unzufriedenheit deutlich gespürt. Zudem gab es im Norden Nepals eine Million tibetischer Flüchtlinge, die nicht gern gesehen waren.

Unser Dolmetscher führte uns gekonnt und diplomatisch durch das Land und sagte nebenbei: »Die Maoisten werden die Herrschaft übernehmen, wenn die Königsfamilie verschwindet.« Früher unternahmen europäische Hippies mit ihrer Drogenromantik Wallfahrten nach Nepal. Heutzutage werden sie nicht über die Grenze gelassen.

Anna-Lena und ich hatten von einem heiligen Mädchen gehört, das eingesperrt in einem Palast sitzt und von Gläubigen verschiedener Religionen angebetet wird.

In Tibet wird ein kleiner Junge gesucht, von dem man glaubt, er sei der auferstandene Dalai Lama; er wird von Mönchen erzogen, um als Erwachsener der oberste Vertreter ihrer Religion, ein heiliger Philosoph zu werden. In Nepal hingegen wird ein kleines Mädchen gesucht, das für eine bestimmte Zeit seines Lebens für heilig erklärt wird. Damit enden aber auch schon die Gemeinsamkeiten mit dem Dalai Lama. Das ausgewählte Mädchen ist vier Jahre alt. Es wird in einen Palast in Katmandu gebracht und lebt dort zusammen mit seinen Lehrern und Erziehern ohne jeglichen Kontakt zur Außenwelt. In regelmäßigen Abständen zeigt es sich in einem Gitterfenster dem Volk, von dem es angebetet wird. Wenn die Menschen es sehen, bitten sie um den Segen und um Hilfe.

Wenn das Mädchen vierzehn Jahre alt ist, und seine Menstruation bekommen hat, muss es den Palast für immer verlassen. Es wird durch ein neues kleines Mädchen ersetzt, dem dasselbe Schicksal zuteilwird wie ihm. Das ausgestoßene Mädchen bekommt einen geringen Unterhalt, kann aber nie mehr ein normales Leben führen. Es ist heilig und doch nicht heilig und sein weiteres Leben geht in eine neue Isolierung über. Heirat und Kinder sind nicht möglich. Wer würde es wagen, eine Frau zu heiraten, die eine Heilige war?

In Nepal unternahmen wir auch eine Bootsfahrt auf einem Fluss im Dschungel. Die Reling des Bootes befand sich nur knapp einen Dezimeter über der Wasseroberfläche. Im Fluss wimmelte es nur so von Krokodilen und in der Sonne am Strand lagen zahlreiche Exemplare und warteten auf Beute.

Unsere Autofahrt von ganz oben bis hinunter ins Tal war genauso unbehaglich. Links von uns gähnte der Abgrund. Anna-Lena, die groß und kräftig ist, saß rechts von mir auf der Rückbank. Ich überlegte: Wenn wir in den Abgrund stürzen, sitze ich dann besser rechts oder links von ihr? Es hätte wohl keine Rolle gespielt. Vor uns fuhren überfüllte Busse. Manche Passagiere saßen auf dem Dach, andere hielten sich krampfhaft an den beiden Seiten des Busses fest. Die Unfallstatistik war hoch.

Unser Dolmetscher wollte, dass wir eine Beerdigung miterleben. Widerwillig gingen wir darauf ein und sahen eine Beerdigung, oder besser gesagt, eine Leichenverbrennung. Unser Dolmetscher wollte uns die Zeremonien seines Landes zeigen und seiner Meinung nach gehörte das dazu. Anna-Lena und ich zögerten, vor allem weil wir befürchteten, die Gefühle der Trauernden zu verletzen. Wir gehörten ja nicht dazu.

Wir standen auf einem Berghang hinter einem Busch versteckt und konnten bis zum Fluss hinuntersehen, wo die Leichenverbrennung stattfand. Eine Brücke führte über den Fluss. Es sollten zwei Tote verbrannt werden; der eine Verstorbene gehörte zu den Reichen, der andere zu den Armen. Zwei Beerdigungen, aber jeweils auf einer Seite der Brücke. Die Zeremonien waren sehr unterschiedlich.

Auf der Seite der Reichen gab es ein Häuschen, das einer Kapelle ähnelte, in dem der Sterbende bis zum letzten Atemzug ruhen durfte. Am Strand stand eine Gruppe weißgekleideter Männer und Frauen und wartete. Zwei der Männer, oft sind es die Söhne, trugen den Sterbenden hinaus und legten ihn ans Ufer, mit den Füßen in den Fluß. Da die Gewässer der ganzen Welt miteinander verbunden sind, bekam der Sterbende über seine Füße Kontakt mit den großen Meeren und seinen Vorfahren. Ihrem Glauben nach sind wir aus den Meeren gekommen und werden uns in den Meeren wieder vereinen.

Langsam entkleideten die Männer den Sterbenden und wuschen ihn. Sie zogen ihm ein langes weißes Hemd an. Währenddessen wurde ein Scheiterhaufen errichtet. Kurz nachdem der Mann verstorben war, hoben ihn sechs Familienmitglieder hoch und legten ihn auf den hohen Holzstapel. Bevor der große Haufen angezündet wurde, steckte ein Mann dem Verstorbenen eine brennende Fackel in den offenen Mund. Damit wurde symbolisch alles ausgelöscht, was er im Laufe seines Lebens Böses gesagt oder durch seine Rede bewirkt hat. Ihrem Glauben nach kommt alles Böse aus dem Mund heraus.

Anschließend wurde der große Scheiterhaufen angezündet und das Feuer loderte auf. Der Rauch vom Körper des Verstorbenen stieg zum Himmel auf und dessen Geist vereinte sich mit dem Firmament. Als das Feuer erloschen war, wurde die Asche eingesammelt und sorgsam in den Fluss gestreut. Langsam floss die Asche ins Meer, zu den Weltmeeren.

Bei dem Armen auf der anderen Seite ging alles viel schneller vor sich. Den bereits Verstorbenen legte man ohne irgendwelche Zeremonien direkt auf den Holzstapel und zündete diesen an. Allerdings gehörte auch hier die symbolische Geste dazu, dem Verstorbenen eine brennende Fackel in den Mund zu stecken. Schnell verzehrten die Flammen den Körper und in kurzer Zeit war alles vorbei. Seine Asche wurde ebenfalls in den Fluss gestreut. Nach dem Tod und den Leichenverbrennungen vermischte sich die Asche der beiden Männer im Fluss und der Rauch von ihnen am Himmel.

Das Ganze war ergreifend. Anna-Lena und ich, die so viele Beerdigungen von Angehörigen und Zeremonien, die zu unserer Kultur gehören, erlebt hatten, waren sehr berührt.

Eine lange Freundschaft hat den Vorteil, dass man nicht immer alles erklären muss. Das ist dem kontinuierlichen Umgang zu verdanken. Dieser gleicht einem Bauwerk, in dem man sich zurechtfindet und die Eigenheiten des anderen akzeptiert.

Heutzutage brauchen Anna-Lena und ich nur einen Namen zu nennen oder ein Ereignis anzudeuten und alles läuft wie ein Film vor unserem geistigen Auge ab und es kommt uns vor, als sei es gestern gewesen. Das gilt für Freud und Leid, das wir geteilt haben.

Es ist schwer zu ertragen, wenn der Freundeskreis mit der Zeit aus natürlichen Gründen schrumpft. Die Referenzrahmen verschwinden.

USA, MEXIKO UND FRANKREICH

Die Reise in die USA

Ich hatte mich um ein einjähriges Stipendium bei der *Schweden-Amerika-Stiftung* (Sverige-Amerika-Stiftelsen) beworben, das ich zu meiner Überraschung auch bekam, und reiste kurz darauf in die USA. Das war 1959.

Den Bewerbungsunterlagen hatte ich eine Reportage beigelegt, die der Kulturjournalist Conrad Brown über mich in der amerikanischen Zeitschrift *Craft Horizon* veröffentlicht hatte und in der es hauptsächlich um Kunsthandwerk ging. Er arbeitete zudem im Kunsthandwerksmuseum in New York, das Verbindungen zum *Museum of Modern Art* unterhielt. Ich hatte unter anderem vor, über amerikanisches Design und die vielen Kulturzentren, die überall auf diesem Kontinent verstreut waren, zu schreiben. In meiner Naivität hatte ich geglaubt, ich könnte Mikael mit in die USA nehmen. Das war aber leider nicht möglich.

An das Stipendium der *Sverige-Amerika-Stiftelsen* waren bestimmte Bedingungen geknüpft. So war ein sechs- bis neunmonatiger Aufenthalt Pflicht, sonst musste das Stipendium zurückgezahlt werden – doch das Geld reichte nur für die Hälfte der Zeit. In der restlichen Zeit musste ich in sechswöchigen Etappen schwarz arbeiten, da ich nicht über die nötige *GreenCard* für eine Arbeitserlaubnis verfügte. Um eine *GreenCard* zu bekommen, hätte ich nach Schweden zurückkehren und von dort eine Arbeitserlaubnis für die USA beantragen müssen. Das Ganze war ein Teufelskreis.

Mikael war zunächst im Landhaus der Alfvéns, Edö Ö, in den Stockholmer Schären, genau wie in den Sommerferien, wenn ich arbeitete. Dann ging er mit der Familie Palmstierna nach Gävle, wo er als kleines Kind gelebt hatte. Anschließend sollte sich Mark nach all den Jahren das erste Mal um seinen Sohn kümmern. Es war eine Katastrophe. Von den USA aus konnte ich nichts ausrichten, mich lediglich darum kümmern, dass Mikael bei Hans und Lena wohnen konnte. Ich wusste, dass Onkel Hans Mikael viel bedeutete, aber dieses Herumreichen war natürlich nicht gut.

Zu meiner Rechtfertigung kann ich nur anführen, dass ich mich nach sieben Jahren gezwungen sah, aufzubrechen, um über meine Beziehung zu Peter nachzudenken.

Die Reise nach New York und zurück musste ich selbst organisieren. Billigflüge gab es zu der Zeit nicht. Mein Stiefvater René hatte einen Bruder, Wim de Monchy, der Direktor und großer Teilhaber der *Holland-Amerika-Linie* war. Dieser Onkel (oom Wim auf Niederländisch) hatte in der Kriegszeit versprochen, dass er, wenn der Krieg vorbei sei und die Deutschen verloren hätten, allen Kindern in der Verwandtschaft eine Reise von Rotterdam nach New York und zurück spendieren würde. Mit René hatte ich gebrochen, aber nicht mit Onkel Wim.

Ich schrieb ihm und fragte, ob ich seiner Meinung nach noch zur Verwandtschaft gehöre und ob er noch an seinem Versprechen festhalte. Das tat er. Ich fuhr mit dem Zug nach Rotterdam und dann direkt zum Hafen. Es war ein Frachter, der in der Reederei lag. Wir waren nur wenige Passagiere: ich, ein Pastor der Freikirche, seine Frau und vier Kinder. Alle Mahlzeiten nahmen wir gemeinsam mit dem Kapitän Hubert van Vliet ein. In diesen zwölf Tagen sind der Kapitän und ich gute Freunde geworden. Die Freikirchlichen blieben meist unter sich.

Als wir uns früh am Morgen New York näherten, weckte mich Hubert van Vliet, damit ich bei Sonnenaufgang New Yorks Hafen und die Einfahrt mit der Freiheitsgöttin sähe. Ich stand neben ihm auf der Brücke und erlebte dieses Schauspiel. Ich dachte an all die Emigranten, die in der Hoffnung auf eine bessere Zukunft denselben Anblick genossen hatten.

Hubert hatte in New York ein paar Tage frei und bot mir für die ersten Tage seine Hilfe an. Vielleicht, weil er mich als Verwandte des höchsten Chefs ansah.

In rasantem Tempo zeigte er mir New York. Während die Erde immer noch unter meinen Füßen schwankte, klapperten wir innerhalb weniger Tage alles ab, was ein Tourist sehen sollte. Wir waren ganz oben im *Empire State Building*, aber auch in kleinen Cafés in Greenwich Village. Er hat mich nicht nur durch die Stadt geführt, sondern es war ihm auch gelungen, Eintrittskarten für die erste Inszenierung von *West Side Story* zu besorgen. In unseren Gesprächen an Bord hatte ich ihm von meiner Vorliebe für Jazz erzählt. Einer meiner Favoriten war damals der Jazzmusiker Lionel Hampton. Er spielte in einer kleinen Kneipe, und der Kapitän schleppte mich vor seiner Rückreise nach Rotterdam noch dorthin.

Mein Wohnungsproblem hatte der Journalist Conrad Brown gelöst. Für kurze Zeit konnte ich ein Zimmer bei einer Freundin von ihm mieten, in einem der besseren Viertel auf der Madison Avenue. Bevor ich mein Zimmer bei ihr übernehmen konnte, hatte er für mich eine Bleibe in einer Wäschekammer im *Waldorf Astoria* organisiert. Conrad war eng mit der Frau befreundet, die für diese Abteilung zuständig war. Der Nachteil war, dass es gegen die Regeln verstieß und ich meine Schlafkoje vor sechs Uhr morgens verlassen musste. Der Vorteil war, dass es nichts kostete und immerhin das *Waldorf Astoria* war.

Die Frau, die das Zimmer auf der Madison Avenue vermietete, hatte einen sonderbaren Lebensstil. Sie hatte ein kleines Kapital, das ihr geringe Zinseinnahmen verschaffte. Sie war Büroangestellte, doch das Gehalt reichte ihr nicht. Deshalb hatte sie drei Männer: einen, der die Miete bezahlte, einen, der ihre Garderobe mitfinanzierte und einen dritten, der die Haushaltskosten übernahm. Währenddessen grübelte sie darüber nach, wen sie nun zum Ehemann nehmen sollte. Sie hat nie begriffen, dass das an Prostitution grenzte, vielmehr erklärte sie mir, dass sie mehrere Frauen kenne, die einen solchen Lebensstil pflegten und weiterempfahlen. Ich wohnte nur kurz dort. Als Dank für die Unterkunft organisierte ich eine kleine Party und lud einen reichen Schweden ein, den ich kannte.

Auch in Harlem hatte ich Freunde. Die Schwester meiner Schwägerin Lena Jovinge, Marika, war mit dem Künstler Harvey Cropper verheiratet gewesen, der ursprünglich aus Westindien stammte, aber in Harlem aufgewachsen war. Seine Familie lebte noch dort. Der Vater war Apotheker, die Mutter Sprachlehrerin und der Bruder Steuerberater. Ich nahm ihr Angebot an, für kurze Zeit bei ihnen zu wohnen.

Ihr Zuhause war stets voll mit Leuten, und es fanden lebhafte politische Diskussionen statt – insbesondere die Bewegung *Human Rights Movement* stand ständig im Fokus.

Meine Gastgeber ließen mich nicht allein aus dem Haus gehen. Ich wurde stets von zwei Freunden begleitet. Wenn wir verschiedene Musik- und Tanzlokale besuchten, ging einer von ihnen immer als Erster rein, damit das Publikum nicht negativ reagierte. Nicht selten stutzten die anderen Besucher, weil ich eine weiße Frau und noch dazu blond war. Immer, wenn wir einen Raum betraten, sagten meine Freunde: »Don't touch her, she is family and she is a white nigger.« Vor allem das rassistische Wort »nigger« in Kombination mit »white« löste Gelächter aus und ich wurde akzeptiert.

Als ich zu einem Kunsthandwerks-Kongress in Aspen, nördlich von New York, eingeladen wurde, verließ ich Harlem. Es war eine einwöchige Konferenz über den Status und die Zukunft des Kunsthandwerks in den USA. Mäzene nahmen ebenfalls daran teil, was für mich damals ganz neu war.

Als schwedische Repräsentantin gab ich einen historischen Überblick über die Entwicklung unseres Kunsthandwerks vom Ende des 19. Jahrhunderts bis zum damaligen Zeitpunkt. Auf der Konferenz lernte ich viele Menschen kennen, die für meinen weiteren Aufenthalt in den USA von Bedeutung sein würden. Einer von ihnen war der Künstler Peter Ostuni, der Wandreliefs in Plastik und Plexiglas designte. Eine Zeit lang war ich seine Mitarbeiterin und er besorgte mir ein Zimmer in Greenwich Village.

Vorübergehend hatte ich auch eine Stelle bei einer angesehenen Design- und Architekturfirma, Russel Wright. Ich töpferte Formen, die später massenweise unter ihrem Namen produziert werden sollten. Darüber hinaus baute ich mehrere Architektur-Modelle. Als ich in Greenwich wohnte, bekam ich einen Brief von Anna-Lena Wibom. Sie schrieb, dass *Pontus Hultén* auf dem Weg nach New York sei, um einige junge amerikanische Künstler zu treffen, und wollte wissen, ob wir, er und ich, uns sehen könnten. Sinn und Zweck von Pontus' Reise war, gemeinsam mit Billy Klüver eine Ausstellung in Stockholm vorzubereiten.

Ich begleitete Pontus zu den verschiedenen Ateliers, wo wir Künstler kennenlernten, die in Schweden noch unbekannt waren, darunter

Sam Francis, Robert Rauschenberg, Jim Dine, Andy Warhol und andere. Als Schwedin nahm ich voller Neid die Möglichkeiten zur Kenntnis, die diese jungen Männer durch ihre Mäzene bekamen. Durch deren finanzielle Unterstützung hatten sie die Chance, ihre Ideen zu verwirklichen. Für die Mäzene war es eine Investition, die Künstler repräsentierten für sie eine Art künftige Aktie.

Wir trafen John Cage in seinem Musikstudio. Sein Glashaus war um einen riesigen Baum herum gebaut worden, der mitten im Raum stand. Gemeinsam mit dem Fotografen Merce Cunningham und dem Künstler Robert Rauschenberg traten sie später im neugestalteten *Moderna museet* in Stockholm auf. Das war eine der ersten Installationen im *Moderna museet*. Eine lebende Kuh war auch dabei. Diese Zeit war von Verspieltheit und verrückten Ideen geprägt. Später sollten sie alle berühmt werden, doch die Improvisation und das Unprätentiöse verschwanden. Sie wurden zu Ikonen.

Bei Cage lernte ich einen seiner jungen Mitarbeiter kennen. Ich erzählte ihm, ich sei auf dem Weg nach San Francisco, um unter anderem Marguerite Friedlaenders Kunsthandwerkskollektiv zu besuchen. Marguerite Friedlaender arbeitete immer noch nach den Prinzipien vom Bauhaus und war in den USA sehr bekannt.

Cages Mitarbeiter unterbreitete mir ein seltsames Angebot. Er hatte einen teuren Sportwagen gekauft und wollte diesen von Ost nach West, von New York nach San Francisco gebracht haben. Allerdings konnte oder wollte er die lange Strecke nicht selbst fahren. Das Auto sollte ein Geschenk für einen Freund in San Francisco sein, und er fand, es würde Eindruck machen, wenn ich den Wagen überbringen würde. Bei der Übergabe sollte er schön eingefahren und blitzeblank sein. Ich sagte unter der Bedingung zu, dass ich nicht allein zu fahren brauchte. Das war nachvollziehbar. Deshalb fuhr der Künstler Peter Ostuni mit. Geld für Benzin und Übernachtung gehörte nicht zu dieser Abmachung. Vom Besitzer des Sportautos bekam ich lediglich ein Spray, das ich vor der Übergabe über die Autositze sprühen sollte. Es roch nach neuem Leder.

Wir nahmen nicht die direkte Route, sondern fuhren die Ostküste entlang Richtung Süden. Ich wollte New Orleans, die Hochburg des Jazz, sehen und vor allem hören. Über New Orleans fuhren wir nach San Francisco. Unsere Finanzen erlaubten es uns nicht, die teuren, gepflegten Highways mit ihren ständig wiederkehrenden Mautstellen zu benutzen. Wir fuhren stattdessen auf kleinen abgasfreien Straßen. Das bedeutete, dass wir, wenn wir uns einem Ort näherten, fast ausnahmslos von hinten in die Städte und Dörfer gelangten, geradewegs in die Slums. Dort herrschte eine Armut, die jeder Hoffnung entbehrte. Dies ist in dem Fotobuch *The Family of Man*, das auf Edward Steichens Ausstellung im MoMa basiert, gut dokumentiert.

In San Francisco hatte ich einen Freund, den ich damals in Paris kennengelernt hatte, einen Galeristen, der unter anderem Max Ernst und seine Frau Dorothea Tanning ausgestellt hat. Ich bekam das Angebot, für ein paar Tage die Woche in der Galerie zu arbeiten. Dafür überließ er mir ein Zimmer in seinem Haus auf dem Telegraph Hill. Durch ihn kam ich in die besten Kreise von San Francisco und wurde zu einer Bootsfahrt mit Shirley Temple eingeladen. Es war ein Fest zu ihren Ehren. In meiner Kindheit hatte ich ihre Filme gesehen und auch die kleinen Fotos von Filmstars gesammelt, die wir untereinander tauschten. Mit ihren Korkenzieherlocken sah sie immer noch aus wie der Kinderstar, der sie einst gewesen war, allerdings mit steifen, reglosen Gesichtszügen.

Als mein Galerist versuchte, mir weitere Einladungen für verschiedene Feste zu besorgen, gab er mir zu verstehen, dass ich mich zu europäisch kleidete. Daraufhin schleppte er mich in eine feine Boutique und staffierte mich aus. Angesagt war ein strammes Korsett, damit der Hintern plattgedrückt wird. Die Kerbe durfte nicht zu sehen sein. In der Taille sollte das Korsett eng geschnürt werden, damit die Brust erhöht wird. Zwischen den Brüsten durfte ein Spalt sein. Ein bauschiger Rock mit mehreren Schichten Tüllunterröcke sowie ein Jäckchen mit Nerzbesatz gaben dem Ganzen »style«. Ein Hütchen mit Flor und zwei künstlichen Blumen, sollte schräg auf dem Kopf sitzen. Zu diesem Aufzug gehörten natürlich hochhackige Pumps mit Goldschnalle, ferner ein paar halblange Handschuhe und als Krönung unechte Goldketten um den Hals.

Für mich war diese Theaterkostümierung vorübergehend eine Eintrittskarte, und ich bekam wie Eliza in Bernard Shaws *Pygmalion* einen Einblick in diese reiche, künstliche Welt.

In derselben Stadt gab es allerdings noch eine ganz andere Welt, die Beatbewegung mit ihrer fast programmatischen Lockerheit. In

Stockholm hatte ich früher den Dichter Gregory Corso kennengelernt, der bei Peter und mir zu Hause versucht hat, Marihuana einzuführen, was weder auf mich noch auf Peter Eindruck gemacht hat.

Hier in San Francisco waren alle Mitwirkenden davon regelrecht umwölkt. Gregory Corso gehörte zur Beatgeneration mit Alan Ginsberg und Jack Kerouac. Eine andere, eher normale Veranstaltung war ein Konzertabend mit dem blinden Jazzmusiker Ray Charles.

Das Haus, in dem ich wohnte, war unserem Haus in Rotterdam gruslig ähnlich: dieselben Treppen, dieselbe Raumeinteilung, dieselben Fenster.

Das mir zugewiesene Zimmer lag wie mein Kinderzimmer im dritten Stock mit Blick auf einen schmalen Garten. Vielleicht hatte ein holländischer Einwanderer das Haus gebaut. Der Gastgeber, der Galerist, hieß jedoch Rene di Rosa und nicht René de Monchy.

Ich war bereits längere Zeit in den USA, als ich aus San Francisco meinen ersten Brief an Peter schrieb. An demselben Tag hatte auch er mir geschrieben, nachdem er von Hans meine Adresse bekommen hatte. Irgendwo über dem Atlantik haben sich unsere Briefe gekreuzt. Es folgte ein reger Briefwechsel. Wir vereinbarten, dass wir uns treffen, wenn ich Ende des Jahres nach Europa zurückkehrte.

Wir wollten uns in unserem alten einfachen Hotel im *Quartier Latin* in Paris treffen und wieder vereinigen. Trotz allem hatten wir noch immer eine tiefe Beziehung. Auch Mikael war für Peter wichtig, er war ebenfalls in Paris. Sieben Jahre hatten ein starkes Band zwischen ihnen geknüpft.

Mexiko

Ich verließ San Francisco und flog nach Mexiko. Anlass war die große Ausstellung 1952 in der *Liljevalchs konsthall*, die die mexikanische Kunst über Nacht in Schweden bekannt gemacht und einen Einblick in die reiche Kunstwelt dort gegeben hat. Es wurden Skulpturen und Kunstwerke aus dem alten Mexiko gezeigt, aber auch Kunst und Kunsthandwerk der Gegenwart. Die zeitgenössische Kunst wurde von Diego Rivera, Frida Kahlo, José Orozco und David Siqueiros repräsentiert. Diese Ausstellung hat meine Generation von Kunsthandwerkern inspiriert.

Ich kam am gleichen Tag in Mexiko an, als dort der *día de los muertos*, der Tag der Toten, gefeiert wurde. Ich hatte noch nie etwas davon gehört. Alles stand im Zeichen des Todes – von Torten und Gebäck bis hin zu Totenköpfen und Feuerwerk in Form von Skeletten sowie Kinder, die sich als Tod verkleidet hatten. Zunächst dachte ich, ich wäre zu einem irrwitzigen Spektakel einer verrückten Stadt gekommen, bis ich die Erklärung bekam. Der Triumpf des Todes, der geschildert wird, ist eine Mischung aus vielen grausamen Ritualen der Ureinwohner in Kombination mit der noch grausameren spanischen Herrschaft.

In Mexiko City wohnte eine Gruppe amerikanischer Schriftsteller und Filmemacher, die vor McCarthys antikommunistischen Säuberungen in den USA geflohen waren. Einige von ihnen waren Trotzkisten, aber die meisten hatten lediglich diffuse Vorstellungen von dem, was McCarthy als kommunistisch betrachtete. Die meisten waren linksliberal und fielen den Säuberungen zum Opfer, wurden arbeitslos, wenn sie nicht sogar im Gefängnis landeten. Sie waren aus den USA emigriert und hatten in Mexiko eine Freistatt gefunden.

Ich wohnte bei dem Filmproduzenten George Pepper, den ich in New York in Zusammenhang mit einem Film kennengelernt hatte und der sich nun gezwungen sah, die USA zu verlassen. Er war Luis Buñuels' Produzent. Die Begegnung mit Luis Buñuel und die Gespräche über Trotzki waren, zusammen mit dem Erlebnis der mexikanischen Kunst, der große Gewinn meiner Reise. Ich besichtigte das eingezäunte Haus, in dem Trotzki mit seiner Familie gewohnt hatte und in dem er mit dem Eispickel von seinem Sekretär, einem Stalin-Anhänger, ermordet worden war. Ich habe Leute kennengelernt, die mit Trotzki verkehrt hatten und bekam den Eindruck, dass dieses merkwürdige historisch-politische Leben eher einem Thriller ähnelte.

Allerdings war es die Hölle, als junge, blonde Frau in einer Macho-Gesellschaft allein zu reisen. Wenn ich in einem Café saß, konnte es passieren, dass ein Mann vorbeikam und Geldscheine auf den Tisch blätterte, davon überzeugt, ich wäre käuflich.

Als ich Richtung Süden fuhr, mietete ich mir deshalb ein Auto, um sicher zu sein, dachte ich zumindest. Ich bekam einen Chauffeur, obwohl ich mich vergeblich dagegen wehrte. Die Firma Hertz sorgte sich mehr darum, dass das Auto verschwinden könnte, als um mein Wohlbefinden.

Kaum waren wir einen halben Tag gemeinsam gefahren, erklang schon das alte Lied von meiner *Pflicht*, mit ihm ins Bett zu gehen. Als ich seinen Vorschlag ablehnte, warf er mich, um mich rumzukriegen, einfach aus dem Auto. Da stand ich nun, mitten in der mexikanischen Provinz. Weder wusste ich, wo ich mich befand, noch beherrschte ich die Sprache. Plötzlich bekam ich eine Idee und sagte: »Okay, aber auf eigenes Risiko, ich habe nämlich Syphilis.« Da beruhigte er sich für eine Weile, bis er meine List durchschaute. Wir näherten uns einem kleinen Dorf, unweit der Grenze zu Guatemala. In dem kleinen Gasthaus buchte er nur ein Zimmer. Ich ging als Erste rein und verriegelte rasch die Tür. Das Zimmer lag im Erdgeschoß. Ich sprang aus dem Fenster und ließ Auto und Chauffeur zurück. Geld und Pass hatte ich in meiner Brieftasche unter der Bluse versteckt.

Ich fuhr zurück nach Mexiko City, mit Bussen, die randvoll mit Leuten und Tieren waren – Ziegen, Schafen, Hühnern und mir unbekannten essbaren Echsen. Die überfüllten Busse waren sicherer als das Auto, das ich für teures Geld gemietet hatte. Auf dem Rückweg gelang es mir sogar noch, die seltsamen Pyramiden in Yucatán zu besichtigen.

Allmählich trudelte ich wieder in Mexiko City ein, wo meine Freunde mehr oder weniger davon überzeugt gewesen waren, dass ich verschwunden sei. Wieder in Mexiko City hatte ich das Glück, Buñuel zu Filmaufnahmen begleiten zu dürfen. Der Versuch, ihn zu interviewen, ging allerdings völlig daneben. Buñuel war taub und nicht besonders kommunikativ, er sprach am liebsten über erlesene Weine.

Die Busreisen über die Berge zu den Drehorten erfolgten in rasantem Tempo, die Kurven wurden meist mit zwei Rädern genommen. Oft stand an den Kurven ein Kreuz. Laut Chauffeur markierten sie jeweils die Stelle, an der ein Bus die Absperrung durchbrochen hat und in die Tiefe gestürzt ist, und er behauptete, er selbst habe sich durch einen Sprung aus dem Bus in letzter Sekunde retten können. Ob das nun stimmte oder nicht – ich wollte zwar die Dreharbeiten sehen, hatte aber keine Lust dafür zu sterben.

Im Zusammenhang mit den Dreharbeiten sah ich viele Filme, die Buñuel in Mexiko produziert hatte. Er meinte, er müsse zehn verkäufliche Filme machen, um einen völlig selbständigen, unzensierten Film durchzubekommen. Das ist gut möglich, denn als ich mir diese sogenannten kommerziellen Filme ansah, konnte ich nichts Besonderes an ihnen entdecken. Es hat sich dennoch gelohnt, sie gesehen zu haben, denn selbst in diesen Filmen konnte man in manchen Sequenzen Buñuels Handschrift erkennen. Das hat bestimmt auch etwas mit der mexikanischen Gesellschaft zu tun.

Dort gab es das Grausame, das Irrationale und Rituell-Religiöse. Die frühen surrealistischen Filme *Ein andalusischer Hund*, *Viridiana*, *Das verbrecherische Leben des Archibaldo de la Cruz*, *Der diskrete Charme der Bourgeoisie* und *Desperados der Straße* gehören zu meinen Lieblingsfilmen.

Von Estrid Ericson von *Svenskt Tenn* in Stockholm hatte ich ein Empfehlungsschreiben für ihren Verbindungsmann für mexikanisches Kunsthandwerk bekommen, der in Oaxaca, einem kleineren Ort in Mexico lebte.

Ich suchte ihn auf und er half mir herauszufinden, wie ich zu diesen seltsamen alten Pyramiden ähnlichen Tempeln gelangen könnte. Sein Sohn begleitete mich und erklärte mir diese sonderbaren Bauwerke. Als wir bis nach oben geklettert waren, bekam ich eine Lektion in Astrologie der Ureinwohner.

Bei der Rückkehr nach Oaxaca hatte der Kunsthändler für mich einen Flug zurück nach Mexiko City organisiert. Wahrscheinlich hielt er mich für eine Aufkäuferin, denn ich bekam einen dicken Katalog über das Handwerk im zentralen Mexiko. Bei der Rückreise hatte ich auch jede Menge einfaches mexikanisches Kunsthandwerk dabei.

Als ich zu dem kleinen Flughafen kam, standen dort zwei einmotorige Flugzeuge, passend für vier Personen. Neben dem einen Flugzeug stand ein Mann und hämmerte auf die Befestigung des einen Propellers. Ich dachte, welcher Idiot würde denn mit so einem Flugzeug fliegen. Der Mann mit dem Hammer deutete auf mich. Jedenfalls bin ich in Mexico City angekommen.

Von dort kehrte ich nach San Francisco zurück. Eigentlich wollte ich jetzt nur noch nach Hause. Ich hatte solche Sehnsucht nach Mikael und Peter. Aber es sollte noch eine Weile dauern, denn ich hatte meine Studienzeit noch nicht abgeleistet.

Wieder in New York

In New York angekommen, nahm ich mir ein Taxi und fuhr zu der Adresse, wo man mir ein Zimmer zur Verfügung gestellt hatte. Der Chauffeur, ein großer, kräftiger, sehr dunkler Mann schaute mich an und sagte: »You look very sad. I'll drive you wherever you want without charge, because I want to see a happy face.« Dieser Fremde kümmerte sich. Er wollte kein Geld. Ich bekam seine Adresse und bedankte mich bei ihm.

In meiner Post lag eine Einladung zu der Schriftstellerin Anaïs Nin und ihrem Mann Ian Hugo (Pseudonym für Hugh Parker Guiler). Ich hatte ihnen vorher mitgeteilt, dass ich in New York bin. Ian Hugo war ein reicher Banker, der sich nicht nur für Geld interessierte, sondern auch eine kulturelle und künstlerische Ader hatte. Er war ein bekannter Experimentalfilmemacher. Peter und ich hatten das Paar anlässlich seiner Filmvorführungen in Stockholm getroffen und anschließend zu uns nach Hause eingeladen. Während ihres Aufenthalts in Stockholm hatten wir sie auch durch die Stadt geführt.

Ich hatte früher Anaïs Nins Roman *Kinder des Albatros* gelesen, der mir viel bedeutet hat. Peter interessierte sich vor allem für Anaïs Beziehung zu dem Schriftsteller Henry Miller, insbesondere als sie in Paris waren. Über dieses Thema wurde viel gesprochen.

Anaïs Nin und ihr Mann wohnten in Greenwich Village. Es war ein kleines ungeheuer elegantes Zuhause. Alles war ästhetisch ausgeklügelt. Eine Wand im Schlafzimmer war mit den Blechen zu Ian Hugos Kupferstichen dekoriert, eines seiner Interessen. Zwei Wände waren völlig schwarz gestrichen und an der Stelle, wo die Wände aufeinandertrafen, stand Anaïs' äußerst schmales Bett in Richtung Raummitte. Dort sah ich zum ersten Mal dunkellila Bettwäsche. Da waren wir in Europa hinterher.

Vom Aussehen her hätte Anaïs Nin eine Schwester von Annie Roland Holst sein können, meiner älteren Freundin in Amsterdam. Sie schminkten sich auf die gleiche Art und Weise und kleideten sich auch ähnlich stilvoll. Beide hatten einen wachen Intellekt und eine ausgeprägte Assoziationsfähigkeit. Wenn ich nicht nach Schweden zurückgemusst hätte, wäre bestimmt eine tiefe Freundschaft entstanden.

In den nächsten Tagen traf ich mich mit Freunden und Schriftstellern aus ihrem Freundeskreis. Später las ich die veröffentlichten Tagebücher von Anaïs Nins'. Davon gibt es so viele, dass man sich fragt, wie sie überhaupt noch andere Bücher schreiben konnte. In einem steht etwas über die Begegnung mit Peter und mir in Stockholm. Es war ihr unbegreiflich, wie ich, eine so lebensfrohe Person, mit einem so düsteren Mann wie Peter zusammenleben konnte. Das war wohl nicht ganz gerecht.

Meine Reise gab mir die Möglichkeit, aus der Distanz und über einen längeren Zeitraum hinweg über unsere Beziehung nachzudenken und sie zu analysieren.

Ich bekam die nötige Zeit, um herauszufinden, wie ich mich dazu verhalten sollte, dass Peter ständig das Bedürfnis hatte, kürzere oder längere Beziehungen nebenbei zu haben und zugleich dabei ertappt werden wollte. Wie schmerzhaft dies auch war, so hatte ich es akzeptiert und mitgespielt, hatte in all den Jahren keine einzige Grenze gesetzt, bis es nicht mehr ging.

In einem Brief an Peter beschrieb ich klar und deutlich, wie ich unser gemeinsames Leben empfunden habe, das Stimulierende daran und das Zerstörerische. Ich schrieb, dass ich bei meiner Reise in die USA ursprünglich daran gedacht hätte, dort zu bleiben, falls sich die Möglichkeit dazu ergäbe. Dann wäre ich nur nach Schweden zurückkehrt, um für mich die *GreenCard* und für Mikael eine Aufenthaltsgenehmigung zu beantragen.

Ich schrieb ihm auch, dass ich die Möglichkeit gehabt hätte, in den USA zu heiraten, aber dass die ausprobierten Beziehungen nicht zufriedenstellend gewesen wären, sondern eitle Versuche, mich von meiner Liebe zu Peter und der Arbeitsgemeinschaft mit ihm zu befreien.

Da ich ehrlich sein wollte, fügte ich noch hinzu, dass dies sicher auch etwas damit zu tun hatte, dass ich trotz allem zu sehr Europäerin war und mit der Art und Weise, wie amerikanische Männer Frauen umwerben, nichts anzufangen wusste, auch nicht mit ihrer doppeldeutigen Einstellung zum anderen Geschlecht, dass die Frau entweder eine Heilige oder eine Hure sei. Vielleicht hatte ich auch das Pech, nur komische Männer kennenzulernen, oder aber ich war noch nicht zu einer neuen Beziehung bereit.

Die berufliche Stimulanz und Inspiration, die ich durch den Aufenthalt in den USA und in Mexiko erfahren hatte, machten mir deutlich, dass ich, ob ich nun bleiben oder nach Hause fahren würde, mich verändern, neue Wege beschreiten und allein zurechtkommen konnte. Abgesehen von denen, die mich hofiert hatten, waren die meisten Männer in den Künstlerkreisen, in denen ich verkehrte, homosexuell. Das war im Grunde sehr entspannend, weil ich nie auf der Hut sein musste, wenn ich mit ihnen unterwegs war. In New York und Mexiko war ich schon mehrmals überfallen worden und hatte gelernt, mich stets zu vergewissern, wo der Ausgang war.

Trotz aller Schwierigkeiten, die Peter und ich in unserer Beziehung hatten, war Peter für berufliche Gleichberechtigung. Er respektierte meine Arbeit und ermunterte mich.

Der zeitliche Abstand von fast einem Jahr, die Begegnungen mit Menschen, die Peter und unsere Beziehung nicht kannten, eröffneten mir eine neue Perspektive.

Peters Brief war ebenfalls ehrlich und selbstanalytisch. Nachdem ich ihn verlassen hatte, war er gemeinsam mit einer jungen Journalistin nach Wien gereist, die Beziehung scheiterte jedoch. Daraufhin fuhr er nach Rumänien und lernte in Bukarest eine Ärztin kennen, die dachte, er würde sie heiraten. Schnell verließ er sie und kehrte nach Schweden zurück. Zu Hause angekommen, geriet er wieder in Schwierigkeiten.

Eine Fernsehjournalistin mit zwei Kindern zog in sein Atelier ein. Peter bekam Panik und damit war die Beziehung beendet. Zeitweise erschien, parallel zu anderen Beziehungen, auch eine nervenkranke Schauspielerin auf der Bildfläche, vielleicht weitere Frauen, die er in seinen Briefen nicht erwähnt hat. Peter lebte im Chaos und stürzte andere ins Chaos. In Schweden war er bis zum Äußersten gegangen.

Die Veröffentlichung von *Der Schatten des Körpers des Kutschers* 1960 beim Suhrkamp Verlag in Frankfurt am Main war ein Wendepunkt.

Peter bekam ein ordentliches Honorar und auch das Versprechen, weitere Werke publizieren zu dürfen – eine späte und bedeutende Bestätigung. Dies sollte uns, nach Peters Meinung, einen konstruktiven Neuanfang ermöglichen. Die Resonanz und die neuen Aufgaben dämpften seine ständige Unruhe und Angst. Der Briefwechsel wirkte auf uns beide befreiend und mein Bedürfnis, die Beziehung wieder aufzunehmen, war stärker als mir bewusst war. Ich kehrte zurück, um mein Leben mit Peter weiterzuführen.

Von seinem ersten Honorar bei Suhrkamp hatte Peter mir einen neuen Citroën 2CV gekauft. Das Auto stand in Stockholm. Ich hatte meinen alten Citroën vor meiner Abreise in die USA an Allan Edwall verkauft. Danach endete er als Hühnerstall bei einem norrländischen Bauern. Dieser Wagen war so viele Male kreuz und quer, hin und zurück durch Europa gereist, hatte uns treue Dienste bei allen Transporten zu Peters Filmen geleistet und als Lastauto für viele unserer Freunde fungiert.

Sogar Carlotta, Peters zweite Ehefrau, hatte ihre Freude an dem Auto gehabt. Sie war eine Zeit lang Hühnerzüchterin und ich half ihr, die Eier vom Land zum Hötorget in Stockholm zu bringen, bis nach einem Zusammenstoß alles im Auto zu Rührei wurde.

Gibt es Platz für uns?

Aus der Zeitschrift Form Nr. 1 1959

Jedes Jahr verlassen in Schweden etwa hundert junge Kunsthandwerker nach vier Jahren Ausbildung und ungefähr einem Jahr Praktikum die Kunsthochschulen. Hundert im Jahr sind Tausend in zehn Jahren. Gibt es in der Gesellschaft für diese Kräfte Verwendung?

Die größten Möglichkeiten, in verschiedenen Unternehmen unterzukommen, haben diejenigen von ihnen, die sich mit Werbung und Einrichtung befassen. Schwieriger wird es für jene, die mit Silber, Textilien und Keramik arbeiten. Viele von ihnen werden nach und nach aufgeben und den Beruf wechseln müssen. Andere können ihren Beruf nur als Freizeitbeschäftigung ausüben und wenn sie Hobbykurse geben, vielleicht auch davon leben.

Es hat sich gezeigt, dass die Kunsthochschulen trotz intensiver Bemühungen nur über begrenzte Möglichkeiten verfügen, Absolventen in der Industrie unterzubringen. Gibt es innerhalb der

Industrie wirklich so wenig Platz und Interesse für diese neuen Talente? Könnte sich nicht die Industrie in der internationalen Konkurrenz noch besser behaupten, wenn sie etwas mehr in die Ideen der jungen Leute investierte? Wird sich diese Frage nicht zuspitzen, je größer die Konkurrenz wird?

Wo sind die Praktikumsplätze in diesen Berufsfeldern (so wie in anderen freien Berufen, z. B. in der Architektur), wo man sich zwar nur für ein niedriges, aber immerhin »existenzsicherndes« Gehalt in die Tätigkeit der jeweiligen Industrie oder Firma vertiefen kann? Eine neue, beeindruckende Kunsthochschule wurde gebaut. Der Staat investiert ansehnliche Summen in die Ausbildung der Studenten. Dient es der Ökonomie der Gesellschaft, dass die langjährige Ausbildung nicht voll und ganz ausgeschöpft wird? Wenn es sich wirklich so verhält, dass unsere Kunstindustrie keinen Bedarf an unseren Begabungen hat, die auf unsere Kosten an unseren Schulen ausgebildet wurden, stellt sich automatisch die Frage, ob man ihnen im Ausland Existenzmöglichkeiten verschaffen kann? Es ist vielleicht keine besonders ansprechende Alternative, aber wir dürfen auch nicht die Augen davor verschließen, dass viele Begabungen diese Möglichkeit bereits akzeptiert haben, hat doch das schwedische Kunsthandwerk im Ausland einen guten Ruf. Können wir also unsere Absolventen in andere Länder »exportieren«?

Um das Unterrichtsprogramm realistischer zu gestalten, sollten die Kunsthochschulen Kontakte zu ausländischen Industrien knüpfen, sodass eventuelle Arbeitsmöglichkeiten für die Studenten rechtzeitig vorbereitet werden können. Unter den jetzigen Bedingungen besteht bei den jungen Leuten wohl das Risiko einer gewissen »Elfenbeinturm-Mentalität«. Wer draußen die schwierigen Arbeitsbedingungen in der Gesellschaft kennenlernt, begreift schnell, dass es ohne Eigenkapital keine eigene Werkstatt geben wird, dass er es sich nicht leisten kann, zu experimentieren und ein hohes künstlerisches Niveau zu halten.

Außerhalb der Industrie gibt es immer weniger Möglichkeiten für selbstständige Kunsthandwerker. Statt eine Funktion im Leben zu erfüllen, leben diese Kunsthandwerker unter äußerst schwierigen finanziellen Verhältnissen.

Meist können sie nur mit Hilfe eines Nebenjobs die Werkstatt halten. Es gibt Beispiele dafür, dass begabte Kunsthandwerker sich mit anderen Arbeiten abrackern müssen, um sich in der wenigen, ihnen verbleibenden Zeit ihren eigentlichen Aufgaben widmen zu können.

Man könnte allerdings auch ein Kunsthandwerks-Kollektiv gründen, obwohl wir diese Möglichkeit nie ernsthaft diskutiert haben. Bereits während der Theorie-Ausbildung sollte versucht werden, als Gegengewicht zur Spezialisierung ein größeres Gemeinschaftsgefühl zwischen den verschiedenen Fachrichtungen herzustellen. Somit könnten vielleicht die Voraussetzungen für eine spätere Zusammenarbeit geschaffen werden.

Dafür gibt es gelungene Beispiele in Amerika. So haben Absolventen des *Institute of Design* in enger Zusammenarbeit mit den Kunsthochschulen in Chicago und San Francisco produzierende Kunsthandwerksgruppen gebildet.

Ein großes Problem bei der Bildung solcher Kollektive ist natürlich der Mangel an Räumen. Aber in Zusammenarbeit mit der Gesellschaft sollten die Kunsthochschulen doch eher als Privatpersonen die Möglichkeit haben, dieses Problem zu lösen. Ist der Leitung der Kunsthochschulen die künftige Situation der Kunsthandwerks-Absolventen überhaupt bewusst? Man stößt immer noch auf die Ansicht, dass viele ja »durchs Raster fallen« werden. Es wird sogar behauptet, »im Stillen zu arbeiten« hätte etwas Heroisches.

Bei Frauen wird nicht selten das Argument gebraucht, dass die Ehe und die Geburt der Kinder ihre Tätigkeit unterbrechen werden. Es wäre an der Zeit, die konservative Auffassung zu revidieren, Heim und Kinder würden es den Frauen unmöglich machen, als Kunsthandwerker zu produzieren. Der große Überschuss an Arbeitskräften innerhalb dieser Fachrichtung hat zur Folge, dass die Gehälter in der Industrie auf niedrigem Niveau gehalten werden können. In einer Notlage ist man immer gezwungen, die Bedingungen des Arbeitgebers zu akzeptieren. So bleibt kein Arbeitsplatz unbesetzt. Die der Gewerkschaft angehörenden Industriearbeiter haben in der Regel höhere Gehälter als die jüngeren, teuer ausgebildeten künstlerischen Mitarbeiter!

Es besteht wohl kein Zweifel, dass wir einen ständigen Zuwachs an neuen Initiatoren benötigen, um unsere Kunstindustrie vital zu halten. Diese Initiatoren können sich im Rahmen des Kunsthandwerks insbesondere dem Experimentieren widmen. Aber je weniger Gelegenheiten es für Experimente gibt, desto weniger Kunsthandwerker werden gebraucht und desto schwieriger wird es für die künftigen Absolventen-Generationen der Kunsthochschulen.

In diesem Zusammenhang kommt der Presse eine wichtige Aufgabe zu. Deshalb ist es sehr erstaunlich, dass die Zeitungen fast ausnahmslos Kunsthandwerk und Kunstindustrie auf der »Frauenseite« unterbringen, während selbst der belanglosesten Kunstausstellung noch ein anderer Platz zugebilligt wird. Hier erledigt die Presse die Geschäfte des Konservatismus. In diesem Land dürfte sogar der gröbste Überschlag ergeben, dass Kunsthandwerk und Kunstindustrie nicht hinter anderen Kunstbereichen hinterherhinken, wenn es um ihre kulturelle und ökonomische Bedeutung geht.

Biot

Im Januar 1960 kehrte ich voller Inspiration aus den USA und aus Paris nach Schweden zurück und wollte meine Arbeit weiterentwickeln, was jedoch nur schleppend voranging. Als ich das Angebot bekam, eine Sonderausstellung in der Galerie *Hantverket* auf dem Brunkebergstorg zu machen, bedeutete mir dies sehr viel. Jetzt ging es darum, genügend Gegenstände für die Ausstellung zusammenzubekommen.

Mit Hilfe von Torun Bülow-Hübe bekam ich die Möglichkeit, die Werkstatt des Künstlers und Keramikers Hans Hedberg in Biot, einem kleinen Dorf in den Bergen oberhalb von Antibes an der französischen Riviera, wo auch Torun ihre Werkstatt hatte, zu nutzen und zwar umsonst. Hans fuhr jeden Sommer nach Hause zu Höga Kusten, sodass die Werkstatt leer stand. Sein Mitarbeiter, der im Dorf wohnte, hatte keine Beschäftigung und konnte mir bei den Keramiköfen helfen.

Hans gehörte zu einer exklusiven Gruppe von Keramikern. Er hatte das Glück, aus einer reichen Familie zu kommen, sodass es ihm möglich war, als unabhängiger Künstler zu arbeiten. Seine Experimente mit Glasuren auf Skulpturen ähnelten dem besten, was es innerhalb der chinesischen Keramik gab. Großzügig überließ er mir seine Rezepte, was in der Branche recht ungewöhnlich ist, denn die eigenen Rezepte hält man eher geheim. In seinem Atelier experimentierte ich mit Keramik und Steinzeug und befasste mich auch näher mit Skulpturen. Das war der Anfang meiner späteren Reliefs.

Vor den Sommerferien nahm ich den zehnjährigen Mikael aus der Schule und musste im Gegenzug versprechen, dass er den Stoff nachholen würde. Dass wir jedoch nicht pünktlich zum Schulbeginn im Herbst, sondern viel später als erlaubt, zurückkehren würden, habe ich nicht gesagt. Wir fuhren mit meinem kleinen Citroën von Stockholm über Paris bis hinunter nach Biot. Das war noch, bevor es Sicherheitsgurte gab. Ich hatte die Rückbank herausgenommen und das Auto bis zu den Scheiben mit unserem Gepäck beladen, unter anderem mit meinem Werkzeug. Auf dem Gepäck lag eine Matratze und Decken. Das war Mikaels Revier. Dort lag er mit seinen Büchern und Comics, Limonade und Süßigkeiten und konnte schlafen, wann er wollte oder einfach nur auf dem Bauch liegen und rausgucken. In Biot, diesem kleinen Dorf, das nur einen Gemüseladen und ein Café hatte, mietete ich ein Haus. Mikael sollte hier bei einer älteren russischen Gräfin, der einzigen Lehrerin im Dorf, Französisch lernen. Ich weiß nicht, wie viel dabei herausgekommen ist oder wie ernst Mikael die Französischstunden genommen hat, wahrscheinlich erlernte er die Sprache eher durch den Kontakt zu den französischen Kindern im Dorf. Die Freiheit am Strand und das Leben im Dorf bedeuteten ihm mehr, und vielleicht konnte ihn das irgendwie für meine lange Abwesenheit in den USA entschädigen.

Torun besaß eine gut eingerichtete Werkstatt auf einem Hügel. Der Weg dorthin führte über eine lange Treppe. Dort wohnte sie mit ihrem Mann, Walter Coleman, den beiden gemeinsamen Kindern und ihrer Tochter Pia. In ihrer Werkstatt wimmelte es nur so von Prakti-

kanten und Lehrlingen, darunter viele aus Schweden, wie zum Beispiel Bengt Liljedahl, der ein hervorragender Silberschmied werden sollte. Bis auf die Leute, die bei Torun arbeiteten, war es ein ständiges Kommen und Gehen. Oft waren Jazzmusiker aus den USA da – Charlie Mingus war ein treuer Gast. Spätabends spielte er eine Musik, die an die modernen Klassiker erinnerte.
Rauschgift gehörte zum Umgang dazu, und es wurde nicht gerade wenig konsumiert. Walter war ebenfalls drogenabhängig. Dazu bemerkte Torun trocken: »Das kostet mich fünftausend Nouveau Franc im Monat.« Das ist auch heute noch eine stattliche Summe. Natürlich konnte das nicht ewig so weitergehen. Torun hat weder getrunken noch Rauschgift genommen. Ihre Droge war die Arbeit.

Torun Bülow-Hübe

Torun Bülow-Hübe war eine der ersten, die ich kennenlernte, als ich mich an der *Konstfack* bewarb. Wir trafen uns auf der Ausstellung des Abschluss-Jahrgangs. Sie lief umher und sagte: »Mann, ist das langweilig.« Die Ausstellung war altmodisch und es gab überhaupt nichts Experimentelles. Dennoch bewarben wir uns dort. Es war die einzige Schule, die eine richtige Handwerksausbildung anbot.
Torun hatte schon früh eine internationale Karriere im Blick. Ihr Vorteil war, dass sie von zu Hause viel Zuspruch bekam. Die Mutter war Bildhauerin und der Vater Stadtarchitekt in Malmö. Torun war eine Nachzüglerin und die älteren Geschwister waren mehr oder weniger bereits etabliert. Der Bruder Staffan studierte Architektur, die Schwester Gunlög war Innenarchitektin und sollte später in Kanada Karriere machen, die andere Schwester, Sigrun, war Dichterin und gehörte zum Kreis der »Fyrtiotalisten«* In ihrem Elternhaus verkehrten

---

* Die »Fyrtiotalisten« standen für einen Generationswechsel mit betont modernistischer Tendenz. Ihre literarischen Vorbilder waren Dostojewski und Franz Kafka. Ideengeschichtlich hatte diese Bewegung ihren Ursprung im Existenzialismus und in der Brutalität des Zweiten Weltkriegs; sie brachte die um sich greifende Depression, Ohnmacht und Desillusion zum Ausdruck, verstand sich aber auch als kritischer Intellektualismus. (Anm. von Ola Holmgren)

die meisten der Künstler, die für das Neue innerhalb des schwedischen Designs ausschlaggebend waren.

Torun absolvierte ein Praktikum bei der Silberschmiedin Wiwen Nilsson. Hier fand sie auch ihr Material: Silber. Doch im Gegensatz zu Wiwen Nilssons hartem rechteckigen Silberschmuck, entwarf Torun Körperschmuck und weitere Silberarbeiten, in denen meisterhaftes handwerkliches Können mit einem skulpturalen Sensualismus kombiniert wurde.

Silber war teuer und am Anfang ihrer Karriere konnte Torun es sich nicht leisten, damit zu arbeiten. Erfinderisch wie sie war, fertigte sie Schmuck aus allem, was sie auftreiben konnte: originelle Halsketten und Armreifen aus Holz, Metallfäden und Lederresten – inspiriert vom afrikanischen Schmuck. In einigen Fällen designte ich Steinzeugstücke, die sie zu Halsketten kombinierte. Auch später arbeitete sie mit einfachem Material in Kombination mit Silber.

Zu meinem einundzwanzigsten Geburtstag schenkte sie mir ihre erste Silberkette, ohne Silberstempel, denn der kostete Geld. Aber ihr Name und die Jahreszahl sind eingraviert. Die Kette ist insofern interessant, als man ihr ansieht, dass Torun das Schmieden und Löten damals noch nicht perfekt beherrschte.

Torun probierte ihren Schmuck an sich selbst aus. Sie war auf ungewöhnliche Weise schön, mit ihrem zarten Profil und dem langen Hals. Der ganze Oberkörper hatte eine Mannequinform. Von der Hüfte abwärts schien sie aber ein anderer Mensch zu sein. Marianne Höök schrieb einmal in einer Reportage im *Vecko-Journal,* Torun hätte den Oberkörper einer grazilen Elfe und den Unterkörper eines Ardenner-Pferdes. Torun war gekränkt, aber Marianne hatte das positiv gemeint: Ihr Körper strahle Eleganz und Stärke wie die eines Pferdes aus.

Ich habe Torun bei all ihren Höhen und Tiefen erlebt, ihr Leben ist geprägt von Veränderungen und von verschiedenen Männern. Als ich Torun kennenlernte, war sie mit ihrem ersten Kind, Pia, schwanger. Der Vater war ein dänischer Journalist und Widerstandskämpfer. Bei Torun wusste man immer, wenn sie einen neuen Partner hatte. Man brauchte nur genau hinzuhören, was für Musik sie in ihrem Arbeitszimmer spielte. Zu der Zeit war es dänische Musik.

Als die Beziehung zerbrach und sie allein mit Pia dastand, trat ein französischer Architekt, Jean-Pierre Serbonnet, in ihr Leben. Sie heiratete ihn, damit er nicht in den Französischen Indochinakrieg einberufen wurde. Mark und ich waren Trauzeugen. Als sie mit Jean-Pierre zusammen war, spielte sie nur Edith Piaf, Juliette Gréco und französische Lieder.

Eines Tages, als ich sie besuchte, hörte ich Vivaldi und andere italienische Klassiker. Da wusste ich, dass wieder ein Partnerwechsel anstand. Das währte nur kurz und endete in einer Tragödie. Torun hatte von ihrem französischen Mann ein Kind, einen Sohn, bekommen. Als sie sich trennten, konnte er ihr nach französischem Recht den Sohn Jean-Claude wegnehmen, was er auch tat. Ihn sollte sie erst als Erwachsenen kurz vor seinem Tod bzw. seiner Ermordung wiedersehen. Er war in der Studentenrevolte sehr aktiv gewesen und ein radikaler Journalist, der vom Establishment nicht geschätzt wurde. Er fiel aus dem siebenten Stock eines Hauses in Paris oder wurde hinausgestoßen.

Wieder veränderte sich die Musik. Torun hatte in Stockholm einen amerikanischen Künstler aus New York kennengelernt, Walter Coleman. Er stammte aus Harlem. Da sie als Paar in Stockholm oft rassistischen Angriffen ausgesetzt waren, zogen sie 1956 mit Pia nach Paris, wo ihre beiden Kinder, Ira und Maia, geboren wurden.

Torun und ich hatten in dem Jahr in der *Galerie de Siècle* auf dem Boulevard Saint-Germain in Paris eine Ausstellung. In ihrer Werkstatt, die zugleich ihre Wohnung war, wurde jetzt nur noch amerikanischer Jazz gespielt: Billie Holiday, Count Basie, Ray Charles, Charlie Mingus. Toruns Werkstatt wurde für diese Musiker zum Treffpunkt und ihre Musik begleitete sie für lange Zeit.

Obwohl ihr Musikgeschmack und ihre politische Einstellung mit den jeweiligen Männern, mit denen sie zusammenlebte, wechselten, hatte niemand Einfluss auf ihre künstlerische Linie und ihre Kreativität. Aber als Walter Coleman sie und die beiden Kinder verließ, ging irgendetwas in ihr kaputt. Torun hatte immer gearbeitet. Sogar in der Entbindungsklinik, als sie ihre Kinder bekam, saß sie im Bett und fertigte Schmuck für das Personal an. Jetzt war sie weltberühmt und hatte alle Preise bekommen, die man sich vorstellen konnte, aber auf der privaten Ebene war es anders. Zum ersten Mal konnte sie nicht arbeiten.

Der letzte Mann in ihrem Leben brachte Musik aus Tibet und Nepal mit seltsamen Trompetentönen und Gongs mit. Er machte sie mit einer muslimischen Sekte bekannt. Sie zog mit ihren Kindern in das Haus dieser Sekte in Wolfsburg ein, um dort gemeinsam mit weiteren Mitgliedern Deutschland mit positiven Vibrationen von den Resten nationalsozialistischen Einflusses zu befreien. Statt eines Mannes gab es also nun eine Sekte.

Obwohl ich gegen alles bin, was sich Sekte nennt, für sie bedeutete dies Rettung oder zumindest Erholung. Die praktische, aktive und kreative Torun war wieder auferstanden. Statt eines Mannes ernährte sie mit ihrer künstlerischen Tätigkeit nun eine Sekte. Ich habe sie in Wolfsburg besucht. Damals glaubte sie, sie hätte mich bekehrt, aber so war es nicht. Ich bin allein ihretwegen in dieses triste Kaff gefahren. Als Erinnerung an Wolfsburg bekam ich von ihr das erste Exemplar ihrer zifferlosen Uhr. Toruns Guru lebte in Indonesien, in der Nähe von Jakarta, und nach einer Weile zog sie mit ihren Kindern dorthin. Sie änderte ihren Namen und nannte sich Vivianne.

Jetzt war sie als Designerin bei Georg Jensen in Kopenhagen fest angestellt. Auf ihre Initiative hin wurde das ganze indonesische Dorf in ihre Tätigkeit für Georg Jensen, das Designen von Silber und Holzgegenständen, einbezogen. Mit ihrer Arbeit ernährte sie ein ganzes Dorf.

Musikalisch ging es mit javanischer Gamelan-Musik weiter. Zeitweise wohnte Torun auch in Dänemark, wo Georg Jensen ihr eine Wohnung zur Verfügung stellte.

Leider hatte Torun zu sehr auf die heilenden Kräfte ihres Gurus vertraut und starb deshalb 2008 an einer zu spät entdeckten Leukämie.

Zu ihrer Beerdigung konnte ich nicht fahren. Torun wurde in Kopenhagen muslimisch beerdigt, daher musste die Beisetzung innerhalb von drei Tagen stattfinden. Diese Zeitspanne war für mich zu kurz.

Reliefs

Die Ausstellung in *Hantverket* 1960 führte dazu, dass ich den Auftrag bekam, ein Relief für einen Konferenzraum im Rundfunkhaus in Stockholm anzufertigen. Der dänische Architekt Poul Kühl war für die Einrichtung zuständig. Das Haus war kaum fertig, als ich auch schon ein detailliertes Modell einreichte.

Meine Werkstatt in der Köpmangatan war für diesen Auftrag zu klein, deshalb mietete ich mich in eine Fabrik ein. Das Relief lieferte ich Stück für Stück ab und befestigte diese Steinzeugdetails mit Hilfe eines Maurers an der Wand. Ich nannte die Komposition *Licht und Schatten (Ljus och skugga)*, aber im Volksmund hieß sie »Die Aschenbecher«.

Die Idee war, die variierende Licht- und Schattenwirkung des Tages auszunutzen. Morgens wurde das Relief von Osten beleuchtet, am Nachmittag von Westen und am Abend von Scheinwerfern, die lange Schatten auf den Boden warfen.

Poul Kühl war oft bei uns zu Gast. Gemeinsam mit dem Architekten Sune Lindström war er für die Einrichtung des *Wennergren-Centers* verantwortlich. Poul war von Peters Collagen fasziniert. Ich schlug vor, dass Peter das Restaurant des *Wennergren-Centers* dekoriert und seitdem gibt es ganz oben im Gebäude Peters abstrakte Komposition.

Der Architekt Anders Brink in Örebro hatte meine Ausstellung in *Hantverket* und das Relief im Rundfunkhaus gesehen. Er gab mir den Auftrag, eine sechzig Quadratmeter große Wand im Krankenhaus in Örebro sowie die Treppenhäuser in einem Nebengebäude des Krankenhauses und auch noch die Eingangshalle der Krankenkasse in derselben Stadt zu gestalten – ein über mehrere Jahre angelegtes Projekt. Ich pendelte zwischen Stockholm und den IFÖ-Werken in Bromölla in Schonen hin und her.

Für spätere Reliefs, ein Auftrag des Architekten Mårten Larsson, stellte mir Stig Lindberg sein Atelier in der Porzellanfabrik *Gustafsberg* zur Verfügung. Dabei ging es um zwanzig Eingangshallen für zehn Mehrfamilienhäuser in Upplands Väsby. Von dem Keramiker Anders Liljefors hatte ich die mittelalterliche Technik gelernt, Lehm in feuchte Sandformen zu gießen. Der Sandguss ermöglichte es mir, die Oberfläche des Lehms zu variieren, aber auch Muster in den feuchten Sand zu drücken. Das war ein Einmalguss aus Lehm.

Die Glasuren waren das Ergebnis meiner eigenen Forschung, später wurden sie von *Gustafsberg* kopiert. In dieser Zeit entstanden auch die Reliefs für das Ausbildungszentrum für Metallarbeiter Skåvsjöholm in der Nähe von Waxholm und für das Ausbildungszentrum RATI auf Lidingö.

Für mich bedeutete die Arbeit an den Reliefs den Übergang vom Produktdesign zu Werken größeren Maßstabs, zu Werken, die an die Architektur angepasst sind. Die Arbeit an den Reliefs wie auch an Bühnenbildern sind für mich zwei Arten, wie man räumliche Probleme löst und eine architektonische Lösung findet.

Zwischen diesen beiden künstlerischen Ausdrucksformen gelegentlich zu wechseln, hieß, zwischen einsamem Kreieren der Reliefs und kollektivem Zusammenwirken am Theater zu wechseln. Doch wenn sich diese beiden kreativen Tätigkeiten kombinieren ließen, so war dies jeweils im Hinblick auf Vision und Form eine überaus inspirierende und fruchtbare Arbeitsperiode.

Gruppe 47

In den sechziger Jahren war Berlin unser ständiges Reiseziel. In Westberlin gab es einen Treffpunkt für Schriftsteller und Künstler in der Bar im *Hotel am Steinplatz*. So viele Cafés wie heute gab es damals noch nicht. Die Bar wurde vom Sohn des Besitzers betrieben, einem großen Mann, der Karlchen genannt wurde und wie die meisten Männer seiner Generation im Krieg Soldat gewesen war.

Das Eigentümliche an ihm war, dass er als Halbjude in die deutsche Wehrmacht aufgenommen worden war. Wie er das geschafft hat, weiß ich nicht. Karlchen war einbeinig und sein Kommentar lautete: »Um zu überleben, ist mir das Unglaubliche gelungen, ich bin Soldat geworden. Lieber ein Bein auf dem Schlachtfeld lassen, als in Auschwitz in Rauch aufgehen.«

Auf die eine oder andere Art waren viele der jungen Männer, die wir dort an der Bar trafen, kriegsversehrt. Der Dichter Helmut Heißenbüttel gehörte ebenfalls zu diesem Kreis, auch er war einbeinig.

Immer wenn der Kabarettist Wolfgang Neuss fünf Bier bestellte, reckte er seine rechte Hand mit den drei Fingern hoch, der Theaterkritiker Henning Rischbieter war einarmig, und ein Dichter, dessen

Namen ich vergessen habe, war einäugig und trug eine schwarze Binde über dem leeren Auge.

Eine Generation junger Männer, die Körperteile auf dem Schlachtfeld eingebüßt hatten. Zwar hatten sie überlebt, doch welche Spuren hatte dies bei ihnen hinterlassen und was erwartete sie zu Hause? Auch der griechische Komponist und ehemalige Widerstandskämpfer Iannis Xenakis war in dieser Bar, wenn er sich in Berlin aufhielt. Xenakis' halbes Gesicht war im Kampf gegen die Deutschen verletzt worden.

Hier standen alle beieinander und tranken gemeinsam ihr Bier, auch Peter und ich.

Ich, die ich einem von ihnen während der Okkupation hätte begegnen können, und Peter, der sicherlich nicht mehr gelebt hätte, wäre er nicht nach Schweden emigriert. Gespräche über den Krieg waren tabu, alle wollten nur nach vorn blicken. Es sollte dauern, bis der Krieg in der Literatur präsent sein würde.

Der Filmregisseur und Schriftsteller Alexander Kluge, dessen Vater Arzt und ein hochrangiger Offizier gewesen war, gehörte zu denen, die sich später mit diesem Thema beschäftigen sollten, unter anderem in seinem dokumentarischen Roman *Die Schlacht*. Auch die österreichische Schriftstellerin und Dichterin Ingeborg Bachmann und die Künstlerin Sara Haffner, Tochter des Schriftstellers und Philosophen Sebastian Haffner, gehörten zu der Gruppe im *Hotel am Steinplatz*. Frauen waren übrigens selten dabei.

Langsam aber sicher wurde Berlin wieder ein Schmelztiegel für Diskussionen über Politik und Kultur, in dem die *Gruppe 47* wie eine Nabe fungierte. Die *Gruppe 47* war ein literarischer Zusammenschluss, der 1947 gegründet wurde, in einem völlig zerstörten Deutschland, das bedingungslos kapituliert hatte und von den vier Siegermächten England, Frankreich, USA und der Sowjetunion besetzt war.

Diese lose verbundene Schriftstellergruppe sollte mit der Zeit zur wichtigsten Plattform für moderne Literatur in Deutschland werden. Initiatoren waren Ilse Schneider-Lengyel und Inge Stahlberg, Hans Werner Richter und Alfred Andersch. Die beiden Letztgenannten waren zwei junge Schriftsteller, die im Krieg gewesen und aus der Gefangenschaft zurückgekehrt waren. In der chaotischen Nachkriegszeit wollten sie die deutsche Literatur und die deutsche Sprache revitalisieren. Zunächst gaben sie die Zeitschrift *Ruf* heraus, um dann die

Initiative zur *Gruppe 47* zu ergreifen. Die Schriftsteller trafen sich einmal im Jahr und lasen aus ihren neuen Werken vor. Diese wurden diskutiert und kritisiert, alles unter der strengen und diplomatischen Leitung von Hans Werner Richter. Gelesen wurde Prosa und Poesie, Erzählungen, Romane und Dramatik.

Einige Mitglieder der Gruppe waren Kritiker, wie Hans Mayer, Marcel Reich-Ranicki, Rudolf Wiegenstein und Andrzej Wirth aus Polen. Einige wenige Verlage, darunter Suhrkamp, Rowohlt und Piper waren eingeladen. Hier konnten sie neue Schriftsteller und zeitgenössische Werke unbekannter oder bereits veröffentlichter Autoren entdecken. Diese Sitzungen kamen mir wie ein intellektueller Boxkampf vor.

Für die deutsche Nachkriegsliteratur war diese kleine Gruppe ausschlaggebend. Fast alle, die von Anfang an sowie jene die am Schluss dabei waren, sind heute Klassiker.

Als Peter 1960 das erste Mal eine Einladung zur *Gruppe 47* bekam, zögerte er. Zu seinem früheren Heimatland hatte er ein gespaltenes Verhältnis. 1947 war er dort gewesen, um seine Reportagen über Deutschland nach der völligen Niederlage für die Zeitung *Stockholms-Tidningen* zu schreiben.

Die Artikel erschienen später in Buchform unter dem Titel *De besegrade* (dt. Die Besiegten) bei Bonniers, kurz nach Stig Dagermanns *Tysk höst* (dt. Deutscher Herbst '46). Der Aufenthalt in Deutschland konnte ihn nicht davon überzeugen, dorthin zurückzukehren.

Zu der Zeit strebte er danach, Schwede zu werden und sich zu assimilieren. Er war einer der wenigen Emigranten, die akzentfrei Schwedisch sprachen und fehlerfrei auf Schwedisch schrieben, obwohl er erst als Erwachsener nach Schweden gekommen war.

Als Peter 1962 seine zweite Einladung für die *Gruppe 47* bekam und annahm, sagte er zu mir: »Komm lieber nicht mit, du fällst mir nur zur Last, du sprichst ja kein Deutsch.« Ich hatte mir nämlich geschworen, diese Sprache nie mehr zu sprechen und sieben Jahre lang Peters Freunde aus Deutschland gezwungen, entweder Englisch oder Französisch zu sprechen. Jetzt kapitulierte ich und zeigte zu Peters Erstaunen, dass ich sehr wohl Deutsch sprechen konnte.

Bei den Lesungen der *Gruppe 47* und den anschließenden kritischen Diskussionen saß ich als stille Zuhörerin dabei und zeichnete.

Kaum war das letzte Wort des Schriftstellers, der vorlas, verklungen, da sprangen auch schon die Kritiker auf und gaben ihr Urteil ab. Mitunter glich die Unbarmherzigkeit der Kritiker eher einem Spiel, um voreinander zu brillieren. Für die Schriftsteller war das Lesen ein Wagnis, entweder hatten sie Erfolg oder wurden abgelehnt.

Die Einladung zur *Gruppe 47* war für Peter so etwas wie der Ausweg aus einer Sackgasse. Er war in Schweden festgefahren. Bei Bonniers hatte er drei Bücher veröffentlicht. Ein viertes, *Situationen* (dt. Die Situation) war als pornografisch abgelehnt worden. Das war ungefähr zur gleichen Zeit, als Agnar Mykles *Sangen om den røde rubin*.1956 (dt. Das Lied vom roten Rubin) verboten, in Norwegen deswegen prozessiert und in Finnland sogar verbrannt wurde. Wenn man das Buch jetzt liest, mutet es, verglichen mit dem, was heutzutage gelesen wird, eher unschuldig an.

Aber damals herrschten andere Zeiten und der Verlag war nervös geworden, erschien ihm doch manches in Peters Buch als zu gewagt. Gerard Bonnier, der Peter gut kannte, soll das Manuskript zwischen Daumen und Zeigefinger genommen und die Seiten auf den Boden fallengelassen haben mit der Bemerkung: »Herr Weiss, wir veröffentlichen keine Pornografie.« Peter musste sein Manuskript *Situationen* vom Fußboden aufsammeln und schwor sich, nie wieder etwas Bonniers anzubieten.

Die Zeiten sollten sich ändern. *Situationen* wurde posthum von Magnus Bergh bei Bonniers veröffentlicht und gilt als Schlüssel zu Peters späterem literarischen Werk. Nach Bonniers Ablehnung gab Peter seine letzten beiden schwedischsprachigen Bücher, *Dokument 1* (dt. auch Der Vogelfreie), auf dem der Film *Hägringen* (Fata Morgana) basiert, und *Duellen* (dt. Das Duell), mit eigenen Illustrationen im Selbstverlag heraus.

Die im Selbstverlag auf eigene Kosten erschienenen Bücher lagen nicht im Schaufenster aus. Sie wurden kaum beachtet oder rezensiert. Daraufhin ging Peter gänzlich dazu über, in seiner alten Muttersprache, Deutsch, zu schreiben. Peter schrieb in einer Sprache, die es nicht mehr gab. Es war nicht das neue Deutsch, das im Westen vom Angelsächsischen beeinflusst war, aber auch nicht das Deutsch, das im Osten vom Russischen, Slawischen geprägt war.

Er schrieb keine Umgangssprache, wie seine Kollegen Heinrich

Böll und Günter Grass. Auch nicht das Deutsch der Schriftsteller, die in Deutschland aufgewachsen waren oder dort permanent lebten. Es sollte sich aber zeigen, dass seine konstruierte Sprache später eine jüngere Generation beeinflussen sollte, darunter Peter Handke.

Es wird oft behauptet, der Dichter Paul Celan habe die deutsche Sprache erneuert. Paul Celan, der ursprünglich aus Rumänien stammte, mit dem klassischen Deutsch im Gepäck, hatte, genau wie Peter, die Veränderung der deutschen Sprache nicht erlebt. Peters Deutsch war musikalisch, poetisch und schlagkräftig, genau wie er selbst.

Selbstverständlich wurde sein Deutsch davon geprägt, dass er kontinuierlich die alten deutschen Klassiker, aber auch die modernen Schriftsteller wie Franz Kafka und Bertolt Brecht las. Natürlich war seine Sprache auch vom Schwedischen beeinflusst. Hier und dort findet man reine Skandinavismen, einen vom Deutschen abweichenden Satzbau und Rhythmus.

Peters Roman *Abschied von den Eltern* ist das meistgedruckte Buch von ihm. An deutschen Schulen ist es Pflichtlektüre – als Beispiel für ein reines, von der Sprachzerstörung durch die Nazis unberührtes, Deutsch.

Abschied von den Eltern hatte auch einen großen Einfluss auf die damalige junge Nachkriegsgeneration. Es spornte sie an, ihre Kindheit und ihre Eltern zu hinterfragen, ihre Erlebnisse in Worte zu fassen.

Ich habe mich oft gefragt, warum Peter so wenig über die Herkunft seiner Eltern wusste. Aber wenn es Peter vergönnt gewesen wäre, länger zu leben, hätte er, davon bin ich überzeugt, mehr über ihren Hintergrund nachgeforscht und danach gefragt, warum sie so waren, wie sie waren und warum es so wurde, wie es wurde.

Als ich ein kleines Buch gelesen hatte, das *Ett mord i Minsk (Ein Mord in Minsk)* hieß und von jenen Juden handelt, die sich östlich von Deutschland niederließen, hat mich das inspiriert, über die Herkunft von Peters Vater in Galizien nachzuforschen.

Verheiratet

Nach zwölf Jahren, in denen wir mal zusammen, mal voneinander getrennt gelebt hatten, heirateten Peter und ich, vor allem aus praktischen Gründen. Eine Ehe basiert ja eigentlich nur auf einem juristischen Papier.

Vor längeren Reisen legten wir immer schriftlich fest, was mit Mikael geschehen sollte, wenn uns oder genauer gesagt, mir, etwas passieren sollte, damit sich Peter weiter um ihn kümmern dürfte. Wir bestimmten auch, wie jeweils mit unserem künstlerischen Nachlass zu verfahren sei. Und was sollte mit der Wohnung geschehen? Sie lief auf meinen Namen und unsere Ateliers auf Peters. Sollte Peter mit Mikael dort wohnen bleiben, falls ich nicht mehr da wäre? Dürfte ich mein Arbeitszimmer behalten, falls Peter etwas passierte?

Außer diesen praktischen Fragen kamen noch die Schwierigkeiten während unserer längeren Aufenthalte in Deutschland hinzu. In Berlin galt immer noch die Regel, dass wenn ein unverheiratetes Paar gemeinsam ein Zimmer mietete, der Pensionswirt oder die Pensionswirtin wegen Kuppelei bestraft werden könnte.

Unser Anwalt und Freund Sven Hedvall, der unsere juristischen Vereinbarungen ständig formulieren musste, sagte schließlich resigniert: »Vergesst endlich eure sogenannte freie Wahl. Heiratet und schreibt einen Ehevertrag. Informiert euch über die geltenden konventionellen Regeln. Peter sollte nach all den Jahren Mikael adoptieren. Er sollte denselben Anspruch auf das Erbe haben wie Peters eigene Kinder. Mikaels biologischer Vater war weder als Vater für ihn da, noch hat er Unterhalt gezahlt.«

Nach einigen Gesprächen mit Mark bekam Peter von ihm die Erlaubnis, Mikael zu adoptieren. Marks einzige, seltsame Frage war, ob auch die Kinder aus den beiden anderen Ehen Peter beerben würden. Den Nachnamen durfte Mikael behalten, das war das einzige, was er von Mark geerbt hat.

Zu der Zeit wurde »ein Leuchten«, ein Aufgebot, gefordert, eine alte Regel, damit jemand etwas gegen die Ehe einwenden konnte. Es leuchtete drei Sonntage hintereinander in unserer Gemeindekirche, der *Oscarskyrkan* in Östermalm. Das erste »Leuchten« fiel mit dem ersten Advent zusammen und die Kirche war ausnahmsweise randvoll. Einige meiner Verwandten saßen in der Kirche, darunter Carl-Fredrik Palmstierna, sodass es nicht möglich war, die Familie außen vor zu lassen, wie wir gehofft hatten. So hatten wir uns die Bekanntmachung nicht vorgestellt. Peter wurde ja von meiner Verwandtschaft nicht akzeptiert und die Kommentare blieben nicht aus.

Peter und ich hatten nicht damit gerechnet, dass die Tageszeitungen über das Aufgebot zur Eheschließung eine Notiz bringen würden. Der kleine Artikel, den ich aufgehoben habe, enthält viele Fehler. Das Auffälligste war der geänderte Name der Werkstatt, die ich mit meinen Kolleginnen im *Skansen* betrieben hatte. Statt *Drei Krüge (Tre krukor)* wurde die Werkstatt *Drei Kronen (Tre kronor)* genannt. Anscheinend konnte sich derjenige, der über unser Aufgebot geschrieben hat, nicht vorstellen, dass ich als Tochter eines Freiherrn, wie ebenfalls in dem Artikel erwähnt, Teilhaber von etwas mit dem simplen Namen *Drei Krüge* sein konnte.

Aus Jux teilte ich Carl-Fredrik mit, dass Peter im Zeichen der Gleichberechtigung und aufgrund des neuen Namengesetzes den Familiennamen Palmstierna annehmen und demnach Peter Palmstierna heißen würde, was Peter natürlich niemals in Erwägung gezogen hatte.

Am 4. Januar 1964 heirateten Peter und ich im Stockholmer Rathaus. Im Wartezimmer vor dem Trauungsraum saßen zahlreiche wartende Brautpaare. Die Bräute waren schwanger, jeweils in verschiedenen Stadien. Alle trugen ein weißes Hochzeitskleid. Ich trug Schwarz und war ziemlich dünn.

Unsere Trauzeugen waren der Regisseur Alf Sjöberg und seine Frau Elsa. Nach dem dreiminütigen Trauungsakt gingen wir, wie jeden Samstag, ins Restaurant *Cattelin* in Gamla Stan, diesmal mit Alf, Elsa und Mikael.

Kurz nach unserer Hochzeit kamen fast alle Mitglieder der *Gruppe 47* für einige Tage nach Stockholm, um ihre literarischen Texte bei der Tagung in Sigtuna zu vorzulesen. Die Mitglieder aus der DDR erhielten jedoch kein Ausreisevisum.

Einige aus der *Gruppe 47* wohnten bei uns Hause. Hans Werner Richter wollte ein Hochzeitsfest organisieren, doch wir lehnten ab. Die Kommentare zu unserer Ehe variierten. In Schweden war es nicht so wichtig, ob man verheiratet war oder nicht. Ohne Trauschein zusammenzuleben, hatte nichts Radikales mehr an sich. Das hatte man hinter sich gelassen, obwohl die Gesetze noch hinterherhinkten.

Hans Magnus Enzensbergers Kommentar lautete: »Endlich, aber es ist schwerer, sich scheiden zu lassen.« Er war selbst mehrmals verheiratet gewesen, mit einer Norwegerin, einer Russin und einer Perserin, um schließlich mit einer Deutschen zusammenzuleben. Seiner Meinung nach, war es eine gute Art und Weise, um Sprachen zu lernen und einen Einblick in andere Gesellschaftskulturen zu bekommen.

Die heftigste Reaktion kam von unserem engen Freund, dem Schriftsteller und Filmregisseur Alexander Kluge. Er war einer der wenigen, bei dem ich mir hätte vorstellen können, mich öfter zu treffen, wenn es Peter nicht gegeben hätte. Er drängte mich in eine Ecke und sagte gekränkt: »Hat also am Ende die Konvention gesiegt, denn wie ich gehört habe, stammst du ja aus einer adligen Familie?«

Er kannte Peters Lebensweise und ging wohl davon aus, dass wir beide dieselbe Einstellung hatten. Er war tief enttäuscht, dass wir uns dem, was er »das bürgerliche Gesetz« nannte – seiner Meinung nach dasselbe wie »das bürgerliche Joch« – gebeugt hätten. Danach war es, als sei irgendetwas in unserer Freundschaft verschwunden.

Ich war von Alexander Kluges konsequentem literarischen Schaffen und später von seinen Filmen fasziniert. Sein Buch *Die Schlacht* war eine der ersten Schilderungen der Schlacht um und in Stalingrad und besteht überwiegend aus Briefen und authentischen Dokumenten, die auf suggestive Art und Weise zu einem Ganzen verwoben wurden. Es ist eine Collage aus Dokumenten, die aus dem Inneren der Kriegsschauplätze die Grausamkeit der Wirklichkeit in der Endphase des Krieges beschreibt und offenlegt. Alexander war einer der Ersten, die den Krieg von deutscher Seite beschrieben und in Romanform wiedergegeben haben. Als *Die Schlacht* damals erschien, wurde der Roman stark kritisiert. Auch innerhalb der *Gruppe 47* gab es kritische Stimmen. War das nun ein Roman oder eine Dokumentation?

Mit Anna-Lena Wibom, Paris 1971.

Fotoautomat. »In demselben Jahre, da Daguerre die Photographie erfand, brannte sein Diorama ab. (1839).«, notiert Walter Benjamin.

Peder Herzog

Bernhardina Wilhelmina Linmansson

Das Leben eines Buchdruckers im 19. Jahrhundert. Ich habe mich oft darüber gewundert, warum mein Urgroßvater mütterlicherseits, Peder Herzog, in Forschungen zur Geschichte der Juden in Schweden nie erwähnt worden ist. Warum wurde er vom Stockholmer Bürgertum als Jude betrachtet, nicht aber von jenen Juden, die sich wie er Mitte des 19. Jahrhunderts in Stockholm niedergelassen hatten? Um 1870 erteilte der schwedische Staat den Juden die Erlaubnis, sich in Stockholm niederzulassen und zu arbeiten. Peder Herzog etablierte sich fast zeitgleich mit der Familie Bonnier. Anfangs hatte er keinen großen Erfolg, und so versuchte er es in Sankt Petersburg, wo es eine große schwedische Kolonie gab. Er beabsichtigte, dort eine Buchbinderei und eine Druckerei zu gründen. Unglücklicherweise geriet er mitten in ein Pogrom, wurde inhaftiert und saß eine Zeitlang in der Peter-Pauls-Festung. Dort freundete er sich mit dem Gefängnisdirektor an, der ihm empfahl, sich taufen zu lassen. Er wurde getauft und aus dem Gefängnis entlassen. Die Taufe hat er nie ernst genommen, aber vielleicht betrachtete ihn die mosaische Gemeinde in Schweden deshalb nicht mehr als Juden.

Herzogs Druckerei, Malmskillnadsgatan 54, Stockholm, Anfang 1900.

Der Individualismus. »Die Erschütterung des Interieurs vollzieht sich um die Jahrhundertwende im Jugendstil. Allerdings scheint er, seiner Ideologie nach, die Vollendung des Interieurs mit sich zu bringen. Die Verklärung der einsamen Seele erscheint als sein Ziel. Der Individualismus ist seine Theorie«, schreibt Walter Benjamin.

Die Kinder von Peder Herzog, von links: Otto, James, Theresa, Allan, Edith, Ottilia, und Elvira.

Buchdrucker und Bauherr. Peder Herzogs Unternehmen wuchs zusehends und hatte bald etwa dreihundert Angestellte. Mit der Zeit avancierte es zur größten Druckerei im Norden. Herzog war Initiator und Gründer von Esselte und kaufte Svanströms, die noch heute Büromaterial verkaufen. Weitsichtig erwarb er in Stockholm Grundbesitz und ließ dort in Östermalm Wohnungen für Neureiche und die alte Oberschicht bauen. Als Bauherr errichtete er unter anderem für König Oscar I. auf dem Sveavägen eine Wohnung für die damalige Geliebte des Monarchen. Außerdem wurde Peder Herzog zum Generalkonsul in Liberia ernannt.

Vera, meine Mutter, 1928.

Das Mannequin der 1920er Jahre. Anfang der zwanziger Jahre arbeitete Vera als Mannequin für das Modehaus Leja, was damals nicht als schick, sondern als vulgär angesehen wurde. Vera hatte für die zwanziger Jahre den perfekten Körper: fast androgyn, dünn, mit schmalen Hüften, leicht breitschultrig, ein Jungen-Körper mit kleinen Brüsten, lange, elegante Hände, dunkelbraunes Haar im Pagenschnitt und helle, leicht schräge grüne Augen. Ihre Bewegungen waren stets langsam und elegant.

Kule und Vera mit mir und Hans, Lausanne 1928.

Freie Liebe. Die Zerwürfnisse zwischen Vera und Kule nahmen ihren Anfang, als Vera von Kules Eltern und Geschwistern nicht akzeptiert wurde. Kule hatte zwischen Vera und ihnen wählen müssen und sich für Vera entschieden. Doch er vermisste seine Familie und auch seine Freunde aus der Kindheit sehr, die gegen seine Ehe mit Vera Partei ergriffen hatten. Die Ehe stand also unter keinem guten Stern. Stockholm war klein und die Kreise ebenfalls. Veras Vorschlag, Kule solle sein Jurastudium aufgeben und stattdessen Medizin studieren, entfernte ihn noch mehr von seiner Verwandtschaft und seinen Freunden. Zudem waren Vera und Kule Anhänger eines radikalen Plädoyers für die freie Liebe und offene Beziehungen, was ihnen zum Verhängnis wurde.

René de Monchy, Wien 1936.

Die Grundfragen eines Melancholikers.

Aus Walter Benjamins Notizen zum »Passagen-Werk«:

»Grundfragen
Die geschichtliche Bedeutung des Scheins
(Was sind die Ruinen der Bourgeoisie?)
Wo verläuft im Neuen die Grenze zwischen Realität und Schein
Urgeschichte des XIX. Jahrhunderts«

Mein Bruder Hans und ich. Rättvik, Schweden 1932.

Unsere Kindheit. Vielleicht die schönste Einsicht Walter Benjamins: »Jede Kindheit leistet etwas Großes, Unersetzliches für die Menschheit.«

René de Monchys Arztpraxis in Rotterdam, Design von Gerrit Rietveld.

Die Einrichtung einer Neurologiepraxis 1940. Im ersten Stock befanden sich Renés Praxis und ein Warteraum. Eine schmale steile dunkelgrüne Treppe verband die verschiedenen Stockwerke miteinander. Renés Arbeitszimmer hatte Gerrit Rietveld eingerichtet. Der Raum war in Silbergrau mit einem Hauch Grün gehalten, darin ein runder Glastisch und die typischen Rietveld-Stühle, an der Wand Bücherregale mit Schiebetüren aus Glas. Eine Ecke im Raum wurde von einem silbergrauen glänzenden Vorhang verdeckt, dahinter befanden sich die Instrumente für Renés neurologische Untersuchungen. Einmal waren Hans und ich Versuchskaninchen bei einem Experiment. Wir standen mit René in einem Kreis und hielten uns an den Händen. René stellte einen elektrischen Apparat an und wir bekamen alle einen ordentlichen Stromschlag.

Bombenalarm. Am 10. Mai 1940 wurden Hans und ich von einem ohrenbetäubenden Geknatter und dem Geräusch von Flugzeugmotoren geweckt. Wir kletterten auf das Dach, sahen Flugzeuge oben und wilde Schießereien unten. Die Stimmung im Haus hatte etwas Unwirkliches an sich, alle schwiegen. Das einzig Konkrete, was man tun konnte, war, Essen zu hamstern und die drei im Haus befindlichen Badewannen mit Wasser aufzufüllen.

Han van Meegeren als Kunstfälscher in der Untersuchungshaft.

Der kompetente Kunstfälscher. Han van Meegeren stand vor dem Dilemma, entweder als Landesverräter oder als Kunstfälscher verurteilt zu werden. Vor die Wahl gestellt, sich zwischen zwei Übeln zu entscheiden, beschloss er, als Kunstfälscher verurteilt zu werden. Um beweisen zu können, dass er Göring Fälschungen verkauft hatte, forderte er Zugang zu einem Atelier mit Chemikalien, Farben, alten Malleinwänden und Holztafeln. Unter Bewachung präparierte er Leinwände und Holztafeln, stellte Farben her und malte eine Kopie eines bekannten Motivs aus dem 17. Jahrhundert. Das Gemälde bewies, dass er nicht nur ein guter Fälscher, sondern auch ein kompetenter Chemiker war.

Ich als Mannequin, Kleid für *Dramaten* / Königliche Oper, Stockholm 1946.

Die Photographie. »Im übrigen bereitet sich eine neue Wirklichkeit vor, dergegenüber niemand die Verantwortung persönlicher Stellungnahme eingehen kann. Man appelliert an das Objektiv. Die Malerei ihrerseits beginnt die Farbe zu betonen«, schreibt Walter Benjamin im Konvolut Y des »Passagen-Werks«.

Mark Sylwan, Köpmangatan, Stockholm 1949.

Die kleine Ecke der Frau. Das einzige große Zimmer, das wir in der Köpmangatan hatten, war Marks Arbeitsplatz. Ich hatte einen kleinen Tisch im provisorisch eingerichteten Schlafzimmer. Viel später, als ich über Elsa und Natanael Beskow las, begriff ich, dass dies für Beziehungen zwischen einem Künstler und einer Künstlerin signifikant war. Elsa Beskow zeichnete und schrieb ihre Märchen im Wohnzimmer auf der äußersten Kante eines kleinen Couchtisches, während Nathanel im Obergeschoß ihrer Villa ein großes Atelier hatte, das er fast nie benutzte.

Peter Weiss mit Eltern und Geschwistern, Alingsås, Schweden, 1939.

Bildung und Herkunft. Peter und ich haben oder hatten in vielerlei Hinsicht einen ähnlichen kulturellen Hintergrund, dieselben Interessen, dieselbe Neugier auf das Neue und Experimentelle in Kunst, Literatur, Film und Musik. Die Bildung, die ich durch mein häusliches Umfeld umsonst bekommen hatte sowie meine Ausbildungen in Amsterdam, Paris und Stockholm, hatte Peter in England, an der Kunstakademie in Prag und im Dunstkreis von Hermann Hesse in der Schweiz erworben. Wir unterschieden uns jedoch durch die Familienverhältnisse. Peter wuchs mit einer dominanten, fordernden und theatralischen Mutter und einem unermüdlich arbeitenden und selten anwesenden Vater auf. Eine Familie, in der Zusammenhalt als etwas Selbstverständliches betrachtet wurde, mit einem Vater als bereitwilligen Familienernährer und einer Hausfrau. Peters Vater, Eugen, stammte aus dem jüdischen Teil von Galizien.

Peter Weiss in Kivik, Schonen 1953.

Was erwidert man? Als Peter und ich einander in Kivik vorgestellt wurden, sagte er als erstes: »Wohl auf einem Landsitz geboren.« Was erwidert man darauf? Ich erzählte von meiner Arbeit und meinen Zukunftsplänen, auch etwas über meine Herkunft, über die Länder, in denen ich gelebt hatte, ein wenig über den Krieg in Holland und über meine politische Haltung.

Das Schloss Vallen.

Weibliche Schulung im 19. Jahrhundert. Zur Ausbildung eines Mädchens gehörte es, die praktischen Verrichtungen in einem Haushalt zu erlernen, um später im eigenen Zuhause über die Bediensteten bestimmen und urteilen zu können. Aber vor allem wurde Nähen, Seidenstickerei und künstlerische Fertigkeiten wie Zeichnen und Aquarellmalerei, Rezitieren von Gedichten und Klavierspiel unterrichtet. Kontakte mit den umliegenden Schlössern und Anwesen wurden vor allem an großen Feiertagen gepflegt. Es wurden Feste gefeiert, bei denen die Gäste Tage oder gar Wochen blieben. Ein Umgang mit Personen außerhalb der eigenen Gesellschaftsklasse war kaum denkbar. Die Kindermädchen, die für die Kinder meist Geborgenheit bedeuteten, fielen nicht darunter.

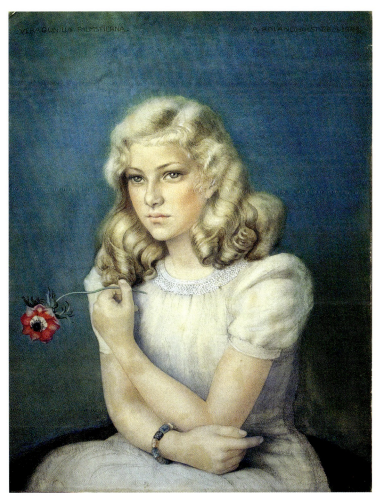

Ich, 15 Jahre alt. Pastell von Annie Roland Holst-de Meester.

Janusgesicht. »Die Geschichte ist wie Janus, sie hat zwei Gesichter: ob sie die Vergangenheit oder die Gegenwart betrachtet, stets sieht sie die gleichen Dinge«, schreibt Maxime du Camp.

Mit Peter in Paris, 1952.

Pariser Zustände. Die Polizei war ständig präsent, genau wie die nächtlichen Schusswechsel. Es war mitten in der Algerienkrise. Zuerst gaben wir meine Keramik in der Galerie ab, danach fuhren Peter und ich zu Samuel Beckett und seiner Frau. Sie waren ein sehr höfliches Paar und empfingen uns. Peter und Beckett redeten stundenlang. Inzwischen saß ich in der Küche mit seiner Frau, die mir ganz einfach Möhren anbot, die sie gerade mit einem Reibeisen rieb. Es war eine karg möblierte Wohnung. Die Aussicht war auch nicht besonders aufmunternd, man blickte über einen Gefängnishof.

Mit Peter hinter dem Schillertheater, *Marat/Sade,* Berlin 1964.

Frauenarbeit und Kitsch. Die Zusammenarbeit mit den Kostümateliers und Werkstätten war lustig. Zum ersten Mal in der Theatergeschichte Berlins hatte eine Frau das Bühnenbild entworfen. Kostüme wurden schon früher von Frauen genäht – die textile Arbeit war den Frauen vorbehalten, die architektonische den Männern. Für Bühnenbilder wurde man gut bezahlt, während die Kostüme, wenn man eine Frau war, eine viel niedrigere Gage einbrachten. Vieles musste ich selbst per Hand machen, wie die große kitschige Huldigungs-Collage für Napoleon. Manches lässt sich nicht erklären oder anderen übertragen, man muss also darauf vorbereitet sein, bestimmte Dinge selbst zu erledigen. Wie verdeutlicht man Kitsch, wenn der Geschmack im damaligen Berlin ohnehin größtenteils kitschig war, ohne dass die Leute das so empfanden?

Gruppe 47, Berlin, 1962.

Ernst Bloch

Marcel Reich-Ranicki

Jürgen Habermas

Vor der Reise nach Auschwitz. Mit Peter und Anna Seghers in Buchenwald 1965.

Peter mit Carlos Franqui, Fidel Castro und, zweiter von rechts, Wifredo Lam. Ich bin auch da, aber komplett verdeckt von Männern.

Die kubanische Polizistin im Minirock. Interessanterweise haben wir in Kuba sehr offene Diskussionen geführt. Wir trafen die meisten Machthaber, inklusive Fidel Castro. Wir hatten immer verschiedene Treffpunkte, weil Castro aus Sicherheitsgründen jede Nacht den Ort wechselte. Hauptsächlich trafen wir uns mit Vilma Espin Castro und Haydée Santamaría, die beide hohe Posten innehatten. Mir ist besonders aufgefallen, dass es in Kuba trotz der Armut Farbe gab, leuchtende Farben, was in den anderen sozialistischen Ländern selten vorkam. Kuba war die große Ausnahme. Ich sah eine Polizistin im Minirock und mit einer dünnen farbenfrohen Bluse. Sie war geschminkt und dirigierte den Verkehr, als stünde sie auf einer Bühne und vollführte einen komplizierten Tanz. Die Farbe, die Bewegungen und das Körperliche waren dort etwas Selbstverständliches.

Mit Peter, dem Dolmetscher Le Duong und Major Mai Lam, Nordvietnam.

Johnson-Bombardierungen. Wir reisten herum und sahen die Zerstörung. Eines Nachts kamen wir in der Hafenstadt Haiphong an, nachdem der Hafen und ein größerer Teil der Stadt bei den sogenannten Johnson-Bombardierungen mehr oder minder ausradiert worden waren. Auf den Bürgersteigen gab es in gleichmäßigen Abständen senkrecht vergrabene große Abflussrohre mit abnehmbaren Deckeln. Sobald sich ein Flugzeug näherte und man einen Bombenangriff erwartete, drückte man zuerst die Kinder dort rein und dann, wenn noch Platz war, krochen die Erwachsenen in diese Löcher, um Schutz zu suchen. Ich habe eingeklemmt in einem solchen Rohr gesessen und es war eng. Im Vergleich zu den Vietnamesen bin ich dick.

Der schwedische Darsteller des Herrn de Sade. Auf dem Podium mit Erland Josephson und Peter.

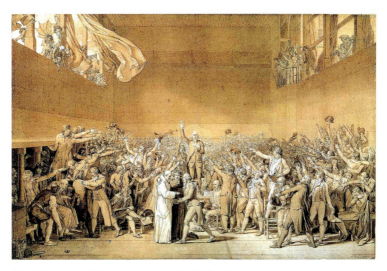

Der Schwur im Ballhaus von Jacques-Louis David.

Der stürmische Wind. Das Gemälde »Der Schwur im Ballhaus« von Jacques-Louis David entstand im Jahr 1791. Es zeigt, wie die Abgeordneten des Dritten Standes den Schwur leisten, dem Königreich Frankreich eine neue Verfassung zu geben. Der adlige Abgeordnete Mirabeau legt den Schwur ab. Ein Mönch, ein katholischer Priester und ein evangelischer Pfarrer umarmen sich. Der kranke Abgeordnete Maupetit de la Mayenne wird von zwei Männern getragen. Der Abgeordnete Robespierre greift sich an die Brust. Präsident Baily hebt die Hand zum Schwur. Der Journalist Barère notiert das Gesehene. Der Abgeordnete Martin d'Auch verweigert den Schwur.

Marat/Sade, Schillertheater, Regie: Konrad Swinarski. Bühnenbild, Kostüme, Maske: Gunilla Palmstierna-Weiss, West-Berlin 1964.

Recherchen in Paris. Ich war auf der Suche nach Aufzeichnungen und Bildern aus dem Hospiz zu Charenton, eine Nervenheilanstalt in der Nähe von Paris, in der Marquis de Sade siebzehn Jahre seines Lebens zugebracht hatte. Der Bibliothekar gab vor, lediglich die Metrostation Charenton zu kennen, den Ort, an dem sich die Heilanstalt einst befunden hatte. Es wurden Sondergenehmigungen gefordert, um an entsprechende Aufzeichnungen, Bilder, Radierungen und Zeichnungen heranzukommen. Das meiste Material über Marat sowie dessen eigene Schriften lagen im Giftschrank. Schließlich erhielt ich die Genehmigungen und las und las, aber vor allem ging ich das Bildmaterial durch. Fast alles, was ich suchte, gab es dort und noch mehr. Allmählich begannen das Bibliothekspersonal und die wenigen Wissenschaftler, die dort saßen, sich für die noch recht junge Frau zu interessieren, die ausschließlich nach Verbotenem, Grausamem, Blutigem und Perversem Ausschau hielt. Sie nannten mich alsbald Madame de Sade. Sogar die Concierge begrüßte mich morgens mit: »Ah, c'est vous, Madame de Sade.«

Modell: *Marat/Sade*, Schillertheater.

Der Ratschlag eines Mannes. Allen Schwierigkeiten zum Trotz war die Uraufführung von »Marat/Sade« im Schillertheater erfolgreich und der Beginn eines Welterfolgs. Am Morgen nach der Premiere kam Peters Verleger Siegfried Unseld zu uns in die Pension mit Zeitungen und der Abschrift eines Radiobeitrags. Es waren fast nur positive Kritiken. Siegfried las sie uns vor, während wir noch immer völlig erschöpft im Bett lagen. Plötzlich sagte Siegfried: »Was für eine Überraschung, du bist ja eine Bettschönheit!«, dann fuhr er fort: »Gunilla, jetzt, wo Peter seinen großen Durchbruch bekommen hat, hängst du doch wohl deinen Beruf an den Nagel und kümmerst dich nur um ihn?« Dass ich meine Arbeit aufgeben würde, war ein absurder Gedanke, Peter fand das ebenso undenkbar. Ich antwortete ihm nur: »Siegfried, deine Frau war ja Lehrerin, als ihr euch kennengelernt habt. Angenommen, sie wäre Rektorin eines Gymnasiums geworden, hättest du dann deinen Verlag aufgegeben?« Unseld blickte mich irritiert an und sagte: »Solche Frauen wie du machen einen Mann impotent.«

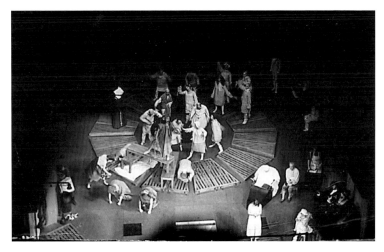

Marat/Sade, London, Regie: Peter Brook. Bühnenbild, Kostüme, Maske: Gunilla Palmstierna-Weiss, Aldwych Theatre, 1964.

Der Schmutz von Goya, Bosch und Bruegel. In London wohnte ich zunächst für kurze Zeit in einem kleinen Hotel, danach übernachtete ich die ganze Zeit bei Peter und Natascha Brook. Sie waren gerade in das Holland Place gezogen und ich schlief in ihrem künftigen Gästezimmer auf einer Matratze. In der ersten Zeit, als ich im Hotel wohnte, arbeitete ich einen Teil der für die Berliner Aufführung bestimmten Entwürfe um. Ich ergänzte sie und passte sie Peter Brooks Interpretation an. Problematisch war, dass ich keinen Zugang zu meinem eigenen Material hatte. Das befand sich in Stockholm. Aber Not macht erfinderisch! Meine Kostümentwürfe waren als Collagen angefertigt. Auf die gezeichnete Unterlage hatte ich weiße und grauweiße Stofffetzen aus unterschiedlichem Material geklebt. In London sollten fast alle Kostüme in Grautönen gehalten werden, nicht wie in Berlin, wo fast alles weiß war. Das Weiße musste schmutziger, gröber werden, das Grauweiße passte eher zu dem verhaltenen Bühnenbild. Meine Inspirationsquellen waren Hieronymus Bosch, Francisco Goya, Pieter Bruegel d. Ä. und Hogarth.

Tony Richardson als Marat, London 1964.

Marat/Sade, Dramaten, Kleine Bühne 1965.

Die Entstehung von Radikalität. Mein Vorschlag war, die Bühne bis zur Brandmauer nach hinten zu vertiefen und dafür die hauseigene Konstruktion mit Säulen und Absätzen in der Ziegelsteinmauer zu verwenden, Luken im Bühnenboden zu öffnen und im Zuschauerraum zu spielen. Das wurde akzeptiert. Die Brandmauer bildete ein wichtiges Element im Bühnenbild und wurde weiß gestrichen. Die Schauspieler kletterten diese Wand förmlich hoch. Der Bühnenboden wurde geöffnet und ein System aus zu öffnenden Luken zog sich über den Boden. Die Schauspieler konnten ihren Auftritt von unten absolvieren, aus der Maske im Kellergeschoß unter der Bühne. Die Bodenluken konnten auch als bewegliche Gitter verwendet werden und auf der Bühne als Trennwände fungieren. Die Gitter wurden von unten und von hinten beleuchtet. Der vordere Teil der Bühne wurde ausgebaut, so dass der Bogen der Vorderbühne eine gerade Linie bildete. Zwei kleine Treppen mit einem Absatz dazwischen verbanden die Bühne mit dem Zuschauerraum. Das Radikale daran war, dass der ganze Zuschauerraum in das Spiel einbezogen wurde. Die Notausgänge konnten für Auftritte und Abgänge genutzt werden. Die Schauspieler traten auch hinter der letzten Bankreihe auf.

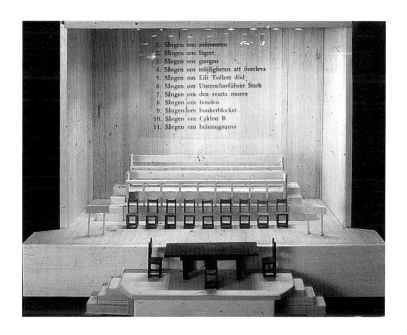

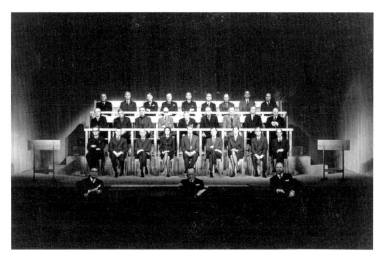

Die Ermittlung, Dramaten. Regie: Ingmar Bergman. Bühnenbild, Kostüme, Maske: Gunilla Palmstierna-Weiss. Stockholm 1966.

Mit Ingmar und Peter während der Proben zu *Die Ermittlung*. Dramaten, Stockholm 1966.

Ingmars Distanz. In Ingmar Bergmans Inszenierung am Dramaten wurde das Stück von achtundzwanzig männlichen und zwei weiblichen Schauspielern aufgeführt. Unter ihnen der damalige Intendant Erland Josephson, der jüdischer Herkunft war und einen der schlimmsten Henker spielte. Die beiden weiblichen Zeugen wurden von Barbro Larsson und Anita Björk gespielt. Ingmar wurde mit seinem Gefühl für Rhythmus, sprachliche Musikalität und Bewegungschoreografie dem Stück gerechter als die beiden ersten Inszenierungen, die ich in Deutschland gesehen hatte. Vielleicht war das alles zu nah an ihnen dran – man konnte nicht die kühle Distanz einfordern, die den Text noch entsetzlicher macht.

Viet Nam Diskurs, Städtische Bühnen, Frankfurt am Main. Regie: Harry Buckwitz. Bühnenbild, Kostüme, Maske: Gunilla Palmstierna-Weiss, 1968.

Geräuschempfindlichkeit. Bei der Vorarbeit zu »Viet Nam Diskurs« war der Historiker Jürgen Horlemann als Fachmann für die Geschichte Vietnams unverzichtbar: Es ging um Kolonialismus, den Weltkrieg, die Befreiung von den Franzosen, aber vor allem um den Angriffskrieg der USA. Während das Drama geschrieben wurde, wohnte er in Peters Atelier. Peter schloss ihn buchstäblich ein, bis die Arbeit beendet war. Jürgen konnte vor Ort Peters Geräuschempfindlichkeit miterleben. Gab es irgendein Geräusch im Haus, das störte, so rief Peter den Ingenieur Wahlström an, damit der es ihm erklärte oder abstellte. Das konnte eine Gas- oder Stromleitung sein, Vögel auf dem Dach seines Ateliers oder Nachbarn. Solche Telefongespräche gab es häufig. Als die Arbeit abgeschlossen war, wurde Jürgen aus dem Atelier gelassen und begleitete uns auf einem Spaziergang. Es war Frühling und die Vögel zwitscherten. Da sagte Jürgen ironisch: »Ich muss mit Ingenieur Wahlström sprechen. Ich höre hier Geräusche.«

Trotzki im Exil, Düsseldorfer Schauspielhaus. Regie: Harry Buckwitz, Bühnenbild, Kostüme, Schminke: Gunilla Palmstierna-Weiss, 1970.

Mit Giorgio Strehler in Mailand, 1970.

Zwei Revolutionen. Ausgangspunkt für »Trotzki im Exil« sind die letzten Minuten in Trotzkis Leben. Von dem Moment an, wo er den Eispickel des Mörders im Kopf spürt bis zum Augenblick des Todes rollt vor seinem geistigen Auge sein ganzes politisches Leben ab. Das Stück handelt von zwei Revolutionen, von der politischen Revolution und der Revolution in der Kunst, wobei die Dadaisten das Neue repräsentierten. Bei der richtigen Beleuchtung von unten, sah es aus, als nähmen Giganten die Bühne ein. Der Trick mit der Beleuchtung ist durch Giorgio Strehlers Inszenierung von Luigi Pirandellos Stück »Gianti della Montagna« (dt. »Die Riesen vom Berge«) in Milano inspiriert worden. Im Hintergrund hing eine scheinbar frei schwebende riesige Eisenwand, auf die Trotzkis Stationen der Flucht vor Stalin und die entsprechenden Jahreszahlen projiziert wurden. In dem Moment, als Trotzki ermordet wurde, stürzte diese Eisenwand mit einem lauten Knall direkt auf einen eingebauten Eisenbalken am Boden.

Hölderlin, Dramaten, Stockholm, 1972. Regie: Lars Göran Carlsson in Zusammenarbeit mit Peter Weiss und Gunilla Palmstierna-Weiss. Bühnenbild, Kostüme, Maske: Gunilla Palmstierna-Weiss. Buonarotti, Kostümentwurf.

Die Farben. Wie ein Farbsystem auf der Bühne funktioniert, kann frühestens bei den ersten Kostüm- und Bühnenproben in den Tagen vor der Premiere geprüft werden. Dann sieht man zum ersten Mal das Ergebnis der Farb- und Formgebung des skizzierten Werkes. Es ist wie der Abgleich mit einem Gemälde. Stimmen die Farben und Stoffe mit den ursprünglichen Entwürfen überein? Funktioniert das Farbschema hinsichtlich Gesellschaftsklasse und Zeit, wie wird das empfunden, wenn die Schauspieler die Bühne betreten? Ist die Entwicklung des Stückes im Farbsystem zu erkennen?

Hölderlin, 1972, Entwürfe für die Zwangsjacke und die Ledermaske.

Giacomettis Erbin. Das Kostüm ist die zweite Haut des Schauspielers. Ohne auf die eigene Vision zu verzichten, muss man das Kostüm so gestalten, dass es dem Schauspieler, der in jeder Vorstellung in seine Rolle schlüpft und auf der Bühne steht, eine Stütze ist. Wie weit kann man vereinfachen und dennoch Vielfalt erzeugen? Ich kann bei der Farbgestaltung Schüttelfrost bekommen. Ich kann verrückt werden, wenn es im Bühnenbild kein Gleichgewicht gibt. Ich hatte einmal ein Freud'sches Aha-Erlebnis, als ich in Giacomettis Tagebüchern las: »Ich liebe große üppige Frauen, aber wenn ich meine Skulpturen entwerfe, werden es trotz meiner Vorliebe für das Üppige immer diese dürren Gerippe.« Ich kann zwar neidisch den Überfluss in den Fellini-Filmen oder den Wahnsinn in den Laterna-Magica-Inszenierungen in Prag lieben, fühle mich aber selber Giacomettis Arbeitsmethode, dem Reduzieren, verbunden.

Figaros Hochzeit, Holland Festival: Scheveningen, Rotterdam und Utrecht, 1974. Regie: Götz Friedrich. Bühnenbild, Kostüme, Maske: Gunilla Palmstierna-Weiss.

Figaros Hochzeit, Die Gräfin, II. Akt, Kostümentwurf.

Dom Juan. Regie: Ingmar Bergman. Bühnenbild, Kostüme, Maske: Gunilla Palmstierna-Weiss. Salzburger Festspiele, 1983.

Fräulein Julie, Dramaten, Stockholm 1985. Regie: Ingmar Bergman. Bühnenbild, Kostüme, Maske: Gunilla Palmstierna-Weiss. Gastspiele in sechs europäischen Städten und in Quebec.

Fräulein Julie, erste Szene.

Letzte Szene: Peter Stormare als Jean, Marie Göranzon als Fräulein Julie.

Mit Helene Weigel, Berliner Ensemble 1965.

Brecht in Schweden. Ich begegnete Siri Derkert 1950, als sie öffentlich für die Kampagne gegen die Atombombe eintrat, eine Kampagne, die von vielen auch als Demonstration gegen die USA aufgefasst wurde. Die Kampagne startete in Paris, initiiert von den Nobelpreisträgern Fréderic und Irène Joliot-Curie. Viele Unterzeichner hatten später Schwierigkeiten, ein Einreisevisum für die USA zu bekommen. 1940–41 stellte die Bildhauerin Ninnan Santesson ihr Atelier auf Lidingö Helene Weigel, Bertolt Brecht und deren Kindern zur Verfügung, als diese aus Nazideutschland geflohen waren. Hier wurde zum ersten Mal in Schweden Brechts Stück »Die Mutter. Das Leben der Revolutionärin Pelagea Wlassowa aus Twer«, ein Stück, das auf Maxim Gorkis Roman »Die Mutter« basierte, aufgeführt. Es wurde von drei jungen künftigen Schauspielern gespielt: Birgitta Valberg, Anders Ek und Carlo Derkert.

Peter mit Jean-Paul Sartre, Russell-Tribunal, Stockholm 1967.

Simone de Beauvoir. Eigentlich sehe ich trotz allem die verschiedenen Beziehungen von Simone de Beauvoir als ein Scheitern an. Wie frei war die Beziehung zwischen ihr und Sartre wirklich? Simone de Beauvoirs Liebschaften geschahen zwar ungeachtet ihrer Beziehung zu Sartre, aber ganz von ihm befreien vermochte sie sich nicht. Sartre wandelte mit seinen Liebschaften auf ausgetretenen akzeptierten männlichen Pfaden. Und wenn er nicht so bekannt gewesen wäre, hätte er nicht so viele Beziehungen gehabt. Brecht hat gesagt: »Geld macht sinnlich.« Ich würde das gern abändern in »Ruhm macht sinnlich.«

Rede auf dem Balkon. Strindbergs Intima Teater, Barnhusgatan 20, Stockholm 1996.

Das Beispiel Strindberg. Ich möchte betonen, dass Strindberg in jener Übergangszeit lebte, als sich das elektrische Licht erst durchzusetzen begann. Die »Unterbelichtung« war natürlich ein Überbleibsel aus der Zeit des Rampenlichts, als zunächst noch Kerzen und später Gaslicht verwendet wurden. Hätte Strindberg heute gelebt, hätte er bestimmt auch viel mehr mit elektrischem Licht experimentiert und auf diese Weise ein Bühnenbild mit Lichteffekten geschaffen. Man braucht sich ja nur das dramatische Licht in seinen Gemälden oder die Beleuchtung in seinen Fotografien anzusehen. Man kann sagen, dass Strindbergs Ansichten avantgardistisch waren. Deshalb hat er mich interessiert, vor allem als ein Dramatiker, der mit Bildern gearbeitet hat.

Ukraine, Opernhaus Odessa, 2004.

Dunkles Opernlicht. Das Opernhaus Odessa ist von außen von der großen Wiener Oper inspiriert worden. Die Inneneinrichtung ließ ein französischstämmiger Gouverneur in Odessa im 19. Jahrhundert vom großen Opernhaus in Paris im französischen Rokokostil kopieren. Als wir nach Odessa kamen, sahen wir jedoch nur ein riesiges Plastikpaket. Das Opernhaus war völlig verhüllt. Das Gebäude wurde permanent saniert. Es hatte sich herausgestellt, dass das Haus allmählich in dem sumpfigen Boden versank, der von unzähligen Gängen durchzogen ist. Im Zweiten Weltkrieg dienten sie Flüchtlingen und vor allem Partisanen, die gegen die deutsche Wehrmacht kämpften, als Versteck. Diese Gänge hatten das Fundament der Oper destabilisiert. Als wir eintrafen, war man gerade dabei, tief unter der Oper Pfähle zu verankern. Auch im Haus hatte man gerade mit umfangreichen Reparaturarbeiten begonnen. Es sah aus wie auf einem Kriegsschauplatz.

Arbeitswohnung, Grevgatan 26, Stockholm.

Storgatan, Stockholm 1970.

Mit der Gruppe 47 in Princeton, USA.

Der Ruf. Zeitschrift der *Gruppe 47*, ein literarischer Zusammenschluss, der 1947 gegründet wurde, in einem völlig zerstörten Deutschland, das bedingungslos kapituliert hatte und von den vier Siegermächten England, Frankreich, USA und der Sowjetunion besetzt war. Diese lose verbundene Schriftstellergruppe sollte mit der Zeit zur wichtigsten Plattform für moderne Literatur in Deutschland werden. Initiatoren waren Ilse Schneider-Lengyel und Inge Stahlberg, Hans Werner Richter und Alfred Andersch. Die beiden Letztgenannten waren zwei junge Schriftsteller, die im Krieg gewesen und aus der Gefangenschaft zurückgekehrt waren. In der chaotischen Nachkriegszeit wollten sie die deutsche Literatur und die deutsche Sprache revitalisieren.

Hans Werner Richter 17.00.

Erich Fried   Walter Höllerer

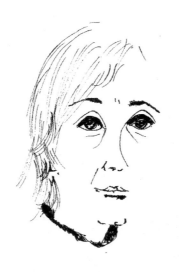

J. Bachér

Günther Grass

Mit Helene Weigel, Berliner Ensemble 1965.

Die Aufführung der Verfolgten. Nachdem wir auf Piscators Vorstellung gewesen waren, fuhren wir nach Ostberlin und sahen uns die Inszenierung in der Volkskammer an. Bemerkenswert war dort, dass »Die Ermittlung« von Schauspielern und Laien gespielt und gelesen wurde. Das war eine Zusammenarbeit zwischen Brechts Berliner Ensemble und ehemaligen Verfolgten und Inhaftierten aus Kreisen der Regierung und der Kultur. Mitwirken durfte, wer verfolgt worden war, in einem Konzentrationslager gesessen hatte oder gezwungen gewesen war zu emigrieren. Trotz der vielen Laien hinterließ die Vorstellung einen tiefen Eindruck. Helene Weigel kam vom Berliner Ensemble, einer der Laien war der Kulturminister der DDR, Alexander Abusch. Einziges Dekor in der Volkskammer waren zwei große Karten, eine über Auschwitz und eine, die alle Vernichtungslager im damaligen »Großdeutschland« zeigte. Polen hatte die meisten Punkte, die die Orte mit Durchgangsstationen und Vernichtungslagern markierten.

Mit Peter vor der Freien Volksbühne, West-Berlin 1970.

Die Erleuchtung eines Dramatikers. Eines Abends hörte ich: »Ich hab's, ich hab's!« In dem Buch über die Revolution stand, dass de Sade die Gedenkrede auf Marat zu dessen Totenfeier geschrieben und gehalten hatte. Die Pläne wurden geändert und Peter begann statt des Hörspiels ein Theaterstück zu schreiben. Es wurde festgelegt, dass Peter und ich zusammenarbeiten sollten, weil wir daran gewöhnt und mit dem Theater vertraut waren.

Peters Drama hatte den langen Titel:

Die Verfolgung und Ermordung Jean Paul Marats dargestellt durch die Schauspielgruppe des Hospizes zu Charenton unter Anleitung des Herrn de Sade

Mit Peter in Angkor Wat, Kambodscha, 1968.

Kopfloser Gott. Wir streiften zwischen den kleinen und großen Tempeln umher, dem Tempel der Männer und dem Tempel der Frauen. Einem Gott auf einem rosa Tempel fehlte der Kopf. Der französische Schriftsteller und spätere Kulturminister, André Malraux, hatte ihn entfernen lassen, um ihn seiner Kunstsammlung einzuverleiben, aber er wurde vom Zoll erwischt.

Wandrelief, Rundfunkhaus, Stockholm 1962.

Vietnamdemonstrationen, Stockholm 70er Jahre.

Peter mit Uwe Johnson, dem ehemaligen Suhrkamp-Verlagsleiter Siegfried Unseld, Max Frisch und Martin Walser, 1962.

Die Striche der Gemeinsamkeit. Dem Archiv der Akademie der Künste Berlin übergab ich sämtliche Manuskripte von Peter, Tagebücher und die handgeschriebenen und illustrierten Manuskripte aus den Jugendjahren, alle Briefwechsel, bis auf die Briefe zwischen Peter und mir sowie zwischen ihm und den Kindern. Darüber hinaus wurde die gesamte politische Literatur mit Peters Unterstreichungen und Notizen übergeben. Für mich ist unsere private Bibliothek auch heute noch ein Problem, denn sie besteht aus unseren gemeinsamen Büchern, die ebenfalls voller Notizen und Unterstreichungen sind, die von Peter, aber auch von mir stammen. Häufig ist nicht zu erkennen, ob es Peters oder mein Strich ist. Peter und ich führten oft einen Dialog via Bücher und unterstrichen Sätze, die jeweils für den anderen interessant sein könnten. Wichtige Stellen wurden doppelt unterstrichen und mitunter auch mit einem Sternchen als Extramarkierung versehen.

Peter mit seinem geliebten Notizbuch, im Hintergrund eine Bewunderin, Storgatan, Stockholm 70er Jahre.

»Kultur ist: zu wagen. Lesen zu wagen, an eine eigne Ansicht zu glauben, sich zu äußern zu wagen –« P. W. Notizbuch 28. 30.9.73–27.12.73
»Ich kam zur Kunst durch die Unmenschlichkeit der Arbeitsverhältnisse. Ich vertiefte mein Verhältnis zur Kunst durch die Erfahrungen des Kriegs.« P. W. Notizbuch 29. 28.12.73–15.3.74
»Erst im Kunstwerk wird unsre Arbeit Kunst, oder: der Künstler macht aus unserm Handwerk Kunst« P. W. Notizbuch 33. 22.2.75–2.9.75

»das einzige was uns bleibt, menschliche Proportionen einzusetzen , wo alles sich in übersinnlichen, halbdämonischen Regionen verlieren will, die Moral, die Humanität zu wahren, wenn nur rieseiger ungreifbarer Zynismus am Werk ist«
»Vor dem Pergamon-Altar
Gigantenfries
(- - -)
Die Fragmente der Körper, von der Zeit zerlegt, der Fries der Gestalten zerbrochen, abgeschliffen, in ihrem Ende wieder zu einem Anfang werdend, wieder entstehend aus dem Fluß der Zeit, einen Anfang suchend, aus Bruchstücken, auftauchend hier und da aus dem Stein, einen Arm reckend, einen Fuß vorstemmend, aus dem Gestaltlosen aufsteigend.«
»wenn sie beim Sterben noch etwas sehn wollten, so war es das Foto einer Frau, einer Tochter, eines Sohns, einer Geliebten –«
Peter Weiss, »Notizbücher 1971–1980«, Erster Band

Der neue Prozeß. Stellan Skarsgård als Kafka mit Aino Taube. Dramaten, Große Bühne 1982. Regie: Jan Håkanson. Bühne, Kostüme, Maske: Gunilla Palmstierna-Weiss.

Kafka, sein Freund. Zur gleichen Zeit, als wir mit den Proben zu »Was ihr wollt« anfingen, fragte Ingmar, ob Peter Kafkas »Prozeß« dramatisieren könne. Dieser Text war zuvor von André Gide für das Theater bearbeitet und von Orson Welles verfilmt worden. Ingmar versprach sich etwas Neues davon. Peter arbeitete an dem Roman »Die Ästhetik des Widerstands«, kam aber gerade nicht weiter und nahm das Angebot an. Mit Kafka kannte sich Peter sehr gut aus. Er legte »Die Ästhetik des Widerstands« beiseite und versprach, die Dramatisierung des »Prozesses« bis Ostern abzuschließen. Als die Arbeit fast fertig war, schrieb Peter an Ingmar, er hätte Schwierigkeiten mit dem Ende, und Ingmar machte sich deshalb Sorgen. Ich beruhigte ihn. »Auf eins kannst du dich verlassen, Peter ist immer pünktlich, das Stück wird rechtzeitig da sein.«

Letztes Foto mit Peter und Nadja vor »Lilla scenen« (Kleine Bühne), Dramaten, Stockholm 1982.

GHOST: Adieu, adieu, adieu. Remember me.
Hamlet, Act I, Scene V.

THEATER

Marat/Sade

Nach der Premiere von Peters Einakter *Nacht mit Gästen* trafen wir Ernst Schnabel an der Bar im *Hotel am Steinplatz*. Er war Kulturvermittler beim Hamburger Rundfunk und wollte wissen, ob Peter ein Hörspiel über Marat, eine der Hauptfiguren der Französischen Revolution, schreiben könnte.

Wieder in Schweden, fiel es Peter schwer, eine geeignete Figur als Gegenpol zu Marat zu finden. Marat allein wäre zu eindimensional gewesen.

Eines Abends gingen Peter und Mikael, der damals zwölf war, ins Kino und sahen einen schlechten französischen Film, der *Madame Sans-Gêne* hieß, mit Sophia Loren. Von diesem Film inspiriert, las Peter Mikael als »Gute-Nacht-Geschichte« etwas aus einem dicken Buch vor, das von der Französischen Revolution handelte. Ich hatte zahlreiche Bücher zu diesem Thema geerbt, weil mein Großvater Allan Herzog sich für die Französische Revolution und Napoleon interessierte. Unter diesen Büchern befand sich *Die Französische Revolution* von Bering Liisberg von 1899 und *Napoleon* von Adolphe Tiers von 1856.

Eines Abends hörte ich: »Ich hab's, ich hab's!« In dem Buch über die Revolution stand, dass de Sade die Gedenkrede auf Marat zu dessen Totenfeier geschrieben und gehalten hatte. Die Pläne wurden geändert und Peter begann statt des Hörspiels ein Theaterstück zu schreiben. Der Vertrag mit dem Hamburger Rundfunk wurde gekündigt. Anfangs fand Peter in dem Autor Alexander Koval aus Berlin einen Diskussionspartner. Die Zusammenarbeit klappte jedoch nicht so gut und Alexander wurde abserviert. Das führte zu Problemen, die der Verlag klären musste, bevor das Stück in Druck ging.

Es wurde festgelegt, dass Peter und ich zusammenarbeiten sollten, weil wir daran gewöhnt und mit dem Theater vertraut waren.
Peters Drama hatte den langen Titel:
*Die Verfolgung und Ermordung
Jean Paul Marats dargestellt
durch die Schauspielgruppe des
Hospizes zu Charenton unter
Anleitung des Herrn de Sade*

In mein Tagebuch habe ich 1963 geschrieben: »Endlich sitze ich in der *Bibliothèque Nationale* in Paris, ich soll hier Material zu Peters Stück finden, verkürzt *Marat/Sade* genannt. Der Titel ist mir momentan zu lang.«

Da das Drama von der Französischen Revolution, von Marat, de Sade und Napoleon handelt, fuhr ich nach Paris, um in der *Bibliothèque Nationale de France* nach Material zu suchen. Peter sprach kein Französisch, also war das meine Aufgabe.

Meine französische Cousine Catherine de Seynes, die auch im Theater tätig war, sollte mir helfen, in die Bastion *Bibliothèque Nationale* einzudringen. Schon die Concierge an der Tür, ein richtiger Zerberus, war ein schwer zu bezwingendes Monster. Sich Zugang zu dieser Bibliothek und Eintritt in dieses Heiligtum zu verschaffen, war genauso schwer, als wollte man sich mit einem Sprengsatz Zutritt zu einem Tresorraum verschaffen. Es waren gleich mehrere imposante Empfehlungsschreiben vonnöten. Das vom Suhrkamp Verlag reichte nicht aus, es galt also weitere Empfehlungen aufzutreiben.

Eine berühmte deutsche Persönlichkeit des kulturellen Lebens in Paris, Joseph Breitbach, sowie die Leiter des Goethe-Instituts und des Schwedischen Instituts in Paris nahmen Verbindung zum Leiter der Bibliothek auf und außerdem wurde noch der Lebensgefährte meiner französischen Cousine, der berühmte Künstler Jean Bazaine, einbezogen, bis ich schließlich gnädigerweise eingelassen wurde.

Wir, Catherine und ich, hatten Peter Weiss und Jean Bazaine als unsere Ehemänner angegeben. Die Nachforschungen der Bibliothek ergaben, dass wir mit diesen Männern in einer – wie man es heute nennt – Lebensgemeinschaft lebten, aber nicht standesamtlich getraut worden waren, was stimmte. Nach langen Diskussionen mit der Bibliotheksleitung erhielten wir schließlich ein Schreiben, dass wir in der Eigenschaft als »Maîtressen« für Jean Bazaine bzw. Peter Weiss ausnahmsweise im Archiv studieren und forschen durften.

Nachdem ich diese Hindernisse überwunden hatte, glaubte ich in meiner Naivität, dass nun alles unter Dach und Fach wäre. Aber nein, die Dinge, die ich suchte, befanden sich im sogenannten »Giftschrank«. Alles, was Marquis de Sade, Sadismus und die Nervenheilanstalten zu jener Zeit betraf, wurde für geheim erklärt. Es bedurfte einer Sondergenehmigung.

Ich war auf der Suche nach Aufzeichnungen und Bildern aus dem Hospiz zu Charenton, eine Nervenheilanstalt in der Nähe von Paris, in der Marquis de Sade siebzehn Jahre seines Lebens zugebracht hatte. Die Heilanstalt war nicht nur für Verrückte bestimmt, dort wurden auch jene Personen untergebracht, die die Gesellschaft unschädlich machen wollte – eine Art Gefängnis, das eine Mischung aus politischen Gefangenen und Geisteskranken beherbergte. Der Bibliothekar gab vor, lediglich die Metrostation *Charenton* zu kennen, den Ort, an dem sich die Heilanstalt einst befunden hatte. Von den Aspekten im Stück, in denen es um Folter während der Französischen Revolution ging, wollte er nichts wissen. Es wurden Sondergenehmigungen gefordert, um an entsprechende Aufzeichnungen und Bilder, Radierungen und Zeichnungen heranzukommen.

Das meiste Material über Marat sowie dessen eigene Schriften lagen ebenfalls im Giftschrank. Schwierig war es auch, Marats Zeitschrift *L'Ami du peuple* zu Gesicht zu bekommen und kopieren zu dürfen. Auf dem Bibliotheksexemplar prangt noch immer ein großer brauner Blutfleck von Marat.

Schließlich erhielt ich die Genehmigungen und las und las, aber vor allem ging ich das Bildmaterial durch. Fast alles, was ich suchte, gab es dort und noch mehr. Meine ganze Mühe wurde durch das reiche Bildmaterial, das ich mitnahm, belohnt.

Allmählich begannen das Bibliothekspersonal und die wenigen Wissenschaftler, die dort saßen, sich für die noch recht junge Frau zu interessieren, die ausschließlich nach Verbotenem, Grausamem, Blutigem und Perversem Ausschau hielt. Sie nannten mich alsbald Madame de Sade. Sogar die Concierge begrüßte mich morgens mit: »Ah, c'est vous, Madame de Sade.« Außer dem umfangreichen Material aus der *Bibliothèque Nationale* in Paris, bekam ich Bilder aus dem *Musée Carnavalet*, dem Pariser Stadtmuseum. Eine wahre Goldgrube war *Anderssons bildarkiv i Paris*, das tatsächlich so heißt. Das ist ein Fotoarchiv, das bereits im 19. Jahrhundert gegründet worden ist.

Ich nahm, was ich kriegen konnte, fast vierhundert Bilder, und schickte die Rechnungen an den Suhrkamp Verlag. Von den Preisen hatte ich keine Ahnung. Es war das erste und letzte Mal, das mich der Verlag losgeschickt hat, um Bilder zu besorgen.

Mit umfangreichem Bildmaterial verließ ich erleichtert Paris. Es war ein Wunder, dass ich zu allen Bildern, die ich mir wünschte, Zugang bekommen hatte. Die französische Bürokratie ist rigide, kompliziert und schwer zugänglich. Wenn man zudem die Sprache nicht fehlerfrei spricht und »un« und »une« verwechselt, hört einem keiner zu. Man bekommt lediglich ein Achselzucken, eine hochgezogene Augenbraue und ein »eh, comment?« zur Antwort. Catherines Sprachkünste, hin und wieder auch ihre Schauspielkünste, waren mir eine unschätzbare Hilfe.

Wieder in Stockholm, erwartete mich eine andere Aufgabe. Wie sollte man dieses umfangreiche Material in ein lebendiges, funktionales Bühnenbild verwandeln, das dem Rhythmus der Wörter und der verschiedenen Szenen gerecht wird? Für den visuellen Teil des Stücks war ich allein verantwortlich. Peter schrieb wie besessen.

Bereits 1959 hatte er die Malerei hinter sich gelassen, mit einer Ausnahme: Wenige Wochen vor seinem Tod am 10. Mai 1982 fertigte er zwei Collagen an, die er auf 1960 zurückdatierte. Er wollte, dass sie in die Neuausgabe seiner Autobiografie *Abschied von den Eltern* aufgenommen werden. Nach 1960 beschrieb Peter stattdessen Bilder literarisch.

Für Peter und mich war jetzt vor allem eins wichtig – in welchem Land, in welcher Stadt, an welchem Theater und vor welchem Publikum soll *Marat/Sade* gespielt werden? Wer führt Regie? Wer komponiert die Musik?

Bevor der Suhrkamp Verlag in Frankfurt das Stück dem Schillertheater in Berlin anbot, hatte Peter *Marat/Sade* dem *Dramaten* in Stockholm vorgeschlagen. Peter, der sich als Schwede betrachtete, hielt eine Uraufführung in Stockholm für sinnvoll. Dazu kam es nicht, was vielleicht ein Glück war.

Ingmar Bergman wie auch Alf Sjöberg lehnten das Stück als unspielbar ab. In einem Gespräch, dass ich mit Alf Sjöberg führte, sagte er: »Wen interessiert schon Marat? Denkst du, irgendjemand im Publikum weiß, wer das war?« »Wer weiß eigentlich, wer Richard III. in Shakespeares Drama war?«, erwiderte ich. »Ist das nicht auch so eine spannende Rolle? Eine Figur, die das Interesse des Publikums wecken und Gedanken äußern kann, die zeitgemäß sind, Probleme, die aktuell und universal zugleich sind?« Dazu muss man wissen, dass Peter und ich mit Alf Sjöberg und seiner Frau Elsa eng befreundet waren, sie sind sogar unsere Trauzeugen gewesen. Bei unseren wiederkehrenden Samstags-Abendessen im Restaurant *Cattelin* in Gamla Stan hatten wir immer schon im Voraus ein Diskussionsthema festgelegt. Diesmal war es Alfs Ablehnung von Peters *Marat/Sade*. Dass Peter ein Ideendrama geschrieben hatte, begriff Alf damals nicht.

Peter hatte sich an ihn gewandt, weil sich unsere Gespräche meist um Philosophie und um Positionen zur aktuellen Tagespolitik drehten, aber vor allem darum, wie man so etwas in einem Theaterstück umsetzt. Natürlich hat Peter sich geärgert. Er war davon ausgegangen, dass dieses Stück etwas für Alf sei.

Immer, wenn wir Alfs Vorbereitungen auf eine Inszenierung, ob nun Sartre-, Gombrowicz- oder Shakespeare-Dramen, gemeinsam diskutierten, ging es darum, welche Philosophie oder welcher Gedanke hinter dem jeweiligen Drama stand, und wie man den Text aktualisieren und in die heutige Zeit transponieren könnte, mit Hilfe von Denkern wie Kierkegaard oder Adorno.

Seltsam bei Alf war, dass die analytischen Vorbereitungen auf ein Stück sowie die Diskussionen darüber viel interessanter waren als das, was später auf der Bühne gezeigt wurde. Seine Inszenierungen mochten noch so interessant sein, so ergiebig wie seine mündlichen Analysen waren sie selten. Für mich war das verblüffend.

Warum gelingt es nicht, solche gediegenen Kenntnisse und Analysen eines Themas vollständig auf der Bühne umzusetzen? Weil man diese ganze Komplexität nie sichtbar machen kann? Weil man nicht überdeutlich sein darf, sondern sich eher zurücknehmen muss, nur andeuten darf? Man muss dem Publikum Raum für eigene Assoziationen lassen, damit es sich identifizieren und selbstständig weiter nachdenken kann. Es geht darum anzudeuten, aber nicht aufzuzwingen. Nicht vorschreiben, sondern das Publikum dazu bringen, dass es sich beteiligt fühlt.

Die Uraufführung von *Marat/Sade* fand am *Schillertheater* in Berlin im April 1964 statt.

Die nächste Inszenierung war am *The Aldwych Theatre* in London, unter der Regie von Peter Brook im August 1964.

Später folgte Peter Brooks Inszenierung am *The Martin Beck Theatre* in New York 1965, die dann verfilmt wurde. Ebenfalls 1965 wurde das Stück am *Dramaten* unter der Regie von Frank Sundström aufgeführt. Für sämtliche Aufführungen habe ich die Bühnenbilder und die Kostüme angefertigt.

Uraufführung, Schillertheater

Das Schillertheater war in den sechziger Jahren das große Theater in Westberlin. 1964 fand dort auf der kleinen Bühne die Premiere von Peters Stück *Nacht mit Gästen* (Natt med gäster) statt. Damals haben wir den Intendanten Boreslaw Barlog und den Chefdramaturgen Albert Bessler kennengelernt. Der Suhrkamp Verlag hatte dem Schillertheater *Marat/Sade* auf Empfehlung des damaligen Programmleiters des Theaterverlags im eigenen Haus, Karlheinz Braun, angeboten, der davon überzeugt war, dass das Stück ein Klassiker werden könnte.

Regie führte der polnische Regisseur Konrad Swinarski. Er gehörte zu den jüngeren, vielversprechenden deutschsprachigen Regisseuren Polens und hatte unter anderem mit Roman Polanski den Film *Zwei Männer und ein Schrank* gedreht, ein stark beachteter Kurzfilm, der in die Filmgeschichte eingehen sollte.

Inhalt und Rhythmus des Stücks erforderten eine Musik, die zum Text passte. Peter hatte eine klare Vorstellung davon, wie die Musik gestaltet werden sollte. Bei einer Lesung auf dem Treffen der *Gruppe 47* in Saulgau in Süddeutschland, trommelte Peter auf Töpfen und Deckeln, während er mit heiserer Stimme den Text dazu sang. Er sang auf seine spezielle, etwas grobe und helle Art, rhythmisch und intensiv. Peters Gesangsdarbietung ließ die sonst so gesprächige Gruppe verstummen. Der Kritiker Hans Mayer schnellte hoch wie ein Stehaufmännchen und sagte zusammenfassend: »Das ist etwas Neues. Das ist ein Stück unserer Zeit.« Ein anderer Kritiker, Marcel Reich-Ranicki, soufflierte: »Endlich haben wir ein zeitgemäßes Drama.«

Peter verfügte zwar über fundierte Musikkenntnisse, dennoch war ihm klar, dass er die Musik zu dem Stück nicht selbst komponieren könnte. Er hatte jedoch verschiedene Vorschläge. Wir trafen uns in Berlin mit mehreren Komponisten und entschieden uns schließlich für einen jungen deutschen Komponisten, Werner Scholz. Er wurde jedoch vom Verlag nicht akzeptiert, weil er zu wenig bekannt war. Der Verlag und das Theater wählten stattdessen einen renommierten Theater- und Filmkomponisten aus, Hans Majewski. Er war schon während der Nazizeit tätig gewesen, was uns ziemlich skeptisch stimmte. Obwohl man ihm keinen Vorwurf daraus machen konnte, dass er seinen Lebensunterhalt bestreiten musste. Ein Nazi ist er nicht gewesen. Der junge Komponist, den Peter und ich ausgesucht hatten, hat uns das nicht verziehen, er hielt uns verständlicherweise für Opportunisten.

Majewskis Musik war sehr effektiv und hat sicherlich zum Erfolg des Stücks in Westberlin beigetragen. Es war eine Musik, die zum Rhythmus der deutschen Sprache passte. Sie war zeitgemäß und rief beim Publikum die richtigen Assoziationen hervor.

Dass der Verlag dann einen völlig absurden Vertrag mit Majewski abgeschlossen hat, ist unverzeihlich. Da er zu dem Zeitpunkt als einziger von uns bekannt war, stand im Vertrag, dass nur seine Musik bei *Marat/Sade* verwendet werden darf. Der Verlag hätte größeres Vertrauen in das Stück haben sollen. Der Vertrag hat das Stück nicht befördert, sondern es an etwas gebunden, das in den sechziger Jahren aktuell war. Jede Sprache hat ihren eigenen Rhythmus und jedes Land seine eigenen musikalischen Assoziationen. Zudem verändert sich der Blick auf ein Stück im Laufe der Jahre. Man muss also die Freiheit haben, neue Musik zu komponieren wie auch neue Perspektiven für das Bühnenbild zu eröffnen.

Bei uns zu Hause in der Storgatan in Stockholm trafen sich der Regisseur Swinarski, der Komponist Majewski, der Programmleiter des Theaterverlags bei Suhrkamp Karlheinz Braun, Peter und ich, und gemeinsam gingen wir das Stück Satz für Satz durch. Wörter wurden ausgetauscht, damit sie zur Musik passten. Mein radikaler Beitrag war »Vater, der du bist im Himmel ...« umzudrehen, so dass daraus wurde: »Der Teufel in der Hölle ...«. Damit sollten die Repliken eines Wahnsinnigen verstärkt werden.

Die Proben fanden meist in einem Raum außerhalb des Schillertheaters statt. Langsam aber sicher bekam die Theaterleitung kalte Füße und wollte die Arbeit abbrechen. Sie begriff allmählich, was für einen Zündstoff *Marat/Sade* in sich barg. Der Text passte in die Zeit, die von Unzufriedenheit und beginnendem Aufruhr gegen die konservativen Kräfte in der BRD geprägt war. Eine linke Bewegung war auf dem Vormarsch.

Wenn Peter nicht so einen einflussreichen Verlag wie Suhrkamp hinter sich gehabt hätte, wäre es dem Intendanten und dem Chefdramaturgen sicherlich gelungen, die Proben abzubrechen und das Stück vom Spielplan zu nehmen. Um die Vorstellung vielleicht dennoch absagen zu können, gab man uns lediglich vier, statt der üblichen vierzehn Tage Zeit, um Bühnenbild, Licht, Kostüme, Maske, Musik, Ton und Choreografie für dieses große Stück auf der richtigen Bühne auszuprobieren. Da Peter und ich aus Schweden eine demokratische Arbeitsweise gewohnt waren, stellten sich die Bühnenarbeiter geschlossen hinter die Inszenierung und uns. Um die komplizierten Proben der letzten Tage zu schaffen, arbeiteten sie rund um die Uhr.

Die Zusammenarbeit mit den Kostümateliers und Werkstätten war lustig. Zum ersten Mal in der Theatergeschichte Berlins hatte eine Frau das Bühnenbild entworfen. Kostüme wurden schon früher von Frauen genäht – die textile Arbeit war den Frauen vorbehalten, die architektonische den Männern. Für Bühnenbilder wurde man gut bezahlt, während die Kostüme, wenn man eine Frau war, eine viel niedrigere Gage einbrachten.

Vieles musste ich selbst per Hand machen, wie die große kitschige Huldigungs-Collage für Napoleon. Manches lässt sich nicht erklären oder anderen übertragen, man muss also darauf vorbereitet sein, bestimmte Dinge selbst zu erledigen. Wie verdeutlicht man Kitsch, wenn der Geschmack im damaligen Berlin ohnehin größtenteils kitschig war, ohne dass die Leute das so empfanden? Vieles vom alten Nazigeschmack existierte noch, so auch die Überhöhung des Spießertums.

Sprachlich trat ich in ein paar ordentliche Fettnäpfchen. Ich brauchte zahlreiche Stofffetzen für die große Collage. Ich ging also ins Kostümatelier und rief laut: »Habt ihr Fotzen für mich?« Die Reaktion von den zwanzig Frauen, die dort saßen, war eisiges Schweigen. Bis ich begriff, dass ich statt Fetzen Fotzen gesagt hatte. Nach dem Schweigen herrschte allerdings eine ausgelassene Stimmung.

Konrad Swinarski hatte den Schwerpunkt auf das Blasphemische im Stück gelegt. Als Pole war er sich der Tyrannei durch die Kirche bewusst. Das minderte nicht die politische Botschaft, sondern verstärkte sie eher. Die deutsche Sprache kann sowohl poetisch als auch scharf und aggressiv klingen. Die Schauspieler betonten geschickt diese sprachlichen Gegensätze und spielten damit.

Bei der Premiere saßen Peter und ich im Publikum. Es war das erste und letzte Mal, dass wir uns das zugemutet haben. Unserer Meinung nach ist vieles schiefgegangen. Peter konnte nicht stillsitzen. Er stöhnte und wand sich. Eine Dame links von Peter fragte, ob er noch nie im Theater gewesen sei und nicht wüsste, wie man sich hier zu benehmen habe. Sie wird nicht schlecht gestaunt haben, als sie ihn später während des Beifalls auf der Bühne stehen sah.

Peter besaß keinen schwarzen Anzug, wie man ihn damals üblicherweise bei einer Premiere in Deutschland trug. Er hatte seine Schwester gebeten, ihm einen günstigen Anzug aus Schweden zu schicken, und so traf per Post der Konfirmandenanzug eines Neffen ein.

Er war zu eng und zu kurz. Ich musste hinten die Hose auftrennen, damit er überhaupt hineinkam, und den Faden ganz weit unten befestigen, damit man nichts sah. Ich schnitt die langen Unterhosen ab, damit sie nicht unter dem Hosenbein hervorlugten. Auch das Sakko musste ich hinten notdürftig erweitern.

Am nächsten Tag war in der Zeitung zu lesen: »Auf der Bühne stand ein sehr schüchterner Schriftsteller, so schüchtern und verschreckt, dass er sich nicht einmal getraut hat, sich zu verbeugen.« Wenn Peter sich verbeugt hätte, wären sowohl die Hosen als auch das Sakko aufgeplatzt.

Bei der Premiere im Schillertheater saßen die meisten aus der *Gruppe 47* im Zuschauerraum, unter ihnen Günter Grass, Hans Magnus Enzensberger, Ingeborg Bachmann und Heinrich Böll. Mittendrin saß Uwe Johnson und las demonstrativ Zeitung, um allen zu zeigen, wie wenig ihn das interessierte. Seit dem letzten großen Treffen war die Stimmung unter den Kollegen angespannt.

Trotz aller Schwierigkeiten, Intrigen und des aufreibenden Endspurts war die Uraufführung von *Marat/Sade* ein Erfolg und der Beginn eines Welterfolgs. Es war wohl auch das erste und bestimmt letzte Mal, dass ich einen so turbulenten Erfolg erlebt habe. Der Vorhang rauschte pausenlos auf und zu – viele sagen, es habe fünfzig Aufrufe gegeben, aber das ist wohl ein wenig übertrieben.

Am Morgen nach der Premiere kam Peters Verleger Siegfried Unseld zu uns in die Pension mit Zeitungen und einer Abschrift des Beitrags, der im Radio gesendet worden war. Es waren fast nur positive Kritiken. Siegfried las sie uns vor, während wir noch immer völlig erschöpft im Bett lagen.

Plötzlich sagte Siegfried: »Was für eine Überraschung, du bist ja eine Bettschönheit«, dann fuhr er fort: »Gunilla, jetzt, wo Peter seinen großen Durchbruch bekommen hat, hängst du doch wohl deinen Beruf an den Nagel und kümmerst dich nur um ihn?« Dass ich meine Arbeit aufgeben würde, war ein absurder Gedanke, Peter fand das ebenso undenkbar. Ich antwortete ihm nur: »Siegfried, deine Frau war ja Lehrerin, als ihr euch kennengelernt habt. Angenommen, sie wäre Rektorin eines Gymnasiums geworden, hättest du dann deinen Verlag aufgegeben?« Unseld blickte mich irritiert an und sagte: »Solche Frauen wie du machen einen Mann impotent.« Zwischen uns lag ein Zeitalter.

Kurz darauf erfuhr ich von einem Umstand, der mich sehr enttäuschte. Im Programm stand, Peter hätte das Bühnenbild entworfen und nicht ich. Die Theaterleitung fand das so rührend, dass eine Ehefrau »mitgeholfen« hatte. Wie hätte ich denn ahnen sollen, dass ich den Programmtext hätte kontrollieren müssen. Selbst, wenn das später geändert wurde, steht in der ersten Auflage des Programms und auf den Plakaten, die an die Bibliotheken geschickt wurden, dass Peter für das Bühnenbild verantwortlich zeichnete. Die Beschreibung des Bühnenbilds und der Kostüme in Suhrkamps erster Auflage von *Marat/Sade* stammt von mir, aber auch dort haben sie Peters Namen gedruckt.

Es war, als wäre man wieder ins 19. Jahrhundert katapultiert worden, wo die Frau der dienstbare Geist war und der Mann ihr Werk mit seinem Namen signierte. So etwas wäre 1964 in Schweden nicht passiert.

Wahrgenommen

Peter bekam das interessante Angebot, Rektor der gerade gegründeten Filmhochschule in Berlin zu werden. Zunächst war er natürlich sehr geschmeichelt und sagte zu. Film war trotz aller Widerstände das Medium, mit dem er weitermachen wollte.

Doch dann – von des Gedankens Blässe angekränkelt – begriff er, dass dies auch viel bürokratische und praktische Arbeit mit den Studenten bedeuten und die Möglichkeiten für die eigene schöpferische Arbeit minimieren würde. Peter hatte bereits angefangen, ein neues Stück zu skizzieren, ausgehend von Dante Alighieris *La Divina Commedia*, ein Stück, das später *Die Ermittlung* heißen sollte. Deshalb lehnte er ab.

Zu unserem großen Erstaunen wurde die Absage mit einem höheren Gehaltsangebot beantwortet. So ging das eine Weile hin und her. Schließlich wurde ich zum Berliner Senat zitiert, der betonte, dass Peter zwar ein geschickter und guter Verhandlungspartner sei, die Schmerzgrenze aber nun erreicht sei.

Ich erklärte ihnen, dass er seine Zusage bereut hätte und die Stelle als Rektor wirklich nicht annehmen wollte. Ihm sei klargeworden, dass dies zu Lasten seiner eigenen schöpferischen Tätigkeit gehen würde.

Stattdessen wurde Erwin Leiser Rektor, dem Peters sogenannte Verhandlungen finanziell zugutekamen. Peter blieb glücklicherweise von den Protesten der revoltierenden Studenten, die sich kategorisch gegen Rektoren und die sogenannte Obrigkeit richteten, verschont. Erwin wurde abgesetzt. Er musste für seinen Posten als Rektor einen hohen Preis zahlen, zu Unrecht, wie ich meine.

Erwin war wie Peter Emigrant und Flüchtling in Schweden, Theaterwissenschaftler und Theaterkritiker. Er wurde dann Chefredakteur der sozialdemokratischen *Stockholms-Tidningen*. Als die Zeitung aufgelöst wurde, verließ er Schweden.

Er hatte den viel beachteten Film *Den blodiga tiden* (dt. Mein Kampf) gemacht, einen Dokumentarfilm als Collage über Judenverfolgung und Konzentrationslager. Als Erwin die Filmakademie in Berlin verlassen musste, ließ er sich in der Schweiz nieder.

Das letzte Mal habe ich Erwin bei ihm zu Hause in Zürich getroffen. Damals bereitete er gerade einen Dokumentarfilm über den Schriftsteller Max Frisch vor und war verbittert über seine Situation nach einem langen Berufsleben immer noch freischaffend zu sein und Aufträgen nachjagen zu müssen.

Ich erinnere mich an ein frühes Treffen mit Erwin bei Alf Sjöberg. Damals hatte Alf Brecht noch nicht entdeckt. Erwin und ich redeten uns in Rage, aber Alf tat ihn als deutschen Expressionisten ab.

Kurz darauf entdeckte Alf Brecht und wurde allmählich der Brecht-Experte des *Dramaten*. Ob das aufgrund unseres Gesprächs war, weiß ich nicht. Möglich ist es aber.

Am Abend nach unserem Treffen mit Alf begleitete mich Erwin nach Hause. Er kam in mein Atelier, sah die ganzen Bücher und rief: »Aha! Du bist ein Mädchen, das liest.« Ich konterte: »Geh mal in Peters Arbeitszimmer und frag ihn, ob er ein Junge ist, der liest.«

Marat/Sade in London

Auf der Premiere im Schillertheater war auch der Regisseur Peter Brook, der den Text von *Marat/Sade* in *Theater heute* gelesen hatte. Er stand damals noch am Anfang seiner Karriere. Nachdem der Beifall verklungen war und wir hinter der Bühne, mitten im Gewusel waren, tauchte er auf.

Wie die meisten Regisseure, mit denen ich zusammengearbeitet hatte, sagte er als erstes: »Eine phantastische Vorstellung, aber ich glaube, ich könnte dem Stück noch gerechter werden.« Er sah sich meine Kostümentwürfe und noch andere Vorschläge für das Bühnenbild an als jene, die ich für das Schillertheater entwickelt hatte. Auf Anhieb bekam ich das Angebot, nach London zu kommen, um mit ihm im *Aldwych Theatre* zu arbeiten.

Das Anfangsgebot für einen Vertrag mit dem *Aldwych Theatre* in London war ein Witz. Es wurde folgendermaßen eingeleitet: »Ist es nicht wunderbar, eine Weile in London zu wohnen? Wir bezahlen für Kost und Logis.«

Da es schnell gehen musste, legte ich den Vertrag für eine Weile beiseite, entsprechend ungünstig fiel er dann auch aus. Zu der Zeit hatten wir in Schweden weder Vermittler noch Agenten, die sich um das Verfassen von Verträgen kümmerten. Das hat die Freischaffenden viel Geld gekostet. Mit einem professionellen Ökonomen zu verhandeln, ist immer ein Verlustgeschäft. So war es auch in London, aber schließlich habe ich doch noch eine Gage bekommen. Die Engländer fanden es vulgär, dass ich selbst verhandelte.

In London wohnte ich zunächst für kurze Zeit in einem kleinen Hotel, danach übernachtete ich die ganze Zeit bei Peter und Natascha Brook.

Sie waren gerade in das Holland Place gezogen und ich schlief in ihrem künftigen Gästezimmer auf einer Matratze. In der ersten Zeit, als ich im Hotel wohnte, arbeitete ich einen Teil der für die Berliner Aufführung bestimmten Entwürfe um. Ich ergänzte sie und passte sie Peter Brooks Interpretation an. Problematisch war, dass ich keinen Zugang zu meinem eigenen Material hatte. Das befand sich in Stockholm. Aber Not macht erfinderisch!

Meine Kostümentwürfe waren als Collagen angefertigt. Auf die gezeichnete Unterlage hatte ich weiße und grauweiße Stofffetzen aus unterschiedlichem Material geklebt. In London sollten fast alle Kostüme in Grautönen gehalten werden, nicht wie in Berlin, wo fast alles weiß war. Das Weiße musste schmutziger, gröber werden, das Grauweiße passte eher zu dem verhaltenen Bühnenbild. Meine Inspirationsquellen waren Hieronymus Bosch, Francisco Goya, Pieter Bruegel d. Ä. und Hogarth.

Um die Farbskala auf meinen Entwürfen ändern zu können, schnitt ich einfach Stücke und Streifen von Bettwäsche, Decken, Laken, Handtüchern, Gardinen, Putzlappen und Toilettenbürsten ab.

Aus den Tapeten pulte ich kleine Papierstückchen heraus. Natürlich konnte ich nicht so weitermachen, sondern musste in ein neues Hotel, mit neuen Materialien, umziehen, bis ich schließlich bei Peter und Natascha wohnen konnte. Die Zwangsjacken für das Stück sollten in einem Theateratelier genäht werden, während ich kurz in Stockholm war. Das Ergebnis war enttäuschend, etwas Ähnliches hatte ich bisher kaum erlebt. Jetzt mussten schnellstens neue Kostüme her. Geld für neue Stoffe gab es nicht.

Beim Frühstück mit dem Ehepaar Brook bemerkte ich ihre grauweißen Vorhänge, die ein ganzes Panoramafenster bedeckten. Ich deutete darauf und sagte: »Da ist der Stoff für meine Zwangsjacken.« »Of course, take them, your wish is my wish«, erwiderte Peter.

Ich nahm ihn beim Wort. Als er ins Theater gefahren war, holte ich mit Hilfe seines Bediensteten die Vorhänge herunter, fuhr im Eiltempo zum Kostümatelier und schnitt die Grundform der Kostüme zu. Zusammen mit den Näherinnen nähte, klebte und patinierte ich flink die Kostüme. Der Stoff war schön schwer. Ich zerschnitt die früheren, falsch genähten Zwangsjacken in kleine Teile und verwendete sie als Applikationen auf dem Brookschen Stoff.

Allerdings stellte sich heraus, dass das mit den Vorhängen nur ein Scherz von Peters Seite gewesen war. Die Vorhänge waren ganz neu, exklusiv und teuer gewesen, genäht von einer bekannten Ausstattungsfirma in London. Ich hätte am Boden zerstört sein müssen, aber das Ergebnis war die Aufregung wert gewesen. Der Stoff war der einzig richtige. Er ließ sich leicht patinieren und gab dem Licht eine fantastische Tiefe.

Für die Schauspieler waren die Kostüme etwas zu schwer, um spielfreundlich zu sein, aber sie passten perfekt zum Stück. Die Kostüme zwangen die Schauspieler zu bestimmten Bewegungsmustern. Das war ein ständiger Nahkampf mit den Zwangsjacken, die sie trugen.

Die Kostüme der vier Sänger waren aus leichterem Material gefertigt, da sie, im Gegensatz zu den übrigen Patienten im Stück, imstande sein mussten, sich akrobatisch zu bewegen.

Einer der Sänger war in Sackleinen gekleidet, mit aufgenähten Zeitungsschlagzeilen, Texten, die die damaligen politischen Ereignisse widerspiegelten und Assoziationen für unsere Zeit weckten. Ein anderes Kostüm wurde aus einer zerrissenen Trikolore genäht und auf den Körper drapiert. Die Kostüme der vier Sänger waren alle aus den Abfällen genäht, die es in unserer Gesellschaft gibt, und die Sänger waren die einzigen, die die phrygische französische Revolutionsmütze mit einer Kokarde trugen.

Die Kostüme des Anstaltsdirektors und seiner Familie waren dunkel, im Unterschied zu den hellen, die sie in Berlin trugen. Es ging darum, mit den Farbassoziationen eines jeden Landes zu arbeiten. Die Farbskala ging von der Malerei um die Jahrhundertwende 1700–1800 in England aus. Die englische Malerei war dunkler als die französische oder deutsche aus derselben Zeit.

Das Bühnenbild wurde vereinfacht. Neu waren Paravents, die wie Gitter aussahen. Zusammengeklappt waren sie wie eine zusätzliche Bühne auf der Bühne. Aufgeklappt konnten sie Gefängnisgitter bilden. Man konnte sie auch verwenden, um unterschiedliche Bühnenräume zu schaffen. Das Bühnenbild entstand während der Probenzeit.

Die Musik entstand ebenfalls während der Proben. Diesmal war es gelungen, Majewski eine Abfindung zu zahlen. Ein stets anwesender Komponist, R. C. Peasly, machte sich langsam mit der Aufgabe vertraut. Hier erinnerte die Komposition an eine englische Music-Hall-Musik.

Die Übersetzung war eine Rohübersetzung aus dem Deutschen von Geoffrey Skelton. Der Dichter Adrian Mitchell nahm sie als Basis und bearbeitete den Text während der Proben, so dass es ein poetisches Englisch wurde. Er konnte kein Deutsch. Für mich war es eine spannende Unterrichtsstunde in der englischen Sprache.

Peter Brook war von Antonin Artauds Theorien über das *Theater der Grausamkeit* inspiriert. Er arbeitete mit einer zusammengeschweißten Gruppe von Schauspielern, die bereits mehrfach für ihn nach Artauds Thesen, *Le théâtre et son double*, gearbeitet hatten. Meine Zusammenarbeit mit Peter Brook wurde mit der Inszenierung im *The Martin Beck Theatre* in New York 1965 und der Verfilmung von *Marat/Sade* im gleichen Jahr in London fortgeführt. Für die Arbeit an *Marat/Sade* nach New York zu reisen, war, als käme man in eine andere Welt, verglichen mit meinem Jahr als Stipendiatin 1959. Damals war ich ein »Nobody« – jetzt war ich ein »Somebody«. Die Arbeitsweise am Theater unterschied sich jedoch von der europäischen erheblich.

In den USA schützte die Gewerkschaft die Amerikaner vor Neuankömmlingen. Wir durften nichts anfassen, nicht einmal einen Stecker in die Steckdose stecken. Praktisch auf der Bühne zu arbeiten, wie ich es früher ausnahmslos gemacht hatte, ging nicht. Ich durfte nur zeigen, wie die Arbeit auszuführen war.

In New York wurden dieselben Schauspieler engagiert wie in London. Aber der Zuschauerraum war anders. In London hatte das Publikum tief gesessen, sodass es zur Bühne hochblicken musste, in New

York war es umgekehrt. Auch Breite und Tiefe waren anders. Die Beleuchtung musste also gänzlich geändert werden.

Patrick Magee, der de Sade spielte, saß vor der Premiere mit einem Kasten irischen Starkbiers da. Er versicherte mir, das sei kein Problem, da er wie sein Vater Alkoholiker sei und das für seine Arbeit brauche. Ich bekam auch zu wissen, dass sein Vater mit neunundneunzig Jahren im Rausch in der Badewanne ertrunken ist.

Magee verkörperte wirklich de Sade. Er gehörte damals zu den wenigen Iren, die in das englische Theater aufgenommen wurden. Früher hatte man den irischen Akzent nicht akzeptiert.

Das war der Anfang von Peter Brooks Arbeitsmethode, Schauspieler aus anderen Gegenden und Ländern als den strikt englischsprachigen hinzuzuholen. Später sollte er das in Paris in seinem Theater *Bouffes du Nord* weiterentwickeln.

Vielleicht wurde Peter Brook auch durch seine russische Herkunft dazu inspiriert, Schauspieler aus verschiedenen Ländern einzusetzen. Seine Eltern waren beide Russen und hießen ganz anders als Brook. Ein Onkel von ihm hatte in Moskau ein Theater, das ich in den neunziger Jahren besucht habe.

Patrik Magee bekam von einigen reichen New-Yorkerinnen das Angebot, an Sexpartys unter dem Motto Sadismus teilzunehmen. Sie verwechselten Theater und Wirklichkeit. Um seine Neugier zu stillen, hat er einmal mitgemacht. Seiner Meinung nach wäre es ein Jahresgehalt wert – falls das nun stimmt.

In London hatten die vier Sänger am Ende der Vorstellung ihre Kopfbedeckung ins Publikum geworfen. In New York konnte man das nicht übernehmen. Die Kappen wurden als Souvenirs mitgenommen. In London waren die Mützen brav zurückgebracht worden.

Bei der Premiere in New York saß die Leiterin des La-Mama-Theaters im Publikum. Sie erlitt einen Herzinfarkt, der Krankenwagen kam und sie wurde auf einer Trage über die Köpfe des Publikums hinweg hinausgetragen. Das Publikum applaudierte. Die Zuschauer dachten, das gehöre zum Stück.

Nach der Inszenierung in New York bekamen Peter als Autor und ich als Bühnenbildnerin jeweils den *Tony Award*. Wir wussten nicht, was das bedeutete, und reisten deshalb nicht nach New York.

Die Verfilmung

Nach der New Yorker Inszenierung sollte in London die Verfilmung von *Marat/Sade* beginnen. Peter kehrte nach Hause, nach Schweden, zurück und ich fuhr zu den ersten Diskussionen über den Film nach London. Peter war von einer Verfilmung des Stücks auf der Basis der Londoner und New Yorker Aufführungen zunächst angetan.

Aber vierzehn Tage später, nachdem der Vertrag mit *United Artists* abgeschlossen worden war, kam eine Anfrage von Luis Buñuel. Er wollte aus *Marat/Sade* einen Film machen. Für Peter hätte das viel bedeutet, aber jetzt war es zu spät.

United Artists hatten einen Vertrag auf siebzehn Jahre für die Rechte und Buñuel war ungefähr achtzig Jahre alt. Für Peter war das eine wahnsinnige Enttäuschung. Und eine weitere kam hinzu. Der Film wurde als Peter Brooks Film lanciert und Peter Weiss stand mit kleinen Buchstaben darunter.

Das war für Peter nicht leicht zu verdauen. Auch ich musste eine bittere Pille schlucken. Mein Assistent wurde als Bühnenbildner und ich lediglich als Verantwortliche für die Kostüme genannt. Man muss anscheinend immer seine Interessen im Auge behalten.

Der Film wurde in den *Pine Woods Ateliers* auf dem Gelände von *United Artists* gedreht. Der letzte Drehtag endete ziemlich dramatisch. Viele Schauspieler hatten das Stück zwei Jahre lang sechs Tage die Woche gespielt und manchmal sogar zweimal täglich. Sie hatten dieses Stück gründlich satt. Glenda Jackson, die Charlotte Corday spielte, hasste ihre Rolle fast, obwohl sie eigentlich die herausragendste Corday gewesen war.

Mehrere Schauspieler hatten ihre eigenen Ideen für ihre Rolle mitgebracht, an denen Peter Brook festhielt. Ein Schauspieler, der meinte, er müsse sabbern, durfte das zwei Jahre lang tun, auch im Film. Ein anderer, der ein Emaille-Auge hatte, kam mit dem Vorschlag, es umzudrehen, und durfte das zwei Jahre lang tun. Die Musiker, die angekettet im Bühnengraben saßen, hatten es auch gründlich satt. Außerdem fanden alle die Kostüme zu schwer.

Am letzten Drehtag wurde eine Zuschauertribüne aufgebaut, mit Puppen, die das Publikum darstellen sollten. Mittendrin saßen Peter

Brook und ich sowie alle Assistenten und einige Fotografen. Wir wurden von hinten beleuchtet, um den Eindruck zu erwecken, der Zuschauerraum sei voll.

Am Morgen hatte Peter Brook, da es der letzte Drehtag war, den Schauspielern Wodka und Champagner angeboten. Zugleich sagte er, sie hätten am Schluss freie Hand und dürften machen, was sie wollten. Sein Vorschlag war, dass alles in Tumult und Aufruhr enden sollte.

Am Ende der Theatervorstellungen hatten die Schauspieler früher jeweils als Proletariat agiert, das die feinen Leute im Zuschauerraum angriff und sich drohend der Rampe näherte, wobei der Vorhang gesenkt und die Beleuchtung ausgeschaltet wurde. Da es aber eine Filmaufnahme war, gab es weder eine Vorderbühne noch einen Vorhang.

Auf der Spielfläche begann nun in der Schlussszene ein tumultartiger Aufruhr. Die Schauspieler zerschlugen die ganze Ausstattung. Die verhassten schweren Kostüme wurden zerfetzt und angezündet. Es kam zu einer Schlägerei, und plötzlich, mitten in diesem Tohuwabohu, entdeckten uns die Schauspieler zwischen den Puppen, die in dem fiktiven Zuschauerraum platziert waren. Drohend und betrunken näherten sie sich uns.

Allerdings wusste ich nicht, dass Peter Brook ein grobmaschiges Netz hatte anbringen lassen, das, als sich die Gruppe näherte, sicherlich in der Absicht, uns zu vermöbeln, zwischen uns und ihnen heruntergelassen wurde. Dieser ganze Trubel wurde gefilmt. Eine Wiederholung der Aufnahme war unmöglich. Bühnenbild und Kostüme existierten nicht mehr. Auf diese Weise wurde das Ende des Films eine Art Dokumentarfilm. Es war ein waghalsiges Unternehmen, aber es gelang.

Dramaten, *Stockholm*

Nach diesem Erfolg im Ausland schlug die Schauspielerin Marianne Aminoff, die mit dem Regisseur und Schauspieler Frank Sundström verheiratet war, vor, *Marat/Sade* am *Dramaten* zu inszenieren. Voraussetzung war, dass Marianne Charlotte Corday unter der Regie von Frank Sundström spielte, mit meinem Bühnenbild, meinen Kostümen und meiner Beleuchtung. Marianne hatte das Stück glänzend analysiert, was sicherlich dazu beigetragen hat, dass Ingmar Bergman, der damalige Intendant des *Dramaten*, seine Meinung änderte. Bestimmt hat ihn auch der Erfolg im Ausland beeinflusst.

Angesichts früherer Ablehnungen war Peter vor dem Treffen mit Ingmar skeptisch, kapitulierte aber vor Ingmars einzigartiger Intensität. Wie immer ging es darum, wie viel Geld zur Verfügung stand, wie lange die Proben dauern sollten und wie man Hans Majewskis Musik der schwedischen Sprache anpassen konnte. Ulf Björlin komponierte Majewskis Musik um und dirigierte. Donya Feuer sollte die Choreografin sein.

Aber vor allem ging es darum, welche Schauspieler mitspielen sollten. Ausgewählt wurden Bengt Ekerot als Marat, Erland Josephson als de Sade, Jan-Olof Strandberg als Priester Jacques Roux, Marianne Aminoff als Corday und Ernst-Hugo Järegård als Ausrufer.

Der Regisseur Frank Sundström hat Peter und mir viel Freiraum gelassen und wir bildeten ein Trio. Frank war sehr großzügig. Ihm war natürlich klar, dass Peter und ich an den beiden Produktionen in Berlin und London aktiv mitgewirkt hatten, ich darüber hinaus noch an der Inszenierung in New York und an dem Film in London. Es hätte für ihn eine Belastung sein, das eigene Regiekonzept beeinträchtigen können, aber Frank besaß keine falsche Eitelkeit oder auch nur einen Hauch von »jalousie de métier«.

Dann stellte sich die Frage, auf welcher Bühne *Marat/Sade* gespielt werden sollte. Ingmar Bergman traute sich nicht, uns die Große Bühne zu geben, und so wurde es die Kleine Bühne des *Dramaten*. Zunächst war Peter irritiert und verletzt. In Berlin und London war das Stück ja auf großen Bühnen inszeniert worden. Die Kleine Bühne war eigentlich zu klein für so ein umfangreiches Stück. Dass es die Kleine Bühne wurde, beruhte anscheinend darauf, dass man erst abwarten und sehen wollte, wie das Stück in Schweden laufen würde. Wohlmeinend könnte man sagen, dass die Große Bühne nach dieser schnellen Entscheidung, das Stück zu inszenieren, vielleicht noch nicht frei war. Der Vertrag wurde nämlich direkt nach den Erfolgen in Berlin, London und New York geschlossen. Aber das möge dahingestellt sein.

Für mich ging es darum, ein architektonisches Problem zu lösen. Die Besonderheiten des Bühnenraums waren eine Herausforderung.

Die Kleine Bühne ist eigentlich ein umgebautes Kino, die erste zusätzliche Bühne, die das *Dramaten* bekommen hatte. Trotz eines radikalen Umbaus in den vierziger Jahren empfand man die Kleine Bühne immer noch als Kinosaal. Die Bühne befand sich im Verhältnis zum Zuschauersaal zu weit oben. Der Bühnenraum wurde von der Breite dominiert, eine Bühnentiefe existierte nicht. Inzwischen wurde die Kleine Bühne erneut umgebaut und ähnelt eher einem Theater, aber damals war die Bühne zu klein für die vielen Schauspieler und Musiker, die alle gleichzeitig im *Marat/Sade* auftreten sollten.

Bei der Modellvorführung für Frank Sundström und Ingmar überzeugte ich sie davon, dass es nur eine Möglichkeit gibt, fünfunddreißig Schauspieler, Musik und Bühnenbild auf dieser kleine Fläche unterzubringen, und zwar, indem man den Theaterraum maximal ausnutzt.

Mein Vorschlag war, die Bühne bis zur Brandmauer nach hinten zu vertiefen und dafür die hauseigene Konstruktion mit Säulen und Absätzen in der Ziegelsteinmauer zu verwenden, Luken im Bühnenboden zu öffnen und im Zuschauerraum zu spielen. Das wurde akzeptiert.

Die Brandmauer bildete ein wichtiges Element im Bühnenbild und wurde weiß gestrichen. Die Schauspieler kletterten diese Wand förmlich hoch. Der Bühnenboden wurde geöffnet und ein System aus zu öffnenden Luken zog sich über den Boden. Die Schauspieler konnten ihren Auftritt von unten absolvieren, aus der Maske im Kellergeschoß unter der Bühne. Die Bodenluken konnten auch als bewegliche Gitter verwendet werden und auf der Bühne als Trennwände fungieren. Die Gitter wurden von unten und von hinten beleuchtet. Der vordere Teil der Bühne wurde ausgebaut, sodass der Bogen der Vorderbühne eine gerade Linie bildete. Zwei kleine Treppen mit einem Absatz dazwischen verbanden die Bühne mit dem Zuschauerraum. Das Radikale daran war, dass der ganze Zuschauerraum in das Spiel einbezogen wurde. Die Wände wurden mit weißen Fliesen bedeckt, oder besser gesagt mit etwas, das weißen Fliesen ähnelte. Die Lampen im Zuschauerraum wurden gegen historische Öllampen eingetauscht. Die Notausgänge konnten für Auftritte und Abgänge genutzt werden.

Die Schauspieler traten auch hinter der letzten Bankreihe auf. Als Überraschungsmoment fungierte ein Brecht-Vorhang, ein drei Meter hoher Vorhang, der an einer Strebe befestigt war, die nicht bis an die Decke reichte; dieser wurde gleich hinter der letzten Bankreihe aufgehängt, und als das Publikum links und rechts von ihm hereinströmte, wurde es sofort in den Bühnenraum integriert und im Badehaus des *Hospiz zu Charenton* platziert.

Szenisch hatte sich die kleine Fläche, die uns zur Verfügung stand, als Vorteil erwiesen – für das Stück wie auch für meine Arbeit.

Die Trennung zwischen Bühne und Zuschauerraum war aufgehoben – so wie einst bei de Sades' Vorstellungen, die von den Insassen der *Charenton* für die intellektuelle Oberschicht von Paris dargeboten wurden. Zu diesem Spektakel ist man gepilgert. Die Vorstellungen waren das Ergebnis einer Zusammenarbeit zwischen de Sade, den Geisteskranken, den Kriminellen, den politischen Gefangenen und den übrigen unerwünschten Personen in der damaligen französischen Gesellschaft.

In der kurzen Zeit, in der Ingmar Intendant am *Dramaten* war, war er sehr engagiert. Er wusste, was in den Proben auf den verschiedenen Bühnen vor sich ging. Häufig saß er versteckt im Dunkeln ganz hinten im Zuschauerraum der Kleinen Bühne oder ganz oben in der dritten Reihe der Großen Bühne, um sich einen Überblick und einen Eindruck vom Verlauf der Arbeit zu verschaffen.

Ein Unfall bei einem der letzten Durchläufe von *Marat/Sade* hätte schlimme Folgen haben können. Ein Eisenbalken löste sich vom Schnürboden, weil ein Bolzen nachgegeben hatte und stürzte auf die Köpfe der vier Musikanten. Meine großen Revolutionsmützen, ausgestopft mit viel Schaumgummi, die die Sänger verabscheuten, weil sie ihnen zu groß und zu steif vorkamen, retteten ihnen das Leben. Der Balken prallte von ihren Köpfen ab und fiel direkt auf die Bühne.

Ingmar kam wie ein Pfeil angeschossen. Zum ersten Mal habe ich seinen, in diesem Fall berechtigten, Wutausbruch erlebt. Dass er sich allerdings gegen mich als Bühnen- und Kostümbildnerin richtete, war für mich nicht nachvollziehbar.

Ich hatte keinen Einblick in die mechanischen Teile der Bühne und konnte unmöglich wissen, dass der Bolzen allmählich durchgerostet war und nach vielen Jahren schließlich nachgab. Die Wut war beidseitig. Ich ließ seine Beschuldigungen nicht auf mir sitzen und konterte, dass ja letzten Endes der Intendant verantwortlich sei, dass aber weder ich noch er die unzähligen Bolzen, Schrauben und Muttern, die es in einem Theater gibt, tagtäglich kontrollieren könnten. Die Verantwortung liegt bei den Bühnenarbeitern – obwohl ich zu deren Verteidigung sagen muss, dass auch für sie der Unfall völlig unvorhersehbar gewesen war.

Das Ergebnis war eine große theatralische Versöhnung: erst Wut, dann Tränen, schließlich eine innige Umarmung und Vergebung. Die Schlagzeilen der Zeitungen über den Unfall weckten noch mehr Interesse als die Inszenierung selbst. Irgendwie begründete dieser Disput den aufrichtigen Umgangston zwischen Ingmar und mir, der dann fast zwanzig Jahre, bei mehreren Inszenierungen in Stockholm, München und Salzburg beibehalten wurde.

Nach Marat/Sade

Durch *Marat/Sade* begann für Peter und mich ein neues Leben. In Deutschland hatte das Stück wie eine Bombe eingeschlagen. Über Nacht wurde es das Stück der Stücke. Man war sogar der Meinung, es hätte die Studentenrevolte in Berlin ausgelöst, was eine Übertreibung war, genau wie einst die Behauptung, *Figaros Hochzeit* hätte die Französische Revolution herbeigeführt. Es stimmt jedoch, dass die Texte die Unzufriedenheit, die in der Luft lag, in Worte fassten und das Stück mit der zunehmenden Politisierung junger, aber auch einiger älterer Leute einherging, die sich seit langem für eine Veränderung in der Gesellschaft einsetzten.

Marat/Sade fiel zeitlich auch mit einer Neuorientierung innerhalb der Kunst zusammen. Das bedeutete nicht, dass diejenigen, die politisch radikalisiert wurden, sich für neue Kunstrichtungen interessierten. Künstler hingegen wurden oft politisch radikalisiert. Für uns, die wir an beidem interessiert waren, war es eine aktive Zeit.

Unsere finanzielle Lage verbesserte sich allmählich. Passable Finanzen geben einem zweifellos größere Freiheit, sich ohne Kompromisse seinem Beruf zuwenden und sich entwickeln zu können. Wir hatten mehr Spielraum. Das, was vorher keinen Wert zu haben schien, war plötzlich interessant.

Diejenigen, die Peter früher abgewiesen hatten, behaupteten nun, sie hätten immer an ihn geglaubt. Die Studentenaktivisten stellten Peter an die Wand. Sie analysierten jede Zeile in seinem Stück und er musste sich verteidigen und alles erklären. Sie forderten eine politische Analyse und eine politische Stellungnahme.

Das, was Peter meiner Ansicht nach intuitiv im Einklang mit seinem inneren Monolog geschrieben hatte, handelte von den großen Fragen: Wo bewegen wir uns hin? Wo bewege ich mich hin? Er war plötzlich gezwungen, sich zu präzisieren und seine Ansichten zu verdeutlichen. Peter hatte sich immer sozial engagiert, für Ausgestoßene und sozial Schwache Partei ergriffen, die Situation aber nie rein politisch analysiert.

In der überhitzten Atmosphäre im umzäunten und eingeschlossenen Berlin wurde von ihm jetzt etwas anderes gefordert, als das, was in Schweden bei Diskussionen über Politik und soziales Engagement üblich war. Auch wenn Peter mir wahrscheinlich diesbezüglich nicht zustimmen würde, bin ich der Auffassung, dass erst die aggressiven Angriffe der Studenten und die heftigen Diskussionen in Berlin sein Analysieren der politischen Lage in Gang gesetzt und vorangetrieben haben.

Er las politische Literatur, die er sich hätte früher aneignen müssen. Das war spannend, da ein erwachsener Mann nun die Literatur las, die wir anderen bereits als Jugendliche gelesen, aber nicht immer verstanden hatten. Das, was unter Freunden im Laufe des Jahres in Gamla Stan diskutiert worden war, stellte sich ihm in Berlin als konkrete Aktualität dar. Seltsamerweise war es schließlich wohl das besiegte Deutschland, das ihn zu einer politischen Stellungnahme herausforderte.

Inspiriert von dem Schriftsteller und Sozialdemokraten Hans Werner Richter, interessierte sich Peter zunächst für die Sozialdemokratie. Dieses Engagement dauerte eine Woche. Er schaffte es innerhalb dieser kurzen Zeit, einen Artikel über die Bedeutung der Sozialdemokratie zu schreiben, obwohl er bereits einen anderen Weg einschlug und sich weiter links engagieren wollte.

Wir reisten viel, trafen Politiker in Ost und West, Künstler und Schriftsteller in Europa, in den USA, in Kuba und in Vietnam.

Neben meiner Arbeit mit Design, Reliefs und Theater waren da noch das Engagement und die Arbeit im politischen Leben, vor allem bei der Vietnamfrage.

Nach *Marat/Sade* bekam Peter auch das Angebot, eine Revue für die Beatles zu schreiben. Aber er hatte damals mit der *Ermittlung* begonnen und lehnte ab. Unsere Kinder fanden das unverzeihlich!

Peter schrieb emsig, Artikel, Romane, aber vor allem Dramen. Die gemeinsame Arbeit am Theater und unser Engagement in Bezug auf Politik waren für unsere Beziehung sehr bedeutend, selbst wenn wir oft nicht einer Meinung waren. Die Diskussionen konnten intensiv sein. Wir ergänzten uns.

Das mit den Kindern zu kombinieren, war nicht einfach. Ich habe versucht, für sie da zu sein, aber oft reichte es nicht aus. Das betraf in erster Linie Mikael, aber auch die beiden Kinder von Peter, Randi und Paul. Die Kombination von freiem Beruf und Kind ist ein großes Dilemma. Viele Aufträge, die ich angeboten bekam, waren im Ausland, und als Freischaffende abzusagen, ist kaum möglich. Als Freischaffende muss man stets dafür sorgen, dass es nach jeder abgeschlossenen Arbeit eine neue gibt. Sich frei zu nennen, ist eine Wahrheit mit Modifikation – man ist frei, ständig aktiv zu sein, zu arbeiten. Die Festangestellten können über Kompromisse klagen, bekommen aber dennoch jeden Monat ihr Gehalt. Das sind in vielerlei Hinsicht ganz verschiedene Lebensbedingungen.

Die Reise nach Auschwitz

Bereits während der Vorbereitungen auf die Inszenierung von *Marat/Sade* in Berlin, hatte Peter mit *Die Ermittlung,* einem Werk über die organisierte Vernichtung des Menschen, begonnen.

Nachdem Peter und ich 1964/65 mehrere Gerichtsverhandlungen im Auschwitz-Prozess in Frankfurt am Main gegen Männer, die für den Terror in Auschwitz verantwortlich gewesen waren, verfolgt hatten, beschlossen wir, uns das Vernichtungslager vor Ort anzusehen. Wir besuchten auch Dachau und Buchenwald. Das war Teil der Recherche für *Die Ermittlung* und wir wollten versuchen, uns eine Vorstellung davon zu machen, wie man dieses Stück visuell auf einer Theaterbühne umsetzen könnte.

Das Stück basiert hauptsächlich auf Material, das während des Prozesses gegen die Henker von Auschwitz zutage kam. Peter hatte das Stück anfangs als Teil einer breit angelegten Trilogie geplant, die ihren Ausgangspunkt in den Schilderungen der Hölle, des Fegefeuers und des Paradieses in Dantes *La Divina Commedia* (dt. Die Göttliche Komödie) hatte. Ironischerweise hatte er das Stück zunächst »Paradies« genannt, da die Henker das letzte Wort haben, aber das war zu kompliziert. Dann wollte er es »Anus Mundi«, auf Deutsch ungefähr »Arsch der Welt« nennen, ein Begriff, der bei Dante vorkommt. Das fand der Verlag unmöglich, es könnte von den Opfern missverstanden werden.

Schließlich wurde es *Die Ermittlung* genannt. Vielleicht war das auch der adäquate Titel. Das Stück ist die Untersuchung eines Systems, in dem der Humanismus ausgerottet worden ist. Es ist die Analyse und Beschreibung eines Gesellschaftssystems, das in seiner Menschenverachtung, seiner Profitgier und seinem Rassismus zu rein industrieller Menschenausrottung führen sollte. Ein System, in dem der Mensch bis zum letzten Haar ausgebeutet wurde. Menschen, die nicht dazu taugten, bei harter Arbeit verbraucht zu werden, taugten für medizinische Experimente. Wenn ein Mensch nicht einmal diesen Wert hatte, wurde er so schnell und effektiv wie möglich getötet. Das Stück ist schließlich ein eigenständiges Werk geworden, das jedoch sprachlich auf Dantes Rhythmus und Versstruktur basiert.

Die Reise nach Auschwitz begann auf dem Ostberliner Flughafen Schönefeld 1965. Unser Flug nach Warschau verzögerte sich. Irgendein Würdenträger aus der Sowjetunion sollte landen, und ein Bonze aus der DDR bekam das Flugzeug, das eigentlich nach Warschau fliegen sollte, für eine private Reise, sodass sich alle Flugzeiten verschoben.

Wir hatten kein Visum für Ostberlin, konnten aber auch nicht nach Westberlin zurückkehren. Es blieb uns nichts anderes übrig als zu warten. Wir saßen fast vierundzwanzig Stunden dort fest. Auf dem Flughafen hatten wir eine seltsame Nachtgesellschaft. Das waren unter anderem die Angeklagten aus dem Frankfurter Gerichtsprozess mit ihren Bewachern, die nach Auschwitz reisen sollten, um vor Ort herumgeführt zu werden sowie ein Fünfzig-Mann-Orchester aus China. Auf den wenigen Bänken schliefen Alte und Kinder. Wir übrigen mussten mit dem Fußboden vorliebnehmen. Stundenlang spielten die Chinesen ihre Musik und das war auch in Ordnung – aber die Nacht unter demselben Dach wie die Henker zu verbringen, kam uns obszön vor. Einen Tag später bekamen wir, schmutzig und hungrig wie wir waren, einen Flug nach Warschau. Dort angekommen, hatten wir aus verständlichen Gründen den Anschluss nach Krakau verpasst. Unsere Flugtickets waren verfallen. Uns stand lediglich ein unbeheizter Güterzug zur Verfügung. Nachts um drei kamen wir in Krakau an. Stilgerecht, könnte man vielleicht sagen. Wir checkten in einem Hotel ein.

Peter hatte so seine Phobien, es fiel ihm immer schwer, ein Hotelbett ohne weiteres zu akzeptieren. Das Hotel in Krakau bildete da keine Ausnahme. Er fragte mich, ob mein Bett auch wie ein Kartoffelacker wäre oder besser als seins.

Wie immer haben wir getauscht. Er fand mein Bett genauso schlimm wie seins. Draußen, im Flur, saß eine alte Babuschka. Gestikulierend klagte ihr Peter sein Leid, und sie trug drei Mal verschiedene Betten und Matratzen raus und rein. Ich saß mit hochgezogenen Beinen auf meinem Bett und beäugte die ganze Prozedur. Als sich alles beruhigt hatte, kam die Babuschka zu mir, schüttelte den Kopf, strich mir über die Wange und sagte nur »Oj,oj, oj« und schnalzte mit der Zunge. Wir hatten keine gemeinsame verbale Sprache, aber die Geste zeigte eine tiefe Verbundenheit zwischen uns Frauen.

Am nächsten Tag schritten wir durch das Tor mit der zynischen Überschrift »Arbeit macht frei«. Wir blieben lange und gingen langsam durch dieses Areal des Todes, durch die Baracken und sogenannten Krankenstuben, durch die Magazine, die randvoll waren mit unzähligen Schuhen, Kleidungsstücken, Brillen, Uhren, Schmuckstücken, Prothesen, Taschen, Musikinstrumenten, Fotografien, Haaren – es nahm kein Ende. Während des Krieges waren Haartollen in Mode gekommen, mit Haarersatz, der dazu verwendet wurde, eine vollere und üppigere Haartolle aufzubauen. Man konnte sich leicht ausrechnen, woher die ganzen Haare stammten. Bei Kriegsende, als die Rote Armee näherrückte, waren alle diese Gegenstände liegengeblieben und nicht mehr nach Deutschland geschickt worden.

Wir sahen die Überreste der neu konstruierten Gaskammern, die bei Kriegsende gesprengt worden waren. Die älteren, etwas kleineren Gaskammern gab es immer noch. Davor standen die Öfen, in denen die Menschen verbrannt wurden. Die Namen der deutschen Konzerne, die diese Öfen konstruiert hatten, sind immer noch zu sehen:

Thyssen, Krupp und viele andere. Daran denke ich, wenn ich in Stockholm mit meinem Fahrstuhl fahre, der von »Thyssen« hergestellt wurde.

Die ersten Experimente mit Gas wurden an sowjetischen Kriegsgefangenen durchgeführt. Danach waren es Juden, Roma, Homosexuelle und andere, nach Meinung der Nazis, minderwertige Geschöpfe. Wenn Nazideutschland den Krieg gewonnen hätte, wäre die Vernichtung der Slawen und anderer, ihrer Meinung nach minderwertigen, Völker weitergegangen. Wir sahen die Folterkammern und Hinrichtungsstätten. Vor einer gab es einen offenen Platz mit einer schwarzgestrichenen Wand, *Die schwarze Wand*, die vor allem für die Hinrichtungen politischer Häftlinge konstruiert worden war. Als Peter und ich zur *Schwarzen Wand* kamen, standen die damaligen verantwortlichen Henker von Auschwitz mit ihren Bewachern davor, mit gesenkten Köpfen und den Hüten in den Händen. Sie hielten für ihre gepeinigten und ermordeten Opfer eine Schweigeminute ab. Selbst waren sie der Meinung, nur Befehle befolgt zu haben. Ohne nachzudenken zu gehorchen, ist das äußerste Ergebnis einer hierarchischen und autoritären Erziehung; und die Verteidigung der Angeklagten »Ich habe nur auf Befehl gehandelt« wurde während des Gerichtsprozesses in Frankfurt endlos wiederholt. Wahrscheinlich haben sie, als sie vor der Hinrichtungswand standen, auch wieder nur auf Befehl gehandelt. Diese ganze Show war grotesk.

Ich ging auf die Rampe, die Endstation für die Deportierten, den Ort, wo die Neuankömmlinge selektiert wurden. Die Rampe bestand aus kleinen Schottersteinen. Im Schotter zwischen den Steinen fand ich eine deutsche Pfennigmünze, eine Kriegsmünze aus Zink. »1 Pfennig« stand auf der einen Seite und auf der anderen war ein Hakenkreuz. Wem hatte wohl diese Münze gehört, einem Opfer oder einem Henker? Wahrscheinlich einem Opfer.

Unser Guide war ein ehemaliger Gefangener. Er hatte es sich zur Lebensaufgabe gemacht, dieses Museum des Todes und des Leids zu zeigen. Als wir auseinandergingen, gab er uns ein kleines Metallstückchen. Es war ein Stück aus einem abmontierten Verbrennungsofen. Als Letztes sahen wir die medizinische Baracke, in der Experimente an lebenden Menschen durchgeführt worden waren. An der Wand stand: »Es gibt einen Weg zur Freiheit. Seine Meilensteine heißen:

Gehorsam, Fleiß, Ehrlichkeit, Ordnung, Sauberkeit, Nüchternheit, Wahrhaftigkeit, Opfersinn und Liebe zum Vaterland.«

Je mehr ich beobachtete, je mehr ich sah und hörte, desto deutlicher wurde mir bewusst, dass sich die Wirklichkeit, in der die Deportierten und Gefangenen gelebt hatten, nicht in ein Bühnenbild umwandeln ließe.

Den Schmutz, den Schlamm, die Kälte, den Gestank, die Krankheiten, die Läuse, die Quälereien, den Hunger, den Rauch und die Leichenberge kann man auf der Bühne nicht einmal andeuten. Ich konnte, das wurde mir hier klar, höchstens eine Art Resonanz- und Klangboden für das Geschriebene vermitteln. Schlicht, damit niemand im Publikum diesem Oratorium des Todes und der Qual entkommen kann.

Die Rückreise erfolgte mit dem Zug über Ostberlin nach Westberlin. Wir hatten ein bisschen polnisches Geld getauscht, um im Zug etwas essen zu können, außerdem hatten wir noch ein paar westdeutsche D-Mark und einige Dollar.

Der Schaffner fragte, ob wir polnisches Geld und ausländische Münzen hätten. Anständig wie wir waren, gaben wir alles an. Er konfiszierte sämtliche Valuta und wies uns darauf hin, dass uns die polnische Bank, wenn wir innerhalb der nächsten drei Jahre nach Polen zurückkehrten, das Geld möglicherweise zurückzahlen würde. Wir bekamen einen kleinen zerknitterten Zettel mit ein paar Zahlen in die Hand gedrückt. Aus dem Essen wurde nichts. Bevor der Schaffner gekommen war, hatte mich Peter darüber aufgeklärt, dass man im Deutschen, im Gegensatz zum Schwedischen, das Wort »Polacke« nicht verwenden dürfe. Das sei ein abwertendes Schimpfwort. Als der Schaffner mit unserem Geld verschwunden war, hörte ich Peter murmeln: »Verdammter Polacke.«

Parallel zum Stück *Die Ermittlung* schrieb Peter in Ich-Form seinen Text *Meine Ortschaft*, eine eindringliche Beschreibung dessen, was wir in Auschwitz gesehen und erlebt hatten. Für Peter war Auschwitz der Ort, der einst für ihn bestimmt gewesen war, eine Endstation, der er durch Zufall entkommen war, ein Ort, den er erst zwanzig Jahre nach dem Fall des Nationalsozialismus besucht hat. Der Text legt Zeugnis ab von den entsetzlichen und unbegreiflichen Verbrechen, die an diesem Ort begangen wurden, ist Selbstprüfung und

Beschreibung seiner Schuldgefühle, einer von denen gewesen zu sein, die diesem Schicksal entronnen waren.

Die Ermittlung, 1965

Die Uraufführung von *Die Ermittlung* fand gleichzeitig an der Freien Volksbühne in Westberlin und in der Volkskammer in Ostberlin sowie auf fünfzehn weiteren Bühnen in der DDR und der BRD statt. Es war wohl das einzige Mal, dass eine solche kulturelle Zusammenarbeit in beiden deutschen Staaten und im geteilten Berlin zustande gekommen ist. Das war ganz bestimmt dem Regisseur Erwin Piscator zu verdanken.

Wir haben uns zuerst Erwin Piscators Inszenierung an der Freien Volksbühne in Westberlin angesehen, weil er der Erste war, der sich für *Die Ermittlung* interessiert hatte. Außerdem hatten wir mit ihm intensive Gespräche darüber geführt, wie das Stück inszeniert werden könnte.

Wieder spürte ich, wie gespalten ich war. Warum kehrte ich nach Berlin zurück und warum arbeitete ich dort, obwohl ich mir geschworen hatte, dieses Land nie wieder zu betreten? Aber dann dachte ich daran, dass auch viele Deutsche Opfer des Nationalsozialismus geworden waren und nicht fliehen konnten, dass es Widerstand gegeben hatte, der aufs Grausamste niedergeschlagen worden war. Doch gefühlsmäßig war es für mich, als bewegte ich mich auf dünnem Eis.

Vor der Premiere von *Die Ermittlung* in Westberlin hatten das Theater und auch wir persönlich zahlreiche anonyme Briefe und Drohungen erhalten. »Denkt ja nicht, dass ihr mit heilen Knochen zurück nach Schweden kommt«, lautete der Gruß in einem von ihnen. Die anonymen Briefe wurden im Foyer des Theaters aufgehängt.

Gegen Peter wurde in einem Brief der Vorwurf erhoben: »Ein Jude, der am Leid der Juden Geld verdient, typisch jüdisch.« In Wahrheit gingen und gehen auch heute noch die Einkünfte aus *Die Ermittlung* an einen Fonds in London, *Defence and Aid*, der Betroffenen faschistischer Regime juristischen Beistand und Unterstützung gewährt. Das hat zu einem Disput mit der mosaischen Gemeinde in Berlin geführt, die der Meinung war, die Tantiemen sollten an Israel gehen. Peters und meine Einwände waren, dass Israel nach der Staatsgründung so viel Unterstützung von den USA und auch von anderen Ländern erhalten hatte, dass das Geld den heute politisch Verfolgten zugutekommen sollte. Damals war Südafrikas Anti-Apartheid-Bewegung naheliegend. Wir waren zudem skeptisch gegenüber der Art und Weise, wie eine Kolonialmacht ein Land einem Volk überlassen hat, ohne an die Folgen zu denken und dann passiv zugesehen hat, wie die einheimische Bevölkerung vertrieben wurde.

Der italienische Komponist Luigi Nono hatte die elektronische Musik zu *Die Ermittlung* komponiert. Die Musik war passend und ergreifend, aber seltsamerweise hoben sich Text und Musik gegenseitig auf, was auch Luigi begriff. Ohne, dass wir deshalb aneinandergerieten, wurde seine Musik vom Text getrennt und führt nun ein Eigenleben.

Viele der Schauspieler in Westberlin hatten selbst im Konzentrationslager gesessen und wie zahlreiche andere ihre Familien verloren. Dadurch wurde die Darbietung des Textes manchmal zu emotional. Das ist verständlich. Aber der Text erfordert bei der Darbietung Sachlichkeit.

Nachdem wir auf Piscators Vorstellung gewesen waren, fuhren wir nach Ostberlin und sahen uns die Inszenierung in der Volkskammer an. Bemerkenswert war dort, dass *Die Ermittlung* von Schauspielern und Laien gespielt und gelesen wurde. Das war eine Zusammenarbeit zwischen Brechts Berliner Ensemble und ehemaligen Verfolgten und Inhaftierten aus Kreisen der Regierung und der Kultur. Mitwirken durfte, wer verfolgt worden war, in einem Konzentrationslager gesessen hatte oder gezwungen gewesen war zu emigrieren. Trotz der vielen Laien hinterließ die Vorstellung einen tiefen Eindruck. Helene Weigel kam vom Berliner Ensemble, einer der Laien war der Kulturminister der DDR, Alexander Abusch. Einziges Dekor in der Volkskammer waren zwei große Karten, eine über Auschwitz und eine, die alle Vernichtungslager im damaligen »Großdeutschland« zeigte. Polen hatte die meisten Punkte, die die Orte mit Durchgangsstationen und Vernichtungslagern markierten.

Die Ermittlung, Dramaten

Die Ermittlung, die am 13. Februar 1966 am *Dramaten* Premiere hatte, war meine erste Zusammenarbeit mit Ingmar Bergman. Ursprünglich sollten die Schauspieler und der Regisseur Bengt Ekerot Regie führen, aber er wurde krank und so übernahm Ingmar Bergman die Regie.

Ich kam gut vorbereitet zur ersten Regiesitzung im *Dramaten*. Ich verfügte nicht nur über meine Erfahrungen aus den deutschen Inszenierungen und den Gesprächen mit Peter Brook vor seiner Londoner Inszenierung, sondern hatte gemeinsam mit Peter auch zu diesem Thema recherchiert und jede Niederschrift sukzessive durchgesprochen. Ein Beitrag von mir, den Peter besonders berücksichtigte, war, dass die Häftlinge in Auschwitz keine Namen hatten, sondern lediglich Nummern waren.

Ursprünglich hatte Peter erwogen, Sara und Israel zu verwenden, jene Namen, die die Nazis allen Juden aufzwangen, ob sie nun so hießen oder nicht. Das wäre aber ein Fehler gewesen, da nicht nur Juden, sondern auch Roma, russische Kriegsgefangene, politische Gefangene und Homosexuelle ermordet wurden. Die Henker durften ihre Namen behalten, sie waren im Lager Individuen. Die Häftlinge, die Opfer, waren namenlos und hatten nur eine tätowierte Nummer auf dem Arm.

Bei meinen Kostümvorschlägen ging ich von dieser Prämisse aus. In der Stockholmer Inszenierung waren sämtliche Henker individuell gekleidet. Im Lager verloren sie nie ihre Identität und ihren Wert als Mensch und deshalb konnte man sie auch hier als einzelne Individuen betrachten. Es war auch wichtig, dass man an den Kostümen erkennen konnte, aus welcher Gesellschaftsschicht die Angeklagten stammten. Die Henker kamen aus allen Gesellschaftsklassen Nazideutschlands. Hier ging ich von meinen Beobachtungen während des Prozesses in Frankfurt aus.

Die Opfer, die Zeugen im Stück, trugen alle graue Kleidung oder Kostüme. Im Lager hatten sie ihre persönliche Identität verloren und waren zu einer einzigen grauen Masse verschmolzen. Auf der Bühne sollten sie ebenso anonym sein und eine Unzahl von Gequälten und Ermordeten repräsentieren. Meine Intention war, einen geschlossenen, klaustrophobischen Raum zu entwerfen, einen Raum, der eine gewisse Ähnlichkeit mit einem Gerichtssaal hatte. Das Bühnenbild war ein Kasten aus hellem Holz, nicht unser behagliches schwedisches Kiefernholz, sondern astloses Totholz, das aus Afrika importiert wurde. Aus ihm bestand auch der Resonanzboden, der für die richtige Akustik nötig war. Der Bühnenraum sollte als Resonanzkörper für eine Geige fungieren. Die Schauspieler sollten extrem leise sprechen können und dennoch gut zu verstehen sein. Die Rede sollte nicht im Schnürboden oder an den Bühnenseiten verhallen. Deshalb wurde oben eine Deckenwand eingezogen. Um die Akustik zu verstärken, waren die hohen Wände und die Decke leicht schräg. Gemeinsam mit den Tontechnikern testeten wir die akustischen Möglichkeiten.

Rechts und links sowie hinten auf der Bühne gab es kaum sichtbare Türen. Die Geschlossenheit des Bühnenbildes durfte nicht beeinträchtigt werden. Auftritte und Abgänge, die die Szenenwechsel markierten, sollten aber dennoch möglich sein. Wegen des Bühnenraums gab es auch Diskussionen mit den im Theater obligatorischen Brandschutzbeauftragten, denn im Falle eines Brandes mussten die Fluchtwege zugänglich sein; außerdem versperrten die Seitenwände den beiden Feuerwehrmännern, die stets an den Seiten der Bühne saßen, die Sicht. Letzteres wurde dadurch gelöst, dass die Feuerwehrmänner während der Vorstellung im Publikum platziert wurden.

Mitten auf der Bühne, in diesem Kasten, gab es eine Zuschauertribüne die einer einfachen Sporttribüne mit zwei Bankreihen ähnelte. Auf ihr saßen die achtzehn Angeklagten, jeweils neun auf einer Bank; sie waren zwar in einem Kasten eingeschlossen, für das Publikum aber dennoch vollständig sichtbar.

Vor den Angeklagten, den Henkern, saßen neun Zeugen, die ehemaligen Gefangenen. Im Unterschied zu diesen saßen sie jeweils auf einem Stuhl. Damit wurde versinnbildlicht, dass sie hier im Gerichtssaal wieder Individuen waren und keine graue Masse. Sie repräsentierten den einzelnen Menschen.

Rechts und links gab es einige vereinfachte Zeugenstände. Vor der Bühne stand leicht erhöht der Tisch des Richters. Die Tischplatte war auf derselben Höhe wie der Bühnenboden, um eine logische Verbindung zwischen Publikum und Bühne herzustellen. Der Richter, der Ankläger und der Verteidiger saßen auf denselben Stühlen wie das Publikum im Zuschauerraum und bildeten somit eine Einheit.

In der Bühnendecke befanden sich sechs Löcher für die Scheinwerfer, die die Agierenden direkt von oben beleuchteten. Optisch hatten sie dieselbe Form und Größe wie die Löcher in den Gaskammern, durch die das Gas Zyklon B nach unten strömte, um die Eingeschlossenen zu ersticken. Man musste nicht die Größe und Platzierung der Löcher kennen, aber für mich war es symbolisch wichtig, dass es die Löcher in dem geschlossenen Bühnenraum gab. Sie hatten auch eine rein praktische Funktion. Wenn die Beleuchtung direkt von oben kommt, sehen die Gesichter der Agierenden aus wie Totenköpfe.

Die Titel der elf Szenen im Stück, *Gesang von der Rampe, Gesang vom Zyklon B, Gesang von der Schwarzen Wand* usw. wurden auf die Rückwand projiziert. Die Titel waren auf einer alten Schreibmaschine aus den 1940er Jahren geschrieben, mit abgenutzten Typen und ebensolchen Buchstaben wie auf den Schreibmaschinen im Konzentrationslager, die für die endlosen Namenslisten jener Menschen verwendet wurden, die eingesperrt und vernichtet wurden. Der Zuschauerraum war während der ganzen Vorstellung erleuchtet. Ganz hinten im Zuschauerraum waren große Filmscheinwerfer platziert, die die Schauspieler direkt anstrahlten, wie die Beleuchtung in einem Obduktionssaal. Die Schatten der Zuschauer zeichneten sich auf der Bühne ab, ein typisches filmisches Ingmar-Element.

Einer der aufregendsten Momente in der Arbeit an einer Inszenierung ist, wenn das Bühnenbild zum ersten Mal auf der richtigen Bühne aufgebaut wird. Das ist die endgültige Verwirklichung des Modells, der Konstruktionszeichnungen, der Wahl des Materials und der Farben, die das Ergebnis der Zusammenarbeit mit den Werkstätten und Ateliers sind.

Als der Kasten für *Die Ermittlung* auf der Bühne stand, bekam Ingmar einen Schock. Obwohl er das Modell kannte, hatte er sich das Bühnenbild nicht so hell vorgestellt. Wir hatten über den geschlossenen Kasten und das grelle Licht diskutiert, das bewirkte, dass nichts auf der Bühne dem Publikum entgehen, sich niemand im Zuschauerraum entziehen konnte.

Wie viele Regisseure hatte Ingmar keinen Fuß in die Werkstätten gesetzt, um die Entstehung des Bühnenbildes zu verfolgen. Die Werkstätten befanden sich zu dieser Zeit sogar im selben Haus, er hätte sich also leicht informieren können. Ingmar schrie: »Streich verdammt noch mal alles schwarz!« Ich erwiderte: »Spinnst du, dann wird das doch nur ein gewöhnlicher konventioneller schwarzer Bühnenkasten!«

Wütend und erschrocken schrie ich außerdem: »Dann setz dich doch in deine schwarze japanische Lackkiste und führ Regie!« Was ich mit »japanisch« meinte, weiß ich nicht. Es wurde ganz still. Ich verließ den Zuschauerraum und schlug die Tür zu, in dem Glauben, dass alle Überlegungen umsonst gewesen sind. Es wurde kein schwarzer Kasten. Es wurde das Bühnenbild, auf das wir uns ursprünglich geeinigt hatten.

Im Grunde kann ich seinen Schreck verstehen. Ich hatte die Entstehung in den Werkstätten verfolgt und mich an das Ergebnis gewöhnt. Er hatte im Dunkeln im Probenraum gesessen und mit schwarzen Wandschirmen gearbeitet, die die Begrenzung im Bühnenraum markierten. Ich sah Ingmars Angst vor der Ausstattung, dem alles entlarvenden Bühnenraum. Ich hatte meine eigenen Befürchtungen. Kann so ein abstrakter Raum dem Text gerecht werden?

In den Diskussionen zwischen Ingmar und mir ging es hauptsächlich um den Sprachrhythmus, es gibt so gut wie keine Dialoge. Der Rhythmus des Textes und die Versstruktur ist wie eine musikalische Komposition, ein Oratorium, inspiriert von Dante Alighieris *Die Göttliche Komödie*. Der Text, also das, was im Oratorium gesprochen wird, ist eine Dokumentation aus unserer Zeit, so wie Dantes Text eine Dokumentation aus seiner Zeit gewesen ist. Wir geht man mit diesem schwierigen und entsetzlichen Text um, der die Wirklichkeit des Konzentrationslagers wiedergibt sowie die authentischen Aussagen, die während des Gerichtsprozesses in Frankfurt protokolliert wurden?

Ingmar nannte den Text eine »Pornografie der Grausamkeit«. Ich widersetzte mich dieser Bezeichnung. Ich kann in dem Text nichts Pornografisches entdecken. Das war unsere zweite Auseinandersetzung. Ich hatte zwar nicht die Abscheulichkeiten eines Konzentrationslagers erlebt, aber ich hatte während des Krieges genug Widerwärtiges gesehen, sodass ich das niemals Pornografie nennen könnte.

Bei den Proben hatten die Schauspieler oft Schwierigkeiten, mit dem grausamen Text zurechtzukommen, vor allem deshalb, weil sie wussten, dass alles der Wahrheit entsprach.

Es gab kein Verschnaufen oder Scherzen. Man musste also ein Schlupfloch finden, wo man sich gegen die Intensität des Textes wehren konnte. In der schwedischen Inszenierung war es ein Vorteil, dass alle Schauspieler eine gewisse Distanz zum Text hatten und deshalb nicht emotional spielten. Die Emotionen sollte das Publikum spüren. Die Tränen sollten nicht auf der Bühne, sondern beim Publikum fließen.

In Ingmar Bergmans Inszenierung am *Dramaten* wurde das Stück von achtundzwanzig männlichen und zwei weiblichen Schauspielern aufgeführt. Unter ihnen der damalige Intendant Erland Josephson, der jüdischer Herkunft war und einen der schlimmsten Henker spielte. Die beiden weiblichen Zeugen wurden von Barbro Larsson und Anita Björk gespielt.

Ingmar wurde mit seinem Gefühl für Rhythmus, sprachliche Musikalität und Bewegungschoreografie dem Stück gerechter als die beiden ersten Inszenierungen, die ich in Deutschland gesehen hatte. Vielleicht war das alles zu nah an ihnen dran – man konnte nicht die kühle Distanz einfordern, die den Text noch entsetzlicher macht.

Audition in New York

Die Ermittlung wurde von einem Theater in New York gekauft, auch hier sollte mein Bühnenbild verwendet werden. Bis auf wenige Änderungen ähnelte es stark dem Bühnenbild, das ich für *Dramaten* entworfen hatte.

Als wir im Theater in New York das Casting der Schauspieler für *Die Ermittlung* verfolgten, erlebten wir eine andere Seite des Theaterlebens, die uns ziemlich mitgenommen hat. Peter und ich saßen gemeinsam mit dem Regisseur und seinem Mitarbeiter in einem großen Lagerhaus, einer Art Arenatheater oder Turnhalle.

Draußen stand eine lange Schlange von Schauspielern, die sich um eine Rolle in dem Stück bewarben. Ich kannte einige von ihnen, da die Bewerber nicht mehr zu den Jüngsten zählten – für das Stück wurden dreißig Personen gebraucht, alle mittleren Alters. Als etablierter Schauspieler immer noch nach einem äußerst kurzen Vorsprechen beurteilt zu werden, fanden wir erniedrigend. Sie marschierten vor uns auf und mussten innerhalb weniger Minuten etwas aus dem Text aufsagen und dann hieß es nur: »Thank you very much, thank you« oder einfach nur »Thanks«. Der Tonfall und die Länge des Dankes verrieten, ob man die Rolle bekam oder abgewiesen wurde. Schon nach kurzer Zeit spürte man die Nervosität, die Erwartungen und die Angst in der Luft. Vor allem, weil dieses Stück von der Ausbeutung von Menschen handelte, wurde uns das zuviel und wir verließen den Raum.

New York, 1965

Im Zusammenhang mit Brooks Inszenierung von *Marat/Sade* lernte ich New York ganz anders kennen als seinerzeit als arme Stipendiatin: damals von unten, heute von oben. Mir standen alle Türen offen.

Peters Verleger organisierte große Partys. Der Dichter Allen Ginsberg stellte uns dem Schriftsteller William S. Burroughs vor. 1959 hatten wir Burroughs *The naked lunch* bei Olympia Press in Paris von dem Verleger Maurice Girodias gekauft. Auf der Rückseite der Olympia-Press-Bücher stand »Not to be sold in the USA or UK«.

Seinerzeit hatte sich Peter immer noch als Außenseiter begriffen und durch die von Olympia Press herausgegebene, in Schweden völlig unbekannte Literatur, auch in dieser Rolle bestätigt gefühlt. Inzwischen hatten sich die Zeiten geändert. Peter war anerkannt und erhielt nun die Möglichkeit, diesen sonderbaren Schriftsteller zu treffen. Zu einem Gespräch ist es aber nicht gekommen, die Drogen hatten ihr Übriges getan, und Peter war ziemlich enttäuscht.

Peter und ich wurden zu einem ungemein netten einfachen Abendessen bei Arthur Miller und seiner fotografierenden Frau, Inge Morath, eingeladen. Es war, als würden wir bei Carlo und Kerstin in der Küche sitzen.

Wir lernten Susan Sontag kennen, die die bis dahin beste Analyse des Stücks *Marat/Sade* verfasst hatte. Dass sie dabei war, eine anerkannte Intellektuelle und Schriftstellerin zu werden, konnte man schon damals spüren. Unsere Wege sollten sich noch öfter kreuzen.

Unter anderem drehte Susan längere Zeit in Stockholm und wohnte dann in Peters Atelier. Ihr Sohn David und mein Sohn Mikael unternahmen 1968 gemeinsam eine sehr riskante Reise durch den Iran, Pakistan, das mir damals unbekannte Afghanistan und die Türkei.

Die *Marat/Sade*-Inszenierung in New York bildete auch den Auftakt für Begegnungen mit Leuten, die sich für Integration in den USA engagierten.

Wie wurden enge Freunde von Bill und Beryl Epton, Mitgliedern der *Progressive Labor Movement*. Als Agitator landete Bill später im Gefängnis und zusammen mit Leo Hubermann, Paul Sweezy, Edita und Ira Morris organisierten wir Protestlisten und Demonstrationen, während Peter mehrere Artikel schrieb.

In New York wohnten Peter und ich bei einer alten Freundin von Vera, Greet van Wyllek, eine holländische Psychoanalytikerin, eine der wenigen Freunde, die Vera in Holland gehabt hatte. Als Gegenleistung wünschte sie sich nur, dass wir mit ihr an einer Cocktailparty im Restaurant *The Four Seasons* teilnehmen, gemeinsam mit zahlreichen Prominenten, unter ihnen viele von jenen Psychoanalytikern, die 1938 aus Wien geflohen waren.

Mitten in dem Taumel um *Marat/Sade* als Theaterstück des Jahres und der Tatsache, dass Peter Brook, Peter und ich jeweils einen *Tony Award* für unsere Leistungen bekommen hatten, wurde ich durch die Begegnung mit den alten Wiener Psychoanalytikern wieder in meine frühe Kindheit in Wien und Holland zurückversetzt. Das war ein großer Kontrast. Alle emigrierten Psychoanalytiker waren erfolgreich geworden, Ruth Szelke-Eissler und ihr Mann hatten ihre Praxis in einer großen Wohnung auf der Fifth Avenue. Seltsamerweise waren sie Gegner der Integration von »the black people«. Sie, die selbst vor Rassismus geflohen waren.

Ich traf Veras Mentor aus Wien, den Psychoanalytiker Heinz Hartmann, einen sehr zierlichen älteren Herrn. Wir sprachen über Vera. Ja, natürlich erinnerte er sich an sie. Er meinte, sie wäre intelligent, gebildet, begabt und hübsch, aber völlig lebensuntauglich gewesen. Dass sie ihrem Leben selbst ein Ende gesetzt hat, war für ihn ganz selbstverständlich. Da muss man sich wirklich fragen, welchen Sinn diese lange Analyse bei ihm gehabt hat, wenn er von Anfang an gewusst hat, dass es so schlimm enden würde. Eigentlich passte Vera zu der

Klientel und den Mustern, die von Freud offengelegt wurden, ein gewisser Typ verlorener, bürgerlich erzogener Frauen. Es ist mir ein Rätsel, dass dies nicht zu den damaligen gesellschaftlichen Strukturen in Beziehung gesetzt wurde.

Die politischen sechziger Jahre

In Deutschland war es für die Jugendlichen der Nachkriegsgeneration wichtig, Klarheit darüber zu bekommen, wo ihre Eltern gestanden und welche Rolle sie während des Nationalsozialismus und des Krieges gespielt haben. Sind sie passiv gewesen oder nur Mitläufer oder von der nazistischen Massenpsychose erfasst und mitgerissen worden? Mit welchen Traumata kehrten die überlebenden Soldaten zurück, was hatten sie getan, was hatten sie gesehen und was erwartete sie zu Hause?

Die ältere Generation legte den Deckel drauf und schwieg. Manche schwiegen vielleicht, weil sie nicht die Kraft hatten, über ihre Erlebnisse zu sprechen. Andere schwiegen bestimmt wegen ihrer zweifelhaften Vergangenheit. Niemand kommt unschuldig aus einem Krieg. Viele wollten vergessen und nur nach vorn blicken, sich eine neue Existenz aufbauen und alles hinter sich lassen.

Aber für die junge Generation und auch für einige der älteren war es lebenswichtig, die Vergangenheit zu erkunden und die Hintergründe zu analysieren. Sie reagierten zu Recht auf dieses Leugnen und Schweigen. Jetzt, aus längerer zeitlicher Distanz, kann man die positiven Folgen sehen und feststellen, dass diese Jugendrevolte tatsächlich einen umwälzenden Effekt auf die deutsche Gesellschaft hatte und einiges verändert hat.

Inspiriert durch die Philosophen Jürgen Habermas und Theodor Adorno begann eine kreative Debatte und eine intensive politische Forschung. Es war wichtig, die autoritäre, patriarchalische Erziehung, die die meisten genossen hatten, sichtbar zu machen. Das führte zu einer oppositionellen Bewegung und zu einer radikalen Politisierung der jüngeren Generation.

Ich habe viele der Radikalen gekannt und ihr Engagement, ihre Kraft und ihre historische wie auch politische Bildung geschätzt. Eine

Gruppe begabter junger Leute, die, hätten die Machthaber in der damaligen Gesellschaft auf sie gehört, beim Aufbau der westdeutschen Gesellschaft Konstruktives hätten leisten können. Stattdessen hat man sie wie Ratten gejagt.

Das Ganze war eine Demonstration, wie man intelligente progressive Leute dazu treibt, kriminell zu werden. Ich bin der Meinung, dass das politische Establishment, insbesondere die damalige Springerpresse mit ihren vulgären, verlogenen Abendzeitungen, zum großen Teil die Verantwortung dafür trug, welche Richtung die RAF einschlug, und dass Personen wie Ulrike Meinhof, Gudrun Ensslin und andere in eine Sackgasse gedrängt wurden.

Man kann das damalige Berlin nicht mit dem heutigen vergleichen, wie es sich nach dem Fall der Mauer entwickelt hat. Das war eine andere Welt. Berlin bestand größtenteils aus jungen Leuten und älteren einsamen Frauen. Berlin musste nach dem Krieg wieder mit jungen Männern bevölkert werden. Dem Wehrdienst entgehen zu können, war damals ein Lockmittel – die jungen Männer, die sich an der Westberliner Universität bewarben, wurden davon befreit.

Westberlin lag mitten in der damaligen DDR und der Preis für die zugezogenen jungen Leute war, dass sie in der Stadt eingesperrt waren. Sie konnten weder nach Westdeutschland, bzw. in die BRD noch in die sogenannte »Sowjetzone« bzw. die DDR. Dies erzeugte Unruhe. Das Eingesperrtsein in Verbindung mit der Befreiung der Jungen radikalisierte das politische Klima. Daraus resultierte häufig der unbarmherzige Protest gegen die Elterngeneration. Die meisten jungen Leute waren kurz vor oder direkt nach Kriegsende geboren. Es war eine Generation, die die Zerstörung gesehen und erlebt hat, aber immer noch jung genug war, um eine Befreiung von dem Alten durchzusetzen und eine Veränderung der Gesellschaft zu beginnen.

Es wurde ein Kampf um und für Demokratie, aber auch ein Kampf im Inneren der Menschen. Eine Linksbewegung war auf dem Vormarsch, eine neue Linke, die sich nicht an Konrad Adenauers oder Ludwig Erhards Herrschaftssystem anpasste.

Trotz der hitzigen und aggressiven Stimmung in Berlin, die in regelrechten Schlägereien zum Ausdruck kamen, gab es dort spannende Diskussionen, sowohl auf der politischen als auch auf der historischen und philosophischen Ebene.

Ich verfolgte das Debattieren dieser jungen Menschen und gewahrte ihren Frust über das Schweigen, darüber, dass ein Deckel draufgelegt wurde, dass ihr oft berechtigter Aufruhr und ihre Demonstrationen nie zu einem Gespräch mit den Machthabern führten oder zu einer Art von Verständnis. Ihre oft gut untermauerten sozialistischen Argumente richteten sich gegen eine autoritäre Gesellschaft, in der viele hohe Bürokraten aus der Nazizeit ihre Posten behalten hatten.

Anfangs ging es in den Debatten um Menschenrechte, Moral und Sex, später hauptsächlich um die Politik des Landes und das Kapital. Dann wurde die Bewegung internationalisiert und wandte sich gegen die Ausbeutung der Dritten Welt und gegen die Kolonialherrschaft, anfangs vor allem gegen den Krieg in Algerien, den Iran und den Angriff der USA auf Vietnam.

Während der großen Demonstration gegen den Besuch des Schahs von Persien wurde der Literaturstudent Benno Ohnesorg erschossen. Er wurde von der Polizei mit einem Genickschuss getötet, eine regelrechte Hinrichtung. Dabei spielt es keine Rolle, dass später herauskam, dass ein Stasi-Spitzel geschossen hatte. Die Polizei im Westen hatte dieses brutale Vorgehen akzeptiert, die damaligen Gerichte haben ihn freigesprochen. Dieses Ereignis gab das Signal für eine Eskalation der Gegengewalt vonseiten der Radikalen. Ulrike Meinhof schrieb einen Brandartikel und Gudrun Ensslin stand mit dem Megafon auf der Straße, auf der Benno Ohnesorg niedergeschossen worden war und appellierte: »Wir müssen uns bewaffnen.« Eine andere Form der Demonstration war, als Gudrun Ensslin und Andreas Baader ein Warenhaus in Frankfurt anzündeten. Auch wenn ich diese Methode nicht akzeptabel finde, kann man zu ihrer Verteidigung sagen, dass das Attentat nachts durchgeführt wurde, als sich keine Leute im Haus befanden. Aber danach gab es kein Zurück mehr. Die Eskalation ging weiter und manche, wie Gudrun Ensslin und Ulrike Meinhof gingen bis zum Äußersten.

Ich kann nicht damit sympathisieren, wie sich das entwickelt hat. Die Morde, die von der Baader-Meinhof-Gruppe begangen wurden, sind indiskutabel. Aber man darf nie vergessen wie und warum es anfing.

Polizei, Behörden und Presse hatten diesen Krieg angezettelt und zu dem, was danach kam, beigetragen. Am Anfang waren die Demonstrationen friedlich. Die Gewalt wurde durch die Angriffe der Polizei mit Wasserwerfern und Gummiknüppeln ausgelöst.

Zur gleichen Zeit, als die Demonstration gegen den Schah von Persien in Berlin stattfand, gab es im *TAT* (Theater am Turm) in Frankfurt am Main ein Gastspiel. Die *Akademie der Darstellenden Künste* hatte das Stockholmer *Scalateatern* eingeladen.

Wir spielten Peters Stück *Gesang vom Lusitanischen Popanz*, das die heftige Unterdrückung der belgischen Kolonialisten in Angola und im Kongo beschreibt.

Die Vorstellung passte gut in die politische Debatte. Die Schauspieler Allan Edwall, Björn Gustafsson, Isa Quensel, Yvonne Lundequist, Monika Nielsen, Lena Brundin, der Regisseur Etienne Glaser und die Musiker, die Bengt Arne Wallins Komposition spielten, reisten gemeinsam in einem großen LKW runter, beladen mit meinem Bühnenbild, den Kostümen, den Musikinstrumenten sowie dem Zubehör für die Beleuchtung. Während der Vorstellung von *Gesang vom Lusitanischen Popanz* erfuhren wir, dass der Student Benno Ohnsorg in Berlin von der Polizei erschossen worden war. Der Oberspielleiter Claus Peymann bat mich, nach der Vorstellung eine Rede zu halten und gegen diesen Mord zu protestieren, weil ich Deutsch sprach und die Gruppe repräsentierte. Er selbst konnte das nicht tun. Ihm hatten die Behörden verboten, auf diese Weise zu agieren, da in Frankfurt am Main seit Ende des Krieges immer noch ein Demonstrationsverbot herrschte. Dass Peymann später einer der meist geschätzten Regisseure und Theatertheoretiker Deutschlands werden sollte, konnte man damals nicht ahnen.

Nachdem das Stück zu Ende war, ging ich zur Rampe, bat um eine Schweigeminute für Benno Ohnesorg und hielt danach eine Brandrede über die sinnlose Tat der Polizei. Zunächst war das Publikum ganz still, um danach wie wild zu applaudieren. Das war wie der Aufruf zu einem Aufstand.

An der Universität Frankfurt hatte ich vorher an ein paar heftigen Diskussionen teilgenommen oder besser gesagt, ich war Zuschauerin. In einer Debatte ging es um die Gleichstellung von Klassen und die Forderung der Frauen nach gleichen Rechten. Der Philosoph und Professor Theodor Adorno leitete die Debatte. Auf dem Podium saßen lediglich junge Männer, junge Linke. Man sollte nicht denken, dass Gleichberechtigung zwischen Männern und Frauen entsteht, nur weil beide Geschlechter dieselbe politische Einstellung vertreten. Genauso autoritär, wie diese Jugendlichen früher von ihren Vätern erzogen worden waren, genauso überheblich benahmen sich diese jungen Männer gegenüber den Frauen. Die Geschehnisse in Frankfurt erinnerten mich an eine Radierung zur Französischen Revolution. Als das Revolutionstribunal den Frauen nicht dieselbe »égalité« wie den Männern zubilligte, hoben diese ihre Röcke hoch und demonstrierten dagegen, indem sie dem Militär und den führenden Revolutionären ihre nackten Hinterteile zuwandten.

Die Diskussion hatte kaum begonnen, als eine große Gruppe junger Frauen anfing, die Männer auf dem Podium mit Tomaten und Eiern zu bewerfen und zu skandieren: »Gleichberechtigung jetzt, Gleichberechtigung jetzt, fahrt nach Hause und wascht eure schmutzigen Hemden selber.« Auch Adorno wurde angegriffen. Eine junge Frau drückte ihm ihre recht großen Brüste direkt ins Gesicht. Das Gebaren der jungen Frauen gegenüber den jungen Männern war verständlich, aber in Bezug auf den Humanisten Adorno, war es falsch, ungerecht und erniedrigend. Dieses Agieren war radikal, fand aber keinen Anklang, weil es zu primitiv und zu unpolitisch war.

Innerhalb der Linken wurden verschiedene Fraktionen gegründet. In den Diskussionen ging es darum, ob die friedlichen Demonstrationen ausreichten oder Gewalt angewendet werden sollte. Wenn man diese Debatten innerhalb und mit den verschiedenen Fraktionen mitverfolgte, war es schwierig, neutral zu sein und sich rauszuhalten. Es war schwer, dem Gruppendruck zu widerstehen.

Peter und ich hatten das Glück, von außen zu kommen. Wir konnten aus der Distanz beobachten. Wir konnten in ein politisch gemäßigteres und demokratischeres Schweden zurückkehren, in ein Land, das sich nach und nach entwickeln konnte und von zwei Weltkriegen verschont geblieben war. Wir waren sowohl in Deutschland, Frankreich als auch in Schweden bei den Demonstrationen dabei.

Wir bildeten ein internationales Netzwerk aus Gleichgesinnten. Politische Treffen bei uns zu Hause gehörten zum Alltag. Peters Artikel wurden in Schweden und in der BRD veröffentlicht, zum Teil auch in der DDR sowie in der übrigen internationalen Presse.

Der Studentenführer Rudi Dutschke war ein Freund von uns. Wir lernten ihn kennen, als er vor Studenten eine Rede hielt – über die Notwendigkeit, in der Vergangenheit aufzuräumen, um die Gesellschaft normalisieren und voranbringen zu können. Er hatte den Osten verlassen und war in Westberlin Studentenführer geworden. Er war ein belesener und mitreißender Agitator. Das umfangreiche Wissen und die agitatorische Darbietung hatte er bestimmt von seiner früheren Ausbildung im Osten mitgebracht. Er wurde von einem Rechten niedergeschossen, als er sich bückte, um sein Fahrradschloss aufzuschließen. Zweifellos hatte die Presse zu dieser Aufwiegelung beigetragen. Rudi Dutschke starb nicht sofort. Erst elf Jahre später erlag er den Hirnschäden, die er erlitten hatte. Aber als Persönlichkeit hatte man ihn unschädlich gemacht.

Der Buchverlag Suhrkamp, der sich in Frankfurt befand, gab auf Initiative der jungen Lektoren des Verlages eine Reihe kleiner politisch radikaler Taschenbücher heraus. Sie waren billig, damit die Studenten die Möglichkeit hatten, sie zu kaufen. Es gab kaum einen modernen Philosophen oder politisch aktiven Schriftsteller, der nicht in der Regenbogenreihe vertreten war.

Meinhof und Ensslin

Über Ulrike Meinhof ist viel geschrieben worden: Kriegskind, geboren 1934, religiös erzogen und früh Waise, ihr Schicksal ist inzwischen bis zum Gehtnichtmehr analysiert worden Dennoch ist es mir wichtig, sie zu erwähnen, ihre Haltung und ihr tragisches Ende. Ihr Weg nach Golgata hat mich zum Nachdenken bewegt. Wie konnte eine renommierte, sozial engagierte Journalistin als sogenannte Terroristin enden?

Die Ulrike, die wir in den sechziger Jahren kennengelernt hatten, war eine scharfsinnige, sozial und politisch engagierte Person, der man aufgrund ihres Wissens Respekt zollte.

Sie hatte zusammen mit ihrem Mann, Klaus Rainer Röhl, die politisch radikale linke Zeitschrift *konkret* gegründet, in der ihre gut untermauerten gesellschaftskritischen Artikel geschätzt und respektiert wurden. Unsere Gespräche handelten meist von der Verantwortung der Älteren für das, was während des Nationalsozialismus und während des Krieges geschehen ist, und davon, in welche Richtung wir uns bewegen.

Die Kritik richtete sich gegen die Politik, die die Regierung des Landes führte, vor allem in Bezug darauf, dass so viele frühere Nazis noch immer wichtige Posten in der Verwaltung des Landes bekleideten. Ihre spätere Entwicklung ist meiner Meinung nach zum einen auf schwierige private Erlebnisse, und zum anderen, wie bereits erwähnt, auf das Agieren der Springer-Presse zurückzuführen.

Diese machte eine Hexenjagd auf jene Aktiven, die die westdeutsche Gesellschaft demokratisieren wollten, insbesondere auf die Jugend – eine Generation, die unbequeme Fragen stellte. Die Hetze trieb einige Radikale immer weiter in Richtung Extremismus und weg von der Gemeinschaft. In dieser Isolierung und Ausgegrenztheit hatten sie das Gefühl, sich im Kriegszustand zu befinden und handelten danach.

Ulrike Meinhof hätte mit ihrem Wissen sicherlich in dem neuen Deutschland eine wertvolle und nützliche Bürgerin werden können. Diese Chance hat sie nie bekommen. War sie vielleicht, wie es der Schriftsteller Erich Fried bei ihrer Beerdigung ausdrückte, »die beste Journalistin und größte deutsche Frau seit Rosa Luxemburg«?

Es gibt Faktoren, auf die einige Gesellschaftswissenschaftler und Konfliktforscher ein besonderes Augenmerk gerichtet haben, in Bezug auf die innenpolitischen Konsequenzen der großen Regierungskoalition zwischen den Christdemokraten und den Sozialdemokraten 1966: Da beide zusammen neunzig Prozent der Stimmen im Bundestag repräsentierten, war die parlamentarische Opposition praktisch handlungsunfähig. Die kommunistische Partei war seit 1956 verboten und der Sozialistische Deutsche Studentenbund war auf dem Kongress 1960 aus der Partei ausgeschlossen worden.

Das bereitete den Boden für die außerparlamentarische Opposition, die die linken Studenten auf Straßen und Plätze trieb, mit Demonstrationen, die gegen die autoritären Machthaber gerichtet waren. Außerdem demonstrierten sie gegen ein erstarrtes Universitätssystem und, international, gegen die Einmischung der USA und den Krieg in Vietnam. In Westberlin nahmen bis zu sechzig-siebzigtausend Menschen an Demonstrationen teil, die von linken Studenten initiiert und organisiert wurden. Es war eine Jugendbewegung, die sich gegen die ältere Generation wandte. Eine der ersten Demonstrationen richtete sich, wie bereits erwähnt, gegen den Besuch des Schahs von Persien, der für die Studenten ein Symbol für alles Reaktionäre war.

Nach alter Manier betrieb die Springerpresse eine unversöhnliche Kampagne gegen die demonstrierenden Jugendlichen, die man gemäß dieser Presse, in die DDR schicken und in Arbeitslager verfrachten sollte. Politiker und Behörden verfielen oft in ähnliche Muster, woraus resultierte, dass der Polizei befohlen wurde, von Gummiknüppeln, Wasserwerfern und Schusswaffen Gebrauch zu machen. Die Gewalt wurde durch das Agieren der Polizei provoziert.

Ulrikes tragische Entwicklung hat auch eine psychologische Seite, über die selten gesprochen wird. Klaus Röhl war allgemein als »Frauenheld« bekannt und mit der Treue war es bei ihm nicht weit her.

Als Ulrike schwanger wurde und Zwillinge gebar, bekam sie eine Wochenbettdepression und zudem einen Gehirntumor. Erst nach einer Weile konnte sie wieder mit ihrer Familie vereint werden. In der Zwischenzeit hatte die gemeinsame Zeitschrift des Paares, *konkret,* ihren Charakter geändert. Röhl hatte das soziale und politische Material mit Pornografie vermischt, um den Verkauf zu steigern.

Aus Wut über diesen Coup schlug Ulrike mit ein paar Freunden die ganze Redaktionseinrichtung kurz und klein. Es folgte die Scheidung und der Vater erhielt das Sorgerecht für die Kinder. Enttäuscht von ihrem Mann und ohne ihre Kinder, die man ihr weggenommen hatte und ohne Zeitschrift stand sie ganz allein da. In diesem damals überhitzten politischen Klima fand sie andere Freunde, mit denen sie eine revolutionäre Gruppe bildete.

Eines der letzten Male, als Peter und ich Ulrike getroffen hatten, war anlässlich einer privaten Vorführung des Fernsehspiels *Bambule*, 1970. Das Drehbuch basierte auf ihrem Reportagenbuch über Eichenhof, einem Heim für betreute Mädchen, oft Waisen. Es ging nicht um kriminelle Mädchen, sondern um unglückliche Jugendliche.

Es gibt Ähnlichkeiten zwischen Francois Truffauts *Sie küssten und sie schlugen ihn* (1959) und *Bambule*. In Truffauts Film geht es um ein Heim für Jungen, die mit Prügel für die Gesellschaft erzogen werden. Während dieser Film Fiktion ist, basierend auf Truffauts eigenen

Erfahrungen, trägt Ulrike Meinhofs Film dokumentarische Züge. *Bambule* schildert ein deutsches Heim Ende der sechziger Jahre und beschreibt deutlich, wie schutzlos die Mädchen ausgeliefert sind. Dabei wird auf Kadavergehorsam und die Bestrafungsmethoden aufmerksam gemacht, die damals in Heimen immer noch gang und gäbe waren – sowohl in der BRD als auch in der DDR. Der Film sollte am 24. Mai 1970 gezeigt werden, wurde aber am 14. Mai verboten, nachdem Ulrike Meinhof im Zusammenhang mit der Befreiung von Andreas Baader als Staatsfeind Nr. 1 abgestempelt wurde. Danach wurde ihre soziale Reportage totgeschwiegen.

Wenn ich jetzt im Nachhinein Ulrike Meinhofs Essays und Artikel lese, die postum im Verlag Klaus Wagenbach in Berlin erschienen sind, *Die Würde des Menschen ist antastbar*, 1992 sowie *Deutschland Deutschland unter anderm*, 1995, wie das im Verlag Cavefors bereits 1976 herausgegebene *Ulrike Meinhofs förbjudna tänkesätt* (Ulrike Meinhofs verbotene Art zu denken), sehe ich, wie sie auf die Befürwortung einer demokratischen und gleichberechtigten Gesellschaft hinauslaufen. In der Gesellschaft, nach der sie beharrlich suchte, wäre sie nie die extreme Person geworden, die sie getrieben wurde, zu sein.

In Berlin trafen Peter und ich auch Gudrun Ensslin. Sie gehörte zu einer Gruppe Linksradikaler, war scharfsinnig und belesen. Zeitweise lebte sie in einer WG mit einem jungen Schriftsteller, Bernward Vesper, der der Sohn eines von Hitlers Lieblingsdichtern war, des »völkischen« Dichters Will Vesper. Bernward hatte sich öffentlich von seinem Vater distanziert. Er hat Gudrun und viele andere dazu inspiriert, sich politisch zu engagieren.

Sie bekamen einen Sohn, der mit in der WG wohnte. Nach einiger Zeit verließ Gudrun Bernward und den Sohn Felix wegen Andreas Baader, der ihrer Meinung nach ein stärker nach außen gerichteter, agierender Radikaler war. Wir führten viele Gespräche mit ihnen und einigen anderen, die in der WG wohnten, eine eigentümliche Mischung aus Sozialdemokraten, Anarchisten und Linksextremen. Langsam aber sicher war eine unangenehme Eskalation der Gewaltromantik spürbar. Viele wähnten sich bereits in einer vorrevolutionären Zeit. Es wurden Fraktionen gebildet.

Nach Bernward Vespers Selbstmord und nach Gudrun Ensslins Verhaftung wollten die Behörden das Sorgerecht für deren Sohn Felix erzwingen, aber er wurde bereits von jener WG versorgt, in der er als kleines Kind gelebt hatte. Später übernahm Gudrun Ensslins Schwester die Verantwortung für ihn. Es wurde ein langer Prozess um das Kind. Hätte es innerhalb der WG, der die Eltern angehörten, nicht diese starken Kräfte gegeben, wäre das Kind in einer dieser gefängnisähnlichen Heime für Kinder gelandet, die Ulrike Meinhof zuvor beschrieben hatte. Es gibt einen Film, der auf den Ereignissen um Felix' Inobhutnahme basiert. Er heißt *Die bleierne Zeit* und ist von Margarethe von Trotta, einer heute bekannten Schauspielerin und Filmregisseurin.

> Bernward Vesper, geb. 1940, hat seinen Beitrag mit dem Roman *Die Reise* geleistet; es ist eine treffende Beschreibung der Gesellschaft, in der er geboren und in der Kriegs- und Nachkriegszeit aufgewachsen ist. Der Roman entstand 1971, im selben Jahr als er sich mit einunddreißig Jahren das Leben nahm. Erschienen ist *Die Reise* erst 1977 im März Verlag. Der Roman ist mit den besten Texten der anerkannten Schriftsteller der *Gruppe 47* vergleichbar. Dieses Collagenbuch vermittelt einen Eindruck davon, wie die Kriegs- und Nachkriegsgeneration die Situation des Landes empfunden hat und gibt in vielerlei Hinsicht die Antwort darauf, warum sich alles so und nicht anders entwickelt hat.

Die Universität in Frankfurt war ein Schmelztiegel für die Sichtweisen der Oppositionellen. Viele ausländische Aktivisten wurden zu Diskussionsrunden eingeladen unter anderem die Menschenrechtsaktivistin Angela Davis, Mitbegründerin der Black-Power-Bewegung. Angela Davis studierte bei dem Philosophieprofessor Herbert Marcuse, einem Vorgänger der *New Left*. Es liegt auf der Hand, dass Angela Davis von Marcuses Ideen beeinflusst worden ist. Es gab eine intensive Debatte zwischen ihr und den Professoren Herbert Marcuse, Theodor Adorno und dem jüngeren Jürgen Habermas. Das war wie ein intellektueller Marathon. Die Ähnlichkeiten zwischen Angela Davis und Ulrike Meinhof waren offensichtlich. Auch Angela Davis hatte für ihre politische Haltung im Gefängnis gesessen und war des Mordes angeklagt gewesen. Beide verfügten über die gleiche brillante Intelligenz und das politische Bewusstsein, beide hatten soziales Pathos und forderten Gerechtigkeit. Dennoch waren ihre Schicksale unterschiedlich. Während Angela Davis eine Bewegung hinter sich hatte, deren Botschaft siegte, wurde Ulrike Meinhof eine Terroristin, die alles verlor. Angela Davis wurde eine geachtete Professorin an der *University of California* in Santa Cruz. Ulrike Meinhof, zu lebenslänglich verurteilt, erhängte sich oder wurde möglicherweise im Gefängnis Stammheim in Stuttgart erhängt.

Wir wurden ziemlich enge Freunde von Angela Davis und lernten durch sie viele Leute aus der Bürgerrechtsbewegung in den USA kennen, unter anderem Stokely Carmichael; er war für kurze Zeit in Stockholm, um zur Solidarität mit dem Kampf der Schwarzen aufzurufen. Ich als Weiße hätte mir nie getraut, das Wort Schwarz zu verwenden, aber er drückte sich sehr direkt aus: »I am not white, I am not brown, I am black.« Er übernachtete mit ein paar Freunden bei uns. Unsere Gespräche mit ihnen drehten sich meist um den Rassismus in den USA. Wir haben seine fast paranoide Überempfindlichkeit wahrgenommen, wie er immer auf der Hut war, wie er bei jeder Sache bemerkte, dass wir nicht dieselbe Hautfarbe haben wie er. Obwohl er wusste, wo wir politisch standen, repräsentierten wir etwas Feindliches. Ein Zwischenfall im Zusammenhang mit ihrer Übernachtung schien ihnen in Bezug auf unseren Rassismus Recht zu geben. Ich hatte neue Badehandtücher gekauft, die schwarz waren, damit sie zu unserem Bad passten. Als Carmichael und seine Freunde die Handtücher sahen, empfanden sie diese als grobe Beleidigung. Hinter seiner Reaktion stand die Erfahrung mehrerer Generationen von Hohn und Unterdrückung, und es wird bestimmt noch Generationen brauchen, um dieses tief verwurzelte Misstrauen aus den Köpfen zu bekommen.

Die Protestbewegungen

Ich hatte die Möglichkeit, Studentenbewegungen in vier verschiedenen Ländern zu beobachten, und habe gesehen, wie verschieden die Revolten aussahen und wie sie aufgenommen wurden, je nachdem, in welcher Gesellschaft die Proteste zum Ausdruck gebracht wurden. In Deutschland wurde die Revolte brutal niedergeschlagen. In Frankreich machten Studenten und Arbeiter gemeinsame Sache gegen de Gaulles konservatives Regime. Auch diese wurde rücksichtslos niedergeschlagen. Der Präsident de Gaulle hatte sogar überlegt, sich von seinem früheren Feind Deutschland militärische Unterstützung zu holen.

Die Holländer, ein pragmatisch denkendes Handelsvolk, erkannten früh, dass viele der protestierenden jungen Leute belesen und brauchbar waren, was dazu führte, dass diese schnell in die Staatsverwaltung und in andere offizielle Aktivitäten eingebunden wurden, bei denen ihr Wissen nützlich war. Das war eine gute Art, um aggressive Aufstände zu verhindern und zugleich am Engagement der Studenten Anteil zu nehmen.

In Schweden, das keine zwei Weltkriege erlebt hat und sich nach und nach zu einer Demokratie entwickeln konnte, hatte die Bevölkerung noch immer Vertrauen in die Machthaber. Dabei konnte man sich auf das »Volksheim« als Idee und Leitstern stützen. Im sogenannten neutralen Schweden verlief die Revolte milder. Ohne diesen langen Demokratieprozess wäre es Olof Palme als Bildungsminister nicht möglich gewesen, während der Besetzung der Hochschule durch die Studenten, sich mit diesen hinzuzusetzen und über die gerade stattfindende Revolte zu diskutieren.

Es gab eine Solidarität über die nationalen Grenzen hinweg. Kommunikation sowie Reisemöglichkeiten haben wesentlich zur Internationalisierung der Protestbewegungen beigetragen. Die Solidarität mit Algerien und später mit der FNL-Bewegung, die von den Protesten gegen den Vietnamkrieg ausging, bildete den gemeinsamen Nenner. Die Proteste hatten in Frankreich während der Algerienkrise begonnen und wurden während des Französischen Indochinakriegs fortgeführt.

Hier in Schweden wurden die Proteste von einer kleinen links- und international orientierten Gruppe angefangen. Die Initiative ergriff Sköld Peter Matthis mit dem Arzt und Abgeordneten des schwedischen Reichstags, John Takman. Matthis und einige junge Leute demonstrierten auf dem Hötorget gegen den Vietnamkrieg. Wenn ich mich recht entsinne, wurde er, weil er einem Polizisten in dem Daumen gebissen hatte, verhaftet und zu einer Geldstrafe von achtzehntausend Kronen verurteilt.

Die Vietnambewegung war wie eine Lawine, genau wie die Umweltbewegung. Viele Veränderungen in der Gesellschaft hat man diesen Protestbewegungen zu verdanken: eine politisch bewusste Jugend, die Frauenbewegung, legale Abtreibung, die neue Kultur, das *Moderna museet* und vieles mehr, das jetzt pure Selbstverständlichkeit ist und als gegeben angesehen wird. Jetzt gibt es andere Dinge, gegen die man protestieren muss. Im Kampf um eine erträgliche Gesellschaft bildet die Protestbewegung oft die Pfeilspitze, und das wird wohl immer so sein.

Viet Nam Diskurs

Peter schrieb das Stück über die fünftausendjährige Geschichte Vietnams. Es hatte einen langen Titel, zweiundvierzig Wörter, *Marat/Sade* hatte dreißig Wörter im Titel und kam damit ins Guinness-Buch der Rekorde. Die Titellänge des Vietnamdramas ist bisher noch nicht übertroffen worden:

Diskurs
über die Vorgeschichte und den Verlauf
des lang andauernden Befreiungskrieges
in Viet Nam
als Beispiel für die Notwendigkeit
des bewaffneten Kampfes
der Unterdrückten gegen ihre Unterdrücker
sowie über die Versuche
der Vereinigten Staaten von Amerika
die Grundlagen der Revolution
zu vernichten

Der Titel ist ein Poem. Bei gewöhnlichen Gesprächen und als Arbeitstitel verwendete man *Viet Nam Diskurs*. Viele haben versucht, ein historisches Geschehen auf die Bühne zu bringen, aber eine mehrere Jahrtausende alte Geschichte zu schildern, war eine Herausforderung. Auch für mich, die ich diese lange Epoche in Bild, Bühnenbild und Kostümen veranschaulichen musste. Die Vorarbeit mit Text und Ausstattung zog sich in die Länge. Alle im Text formulierten Bühnenanweisungen gehörten in meinen Verantwortungsbereich. Die choreografischen sind in enger Zusammenarbeit mit dem Regisseur Harry Buckwitz entstanden. Der holländische Komponist Peter Schat hat die Musik geschrieben und nahm ebenfalls an den Proben teil.

Harry Buckwitz gehörte zu den ersten Deutschen, die nach Kriegsende von der amerikanischen Besatzungsmacht die Erlaubnis bekamen, Regie zu führen. Er war der Erste, der den in der BRD verschmähten Bertolt Brecht wiederaufführte. Harry Buckwitz war ein zierlicher, eleganter Gentleman. Im deutschen Theater war er eine Ausnahme, das heißt, er war ein sanfter und demokratischer Regisseur.

Bei der Vorarbeit zu *Viet Nam Diskurs* war der Historiker Jürgen Horlemann in seiner Eigenschaft als Fachmann für die Geschichte Vietnams unverzichtbar: Es ging um Kolonialismus, den Weltkrieg, die Befreiung von den Franzosen, aber vor allem um den Angriffskrieg der USA.

Während das Drama geschrieben wurde, wohnte er in Peters Atelier. Peter schloss ihn buchstäblich ein, bis die Arbeit beendet war. Jürgen konnte vor Ort Peters Geräuschempfindlichkeit miterleben. Gab es irgendein unangenehmes Geräusch im Haus, das störte, so rief Peter den Ingenieur Wahlström an, damit der es ihm erklärte oder abstellte. Das konnte eine Gas- oder Stromleitung sein, Vögel auf dem Dach seines Ateliers oder Nachbarn. Solche Telefongespräche gab es häufig, während die Arbeit am Text des Stücks voranschritt. Als die Arbeit endlich abgeschlossen war, wurde Jürgen aus dem Atelier gelassen und begleitete uns auf einem Spaziergang auf Djurgården. Es war Frühling und die Vögel zwitscherten. Da sagte Jürgen ironisch: »Ich muss mit Ingenieur Wahlström sprechen. Ich höre hier Geräusche.«

Um das Bühnenbild und die Kostüme so korrekt wie möglich zu gestalten, musste ich mich in die Geschichte Vietnams vertiefen und verbrachte eine längere Zeit im Ostasiatischen Museum in Stockholm, um etwas über die Geschichte, Kunst und das Theater Indochinas zu erfahren. Ich hatte einen überaus kundigen Lehrmeister, Tien Lung, der mich über die Symbolsprache in Bezug auf Farbe und Form, die Variationen in der Bekleidung im Laufe der Jahrhunderte und über die historischen Requisiten unterrichtete. Tien Lung lehrte auch chinesische Kunst und Kalligraphie an der Kunstakademie. Es ging nicht darum, etwas zu kopieren, sondern nur darum, anzudeuten, damit die Symbolsprache bei einem europäischen Publikum ankam, ohne exotisch zu sein.

Der erste Akt handelte vom Altertum, während der zweite Akt mit der französischen Kolonialisierung eingeleitet wurde, um dann zur Japanischen Besetzung sowie der zurückkehrenden französischen Kolonialmacht überzugehen und um schließlich den Angriff der USA zu schildern.

Die Inszenierung wurde eine äußerst stilisierte choreographische Gestaltung. Mich haben die frühen Zeichnungen des alten Vietnam inspiriert, während ich das Stück als ein Schachspiel mit und um Menschen, endlose Kriege und daraus folgende Unterdrückung betrachtet habe.

Viet Nam Diskurs wurde von den Städtischen Bühnen in Frankfurt angenommen und im März 1968 uraufgeführt. Frankfurt war damals ein Zentrum für radikale politische Aktivitäten. Die Universität war voll von politisch aktiven Studenten.

Nach der Premiere hielt Professor Jürgen Habermas eine berührende Rede gegen den Vietnamkrieg. Peter wurde in die vietnamesische Fahne gewickelt und auf die Bühne gehoben. Als Autor bedankte er sich bei seinen Mitarbeitern und zu Recht vor allem bei Jürgen Horlemann.

Bei der Premiere saßen der schwedische Kulturattaché in Bonn, Göran Löfdahl, mit seinem Parteifreund, Jan Eliasson im Zuschauerraum. Viel später, nach Peters Tod, hielt Jan Eliasson eine Lobrede auf Göran bei dessen großen Feier zum 50. Geburtstag. Er sagte, Göran hätte ihm im Laufe ihrer langen Freundschaft die unterschiedlichsten Erlebnisse überhaupt geschenkt, vom Lustigsten bis zum Langweiligsten, was er je erlebt hat, und dies sei die Premiere von *Viet Nam Diskurs* in Frankfurt gewesen. Ich saß neben Harry Schein, der sofort reagierte, indem er mich aufforderte, dagegen zu protestieren. Ich habe es nicht getan, denn ich wollte auf keinen Fall Göran, den ich sehr schätzte, die Feier verderben.

Es sollten viele Jahre vergehen, bis ich Jan Eliasson, zuletzt UN-Generalsekretär, wiedertraf. Bei einem Essen, als ich neben ihm saß, konnte ich nicht umhin, ihn zu fragen: »War es nicht unangebracht, an Görans Geburtstag das Stück des soeben verstorbenen Peter Weiss als Exempel zu nehmen für das Langweiligste, was du je erlebt hast?« Da bekam ich zur Antwort: »Nein, das war langweilig.« Damit war die Sache geklärt.

Die vietnamesischen Zuschauer hat es hingegen sehr bewegt, dass man ihre Geschichte und ihre jetzige Situation so ausführlich und ernsthaft in einem großen subventionierten Stadttheater in der westlichen Welt dargestellt hat. Das vermittelte ihnen, die um ihre Existenz, ihre Freiheit und ihre Nord-Süd-Vereinigung kämpften, ein Gefühl von offizieller Anerkennung.

Madame Nguyên Thi Binh, eine vietnamesische Teilnehmerin der Friedensverhandlungen in Paris, reiste nach Frankfurt, um sich *Viet Nam Diskurs* anzusehen. Für sie und ihre Delegation war es ein Erlebnis zu sehen, dass der Befreiungskrieg wie auch die Geschichte der Vietnamesen Eingang in einen poetischen Text gefunden hatten, der ihren langen Kampf um Freiheit schildert und dass das Bühnenbild von ihrer nationalspezifischen Kunst inspiriert worden ist. Die Inszenierung wurde lange und in vollen Häusern gespielt.

Das Russell-Tribunal

Im Zusammenhang mit der Arbeit am *Viet Nam Diskurs* kamen wir mit mehreren bedeutenden politischen Aktivisten innerhalb der FNL-Bewegung in ganz Europa und in den USA in Kontakt. Die Zusammenarbeit zwischen den FNL-Gruppen in Schweden und im restlichen Europa führte zu der Gründung eines internationalen Kriegsverbrechertribunals, ein Gerichtsverfahren, das den Angriffskrieg der USA und die Kriegsverbrechen in Vietnam genau unter die Lupe nahm. Die Machthaber in den USA leugneten die Anschuldigungen, trotz der großen Demonstrationen im eigenen Land.

Robert McNamara, der während des Vietnamkrieges Verteidigungsminister der USA war, sollte viel später, als er, inzwischen pensioniert, seine Memoiren schrieb, die Glaubhaftigkeit der Anklagen bestätigen. Manche finden diese Ehrlichkeit und Anerkennung im Nachhinein bewundernswert, aber wie viele Menschenleben hätten nicht gerettet werden, wie viel zerstörtes Land hätte intakt bleiben können, wenn er und die Regierung in den USA auf die Militäraktion gegen Nordvietnam verzichtet hätten? Vietnam wurde in die Arme der Sowjetunion und des Erzfeindes China getrieben.

Ein Gerichtsverfahren gegen die USA, den früheren Befreier Europas, aufgrund ihrer Kriegsführung in Nordvietnam sowie der Okkupation und der Ernennung einer Schattenregierung in Südvietnam durch die Supermacht, einzuleiten, hielten viele für unangebracht.

Selbstverständlich konnte dieses Gerichtsverfahren, das Russell-Tribunal, so benannt nach dem Initiator, den Pazifisten und Philosophen Bertrand Russell, lediglich symbolisch sein. Bertrand Russel und seine drei jungen Mitarbeiter, Peter Limqueco, Ralph Schoenman und Russel Stetler, kamen nach Schweden, um gemeinsam mit der schwedischen Vietnambewegung das Tribunal in Stockholm zu organisieren.

Ein gewichtiger Grund, warum es Stockholm wurde, war, dass Schweden als neutrales Land betrachtet wurde und wir ein Regierungsmitglied hatten, Olof Palme, das gegen den Vietnamkrieg der USA Stellung bezogen hatte – wenn auch unter Druck.

Die schwedische Regierung hätte gern auf das Russell-Tribunal verzichtet, aber die eingeladenen Teilnehmer bestanden aus der europäischen Elite. Sie waren zu bekannt und zu anerkannt, als dass man sie hätte abweisen können.

Peter und ich erhielten eine schriftliche Aufforderung vom Ministerpräsidenten Tage Erlander, mit der Aufwiegelung gegen die USA aufzuhören und das Tribunal abzusagen. Es könnte Schwedens Neutralität schaden. Das Telegramm liegt jetzt in Peters Archiv in Berlin.

Bertrand Russell sponserte einen großen Teil des Tribunals. In Schweden ging es darum, Unterstützung von den Gewerkschaften zu bekommen, sowohl durch ihre Haltung gegen den Krieg der USA in Vietnam, als auch durch Spenden.

Das gelang nicht. Durch Erlanders Agieren verhielten sich die meisten Gewerkschaften passiv und zogen sich zurück. Die Sitzungen, die anfangs bei Stellan Arvidson in Söder stattfanden, wurden zu uns in die Storgatan verlagert. Nach Erlanders Telegramm hatte sich auch Stellan Arvidson zurückgezogen. Das symbolische Gerichtsverfahren fand schließlich doch im Mai 1967 statt. Die Medien waren zur Stelle.

Unter den Teilnehmern waren Jean Paul Sartre, Simone de Beauvoir, Isaac Deutscher, Vladimir Dedijer (zunächst als Freund von Jugoslawiens Tito bekannt, später wegen seiner Kritik an Tito verhaftet) Sara Lidman, Ralph Schoenmann, Lawrence Daly, ein Gewerkschaftsleiter aus Schottland, die Anwältin Gisèle Halimi aus Paris, Courtland Cox aus den USA, Lelio Basso aus Italien sowie der Arzt und Reichstagsabgeordnete John Takman, der sich schon während des Befreiungskrieges Vietnams gegen die Franzosen engagiert hatte. Bertrand Russell, der aus Altersgründen selbst nicht anwesend sein konnte, wurde von den bereits erwähnten Mitarbeitern repräsentiert. Der Schriftsteller Erik Eriksson und ich repräsentierten die Stockholmer Organisation. Es wurden Fotos und Filme, die die Schrecken des Krieges darstellten, gezeigt.

Verletzte Männer, Frauen und Kinder waren eingeflogen worden, um auf die Auswirkungen der Napalmbomben auf ihren Körpern aufmerksam zu machen. Es wurden Fotos von missgebildeten Kindern gezeigt, die geboren wurden, nachdem Giftpulver und Phosphor zur Vernichtung der Wälder über den Dschungel ausgekippt worden waren. Später sollten fünfzig amerikanische Piloten die USA dafür verklagen. Ihr Sperma war beim Hantieren mit dem Gift geschädigt worden und sie hatten, genau wie die Bevölkerung in Vietnam, schwer behinderte Kinder bekommen. Hier handelte es sich um etwa fünfzig Piloten, in Vietnam aber um Tausende Geschädigte.

Hans, mein Bruder, hatte viele Artikel über dieses Gift geschrieben, das in Schweden früher gegen Schädlinge und Unkraut eingesetzt wurde, aber aufgrund der katastrophalen Nebenwirkungen verboten worden ist. Es stellte sich heraus, dass es krebserregend ist und schwere Schädigungen am Embryo verursacht.

Die Reise nach Vietnam

1968 reisten Peter und ich nach Vietnam, das heißt, nach Nordvietnam. Wir hatten uns ja seit langem für die Situation im Land engagiert und enge Kontakte zur Botschaft Nordvietnams in Stockholm geknüpft.

Wir wurden als Augenzeugen eingeladen, sollten beide über das schreiben, was in Nordvietnam vor sich geht. Südvietnam konnten wir selbstverständlich nicht besuchen. Peter und ich hatten unterschiedliche Auffassungen, sodass wir einander ergänzten. Wir sollten die Zerstörungen des Krieges dokumentieren und uns überlegen, wie das kulturelle Leben während des Angriffskrieges aufrechterhalten werden kann. Das betraf vor allem das Theater und die Literatur.

Ich sollte auch über die Situation der Frauen schreiben, wie sie sich nach der französischen Niederlage bei Diên Biên Phu 1954 unter Leitung des Generals Vo Nguyên Giap entwickelt hatte.

Wir hatten von der FNL-Bewegung in Schweden eine kleine tragbare Medizin-Kiste geschenkt bekommen, mit einer Mini-Operationsausrüstung, die in den unterirdischen Gängen verwendet werden konnte. Der Arzt Sven Aschberg und der Erfinder Gösta Wibom hatten diese Erfindung konstruiert, die in Vietnam produziert werden konnte.

Wir flogen von Stockholm nach Paris, wo wir uns mit einer französisch-vietnamesischen Delegation, mit der Anwältin Gisèle Halimi sowie mit unseren Freunden trafen, die an den Friedensverhandlungen beteiligt waren: mit Madame Nguyên Thi Binh und mit Le Phuong, dem früheren Botschafter in Schweden wie auch mit dem legendären Pham Van Dông, dem späteren Premierminister. In Paris bekam ich viele zusätzliche Aufträge, Grüße, Warnungen, wurde ausführlich über die notwendigen Höflichkeitsfloskeln informiert.

Wir flogen von Orly in Paris in das völlig isolierte Tirana in Albanien und von dort weiter nach Kairo. Die Rückreise sollte über Tel Aviv erfolgen, und um Schwierigkeiten zu entgehen, hatten wir doppelte Pässe. Das war notwendig, da wir Kairo bei der Ausreise passierten.

Wie flogen dann weiter nach Karachi und von dort zu unserem ersten Halt in Pnom Penh in Kambodscha, wo wir eine Weile ausharren mussten. Abgeholt wurden wir von dem französischen Fotografen Marc Riboud, dem einzigen, dem es erlaubt war, in Vietnam zu drehen sowie von dem Journalisten Wilfred Burchett und dem Kriegskorrespondenten Felix Greene, dem Bruder des Schriftstellers Graham Greene. Sie waren sich seltsam ähnlich, Graham und Felix.

Felix Greene betrachtete uns sicher als Dilettanten. Wir waren ja keine Kriegskorrespondenten, wir waren Beobachter und sollten unsere Eindrücke niederschreiben, und zwar anders als professionelle Journalisten.

In Pnom Penh trafen wir uns mit dem Sekretär von König Sihanouk, Charles Meyer, einem Franzosen, dessen Vater Archäologe war und die Tempelstadt Angkor Vat wiederentdeckt hatte. Er war in Kambodscha aufgewachsen, das damals Kampuchea hieß. Einen besseren Guide konnte man nicht haben. Mit ihm und seiner chinesischen Frau fuhren wir in den Dschungel, um uns die Tempelstadt anzusehen.

Sie war damals ganz verlassen, überwuchert und noch kein Touristenziel. Als wir hinfuhren, ging gerade der Mond auf und Charles Meyer erzählte uns, dass wir, wenn wir auf den höchsten Tempel kletterten, für ein paar Minuten sehen könnten, wie das Licht des Mondes und dessen Schatteneffekte diesen auf zauberhafte und unwirkliche Weise beleuchtet – die Reliefs würden sich dann deutlicher abzeichnen. Ein ausgeklügeltes Phänomen aus alter Zeit. Peter und ich saßen ganz oben auf dem Tempel, warteten auf den Mondschein und erlebten das Spiel der Schatten auf den zahlreichen Reliefs und Skulpturen.

Wir streiften zwischen den kleinen und großen Tempeln umher, dem Tempel der Männer und dem Tempel der Frauen. Einem Gott auf einem rosa Tempel fehlte der Kopf. Der französische Schriftsteller und spätere Kulturminister, André Malraux, hatte ihn entfernen lassen, um ihn seiner Kunstsammlung einzuverleiben, aber er wurde vom Zoll erwischt. Eine peinliche Geschichte. Überall sah man enthauptete Skulpturen. Ganze Skulpturen auszuführen, war zu schwierig, aber der eine oder andere Kopf ließ sich ja leicht für ein Museum in Europa oder Amerika oder einen Sammler herausschmuggeln.

Charles Meyer nahm uns mit zu einer Tanzdarbietung, die von der Tanzgruppe des Königs Sihanouk vorgeführt wurde. Kleine, zarte Mädchen tanzten graziös mit erhobenen Händen, die sich nach hinten biegen ließen, bis alle Finger den Unterarm erreichten. Später erfuhr ich, dass die Finger der Tänzerinnen bereits im Kindesalter gebogen und festgebunden werden, um diese besondere Eleganz in den Bewegungen der Hände und Finger hinzubekommen.

Später sollte sich herausstellen, dass Charles Meyer einer von denen war, die König Sihanouk verraten haben. Das war vor der Machtübernahme durch die Roten Khmer. Meyer erledigte für die USA

Geschäfte und musste fliehen als Sihanouk für kurze Zeit wieder an die die Macht kam. Meyer und seine chinesische Frau fanden damals in Frankreich Zuflucht.

Wir trafen uns mit dem FNL-Leiter und Dichter Nguyên Van Hien Hieu und dem Botschafter Nguyên Thuong sowie mit Repräsentanten von Südvietnam. Alle diskutierten die Möglichkeiten für Friedensverhandlungen.

Auf dem Markt sollten wir uns Kleider kaufen, die für das tropische Klima geeignet waren. Daraus entstand eine seltsame Situation, denn obwohl ich nicht sehr groß bin, war ich viel größer als die zarten Kambodschaner. Für Peter etwas zu finden, war völlig unmöglich. Die Verkäufer scharten sich um ihn und lachten herzlich über den allzu großen Kerl. Vor allem seine großen Füße lösten Gelächter aus, seine Schuhgröße gab es nicht.

Oft wurden sie mitten im Gelächter plötzlich ernst und flüsterten nicht nur einmal, sondern mehrmals: »On fait attention, il y a des khmer rouge dans le bois« (Seid vorsichtig, im Wald sind Rote Khmer) und deuteten Richtung Norden. Zuerst dachten wir, sie meinten Geister im Wald. Die Wirklichkeit sollte sich verändern. Schon bald sollte das kambodschanische Volk erleben, wozu die Roten Khmer mit Pol Pot an der Spitze fähig waren: zu einem der größten Völkermorde unserer Zeit.

Ein guter Freund von uns, der Ökonomie-Professor Malcolm Caldwell aus London, der beim Russell-Tribunal dabei gewesen war und dort über die Geschehnisse im früheren Indochina informiert hatte, wohnte in den Zeiten, in denen er in Pnom Penh seine Forschungen betrieb und unterrichtete, in dem gleichen Hotel, in dem wir gewohnt hatten.

An dem Tag, als die Roten Khmer die Macht übernahmen, wurden viele Menschen in diesem Hotel getötet. Die Miliz ging von Raum zu Raum und erschoss die Leute, die dort wohnten oder schnitt ihnen die Kehle durch. Malcolm wurde einige Jahre später während einer Reise in Kambodscha ermordet.

Um nach Hanoi in Nordvietnam zu gelangen, waren wir gezwungen, in Vientiane, in Laos zu landen. Einmal in der Woche ging ein Flugzeug mit der internationalen Kontrollkommission, International Control Commission, von Laos nach Hanoi.

Gemäß einer Vereinbarung konnte das Flugzeug in einem genau festgelegten Zeitrahmen fliegen, ohne beschossen zu werden. Es war ein altes Militärflugzeug, ohne jede Bequemlichkeit, nur mit wenigen einfachen Bänken.

Außer dem Piloten waren vier Männer verschiedener Nationalität an Bord. Ein Inder mit Turban, ein Mann in Tarnuniform, einer, der seiner korrekten Kleidung nach ein britischer Banker hätte sein können und einer, der, glaube ich, Chinese war. Sie waren ausgewählt worden, um die Auswirkungen des Krieges zu überwachen. Ich hatte dasselbe Gefühl wie damals als ich bei Kriegsende im Flugzeug von Berlin nach Malmö saß.

Peter und ich hatten in Paris einen Sonderauftrag bekommen. Wir sollten dem Gesundheitsminister Phong Bac Ho in Nordvietnam eine spezielle Frucht aus Kambodscha mitbringen. Die Frucht wurde »stinky fruit« genannt und war in Vietnam nicht mehr erhältlich. Sie stinkt so sehr, dass sie bei einem gewöhnlichen Flug nicht mitgeführt werden darf. Für Bac symbolisierte sie Frieden. Und so saßen Peter und ich nun in einem Militärflugzeug mit vier schweigenden und ernsten Männern sowie »stinky«.

In Hanoi wurden wir in einem Hotel in französischem Stil untergebracht, ein Relikt aus der Kolonialzeit. Wir waren die einzigen Gäste. Wir bekamen einen Dolmetscher, Le Duong, zugewiesen, der perfekt Deutsch sprach. Er hatte einige Jahre in der DDR studiert und war ein humorvoller junger Mann.

Wir haben uns mit vielen Regierungsvertretern und auch mit General Giap getroffen. Er hatte mit seinen Männern die Franzosen bei Diên Biên Phu besiegt. Es kam uns unwirklich vor, mit diesen Männern und Frauen zu sprechen. Peter und ich beobachteten und schrieben.

Wir reisten herum und sahen die Zerstörung. Eines Nachts kamen wir in der Hafenstadt Haiphong an, nachdem der Hafen und ein größerer Teil der Stadt bei den sogenannten Johnson-Bombardierungen mehr oder minder ausradiert worden waren. Auf den Bürgersteigen gab es in gleichmäßigen Abständen senkrecht vergrabene große Abflussrohre mit abnehmbaren Deckeln. Sobald sich ein Flugzeug näherte und man einen Bombenangriff erwartete, drückte man zuerst die Kinder dort rein und dann, wenn noch Platz war, krochen die

Erwachsenen in diese Löcher, um Schutz zu suchen. Ich habe eingeklemmt in einem solchen Rohr gesessen und es war eng. Im Vergleich zu den Vietnamesen bin ich dick.

Das Kulturleben war aktiver Bestandteil des Widerstandes gegen den Feind. Das war ein Stützpfeiler in der Ausbildung und hat den Zusammenhalt gestärkt. Es wurde auch gegen Analphabetentum gekämpft. Und zwar nach dem Prinzip: Wer etwas gelernt hat, gibt dieses Wissen weiter.

Ich habe Theatervorstellungen in kleinen Dörfern oder an versteckten Orten im Dschungel gesehen. Mitunter waren die Stücke zu didaktisch. Mein Dolmetscher saß hinter mir, den Kopf auf meine Schulter gestützt. Flüsternd übersetzte er die Stücke. Zwischendurch brabbelte er: »Schlechte Regieidee« und übersetzte weiter.

Letzten Endes basierten sämtliche Stücke auf einer alten chinesischen und indonesischen Tradition, wenn man aber Chinesisch sagte, wurde es still. Der chinesische Einfluss wurde völlig negiert. Ein- und dasselbe Stück wurde, von kleinen Variationen abgesehen, dreimal hintereinander gespielt. Das gehörte zur sozialen und politischen Erziehung. Zunächst das Original, die klassische Version, dann eine bearbeitete, der heutigen Situation angepasste Version, und schließlich eine dritte Version darüber, wie die künftige freie Gesellschaft im Frieden aussehen würde.

Die Stücke wurden meist auf einer viereckigen Spielfläche dargeboten, die mit Strohmatten ausgelegt war und durch die Rückwand begrenzt wurde. Dahinter sah man den Dschungel. Links vom Publikum aus gesehen saß das Orchester in einer langen Reihe hintereinander und davor stand der Trommler mit einer riesigen Trommel. Rechts saßen die Tänzer in einer langen Reihe. Auf diese Weise markierten Musiker und Tänzer von Anfang an die Seitenwände. Mit einigen virtuosen Trommelschlägen wurde das Spiel eröffnet, begleitet von Musik und Tanz. Einzige Dekoration waren die Schatten auf der Rückwand. Wenn ein Solist schlecht spielte, schlug der Trommler auf die Holzseite der Trommel, was bedeutete, dass der Solist seine Nummer wiederholen musste, manchmal sogar mehrmals, bis der Trommler und das Publikum seine oder ihre Leistung anerkannten. Wenn der Künstler sehr gut war, schlug der Trommler eine zusätzliche Schlagsequenz auf der Oberseite der Trommel, auf die gespannte

Haut. Das bedeutete »da capo«, und es konnten mehrere da capos werden. Die Vorstellungen konnten sich endlos in die Länge ziehen. Das Wichtige war jedoch, dass sich alle für einen kurzen Moment aus der Wirklichkeit wegträumen konnten.

Während meiner Zeit in Vietnam sah ich fast jeden Tag oder Abend irgendeine Aufführung, entweder ein Stück, Lieder, Musik oder einen Gedichtvortrag. In Hanoi gab es noch das alte traditionelle Theater, das aussah wie ein französisches Provinztheater. Dort wurden immer noch zahlreiche französische Klassiker gespielt. Die Oberschicht und die Gebildeten sprachen Französisch.

Puppentheater auf dem Wasser war etwas Neues für uns. In einem Teich oder einem kleinen Binnensee mitten in Hanoi standen einige Figuren auf der Wasseroberfläche. Es waren Holzskulpturen, fast so groß wie Menschen, die sich plötzlich bewegten. Sie glitten über die Wasseroberfläche und führten untereinander Tanzdialoge auf. Die Puppen wurden durch ein ausgefeiltes Unterwassersystem von Puppenspielern gesteuert, die hüfttief im Wasser standen und die Bewegungen der Puppen auf der Wasseroberfläche lenkten.

Als wir dort waren, passierte etwas, das nicht hätte passieren dürfen. Peter bekam eine Nierenkolik. Wahrscheinlich, weil wir nicht wussten, dass wir Salztabletten mithaben und jede Menge lauwarmes Wasser hätten trinken sollen. Unser gemeinsamer Auftrag war noch nicht abgeschlossen und so waren wir gezwungen, uns zu trennen.

Peter wurde in Hanoi ins Krankenhaus gebracht und mit einem Apparat geröntgt, der noch aus Madame Curies Zeit hätte stammen können. Gleichzeitig verabreichten sie ihm einen schwarzen Tee, der die Nierensteine auflösen sollte, was er auch tat.

Während des Krieges gab es keine Möglichkeit, Medikamente zu importieren, sodass die Ärzte und Chemiker gezwungen waren, die Medizin, die seit Urzeiten vom Volk verwendet wurde, näher zu untersuchen. Was bloße Magie war, landet in der Schublade. Was eine Wirkung hatte, wurde verfeinert. Ein großer Teil der Ärzte und Wissenschaftler war in Frankreich ausgebildet worden. Bei unserer Heimreise nahm ich mir eine große Packung von diesen schwarzen getrockneten Blättern mit, die Peter als Tee bekommen hatte und die die Nierensteine aufgelöst bzw. gesprengt hatten. Mein Bruder Hans analysierte sie in seinem Labor. Er hatte eine Studie über Naturheilkräuter angefangen. Die getrockneten Blätter hatten große Ähnlichkeit mit unserem gewöhnlichen Unkraut Großer Wegerich, das früher auch bei uns zu den Heilkräutern zählte.

Eines Tages sah ich einen jungen Soldaten mit einem großen Strauß roter Blumen und sagte zu meinem Dolmetscher, trotz Krieg und Elend blühe anscheinend die Romantik. Ich war mir sicher, der junge Mann wollte jemandem den Hof machen. Der Dolmetscher lachte und erklärte, der Strauß habe nichts mit Romantik zu tun. Der Mann wolle die Blumen kochen. Der Sud war ein Mittel gegen Parasiten.

Während Peter im Krankhaus lag, durfte ich mit einigen Militärs Richtung Süden reisen, bis hinunter an die Demarkationslinie, die Nord- und Südvietnam trennte. Wir waren nur nachts unterwegs. Im Schutz der Dunkelheit waren wir sicherer vor Beschuss. Ich führte Interviews und schrieb.

Ein sehr charmanter Major hieß Mai Lam. Ich fragte ihn, was sein Name bedeutete und erfuhr, dass Mai Lam Pfirsichwald bedeutet. Zunächst fand ich das romantisch, aber dann fiel mir ein, dass wir im Norden genauso romantische Namen haben. Auch wir verwenden Namen aus der Natur wie Björklund (Birkenhain), Grankvist (Tannenzweig) oder Lindblom (Lindenblüte).

Die Liebe zur Natur haben wir gemeinsam, auch wenn die Vietnamesen sie noch stärker empfinden. Sie wähnen die Seelen ihrer Vorfahren in jedem Blatt, jeder Pflanze oder in den Grashalmen der Wiese. Die Natur ist ihre Vergangenheit, ihre Ahnen. Deshalb bedeutete die grobe Zerstörung von Natur und Wäldern, dass auch die Seelen der Vorfahren vernichtet wurden.

Ich konnte die unterirdischen Gänge sehen, durch die man Soldaten und Kriegsmaterial transportierte. Das unterirdische Netzwerk ähnelte einem endlosen Fuchsbau. Selbst wenn die Vietnamesen klein und dünn sind, hatten sie Schwierigkeiten, den Sauerstoffmangel in diesen engen Gängen zu verkraften. Ich war schon recht groß, aber Peter wäre für dieses Abenteuer unter der Erde rein körperlich zu groß gewesen. Dort sah ich zum ersten Mal eine Operation unter der Erde. Zur Schmerzstillung wurde Akupunktur eingesetzt und die einzige Beleuchtung bestand aus zwei Fahrradlampen. Zwei Männer traten in die Pedalen zwei hochgezogener Fahrräder. Seinerzeit betrachtete man in Europa Akupunktur noch als Humbug. In Vietnam habe ich gesehen, dass sie als schmerzstillendes Mittel bei einer Operation funktionierte.

Irgendwie war es von Vorteil, dass Peter krank wurde und in Hanoi bleiben musste. Als er dort im Krankenhaus lag, wurde er zum Mittelpunkt für die vietnamesischen Schriftsteller. Sie führten mit ihm lange Gespräche über die Sprache, darüber, wie die jeweiligen Eroberer diese beeinflusst haben. So war der französische Einfluss während einer langen Kolonialzeit beträchtlich. Größte Schwierigkeit bereitete es den Vietnamesen, als die Franzosen sie zwangen, zu unserem Alphabet überzugehen und die chinesische Zeichen- und Bildsprache zu verlassen. Bis zu einem gewissen Grad versuchten sie, dies durch zahlreiche Akzente und andere diakritische Zeichen, die die verschiedenen Betonungen der Vokale anzeigten, zu kompensieren. Ein- und derselbe Vokal kann in verschiedenen Tonlagen ausgesprochen werden.

Der Wechsel von den Zeichen zu unserem Alphabet hatte bestimmt eine radikale Sprachveränderung zur Folge. Möglicherweise führte dies auch zu einer anderen Denkweise. Ich habe ihr großes Nationalepos (auf Englisch: The Tale of Kiêu) in zwei verschiedenen Übersetzungen gelesen. Mir erscheinen sie wie zwei verschiedene Werke. Das erste war aus der chinesischen Zeichensprache und das andere aus einem Text in unserem Alphabet übersetzt worden.

Als es Peter besser ging, reisten wir in kleinere Dörfer. Wir machten Halt an einem Ort mit hohen Felsen, die aus dem Meer ragten, so ähnlich wie die Raukar auf Gotland, nur größer. Der Dolmetscher erzählte uns, dass sie sich hier gegen Einbrecher verteidigten, indem sie spitze, kaum sichtbare Pfähle dicht unter der Wasseroberfläche in den Boden rammten. Naiv wie wir waren, sagte Peter: »Aber die Amerikaner sind doch gar nicht hier gewesen?« Mit größter Selbstverständlichkeit erwiderte der Dolmetscher: »Nein, das war im 13. Jahrhundert.« Das Historische, das jüngst Vergangene und die Gegenwart vermischten sich. Manchmal wusste man nicht, ob sie über etwas sprachen, das eben erst oder früher passiert ist.

Menschen, die ausgebombt waren, lebten in Höhlen. Ein alter Mann, den wir besuchten, besaß nichts, was er uns hätte anbieten können. Dem Brauch nach darf man keinen Gast ins Haus lassen, ohne ihm etwas zum Essen und zum Trinken anzubieten. Er bot uns eine Tasse warmes Wasser an. Außerdem schenkte er mir eine Nähnadel. Es fiel mir schwer, die Nadel anzunehmen, weil er so wenig besaß und wir in einem solchen Überfluss lebten. Aber abzulehnen kam nicht in Frage. Nun liegt die Nadel bei mir zu Hause in einer kleinen Schatulle.

Eine ältere Frau kam zu mir und streichelte meinen langen hellen geflochtenen Zopf. Sie verneigte sich und sagte: »Seid Ihr endlich heimgekommen?« Es zeigte sich, dass es eine alte Sage oder ein Märchen von einer geraubten vietnamesischen Prinzessin gibt, wonach Frieden einkehren würde, falls es ihr gelänge zu fliehen und aus dem fernen Land nach Hause zu kommen. Der Weg sei weit gewesen, sodass, bis sie ihr Heimatland erreichte, ihre schwarzen Haare weiß geworden seien und als langer geflochtener Zopf über den Rücken herabgegangen hätten. Meine hellen Haare waren in der grellen Sonne ordentlich ausgeblichen und sahen fast weiß aus.

Die alte Frau sah in mir die Prinzessin aus der Sage und glaubte, wegen meiner hellen Haare, ich sei endlich nach Hause gekommen. Leider sollte es noch lange dauern, bis wirklich Frieden einkehrte.

Manche Geschenke, die wir bekamen, waren aus dem Material abgestürzter amerikanischer Flugzeuge gefertigt: Kämme, Pokale, kleine feingeschnitzte Reliefs. Die Vietnamesen sagten ironisch: »Unsere Gruben befinden sich im Himmel, unser Material kommt aus den Wolken.«

In Vietnam wurden Frauen je nach ethnischer Zugehörigkeit unterschiedlich behandelt. Es gab und gibt noch immer etwa vierzig verschiedene Völker. Als Hô Chi Minh 1945 das erste Mal an die Macht kam, war er der Meinung, die Vielehe sollte nicht aufgehoben werden, bevor es genügend Arbeit für jene Frauen gibt, die diese Tradition hinter sich lassen wollen. Es wurde eiskalt darauf spekuliert, dass die meisten an der Vielehe festhalten würden. Als die Gesetze nach der zweiten Befreiung von Frankreich 1954 schließlich verabschiedet wurden, zeigte sich, dass kaum eine Frau in der Vielehe bleiben wollte. Lediglich einige entlegene Volksgruppen oben in den Bergen, die Thai, behielten die Vielehe bei.

Als der Krieg der USA gegen Nordvietnam eskalierte, wurden die Frauen noch stärker im Kampf gegen den äußeren Feind gebraucht und nach dem Krieg konnte sich kaum jemand vorstellen, zu der alten

Ehetradition zurückzukehren. Der Krieg befreite die Frauen von der Unterdrückung.

Während unserer Reise in Vietnam staunten wir über das Verhältnis der Vietnamesen zu ihren Kindern. Sie unterscheiden nicht zwischen Kindern und Erwachsenen. Für sie gibt es nur kleine und große Menschen. Die Lebenserfahrung bekommen sie im Laufe ihrer Entwicklung, wo sich die verschiedenen Puzzleteile zusammenfügen, Vergangenheit und Gegenwart vermischen, und wo die Wandlungsfähigkeit bis zum Tod anhält.

Die Heimreise hatte es in sich. Wir sollten dasselbe internationale Kontrollflugzeug zurück nach Vientiane in Laos nehmen und dann mit einem normalen Flugzeug via Karachi, Tel Aviv und Paris nach Stockholm weiterreisen. Aber es kam anders. In einem klapprigen Jeep wurden wir zu dem kleinen Flughafen gefahren. Wir waren nicht rechtzeitig da, weil eine Brücke, die wir passieren sollten, bombardiert worden war. Das Flugzeug wartete nicht und so mussten wir noch eine Woche bleiben. Wir fuhren einen holprigen Weg durch den Dschungel zurück nach Hanoi und zum Hotel. Jetzt gab es für uns kein organisiertes Programm mehr. Wir hatten weder einen Dolmetscher noch einen Guide und steckten mehr oder weniger im Hotel fest, in der Hoffnung, eine Woche später den Flug zu bekommen.

Das hatte gewisse Vorteile. Wir konnten uns ungestört unseren Notizen widmen, sie miteinander vergleichen, einerseits ein Konzept für das Buch über die Kultur anfertigen, andererseits die Auswirkungen des Krieges analysieren, ferner auflisten, welche medizinische Unterstützung benötigt wurde und auch noch die Situation der Frauen beschreiben. Peter konzentrierte sich auf den Krieg und die Informationen, die wir bei unseren täglichen Diskussionen mit Militärs und Kulturpersönlichkeiten bekommen hatten. Unsere Aufgabe nahm uns völlig in Anspruch. Wie viel unser Schreiben wert war, lässt sich schwer einschätzen. Jedenfalls hofften wir, einen Beitrag geleistet zu haben.

In der darauffolgenden Woche flogen wir nach Hause. Auf dem Flug nach Karachi bot man uns an, einen Film mit John Wayne über den Krieg in Indochina zu sehen. Wir lehnten wütend ab. Plötzlich fing es in der Film-Ecke an zu brennen und das Flugzeug war voller Rauch.

Da hörte ich Peter auf Englisch brüllen: »Hell, I am not going to die because of that idiot John Wayne.« Das Feuer wurde gelöscht, wir sind in Karachi zwischengelandet und in das Flugzeug nach Tel Aviv umgestiegen, zur Weiterbeförderung nach Paris.

Peter und ich schrieben gemeinsam das Buch *Notizen zum kulturellen Leben der Demokratischen Republik Viet Nam (Notiser om det kulturella livet i Demokratiska Republiken Viet Nam)*. Als das Buch in Schweden und auch in Deutschland erschien, stand lediglich Peters Name auf dem Umschlag. Nach dieser langen Zusammenarbeit, all dem Notieren und Diskutieren wird man als Frau darauf reduziert, höchstens als Mitarbeiter genannt zu werden. Peter, der für Gleichberechtigung war, hätte das sehen und darauf hinweisen müssen.

Die Reise nach Kuba

Bereits vor der Reise nach Vietnam waren Peter und ich in Kuba, und zwar auf Einladung der OLAS (Organización Latinoamericana de Solidaridad). Wir waren eng mit Lou Laurin-Lam befreundet, die mit dem kubanischen Künstler Wifredo Lam verheiratet war. Ihr Zuhause in Paris war Zentrum und Treffpunkt für all jene, die sich politisch für Kuba engagierten. Zu diesem Kreis gehörten viele Intellektuelle Frankreichs, die meisten waren Linke.

Wifredo kannte Fidel Castro und viele aus Kubas Regierung. Über Wifredo und seine Kunst ist viel geschrieben worden. Seine Großmutter mütterlicherseits gehörte zu der Generation, die Sklaven auf Kuba waren. Wifredo war ein großer, schlaksiger Mann mit einer afrikanischen, chinesischen und europäischen Abstammung. Als wir ihn in den sechziger Jahren kennenlernten, wusste niemand, wie alt er war, vielleicht nicht einmal er selbst. Jedenfalls gehörte er zur Generation Picassos. Er hatte im Spanischen Bürgerkrieg gekämpft und war als armer Künstler nach Paris gekommen, wo er zu den Surrealisten gehörte.

Lou Laurin reiste Mitte der fünfziger Jahre zusammen mit der Schriftstellerin Sun Axelsson nach Paris, um dort zu studieren. Dort begegnet sie Wifredo, der damals so alt wie ihr Vater gewesen sein muss. Lou beschloss, ihn zu heiraten, worüber er jedoch anders dachte. Durchsetzungsfähig wie sie war, bekam sie ihren Willen. Lou hingegen erzählte, sie hätte, nach längerer Zeit ihrer Beziehung, Wifredo in der Toilette eingeschlossen und ihn erst wieder herausgelassen, als er in die Ehe einwilligte. Im Laufe der Zeit bekamen sie drei Kinder, deren unterschiedliches Aussehen die vielen Facetten des Ursprungs ihrer Eltern widerspiegelten.

Lou stammte aus einer bekannten schwedischen Familie, der Kunsthistoriker Carl Laurin war ihr Großvater väterlicherseits und die Schauspielerin Anita Björk ihre Cousine. Sie fand ihre Herkunft jedoch nicht exotisch genug und behauptete, Samin zu sein.

Lou wurde Künstlerin. Mit Textilien entwarf sie politische satirische Collagen in der Manier naiver Kunst. Aber ihre Hauptaufgabe bestand darin, Wifredo zu bedienen und die Kontakte zu Kuba zu pflegen. Wifredo, der in Paris ein anerkannter kubanischer Künstler geworden war, hatte für Kuba eine große Bedeutung.

Peter und ich wurden eingeladen, an der *26. Juli – Manifestation* an Kubas Nationalfeiertag 1967 teilzunehmen. Die Einladung kam übrigens nicht nur von OLAS, sondern auch von *Salon de Mai*, einem Bund international aktiver, insbesondere französischer Künstler.

Wir reisten gemeinsam mit dem Dichter und Übersetzer Lasse Söderberg und dem Fotografen Lütfi Özkök. Lütfi hatte sich auf Autorenporträts spezialisiert, zunächst wegen seiner schlechten finanziellen Lage als türkischer, in Schweden lebender Dichter, aber dann ist aus ihm allmählich ein hervorragender internationaler Porträtfotograf, insbesondere von Schriftstellern, geworden.

Er war klein und dick, lachte immerzu und war freundlich. Lasse war außergewöhnlich groß und sehr ernst. Er ist Experte für spanische Dichtung. Sie waren wie Don Quijote und Sancho Panza.

Zunächst fuhren wir nach Paris, um uns mit den Franzosen zu treffen, dann nach Madrid, um auf den Kanarischen Inseln in ein kubanisches Flugzeug umzusteigen, zur Weiterbeförderung nach Havanna. Aus politischen Gründen gab es fast keine Direktflüge nach Kuba.

In Westeuropa hatte nur noch Spanien einen direkten Kontakt zu Kuba, aufgrund ihrer gemeinsamen Vergangenheit, als Kuba spanische Kolonie war. Eva Forest-Sastre reiste ebenfalls mit uns. Sie gehörte der baskischen Befreiungsorganisation an, die gegen die spanische Oberhoheit protestierte und saß später lange im Gefängnis. Der Schriftsteller Alfonso Sastre, ihr Mann, war Peters spanischer Übersetzer.

Unter den Franzosen war der Dichter Maurice Leirice, der eine Avantgarde-Buchhandlung in Paris betrieb, in der ein großes Schild mit folgenden Worten hing: »Liebe Freunde und Kollegen, klaut etwas weniger, kauft etwas mehr oder borgt euch die Bücher von mir, sonst gehe ich in Konkurs.« Später ging er in Konkurs. Auch Marguerite Duras war mit auf der Reise. Sie war eine sehr ernste Dame, die meist für sich allein blieb. Ich erzählte ihr, welche Bedeutung ihre Bücher und der Film *Hiroshima, mon amour* für mich gehabt hatten. Der politische Zeichner César und seine wie ein Mannequin aussehende hübsche Frau, die er eifersüchtig bewachte, waren auch dabei, ebenso unsere guten Freunde Gherasim Luca und seine Frau, die Künstlerin Micheline Catty.

Unter den Teilnehmern befanden sich ferner der elegante und recht überhebliche Schriftsteller Jorge Semprun, den wir vorher in Paris getroffen hatten, und Carol Karoll mit seiner Frau Rossana Rossanda, die zur Führung der kommunistischen Partei Italiens gehörte.

Bei der Ankunft in Havanna empfing uns eine Delegation mit dem Kulturminister Carlos Franqui an der Spitze. Wir wurden in einem alten Hotel in Havanna einquartiert, das unter Batistas Regierung ein Luxushotel gewesen ist. Wir Gäste aus Europa lebten privilegiert.

Im Zentrum von Havanna fand eine große Kunstaustellung mit dem französischen *Salon de Mai* und einheimischen kubanischen Künstlern statt. Auch Fidel Castro nahm an der Ausstellung teil, jedoch nicht mit einem eigenen Werk. Zwischen die Kunstwerke hatte er einen riesigen Stier platzieren lassen. Für Castro war der Stier an sich ein Kunstwerk, ein Symbol für Stärke, Nützlichkeit und Freiheit – eine Anspielung auf eine künftige fruchtbare Landwirtschaft bzw. die Hoffnung darauf.

Wenn Rauschenberg im *Moderna museet* in Stockholm eine Ziege mit einem Autoreifen um den Bauch ausstellen konnte, warum sollte dann Fidel Castro nicht einen quicklebendigen Stier zwischen den Kunstwerken der französischen Elite präsentieren können? Ich sah das als ein handfestes und humorvolles konstruktives Werk an. Die Begeisterung der französischen Künstler hielt sich jedoch in Grenzen.

Auf dem größten Boulevard in Havanna hatte man eine große Leinwand aufgespannt, etwa 260 Quadratmeter groß und davor eine stabiles Baugerüst. Auf der Leinwand waren die Konturen einer Spirale eingezeichnet. Die Spirale war in gleichgroße Felder unterteilt.

Wir, etwa dreißig Künstler, sollten jeweils ein Feld mit einem Gemälde, einer Losung, einem Traum oder etwas Beliebigem ausmalen. Farben standen zur Verfügung. Das Gedränge bei den Farben war groß.

Peter und Wifredo gehörten zu den ersten, die sich ein paar Farben schnappten und die zentralen Felder in der Mitte vereinnahmten. Als ich endlich an die Farben herankam, gab es nur noch Schwarz und Gelb. Ich malte drei Riesenbrüste, die an Sonnen erinnerten und schrieb mit schwarzer Farbe darunter: »La revolution est aussi pour les femmes.« Peters und Wifredos Schöpfungen in der Mitte waren zwei farbenfrohe kubistische Kompositionen. Auf Peters stand: »VIVA LA REVOLUCIÓN.«

Im Einklang mit der Zeit, in der wir lebten, und dem, woran wir glaubten, war dies der Versuch einer gemeinsamen kollektiven Manifestation. Obwohl alle, die an diesem Werk mitgewirkt hatten, Individualisten waren, haben sie sich in einem großen kollektiven Gemälde ausgedrückt. Dieses riesige Gemälde wurde zum Titelblatt einiger Zeitschriften und außerdem als kubanische Briefmarke reproduziert. Es befindet sich heute im Museo *Nacional de Bellas Artes*, Havanna.

Während wir Gäste diese riesige Leinwand bemalten, tanzte hinter uns das gesamte kubanische Ballett Copacabana auf der Straße und ein großes Orchester spielte orgiastische Musik. Es war ein Volksfest, das am Nachmittag begann und die ganze Nacht hindurch bis zum Morgengrauen währte. Vermutlich waren es dieselben Tänzer, Sänger und Musiker, die während der Diktatur von Batista vor der Revolution die reichen Amerikaner unterhalten hatten. Genau wie damals trat das Ballett nur mit schwarzen Straußenfedern bekleidet auf und tanzte bestimmt zu denselben wilden Tönen und Rhythmen, aber jetzt tanzte es für uns.

Der Höhepunkt der Manifestation am 26. Juli war natürlich Fidel Castros Rede an das Volk vor einer Menschenmenge von etwa zweihunderttausend Personen. Wir saßen auf der Ehrentribüne, neben dem Rednerpult, neben Castro. Er war für seine langen Reden, seine

Rhetorik bekannt. Das Zusammenspiel von Bewegung und Rede wirkte wie eine gut eingeübte Ein-Mann-Show. Er hatte sein Publikum fest im Griff, während er über Arbeit, Psychologie, Klima, die kulturelle Vielfalt der Insel und über den Kampf gegen die Armut sprach. Von uns forderten die Sonnenglut und die harten Bänke schließlich ihren Tribut, aber man konnte sich nicht einfach davonschleichen, es blieb einem nichts anderes übrig, als zu bleiben.

Wir fuhren herum, besichtigten Fabriken, Zuckerrohrplantagen, Krankenhäuser und die Zigarrenfabriken, all das, was ein junger neuer Staat zeigen wollte. Wir besuchten auch eine größere Keramikwerkstatt. Plötzlich sagte ein Keramiker: »Möchte mal jemand probieren zu töpfern?«, wobei er sich bewusst war, dass es bei jemanden, der sich nicht auskannte, ein ordentliches Gemansche mit dem Lehm geben würde und der Lehm durch die Zentrifugalkraft höchstwahrscheinlich auf das Publikum spritzen würde. Plötzlich schubste Peter mich nach vorn und sagte: »Sie kann das.« Peter bekam vom Keramiker zur Antwort: »Erstens können Frauen nicht töpfern und zweitens ist sie zu klein.« Ich setzte mich hinter die Töpferscheibe, reinigte irritierend langsam und sorgfältig die Scheibe, warf einen Lehmklumpen darauf und töpferte eine große Vase. Die Reaktionen blieben nicht aus.

Wirklich gestört auf der Reise hat mich, dass ich wie eine »Un-Person« behandelt wurde, als Peters Anhängsel. Man hatte mich als Künstler und Aktivist eingeladen. Wenn sich konservative Nationen weiterhin in alten Mustern bewegen, kann man das vielleicht noch verstehen, aber doch nicht bei einer neuen Nation, die sich ihre Selbstständigkeit erkämpft hat und nach Gleichberechtigung strebt. Ich war nicht die einzige, die das gestört hat, sondern auch die anderen eingeladenen Frauen, die gemeinsam mit einem männlichen Partner gekommen waren.

Ich forderte eine Diskussion darüber. Ich wollte mir alles ansehen, was für meinen Beruf relevant war und mit meinem politischen Engagement zu tun hatte, neue Milieus kennenlernen, und natürlich wollte Peter sich auch seinen eigenen Sachen widmen, ohne dass ich ständig hinterherdackelte. Meine Haltung bezog sich nicht nur auf uns, die eingeladenen Frauen, sondern symbolisch auch auf die kubanischen Frauen. Nach der Diskussion über die Situation der eingeladenen Frauen, eine Debatte, die Teil einer größeren trikontinentalen Diskussion über die Situation von Frauen in der Welt war, bekamen die eingeladenen Frauen eigene, auf ihren jeweiligen Beruf zugeschnittene Programme. Ich wurde gefragt, ob ich innerhalb sehr kurzer Zeit *Macbeth* von Shakespeare mit Schülern der Schauspielschule inszenieren könnte. Der Schule fehlte es zwar an Material, aber nicht an Ideen.

Ein Bühnenbild und Kostüme zu entwickeln, ohne jegliches Material, ist eine Herausforderung. Gemeinsam mit den Schülern ging ich auf Havannas Straßen auf Entdeckungsreise und wir sammelten das bisschen Blech auf, was dort herumlag. Wir drehten und wendeten die Gitter, die nach französischer Manier die Baumstämme auf den großen Avenues einrahmten. Dort fanden wir Blech, vor allem Coca-Cola-Deckel aus früheren Zeiten. Die Kostüme der Schauspieler wurden aus ausrangierten Zuckersäcken genäht und an den Kostümen der Männer wurden die Blechdeckel befestigt. Bei richtiger Beleuchtung verwandelten sich diese Kleider in absurde Kriegsuniformen. Dass ausgerechnet Coca-Cola-Deckel dazu beitrugen, war das I-Tüpfelchen. Wir sammelten ausgemusterte Zuckerrohre und fertigten daraus ein einfaches Bühnenbild, das eine Burg und einige Wehrschanzen andeutete. Das Bühnenbild war erst erkennbar, als es von hinten beleuchtet wurde. Dabei bildeten die Schatten ein Gitter, das den Bühnenboden gliederte. Wenn die Beleuchtung wechselte, erinnerten die Effekte an Schattenspiele. Es gab einen großen Unterschied zwischen der kostspieligen *Macbeth*-Inszenierung, an der ich 1965 für das Schillertheater in Berlin mitgewirkt hatte und der vom Material her schlichten *Macbeth*-Inszenierung in Kuba 1967.

Der Aufenthalt in Kuba war eine Mischung aus Tanz, Fest und Karneval sowie politischen Diskussionen. Schon damals wurde von der amerikanischen Militärbase und dem Gefängnis Guantánamo gesprochen, das isoliert war und immer noch ist, gut bewacht von amerikanischem Militär auf kubanischem Boden. Wir nahmen auch an Gesprächen mit Vietnamesen, Studenten aus Angola und Oppositionellen aus den USA wie Stokely Carmichael und Julius Lester teil, den Repräsentanten der Black-Power-Bewegung. Eine ganz besondere Tanzvorstellung war *Schwanensee* mit einer Primaballerina um die Siebzig, Kubas Grand Old Lady, die einmal sehr berühmt war. Merkwürdigerweise übertraf der Tanz die Erwartungen. Manche Bewegungen wurden nur angedeutet, jedoch mit Präzision und Eleganz.

Auf dem Innenhof einer Seitenstraße in einem Armenviertel sahen Peter und ich eine ganz andere Art von Tanz, sehr körperlich und Angst einflößend. Es war ein Beschwörungstanz mit Voodoo. Die Füße der Tänzer bewegten sich immer schneller, einige Tänzer fielen zu Boden. Dort lagen sie dann wie Epileptiker, mit heftigen Zuckungen und Schaum vor dem Mund. Schwangere waren auch dabei. Unser Dolmetscher wollte nicht, dass wir uns diesen Tanz anschauten, der eigentlich in Kuba verboten war. Aber man kann diese Traditionen und Bräuche doch nicht einfach unterbinden. Das sind Kulturtraditionen, die es seit jeher in Afrika gegeben hat und die mit den Sklaven nach Kuba gekommen sind.

Wir hatten uns mit dem Kulturminister Carlos Franqui angefreundet. Er war für den gesamten Kulturevent verantwortlich. Als sich die Politik auf Kuba verschärfte, schickte Carlos seine Familie nach Frankreich und kam nach. Später war er als Oppositioneller gezwungen, Kuba für immer zu verlassen.

Von den sozialistischen Ländern war Kuba das offenste, was wir damals alle sehr bejahten, sahen wir doch darin ein Vorbild für das restliche Lateinamerika und die anderen sozialistischen Länder. Aber leider ist es so, dass ein Ein-Parteien-System per se ein Hindernis für die progressive Entwicklung eines Landes darstellt. Vielleicht hat man anfangs die besten Absichten, aber auf Dauer funktioniert es nicht. Ein Dialog ist notwendig, selbst wenn die Mühlen in so einem System langsamer mahlen.

Als wir Ende der sechziger Jahre dort waren, erlebten wir noch einen Optimismus und eine Möglichkeit für eine selbstständige Entwicklung. Vor der Revolution erzielte der von den USA aufgezwungene Zuckeranbau, neben dem Casino und den Bordellen für die Reichen, die größten Einnahmen. Hauptimporteur des Zuckers war die USA. Um nach der Revolution zu überleben, war Kuba gezwungen, weiterhin Zucker zu exportieren. Nach der umfassenden Blockade der USA war die Sowjetunion die einzige Alternative, um zu überleben. Die Verantwortung der USA für die Entwicklung in Kuba lässt sich nicht ignorieren.

Interessanterweise haben wir dort sehr offene Diskusionen geführt. Wir trafen die meisten Machthaber, inklusive Fidel Castro. Wir hatten immer verschiedene Treffpunkte, weil Castro aus Sicherheitsgründen jede Nacht den Ort wechselte. Hauptsächlich trafen wir uns mit Vilma Espin Castro und Haydée Santamaría, die beide hohe Posten innehatten. Mir ist besonders aufgefallen, dass es in Kuba trotz der Armut Farbe gab, leuchtende Farben, was in den anderen sozialistischen Ländern selten vorkam. Kuba war die große Ausnahme. Ich sah eine Polizistin im Minirock und mit einer dünnen farbenfrohen Bluse. Sie war geschminkt und dirigierte den Verkehr, als stünde sie auf einer Bühne und vollführte einen komplizierten Tanz. Die Farbe, die Bewegungen und das Körperliche waren dort etwas Selbstverständliches.

In den sozialistischen Ländern, die ich bereist und in denen ich gearbeitet hatte, fürchtete man ansonsten kräftige Farben. Als wäre Farbe etwas Gefährliches, Individualistisches oder gar Kapitalistisches. Die sozialistischen Farben waren Grau-und Beige-Töne. Auf die gleiche Art und Weise, wie diese Länder die klaren Farben ablehnten, verneinten sie auch das Sinnliche.

Trotzki im Exil

Nie hätte ich gedacht, dass es mir einmal zugutekäme, dass ich mich auf meiner Mexiko-Reise 1959 für Leo Trotzki interessiert habe. Aber 1968 begann Peter mit der Arbeit an dem Stück über Trotzki und wir machten uns auf die Reise, um sein Leben zu erforschen. Zunächst fuhren wir nach Paris, wo wir uns mit einem von Trotzkis Sekretären, Pierre Frank, trafen, einem der wenigen, die Stalins Säuberungen entkommen waren.

Mich interessierte Trotzkis Frau Natalja Sedova, zum einen als historische Person, zum anderen wegen ihrer Haltung. In Paris entdeckte ich bei den Bouquinisten, die ihre Stände am Seineufer haben, ein schmales Buch von ihr.

Ihre Kinder und alle Angehörigen waren verbannt oder ermordet worden. Dennoch spricht man immer nur über die Männer. Was ist aus all den Frauen in der Geschichte geworden? Viele waren an der Revolution und an den gesellschaftlichen Veränderungen beteiligt.

Natalja war eine aktive Revolutionärin, wird aber nie erwähnt. Ihre Schilderungen im Buch sind politischer und privater Natur. Darin beschreibt sie die Tragödien ihres Lebens, wie ihre Kinder und ihre Familie den Säuberungen zum Opfer fielen. In Leo Trotzkis Büchern oder in den Biografien, die über ihn geschrieben wurden, steht davon nichts.

Natalja beschrieb, welchen Preis sie und die Kinder für die Überzeugungen des Ehepaars zahlen musste. Dieses kleine und sehr persönliche Buch schildert nicht nur Zukunftsträume, sondern auch die damalige Wirklichkeit. Peter und ich hatten darüber gesprochen, dass, falls Peter das Stück noch einmal umschreiben oder verändern sollte, Natalja mehr Platz bekäme.

Die erste Fassung eines dramatischen Werkes ist ja nicht immer die Endfassung. Oft gibt es mehrere Versionen und solange der Autor lebt, kann der Text verändert werden. *Marat/Sade* gibt es zum Beispiel in sechs Fassungen.

In London trafen wir Isaac Deutscher, dessen Trotzki-Biographie ein Klassiker ist. Wir kannten ihn vom Russell-Tribunal in Stockholm. Damals wurde ich Zeugin eines Zwischenfalls mit ihm. Ich saß vor dem Konferenzraum, in dem sich Jean-Paul Sartre, Simone de Beauvoir, die Anwältin Gisèle Halimi, Vladimir Dedijer, Peter Weiss, Jon Takman, die Repräsentanten für Bertrand Russell und zahlreiche andere aus der politischen und kulturellen Prominenz Europas berieten. Isaac Deutscher hatte sich mit den anderen überworfen und war in einem Wutanfall hinausgerannt. Sicherlich hatte er erwartet, dass die anderen ihn bitten und betteln würden zurückzukommen. Aber nichts passierte, niemand kam, niemand fragte nach ihm. Was sollte er tun, um wieder hineinzukommen? Schließlich ging ich rein und fragte die anderen: »Sollte nicht Isaac Deutscher dabei sein?«. Isaac kehrte zurück.

Wir fuhren auch nach Brüssel, wo wir bei Ernest Mandel wohnten, einem bedeutenden Trotzki-Experten. Er ist einer der wenigen wahren Trotzkisten oder besser gesagt der marxistischen Trotzkisten, die ich getroffen habe. Er war Ökonom und Professor an der Universität Brüssel und wurde mit den Büchern *Traité d'économie marxiste* (1962) und *Der Spätkapitalismus* (1972) zu einer Ikone. Ernest heiratete Gisela Meschkat (geborene Scholtz), eine enge Freundin von Ulrike Meinhof. Die BRD hatte Giselas Auslieferung gefordert, doch ihre belgische Staatsbürgerschaft bewahrte sie davor. Ernest wurde ein Freund und wertvoller Berater bei der Recherche über Trotzki und seine Zeit. Er wohnte in einem alten flämischen fünfstöckigen Haus aus dem 17. Jahrhundert, das große Ähnlichkeit mit unserem Haus in Rotterdam hatte. Er war in diesem Haus aufgewachsen und seine alte Mutter lebte ebenfalls noch dort. Sie wirkte wie aus einem Charles-Dickens-Buch: schwarzgekleidet wie eine Witwe im 19. Jahrhundert, mit einem langen Rock und einem starrem Leibchen mit hohem Kragen, das Haar straff unter ein kleines Kopftuch gezwängt. Jeden Morgen Punkt sieben stellte sie ein kleines Tablett mit zwei Stückchen Torte vor Ernests Schlafzimmertür, klopfte und verschwand leise wie ein Gespenst. Er war das einzige Kind und benahm sich in ihrer Gegenwart wie ein kleiner Junge. Seine Ehefrau schlief in einem anderen Zimmer.

Plötzlich betrachtete man uns in unserem Umfeld als Trotzkisten. Trotzki war eine faszinierende historische Figur. Aber wenn man sich für ihn als Person interessiert, seine Schriften liest und an einem Theaterstück über ihn arbeitet, ist man doch noch kein Trotzkist. Genauso wenig muss man ein Sadist sein, um sich für Marquis de Sade als Person zu interessieren.

Ausgangspunkt für Peters Stück sind die letzten Minuten in Trotzkis Leben. Von dem Moment an, wo er den Eispickel des Mörders im Kopf spürt bis zum Augenblick des Todes rollt vor seinem geistigen Auge sein ganzes politisches Leben ab. Entworfen wird sein Bild von der Russischen Revolution, von seiner Niederlage und davon, wie er von einem Ort zum nächsten flieht, um Stalins Schergen zu entkommen. Zugleich wird die Entwicklung in der Sowjetunion beschrieben. Das Stück handelt von zwei Revolutionen, von der politischen Revolution und der Revolution in der Kunst, wobei die Dadaisten das Neue repräsentierten.

Als Peter und ich in Zürich waren, um uns Lenins einfache Unterkunft in der Spiegelgasse, einem schmalen, steilen Gässchen, anzusehen, entdeckten wir, dass sich schräg gegenüber von Lenins Unterkunft in einem Kellerraum das »Cabaret Voltaire« befand. Hier trafen sich die Dadaisten, als sie 1916 unter der Leitung von Tristan Tzara, Hugo Ball und anderen ihr revolutionäres Manifest schrieben.

Das zeitgenössische epische Drama über Trotzki sollte, mit Harry Buckwitz als Regisseur, im Januar 1970 das modernisierte und umgebaute Düsseldorfer Schauspielhaus eröffnen. Das Establishment war zur Premiere eingeladen. Wir wären gar nicht auf die Idee gekommen, dass diese Kombination kontrovers sein könnte. Ich hatte die Bühne mit einer großen Eisenkonstruktion aus Baugerüsten umrahmt, bestückt mit Scheinwerfern, die, in regelmäßigen Abständen angebracht, ein streng geometrisches Muster ergaben. Da hier ein historischer Prozess seziert werden sollte, wurde die Bühne wie ein Obduktionstisch beleuchtet. Die Scheinwerfer sollten zudem an einen stark beleuchteten Gefängnishof erinnern. Um die entsprechende Ödnis zu erreichen, war die Spielfläche so gut wie leer. Der Boden fiel zum Publikum hin ab. Ganz hinten, außer Sichtweite des Publikums, gab es eine Treppe, über die die Schauspieler unsichtbar vom Hintergrund aus auftreten und abgehen konnten, entweder allein oder als wimmelnde Masse.

Bei der richtigen Beleuchtung von unten sah es aus, als nähmen Giganten die Bühne ein. Der Trick mit der Beleuchtung ist durch Giorgio Strehlers Inszenierung von Luigi Pirandellos Stück *Gianti della Montagna* (dt. Die Riesen vom Berge) in Milano inspiriert worden. Im Hintergrund hing eine scheinbar frei schwebende riesige Eisenwand, auf die Trotzkis Stationen der Flucht vor Stalin und die entsprechenden Jahreszahlen projiziert wurden. In dem Moment, als Trotzki ermordet wurde, stürzte diese Eisenwand mit einem lauten Knall direkt auf einen eingebauten Eisenbalken am Boden. Der Balken sollte das Geräusch verstärken. Symbolisch war es wie eine Guillotine, die schließlich eine konstruktive Debatte tötete.

Die Schwierigkeit bestand darin, die Werkstätten dazu zu bringen, die Eisenplatten, die die Wand bilden sollten, zu verschweißen. Die fertige Wand war etwa 6 × 7 Meter groß. Die Werkstätten schlugen vor, eine Wand aus Holz zu fertigen und sie dann zu bemalen, damit sie wie Eisen aussah. Obwohl die Handwerker sehr geschickt waren, war das keine gute Idee, da die Wand auch für einen riesigen Gong verwendet werden sollte. Am Ende musste ich die Wand selbst schweißen. Das wurde dann zwar nicht so schön, hielt aber. Schweißen hatte ich früher mal gelernt. Bei der Inszenierung von *Gesang vom Lusitanischen Popanz* hatte ich die Hauptfigur, die Skulptur des Popanzes, auch selbst verschweißt. In Deutschland kommt es eher selten vor, dass der Bühnenbildner die Kulissen selbst fertigt. Ich habe meine Fähigkeit den schwedischen Werkstätten zu verdanken, die oft eine Zusammenarbeit fordern. Von den Handwerkern am Theater habe ich viel gelernt.

Auf der Bühne waren einige wenige Stühle und Tische platziert, die verschiedene Spielorte darstellten. Trotzkis Schreibtisch bildete nicht nur sein Revier, sondern zugleich auch eine Minibühne, die die Dadaisten als Tanzfläche verwendeten. Der Vorhang war eine Collage aus Rollos, die später als Bodenbelag verwendet wurde. Im Kontrast zu der grauen Kleidung und den Uniformen der Revolutionäre trugen die Dadaisten leuchtend bunte Anzüge aus den zwanziger Jahren. In Deutschland an Revolutionsuniformen heranzukommen war leicht. In Essen gab es ein großes Magazin mit Uniformen von 1914 und später, die in Kriegs- und Friedenszeiten verwendet wurden und immer noch in einem guten Zustand waren. Die Kostümateliers hatten alle Hände voll zu tun, die Uniformen umzunähen, damit sie den Schauspielern passten. Allerdings mutete es seltsam und unangenehm an, dass über der Tür zum Kostümatelier das Motto hing: »Wir arbeiten bis zur Vergasung.« Vergasung war ein populärer Ausdruck für eine schwere Arbeit geworden, als ob wir sagen würden, wir arbeiten uns kaputt.

Die Inszenierung begann dramatisch. Trotzki sollte von einem ehemaligen Nazi gespielt werden, wogegen Peter protestierte. Der Schauspieler, der Lenin verkörperte, war hingegen in der kommunistischen Partei und ähnelte Lenin sogar. Dann passierte etwas Verblüffendes, was dem Theater eigen ist. Der Schauspieler, der Trotzki spielte, war ein unglaublich guter Schauspieler, er war kongenial, er *war* Trotzki. Während derjenige, der Lenin spielte, trotz seiner Ähnlichkeit mit Lenin als Person und der richtigen politischen Haltung zur Rolle wie ein Laie wirkte. Bei der Generalprobe am Tag vor der Premiere protestierten Teile des Publikums gewaltsam durch Pfeifen, Rufen und Gerassel. Die extreme Linke und die äußerste Rechte hatten sich mit den Anarchisten zusammengetan. Obwohl sie unterschiedliche Motive hatten, war es doch eine einmütige Demonstration. Im Zuschauerraum gab es immer mehr Störungen: Schreie, Gezeter und Handgreiflichkeiten. Die Schauspieler konnten nicht weiterspielen. Die Vorstellung musste abgebrochen werden. Peter ging auf die Bühne, um das Publikum zu beruhigen. Er versuchte klarzumachen, dass die Bühne für das Ensemble der Arbeitsplatz ist und schlug eine Diskussion im Anschluss an die Vorstellung vor. Da riss ihm jemand das Mikrofon aus der Hand und er wurde unter Buhrufen von der Bühne geschubst. Er hatte geglaubt, er könnte die Demonstranten zur Vernunft bringen. Auf dem Weg zurück zum Regiepult, das sich mitten im Zuschauerraum befand, hagelte es auf ihn Beschimpfungen. Darunter waren auch verdrehte und höhnische Zitate aus seinen Büchern und Theaterstücken.

Für Peter war das, als würde das Rad der Zeit ins Deutschland der dreißiger Jahre, seine Jugend, zurückgedreht. Ich saß mitten im Publikum, gemeinsam mit dem Regieassistenten. Vor mir saß ein Mann mit einem kahlgeschorenen Schädel, er drehte sich um und zischte: »Fahren Sie doch nach Hause, Schwedenschweine – Kommunistenschweine!« Ich wurde furchtbar wütend, nahm das Mikrofon und wollte ihm damit eins auf seinen haarlosen Eierkopf geben, aber der Regieassistent hinderte mich in letzter Sekunde: »Mach das bloß nicht, darauf warten die doch nur, da löst du eine Riesenschlägerei aus.« Um uns herum skandierte das Publikum je nach Überzeugung: »Judenschweine, Kommunistenschweine, Schwedenschweine.« Es war unmöglich, die Generalprobe zu Ende zu bringen. Das Publikum wurde aus dem Saal verwiesen und durchsucht. Es wurden vier Revolver beschlagnahmt.

Eine kleine Gruppe von Demonstranten wurde das Theater nicht los. Sie zogen sich nackt aus, sprangen auf die Bühne und versuchten zu kopulieren. Dem Intendanten Karl-Heinz Stroux gelang es, das Chaos effektiv zu stoppen: Die Heizung wurde voll aufgedreht, es wurde unerträglich stickig. Zugleich dröhnte aus den Lautsprechern Wagnermusik bis zum Anschlag, bis an die Schmerzgrenze. Da verschwanden sie. Bei der Premiere hatten wir Polizeischutz, das Letzte, was wir wollten.

Es erschienen mörderische Rezensionen sowohl in der linken als auch in der rechten Presse. Die Linken betrachteten es als Verrat, in einem etablierten Theater zu spielen. In ihren Augen waren wir eins mit dem Establishment. Die rechte Presse fand es schändlich, dass ein staatlich subventioniertes Theater für ein radikal politisches Stück zur Verfügung gestellt wurde. Der Inhalt gefiel ihnen nicht. Die Rezensionen in der rechten Presse hatten zudem einen antisemitischen Unterton.

Ich denke, ähnlich wie Brecht, dass man die Institutionen von innen erobern und das dort angesammelte Wissen dafür verwenden muss, die eigene Botschaft zu vermitteln, das Publikum mit einer Vorstellung zu überraschen, die es sich sonst nie ansehen würde, vor allem nicht, wenn sie von einer freien, radikalen Theatergruppe gespielt worden wäre. Wenn es Gebäude gibt, die für Theater entworfen worden sind, dann müssen sie auch maximal genutzt werden und Diskussionen Raum geben. Institutionstheater und freie Gruppen sollten nebeneinander existieren können. Beide sollen die kulturelle und gesellschaftliche Debatte repräsentieren, einander ergänzen.

Am nächsten Tag gelang es uns, mit der Mehrzahl der Demonstranten eine Diskussion zu führen über die Möglichkeiten des Theaters, gesellschaftskritisch zu sein und Alternativen aufzuzeigen. Man kann sich meine Verwunderung vorstellen, als ich den Mann, der vor mir gesessen hatte und dem ich eins auf seinen Eierkopf hatte geben wollen, im Raum entdeckte. Er war sehr wohlerzogen, höflich und kooperativ. Er bot mir einen Stuhl an und sprach mich mit »Gnädige Frau Weiss« an. Ich konnte mich nicht beherrschen und sagte: »Sie sind ja völlig irre. Gestern haben Sie noch Schwedenschweine und Kommunistenschweine geschrien und heute sind Sie äußerst *aimable*.«

Auch die junge Schriftstellerin Karin Struck war auf der Generalprobe gewesen. Sie hatte Peter mit einem Zitat aus seinem Stück *Nacht mit Gästen* aufs Schlimmste verhöhnt.

Du bringst mich zum Lachen du Dreikäß
Mit deiner Bettjacke überm nackten Gesäß
Paß auf ich tret dir den Hintern
daß du im Misthaufen kannst überwintern.
ene mene eia weia
acke wacke weck.

Für mich passte das alles nicht zusammen. Später entwickelte sich Karin Struck zu einer sehr guten, einfühlsamen Schriftstellerin. Entstehen Hassstimmungen im Eifer des Gefechts oder durch Gruppenzwang? Am nächsten Tag konnten die Diskussionen zwar auf vernünftige Art und Weise geführt werden, aber die offiziellen Reaktionen blieben nicht aus. Die Angriffe kamen von zwei Seiten, aus der DDR und aus der BRD. Die DDR verhängte gegen Peter eine Zeit lang ein Einreiseverbot, während die BRD seine Dramatik ablehnte.

Etwas später, als wir aus Westberlin über den Grenzübergang Friedrichstraße nach Ostberlin fahren wollten, wurden wir angehalten. Peter wurde eingesperrt, aber ich durfte nach Ostberlin einreisen. Dort warteten der Intendant des Rostocker Theaters, Hanns Anselm Perten und der Dramaturg Manfred Haiduk. Manfred wollte eigentlich sein bereits gedrucktes Buch *Der Dramatiker Peter Weiss* über Peters Dramatik und meine Arbeit zeigen. Aber weil Peter über Trotzki geschrieben hatte, wurde Manfreds Buch verboten, eingezogen und eingestampft. Erst sieben Jahre später gab der Henschel Verlag in der DDR das Buch heraus. Das Trotzki-Stück findet darin keine Erwähnung.

Da ich in Ostberlin war, konnte ich Kontakt zu Konrad Wolf aufnehmen, dem Präsidenten der Akademie der Künste. Konrad war ein alter Freund von uns. Gemeinsam gingen wir zu seinem Bruder Markus Wolf, dem obersten Chef der Staatssicherheit der DDR. Peter wurde freigelassen und konnte nach Westberlin zurückkehren. Das Einreiseverbot für ihn wurde erst nach längerer Zeit aufgehoben.

Konrad und Markus Wolf waren die Söhne des jüdischen Arztes, Schriftstellers und Kommunisten Friedrich Wolf. Die Familie war vor dem Nationalsozialismus nach Moskau geflohen und Stalins Säuberungen entkommen. Konrad und Markus hatten sowjetische Schulen besucht. Konrad kehrte mit siebzehn als russischer Soldat nach Berlin zurück. Später sollte er ein bekannter Filmregisseur werden. Meiner Meinung nach ist sein Film *Ich war neunzehn* einer der besten deutschen Filme, die über das Kriegsende und den Kampf um Berlin gedreht wurden. Der Film zeigt einen jungen Mann in der Roten Armee und seine Rückkehr als Fremder in sein vom Krieg völlig zerstörtes Heimatland. Er ist Deutscher und doch kein Deutscher. Er ist Russe und doch kein Russe. Auch Konrads Film über das Leben des Künstlers Goya ist ein wichtiger Film. Aber obwohl Konrad Wolf einen hohen Posten in der Akademie der Künste innehatte und ein politisch akzeptierter Filmregisseur war, blieb sein Goya-Film lange bei den Zensoren in der DDR liegen. Und es dauerte noch länger, bis der Film in den Kinos gezeigt wurde.

Konrad Wolf bekam von den Leuten »ganz oben« in Ostberlin den Auftrag, zu uns nach Stockholm zu reisen. Seine Frau Christel, eine Schauspielerin, und ein Mann von der Stasi begleiteten ihn. Konrad hatte den Auftrag, Peter im »Fall Trotzki-Stück« zur Vernunft zu bringen. Am liebsten wäre es ihnen gewesen, wenn Peter öffentlich Selbstkritik geübt und sein Stück zurückgezogen hätte, weil sein Renommee in der DDR auf dem Spiel stand. Für das Abkanzeln wurden drei Tage veranschlagt. Allerdings geschah etwas ganz anderes. Nach Konrads und Christels Ankunft in Stockholm gingen wir zusammen in der Markthalle Östermalm *(Östermalms Saluhall)* einkaufen. Konrad war von dem Angebot völlig überwältigt, um nicht zu sagen sprachlos. Konrad war sowohl Gourmet als auch Gourmand. Wir kauften nach meinem Empfinden Unmengen Lebensmittel ein. Konrad sollte das Kochen übernehmen. Er kochte sein Leibgericht, russische Pelmeni. Drei Tage lang wurden in unserer Küche die verschiedensten Gerichte zubereitet und verspeist. Die Küche hatte sich in eine Art Restaurantküche verwandelt. Dazu wurde jede Menge Wein getrunken. Auch das schwedische *Systembolaget*, mit seiner Auswahl an Getränken war für Konrad ein Erlebnis.

Der politische Kabarettist Wolfgang Neuss aus Westberlin kam vorbei. Der graue Mann von der Stasi, der still an den Gelagen teilgenommen hatte, taute langsam auf. Er beobachtete und notierte, bis er, erschöpft vom Essen und Trinken, bei uns auf dem Sofa einschlief. Soweit ich mich erinnern kann, wurde überhaupt nicht über Politik gesprochen, sondern nur über Literatur, Kunst, Film, und es wurde viel getratscht. Das war für alle eine Erholung. Beim Abschied auf dem Hauptbahnhof in Stockholm sagte Konrad leicht erschrocken: »Mein Gott, ich bin doch hergekommen, um Peter zur Vernunft zu bringen. Ich sollte dich doch dazu bewegen, das Trotzki-Experiment zu verleugnen.« Während der Zug langsam anfuhr, rief Peter ihm zu: »Zum Teufel, schreib doch, was dir einfällt!«

Das Politbüro sollte das Ganze später anders interpretieren. Es gibt ganze Dissertationen darüber, was nach der Veröffentlichung des Trotzki-Stücks gesagt oder geschrieben wurde, doch das Meiste davon entspricht nicht der Wahrheit. Was der Politoffizier berichtet hat, sei dahingestellt. Er war ja gezwungen, alles zu dokumentieren. Wenn Peter so ein »Parteigänger« gewesen wäre, wie heutzutage behauptet wird, hätte er in seiner Trilogie *Die Ästhetik des Widerstands* ganz bestimmt nicht über die Moskauer Prozesse geschrieben. Peter war zu Recht politisch unbequem.

Peters Äußerung, er würde *Trotzki im Exil* verändern, wurde missverstanden. Diese Diskussion kann man in den geheimen Dokumenten des Bundesarchivs nachlesen. Peter dachte gar nicht daran, den politischen Inhalt zu ändern. Er hatte jedoch vor, die Rolle der Dadaisten als Repräsentanten der künstlerischen Revolution zu erweitern und Trotzkis Frau Natalja mehr Raum zu geben, so wie wir es diskutiert hatten.

Die Arbeit an dem Trotzki-Stück in Düsseldorf war ein beängstigendes und befremdliches Beispiel dafür, was in einer Gesellschaft, die mit der jüngeren Generation im Konflikt steht, in einer Gesellschaft mit neuen radikalen politischen Richtungen und Sektierern, bei der äußersten Linken wie auch bei der äußersten Rechten, mit Theater erreicht werden kann. Die vernichtende und einhellige Kritik von Linken wie Rechten war eine seltsame Erfahrung. Wie konnten wir nur so eine Verwirrung stiften? Ich sah es als Chance, Peter spürte nur die Niederlage. Aber was hatte er erwartet, wenn er sämtliche Parteien in West und Ost, von der äußersten Linken bis zur äußersten Rechten durch die Darstellung der Person Trotzki und der Entwicklung der Russischen Revolution, parallel zu der Revolution in der Kunst provoziert?

Peters Herzinfarkt

Die heftigen Reaktionen auf das Trotzki-Stück haben sicherlich zu Peters erstem Herzinfarkt beigetragen. Peter war körperlich nie besonders robust gewesen. Das hatte sicherlich genetische Ursachen. Das Schwierige an Peters Krankheitsfällen war, dass man nie wusste, ob es ernst war oder nur Hypochondrie. Man musste die Situation immer genau abwägen. Bei Hypochondrie kann man ja kurz abwarten, ich musste also jedes Mal genau abzuschätzen, wann ich eingreifen musste.

Diesmal hatten wir uns für den Abend fertig gemacht, saßen beisammen, tranken Wein und diskutierten darüber, wie wir nach dem

Trotzki-Stück weiter verfahren sollten und ob wir aus dem, was nach Peters Meinung »die totale Niederlage« war, vielleicht sogar noch einen Nutzen ziehen konnten. Plötzlich brach er mit starken Schmerzen in der Brust zusammen. Es war ernst. Ich rief einen Krankenwagen, es ging zwar jemand ran, doch dann wurde der Hörer zur Seite gelegt, und ich konnte weder Anrufe tätigen noch bekommen. Jetzt musste schnell gehandelt werden. Mit Müh und Not hievte ich Peter aus der Wohnung und quetschte ihn in den Fahrstuhl. Ich schlüpfte schnell in meine Jeans und stopfte mir das Nachthemd in die Hose.

Mein Auto, ein kleiner Renault, stand vor der Haustür. Ich drückte Peter auf die Rückbank. Es ging um Sekunden und im Eiltempo raste ich aus der Storgatan. Beim Stureplan war Stopp. Dort war eine Demonstration mit einer Menschenmenge und Polizei. Peter schrie: »Hup doch, hup doch ...« Mir war klar, dass das nicht funktionierte, dann hätte ich nämlich die Polizei am Hals gehabt. Ich fuhr barfuß, trug nur ein dünnes Hemdchen und Jeans und roch nach Alkohol. Peter lag auf der Rückbank, nur in seinem alten Bademantel. Da hätte uns die Polizei bestimmt für Alkis gehalten. Selbst ein kleiner Disput mit der Polizei hätte für Peter eine katastrophale Verzögerung bedeutet. Irgendwie schaffte ich es, mich durch das Gewimmel zu manövrieren, doch sobald es möglich war, raste ich zur Notaufnahme des Karolinska-Krankenhauses. Die Kurven nahm ich sicher nur auf zwei Rädern und stand eher hinter dem Steuer, als das ich saß. Vor dem Klinikeingang sprang ich aus dem Auto und rief den Wachen vor dem Krankenhaus zu: »Schnell, schnell, ein Herzinfarkt!« Sie haben sofort reagiert und Peter wurde innerhalb weniger Minuten versorgt. Erst als ich Herzinfarkt geschrien hatte, begriff Peter, was es war und bekam eine Heidenangst. Ich saß die ganze Nacht bei ihm und verfolgte auf dem Monitor, wie sein Herz auf die medizinische Behandlung reagierte. Allmählich normalisierte sich der Rhythmus der Herzschläge wieder.

Es folgte eine lange Zeit der Genesung. Peter wurde in die Reha-Abteilung des Karolinska-Krankenhauses verlegt. Dort lagen auch der Ökonomieprofessor Gunnar Myrdal und der Journalist Victor Vinde. Gunnar und Alvar Myrdal hatten wir durch unser gemeinsames Engagement für Vietnam kennengelernt, genau wie Victor und seine Frau Rita. Außer den beiden Herren lag noch Siri Derkert dort.

Zunächst wurde Peter zusammen mit Gunnar Myrdal in einem Zimmer untergebracht. Die Ärzte dachten, das wäre für beide stimulierend, aber Gunnars Hyperaktivität machte Peter völlig fertig. Victor Vinde hatte sich ebenfalls Gunnar Myrdals Gesellschaft verboten, und zwar mit der Begründung, er wolle gesund werden und nicht überstimuliert. Schließlich bekamen alle drei ein Einzelzimmer, damit jeder für sich allmählich wieder ins Leben zurückkehren konnte.

Peter bat mich, ihm Bücher mitzubringen. Zunächst fragte er nach Karl Mays Indianerbüchern, dann nach Hesse, Goethe, Schiller und so weiter, von den deutschen Klassikern bis zur modernen Literatur – Henry Miller, Beckett, Joyce, Brecht, Proust, Sartre, Camus, Ekelöf und viele andere – bis das Zimmer randvoll mit den Büchern war, die für sein Leben eine Bedeutung gehabt hatten. Alles war konsequent. Ich glaube nicht, dass er irgendeins von den Büchern, die ich ins Krankenzimmer geschleppt hatte, gelesen hat, aber es war wichtig für ihn, diese Bücher um sich zu haben. Das bedeutete eine Wanderung via Literatur, ein Prüfen der Vergangenheit bis zur Gegenwart. Schließlich bat Peter um Friedrich Hölderlin, den Klassiker der deutschen Dichtung, und um Literatur über ihn, alles, was ich auftreiben könnte. Nun war Peter also dort angelangt, wo er bereits vor dem Infarkt gewesen war: Der Revolutionär und sozial engagierte Dichter Hölderlin war sein neues Projekt gewesen, über ihn hatte er angefangen, ein Stück zu schreiben. Das hieß, dass Peter langsam wieder ins Jetzt zurückfand.

Peter wurden Spaziergänge empfohlen. Ich weiß nicht, wie oft wir zum Djurgården geschlendert sind, in der festen Absicht, Djurgården endlich zu umrunden. Am Eingang zum Djurgården war ein Wäldchen mit einer Bank, auf der oft C.-H. Hermansson saß. Das war das Ziel. Ich übergab Peter an C.-H., damit sie ihre Gespräche über Kunst, Literatur und Politik fortführen konnten. Eigentlich müsste man die Bank »Hermanssons und Weiss' Diskussionsbank« nennen. Hier auf dieser Bank entstand später die Idee zu *Die Ästhetik des Widerstands*. C.-H. hat auch wesentlich zu Peters letztem dramatischen Werk beigetragen, dem *Neuen Prozeß*, 1982. Für das Theaterprogramm hat er den Entwurf für eine Pausendiskussion und einen Artikel über die neue Weltökonomie geschrieben.

Für mich waren diese Parkbankgespräche eine Entlastung. Peter konnte nicht allein gelassen werden, seine Angst war zu groß, als dass man sie hätte negieren können. Aber ich musste mich auch um meine Arbeit kümmern. Ich hatte einen Abgabetermin für vier Reliefs für das Ausbildungszentrum für Metallarbeiter Skåvsjöholm in der Nähe von Waxholm. Ich wandte mich an den Sozialdienst mit der Bitte, dass jemand während Peters Genesungszeit zu uns nach Hause kommt und nach ihm sieht, bis ich meine Arbeit abgeschlossen habe. Der Antrag wurde mit der Begründung abgelehnt, ich könne ja als Freischaffende meine Arbeit aufschieben und solle als Ehefrau doch bitteschön zu Hause bleiben. Dabei hatte ich einen Vertrag über ein Relief für ein öffentliches Gebäude und mich dazu verpflichtet, es bis zu einem bestimmten Zeitpunkt fertig zu haben. Im Vertrag gab es eine Klausel, dass ich bei Überschreitung des Abgabetermins für jeden Tag Verspätung einen finanziellen Schadensersatz zu leisten hätte.

> Die Skåvsjöholmreliefs bestanden aus großen, in Sand gegossenen Steinzeugplatten. Ich hatte verschiedene Werkzeuge aus der Metallindustrie in die Platten gedrückt. Ein Relief mit einem Durchmesser von mehreren Metern wurde an einer leeren Wand über einem offenen Kamin angebracht. An einer Längswand befestigte ich ähnliche Motive in anderen Farben. Ein Motiv war in der Mitte zerschnitten und durch eine Glaswand geteilt. Das Relief war teils drinnen, teils draußen auf der Veranda. Das Glas teilte den Kreis in zwei Teile. Das war ein berechneter optischer Effekt. War es nun ein ganzer Kreis oder war es lediglich eine Spiegelung im Glas? Die Glasuren hatte ich durch Experimente in meiner Werkstatt hergestellt.
>
> Das Haus hatte der dänische Architekt Poul Kühl entworfen. Es schmiegte sich an den zum Wasser hin abfallenden Naturhang an. In der Nähe gibt es ein weiteres Gewerkschaftshaus, das ein schwedischer Architekt entworfen hat: ein Hochhaus inmitten der idyllischen Schären-Landschaft. Der Unterschied ist enorm. Das dänische Haus ist Architektur mit Kunst als Ausgangspunkt, das schwedische hingegen eine Ingenieursarbeit.

In Skåvsjöholm warteten zwei dänische Maurer auf mich. Die Lösung war, dass Peter mit zur Baustelle kam. Ich nahm ein Bett, Decken und Essen mit, organisierte ein Zimmer für ihn und versorgte neben meiner Arbeit die Maurer und Peter.

Wahrscheinlich war das letzten Endes besser, als dass ein Pflegedienst nach Hause gekommen wäre. Peter hatte Gesellschaft und wurde umsorgt. Und für die Maurer war es eine gelungene Abwechslung auf der Baustelle. Das Ganze endete in einer lustigen und inspirierenden Gemeinschaft. Die Reliefs wurden angebracht. Peter und ich kehrten nach Stockholm zurück, und Peter hatte nun die Kraft, sich seinem Projekt über den Dichter Hölderlin zu widmen.

Peters Verlag in Deutschland, besonders sein Verleger Siegfried Unseld, drängte Peter dazu, wegen seiner Gesundheit für eine Zeit lang aufs Land zu ziehen. Der Verlag borgte uns Geld und die Suche nach einem geeigneten Haus begann.

Wir fanden ein verfallenes Haus auf einem großen, abgelegenen Grundstück auf Ljusterö, eine Autostunde von Stockholm entfernt. Peter verglich sich mit Brecht im Exil und wehrte sich zunächst dagegen, weil sich der Ort auf einer Insel befand. Es machte ihm Angst, von einer Fähre abhängig zu sein.

Ich übernahm es, das Haus bewohnbar zu machen, und gemeinsam mit einem Baumeister aus der Gegend begann ein gründlicher Umbau. Ein Haus für die Familie, ein Atelier für mich, eine Schreibklause für Peter sowie eine kleine Hütte am See und ein Plumpsklo mit Blick auf die Bucht. Als der Umbau abgeschlossen war, fuhren Peter und ich dorthin, um uns das fertige Haus anzusehen, bevor wir nach Berlin zu den Premieren von *Hölderlin* weiterreisten. Nach langem Grübeln sagte Peter: »Weißt du, eigentlich mag ich keine grünen Blätter.«

Peter war und blieb ein Stadtmensch. Das ist auch in seiner Malerei erkennbar. Die Bäume auf Peters Gemälden sind meist entweder entlaubt oder befinden sich im Kontext einer Stadt oder eines Industriegeländes. Sogar auf einem kleinen Bild, das er seiner Mutter zum Geburtstag gemalt hatte, mit ihren Lieblingsblumen, zeichnen sich vage im Hintergrund kahle Bäume und eine Stadt mit Stromleitungen ab.

Hölderlin

Wir fuhren also nach Deutschland, um bei drei Premieren von *Hölderlin* anwesend zu sein. In Bremen unter der Regie von Claus Peymann, in Stuttgart unter der Regie von Peter Palitzsch und in Berlin unter der Regie von Hans Hollmann.

In Stockholm hatten wir bereits mit den Vorbereitungen zur Inszenierung von *Hölderlin* am *Dramaten* angefangen, in Zusammenarbeit mit dem Regisseur Lars Göran Carlsson.

Meist sah ich mir von dem Stück, an dem ich gerade arbeitete, keine anderen Inszenierungen an. Erst wenn ich ein Werk durchdrungen und die Recherchen darüber abgeschlossen, die Arbeit mit dem Bühnenbild begonnen und meiner Intention eine Richtung gegeben hatte, konnte ich mir die Inszenierungen von anderen ansehen. In diesem Fall war es jedoch unmöglich, sich davon fernzuhalten. Das Stück war auf Deutsch geschrieben und die Premiere unseretwegen, aufgrund von Peters Krankheit, verschoben worden. Peter hatte sich eine schwedische Uraufführung vorgestellt, damit war der Suhrkamp Verlag jedoch nicht einverstanden gewesen. Dabei hatte Britt G. Hallqvist den Text genial übersetzt.

Kurz bevor wir in Hamburg landeten, sagte Peter: »Nachdem, was im letzten Jahr passiert ist und nach allem, was wir in all den Jahren durchgemacht haben, gibt es ab jetzt nur noch uns beide.«

Unser erster Halt war Hamburg mit der Uraufführung von *Hölderlin*. Vom Suhrkamp Verlag waren der Verleger Siegfried Unseld und der Theater-Programmleiter Rudolf Rach gekommen. Mit dabei waren Maria Augstein, verheiratet mit dem Gründer der Zeitschrift *Der Spiegel*, Rudolf Augstein, sowie der Philosoph und Schriftsteller Ernst Bloch mit seiner Frau, beide etwa fünfundachtzig Jahre alt. Dass er gekommen war, um sich alle drei Premieren von *Hölderlin* anzusehen, war aufregend. Ernst Bloch und sein früherer Schüler in Leipzig, der Kritiker Hans Meyer, der ebenfalls die DDR verlassen hatte, diskutierten darüber, wie man alle diese deutschen klassischen Schriftsteller, die in Peters Stück vorkommen, auf der Bühne darstellen könnte. Kann man sie als Theaterfiguren darstellen oder sollten sie weiterhin nur Leseerlebnisse bleiben?

Während der Diskussion beobachtete ich eine sonderbare Szene. Bloch, ein stattlicher Mann, stand aufrecht da, die Arme schlaff auf dem Rücken, während ihm seine viel kleinere Frau auf Zehenspitzen mit Müh und Not den schweren Wintermantel anzog. Und zwar während er ungehindert weitersprach. Die Diskussion drehte sich um die schwierige Frage, ob man seine Klassiker auf die Bühne bringen kann. Wie kann man jene darstellen, die in der Gesellschaft alles durchdrungen haben, den Unterricht in der Schule bis zu den Vorlesungen an der Universität, und die über Jahrhunderte hinweg Zentralfiguren gewesen sind und an die man sich an Gedenktagen erinnert? In *Hölderlin* kommen zahlreiche Philosophen und Dichter des 18. und 19. Jahrhunderts vor. Kann man diesen Nationalheiligen Hölderlin in eine Theaterfigur verwandeln?

Meiner Meinung nach ist keiner der Regisseure in Deutschland Peters Stück gerecht geworden. Das lag bestimmt daran, dass es ihnen schwerfiel, die für die Vermittlung der Botschaft notwendige Distanz zu den Klassikern zu finden.

Peymanns Inszenierung in Hamburg machte alle Philosophen und Dichter lächerlich. Er inszenierte seinen eigenen privaten Protest gegen diese Klassiker. Die Inszenierung mutete wie ein Relikt aus der Studentenrevolte an. Er hatte die Gesellschaftskritik nicht erkannt und wollte lediglich alte Denkmäler stürzen. Das Lächerlichmachen zeigte sich nicht nur in der Regie, sondern auch in den Kostümen und dem Bühnenbild. Es war ein Spektakel, das mit Peters Intentionen wenig zu tun hatte. Peter wurde übel und er verschwand auf der Toilette, damit er nicht auf die Bühne gehen und sich für die Vorstellung bedanken musste.

Peter Palitzschs Inszenierung in Stuttgart war korrekt. Nicht umsonst war er lange an Brechts Theater tätig, hatte mit Brecht zusammengearbeitet, auch als sein Regieassistent. Er konnte wirklich Stücke analysieren, aber das reichte nicht. Die Inszenierung war politisch korrekt, aber ohne jeglichen Sensualismus.

Im Schillertheater in Berlin hatten Peter, ich und der Regisseur Konrad Swinarski unseren internationalen Durchbruch mit *Marat/Sade*, später habe ich dort mit Swinarski an einem Stück gearbeitet, das von Majakowskis Poem *Wolke in Hosen* inspiriert war, und mit Fritz Kortner an Shakespeares *Macbeth*. Hans Hollmanns Inszenierung von *Hölderlin* in Berlin währte vier Stunden, er hatte das Stück in eine Art vereinfachte Oper verwandelt. Der Text war kaum verständlich. Es war schon seltsam, innerhalb von drei Tagen drei Premieren von *Hölderlin* zu sehen, aber für mich sollte sich dieser Berlinbesuch zu einem persönlicheren Drama entwickeln.

Krise

Zwischen den *Hölderlin*-Premieren in Stuttgart und Berlin war eine Woche Pause. Ich flog also nach Lund und verbrachte dort zwei Tage. Torvald Åkesson, Professor für Architektur an der *Universität Lund* (Lunds universitet), hatte mich eingeladen, zwei Vorlesungen zum Thema Bühnenbild zu halten, in denen es darum gehen sollte, wie man auf der Bühne einen funktionierenden architektonischen Raum entwickelt – unabhängig davon, ob es sich um ein großes Theater mit Ressourcen oder um ein kleines finanzschwaches Theater einer freien Gruppe handelt. Den Hintergrund bildete ein Artikel von mir über meine Zusammenarbeit mit den Studenten der Theaterhochschule in Havanna auf Kuba, die überhaupt keine Ressourcen hatte. Es ging auch darum, wie man die Farbsymbolik verschiedener Länder verwendet und welche Bedeutung die Beleuchtung hat. Außerdem sollte ich darüber sprechen, inwieweit Schauspieler als bewegliche Skulpturen in einem dreidimensionalen Raum zu betrachten sind.

Als ich nach Lund geflogen bin, war ich mir dessen bewusst, dass Peter und Maria Augstein ein Verhältnis angefangen hatten. Ob ich nun blieb oder wegfuhr, ich hätte es nicht verhindern können. Der Aufenthalt in Lund verschaffte mir eine kurze Bedenkzeit. Torvald Åkesson anzurufen und wegen meines Privatlebens abzusagen, wäre nicht gegangen. Ich glaube, ich habe noch nie etwas aus persönlichen Gründen abgesagt. Außerdem verschwindet mein Privatleben, sobald ich in eine Arbeit eintauche, unabhängig davon, ob es die einsame Arbeit mit meiner Keramik oder die kollektive in einem Theater ist. Die Arbeit ist schon immer meine Rettung gewesen, um klar darüber nachdenken zu können, in was für einer Situation ich mich befinde und was ich zu tun habe. Mein Privatleben ist dann wie ein nasser

Mantel, den ich an einen Haken hänge, während ich völlig in den Arbeitsprozess eintauche.

Torvald Åkesson war ein origineller Architekt. Er war mit seinen Theorien darüber, was Architektur sein sollte, seiner Zeit weit voraus. So speziell wie seine Schwester Birgit mit ihren zeitgenössischen Werken auf dem Gebiet des Tanzes war, so speziell war Thorvald auf dem Gebiet der Architektur. Torvald hatte lange in Afrika gearbeitet und Häuser konstruiert, die an kleinere Dörfer, das dortige Klima und die örtlichen Voraussetzungen angepasst waren. Ich hielt meine Vorträge und außer dem Honorar schenkte Torvald mir einen Eichenstamm, für einen Tisch. Allerdings konnte ich den nicht mit nach Berlin nehmen.

Da ich wissen wollte, woran ich war, rief ich Maria Augstein an, die in Hamburg wohnte, um mit ihr ein Treffen zu vereinbaren. Ich wollte es auf keinen Fall als Letzte erfahren. Da ist es besser, man geht direkt zur Quelle. Wir trafen uns in Hamburg auf dem Flughafen. Ich musste ohnehin dort umsteigen, um nach Berlin zu kommen. Die Amerikaner hatten immer noch das Monopol auf die Flüge nach Westberlin, ein Relikt aus der Nachkriegszeit. In ihren klapprigen Maschinen, die eher Militärbussen glichen, wurde man nach Berlin befördert.

Maria war eine sehr hübsche, intelligente Frau, die teuer und elegant nach der letzten Pariser Mode gekleidet war. Ihr Mädchenname lautete Carlsson und sie hatte irgendwelche schwedische Wurzeln. Maria hatte sich als Übersetzerin aus den skandinavischen Sprachen etabliert, jedoch wie die meisten Frauen in Deutschland ihren Beruf aufgegeben und war jetzt vor allem als Rudolf Augsteins Frau bekannt.

Bestimmt hatten sie eine Abmachung: völlige Freiheit, keine Scheidung. Bei einer Scheidung hätte sie ihre Kinder verloren. In Deutschland gab es immer noch Gesetze, dass die Frau bei erwiesener Untreue ihr Sorgerecht für die eigenen Kinder verliert. Maria lebte sozusagen im goldenen Käfig, ohne finanzielle Sorgen, mit einem interessanten Umfeld – sie hatte alles und doch nichts, keine eigene Berufsidentität. Sie lebte mit einem Mann zusammen, der in die Vollen ging, mit einem spannenden Mann, der eine der interessantesten und radikalsten Zeitschriften der BRD gegründet hat. Aber die Gleichberechtigung von Mann und Frau lag in weiter Ferne, doch ich konnte immer wieder beobachten, dass die Eroberung eines bekannten oder in der Gesellschaft etablierten Mannes für eine Frau die Möglichkeit eines sozialen Aufstiegs bedeutete. Sicherlich waren der Mangel an Männern und die große Zahl von Versehrten, die nach dem verlorenen Krieg heimgekehrt waren, eine Ursache dafür, dass die vorhandenen Männer die Bedingungen diktieren konnten. Männer in Peters Alter waren in dieser Gesellschaft eine Seltenheit.

Zudem haben diejenigen, die Peter Weiss nur in Deutschland erlebt haben, zu Recht in ihm einen Schriftsteller gesehen, der schnell Beachtung fand, nicht nur dort, sondern auch international. Er war ein bekannter deutscher Schriftsteller und Dramatiker und zudem ein politisch engagierter Wahrheitssucher. Aus Schweden brachte er die Einstellung mit, dass Frauen den gleichen Wert, die gleichen Rechte und den gleichen Anspruch auf eine berufliche Karriere haben. In Schweden war die Demokratie ja viel weiter vorangekommen und nach dreißig Jahren in Schweden hatte die demokratische Einstellung selbstverständlich auch auf Peter ihren Einfluss gehabt. Darüber hinaus hatte er Charme und sah gut aus.

Ich traf mich, wie gesagt, mit Maria in Hamburg und erkundigte mich nach ihren Absichten. Kurz und knapp berichtete ich ein wenig von Peter und mir, um ihr schließlich zu sagen, dass ich mich fortan zurückziehen werde und sie die Verantwortung übernehmen solle. Unter diesen Bedingungen wolle ich nicht leben. Vor der Vorstellung in Berlin trafen Peter und ich erneut Siegfried Unseld und den Theaterverleger beim Suhrkamp Verlag, Rudolf Rach; Maria war auch dabei.

Rudolf Rach war der Verleger, der gemeinsam mit Katharina von Bismarck später den renommierten kleinen Verlag L'Arche in Paris kaufen sollte. Rudolf war ein enger Freund von mir und Peter. Er hatte begriffen, was vor sich ging. Während der Vorstellung konnte ich nicht länger an mich halten. Ich sah das in eine Oper verwandelte Stück, während ich zu meinem eigenen Ärger die Tränen nicht zurückhalten konnte. Danach fand die Premierenfeier im gleichen Raum statt, in dem wir damals die Premiere von *Marat/Sade* gefeiert hatten. Mit vielen der anwesenden Schauspieler hatte ich früher zusammengearbeitet. Es hätte ein schönes Fest werden können.

Als ich etwas verspätet zusammen mit Siegfried Unseld in den Saal kam, saßen Peter und Maria auf den Ehrenplätzen. Siegfried, der loyale Verleger, hatte mich aufgehalten. Ich saß am äußersten Ende. Aber als eine Lobrede nach der anderen an Peter und Maria als Herr und Frau Weiss gerichtet wurde, stand ich auf und bat darum, einige Worte sagen zu dürfen.

Ich sagte, ich spräche als eine Person, die im Theater beruflich tätig ist, und dass mir dieses Theater am Herzen läge, weil das Schillertheater Peter und auch mir seinerzeit die Möglichkeit zu einer internationalen Karriere gegeben hätte. Ich wandte mich dann an den Regisseur und bedankte mich bei allen, auch bei denen hinter der Bühne, ohne diesen opernhaften *Hölderlin* zu kritisieren. Die Kritik überließ ich den professionellen Rezensenten. Ich endete damit, dass Peter und ich bald mit der Inszenierung von *Hölderlin* am *Dramaten* in Stockholm beginnen würden. Schließlich bedankte ich mich dafür, dass sie auch mich gelobt hätten, in dem Glauben, Maria, die neben Peter saß, wäre ich gewesen. Ich präsentierte sie als Maria Augstein und schloss mit den Worten: »Manchmal versuche ich, Frau Weiss zu sein«, stand auf und ging.

Ich fuhr zur Gästewohnung der Akademie der Künste, die uns zur Verfügung gestellt worden war. Die Wohnung bestand aus einem großen Atelier mit einer Treppe nach oben zu einem Loft mit Küche und Schlafzimmer. Ursprünglich wollten wir beide eine Weile in Berlin bleiben und in diesem Atelier unsere Arbeit vorbereiten. Ich wusste, dass Anna-Lena Wibom in Berlin war und rief sie an. Sie war im Filmmuseum in Ostberlin und auf dem Filmfestival in Westberlin gewesen, wollte nun aber via Paris weiter nach Kuba. Sie war für die internationalen Kontakte zwischen dem Filminstitut (Filmhuset) in Stockholm und der restlichen Welt zuständig. Ich kannte Anna-Lena seit der Jugend, wir hatten uns immer geholfen und einander zugehört, zusammen geweint und gelacht. Es gab kaum etwas, was wir nicht voneinander wussten. Ihre langjährige Beziehung zu Pontus Hultén war ja auch nicht gerade einfach. Ich erklärte ihr meine Situation. Sofort sagte sie: »Ich fliege morgen früh nach Paris und organisiere dir auch ein Ticket«, und fügte frech hinzu: »In diesem ›Fritzland‹ kannst du nicht bleiben.«

Peter kam nach Hause, nachdem er Maria in einem Hotel zurückgelassen hatte. Ich erzählte ihm, dass ich schon mit Maria in Hamburg gesprochen hätte und dass es jetzt in ihrer Verantwortung läge, sich um ihn zu kümmern. Das empfand er als Verrat. Wer der Verräter war, habe ich nie verstanden – sie, er oder ich.

Als Peter schlafen gegangen war, packte ich meine Tasche und schätzte mich glücklich, dass ich über eigenes Geld verfügte und es mir leisten konnte nach Paris zu fahren. Es war vier Uhr morgens und der Flug nach Paris ging schon um sechs.

Als Peter begriff, dass ich ihn verlassen würde, vielleicht für immer, schrie er: »Und wer kümmert sich um mich, wenn ich noch einen Herzinfarkt bekomme?« »Maria«, erwiderte ich. Peter fuhr fort: »Du bist doch eine emanzipierte Frau, könntest du dir nicht vorstellen, in einer Ménage à trois zu leben?«

»Gerade deshalb«, erwiderte ich, »weil ich emanzipiert bin, mein eigenes Geld verdiene, meine eigene Wohnung habe, mehrere Arbeiten vor mir, keine kleinen Kinder, sondern einen erwachsenen Sohn, der an der Kunstakademie studiert, habe ich die Wahl. Ich wähle die Rückkehr in die Freiheit, in eine Freiheit, die mir gefühlsmäßig teuer zu stehen kommen wird, aber hier kann ich nicht bleiben.« Und dann ging ich.

Der Nachtportier bestellte mir ein Taxi. Ich fuhr zum französischen Flughafen von Berlin. Frankreich hatte noch immer seinen Militärflugplatz in Berlin. Auf dem Flughafen saß Anna-Lena Wibom mit Wolfgang Klaue, dem Leiter des Staatlichen Filmarchivs in der DDR. Sie hatte zwei große Gläser Black Velvet bestellt, eins für mich und eins für sich. Dieser Drink besteht zur Hälfte aus Champagner und zur Hälfte aus englischem dunklem Porter. Wolfgang Klaue als DDR-Asket war leicht schockiert, aber Anna-Lena meinte bloß: »Damit du Bescheid weißt, Wolfgang, in Schweden beginnen alle Frauen ihren Tag mit diesem Getränk.«

Nach dem Fall der Mauer und der deutschen Wiedervereinigung wurde Wolfgang Klaue arbeitslos und durch einen Westdeutschen ersetzt – ein Wessi übernahm die Stelle eines Ossis. So wurden sie nach der Vereinigung genannt. Dieses Schicksal von Klaue war typisch, so erging es vielen, die in der DDR einen höheren Posten innerhalb der Kultur innegehabt hatten.

Leicht umnebelt kam ich nach Paris. Als erstes organisierte Anna-Lena einen Tisch im *La Coupole*. Sie bestellte große Mengen Austern und zum ersten Mal in meinem Leben habe ich mich an Austern sattgegessen.

Anna-Lena war auf dem Weg nach Kuba und schlug vor, dass ich mitkomme. Aber das war nicht möglich. Ich hatte weder ein Visum noch eine Aufgabe, die für die Kubaner interessant sein könnte, noch genug Geld für ein solches Abenteuer. Außerdem hatte ich ein größeres Relief vor Ort anzubringen, ein Auftrag des Architekten Anders Tengbom für das Ausbildungszentrum für Arbeitgeber RATI auf Lidingö.

Ich blieb eine Woche in Paris, um meine Lage zu überdenken. Meine Cousine Catherine war auf Tournee, sonst hätte ich bei ihr wohnen können. Ich besuchte stattdessen die Freundin Lou Laurin-Lam. Nach einer Woche Bedenkzeit kehrte ich nach Stockholm zurück. In dieser Woche muss ich wohl der langweiligste Gast gewesen sein, den Lou je hatte. Ich bin überhaupt nicht aus dem Bett gekommen. Lou lebte selbst in einer sonderbaren und schwierigen Beziehung mit Wifredo Lam und sie war bestimmt eine der wenigen, die meine Reaktion für völlig normal hielt. Sie ließ mich in Ruhe.

Meine Überlegungen drehten sich darum, was in unserer Zeit einen Mann und eine Frau aneinanderbindet. Den Ehe-Zwang gibt es nicht mehr. Im Norden haben die Frauen das Wahlrecht und weitgehend Gleichberechtigung erlangt. Die Möglichkeiten für eine Frau, ihr eigenes Geld zu verdienen und ihr eigenes Leben zu führen, haben viel verändert. Der Mann ist nicht mehr dazu verpflichtet, der Ernährer zu sein. Arrangierte Ehen wie früher gibt es nicht mehr. Das Vermögen von zwei Familien zu vereinen, geschieht heutzutage auf freiwilliger Basis, nicht durch Zwang. Wir heiraten aus freien Stücken und sich scheiden zu lassen, ist keine Schande, alleinstehend zu sein keine Katastrophe mehr.

Was für ein Kitt hält uns dann zusammen? Die Kinder? In unserem Fall war es nicht so. Mikael und Peters Kinder Randi und Paul waren erwachsen. Auch finanziell waren wir nicht voneinander abhängig. Peter hatte inzwischen gute Einkünfte, und ich kam mit dem aus, was meine Arbeit einbrachte. Die Bindung lag auf einer ganz anderen Ebene und war nicht leicht zu definieren. Uns hielt zusammen, was wir während einer langen Zeit gemeinsam aufgebaut hatten. Wesentlich für uns waren unsere Diskussionen, das gegenseitige Interesse für die Arbeit und unsere gemeinsamen Freunde. Ich habe fast jeden Tag gelesen, was Peter geschrieben hat und er kam in mein Atelier und äußerte sich zu meiner Arbeit. Wir führten seit Jahren laufende Gespräche über Arbeit, Politik, entweder allein oder mit Freunden, die um uns herum waren, oft mit viel Humor.

Das mag vermessen klingen, aber weder er noch ich hätten erreicht, was wir erreicht haben, ohne die Inspiration, die wir einander gegeben, oder ohne den Glauben, den wir den Fähigkeiten des anderen entgegengebracht haben. Ein Glaube ohne »jalousie de métier«. Selbstverständlich gehörte auch eine Portion körperlicher Nähe dazu. Daraus war ein Bauwerk entstanden, das sehr stark und zugleich sehr zerbrechlich war, und als es einstürzte, nur schwer, um nicht zu sagen, unmöglich zu ersetzen war.

Besonders schmerzhaft war, einen kreativen, positiven Gesprächspartner zu verlieren und mit ihm die gemeinsame Vergangenheit, aber auch den Glauben an die Zukunft. Einen Partner zu verlieren, dem ich nicht einmal meine verrücktesten Gedanken erklären musste, sondern der mich sogar noch dazu animierte, solche Projekte auszuprobieren. Der beim Frühstück nur schweigend auf einen Artikel deutete, der für den anderen interessant sein könnte. Der anrief und sagte: »Mach das Radio an, das musst du hören ...«

Ich dachte an *Gefährliche Liebschaften*, ein Buch, das die Beziehung zwischen Jean-Paul Sartre und Simone de Beauvoir schildert. Beide waren Vorbilder für meine Generation gewesen. Simone de Beauvoir hatte einen langen Weg zu gehen. Ihre *Les mandarins* sind einmal wichtige Wegweiser für mich gewesen. Als ich über ihre Beziehung las, fragte ich mich, wie viele außerhalb ihrer Beziehung dort mit hineingezogen worden sind und dafür bezahlt haben.

Eigentlich sehe ich trotz allem die verschiedenen Beziehungen von Simone de Beauvoir als ein Scheitern an. Wie frei war die Beziehung zwischen ihr und Sartre wirklich? Simone de Beauvoirs Liebschaften geschahen zwar ungeachtet ihrer Beziehung zu Sartre, aber ganz von ihm befreien vermochte sie sich nicht. Sartre wandelte mit seinen Liebschaften auf ausgetretenen akzeptierten männlichen Pfaden. Und wenn er nicht so bekannt gewesen wäre, hätte er nicht so viele Beziehungen gehabt. Brecht hat gesagt: »Geld macht sinnlich.« Ich würde das gern abändern in »Ruhm macht sinnlich.«

Ich habe auch versucht, Maria Wines und Artur Lundkvists Beziehung zu verstehen und diese mit dem Verhältnis von Peter und mir zu vergleichen. Sie lebten in einer verabredeten offenen Beziehung.

Ich habe es aber immer so empfunden, dass Maria die Unterlegene war und dafür ihren Preis bezahlt hat, dass sie sich gezwungen sah, Arturs Freiheitsideal unbedingt zu entsprechen und selbst versucht hat, so zu leben wie er.

Als ich wieder zu Hause in Stockholm war, schrieb ich einen langen Abschiedsbrief an Peter. In der Nacht bin ich zum Hauptbahnhof gegangen, um ihn abzuschicken. Die Post im Bahnhof war damals noch personell besetzt. Ich gab den Brief ab, bereute es aber sogleich und bekam ihn wieder zurück. Als ich ihn zum dritten Mal abgegeben hatte und ihn wieder zurückverlangte, sagte der junge Postbeamte: »Nein, jetzt spiele ich mal Schicksal und du bekommst deinen Brief nicht zurück.« Dann warf er den Brief in einen Sack, der zugebunden wurde und weg war er, auf dem Weg zu Peter nach Berlin. Das »Schicksal« war, dass Peter nach Hause kam. Wir schwiegen.

Das Leben ging weiter unter Schweigen, bis wir uns eines Nachts, wie wir dachten, zum Abschied für immer zusammenfanden. Zu meinem Erstaunen wurde ich schwanger.

Sowohl Peter als auch ich hatten vom Arzt den Bescheid erhalten, dass wir keine Kinder mehr bekommen könnten. Da ich zum gleichen Zeitpunkt zum ersten Mal in meinem Leben starke Schlafmittel genommen hatte, wollte ich wissen, ob ich das künftige Leben vergiftet hätte. Ich rief die städtische Giftzentrale in Stockholm an und fragte, ob ich das in mir heranwachsende Leben geschädigt hätte. In der Giftzentrale antwortete ein recht kühler Herr, der sich als Doktor Ehrensvärd vorstellte. Er ging davon aus, dass ich in meinem Alter, vierundvierzig, abtreiben wollte. Nein, das wollte ich nicht, aber ich war der Meinung, dass ich eine Verantwortung hatte, ob ich durch die Schlaftabletten das befruchtete Ei geschädigt hatte und ich gezwungen war, das zu berücksichtigen.

Ehrensvärds Ton schlug gänzlich um und zu meinem Erstaunen sagte er: »Da ziehe ich den Hut und gratuliere, gratuliere.« Ausführlich erklärte er mir, warum das neue Leben eine Woche nach der Befruchtung nicht geschädigt worden sein konnte. Zu der Zeit schwebt das befruchtete Ei immer noch in der Gebärmutter herum, bevor es an der Gebärmutterwand hängenbleibt. In der schwebenden Woche lebt es, genau wie das Küken, von seinem eigenen Eiweiß. Erst wenn das Ei hängengeblieben ist, bekommt das neue Leben seine Nahrung durch den Blutkreislauf der Mutter. Dann kann es durch Medizin oder ein anderes Gift geschädigt werden.

Es hat sicher einen Monat gedauert, bis ich Peter gesagt habe, dass ich schwanger bin. Peter war auf dem Weg zu seinem Arbeitszimmer, schweigend, so wie er in den letzten Monaten geschwiegen hatte. Als er gerade aus der Tür gehen wollte, sagte ich zu ihm: »Ich bin schwanger, aber eine Abtreibung kommt für mich nicht infrage, ich schaffe das hier allein. Wenn du dabei sein willst, bist du willkommen, wenn nicht, solltest du wohl ausziehen.«

Stumm setzte sich Peter auf den nächstbesten Stuhl. Nie werde ich seinen Gesichtsausdruck vergessen: totale Erleichterung. Es war unbegreiflich und ganz fantastisch nach dem langen Schweigen, in dem wir gelebt hatten, von ihm eine Reaktion zu sehen.

Er, der eigentlich nie Kinder haben wollte, wurde wie ein anderer Mensch. Mit sechsundfünfzig wünschte er sich nichts anderes. Seine Attitüde veränderte sich komplett. Er sah unser gemeinsames Kind als Zeichen der Versöhnung, als ein neues Leben und nicht als ein Hindernis.

Dieses kleine Leben, das wir erwarteten, wurde seine große Liebe, vielleicht die größte, die er erlebt hat. Die drei älteren Kinder Mikael, Paul und Randi, die alle in den Zwanzigern waren, mögen dies zu Recht als ungerecht empfunden haben. Sie hatten ihn ganz sicher als einen schwierigen, unerreichbaren Vater erlebt. Aber man kann es auch anders sehen: Er war endlich bereit, diese Verantwortung zu übernehmen. Während der Schwangerschaft arbeiteten wir zusammen an der Inszenierung von *Hölderlin* am *Dramaten*. Die Schwangerschaft erregte Aufmerksamkeit – zusammen waren wir ja hundert Jahre alt, ich vierundvierzig und Peter sechsundfünfzig. Es wurde viel darüber gewitzelt. Die Bühnenarbeiter haben gefragt, ob wir erst nach zwanzig Jahren herausgefunden hätten, wie es geht. Es war eine fröhliche und kreative Zeit. Im Theater waren die Arbeitsnamen für das erwartete Kind Max-Rosa, Max nach dem Dichter Max Jacob und Rosa nach Rosa Luxemburg. Für uns war es Max auch nach Peters Freund und Mentor Max Barth. Am Ende wurde es ein Mädchen, das den Namen Nadja bekam, nach dem Titel des Lieblingsromans von André Breton, den Peter und ich zwanzig Jahre zuvor bei unserer ersten Begegnung in Vik diskutiert hatten. Nadja bedeutet »Hoffnung«.

GEDANKEN ZU BILD UND RAUM

Ausgangspunkt

Seit frühester Kindheit ist das Bild etwas, in das ich eingetreten bin, und via Bild habe ich den Blick auf die innere und äußere Wirklichkeit erweitert. Das Bild war stets eine Flucht aus der Wirklichkeit. Als ich als Vierzehnjährige während des Krieges in Holland Malunterricht erhielt, musste ich zunächst die Untermalung lernen, das heißt, ein Stillleben mit zarten Erdtönen, oft Sepia malen und dann minutiös einen alten berühmten Meister kopieren. Meine erste Aufgabe war Albrecht Dürers zweites großes Selbstporträt von 1498. Es war eine schwierige Aufgabe, dennoch bedeutete sie für mich einschneidendes Erlebnis und ist mir in unauslöschlicher Erinnerung geblieben. Das Studieren von Dürers Technik bis ins kleinste Detail und das Bemühen, seine Arbeitsweise zu ergründen, aber auch das Gefühl zu analysieren, das hinter seinem Schaffen stand, hat meinen Blick auf Kunst und meine Bildbetrachtung entscheidend geprägt. Dieses scheinbar leicht zugängliche Porträt enthält eine detaillierte Beschreibung des Menschen Dürer. Im Selbstporträt gibt es kein einziges Detail, das nicht bewusst platziert, komponiert und gestaltet wurde. Alles hat seinen Sinn, von der kleinsten Haarsträhne bis zur Haltung der Person, die ein neuerworbenes Selbstvertrauen als Künstler zur Schau stellt, aber auch aus einer sozialen Perspektive gesehen werden kann. Die Stoffe und Farben der Kleidung markieren seinen Eintritt in eine höhere Gesellschaftsklasse.

In der rechten Ecke im Hintergrund gibt es eine Fensternische mit Blick auf eine ferne Landschaft. Das symbolisiert sein Innenleben, einen Teil seiner Erinnerung. Hier wird die innere Vision von Dürers Reise und dem langen Aufenthalt in Italien gestaltet, der für seine Kunstauffassung und Maltechnik von entscheidender Bedeutung war. Dort wurde er inspiriert, seine Mal- und Ausdrucksweise zu verändern. Das Selbstporträt zeigt, dass Dürer seine Ausdrucksmittel auf neue Art beherrschte. Handwerk und Vision gingen Hand in Hand. Seine Art, Motive zu wählen und sein eigenes Erlebnis durch seine Malerei auszudrücken, unterschied sich von dem, was zu seiner Zeit üblich war. Man betrachtete seine Malerei als experimentell und innovativ und sein Selbstporträt als Weiterentwicklung der Möglichkeiten von Kunst.

Dürers Selbstporträt hat mir die Tür zur Kunst geöffnet und bildete den Auftakt zu einer Einsicht, welche Möglichkeiten die Kunst hat und welchen Reichtum sie vermitteln kann. Kunst als Ausdruck unserer Zeit, Kunst als Widerstand, Kunst als Wahrheitssuche, Kunst als Experiment!

Gegenwärtig werden nicht selten Fachkenntnis und berufliches Können innerhalb der freien Künste negiert. Alles muss sofort von allen begriffen werden, und zwar oft ohne Vorkenntnisse. Berufliches Können und langjährige Erfahrung stehen nicht mehr im Vordergrund. Wenn wir dieser weit verbreiteten Linie folgen und gezwungen sind, den kleinsten gemeinsamen Nenner zu wählen, ist das mit Verachtung gegenüber dem Betrachter und dem Künstler gleichzusetzen. Da wird die Lust auf eine Entdeckungsreise in der Kunst und das Bedürfnis, diese Neugier zu stillen, negiert – eine Neugier, die zu weiteren Erkundungen animiert.

Experimente in Kunst und Literatur, Musik, Tanz und Theater kann man nur durchführen, wenn man seine Ausdrucksmittel einzusetzen weiß. Visionen können nur verwirklicht werden, wenn man sein Handwerk beherrscht. Sehen wir vom Wissen und Können ab, wird die Zukunft der Kunst eine Abwärtsspirale sein. Wissen und berufliches Können geben Freiheit. Zu Dürers Zeiten war es selbstverständlich, dass man für seine Technik geschätzt wurde. Durch den Respekt, den sich Künstler und Betrachter gegenseitig zollten, wurde die Kunst zum Eigentum aller.

Wünschenswert ist, dass die Neugier den Betrachter dazu treibt herauszufinden, wie und auf welcher Basis der Künstler zu seinem Ergebnis gelangt ist. Erst dann entsteht ein Dialog zwischen Kunst und Kunsterlebnis. Wir bereichern einander im Wechselspiel, und die Kunst wird Teil der kulturellen Entwicklung.

Das Bühnenbild

Ich sehe das Bühnenbild als Bestandteil einer Inszenierung, die sich ihrerseits in einem sozialen Kontext befindet. Die Inszenierung wird einem für uns Theaterarbeiter oft anonymen Publikum dargeboten. Deshalb haben wir Bühnenbildner die große Verantwortung, Ziel und Sinn des Stücks visuell zu verdeutlichen und zu betonen. Das gilt vielleicht vor allem für jene Werke, die einen Weg, eine Möglichkeit aufzeigen, unsere sozialen, politischen sowie inneren psychologischen Voraussetzungen zu verändern.

Ein Dramatiker schreibt sein Stück nicht, damit es gelesen, sondern damit es gespielt wird. Beim Schreiben hat er oder sie den dreidimensionalen Raum im Hinterkopf. Der Bühnenbildner hat die Aufgabe, auch das, was zwischen den Zeilen steht, den Subtext, zu verdeutlichen und zu betonen. Das Bühnenbild ist Bestandteil des Stücks, jedoch keine Illustration. Es darf realistisch, aber nicht naturalistisch sein. Mit Hilfe des Visuellen sollen beim Zuschauer Assoziationen hervorgerufen werden. Schließlich gehen wir ja nach einer Vorstellung mit Bildern auf der Netzhaut nach Hause. Der Text im Stück und der Gesang in der Oper bleiben uns als Teil eines Bildes in Erinnerung. Das gilt auch für die Ausstattung beim Tanz.

Die Arbeit am Bühnenraum bedeutet für mich, die Bühne mit minimalen Mitteln maximal auszunutzen und einen Raum gemäß einer skulpturalen, architektonischen Idee zu gestalten, die mit der dramatischen Handlung übereinstimmt.

Die Vorbereitungsarbeit ist eine spannende Phase. Wenn man bestimmt hat, in welche Zeit das Stück verlegt wird, kommt die nächste Phase: die historischen Besonderheiten der Zeit, in der das Stück spielt, zu ergründen, auf die Unterschiede in der Kleidung der verschiedenen Klassen hinzuweisen, die Farbsymbolik in verschiedenen Teilen der Welt sowie die Rolle der Farben in den jeweiligen historischen Epochen zu ermitteln. Ich suche nach Milieus aus der betreffenden Periode, sammle Bildmaterial über Architektur und Kunst, studiere Kleidung, Gestik, Schminkgewohnheiten und die Frisuren, informiere mich über die betreffende Zeit und das Thema. In dieser Arbeitsphase ist alles möglich, können sich die

Assoziationen frei entfalten. Danach kommen der Feinschliff und die Diskussionen.

Bei meiner Arbeit denke ich in Bildern. Ich kann ein leeres Bühnenmodell vor mir haben, einen schwarzen Raum, in den ich ein zerknülltes Blatt Papier lege. In der Fantasie verändert sich dieses Papier und wird vor meinem geistigen Auge zu Bildern. Da erscheinen ganze Szenerien. Ich kann das ganze Stück in Bildern sehen, obwohl nur ein zerknülltes Blatt Papier in einem leeren Bühnenmodell diesen Prozess in Gang gesetzt hat.

Nach den Diskussionen mit dem Regisseur, in denen wir die Szenen Schritt für Schritt durchgegangen sind, kann ich mich aufs Sofa legen und den ganzen Ablauf vor mir sehen. Ich sehe Dinge, die es noch nicht gibt und verändere zugleich dieses Nichts in etwas, das es meiner Ansicht nach sein soll. Das ganze Stück spielt sich in meinem Kopf ab.

Wenn ich an einer Inszenierung arbeite, ist es für mich jedoch eine Voraussetzung, dass man das Stück gemeinsam bespricht, und zwar aus zwei Perspektiven – aus der Perspektive des Regisseurs und aus der des Bühnenbildners. So kann aus zwei Herangehensweisen eine werden, die zu einem gemeinsamen Ergebnis führt. Dabei geht es nicht darum, Kompromisse zu schließen, sondern darum, zu einer Synthese zu gelangen, die die verschiedenen Gesichtspunkte des jeweiligen Parts zu dem betreffenden Thema miteinander verknüpft.

Nach gründlicher Analyse baue ich ein oder zwei detaillierte Bühnenmodelle, die im Laufe der Arbeit umgestaltet werden. Die verschiedenen Bühnenbilder entstehen parallel zu den Diskussionen mit den Theatertechnikern. Bühnenlösungen und Bewegungsschemata werden in Zusammenarbeit mit dem Regisseur ausgearbeitet. Fotos und Konstruktionszeichnungen der verschiedenen Bühnenbilder und ihrer Details, Material und Farben werden diskutiert.

Ich kann mir nicht vorstellen, nur an den Kostümen oder nur am Bühnenbild zu arbeiten. Für mich sind diese Teile bei der visuellen Gestaltung der Textinterpretation eng miteinander verknüpft. Parallel zu der Arbeit am Modell, zeichne ich deshalb die Kostüme mit den dazugehörigen Schnittmustern. Farb- und Stoffproben werden beigefügt. Hinzu kommen Perücken- und Schminkanleitungen sowie Skizzen von den Requisiten. Dann folgen grundlegende Diskussionen mit dem Regisseur und mit dem Beleuchter über die Verwendung des Lichts. Bei einer Oper kommen Gespräche mit dem Dirigenten und dem Choreografen hinzu.

Zu guter Letzt ist meine Arbeit an einer Inszenierung Teil eines kollektiven Werkes. Das, was auf der Bühne gezeigt wird, ist eine Synthese zwischen Schriftsteller, Text, Schauspieler, Tänzer, Sänger, Regisseur, Choreografen, Musik, Dirigenten, Beleuchter sowie ein Verdienst der unsichtbaren Arbeit in den Werkstätten und der Bühnenarbeiter.

Wenn ein Stück das Publikum erreicht und berührt, ist es das Ergebnis einer Zusammenarbeit, zu der alle Beteiligten ihr Scherflein beigetragen haben. Wie ein Farbsystem auf der Bühne funktioniert, kann frühestens bei den ersten Kostüm- und Bühnenproben in den Tagen vor der Premiere geprüft werden. Dann sieht man zum ersten Mal das Ergebnis der Farb- und Formgebung des skizzierten Werkes. Es ist wie der Abgleich mit einem Gemälde. Stimmen die Farben und Stoffe mit den ursprünglichen Entwürfen überein? Funktioniert das Farbschema hinsichtlich Gesellschaftsklasse und Zeit, wie wird das empfunden, wenn die Schauspieler die Bühne betreten? Ist die Entwicklung des Stückes im Farbsystem zu erkennen?

Es ist wichtig, eng mit den Schauspielern zusammenzuarbeiten und bei jeder Kostümprobe vor Ort zu sein. Das Kostüm ist die zweite Haut des Schauspielers. Ohne auf die eigene Vision zu verzichten, muss man das Kostüm so gestalten, dass es dem Schauspieler, der in jeder Vorstellung in seine Rolle schlüpft und auf der Bühne steht, eine Stütze ist. Wie weit kann man vereinfachen und dennoch Vielfalt erzeugen? Ich kann bei der Farbgestaltung Schüttelfrost bekommen. Ich kann verrückt werden, wenn es im Bühnenbild kein Gleichgewicht gibt.

Ich hatte einmal ein Freud'sches Aha-Erlebnis, als ich in Giacomettis Tagebüchern las: »Ich liebe große üppige Frauen, aber wenn ich meine Skulpturen entwerfe, werden es trotz meiner Vorliebe für das Üppige immer diese dürren Gerippe.« Ich will das nicht vergleichen, erkenne mich aber darin wieder.

Ich kann zwar neidisch den Überfluss in den Fellini-Filmen oder den Wahnsinn in den Laterna Magica-Inszenierungen in Prag lieben, fühle mich aber selber Giacomettis Arbeitsmethode, dem Reduzieren, verbunden. Nicht umsonst wurde ich in jungen Jahren vom De Stijl-Manifest und den Bauhaus-Prinzipien beeinflusst. Hier in Schweden arbeitet man meist allein, gelegentlich hat man einen Schüler oder einen Assistenten. Man erledigt zunächst die ganze Vorarbeit mit den Modellen, Arbeitszeichnungen, Kostüm- und Requistenentwürfen. Danach verfolgt man den Entstehungsprozess in den Theaterwerkstätten und auf der Theaterbühne. In einigen Ländern, zum Beispiel in der damaligen Tschechoslowakei, war es anders. Der bekannte Bühnenbildner Josef Svoboda hatte einen ganzen Stab von Mitarbeitern. Svoboda legte seine Ideen für das Bühnenbild vor und dann standen Konstruktionszeichner, Modellbauer, Beleuchter und Fotografen bereit. Er arbeitete wie ein großes Architekturbüro, was bedeutet, dass zahlreiche Bühnenbilder seine Handschrift tragen.

In deutschen Theatern wird bei Beleuchtungsproben Rentnern angeboten, sich auf die Bühne zu stellen und sich wie die Schauspieler zu bewegen, statt das Ensemble mit langen Beleuchtungsproben zu ermüden. Frisch frisiert und in ihren besten Kleidern stehen diese Rentner spätabends auf der Bühne. Bis zu den öffentlichen Durchläufen wird an allem gefeilt, damit sämtliche Details in das Gesamtkunstwerk integriert werden können.

Ich hatte oft das Glück, sowohl in Schweden als auch im Ausland, mit Regisseuren zu arbeiten, die in mir einen gleichwertigen Partner sahen – oder besser gesagt, ich habe die Zusammenarbeit abgelehnt, wenn sie nicht gleichberechtigt war. Ich konnte nein sagen, weil ich mehrere Berufsmöglichkeiten hatte und finanziell nicht nur von meiner Theaterarbeit abhängig war. Parallel zum Theater arbeitete ich mit Design, an Wandreliefs und Ausstellungen.

Dass Bühnenbild und Kostüme die Oberhand gewannen, beruhte darauf, dass ich mit interessanten Regisseuren an guten Stücken gearbeitet habe. Auch meine langjährige Theaterzusammenarbeit mit Peter war für meine Aktivität als Bühnen- und Kostümbildnerin ausschlaggebend. Vom Theater wird man verzaubert.

Macbeth

Das Schillertheater hat mir 1965 angeboten, das Bühnenbild für Shakespeares *Macbeth* in der Regie von Fritz Kortner und mit Elisabeth Bergner als Lady Macbeth zu entwerfen. Elisabeth Bergner war in einem frühen Film der dreißiger Jahre als Königin Kraka in ein Fischernetz gehüllt und mit ihrem Haar das Wesentliche bedeckend, geritten – weder bekleidet noch nackt. Sie hat die erste Nacktszene in der Filmgeschichte gespielt.

Der Regisseur und Schauspieler Fritz Kortner, bekannt aus den 1920er und 1930er Jahren, vor allem als Schauspieler in Filmklassikern, war bei seiner Rückkehr nach der langen Flucht aus Nazideutschland ein mürrischer, rachsüchtiger alter Mann mit einem umfangreichen Wissen über Theater. Er war einer von denen, die das deutsche Theater nach dem Krieg wieder aufgebaut und dabei an das Theater angeknüpft haben, das vor dem Nationalsozialismus sehr renommiert und zum Teil maßgebend in Europa gewesen war.

Wer hätte einem solchen Angebot widerstehen können? Es war, als würde man direkt in die Theater- und Filmgeschichte eintreten! Obwohl ich mir bewusst war, dass sowohl Kortner als auch Bergner schwierig waren, nahm ich das Angebot an. Das Schillertheater dachte bestimmt, eine junge Frau würde auf Kortner beruhigend wirken. Er war als Schürzenjäger bekannt, aber auch für sein diktatorisches Gehabe, das sich bei seiner Rückkehr in Deutschland voll entfaltet hatte. Angeblich gab es sogar einen »Verein zur Unterstützung der Opfer von Fritz Kortner«.

Ich hatte gehört, dass er nach seiner Rückkehr nach Deutschland bei seiner ersten Inszenierung als Regisseur den Vorhang aufziehen und das Stück damit beginnen ließ, dass einige Schauspieler mit Gewehren auf der Vorderbühne lagen und wahllos ins Publikum schossen. Nach der langen Kriegserfahrung duckten sich alle und suchten Schutz zwischen den Bankreihen. Das war Fritz Kortners Rückkehr in die deutsche Arena.

Ich war neugierig auf diese Ikone und sah mir Kortners *Was ihr wollt* von Shakespeare am Schillertheater in Berlin an. Curt Bois als Malvolio ist das Kongenialste, was ich gesehen habe, eine Verschmelzung von Theater, Zirkus und Tanz. Später sollte ich Jan-Olof Strandberg als Malvolio am *Dramaten* in Ingmar Bergmans Inszenierung mit meinem Bühnenbild und meinen Kostümen erleben. Jan-Olof hatte die gleiche Genialität wie Curt Bois.

Ich hatte gerade eine Ausstellung mit Bühnenbildern, Wandreliefs und Design im Berlin-Pavillon in Westberlin und im Grassimuseum in Leipzig durchgeführt. Zugleich bereitete ich mit Konrad Swinarski *Die Wanze* von Majakowski vor. Es galt also für diesen Auftrag Zeit zu finden. Ich pendelte zwischen Stockholm und München, wo Fritz Kortner und seine Frau, die Schauspielerin Johanna Hofer, wohnten.

Wir sollten im Vorfeld über *Macbeth* diskutieren. Ich kam mit zahlreichen Skizzen und Vorschlägen. Er versuchte, mich klein zu machen, das gehörte zu seiner Arbeitsmethode. Dann entstand ein sprachliches Missverständnis. Er sagte die ganze Zeit, dass meine Ideen »Kunstgewerbe« seien, worauf ich gar nicht reagierte, da ich zum großen Teil in meinem Berufsleben mit Kunstgewerbe zu tun hatte. Aber im Deutschen ist Kunstgewerbe ein herabsetzender Ausdruck, was ich nicht wusste. Für mich war das lediglich anregend. Wir saßen uns an seinem Schreibtisch gegenüber.

Schließlich sagte Kortner irritiert: »Warum reagieren Sie nicht, sind Sie so verdammt selbstsicher, wenn ich Kunstgewerbe sage?« »Ja, das bin ich«, entschlüpfte es mir. Kortner stand dann auf und wollte mich handgreiflich dazu bringen, dass ich aufbegehre, und zwar in einer recht brutalen Umarmung, aus der ich mich befreite, und so rannten wir ein paar Runden um seinen Schreibtisch bis er keuchend brüllte: »Bleib doch stehen, ich bin ja Herr Kortner.«

Die Séance war vorbei und als ich das Arbeitszimmer verließ, begegnete ich Kortners Ehefrau, die zum Abschied sagte: »Ich gratuliere, Sie haben es heil überstanden.« Ich dachte, die Zusammenarbeit wäre nun vorbei, aber das war sie nicht. Offenbar hatte ich die Prüfung bestanden.

Ich fuhr auch nach London, wo Elisabeth Bergner wohnte. Wie eine Handelsreisende für Kostüm und Bühnenbild pendelte ich zwischen diesen beiden Metropolen, um beider Forderungen zu erfüllen, bis es mir eines Tages reichte. Immerhin war ich ja für das Bühnenbild und die Kostüme verantwortlich. Mochten sie auch noch so bekannt sein, zermalmen lassen wollte ich mich zwischen ihnen nicht. Ich begriff, dass zwischen ihnen ein Machtkampf stattfand, der nichts mit mir zu tun hatte, sondern mit ihrer früheren Beziehung und Zusammenarbeit.

Zu Hause in meinem Arbeitszimmer ging ich die Zeit zwischen Mittelalter und Renaissance durch. Weg mit der Eleganz, es sollte derb und schmutzig sein. Kleidung, die in Bezug auf Farbe und Form bodenständig war, kein Säbelrasseln. Die meisten Kostüme sollten aus Leder gefertigt werden, aber die der Frauen sollten sinnlich und körpernah sein.

Mitten auf der Bühne stand ein einsamer Turm auf einer kleinen Drehbühne. Eine Seite des Turms war weißgekalkt, die andere senkrecht mit grauen Holzbrettern verschlagen, eine Palisade. Die weiße Seite wurde während der kurzen Friedenszeit gezeigt. In den Kriegsszenen wurde die Palisade nach vorn gedreht. Der Turm war spiralförmig gebaut, sodass man sowohl von innen als auch von außen zur Spitze gelangen konnte. Der obere Teil ließ sich außerdem senken. In der Schlussszene, als alles verloren war, sackte der Turm in sich zusammen. Für die Innenszenen wurde der Turm geöffnet bis die beiden Hälften nebeneinander standen. Der Turm wurde langsam geöffnet und man sah, wie Lady Macbeth sich an die Kinder, die Prinzen, die ihrem Machtkampf im Weg standen, heranschlich und diese erwürgt und erstochen wurden. Während ihres Todeskampfes wurde der Turm langsam wieder geschlossen.

Der Turm wurde von einem indischen Turm und von Bruegels Gemälde *Der Turm zu Babel* inspiriert und nicht von dem Turm des Russen Tatlin, wie viele glaubten. Tatlins Kunst lernte ich erst später kennen, als ich von den russischen Konstruktivisten fasziniert war. Der Turm bot Spielflächen auf verschiedenen Höhen und ermöglichte Szenenwechsel bei offenem Vorhang. Die Innen- und Außenszenen ließen sich schnell verändern. Die Schlussszene mit dem wandernden Wald, der die angreifenden Soldaten verdeckte, wurde mit Baumstämmen illustriert, die aus Blech gefertigt waren und die die Soldaten wie Schilde vor sich hielten. Die Baumkronen bestanden aus Ringen aus einem Metallnetz mit wahllos montierten großen Blättern aus Silberfolie. Die Blätter wedelten und rauschten. Sie wurden zunächst in verschiedenen Grüntönen beleuchtet, um dann langsam die Farbe zu wechseln und in Blutrot und schließlich in Silbergrau überzugehen.

Zunächst zeichnete ich realistische Bäume, aber das war zu illustrativ. Die Bewegungen der Soldaten sollten durch Spiegeleffekte im Blattwerk sichtbar sein, damit man dies als unrealistische Traumsequenz erlebt. Zudem trommelten die Soldaten rhythmisch auf die Blechstämme der Bäume als sie sich vom Hintergrund näherten. Hier wurde ich von der Musik und dem Rhythmus der amerikanischen Negro-Prison-Songs inspiriert, bei denen die Strafgefangenen rhythmisch auf die Bahngleise schlugen, während sie diese verlegten.

Eine Zeit lang hatte ich im Bühnenmodell zwei Aussichtstürme platziert, an jeder Bühnenseite einen. Sie sollten Assoziationen an ein Gefängnis oder an ein Konzentrationslager wecken. Ich nahm sie dann aber wieder weg, es war zu viel, zu überdeutlich, zu voll und zu unkonzentriert. Stattdessen tauschte ich den gewöhnlichen Vorhang gegen eine Palisade aus demselben Material wie der Turm aus. Während des ersten Akts wurde er zur Seite gezogen. Der Turm stand allein mitten auf der Bühne vor einem dreiteiligen Rundhorizont mit variierender Beleuchtung. Der mittlere Teil war etwas vor den anderen platziert, sodass Auftritte und Abgänge unbemerkt ablaufen konnten. Dieselbe Konstruktion habe ich viel später in *König Lear* wiederholt, den ich gemeinsam mit Ingmar Bergman am *Dramaten* machen sollte.

Das nächste Mal traf ich Fritz Kortner, als wir unseren Vertrag durchsprechen sollten: »Wir sehen uns in Berlin.« Ich hatte mit einem Treffen im Schillertheater gerechnet, aber Kortners Wunsch war, dass wir uns im Foyer des Hotel Kempinski auf dem Kurfürstendamm in Westberlin sehen sollten. Ich musste meine Kostümentwürfe im Foyer ausbreiten. Da lagen dann etwa fünfzig Skizzen als eine Art Fußboden-Ausstellung. Ich kam mir ein bisschen vor wie die Straßenkünstler, die auf dem Bürgersteig vor dem Hoteleingang malten. Natürlich gehörte das zur großen Show, aber vielleicht war das auch Psychoterror, um zu sehen, was ich aushielt.

Nachdem ich meine Kostümentwürfe ausgelegt, den Turm auf einen Tisch gestellt hatte und dann hochsah, entdeckte ich zu meinem großen Erstaunen und Schrecken, dass ein leibhaftiger Tiger durch das Foyer lief. Selbstverständlich hatte ich kein Ohr mehr für Kortners Ausführungen. Ich war wie versteinert. Schließlich brüllte mich Kortner an: »Frau Weiss, Sie hören ja überhaupt nicht zu!« Erschrocken erwiderte ich: »Bitte, Herr Kortner, drehen Sie sich um, da läuft ein

Tiger durch den Raum!«»Sie sind ja völlig verrückt, Frau Weiss!«, schrie er, drehte sich um und erstarrte.

Der Tiger stand neben meinen Skizzen. Die Leute waren wie paralysiert. Schließlich spazierte der Tiger seelenruhig raus und verschwand in Richtung Kurfürstendamm. Es stellte sich heraus, dass es ein entlaufener Zirkustiger war, der sich durch die großen Türen ins Foyer verirrt hatte, vielleicht hat er den Duft von den gedeckten Tischen gewittert. Offenbar war er mit Drogen vollgepumpt oder vielleicht schon satt. Peter glaubte mir kein Wort, als ich nach Hause kam und ihm davon berichtete. Glücklicherweise stand es später in den Zeitungen.

Dass ich »Frau Weiss« genannt wurde, beruhte darauf, dass die meisten meinen Namen Palmstierna nicht aussprechen konnten. Da ist es einfacher mit Peters Nachnamen Weiss. Die Skizzen, die ich im Hotel Kempinski ausgelegt habe, betrafen unter anderem das Kostüm von Lady Macbeth, es war in einem dunkelroten Ton, wie getrocknetes Blut, außer in der Nachtszene, in der sie ein weißes Hemd trug, damit man das Blut an ihren Händen im scharfen Kontrast zu dem Weiß sah.

Die Kleidung der verschiedenen Clans umfasste eine Skala verschiedener Erdfarben. Erst in der Schlussszene von *Macbeth*, als sich der Wald näherte, wurden die Farben kräftiger, um dann durch die Beleuchtung wieder abgeschwächt zu werden. Die starken Farben wurden vor allem in den Fahnen der verschiedenen Clans hervorgehoben. Die drei Hexen, in dieser Inszenierung Nornen, waren keine menschlichen Wesen, sondern unförmige Figuren wie ein Grasbüschel oder ein Busch im Wald, die für kurze Zeit menschliche Formen anzunehmen scheinen. Zum Teil waren die Gestalten der Hexen nach Fantasien aus den Volksmärchen und den Schreckensvisionen der Kindheit geformt, vor allem aus den ungekürzten Kinder- und Hausmärchen der Gebrüder Grimm, aber auch von den alten Weiblein in Francisco Goyas Illustrationen zu *Los Caprichos*. Die Kostüme des Volkes bestanden aus verschiedenen Stoffen in Grautönen. Ich versuchte, auf der Bühne eine graphische Wirkung zu erzielen, um damit auf die Tristesse und das Elend des Krieges hinzuweisen.

Einer alten Theaterlegende nach wird demjenigen, der *Macbeth* inszeniert oder daran mitwirkt, übel mitgespielt. Bei dieser Inszenierung hat sich das bewahrheitet. Elisabeth Bergner verließ nach einem intensiven Streit mit Fritz Kortner abrupt die Vorstellung. Außerdem hat sich der Schauspieler, der den *Macbeth* spielte, das Leben genommen.

Figaros Hochzeit

Peter und ich trafen Götz Friedrich, als er in Stockholm war, um Janáček an der Oper zu inszenieren. Er hatte damals von den DDR-Behörden eine Arbeitserlaubnis für den Westen bekommen. Götz Friedrich hatte seine Ausbildung in der DDR erhalten, war Werner Felsensteins Assistent gewesen und in dessen harte, aber sehr künstlerische Schule gegangen. Friedrich wurde als das neue Genie in der Opernkunst betrachtet.

Er hatte einige meiner Ausstattungen gesehen und bot mir an, für das Holland Festival im großen Theaterhaus in Scheveningen außerhalb von Haag 1974 das Bühnenbild und die Kostüme für *Figaros Hochzeit* zu entwerfen. Die Inszenierung sollte außerdem in Utrecht, Rotterdam und Haag gespielt werden. Es waren vier verschiedene Spielstätten, die ganz unterschiedlich aussahen – von der Arena bis zum Guckkastentheater.

Ich zeichnete die Szenen auf Transparentpapier und legte sie übereinander, um zu sehen, wo die gemeinsamen Nenner waren und wie ich die Bühne maximal ausnutzen könnte.

Es war ein Vorteil, dass ich die Sprache beherrsche, weil ich zum großen Teil in den Werkstätten, gemeinsam mit den holländischen Bühnenarbeitern arbeiten sollte.

Oper ist nach meiner Einschätzung die absurdeste und irrationalste Kunstform. Bei einer Oper muss man als Bühnenbildner die verschiedensten Wünsche berücksichtigen, und zwar die des Dirigenten, des Regisseurs, des Choreografen, der Sänger, des Komponisten – falls er lebt – und manchmal auch die des Librettisten.

Beim Bühnenbild ließ mir Götz freie Hand. Wir wollten erst darüber diskutieren, wenn ich einen fertigen Vorschlag mit Modell- und Kostümentwürfen hatte – der möglicherweise abgelehnt oder als inspirierend akzeptiert werden würde.

Im Vergleich zum Theater ist in der Oper der Rhythmus der Musik am entscheidendsten. Ich hörte mir zahlreiche Aufnahmen an, um ein deutliches Gefühl für den Rhythmus zu bekommen. Das war eine spannende Zeit, auf dem Sofa zu liegen und sich die Variationen anzuhören, die die verschiedenen Aufnahmen anboten.

Mein Bühnenbild für *Figaros Hochzeit* begann mit einem Vorhang, auf dem die Pastiche einer Radierung von Fragonard abgebildet war. Anstelle eines Schoßhündchens hatte die Frau auf dem Bild zwischen ihren ausgestreckten Beinen die französische Revolutionsmütze.

Das war der Auftakt. Das Bild auf dem Vorhang wurde dann im ersten Akt, der sich in Susannas weißem Zimmer abspielte, als Hintergrund projiziert. Bei jedem Aktwechsel, der bei offenem Vorhang stattfand, wurde die Bühne vergrößert, indem die Trennwände in den beiden Galerien rechts und links weiter nach hinten versetzt wurden. Sie wurden jeweils umgedreht und veränderten in jedem Akt ihre Farbe.

Die Gräfin lag in ihrem roten Schlafgemach auf einem roten Bett und sang eine Arie über verschmähte Liebe. Das Duett zwischen Marcellina und Bartolo spielte sich hinter zwei matten Glastüren ab, so dass sie jeweils nur als Silhouette sichtbar waren. Die Idee dazu bekam ich, nachdem ich über Monsieur Silhouette gelesen hatte, der seine Kunstsammlung als Silhouetten kopiert hatte. Die Originale wurden versteckt und lediglich die kopierten Gemälde gezeigt.

Der Wald im Schlussakt bestand aus dünnen grünen Stoffbahnen, die vom Schnürboden herabhingen und bis zur Bühne reichten. Die Beleuchtung war in verschiedenen Grüntönen gehalten und wurde kubistisch. In schwarze Capes gehüllt liefen die Agierenden singend im Grünen umher.

Die Kostüme der Oberschicht waren in Bezug auf Schnitt und Farbe an das Rokoko angelehnt. Figaros und Susannas Kostüme waren hingegen rot und schwarz, eine vorrevolutionäre Anspielung. In den Rezensionen wurde hervorgehoben, dass das Bühnenbild von De Stijl und dem Kubismus beeinflusst sei.

Mit Götz Friedrich zusammenzuarbeiten war, als bewegte man sich auf dünnem Eis. Seine Laune wechselte und seine Ausbrüche kamen wie aus heiterem Himmel. Manchmal konnte er sich ziemlich brutal äußern, so wie er einmal das Orchester und die Leute auf der Bühne anschrie: »Schweinehunde, bewegen Sie sich doch!« Da wurde es ganz still. Der B-Dirigent, der die Probe abhielt, bevor der Hauptdirigent Michael Gielen vor Ort war, brachte das Orchester mit einer Geste zum Schweigen, klopfte drei Mal mit dem Taktstock auf sein Pult, legte die Hand hinters Ohr und sagte: »Wann haben wir das zuletzt gehört?« und meinte damit natürlich den Krieg und die Okkupation.

Das Orchester stand auf und verließ den Raum. Götz lehnte seinen Kopf an meine Schulter, seufzte und sagte: »Wissen die nicht, dass meine Eltern gegen den Nationalsozialismus waren?« Nein, woher sollten sie das wissen?

Ein anderer Zwischenfall war zum Teil mein Fehler. Götz wollte, dass ein Esel den Mittelgang auf dem Parkett entlangläuft und dann mit einem Satz auf die Bühne springt.

Ich fand das unmotiviert, aber vor allem dumm, weil er diesen Trick schon einmal angewandt hatte. Man kann so eine Sache nur einmal machen und dann muss es eine Bedeutung haben und im Stück verankert sein.

Götz und ich standen auf der Bühne und diskutierten über das Sein oder Nichtsein des Esels. »Wie willst du das denn praktisch lösen«, fragte ich »Du kannst ja nicht schon wieder einen Esel im Orchestergraben haben?« Weiter kam ich nicht, denn da sprang der Dirigent Gielen hoch in dem Glauben, Götz habe ihn gemeint, und es gab Zank und Streit. Gielen rächte sich, indem er Tempi änderte, sodass die Regie nicht mehr mit der Musik übereinstimmte.

Auch mit den Bühnenarbeitern gab es Streit. Die holländischen Bühnenarbeiter arbeiteten kameradschaftlicher, als Götz es gewohnt war. Kurzzeitig herrschte Waffenruhe zwischen Regie und Personal, aber das täuschte. Die Bühnenarbeiter diskutierten darüber, ob sie nicht den Regisseur in den Kanal werfen und ihn dort zappeln lassen sollten, worauf der Vorarbeiter erklärte, dass es, falls er sterben würde, dafür zwanzig Jahre Gefängnis geben würde. Prompt kam die Antwort: »Wir sind ja zwanzig Leute, wenn wir es gemeinsam machen, kriegt jeder nur ein Jahr und das sollte es uns wert sein.« Ich hatte die sechs Monate alte Nadja bei mir. Sie lag krank in meiner Garderobe mit unserem Kindermädchen, Kerstin Rislund, die mitgekommen war. Und das war ein Glück, denn die Arbeit an der Inszenierung war sehr aufreibend.

Peter kam, um sich die letzten Proben anzusehen und die Premiere zu erleben. In dem Moment, als er von hinten auf die Bühne trat, schleuderte mir Götz sein Manuskript an den Kopf. Für Peter war das völlig unbegreiflich, aber ich hatte ja eine lange Gewöhnungszeit gehabt und fand im Grunde, dass es zur Arbeit gehörte. Die Angst eines Regisseurs entlädt sich oft über den Bühnenbildner. Die Sänger und Schauspieler müssen ja auftreten, sie anzugreifen wäre also kontraproduktiv. In der letzten Woche geht es nur darum, sie aufzumuntern. Der Bühnenbildner hingegen muss nicht auf der Bühne stehen.

In der Regie von Götz gab es viel Spannendes und Neues. Für mich war es auch inspirierend mit Sängern zusammenzuarbeiten, die geneigt waren, sich physisch einzubringen. Aber manchmal forderte Götz ein hartes Tempo. Dann war es, als liefen die Sänger einen Marathon. Mir wurde bei meiner Arbeit viel Freiheit gelassen, sodass ich meine Ideen umsetzen konnte, ohne Kompromisse eingehen zu müssen, außerdem hatte ich Zeit und die Möglichkeit, an jedem Detail zu feilen. Da kam ich mir privilegiert vor.

Das Opernpublikum ist erfrischend, da es so offen auslebt, was es denkt, mit Bravo- und Buhrufen. Der schnelle Wechsel vom 1. zum 2. Akt, von Weiß zu Rot, aber auch die Schlussszene im Wald, versetzte das Publikum in Begeisterung. Bisher hatte ich noch nie bei offenem Vorhang Applaus für ein Bühnenbild bekommen. Es war angedacht, dass wir später mit *Aida* von Verdi weitermachen sollten, um dann mit *Der Ring des Nibelungen* von Richard Wagner unsere Zusammenarbeit fortzuführen. Aber es kam anders. In diesem Fall entschied ich mich für die Familie und für andere Arbeiten in Schweden. Ich hatte ein kleines Kind und wollte nicht, dass es Nadja genauso ergeht wie Mikael, als er klein war. Außerdem waren Peter und ich in eine neue und für mich wertvolle Phase unseres gemeinsamen Lebens eingetreten. Ich habe die Bühnenbildnerin Ingrid Rosell empfohlen, die die Zusammenarbeit mit Götz auch übernommen hat. Es dauerte vier Jahre, bis *Der Ring* fertig war.

Bluthochzeit

Im Programmheft habe ich über die Ausgangspunkte für die Inszenierung des Stücks *Bluthochzeit* von Federico García Lorca auf der Kleinen Bühne am *Dramaten* am 18. Dezember 1970 folgendes geschrieben:

»Das Stück schildert eine an Konventionen gebundene Welt, ein erstarrtes Gesellschaftssystem, dem alle zum Opfer fallen. Manches im Stück erinnert an die griechischen Schicksalsdramen.

Wer sein Leben in die eigenen Hände nimmt, wer das Muster durchbricht, muss vernichtet werden; wer versucht, die Gesellschaftsstruktur aufzubrechen, gefährdet die bestehende Ordnung. Wer sich weigert, ein vom Schicksal bestimmtes Leben zu führen, ist ein Abtrünniger und muss wie Freiwild gejagt werden.

Im Stück gilt das System der Unterdrückung der Gefühle. Der freie Wille, das eigene innere Bedürfnis sind Verbrechen gegen das System. Wer sich dieser Verbrechen schuldig macht, für den gibt es kein Zurück.

Leonardos Mutter vermag nicht, aus diesem Muster auszubrechen und so treibt sie gegen ihren Willen ihren Sohn in den Tod, genau wie die amerikanischen Soldatenmütter, die ihre Söhne in den Krieg gegen Vietnam schickten und dann verzweifelt und gebrochen dastanden, statt gegen das Gesellschaftssystem zu protestieren, das diesen Krieg hervorgebracht hat.

Für Leonardo und die Braut kommt das Erwachen zu spät. Sie haben versucht, sich anzupassen. Sie haben ihre Sehnsucht nach Freiheit unterdrückt. Sie haben das heftige sexuelle Verlangen für einander erstickt, und als die Emotionen den Bann brachen, waren sie verloren. Leonardo hatte als einziger den Überblick, durchschaute die Situation, doch stand er mit seiner Erkenntnis allein da. Die Ambivalenz der Braut bezog sich auf »die sichere Heirat« oder »die Gefühle«. Das Erwachen führt schließlich zur Katastrophe. Leonardo und die Braut ahnen die Möglichkeiten, aber es bedarf vieler, um das Muster zu durchbrechen. Dafür ist eine lange Vorarbeit, ein gemeinsames Bewusstsein nötig, aber allein der Versuch, auszubrechen, bedeutet Hoffnung.

Lorca lebte in einer vorrevolutionären Zeit und erkannte die Mechanismen der Gesellschaft. Er schilderte sie auf visionäre Art und Weise, doch er bot keine rationale Lösung an. Seine Botschaft war, das Muster um jeden Preis zu durchbrechen. Das Stück ruft zur Veränderung der äußeren und inneren Welt auf. Lorcas innere Welt entspricht dem surrealistischen Menschenbild der unbegrenzten Möglichkeiten. Lorcas äußere Welt entspricht dem Begriff des Sozialismus, dem Sturz der Klassengesellschaft.

Lorca wurde schließlich ermordet, weil er den faschistischen Machthabern gefährlich geworden war. Das Stück zeigt den Zusammenhang zwischen innerer und äußerer Welt auf. Werden die inneren Konventionen gebrochen, werden auch die äußeren Konventionen gebrochen. Das Stück ruft dazu auf, sich der ständigen Wechselwirkung zwischen diesen beiden Welten bewusst zu werden. Inwiefern stehen sie sich antagonistisch gegenüber, inwiefern ergänzen sie sich?

Das Stück wirft Fragen auf und dient als Modell. Die Menschen können individuell, aber auch als Repräsentanten eines bestimmten Gesellschaftsmusters interpretiert werden. Lorca beschreibt ein soziales Ereignis in poetischer Form.

Mit seiner surrealistischen Poesie durchdringt er das Gesellschaftsmuster, wobei seine Poesie mit seiner politischen Handlung übereinstimmt. Seine Sprache bringt die gewaltsamen Veränderungen zum Ausdruck, die sein Leben prägen.

In einem Brief vom 3. Februar 1935 schreibt er:

»Alte und überholte Moralvorstellungen sollen und müssen im Theater an lebenden Beispielen veranschaulicht werden.
Das Theater, das nicht den sozialen Pulsschlag der Geschichte aufnimmt, das Drama ihrer Menschen, die unverfälschte Eigenart ihrer Landschaft und ihres Geistes, ihr Lachen und ihr Weinen; solch ein Theater hat nicht das Recht, sich Theater zu nennen ...‹*
Das Konzept der Inszenierung bestand darin, jegliche Folklore, jedes dekorative Blendwerk abzustreifen, um zur reinen poetischen Form vorzudringen. Ziel war es, durch Kargheit und Knappheit

---

* Bondy, François, Schweizer Monatshefte, 1953, 8, S. 571 (e-periodica).

in der Regie, im Bild, im Spiel, im Licht und in der Musik Lorcas Bild von der Wirklichkeit zum Ausdruck zu bringen. Inspirationsquelle und Ausgangspunkt war Francisco Goya. Lorcas Bild von der Wirklichkeit ist mit Goyas Welt verwandt – eine Welt voller verdrängter Gefühle, unterdrückter Menschen und mit einem gewaltigen Bedarf an Veränderung. Anstelle eines Vorhangs verwende ich mehrere Projektionen von Picassos Skizzen zu seinem Gemälde *Guernica*.«

Wenn ich meinen Artikel jetzt lese, so erscheint er mir recht zeittypisch. Der Sozialismus und der Vietnamkrieg waren damals aktuell. Federico García Lorcas Sicht auf das Theater hat immer noch Bestand.

Die Rolle des Bühnenbilds

Ich habe Ingmar Bergmans Inszenierung von August Strindbergs *Ein Traumspiel* mit dem Bühnenbild von Lennart Mörk gesehen. Dieses stimmte mit der Regie, dem Raum und dem Spiel kongenial überein. Dann stieß ich in Zeitungsinterviews und im Rundfunk immer wieder auf dieselben Bemerkungen von Ingmar: »Man braucht nur das Wort, den Schauspieler und ein paar Bretter.« Ja, das ist natürlich die Basis. Text und Schauspieler kommen zuerst, der Raum kann sonstwas sein. Das klang simpel und gut, und alle krochen zu Kreuze.

Ich wurde wütend und schrieb einen Artikel über die Bedeutung des Visuellen auf der Bühne als offenen Brief in *Dagens Nyheter* an Ingmar Bergman – über die Bedeutung des Bildes für den Inhalt des Stückes, auch in seinen Inszenierungen. Das war eine Verteidigung von Lennart Mörks Bühnenbild, aber es ging vor allem darum, den Wert, den das Bühnenbild, die Kostüme und das Licht für das Verständnis des Stücks haben, zu verdeutlichen. Eröffnet dies doch eine Dimension, die über das gesprochene Wort, das Spiel und die Regie hinausreicht:

»Du hast gesagt, dass man kein Bühnenbild braucht. Willst du etwa das zurückhaltende und funktionale, aber karge Bühnenbild mit einem nichtexistierenden Bühnenbild gleichsetzen? Natürlich brauchen wir das Bühnenbild nicht um des Bühnenbilds willen. Und natürlich ist es möglich, ohne Dekor und Kostüme zu spielen – aber auch das ist ein konsequentes Regie- und Ausstattungskonzept.

Ein Stück nach dem Motto ›Komm, wie du bist‹ zu spielen, ist in einzelnen Fällen notwendig, würde aber auf Dauer langweilig werden. Für mich ist Theater Wort und Ton im Bild. Jedes Stück stellt einen vor ein neues Raumproblem. Unabhängig davon, ob das Dekor nun sparsam oder vielfältig ist, müssen jedes Bühnenelement, jedes Kostüm, jede Farbe, jede Beleuchtungswirkung oder Bewegung eine begründete Funktion und Ausdruckskraft haben. Der Bühnenraum muss nach einer skulpturalen Idee in Übereinstimmung mit der dramatischen Handlung gebaut werden.

Das Bühnenbild trägt dazu bei, den Text und das Agieren sichtbar zu machen. Es umfasst das Visuelle, auch eine sparsam gehaltene Bühne, ist, wenn dies Abend für Abend wiederholt wird, ein bewusstes Bühnenbild.«

An dem Tag, als ich den Artikel bei *Dagens Nyheter* abgegeben hatte, ging ich zusammen mit Allan Edwall zum Bühneneingang des *Dramaten*, und dort stand Ingmar. Ich kommentierte das kurz mit: »Wenn man vom Teufel spricht ...« und erzählte ihm, dass ich gerade bei *DN* einen offenen Brief abgegeben hätte, der an ihn gerichtet sei und am nächsten Tag erscheinen soll. Seine Reaktion war: »Du fährst sofort hin und holst den Artikel zurück.« »Nie im Leben«, erwiderte ich, »in diesem Artikel geht es im Prinzip um die Frage ›Was ist ein Bühnenbild?‹ und deine Ausführungen bilden dafür den Ausgangspunkt.« Ingmar, der schon ein Stückchen weitergegangen war, wurde wütend und drehte sich um, sagte aber zu meinem Erstaunen: »Lars Forssell schreibt ein Stück über Lenny Bruce, den politischen Stand-up-Comedian in New York, der mit einer Heroinspritze im Arm auf der Toilette starb. Du machst dazu das Bühnenbild.« »Ja, wenn ich es vorher lesen darf«, erwiderte ich. »Wenn ich es dir anbiete, machst du es. Außerdem will ich sehen, wieviel du aushältst«, sagte er und verschwand. Ich habe die Teile des Stücks, die schon fertig waren, gelesen und die Herausforderung angenommen. Nach unserer früheren Zusammenarbeit bei *Die Ermittlung* und meinem offenen Brief, war dies der Anfang einer langen Reihe von Inszenierungen sowohl in Stockholm als auch im Ausland.

Show

Es war nicht leicht für Ingmar, das endgültige Manuskript von Lars Forssell zu bekommen. Für den pedantischen Ingmar, der sogar auf die Minute genau bestimmen konnte, wann etwas fertig sein sollte, war es anstrengend, mit Lars zusammenzuarbeiten. Es hat ihn auch irritiert, dass Lars ihn immer auf dem Sofa liegend begrüßte. Ihre Art zu arbeiten, unterschied sich diametral voneinander, aber der Vertrag war unterzeichnet und nun musste Ingmar Lars den Text entlocken. Das war die Mühe wert.

In mir fand Ingmar eine Entsprechung seiner eigenen Pedanterie und vielleicht war das der Grund dafür, dass wir für so lange Zeit unsere Zusammenarbeit fortführen sollten, eine Zusammenarbeit mit vielen Konflikten, die anfangs lustig und harsch waren, später, als wir uns zu gut kannten, schwächer wurden, um sich am Ende noch einmal zuzuspitzen.

Mich hat es ein wenig gewundert, dass Ingmar Lars Forssells Stück *Show* inszenieren wollte, weil ich Ingmar nicht als politisch engagierten Menschen wahrgenommen habe. Vielleicht kam es der Inszenierung zugute, dass Ingmar vom psychologischen Inhalt ausging und das Politische und Soziale mir bei der Gestaltung des Bühnenbilds überließ. Das Wichtigste war ja, dass es ein poetischer Text war und im Poetischen konnten wir zusammenfinden. Ich glaube, dass Lars Forssells Botschaft ankam.

Ich entwarf das Bühnenbild, die Kostüme und Projektionen und kümmerte mich um die Beleuchtung. Ich hatte freie Hand, solange ich mich nur an den Zeitplan hielt.

Ich weiß, dass viele das nicht verstehen werden, wenn ich sage, dass Ingmar kein Gespür für Bilder hatte. Das ist nicht als Kritik gemeint, sondern ist eine Feststellung. Er war davon abhängig, wie jemand mit diesem Gespür für Bilder ein Stück sah. In den Diskussionen ging es ihm um den Rhythmus des Stücks, darum, wie die Schauspieler auftreten, die Szenenwechsel vonstattengehen sollen, inwiefern Länge und Breite des Raums eine Spannung zwischen den Schauspielern erzeugen können. Seine Stärke lag im Zusammenspiel von Psychologie, Musik und Bewegung. Erst wenn ich die Voraussetzungen geschaffen hatte – das Bühnenbild in einem exakten Modell im Maßstab von

1:20 und kleine Figuren, die die Schauspieler repräsentierten sowie die Kostüme in kleinen und großen Entwürfen – kam er als inspirierender konstruktiver Kritiker und Gesprächspartner hinzu. Erst dann konnten wir ernsthaft über den Inhalt des Werkes diskutieren, erst dann begann die gemeinsame Arbeit.

Beim Bühnenbild zu *Show* inspirierte mich ein Buch über Albert Einstein und dessen Theorie vom gekrümmten Raum. Es wurde ein gekrümmter Hintergrund mit einem schwarzen Loch ganz oben auf der linken Seite und aus diesem Loch purzelte Lenny Bruce, gespielt von Allan Edwall, auf den Bühnenboden. Das war sein Entré: Wie bei einem Geburtsakt presste er sich durch das Loch und rollte wie ein roter Ball über den schwarzen Bühnenboden. Dort zeichnete er mit weißer Farbe einen großen Kreis, der sein Revier, sein Spielort wurde.

Nach diesem Entré begann Lenny Bruce seinen Monolog. Neben dem Spielort, dem Kreis, stand ein altes rotes Klavier. Um den Kreis waren einige Barhocker platziert. Die Beine der Barhocker bestanden aus drei realistisch geformten Frauenbeinen mit roten, hochhackigen Schuhen. Auf einem Flohmarkt in Paris hatte ich einige Jahre zuvor einen Tisch gesehen, dessen Beine die Form von Frauenbeinen hatte, ein surrealistisches Objekt, das ich mir leider nicht leisten konnte.

Auf dem gekrümmten Hintergrund wurden Bilder projiziert, die die Szenenwechsel markierten: eine hohe Backsteinmauer, Pappeln nach dem Gemälde von Böcklin *Die Toteninsel*, das im *Strindbergs Intima Teater* hing und schließlich ein Gefängnisgitter. Wenn man etwas auf einen gekrümmten Hintergrund projiziert, wirkt es, als schwebten die Bilder in einem leeren Raum.

Das Zeichnen der Kostüme hat viel Spaß gemacht. So saßen auf diesen surrealistischen Stühlen fantasievolle Barmädchen und sahen aus wie zarte pastellfarbene Schmetterlinge. Lenny Bruces Farbe war dunkelrot. Sein Kostüm sollte mit dem alten roten Klavier verschmelzen, aber auch im scharfen Kontrast zum schwarzen Bühnenhintergrund rot leuchten.

Eine ältere Frau, gespielt von Hjördis Petterson, war in meinen Kostümentwürfen realistisch gezeichnet. Sie war vulgär, füllig und ziemlich wirklichkeitsgetreu. Es war das Porträt einer Rolle und nicht das Porträt der Privatperson Hjördis, aber Ingmar verbot mir, ihr die Skizze zu zeigen; sie hätte das missverstehen können.

Mitten in der Probenzeit forderte Ingmar eine weitere Rolle, die Lars Forssell gar nicht geschrieben hatte und die von Lil Terselius gespielt werden sollte. Er wollte eine Figur haben, die wie Angela Davis aussah. Da war bei mir Schluss. Bestimmte Dinge kann man nicht veralbern oder verspotten.

Angela Davis war eine führende Persönlichkeit im Kampf der Schwarzen gegen den Rassismus in den USA. Sie war gerade verurteilt worden und saß im Gefängnis, weil sie Demonstrationen gegen Rassenunterdrückung initiiert hatte. Es ging mir gegen den Strich, an einer Karikatur von ihr in unserem Nationaltheater mitzuwirken. Außerdem wäre es ein fragwürdiges Element in einem Stück über Lenny Bruce gewesen. Der Vorschlag war politisch naiv und auch Forssell gegenüber respektlos.

Ich bekam einen wütenden Ingmar auf den Hals, als ich mich weigerte, ein lächerliches Kostüm zu entwerfen. Wir waren allein auf der Großen Bühne und er stellte mich zur Rede: »Nenne mir eine Sache, die man im Theater nicht verspotten oder ironisieren kann?« »Den Aufstand der Juden im Warschauer Ghetto«, erwiderte ich. Zugleich wies ich ihn darauf hin, dass ein Nationaltheater gesellschaftliche Verantwortung trägt. Das stachelte Ingmar noch mehr an, und er fauchte wütend: »Du verdammte linke Spinnerin, nenn mir ein Theater im Osten hinter dem Eisernen Vorhang, das etwas zu bieten hat!« Das war leicht zu beantworten, man brauchte ja nur an das Berliner Ensemble in Ostberlin, an Laterna Magica in Prag, an Grotowski in Polen und die vielen anderen Theater, mit den Regisseuren Wajda, Schejna, Axen und Swinarski zu denken. Jetzt war das Maß voll und Ingmar packte mich, um mir eine zu langen. Wenn mich jemand festhält, reagiere ich instinktiv und schlage mich frei, und zwar schnell, ohne darüber nachzudenken. Der ganze Fight war so barock und komisch, dass wir uns plötzlich anstarrten und laut loslachten. Es tauchte keine Angela Davis auf der Bühne auf.

Allerdings wussten wir nicht, dass der sogenannte »Tratsch« angeschlossen war. »Tratsch« ist ein Lautsprecher, den es in jeder Loge gibt, um die Schauspieler zu warnen und darauf hinzuweisen, dass es Zeit ist, auf die Bühne zu kommen. Innerhalb weniger Sekunden wusste jeder über unseren Disput Bescheid.

Was ihr wollt

Ingmar rief mich an und fragte mich, ob wir nicht William Shakespeares *Was ihr wollt* zusammen machen könnten, aber diesmal ohne zu vereinfachen – ein Prinzip, das wir früher, in *Die Ermittlung* und *Show* als gemeinsamen Nenner gehabt hatten. Darauf gaben wir unser Wort und versprachen einander, dass es diesmal »keine Vereinfachungen« geben werde.

Jetzt sollte ein ordentliches Bauwerk her, um mit dem Puritanismus und der Einfachheit zu brechen – am besten eine Drehbühne. Es war wichtig, eine neue Arbeitsweise auszuprobieren.

Ich entwarf drei Versionen. Die erste war eine Drehbühne mit einer Fachwerk-Konstruktion ohne Wände, dieselbe Konstruktion wie in mittelalterlichen Häusern, aber als durchsichtiges Bauwerk. Hoch über der Spielfläche gab es eine Brücke, die dem Narren ermöglichte, zwischen den verschiedenen Höfen hin und her zu flitzen, dabei zu lauschen und zu spionieren. Die Szenenwechsel und der Spielrhythmus sollten durch ein Spiel mit Licht und Schatten sowie durch die Drehungen der Bühne markiert werden. Die Grundfunktion der offenen Drehbühnenkonstruktion bestand darin, dass alle Schauspieler permanent auf der Bühne sichtbar waren. Wichtig war auch, dass das Publikum das Verborgene, die Beobachtungen des Narren, mitbekommen konnte.

Anhand eines weiteren Modells wollte ich den Kontrast zwischen dem offenen, luftigen, unrealistischen Raum und dem geschlossenen, realistischen Raum zeigen. Das geschlossene Modell wirkte einfach nur kitschig, wie schlechter Naturalismus aus dem 19. Jahrhundert, muffig, stickig, das Verspielte war verschwunden.

Diese offene Konstruktion, die sich langsam bewegen ließ, erzeugte hingegen traumhafte Effekte, während sie zugleich eine entlarvende Dimension des Spiels im Spiel eröffnete. Ein Rundhorizont hinter der Konstruktion konnte von der Beleuchtung her mehr Tiefe geben und zudem für Schatteneffekte verwendet werden. So hatte ich mir das vorgestellt, aber ich befürchtete, dass das Ganze zu groß angelegt war. Um mich zu wappnen, baute ich eine dritte Version, eine etwas einfachere Konstruktion. Ich nahm die Drehbühne als Grundelement weg und entfernte ein Zimmer. Ich dachte an das elisabethanische Theater zu Shakespeares Zeit und machte den Bühnenraum etwas geschlossener, achteckig, wobei eine Seite zum Publikum hin offen war. Das Fachwerk der Holzkonstruktion behielt ich bei, ebenso die Balkons, die jetzt eine Art Laubengang waren, eine Empore für die Musiker. Der Narr befand sich nun auf dem Boden. Das, was aussah wie Wände, konnte in der Schlussszene weggenommen werden, sodass nur noch die nackte Hauskonstruktion übrigblieb. Das Dach war durchsichtig und konnte in besonderen Beleuchtungsmomenten verwendet werden. Dazu hatten mich die Kirchenfenster aus Alabaster in einer Kathedrale in Ravenna inspiriert, wo ein warmes, diffuses Licht durch den Alabaster scheint. Zwischen den Wänden und dem Dach war ein Spalt, der das Gefühl eines geschlossenen Raumes aufhob.

Genau wie ich befürchtet hatte, kündigte Ingmar seine Ankunft am Lucia-Tag, den 13. Dezember, an. Er suchte sich meist solche Feiertage aus, um den Festlichkeiten zu entfliehen, ganz gleich, ob andere ein Familientreffen oder eine Feier hatten oder nicht. Eigentlich spielte es für mich keine Rolle, ich arbeitete ja ohnehin, ob es nun Sonntag oder Alltag war. Peter ebenso. Wie ich außerdem befürchtet hatte, bekam Ingmar einen Schock, als er meine erste Konstruktion sah. Ingmar und ich hatten unser Wort gegeben, ein größeres Bühnenbild zu entwerfen. Dieses Versprechen war Ingmar heilig, und so hatte er sich selbst in Bedrängnis gebracht.

Die Proben sollten am 7. Januar, gleich nach dem Dreikönigstag, beginnen. Zwischen der Modellvorführung und den Proben blieb wenig Zeit, noch weniger, wenn man Weihnachten davon abzog. Ich zeigte also zunächst die erste Version. Die dritte Version, das kleine elisabethanische Bühnenmodell, hatte ich mit einem roten Stück Samt abgedeckt, die zweite Version hatte ich aussortiert.

Wir saßen vor der ersten großen Konstruktion und Ingmar schlug vor, dass wir ein Zimmer herausnehmen und mit Projektionen arbeiten sollten. Projektionen hatten wir früher bei *Die Ermittlung* und bei *Show* verwendet, aber falls man nur ein Zimmer herausnähme, würde es ein ziemlich schlaffes, dysfunktionales Bühnenbild werden. Nach einigen Stunden hatten wir alle Möglichkeiten ausgeschöpft, wie man die große Konstruktion verwenden und minimieren könnte.

Als das Schweigen am Ende nicht mehr auszuhalten und die Schmerzgrenze erreicht war, meinte ich: »Was sagst du, wenn auf der Großen Bühne des *Dramaten* der Vorhang aufgeht ...« und zog die rote Abdeckung von dem kleinen elisabethanischen Modell weg. So klein war es natürlich nicht, es war für die große Bühne konzipiert und trotz seiner Schlichtheit eine ziemlich komplizierte Konstruktion. Die Diskussion stockte. Zunächst war Ingmar still, dann brach er in lautes Gelächter aus und sagte: »Toll, das nehmen wir.«

Das Bühnenmodell wurde ohne jede Veränderung zum Bühnenbild von *Was ihr wollt*. Mir tat es um das große Bauwerk ein wenig leid, es hätte Spaß gemacht, dieses Bühnenbild zu verwirklichen. Aber das sollte ein anderes Mal, viel später geschehen. Die große Konstruktion für *Was ihr wollt* bildete die Grundlage für das Bühnenbild zu Peters Stück *Der neue Prozeß* 1982, eine Inszenierung, die die letzte Zusammenarbeit von Peter und mir war.

Ingmar, Kafka und Peter

Zur gleichen Zeit, als wir mit den Proben zu *Was ihr wollt* anfingen, fragte Ingmar, ob Peter Kafkas *Prozeß* dramatisieren könne. Dieser Text war zuvor von André Gide für das Theater bearbeitet und von Orson Welles verfilmt worden. Ingmar versprach sich etwas Neues davon. Peter arbeitete an dem Roman *Die Ästhetik des Wiederstands*, kam aber gerade nicht weiter und nahm das Angebot an. Mit Kafka kannte sich Peter sehr gut aus.

Er legte *Die Ästhetik des Widerstands* beiseite und versprach, die Dramatisierung des *Prozesses* bis Ostern abzuschließen. Als die Arbeit fast fertig war, schrieb Peter an Ingmar, er hätte Schwierigkeiten mit dem Ende, und Ingmar machte sich deshalb Sorgen. Ich beruhigte ihn. »Auf eins kannst du dich verlassen, Peter ist immer pünktlich, das Stück wird rechtzeitig da sein.«

Und das war es auch. Aber danach zog sich das Ganze in die Länge, Peter bekam weder von Ingmar noch von dem Intendanten Erland Josephson irgendeinen Bescheid. Die Zeit verging. Peter wurde langsam ungeduldig, sein deutscher Verlag wollte das Kafka-Stück so schnell wie möglich herausbringen. In Deutschland war das Jubiläumsjahr von Kafka und das Stück passte zu einer Reihe von Kafka-Veranstaltungen. Endlich kam eine Antwort von Ingmar: »Vielleicht inszeniere ich das Kafka-Stück, möglicherweise auf der Kleinen Bühne. Übrigens ist das Ende nicht gut. Die Zukunft wird zeigen, wann und ob ich es aufnehmen werde.« Peter wurde wütend, und die Uraufführung fand stattdessen in Bremen statt, was Ingmar mächtig ärgerte.

Während ihr Konflikt andauerte, arbeiteten Ingmar und ich an *Was ihr wollt*, und jeden Morgen, wenn ich ins Theater ging, meinte Peter zum Abschied: »Sag bloß, du arbeitest jetzt mit diesem Teufel?!« und jeden Nachmittag, wenn ich nach Hause ging, bemerkte Ingmar: »Sag bloß, du gehst jetzt nach Hause zu diesem treulosen, geizigen Teufel?!« Das währte so lange, bis Peter und ich eines Tages bei der Premiere von P. O. Enquists *Tribadernas Natt* (dt. Die Nacht der Tribaden), in der Regie von Per Verner-Carlsson und mit dem Bühnenbild und den Kostümen von Mikael Sylwan, meinem Sohn, im Målarsalen waren.

Wir setzten uns auf unsere Plätze, und als das Licht im Zuschauerraum gedämpft wurde, landeten zufällig Ingmar und seine Frau Ingrid neben uns. Zunächst war die Stimmung etwas unterkühlt, aber dann drehte sich Peter zu Ingmar um und sagte: »Du, mit dem Ende hattest du Recht, aber warum zur Hölle konntest du mir nicht eher antworten?« Ingmar entgegnete flüsternd: »Von dir hatte ich etwas Surrealistischeres erwartet und nicht, dass du sklavisch Kafkas Text folgst.« Sie sahen sich an, umarmten sich und begannen zu kichern wie zwei Schuljungen. Auf der Bühne war *Die Nacht der Tribaden* schon in vollem Gange.

Ingmar hat den *Prozeß* nie inszeniert. Das machte stattdessen der Regisseur Jan Håkanson etwas später, 1976, am *Stockholms stadsteater*; eine interessante, surrealistische Inszenierung. Ich bekam das Angebot, das Bühnenbild zu machen, aber ich hatte damals gerade mehrere Augenoperationen überstanden und musste ablehnen. Der tschechische Bühnenbildner Ladislav Vychodil schuf ein ausgeklügeltes, düsteres und spannendes Bühnenbild.

Verschiedene »Totentänze«

1967, als Ingmar Intendant am *Dramaten* war, rief er mich an und machte mir das Angebot, das Bühnenbild zu Strindbergs *Totentanz* in der Regie von Ulf Palme zu entwerfen. Zunächst habe ich nein gesagt, weil ich bereits andere Aufträge hatte. Aber gerade als ich auflegen wollte, sah ich die Lösung und schrie: »Ja, natürlich!«
Es sollte das Debüt des Schauspielers Ulf Palme als Regisseur werden. Damals war er einer der großen Schauspieler am *Dramaten* und beim Film. Nun hatte er die Schauspielerei satt und außerdem mit den Jahren auch Bühnenangst bekommen. Ingmar hatte jedoch eine Bedingung, er wollte dabei sein, wenn ich Ulf meine Idee für das Bühnenbild präsentierte.
Ich baute ein provisorisches Modell, bei dem die Bühne ein zum Zuschauerraum hin offenes Dreieck bildete. Es gab nur wenige Möbel und Requisiten. Zwei Liegestühle, die ausgeklappt und in Tische verwandelt werden konnten, ein Klavier, ein Morseapparat, das die einzige Verbindung zur Außenwelt war, sowie der Lorbeerkranz der Ehefrau Alice. Zwei runde Öffnungen als Fenster und eine weitere runde Öffnung, die mit einer Schranktür versehen war. Das Dreieck veranschaulichte, dass das Paar in die Ecke gedrängt worden war und spielte auch auf das Bug eines Schiffes an. Alles war grau, bis auf die Stühle, die den Raum in einen männlichen und einen weiblichen Teil unterteilten. Alices Stuhl war in einem ausgeblichenen Preiselbeerrot gehalten, Edgars in einem schäbigen Blaubeerblau. Alices Kostüm war der einzige Farbtupfer, ein Relikt aus ihrer Zeit als Schauspielerin. Edgar trug eine Uniform, der Gast einen schwarzen Anzug und das Dienstmädchen ein schwarzes Kleid mit einer weißen Schürze.
Ich hatte mir eine recht stilisierte Inszenierung vorgestellt. Ulf führte hingegen einen realistischen Stil ein. Das passte nicht zusammen und dementsprechend waren auch die Rezensionen. Bei der Premierenfeier bei Ingmar im Chefzimmer wandte sich Ingmar an Ulf: »Du bist ein genialer ...« und dann, nach einer langen Pause, fügte er hinzu: »... Dilettant.« Ulf verließ den Raum. Nach diesem Zwischenfall inszenierte Ulf lediglich das Stück *Liebelei* auf der Kleinen Bühne, da er vertraglich daran gebunden war. Anschließend kehrte

er *Dramaten* für immer den Rücken. Er sollte nie wieder dort Regie führen oder spielen. Nur im Rundfunk trat er später mit unvergesslichen Lesungen auf.

1976 bot mir Ingmar erneut an, das Bühnenbild für den *Totentanz* zu machen, diesmal jedoch für die Kleine Bühne und unter seiner Regie. Statt wie beim letzten Mal einen Raum zu schaffen, der in eine Ecke mündet, in ein Dreieck, sah ich diesmal einen runden Raum vor mir, einen Käfig für Ratten, die immer im Kreis herumflitzen.

Ich entwarf einen Raum, der von einem Turm auf der Festung Vaxholm inspiriert war, mit Schießluken als Fenster. Der offene Teil zum Publikum hin war die Seite, die im Stück zum Meer geht, davor gab es ein paar halbkreisförmige Stufen als Spielfläche für den Nachtwächter.

Im Raum standen einige zerschlissene Möbel und ein Klavier. An der Wand hingen ein Lorbeerkranz, mehrere Schauspielerporträts und einige Gewehre. Hinter dem Klavier stand der wichtige Morseapparat. Der Bühnenraum war diesmal noch strikter in eine Männer- und eine Frauenseite unterteilt. Eine gusseiserne Treppe führt nach oben zu dem oberen, sichtbaren Wohnbereich.

Es gab ein Fenster mit schweren Gardinen, das lediglich eine Attrappe war. Als der Hauptmann seinen Schlaganfall bekam, zog er an der Gardine und sackte zusammen. Ein Stück Tapete löste sich und wurde beim Fall abgerissen. Dabei wurde offenbart, was sich dahinter befand: eine Schießscharte in einer nackten grauen Mauer. Das Paar war in einem Turm eingesperrt. Die Seitenbühnen waren mit Collagen verschiedener Mauerflächen bedeckt.

Alles stand fast fertig auf der Bühne, auch die Kostüme waren anprobiert und genäht worden, die Beleuchtung stand fest. Es war der erste Durchlauf. Da kam ein Anruf aus der Rezeption und Ingmar wurde gebeten, sich sofort zum Bühneneingang zu begeben.

Anzurufen und Ingmar zu sagen, er solle eine Probe abbrechen, war undenkbar. Er hatte immer einen genauen Zeitplan. Niemand und nichts durfte ihn stören. Das kleinste Geräusch wurde bemerkt und wehe dem, der irgendeine Störung verursachte. Unnötiges Gerede während der Proben war verpönt. Stattdessen traf man sich eine halbe Stunde vor Probenbeginn, redete Unsinn und tratschte, als gute Lockerungsübung. Niemand hätte sich getraut, dieser Runde fernzubleiben. Die Arbeit begann Punkt zehn am Vormittag und endete Punkt drei am Nachmittag – alles war hochkonzentriert und effektiv. An ein Mittagessen war nicht zu denken, aber eine Kaffeetafel stand für alle bereit. Wenn man mitten in der Probe Mittag isst, wird man träge. Dann ist es besser, konzentriert und hungrig weiterzuarbeiten und früher Feierabend zu machen. Die Proben mit Ingmar waren so, als befände man sich in einem isolierten Schutzraum. Diskussionen gab es selten, entweder sie fanden anschließend im privaten Rahmen statt oder während der zweiten obligatorischen, dreißigminütigen Teestunde nach getaner Arbeit. Wenn ein Schauspieler eine halbe Stunde zu spät kam, was bei der Probe zu *Die Ermittlung* passierte, wurde die ganze Gruppe gezwungen, schweigend wie Schulkinder die verlorene halbe Stunde nachzusitzen – und zwar unabhängig davon, ob man andere Aufgaben hatte oder einen Flug erreichen musste. Alle blieben sitzen. Wie bekommt man eine solche Macht?

Der Anruf von der Rezeption, der gegen diese Regeln verstieß, wurde auf Verlangen der Polizei getätigt. An allen Ausgängen waren Polizisten postiert. Ingmar sollte abgeholt werden. Es war die Zeit, als die Steuererklärungen abgegeben werden mussten, deshalb dachten die Steuerbehörden wohl, dass es die Leute erschrecken würde, wenn jemand, der so bekannt war wie Ingmar, wegen Steuervergehen verhaftet wird. Die Anklage sollte sich viel später als falsch erweisen. Das Ganze war ein Schildbürgerstreich. Aber für die Beteiligten sollte diese Beschuldigung weitreichende Konsequenzen haben.

Die Inszenierung wurde abgesagt und Ingmar wurde ins Krankenhaus *Sophiahemmet* eingeliefert, wo ich ihn besuchte, nachdem er den ersten Schock überwunden hatte. Nach einiger Zeit sahen wir uns zusammen den Film *Paradistorget* (dt. Ein Paradies) von Gunnel Lindblom in seinem Vorführraum *Laterna Magica* in der Villagatan an. Damals war er mit Valium vollgepumpt. »Hör auf damit, das hilft nicht«, sagte ich zu ihm. Ich hatte Peter und auch Vera erlebt, wenn das Valium die Oberhand gewann. Lieber Angst haben, als handlungsunfähig sein. Arbeit kann die beste Droge sein und für einen Arbeitssüchtigen wie Ingmar war das bestimmt auch so.

Über diese Steueraffäre ist einiges geschrieben worden. Meines Wissens war im Ausland eine Gesellschaft gegründet worden: Es ging um ein Featurette-Projekt von bekannten Regisseuren, bei dem jeder seinen Beitrag leisten sollte. Einer von ihnen war Federico Fellini. Es zeigte sich, dass seine und Ingmars Arbeitsmethoden diametral entgegengesetzt waren. Ingmar war pedantisch genau und gut vorbereitet, Fellini improvisierte bis zuletzt, änderte und wurde nie fertig. Das Projekt wurde auf Eis gelegt, aber die Filmgesellschaft, die sich in der Schweiz befand, gab es noch als ruhende Gesellschaft. Schon das Wort Schweiz war verdächtig und die Behörden, die Steuerpreller jagten, meinten, einen dicken Fisch an der Angel zu haben. Als Ingmar nach vielen Jahren rehabilitiert wurde, rechnete er systematisch mit jedem ab, der ihn beschuldigt hatte. Der- oder diejenige war nicht zu beneiden.

Ingmar verließ Schweden. Die Welt stand ihm offen. Die Wahl fiel auf das Residenztheater in München. Dass er sich für Deutschland entschied, war verständlich. Es ist ein Theaterland und Deutsch war die Sprache, die er am besten beherrschte. Allerdings war das Theater, für das er sich in München entschieden hatte, eher konservativ. Die Kammerspiele, ein innovatives Theater in derselben Stadt, wären logischer gewesen. Möglicherweise erschien ihm das Residenztheater sicherer. Für mich wäre Berlin verlockender gewesen.

Das Residenztheater ist ein Nachkriegsbau, der an die Architektur der Nazizeit erinnert, innen ist es jedoch genauso gemütlich wie das *Dramaten,* und vielleicht war dies auch mit ausschlaggebend. Ingmar sollte neun Jahre in Deutschland bleiben.

Es gab allerdings eine kurze Unterbrechung, als er von den Behörden die Erlaubnis bekam, auf der Kleinen Bühne des *Dramaten* 1978 den *Totentanz* zu beenden. Im Vertrag mit *Dramaten* stand, dass die Zusammenarbeit mit Anders Ek, Margaretha Krook und Jan-Olof Strandberg fortgeführt werden sollte. Anders Ek sollte den Hauptmann spielen.

Anders war von seiner Krebserkrankung gezeichnet, aber als ein bis in die Fingerspitzen genuiner Schauspieler hatte er gehofft, wie Molière auf der Bühne zu sterben. Anders' Spielweise hätte jedoch für seine Gegenspieler problematisch werden können. In der Szene, wo er seine Frau Alice, gespielt von Margaretha Krook, mit einem Säbel jagt, versteckt sie sich unter einem Sofa. Anders' realistisches Spiel endete darin, dass er einige Male bei dem gespielten Wutausbruch den Säbel durch den Sofaboden stieß. Ich war gezwungen, den Sofaboden mit Blech zu verstärken, um Margaretha zu schützen. Bei ihr ging es um Leben und Tod. Manchmal hat der Bühnenbildner eigentümliche Aufgaben zu meistern.

Wenige Tage vor der Premiere wurde das Stück eingestellt. Margaretha Krook vermochte nicht, Strindbergs brutale Repliken über den Tod aufzusagen, dem Hauptmann den Tod zu wünschen, einem Kollegen, der in Wirklichkeit todkrank war.

Eigentlich betrachte ich den *Totentanz* als eine schwarze Komödie, aber in der schweren Situation von Anders' Krankheit verschwand all das, was man hätte als Komödie auffassen können. Ich hatte zum zweiten Mal am Bühnenbild und an den Kostümen gefeilt und alles zu Ende gebracht, und wieder wurde das fast fertige Projekt abgesagt. Ingmar ging zurück nach München.

Ich sollte noch ein viertes Mal am *Totentanz* arbeiten, diesmal mit dem Regisseur Stephan Stroux in Düsseldorf. Ich entwickelte das Bühnenbild weiter und vereinfachte es. Das Merkwürdige an Strindberg ist, dass er im Ausland so gespielt wird, dass er fast immer düster und schwarz wirkt. Wenn man erklärt, dass Strindberg Humor hatte und wirklich lustig ist, stößt man auf taube Ohren.

Ingmar in der BRD

Meiner Meinung nach war Ingmar unpolitisch, an die schwedischen lauen Debatten und Verhältnisse gewöhnt. Bestimmt hatte er keine Ahnung, was für ein heißes Diskussionsklima in der BRD herrschte. Der politische Dschungel und die unüberwindlichen Gegensätze zwischen den Linken und den Rechten, zwischen Ost und West, interessierten ihn nicht. Man kann es naiv oder ignorant nennen.

In Schweden konnte es zu der Zeit vorkommen, dass nach einer hitzigen Debatte im Fernsehen zwischen dem damaligen Vorsitzenden der Rechten, Jarl Hjalmarson, und dem Vorsitzenden der kommunistischen Partei, C.-H. Hermansson, beide Gegner anschließend in der kleinen Konditorei auf der Västerlånggatan, unweit des Reichstagsgebäudes einen Kaffee trinken gingen. *Svenska Dagbladet* als rechte Zeitung konnte radikale Artikel zum Beispiel von Jan Myrdal unter der Überschrift »Unterm Strich« veröffentlichen und die liberale *Dagens Nyheter* sehr reaktionären Artikeln Raum geben. In Schweden war alles verschwommener, ausgeglichener.

Zu Ingmars Münchener Zeit herrschte in der BRD noch keine Meinungsfreiheit, über die Pressefreiheit wurde diskutiert. Die Aggressivität war auffallend, eine Grenzüberschreitung zwischen den verschiedenen Parteien war nicht möglich. Es war offensichtlich, dass es ein gespaltenes Land war.

Als Peter und ich Anfang der sechziger Jahre nach Deutschland kamen, hatten wir das Glück, dass wir vom ersten Moment an mit der politischen Situation vertraut gemacht und über sie informiert wurden – mit wem man Umgang haben, von welchen Zeitungen und von welchen Journalisten man sich interviewen lassen und in welchen Zeitungen man Artikel publizieren konnte. Einen Artikel für *Die Welt* zu schreiben, die zur Springerpresse gehörte, wäre unmöglich gewesen. Danach hätte man den Umgang mit den progressiven oder radikalen Leuten vergessen können. Ingmar bekam keine solchen Auskünfte. Es war reiner Zufall, dass er gemeinsam mit Franz Josef Strauß fotografiert wurde. Für Ingmar hatte das ungeahnte Konsequenzen. Strauß war vor allem durch die viel beachtete »Spiegelaffäre« bekannt bzw. verrufen.

Die Zeitschrift *Der Spiegel* enthielt gut recherchierte, entlarvende Artikel über die deutsche Politik. Auf Grund solcher Enthüllungen wurde ihr Chefredakteur Rudolf Augstein von der Polizei abgeholt und verhaftet. In der Debatte ging es um Pressefreiheit, deren erbitterter Gegner Strauß war. Es endete damit, dass Augstein erst nach 103 Tagen freigelassen wurde und Strauß als Parteivorsitzender zurücktreten musste. Die ganze Affäre war eine sehr heikle Geschichte, die die Spaltung der BRD in zwei Lager, in die Radikalen und die Konservativen, weiter verschärfte. Ich bin mir ganz sicher, dass Ingmar davon nichts wusste. Das Foto mit Strauß hatte zur Folge, dass Ingmar aus den meisten interessanten und radikalen Theater- und Filmkreisen ausgeschlossen wurde. Er wurde isoliert. Diese aufgeheizte Stimmung beeinflusste auch die Rezensionen. Ingmar zahlte in der politisch polarisierten BRD für seine schwedische Naivität einen hohen Preis.

Ingmar war noch aus einem anderen Grund isoliert: seine Inszenierungen waren eher psychologisch ausgerichtet, während das damalige deutsche Theater wild experimentierte und die Machthaber provozierte, so wie Rainer Werner Fassbinders und Peter Steins Theater. Insgesamt waren die zeitgenössischen Inszenierungen sehr vom politischen Kampf beeinflusst, was bei Ingmar nicht der Fall war und weshalb er kritisiert wurde. Die Kritik ist häufig zeitgebunden und der gängigen Mode unterworfen. Ich wurde in Deutschland oft gefragt: »Warum um Himmelswillen arbeitest du mit Ingmar?« Für mich gab es auch noch andere Facetten, nicht nur die politische.

Ingmar und ich führten ziemlich subtile Gespräche über den Unterschied zwischen dem schwedischen und dem deutschen Theater, über Politik in der Kunst und darüber, ob es überhaupt unpolitische Kunst gibt. Ich bin der Meinung, dass es das nicht gibt. Wenn man unpolitisch ist, dann ist auch das eine Haltung. Ingmar konnte oder wollte sich nicht an der öffentlichen Debatte beteiligen. Er schuf sich seine eigene Welt.

Eine andere Schwierigkeit für Ingmar war die deutsche Sprache. Er sprach ein sehr gutes Schul-Deutsch, war aber mit dem modernen Nachkriegsdeutsch nicht vertraut. Das neue Deutsch war wie ein Dschungel. Selbst wenn man Klassiker auf Hochdeutsch inszenierte, gab es Probleme.

Im Schwedischen ist der Unterschied in der Aussprache zum Beispiel zwischen dem Schonischen und dem Norrländischen groß und ruft unterschiedliche Assoziationen hervor. Der Stockholmer Slang gibt der Sprache einen eigenen Sinn. Auf die gleiche Art und Weise entstehen Probleme im Deutschen, wenn man den Unterschied in der Aussprache zwischen dem Bairischen oder dem Berlinerischen nicht hört oder kennt. In Deutschland gibt es auch sprachliche Unterschiede zwischen den früheren autonomen Teilen, den selbstständigen Kleinstaaten im Vorkriegsdeutschland. Das Publikum stellt die Figuren auf der Bühne sofort in einen sprachlichen Zusammenhang, Assoziationen die seit Generationen selbstverständlich sind. Auch Klassenunterschiede werden in einer Sprache durch die verschiedenen Arten, ein Wort auszusprechen oder zu verschlucken, markiert.

Ingmar war Regisseur, und die Sprache mit all ihren Nuancen und Variationen gehört zum Arbeitsmittel des Regisseurs. Ein Regisseur ist mehr als man gemeinhin denkt, an seine Sprache gebunden. Man sieht selten eine gute Vorstellung via Dolmetscher oder mit einem

Regisseur, der nicht die Nuancen der Sprache beherrscht, mit der er oder sie arbeitet. Einer der wenigen, dem es gelungen ist, verschiedene Aussprachen und Dialekte zu vermischen, ist Peter Brook an seinem *Théâtre des Bouffes du Nord* in Paris. Dort ist es ein bewusstes künstlerisches Mittel.

Bei den Proben konnte ich sehen, wie viel Mühe es Ingmar kostete, auf Deutsch Regie zu führen. Seine ganze Körpersprache war anders als in Schweden. Seine Hände, die er hinter dem Rücken hielt, waren gekrümmt und knackten. Die Autorität zu behalten, wenn er sprachlich unsicher wurde, war anstrengend.

Wenn man Ingmars schwedische Texte liest, sind sie poetisch und rhythmisch, mit sehr schwedischen Bezügen. Sprache ist seine Stärke. Wenn diese nicht unter Kontrolle ist, wirkt sie irgendwie geistig amputiert oder infantil.

Ich war fein raus, denn mein Gebiet war ja das Bühnenbild, die Kostüme, die Farben und das Licht – das ist ein anderes Medium. Ich spreche recht gut Deutsch, außerdem war ich nicht auf die Sprache allein angewiesen. Wenn ich mich nicht verständigen konnte, zeichnete ich.

München, Salzburg

Nachdem Ingmar *Ein Traumspiel* von August Strindberg am Residenztheater inszeniert hatte, bekam ich einen Anruf: »Komm runter, wir müssen unsere Zusammenarbeit fortführen. Hier ist die Hölle los mit dem Bühnenbild, du sprichst Deutsch und kennst die Kultur- und Theatersituation hier.« Ingmar brauchte einen Dialog und eine Zusammenarbeit in seiner eigenen Sprache mit jemandem, der sowohl das schwedische als auch das deutsche Theater kannte. Mir war bewusst, dass dies praktisch für ihn war. Wie lange seine »ökonomische Emigration« andauern sollte, war unklar.

Das Ergebnis war, dass ich neun Jahre lang zwischen Stockholm und München pendelte. Unsere erste Zusammenarbeit in München war Witold Gombrowicz' *Yvonne, Prinzessin von Burgund* 1980, ein großes Projekt. Ich fuhr hin, um mich mit den Werkstätten, Kostümateliers und der Perücken-Macherei bekannt zu machen. Ich war vorher schon einmal dort gewesen, als es um das Bühnenbild zu *Der Vater* von August Strindberg in der Inszenierung von Hans Lietzau ging. Peter hatte nämlich vom Theater den Auftrag bekommen, *Der Vater* neu zu übersetzen.

Damals war ich in einen ökonomischen Konflikt geraten, da der Finanzdirektor des Theaters der Meinung war, dass ich als verheiratete und versorgte Frau weniger Honorar bekommen sollte als meine männlichen Kollegen. Das war für mich ein Grund mehr, zur Unterzeichnung des Vertrages selbst zum Residenztheater zu fahren. Ich wollte mir das normale Honorar sichern.

Ingmar und ich trafen uns im Theater, zusammen mit dem gesamten Ensemble, den Schauspielern, Regieassistenten und anderen, die bei der Inszenierung mitwirken sollten. Der Intendant, Kurt Meisel, hatte einen Vortrag über Witold Gombrowicz des Literaturprofessors François Bondy organisiert. In derselben Spielzeit hatte François Bondys Sohn, Luc Bondy, *Yvonne, Prinzessin von Burgund* inszeniert und der Vortrag handelte hauptsächlich davon.

Luc Bondy, damals einer der jungen aufstrebenden Regisseure in Deutschland, hatte jedoch einen ganz anderen Ausgangspunkt für das Stück als wir. François Bondy hatte ich auf einer Sitzung der *Gruppe 47* in Berlin kennengelernt. Er war ein sehr eleganter, charmanter, redegewandter und spiritueller Herr, ein Internationalist. Aber sein Vortrag fand keinen Anklang, auch Ingmar war von dem Treffen nicht besonders angetan.

Gombrowicz hatte ich bereits in Berlin, zusammen mit Peter getroffen. Er war wegen eines einjährigen Ford-Stipendiums in Berlin und wohnte, genau wie Peter und ich, in einer Gästewohnung der Akademie der Künste. Er fühlte sich in Berlin nicht wohl, vermisste die Kaffeehauskultur der dreißiger Jahre. Er war kurz vor dem Krieg aus Polen nach Argentinien emigriert und erst viel später in ein völlig verändertes Europa zurückgekehrt. Peter und ich waren gespannt, den Autor der absurden Stücke, die wir am *Dramaten* in Alf Sjöbergs Interpretation gesehen hatten, zu treffen.

Es zeigte sich, dass Peter und Gombrowicz sich nichts zu sagen hatten. Peter setzte sich mit dem aktuellen politischen Leben auseinander. Gombrowicz hingegen langweilten die politischen Diskussionen und das, was in Berlin vor sich ging. Er wollte weg aus dieser Stadt. Wir trafen uns im Café Kranzler am Kurfürstendamm, das mit der früheren Kaffeehauskultur nur noch wenig gemein hatte. Dort saßen nur dicke Damen, die all die Sahnetorten, die sie im Krieg nicht bekommen hatten, nun wettmachten. Gombrowicz hatte sich ausgemalt, Peter würde mit einem jungen Mann erscheinen. Der junge Mann war ich, und er war ziemlich enttäuscht. Er mochte uns einfach nicht.

Nach dem Treffen mit Ingmar und dem Intendanten in München, kehrte ich nach Stockholm zurück, um ein Modell zu bauen, die technischen Unterlagen und die Kostümentwürfe zu zeichnen. Wir hatten darüber diskutiert, in welche Zeit das Stück verlegt werden sollte und uns auf die zwanziger Jahre geeinigt.

Ich baute vier Modelle im Maßstab 1:20. Jede Szene hatte ihren eigenen konstanten Farbton. Die Szenenwechsel sollten sehr schnell vonstattengehen, und mit jedem Wechsel sollte der Raum kleiner werden. Technisch ließ sich das mit drehbaren Trennwänden rasch lösen. Das Bühnenbild sollte vulgär sein und einen Anflug von Dekadenz haben.

Im ersten Akt war alles grün, auch in den Kostümen dominierte das Grün. Im zweiten Akt war alles Gold und Beige, und die Kostüme hatten denselben Schnitt wie im ersten Akt, waren aber farblich auf den goldbeigen Farbton abgestimmt. Dann folgte eine Szene in Schwarz mit Jugendstil-Stühlen in Gold, auf denen die Schauspieler mit variierenden pastellfarbenen Kostümen saßen, und im letzten Akt, der Todesszene, war alles in Schwarz und Silber gehalten. Die Männer trugen Schwarz, die Frauen Silber. Die einzige Ausnahme war die gequälte Prinzessin von Burgund, die in allen Akten ein schlichtes blaues Baumwollkleid trug – im Kontrast zu der überbordenden, vulgären Eleganz der anderen. Sie stand draußen. In der Todesszene des Schlussaktes trug Yvonne einen roten Königsmantel über ihrem schlichten Mädchenkleid, und als sie nach hinten kippte und an einer Gräte erstickte, wurde der rote Mantel unter ihr zum Symbol für ihr vergossenes Blut. Der Bühnenraum, der mit jedem Akt immer enger wurde, veranschaulichte in diesem grausamen Stück das Eingesperrtsein.

Für die Inszenierung zeichnete ich auch einen speziellen Vorhang. Die Architektur im Zuschauerraum barg einen Rest Nazibraun. Die

Wände im Zuschauerraum glichen einer beige-braunen Pralinenschachtel mit aufgemalten Goldrändern und Sternen. Auf dem Vorhang wiederholte ich die Farbenwechsel auf demselben mauerhaften, beigebraunen Untergrund. Der Vorhang glich den übrigen Wänden des Theaters, so dass das Publikum in diesem ovalen Raum völlig eingeschlossen war. Ich brauchte nicht viel zu verändern, um das Kleinbürgerliche und Vulgäre in der Einrichtung des Theaters zu betonen.

Ich packte meine Modelle und meine Skizzen ein und fuhr nach München. Dort blieb ich beim Zoll stecken und wurde gezwungen, alles auszupacken. Geduldig baute ich eine Szene nach der anderen auf, zeigte, was die Pakete enthielten und erklärte den Zollbeamten, worauf meine Arbeit hinauslief. Für mich war das wie eine Prüfung in Theaterpädagogik und eine Vorübung für meine Präsentation des Bühnenbilds im Theater.

Die Situation hatte sich dort seit meinem letzten Besuch verändert. Die Schauspieler, für die ich die Kostüme entworfen hatte, waren nicht mehr dabei. Ingmar hatte fast das ganze Ensemble ausgetauscht. Die »alte Garde«, darunter die Ehefrau des Intendanten und des Regisseurs Litzau waren durch junge Schauspieler ersetzt worden. Einige ältere waren noch da, wie Walter Schmidinger und ein Neunzigjähriger, der den Tod spielen sollte. Er wurde leider krank und wurde durch einen achtundneunzigjährigen Schauspieler ersetzt!

Ingmar wollte gern sein eigenes Ensemble im Theater haben, eine Gruppe ohne Staralllüren, die er ganz in der Hand hatte und die ihn an das Ensemble, mit dem er in Schweden gearbeitet hatte, erinnerte. Aber drastisch Schauspieler auszutauschen, stieß nicht auf Begeisterung und die Tatsache, dass viele der abservierten Schauspieler zu Deutschlands renommiertesten und angesehensten gehörten, erleichterte die Arbeit am Theater nicht unbedingt. Das hat sich auf die Atmosphäre ausgewirkt.

Für die jüngeren Schauspieler war das eine große Chance, ihre Loyalität gegenüber Ingmar war uneingeschränkt, bis neun Jahre später der Tag kam, an dem bekannt wurde, dass Ingmar für immer nach Schweden zurückkehren würde. Dorthin konnte ihm niemand folgen. Die Sprache stand als Hindernis im Weg. Jetzt mussten alle schnell einen anderen Regisseur finden, zu dessen Ensemble sie gehören konnten.

Die deutschen Regisseure wechseln oft zwischen verschiedenen Theatern innerhalb des deutschen Sprachraums und nehmen dann die meisten Schauspieler, an die er oder sie sich gewöhnt haben, mit. Das erinnert an frühere Wandertheater. Das deutsche System ist hart und Loyalität besteht dort, wo es Arbeit gibt.

Ich wurde zum Intendanten Kurt Meisel gerufen. Er wollte mit mir über Ingmar reden. Das wollte ich aber nicht. Schließlich sagte er seufzend: »Ich habe eine Schlange an meinem Busen genährt.« Recht passend, hatte Ingmar doch seinen Film *Das Schlangenei* in München gedreht. Was Meisel allerdings damit gemeint hat, weiß ich nicht. Ging es dabei um den Austausch des Ensembles oder weil die Theaterleitung nichts Böses ahnend in eine Falle getappt war?

Zu Ingmars Forderungen gehörte, dass das Theater seine Telefonrechnung übernehmen sollte. Ingmar lebte buchstäblich mit dem Telefon. Sein Umgang mit Freunden und Bekannten in der ganzen Welt wurde per Telefon gepflegt. Zudem forderte Ingmar, überall, wo er arbeitete, eine eigene Toilette, wo es keine Spuren von jemand anderen geben durfte, weder ein Haar noch einen Wassertropfen.

Ein anderes Thema war Ingmar und die deutschen Arbeitsmethoden. Die Schauspieler empfanden Ingmar als demokratisch. In Schweden bezeichnete man Ingmar wohl als autoritär. Aber deutsche Autorität ist etwas ganz anderes, für uns recht Altmodisches, und erinnert an die Zeit, als Olof Molander im *Dramaten* regierte. Wir haben, selbst wenn das Theater an sich nicht besonders demokratisch ist, trotz allem eine andere Verhaltensweise gegenüber sämtlichen Mitarbeitern, ob sie nun auf der Bühne oder hinter der Bühne agieren: Jeder wird in seinem Beruf respektiert.

Das deutsche Arbeitsklima ist viel hierarchischer. Der Leiter, der Herr Generalintendant, wird »Herr General« genannt, was einiges aussagt. Bei Ingmar bezog sich das demokratische Verhalten zum Teil nur auf die Schauspieler, und das war am *Dramaten* genauso gewesen. Für die jüngeren Schauspieler am Residenztheater war das eine neue Erfahrung.

Ingmar führte die schwedische Du-Reform ein, die eher verwirrend als kameradschaftlich war. Sie/Du ist ein ausgeklügeltes Höflichkeitssystem, das die Anrede innerhalb der Verwandtschaft, unter Freunden, sowie zwischen dem Chef und den Angestellten regelt.

Titel haben in Deutschland immer noch Gewicht. Bei der Anrede gilt Titel, Nachname und Sie. Bei näherer Bekanntschaft nur Nachname und Sie und danach Vorname und Sie, bis man schließlich vielleicht zum Du übergeht. Jemanden sofort zu duzen, war nur bei den Linksradikalen, insbesondere während der Studentenrevolte, üblich. Das war ein politisches Statement, mit dem viele nicht zurechtkamen. Ingmars Du-Reform bekam deshalb einen ganz anderen Symbolwert als die Du-Reform in Schweden. Auf Initiative von Bror Rexed geschah die Du-Reform 1967 praktisch über Nacht. In Deutschland wird das wohl noch dauern.

Ibsen, Strindberg, Molière

Ich hatte gerade Strindbergs *Totentanz* mit dem Regisseur Stephan Stroux in Düsseldorf abgeschlossen und war mit Strindbergs *Der Vater* in der Regie von Jan Håkanson am *Stockholms stadsteater* voll beschäftigt. Außerdem arbeiteten die Kunsthistorikerin Katja Waldén und ich an der großen Ausstellung *Form och Tradition i Sverige* (Form und Tradition in Schweden) über schwedisches Kunsthandwerk von 1880–1980, für *Riksutställningar*. Das war eine Wanderausstellung, die in ganz Skandinavien gezeigt wurde und zu der auch einige Vorträge gehörten.

Ingmar war zufällig in Stockholm und wir trafen uns im *Artistfoyer* des *Dramaten*. Er wollte wissen, ob ich bei der Inszenierung von Ibsens *Et Dukkehjem* (dt. Nora oder Ein Puppenheim), in Deutschland *Nora* genannt, mitarbeiten könnte.

Ich versuchte ihm zu erklären, dass ich keine Möglichkeit sehe, zusätzlich zu den laufenden Arbeiten eine weitere zu bewältigen, und dass ich ja auch an Nadja und Peter denken müsse. Beim Letztgenannten verzog er keine Miene. Ich saß, beide Ellenbogen auf den Tisch gestützt, da, als Ingmar aus einem plötzlichen Impuls heraus meinen rechten Arm mit beiden Händen packte, mir in den Unterarm biss und sagte: »Nein, du machst jetzt *Nora* in München.« Ob ich nun durch den Biss eine klare innere Vision bekam, wie *Nora* aussehen sollte, weiß ich nicht, aber zu meinem eigenen Erstaunen hörte ich mich sagen: »Ja, leg los, wir machen *Nora* mit dem Bühnenbild, dass ich gerade vor meinem geistigen Auge gesehen habe.«

Blitzartig fiel mir ein, wie ich das Bühnenbild, das ich für Strindbergs *Der Vater* entworfen hatte, bearbeiten und weiterentwickeln sowie meine Erfahrungen aus *Der Vater* und meine Recherchen über die betreffende Zeit für das Bühnenbild zu *Nora* nutzen konnte. Im Prinzip ging es darum, in beiden Stücken das Eingesperrtsein zu gestalten. Es ging um die Zeit und den Zeitgeist. Ich fand es lustig, für die beiden literarischen Gegner Ibsen und Strindberg denselben Ansatz für das Bühnenbild zu verwenden. Ich vermute, dass Ingmar gedacht hat, der Biss hätte mich aufgeschreckt, aber dem war nicht so. Ich wollte eine innere Vision verwirklichen und das fiel zufällig mit seinem etwas sonderbaren Verhalten zusammen.

Nach Hause zu kommen und Peter zu erklären, woher ich diese Bisswunde am Unterarm hatte, war gar nicht so leicht, und dass ich trotz dieses Vorfalls der Zusammenarbeit zugestimmt hatte, war für Peter völlig unbegreiflich. Nadja kam mit nach München und Peter musste in Stockholm allein zurechtkommen.

Zeitgleich mit *Nora* nahm ich es auf mich, auch noch das Bühnenbild für Strindbergs *Fräulein Julie* zu entwerfen. Ingmar hatte nämlich die verrückte Idee, beide Stücke am selben Abend zu spielen. *Julie* vor der Pause und *Nora* danach. Zudem sollte auf einer anderen Bühne *Szenen einer Ehe* aufgeführt werden. Nach einigen Spieltagen kam eine Aufforderung des Intendanten, die Inszenierungen zu trennen und sie wurden in dem üblichen Repertoireschema untergebracht. Eine Version wurde für die Tournee gemacht.

Danach folgten *John Gabriel Borkman* von Ibsen und *Dom Juan* von Molière.

Der neue Prozeß

Die letzte Zusammenarbeit von Peter und mir auf der Bühne mit einem Werk von ihm war die Inszenierung von *Der neue Prozeß* auf der Großen Bühne am *Dramaten* 1982. Auch wenn der Titel auf Kafkas Roman *Der Prozeß* anspielt, ist *Der neue Prozeß* ein eigenständiges Werk, eine Hommage an Kafka, anders als Peters frühere Dramatisierung von *Der Prozeß,* die fast sklavisch Kafkas Roman gefolgt ist.

Die Personengalerie wie auch die bürokratischen Strukturen korrespondieren mit Kafkas Roman, selbst wenn die juristische Machthierarchie hier auf einen multinationalen Monopolkonzern übertragen wurde. Die Handlung spielt in unserer Zeit, die Milieus und Wertvorstellungen sind dem zynischen ökonomischen und militärischen Spiel der Geschäftswelt mit Ländern und Menschen entnommen. Das Stück zeigt die fast undurchdringliche Macht.

Die Arbeit an der Inszenierung von *Der neue Prozeß* wurde insofern etwas Besonderes, als Peter und ich gemeinsam Regie führen und unsere eigenen Ideen ausprobieren wollten. Der Intendant Lasse Pöysti schenkte uns auch sein Vertrauen. Anita Brundahl wurde als Produzentin involviert und beteiligte sich ebenfalls an der Regie.

Das Casting der Schauspieler für *Der neue Prozeß* gestaltete sich etwas problematisch. Als Peter und ich mit Lasse Pöysti und Anita Brundahl zusammensaßen, um Schauspieler nach der Schauspielerliste des Theaters, auch »Essensliste« genannt, auszuwählen, wurde ein Vorschlag nach dem anderen von Pöysti in klingelndem Finnlandschwedisch mit den Worten abgelehnt: »Neeein, dieser Schauspieler soll bei den *Mumins* mitspielen.« Als dieser Kommentar zum vierten Mal kam, sagte Peter irritiert: »Was zum Teufel sind die Mumins?« – dabei saß ihm mit Pöysti ein Mumin in Person gegenüber. Dass Peter in der ganzen Zeit, die er in Schweden gelebt hat, die Mumins entgangen waren, war wirklich eine Leistung. Ich trat ihm unter dem Tisch auf den Fuß. *Die Mumins* sollten auf der Großen Bühne, parallel zu *Der neue Prozeß* gespielt werden. Les extrêmes se touchent – Begegnung der Extreme.

Während Peter in Stockholm blieb, um an der Endfassung zu arbeiten, fuhr ich mit meiner unverzichtbaren Assistentin Mia Lagerbielke, einer früheren Schülerin, zu unserem Landhaus auf Ljusterö, um das Modell zu konstruieren und zu bauen, die technischen Zeichnungen und das Beleuchtungskonzept sowie die Kostümentwürfe für *Der neue Prozeß* fertigzustellen.

Das Stück ist in drei Akte unterteilt, mit insgesamt dreiunddreißig Bühnenbildern. Ich verwendete meine erste Idee für *Was ihr wollt,* eine große Drehbühnenkonstruktion, die jetzt verwirklicht werden konnte. Auf der Drehbühne der Großen Bühne wurde ein System aus hohen Trennwänden konstruiert, die nach obenhin etwa zehn alternative Raumgestaltungen ermöglichten. Die Winkel der Wände sollten als stilisierte Räume erlebt werden, wobei die Höhendimension dominierte. Dadurch traten die Figuren wie kleine Würmer in einer Raummaschinerie mit leicht surrealistischen Zügen auf. Die Wechsel zwischen Dunkelheit, grell leuchtendem Rücklicht und starkem Oberlicht, das in bestimmten Szenen zu düsteren Grautönen abgedämpft wurde, sollten den Eindruck eines Mühlrads verstärken. Die Drehungen der Bühne bei offenem Vorhang wurden von schicksalsschwangeren Geräuscheffekten, von heftigem Quietschen und Poltern, begleitet. Die eingebaute Schräge in den Wänden und deren überdimensionale Höhe sollten mit dazu beitragen, jedwedes naturalistische Raumerlebnis in dieser funkelnden und rotierenden Maschinerie von vornherein auszuschließen.

Mit jedem Szenenwechsel wurden der Bühnenraum größer und die Wände höher. Als Richtwert für die tatsächliche Höhe gab es ganz oben an einer der Wände eine kleine Luke, die während des ganzen Stücks sichtbar war. Sie war ein optisches Hilfsmittel, hatte aber auch eine eigene Funktion. In der Schlussszene wurde die Luke geöffnet und K. durch sie erschossen. Da der tote K. bis zum Ende der Szene liegenblieb, wurde mit Hilfe der Beleuchtung zugleich eine Unendlichkeitsperspektive erzeugt. Das Quietschen und Poltern sowie die Zuggeräusche, die bei den Szenenwechseln zu hören waren, hatte Peter zusammengestellt. Für die Pause komponierte er Musik, die er auf gefüllten Wassergläsern spielte. Dazu sang Peter den dazugehörigen, eigenen Text – zunächst kaum hörbar, am Ende jedoch, als der Vorhang wieder hochging, mit donnernder Stimme. Das war auf Band aufgenommen und wurde auch nach Peters Tod abgespielt.

Ich kann mir vorstellen, dass Peter und ich die Male, die wir mit einem Regisseur zusammengearbeitet haben, recht anstrengend gewesen sind: Gemeinsam waren wir stark. Allerdings ließen wir dabei außer Acht, dass gerade der Regisseur ein Zwischenglied und wichtiger Katalysator ist, der ausgleichen und eigene Ideen einbringen kann. Vieles ging bei den Proben gut, nur manchmal wurde es hitzig. Zum

Glück hatten wir Anita Brundahl im Team, die vermittelte. Wir hatten kaum Abstand von der Arbeit, die Diskussionen gingen zu Hause weiter. Nadja, damals neun Jahre alt und oft bei den Proben dabei, hörte unsere Diskussionen und wollte immer wissen: »Ist das jetzt ein privater Streit oder ein Arbeitsstreit?« Wenn es ein Arbeitsstreit war, war es in Ordnung, da konnte sie mit ihren Sachen weitermachen.

Am Ende der Probenzeit wurde festgelegt, dass Nadja in dem Stück mitwirken sollte. Es gab zwei Rollen, die von Kindern gespielt werden sollten. Zunächst hatten wir Zweifel. Aber die Schauspieler meinten, dass Nadja doch die ganze Arbeit mitverfolgt hätte und dies die Sache vereinfachen würde. Für Nadja sollte es ein wichtiger Auftrag werden, da das Stück auch nach Peters Tod gespielt wurde. Sie spürte die Solidarität und Wärme der Schauspieler. Sie übertrugen ihr Aufgaben, so sollte sie zum Beispiel aufpassen, ob jemand einen persönlichen Gegenstand wie eine Uhr oder einen Ehering mit auf der Bühne hatte. Sie gaben ihr das Gefühl, dass es wichtig ist, dass sie da ist. Sie sollte dafür sorgen, dass die Vorstellungen so wurden, wie Peter sie sich gewünscht hätte. Das half ihr, mit der Sehnsucht nach Peter fertigzuwerden.

Nach Der neue Prozeß

Nach der Premiere von *Der neue Prozeß* fuhr Peter nach Berlin. Ich war ziemlich sauer darüber, weil ich zwei Jahre nonstop gearbeitet hatte und mir die Zeit nach der Premiere etwas anders vorgestellt hatte.

Peter war auch mit den Rezensionen nicht so recht zufrieden, was ich nicht verstehen konnte. Was ist denn anderes zu erwarten, wenn man das System als Ganzes angreift? Ich wäre misstrauisch geworden, wenn wir von jenen, die wir als unsere Gegner betrachteten, gute Rezensionen bekommen hätten. Es ist seltsam, wenn es um Theaterrezensionen geht, möchte man am liebsten von allen nur gute bekommen und selbst von denen akzeptiert werden, die unsere Haltung ablehnen.

Der neue Prozeß war von der Freien Volksbühne in Berlin angenommen worden und Peter sollte selbst Regie führen. Ob ich inbegriffen war oder nicht, habe ich nie ganz verstanden. Peter wurde die

Wohnung des Schriftstellers und Illustrators Christoph Meckel zur Verfügung gestellt. Jeden Tag rief er zu Hause an und sagte, wie enttäuscht er von der Wohnung sei und dass es sich anfühlte, als sei man wieder zwanzig. Es war zu primitiv. Er fühlte sich in Berlin nicht wohl, während Schweden seiner Meinung nach auch nicht das war, wovon er träumte. Da ich das jetzt schon ein paar Mal gehört hatte, wartete ich nur darauf, dass er zurückkehren und wir das Problem anpacken würden.

Ich hatte das Angebot bekommen, Intendantin des *Göteborgs stadsteater* zu werden. Natürlich fühlte ich mich geschmeichelt, aber ich wusste nicht, wie ich das auf der privaten Ebene lösen sollte.

Peter kam nach Hause, und allein die Vorstellung, dass ich überhaupt daran denken könnte, das Angebot in Göteborg anzunehmen, regte ihn unheimlich auf. Ich wiederum war erschrocken darüber, was er in Berlin alles zustande gebracht hatte.

Für Nadja hatte er bereits einen Platz in der Schwedischen Schule, der Schule der Schwedischen Kirche für Kinder aus dem Norden, reserviert. Vom Berliner Senat hatte Peter eine Fünf-Zimmer-Wohnung zugewiesen bekommen. Selbst wenn Peter jünger und gesund gewesen wäre, Nadja keine Lese-Rechtschreibschwäche und ich nicht mehrere Aufträge gehabt hätte, die ich keinesfalls hätte absagen wollen, hätte ich nicht nach Berlin ziehen wollen. Der wichtigste Grund war, dass ich Nadja nicht dieselbe Kindheit zumuten wollte, wie wir sie gehabt hatten, dass man nicht weiß, wo man zu Hause ist. Ich wollte Nadja auch nicht in einer Gesellschaft großziehen, in der immer noch ein Frauenbild existierte, das mir fremd war. Sicherlich wäre es für uns drei intellektuell stimulierend gewesen, aber mir war der Preis zu hoch. Ich war auch der Meinung, dass ein Umzug nach Berlin Peter umbringen würde. Hin und wieder nach Berlin zu fahren war inspirierend, aber dort zu bleiben, würde er nicht schaffen.

Peter sah abgezehrt aus, als er nach Hause kam. Trotz aller Schwierigkeiten, die es hier gab, hatte er doch seit fast vierzig Jahren in Stockholm gelebt, hier hatte er viele Freunde. Ich schlug ihm vor, dass er sich in Berlin eine Arbeitswohnung, eine »pied-à-terre« besorgen sollte, um das Beste aus Berlin und Stockholm rauszuholen. Der Flug dauerte ja nur anderthalb Stunden und inzwischen konnte er sich das leisten.

Wir einigten uns darauf, dass er, wenn ich Göteborg absage, auf Berlin verzichtet und lediglich pendelt. Ich sagte Göteborg ab. Mir war auch bewusst, dass ich mich in Göteborgs Wirtschafts- und Kommunalpolitik nicht auskannte. Bei *Dramaten*, für das man mich früher vorgeschlagen hatte, wäre es etwas anderes gewesen. Es war schön, dass man mich gefragt hatte und das genügte. Dass Peter dem Tod so nahe war, konnte keiner von uns ahnen. Oder hat Peter es gespürt?

Viel später, nach Peters Tod, erfuhr ich, wie er in dem letzten Monat in Berlin gelebt hatte. Er hatte aufgehört, sein Insulin zu nehmen, das er wegen des Diabetes, den er mit den Jahren bekommen hatte, brauchte. Er lebte, als sei er blutjung, ging auf alle Partys, aß, was er nicht essen durfte. Brachte Freunde dazu, eine Wohnung für ihn zu suchen. Nach seinem Tod musste ich fünf Wohnungen sowie die Wohnung, die uns der Senat besorgt hatte, kündigen.

Später sah ich darin das letzte Aufflackern einer Glühbirne. Sie leuchtet noch ein paar Sekunden auf, um dann für immer zu erlöschen.

Peter hatte mit der Umarbeitung von *Trotzki im Exil* angefangen und zugleich sollten wir anfangen *Purgatoriet/Skärselden (Das Fegefeuer)* zu diskutieren.

Am Donnerstag vor Peters Tod rief uns jemand von den Eltern aus Nadjas Schule an. Nadja war gemobbt und misshandelt worden. Die Klassenkameraden hatten auf ihre Schulbank gespuckt und um sie herum getanzt. Als sie von dort geflüchtet ist, hat sie keine Unterstützung von den Lehrern bekommen, vielmehr hat sie der Anrufer auf dem Schulhof gefunden. Peters Reaktion war so heftig, dass er die Mobber, wenn sie in der Nähe gewesen wären, wohl totgeschlagen hätte. Am nächsten Tag ging er wutentbrannt in die Schule, anstelle von Nadja.

Ich habe stundenlang auf ihn gewartet, fest davon überzeugt, dass er sich auf die Schuldigen gestürzt hat. Schließlich kam er nach Hause und erzählte, was er gemacht hatte und wie es ausgegangen war.

Er hatte sich auf Nadjas Platz gesetzt und einen langen Vortrag darüber gehalten, dass die Schule ein Arbeitsplatz ist und an einem Arbeitsplatz Zusammenarbeit und Solidarität erforderlich sind. Er gab eine Lektion darüber, was Demokratie in der Gesellschaft bedeutet. Es endete damit, dass mehrere Kinder ihm von ihren Problemen und

Schwierigkeiten erzählten. Nadja kehrte nie mehr an diese Schule zurück.

Peter ist am Freitag, den siebten Mai dort gewesen. Am Montag, den zehnten Mai starb er. Für Nadjas Klassenkameraden wurde das eine eigentümliche Erinnerung.

Am siebten abends begleiteten wir beide Nadja zum *Dramaten*. Ernst Günther, der in *Der neue Prozeß* den Künstler spielte, erlitt einen Herzinfarkt. Bevor er mit dem Krankenwagen weggebracht wurde, gab ihm Peter sein Nitroglycerin, eine Medizin, die er immer bei sich trug. Pöysti übernahm Günthers Rolle und las aus dem Manuskript vor, was vom Publikum akzeptiert und sogar mit Beifall belohnt wurde.

Am Samstag fuhr ich nach Göteborg und wieder zurück, um persönlich zu erklären, warum ich nicht die Intendanz am *Stadsteatern* übernehme könne.

Am Sonntag fühlte sich Peter schlecht. Wir fuhren ins Karolinska-Krankenhaus. Ich weiß nicht, ob die Ärzte ihn zunächst nicht ernst genommen haben oder ob sie wirklich nichts entdeckt hatten, aber Peter blieb zur Beobachtung im Krankenhaus.

Am Abend sollte Ariane Mnouchkine, die wir beide aus Paris kannten, zum *Dramaten* kommen. Peter war wütend und aufgeregt, weil sie vergessen hatten, uns einzuladen. Ich dachte, das sei die übliche Schlamperei und meinte, ich würde dennoch hingehen und sagen, dass er im Krankenhaus sei. Falls wir eingeladen waren, war das in Ordnung, wenn nicht, war es eben eine Minidemonstration. Er war seltsamerweise ungewöhnlich aufgeregt. Das letzte Mal hatten wir Ariane Mnouchkine in ihrem Theater in Paris getroffen. Peter war gegangen, bevor das Stück zu Ende war. Nicht, weil es schlecht war, ganz und gar nicht, sondern wegen der unbequemen Bänke. Er hatte Mnouchkine einen Zettel hinterlassen: »Ich mag dein Stück und auch wie es inszeniert ist. Aber warum muss Kultur immer mit unbequemen Bänken gepaart sein? Darf sich denn nur die Bourgeoisie Bequemlichkeit erlauben?« Möglicherweise wollte er sie um Verzeihung bitten.

Ich ging zum Empfang im *Dramaten* und erklärte Ariane, warum Peter nicht da war. Zugleich übertrieb ich Peters Krankheit, um ihn zu entschuldigen. Ich hatte den Ernst der Lage ebenfalls nicht erkannt. Tagsüber war ich mit Nadja ins Krankenhaus gefahren. Peter hatte sich über das Essen beschwert, wir hatten ihm eine Dose mit Essen mitgebracht, aber er bekam nichts runter. Es sollte Nadjas letzte Begegnung mit Peter sein.

Am Tag nach dem Empfang für Ariane fuhr ich ins Krankenhaus. Ich hatte Bücher mit, die Peter bei sich haben wollte. Das war schon Routine, wenn Peter im Krankenhaus war; die Bücher gaben ihm Geborgenheit. *Rameaus Neffe*, die deutsche Übersetzung von Denis Diderots Roman, hatte er selbst mitgenommen.

Peter, der gerade den Büchner-Preis bekommen hatte, hatte sich ein paar Notizen für seine Dankrede gemacht. Außer der Büchner-Rede war auch eine Dankrede für den *Preis der Neun* (De Nio Pris) aktuell, der ihm wenige Tage vor seiner Einlieferung ins Karolinska Krankenhaus verliehen worden war. Da Peter nur eine Woche nach der Bekanntgabe starb, zogen *Die Neun* den Preis zurück. Das hat die Jury für den Büchner-Preis nicht getan. Artur Lundkvist hatte Peter für den Nobelpreis vorgeschlagen. 1982 waren seine drei Kandidaten Nadine Gordimer, Elias Canetti und Peter. Es wurde Canetti und ein paar Jahre später Nadine Gordimer.

Im Krankenhaus klagte Peter über Schmerzen im Rücken. Ich sah auf den EKG-Monitor und fand, dass es seltsam aussah. Als Peters Arzt kam, erzählte ich ihm von meiner Beobachtung. Er erwiderte: »Ich weiß, dass du in deinem Beruf tüchtig bist, aber von dem hier verstehst du nichts.« Er wollte Peter wenigstens untersuchen, und ich war der Meinung, dass Peter mit seinem Arzt allein sein sollte, ohne seine neugierige Ehefrau. Ich sollte ohnehin Nadja abholen und sagte zum Abschied: »Tschüss, wir sehen uns morgen.«

Ich holte Nadja ab und lud mich bei Anna-Lena Wibom zu Hause ein, damit Nadja und ich woanders sein konnten anstatt zu Hause. Wir sahen uns auch ein Haus auf Lidingö an, das gegenüber von Anna-Lenas Villa lag; Peter und ich hatten überlegt, es zu kaufen. Wir wollten vor allem dem störenden Lärm der Nachbarn und des Verkehrs in der Stadt entfliehen, der Peter immer mehr irritierte.

Nachdem ich Peter mit dem Arzt alleingelassen hatte, war Peter plötzlich gestorben. Das Blutgerinnsel, das die Schmerzen im Rücken verursacht und sich anscheinend in der Lunge befunden hatte, war tiefer vorgedrungen und hatte Peters Herz erreicht, das geplatzt ist. Das soll innerhalb weniger Sekunden passiert sein.

Später stellte sich heraus, dass, wenn wir in Deutschland oder in den USA gewohnt hätten, schon viel früher eine Bypass-Operation gemacht worden wäre. In Schweden sollte diese Operation erst zwei Jahre später durchgeführt werden und ist heute fast Routine. Die Nachricht von Peters Tod erreichte mich am späten Abend. Als der Anruf kam, schrie Nadja im Hintergrund: »Ist Papa tot?!« Ich bat das Krankenhaus mit der Bekanntgabe zu warten, bis ich Peters erwachsene Kinder erreicht hätte. Ich sah Peter, wie wir gesagt hatten, »morgen« wieder, aber jetzt lag er in einen Sarg gebettet in der kleinen Kapelle des Krankenhauses für Verstorbene. Ich ging mit Mikael in die Kapelle. Peter wirkte kleiner, als er dort lag. Als letzte Handlung schnitt ich ihm eine Haarsträhne ab. Nadja habe ich nicht mit zu Peter genommen. Ich fand, dass sie zu klein dafür war, ihren Vater tot zu sehen. Nadja wartete draußen mit Anna-Lena. Vielleicht war das falsch.

Peter dort zu lassen und nur eine kleine Plastiktüte mit seinen Sachen mitzunehmen, kam mir unwirklich vor. Die Sachen, die ich mitnahm, waren eine Brieftasche mit dem Pass und einem Nacktbild von mir, als ich schwanger war, ein kleines goldenes Medaillon mit einem Foto von Nadja als Neugeborene, ein Notizbuch mit der angefangenen Büchner-Rede, Diderots Roman *Rameaus Neffe*, Schlüssel, Medikamente, die Mitgliedskarte für Vietnams Schriftstellerverband, ein kleiner Zettel mit dem Hinweis, dass er Diabetiker war und seine Kleidung. Ich bat sie, die Kleidung wegzuwerfen, aber das durften sie nicht.

Im Flur der Pathologie hingen Peters Mural-Gemälde, die er als junger unbekannter Künstler im Auftrag von Professor Folke Henschen, seinem ersten Schwiegervater, angefertigt hatte.

Ein paar Tage nach Peters Tod, machten Nadja und ich einen Spaziergang. Wir gingen Peters Runde im Park Djurgården. Sie zog ihre Jacke aus, warf sie auf die Erde und sagte im Befehlston: »Papa, heb sie auf, heb die Jacke auf.« Sie wiederholte das mehrere Male, doch niemand hob sie auf.

Eines Nachts sagte sie zu mir: »Es ist meine Schuld, dass Papa tot ist.« »Natürlich nicht«, erwiderte ich. »Papa hat dich geliebt, dich hat er wohl von allen am meisten geliebt.« »Ja, aber manchmal hat er sich in sein Zimmer eingeschlossen, und wie sehr ich auch klopfte, hat er mich nicht reingelassen. Vielleicht dachte er, ich würde dich mehr lieben, weil ich dann zu dir ins Bett gekrochen bin.« Ich versuchte, ihr zu erklären, dass Peter sich oft einschloss, weil er ungestört sein wollte, dass er diese Einsamkeit brauchte und sagte: »Das hatte nichts mit dir zu tun.« Dann versuchte ich zu erklären, wie kompliziert er sein konnte. Nadja sah mich an und sagte: »Um das zu verstehen, bin ich noch zu klein«, drehte sich um und schlief ein.

Es folgte eine turbulente Zeit. Wie sollte ich die Beerdigung arrangieren? Irgendwie hat mir das Organisieren auch geholfen. Mit dem Praktischen und Ästhetischen beschäftigt zu sein, hat dazu geführt, dass ich damals kaum Zeit hatte, an den Verlust und die Verzweiflung zu denken oder sie zu spüren. Die Beerdigungszeremonie zu organisieren, kam mir vor, als führte ich Regie und entwarf das Bühnenbild für ein Theaterstück. Auf eine Art war es meine letzte Zusammenarbeit mit Peter.

Ich entschied mich für eine bürgerliche Beerdigung, folgte aber dennoch den rituellen Gepflogenheiten der Kirche. Schließlich verfügt sie über eine lange Erfahrung, rein regiemäßig, was die Lieder und Reden betrifft. Hingegen gibt es kein althergebrachtes bürgerliches Ritual.

Peters Beerdigung fand in der Skeppsholmskirche *(Skeppsholmskyrkan)* statt, weil diese entsakralisiert war und für bürgerliche Beerdigungen verwendet werden durfte. Der erste, der in der dort bürgerlich begraben worden war, war der Regisseur Alf Sjöberg, der zweite Peter. Die Werkstätten des *Dramaten* schmückten den Kirchenraum mit Birken, und Daniel Bell, der Komponist des Theaters, kümmerte sich um die Musik, den Chor und den Sologesang, darunter Carl Jonas Love Almqvists Lied *Björninnan*, das den Tod beschreibt, ein Lied, das Peter liebte und das von Solveig Faringer gesungen wurde. Als Abschluss wählte ich einen Psalm von Martin Luther. Nicht wegen des religiösen Inhalts, sondern weil er zum Kampf für die Freiheit des Wortes aufrief. Es gab noch einen anderen Anlass dafür, dass Luther Bestandteil der Zeremonie war. Peters Vater hatte seinem mosaischen Glauben abgeschworen und Peters Mutter ihrem katholischen, um gemeinsam einen Kompromiss zu finden. Deshalb wurden ihre vier Kinder evangelisch-lutherisch getauft.

Mikael und der Bühnenbildner Lennart Mörk hatten einen langen und dunkelroten Stoff aus der Requisite des *Dramaten* ausgeliehen.

Sie hängten ihn so auf, dass das große Kruzifix und der Altar im Hintergrund verdeckt waren. Der Stoff reichte bis unter den weißen Sarg und endete schließlich ein paar Meter davor.

Hinter dem Sarg stand die VPK mit mehreren roten Fahnen. Peters Lieblingsblumen waren Mohnblumen und Vergissmeinnicht. Mohnblumen lagen auf dem Sarg. Vergißmeinnicht hielt Nadja als Grabstrauß.

Stellan Skarsgård las aus *Die Ästhetik des Widerstands*. Peters Verleger, Siegfried Unseld, sprach über den Schriftsteller und Freund Peter und seine Bedeutung für die deutsche Literatur, Olof Lagercrantz über die Kultur und die Notwendigkeit von Gleichberechtigung, C.-H. Hermansson schließlich über den Freund und politischen Diskussionspartner.

Peter hatte schon früh gesagt, dass er eine Erdbestattung haben möchte. Er wollte zurück in die Erde. Die letzte Fahrt ging langsam mit dem Auto bis zum alten Bereich des *Nordfriedhofs (Norra Kyrkogården)*, nicht weit vom jüdischen Teil. Wir fuhren am *Dramaten* vorbei, das die Fahne auf Halbmast gesetzt hatte. Zum letzten Mal hielt ein Auto mit Peter an einer roten Ampel an der Ecke Karlavägen/Engelbrektsgatan. Am Überweg zog ein älterer Mann den Hut.

Wir waren nur wenige Leute, als der Sarg in der Erde versenkt wurde. Siegfried Unseld, die Schriftsteller Hans Magnus Enzensberger und Uwe Johnson, Olof Lagercrantz mit Familie. Nadja nicht, ich fand, dass es für sie zu gruslig war zu sehen, wie Peters Sarg ins Grab gesenkt wurde.

Die Journalisten der deutschen Boulevardpresse lagen versteckt hinter den Grabsteinen. Ich hatte mir Journalisten und Fotografen verbeten. Aus Deutschland war eine Delegation von Frauen gekommen, die dachten, dass Peter in aller Stille beerdigt und hier nicht geehrt werden würde. Sie wollten demonstrieren, ließen aber davon ab, als sie begriffen, dass Peter in Schweden nicht einsam und vergessen war.

In Deutschland war das Gerücht im Umlauf, Peter würde größtenteils isoliert im Wald leben und nur ab und zu Kontakt zur Außenwelt haben. Das war ein Gerücht ohne jeglichen Wahrheitsgehalt. Zwar hatte er früher über seine Isolierung geschrieben, aber auch diese Schilderung entsprach nicht der Realität. Peter hatte, wenn er niemanden sprechen wollte, mich gebeten am Telefon zu sagen: »Ja, ich bin seine

Sekretärin. Ich weiß nicht, wo er ist. Irgendwo auf dem Land, irgendwo im Wald ohne Verbindung. Er meldet sich, wenn er mit jemandem sprechen möchte.« So entstand das Gerücht über seine völlige Einsamkeit und Isolation.
Schließlich fuhren diese Frauen leicht erschüttert und erstaunt zurück nach Deutschland. Erstaunt über das große Begräbnis, über all die Artikel, die über Peter geschrieben wurden, über die Aufmerksamkeit, die Funk und Fernsehen seinem Tod entgegenbrachten. Sie hatten nicht die geringste Ahnung, was für eine Bedeutung er für das schwedische Kulturleben gehabt hatte.

Meine Rede zum Büchner-Preis*

Sehr geehrte Damen und Herren,

es fällt mir schwer, den Büchner-Preis für Peter – nachträglich – entgegenzunehmen und nicht mehr als ein Wort des Dankes zu sagen. Deshalb möchte ich etwas zu dem, was man über Peter geschrieben hat, sagen – zu dem, was *vor* seinem Tode, vor allem aber auch nach seinem Tode geschrieben wurde. Ich möchte aber auch davon berichten, wie er auf die Preisverleihung reagierte.

Peters Einstellung zu Literaturpreisen, vor allem aber zum Büchner-Preis, war kompliziert. Noch kurz vor seinem Tode haben wir hierüber gesprochen. Einen Preis zu bekommen, wenn man jung ist, noch bevor man bekannt ist, das ist einfach. Es bedeutet Bestätigung, Anerkennung, Herausforderung und eine Aufforderung weiterzumachen.

Als Peter – vor bald einem Vierteljahrhundert – den Charles-Veillon-Preis in Lausanne empfing, war das ganz unproblematisch. Ohne Geld fuhren wir hin, Peter nahm den Preis entgegen, auf dem Rückweg fuhren wir nach Paris, dort wurde das Geld schnell kleingemacht, und genauso arm wie vorher kamen wir wieder nach Hause.

---

* Diese Rede wurde von der Deutschen Akademie für Sprache und Dichtung veröffentlicht und der Internetseite entnommen. Siehe: www.deutscheakademie.de/de/auszeichnungen/georg-buechner-preis/peter-weiss/dankrede

Übermut wie dieser verschwindet. Die Forderungen, die man an sich selbst stellt, werden größer. Ein Büchner-Preis, der spät verliehen wird, vielleicht zu spät, kann betroffen machen, ja Angst auslösen. Man kann wohl nicht darüber hinwegsehen, daß auch politische Gründe eine Rolle gespielt haben, warum man ihm so spät erst diese Auszeichnung zusprach.

Peter stellte sich also die Frage, ob er den Preis ablehnen sollte. Wie Sartre den Nobelpreis. Aber das wäre ein Schlag ins Wasser, meinten wir. Aber eine Rede zu halten, seine Gedanken öffentlich zu machen, weiter ganz klar und deutlich seinen Standpunkt zu vertreten, das würde seinen Vorstellungen am nächsten kommen. Die Gelegenheit wahrnehmen und dann weitergehen! Peter hat noch Zeit gehabt, in Büchners Werken und Briefen Notizen zu machen, Textpassagen anzustreichen. Jede angezeichnete Stelle deutet darauf hin, daß es sich in seiner Rede um Kunst und Politik, um Revolution und Tod handeln sollte. Unter anderem unter Bezug auf die Lage in Polen, damals, vor der Errichtung der Militärregierung, und heute. Um die Bedeutung der Sprache und die Schwierigkeiten im Umgang mit ihr.

Hierbei muß ich an einen früheren Büchner-Preisträger denken – an Paul Celan, mit dem sich Peter bis zu einem gewissen Grade identifizierte, in Bezug auf den Büchner-Preis und auch hinsichtlich seines Verhältnisses zur Sprache. Die Aufgabe, diese Rede zu schreiben und die ambivalente, die widersprüchliche Einstellung gegenüber dem Preis waren Gegenstand unserer letzten Gespräche und Diskussionen. Mehr kann ich über den Inhalt der Rede nicht sagen. Etwas hingegen aber noch über Peters Ambivalenz, weil sie mir für das Verständnis seines Werkes sehr wichtig erscheint. Ambivalenz im positiven Sinne, mit den beiden Komponenten: reifliche Überlegung und Impulsivität. Widersprüchliche Ansätze, überhaupt der Widerspruch, gehörten zu Peters Wesen, waren seine ständigen Begleiter.

Ich habe Peter 1949 bei einer Vorstellung des indischen Tänzers Ram Gopal kennengelernt. 1952 traf ich ihn wieder, und dieses Mal im Menschengewimmel auf einem Jahrmarkt. Und seitdem habe ich mit ihm zusammengelebt, habe mit diesem Mann der Widersprüche gelebt, mit allem was dazugehört.

Damals malte Peter und schrieb nebenbei. Ich war Bildhauerin und nebenbei Designerin. Das Interesse für Theater und Film war der Punkt, in dem wir uns begegneten. Peter als Autor von abgelehnten Stücken und Filmmanuskripten, ich als unbezahlte Bühnenbildnerin bei Studententheatern und anderen kleinen Gruppen. Mit dem Theater fing unsere Zusammenarbeit an, begann der Dialog, der dreißig Jahre währte. Wir haben nicht zusammen gearbeitet, weil wir zufällig zusammenlebten. Uns verband die berufsmäßige Auffassung von Arbeit, von Kunst und von der Gesellschaft. – Eine lange Entstehungsgeschichte.

Beim Lesen der meisten Arbeiten, die man über Peter vor und nach dem Tode geschrieben hat, fällt mir immer wieder auf, wie jeder hier und dort einen Teilaspekt, der seinen persönlichen Erfahrungen entspricht, herausgesucht hat, was natürlich abhängig ist von den Traditionen und Begriffen der jeweiligen Kultur. Ich habe mehr oder weniger zufällig eine ähnliche Biographie wie Peter, und vielleicht sehe ich deswegen in seiner Arbeit auch andere Strukturen und Bezüge als diejenigen, die sein Werk von außen betrachten. Ich möchte hier zwei Punkte betonen:

1) Emigration und Sprache
2) Das Aufeinandertreffen von zwei Kulturtraditionen

Dadurch, daß in seiner Person die deutsche, die zentraleuropäische Kultur und die skandinavische sich begegnen, aufeinandertreffen, sind in Peters Malerei, in seinen Filmen und in seinem literarischen Werk Gedanken enthalten – Bilder, Theorien, Synthesen – die nicht entstanden wären, wenn er nur in der einen oder anderen Tradition gelebt hätte. Aus dem so oft mit Angst erfüllten Konflikt zwischen seiner deutschen, zentraleuropäischen Herkunft und den schwedischen Traditionen, aus diesem Konflikt fand er einen Weg, bei dem sich die beiden oft weit auseinanderliegenden Lebensanschauungen vermischten und ein Neues ergaben.

Wenn man stark genug ist, wenn man genügend selbstbewußt ist, in bezug auf seine eigenen Arbeiten und wenn es einen oder ein paar Menschen gibt, die daran glauben, daß das, was man tut, wichtig und von Bedeutung ist – dann macht man eben weiter, und dann kann es sein, daß Emigration nicht immer nur von Übel ist. Natürlich ist das auch abhängig davon, in welchem Alter man gezwungen ist auszuwandern, warum und wie. Für einen jungen Menschen, der nirgends zuhause ist, mag es trotz allem auch Freiheit bedeuten, mit größeren Möglichkeiten für ein neues Ichbewußtsein.

Die kleine Gruppe von Menschen, mit denen wir verkehrten und arbeiteten, lebte mit den gleichen Fragen wie Peter: Kunst und Politik – was geschah da draußen in der Welt? Wie sollte, wie konnte man sich damit hier in Schweden auseinandersetzen? Diese kleine Gruppe war wichtig für die Entstehung seines Werkes: »Die Ästhetik des Widerstands«. Und für Peter zusätzlich die Angst um die deutsche Sprache, seine Muttersprache, das Werkzeug für seine Arbeit und um das Schwedische als Werkzeug seines Alltags.

Dieser sprachliche Konflikt führte zu der ihm eigenen Sensibilität für jedes einzelne Wort, für jede Nuance. Jedes Wort galt es zu wägen, Schreiben bedeutete Widerstand zu überwinden und zugleich zu leisten, ästhetischen Widerstand.

Peter und ich haben oft darüber geredet, daß es viele Schriftsteller gibt, die legasthenisch gewesen sind. Und daß eine Reihe von Schauspielern gestottert hat, bevor sie ihren Beruf erlernt haben. Das Wort, der Satz, das Gesprochene, Sprache ist für sie von tiefster Bedeutung, das Wichtigste, das man nicht hergibt, bevor man nicht alle Schwierigkeiten, die mit ihrem Gebrauch verbunden sind, überwunden hat.

Peter hat in beiden Sprachen, der deutschen und der schwedischen, mit der gleichen Sorgfalt, mit der gleichen Intensität gearbeitet. Er hat sich die schwedische Sprache erobert und gleichzeitig die deutsche behalten, mit ihr gearbeitet. Sechs Bücher sind in schwedischer Sprache erschienen, die letzten drei wurden aufgrund des Inhaltes abgelehnt.

Auch in unserem letzten Gespräch ging es um Sprache. Also nichts Außergewöhnliches. Das gehörte ja zu unserem Alltag. Was Peter fehlte, war die deutsche Alltagssprache, Umgangssprache, die gesprochene Sprache der Straße, der Teil der Sprache, der sich ständig wandelt. Genau diese Sprache fehlte ihm, wenn er in Schweden war.

Wir haben auch über die sprachliche Kluft zwischen den Generationen gesprochen. Auch wenn man die gesprochene Sprache beherrscht, beschränkt sie sich ja auf die der eigenen Altersgruppe. Wir sind alle eingeschlossen in unsere eigene Sprachgeneration. Die Sprache einer anderen Generation zu lernen, ist nur begrenzt möglich.

Wieder nach Deutschland zu ziehen, das hat er sicher mindestens zehnmal versucht. Aber das war für ihn nicht möglich. In Deutschland fehlten ihm das abgeschirmte Arbeitsmilieu und die kleine Gruppe von Menschen, die für seine Entwicklung so viel Bedeutung hatte. In Schweden fehlte ihm das turbulente Leben, die lebendige deutsche Sprache, die Intensität. Er wollte beides. In ihm lebten zwei Menschen, der eine, den man im Norden kannte und der andere, den man in Deutschland treffen konnte. In Schweden lebte jener, der die Stille brauchte, um zu arbeiten. In Deutschland war er der Suchende, der Material sammelte, oft geradezu euphorisch. Das sind die beiden wichtigsten Komponenten, die für sein künstlerisches Schaffen maßgebend waren. Peter identifizierte sich weder mit der einen noch mit der anderen Kultur. Er benutzte ihre Ergebnisse als Arbeitsmaterial und natürlich schuf das die Schwierigkeit: wo bin ich zuhause?

Dieses Dilemma der Emigration haben viele beschrieben. Auch bei Peter ist das bis zu einem gewissen Maße der Fall. Dieses Dilemma, diese Emigration hatte meiner Meinung nach schon viel früher begonnen, nämlich als künstlerische Emigration – nicht als Flucht, sondern aus innerer Notwendigkeit. Die äußere Emigration war eine Bestätigung der inneren, die bereits angelegt war. Bei unserem letzten Gespräch, ein paar Stunden bevor er starb, ging es um den Ursprung des künstlerischen Schaffens. Ich möchte es den schwarzen Abgrund nennen, den wir alle in uns tragen, das schwarze Loch – so wie es im Makrokosmos schwarze Löcher gibt, so auch im Mikrokosmos, im Menschen. Um dieses schwarze Loch, diese Leere überwinden, müssen wir sie ständig besiegen. Und jedes Mal, wenn es gelungen ist, ist sie wieder da, und der Prozeß beginnt von neuem. Um dieses Dunkel zu überwinden, darum schaffen wir, sind wir schöpferisch. Für Peter war es ein ständiger Nahkampf mit diesem Abgrund. Und er vermochte das Dunkel zu verwandeln in eine konstruktive Kraft, mit der er überleben konnte. Vielleicht ist es das, was man auch den Ursprung des Schöpferischen nennt. Dieser ewige Wechsel war eine Voraussetzung für Peter, um spüren zu können, daß er lebte. Man hat gesagt, daß Peter starb, weil er sein Lebenswerk »Die Ästhetik des Widerstands« beendet hatte, und daß »Der neue Prozeß« das definitive Ende eines desillusionierten europäischen Intellektuellen darstellte. Da kann ich nur protestieren. Es war das Ende einer bestimmten Arbeit, einer Phase.

Als er am 28. April aus Berlin nach Hause kam, voll von Eindrücken, begann er sofort mit einer neuen Arbeit. Aufzeichnungen und Skizzen zeigen deutlich neue Perspektiven und ein neues Thema, mit dem er an seine Arbeiten aus den fünfziger Jahren anknüpfen wollte. Ich weiß ganz sicher, dass er an diesen frühen und plötzlichen Tod nicht gedacht hat, trotz der in seinen Tagebüchern immer wiederkehrenden Todesmotive und der Angst vor Krankheit. Das waren Beschwörungen. Wir wissen doch, daß es oft Furcht und Ängste sind, die man sich *wegschreibt*. Das Positive, die Freude, ja Humorvolles, alles das ist für ihn und nicht nur für ihn selbstverständlich gewesen. *Den* Peter gab es auch! Mit Hunger nach allem und allen! Eines Tages wird man vielleicht auch diese Seite seines Wesens beschreiben, in allen seinen Variationen, zusammenfügen zum Bild eines Menschen. Nicht nur, wie jetzt, indem man ihn einseitig interpretiert, ihn nur als politisch engagierten Schriftsteller sieht, ihn vielleicht sogar idealisiert und so wirkungslos macht – so wie man es mit vielen künstlerisch, sozial und politisch denkenden Menschen gemacht hat.

Als Letztes möchte ich sagen: Peter lebte
– im Spannungsfeld zwischen zwei Kulturtraditionen
– im Spannungsfeld zwischen zwei Sprachen
– im Spannungsfeld zwischen Kunst und Politik
– im Kampf für den Fortschritt
– im Spannungsfeld zwischen dem Traum von der totalen Freiheit und der relativen Geborgenheit und Sicherheit.

Er lebte im ständigen Wechsel zwischen einem ereignisreichen und turbulenten Leben, das sich zwischen den Arbeitsperioden abspielte und dem Bedürfnis nach der totalen Stille während des eigentlichen Arbeitsprozesses.

Vielleicht fuhr er deshalb immer wieder nach Stockholm zurück, in sein stilles Arbeitszimmer. In das Land mit der Tradition einer langjährigen Demokratie, in dem er seit 1938 lebte und seit dem 8. November 1946 – seinem 30. Geburtstag – als Staatsbürger angehört hat.

Literarischer Nachlass

Die ganzen Spekulationen, Peter sei erschöpft und nach der Mammutarbeit mit *Die Ästhetik des Widerstands* als Schriftsteller am Ende gewesen, waren ungerechtfertigt. Er war zwar körperlich ausgelaugt, aber nicht so erschöpft, dass ihm die Lust am Schreiben vergangen wäre. Im Gegenteil. Als der Tod zuschlug, befand sich Peter in einer neuen Schreibphase – er hatte sein früheres Interesse für Psychologie wiederentdeckt, allerdings jetzt in Verbindung mit den politischen Erkenntnissen, die er sich im Laufe der Jahre erworben hatte. Ein Kreis hatte sich geschlossen.

Auch eine Bearbeitung von *Trotzki im Exil* stand an, dabei ging es nicht um eine Veränderung des politischen Ereignisses, sondern darum, den Fokus stärker auf Trotzkis Ehefrau Natalja Sedova zu legen und die Rolle der Dadaisten ausführlicher zu behandeln. Wir diskutierten ferner ein neues Stück mit dem Titel *Purgatoriet* (Das Fegefeuer), das ebenfalls von Dantes *Divina Commedia*, Peters ständiger Begleiterin, inspiriert worden ist. Ich hatte vorgeschlagen, dass nun endlich mal Frauen in den Hauptrollen sein sollten, Frauen, die mit bekannten Männern wie Marx, Lenin, Trotzki, Freud und einigen anderen zusammenlebten oder mit ihnen verheiratet waren.

Das Stück sollte damit beginnen, dass sich Marx, Lenin, Trotzki und Freud im Fegefeuer befinden. Sie fragen einen kleinen Teufel, der sie bewacht: »Warum sind denn unsere Frauen nicht hier?« Die Antwort lautet: »Sie haben das Fegefeuer schon zu Lebzeiten auf Erden durchlitten.« Das blieb eine Anregung, eine Idee. Peters Tod kam dazwischen.

Nach Peters Tod, begann für mich eine hektische Zeit. Zu meinen eigenen Arbeitsaufgaben kam nun das Problem hinzu, wie man mit einem künstlerischen und literarischen Nachlass verfährt. Peter hatte in seinem Testament nur lapidar geschrieben: »Das wird Gunillas Eigentum und sie kümmert sich darum«.

Ich pendelte zwischen Stockholm, dem Suhrkamp Verlag in Frankfurt und der Akademie der Künste in Westberlin. Damals begriff ich noch nicht, dass dies fortan zu meinem Leben gehören würde. Als erstes musste ich mich mit Peters Verträgen mit Suhrkamp befassen. Das war wie ein Dschungel.

Meine Idee war, Peters literarischen Nachlass, das heißt, seine Manuskripte, Tagebücher, Briefwechsel und anderes in einem aktiv tätigen Archiv unterzubringen. Das betraf alles, was sich in seinem Atelier befand, auch die Originalmanuskripte, die im Suhrkamp Verlag lagen. Zudem mussten die Tagebücher, Zeitungsausschnitte, Notizzettel, die Kunstwerke und die Filme katalogisiert werden.

Mehrere Archive sowohl in Europa als auch in den USA bekundeten ihr Interesse, Peters literarisches Material zu übernehmen und archivieren zu dürfen. Mir war wichtig, dass das Archiv Wissenschaftlern aus Schweden, der DDR und der BRD zugänglich sein sollte, und deshalb entschied ich mich für die Akademie der Künste in Westberlin.

Die Akademie der Künste in Berlin gab es seit über dreihundert Jahren, und es war ihr gelungen, die Archive vor Bücherverbrennung und Krieg zu schützen, auch die jüdischen und politisch nicht akzeptierten Archive. Peter war sowohl Mitglied der Akademie der Künste im Westen als auch im Osten. Peter war in Berlin geboren und größtenteils dort aufgewachsen. Der größte Teil seiner Produktion war auf Deutsch geschrieben. Die Akademie der Künste war für mich eine Selbstverständlichkeit.

Ich forderte auch vom Suhrkamp Verlag sämtliche Manuskripte von Peter zurück, um sie Berlin zu übergeben. Die Antwort des Verlagsleiters Siegfried Unseld hat mich jedoch ein wenig überrascht. Peters Manuskripte gäbe es nicht mehr. Er erklärte das damit, dass Peter nicht auf Blättern im A4-, sondern im Folio-Format geschrieben habe, und dass dieses Format nicht aufbewahrt werden könne. Außerdem behielten sie die Manuskripte nie länger als zwei, höchstens drei Jahre, wenn der Autor sie nicht zurückverlangt. Als ich das überprüfte, fand ich heraus, dass das nur jene Schriftsteller betraf, die nicht zum Verlag gehörten und ihre Manuskripte auf gut Glück eingesandt hatten. Wenn ein solcher Autor das Manuskript nicht innerhalb von drei Jahren zurückverlangt hatte, wurde es abgelegt oder verschwand.

Peter gehörte zum Verlag und zu Siegfrieds engstem Kreis. Seine Manuskripte waren das Kapital des Verlages und dessen Arbeitsmaterial. Siegfried Ausflüchte waren zu offensichtlich. Ich reiste sofort nach Frankfurt und trotz unserer Differenzen wohnte ich wie immer bei Hilde und Siegfried Unseld. Am Abend kam es zu einem recht hitzigen Dialog. Siegfried schrie, ich würde seine Idee von einem eigenen Archiv, zu dem Peter gehören sollte, zunichtemachen. Also gab es die Manuskripte.

Ich argumentierte, dass ein Verlag niemals ein Archiv für Wissenschaftler und Studenten sein könne, dass dies nicht zu den Aufgaben eines Verlags gehöre. Außerdem könne man nicht vorhersagen, wie es künftig um einen Verlag bestellt sein würde. Da konnte Siegfried nicht mehr an sich halten. Wütend kletterte er auf sein Sofa, hüpfte hoch und runter und schrie: »So etwas könnte meinem Verlag nie passieren!«

Seine damalige, ziemlich unterdrückte Frau Hilde ermahnte mich mit den Worten: »Sowas kannst du doch Siegfried nicht antun!« Doch als Siegfried kurz den Raum verließ, flüsterte sie mir zu: »Gunilla – weitermachen, weitermachen.« Dies nur zur Illustration einer Ehe, aus der sie später, nach vierzig Jahren ausbrechen sollte.

Als Siegfried wieder hereinkam, informierte ich ihn darüber, dass ich auf dem Rückflug nach Schweden in Hamburg zwischenlanden werde, um dem Magazin *Der Spiegel* ein Interview zu geben und dass ich darin sagen werde, der renommierte Suhrkamp Verlag hätte sämtliche Originalmanuskripte von Peter wahrscheinlich »verschlampt«. Das Spiegel-Interview hätte theoretisch auch stattfinden können, war aber eine Lüge meinerseits, und zwar eine effektive. Innerhalb von drei Tagen hatte ich die Manuskripte mit dem Gruß, dass ich alle kopieren dürfte und die Originale anschließend an den Verlag zurücksenden sollte. Ich fertigte Kopien an und schickte sie dem Verlag.

Damit konnten sie weiterarbeiten. Die Originale behielt ich, sie gehören heute dem Archiv der Akademie der Künste. Für ein Archiv hat das Original einen Wert. Peters Verleger Siegfried Unseld hatte, wie gesagt, nach langer Verlegertätigkeit überlegt, ein eigenes Archiv im Verlag in Frankfurt zu gründen, für das der engere Kreis, zu dem Peter wie auch die Schriftsteller Martin Walser, Max Frisch, Uwe Johnson, Wolfgang Koeppen, Hans Magnus Enzensberger, Thomas Bernhard und später Peter Handke gehörten, den Grundstock bilden sollte. Mit der ihm eigenen großen Energie hatte Siegfried bestimmt geglaubt, er könne dieses Archiv noch zu Lebzeiten verwirklichen und nach seinem Tod wäre es ein bleibendes Denkmal über ihn und sein Wirken als Verleger. Siegfried Unselds Archiv wurde anders als er es sich vorgestellt hatte. Durch nicht allzu feine Methoden hat er Uwe Johnsons Nachlass übernommen. Uwe Johnson war auch der einzige, der in Siegfrieds geplantes Archiv einging. Max Frisch brachte sein Werk in Zürich, Wolfgang Koeppen im Wolfgang-Koeppen-Archiv in Greifswald unter und das Thomas-Bernhard-Archiv befand sich in Bernhards Haus in Ohlsdorf-Obernathal in Österreich. Martin Walser, Hans Magnus Enzensberger und Peter Handke leben noch.

Nach Siegfried Unselds Tod übernahm seine zweite Ehefrau, die Schriftstellerin Ulla Berkéwicz, den Verlag. Sie war lange im Hintergrund gewesen und wurde, nachdem Siegfried nach langem Leiden verstorben war, Verlagsleiterin. Einige Jahre nach Siegfrieds Tod verlegte sie den Verlag von Frankfurt nach Berlin. Das Unternehmen wurde radikal umstrukturiert und auf eine neue Linie gebracht. Die meisten der engsten Mitarbeiter konnten nicht mit dem Verlag umziehen und mussten ihn verlassen. Die vielen verbliebenen Manuskripte, die in Frankfurt lagerten, wurden an das Deutsche Literaturarchiv Marbach verkauft. Die Kaufsumme ist mir nicht bekannt. Intuitiv habe ich damals richtig gehandelt, als ich Peters Originalmanuskripte zurückforderte.

Auch wenn wir über Peters Nachlass verschiedener Meinung waren und zwischen Siegfried und mir harte Worte gewechselt wurden, hatten wir weiterhin guten Kontakt zueinander. Dennoch hatte meine Intervention ihren Preis; die Auflagen von Peters Büchern gingen zurück, und ich konnte nicht alle gewünschten Änderungen und Zusätze durchsetzen.

Das betraf vor allem die Trilogie *Die Ästhetik des Widerstands*. Peter zufolge hatte der Verlag auf unsensible Art und Weise im dritten Band zu viel geändert, und ich wollte, dass man auf die Fassung zurückkommt, die Peter einst geschrieben hatte. Die Begründung des Verlages lautete, im dritten Teil seien zu viele Skandinavismen.

Ich und andere Experten sind mit unserer Kritik an die Öffentlichkeit gegangen. Viele haben sie jedoch missverstanden und gedacht, der Verlag hätte den dritten Teil einer politischen Zensur unterworfen. Dem war aber nicht so, sondern es ging um Peters Schreibrhythmus, um die Musikalität im Text. Interessanterweise sind die DDR-Ausgabe und die schwedische Auflage korrekter.

Ferner forderte ich, die Trilogie mit einem Personenregister zu versehen, das historisch interessante Informationen liefert, die der *Ästhetik des Widerstands* eine größere Perspektive eröffnen würden. 2016 ist es mir endlich gelungen, die Änderungen durchzusetzen, für die Peter gekämpft hatte. Es ist nicht gerade wenig Geld, was der Verlag an Peters Büchern und Stücken verdient hat. Peter war nicht besonders geschäftstüchtig. Er war froh, dass die Bücher veröffentlicht und die Stücke gespielt wurden. Die Wertschätzung, die Peter erfuhr, und die Diskussionen, die er mit Siegfried, den Lektoren und den übrigen Mitarbeitern im Verlag führte, wogen allerdings die schlechten Konditionen auf. Als Peter einmal mit Siegfried Tischtennis spielte, verwies ich darauf, dass die Prozente mit jedem Satzball, den Peter verlor, sanken. Peter verwechselte Freundschaft mit Geschäftskontakt.

Einmal im Jahr trifft sich der Vorstand, um Peters Werk im Archiv der Akademie der Künste durchzugehen und sich darüber zu informieren, wie es betreut wird und was daran verändert werden könnte. Ich brachte Siegfried dazu, als Verlagsrepräsentant dabei mitzuwirken. Seine einzige Forderung war, dass dann auch der Schriftsteller Heiner Müller dem Vorstand angehören solle und fügte in einem Nebensatz hinzu: »Aber den kriegst du nie.«

Ich kannte Heiner von vielen Treffen zu Hause bei Wolf Biermann in Ostberlin. Aus mir unerfindlichen Gründen konnte Heiner sowohl in Ostberlin als auch in Westberlin aus- und einreisen. Ich habe Heiner in einer kleinen Kneipe in Westberlin getroffen. Getreu seiner Gewohnheit saß er schon am frühen Morgen mit einem ordentlichen Whisky in der einen und einer dicken Zigarre in der anderen Hand, sowie einer großen Tasse schwarzen Kaffee da. Ich berichtete Heiner von Siegfrieds Bedingungen und dessen etwas bissigen Bemerkung, dass ich ihn niemals kriegen würde. Heiner schlug mit der Faust auf den Tisch und sagte sofort: »Ich bin dabei.«

Ich schickte Siegfried ein Telegramm mit den Worten: »Ich hab ihn.« Der Vorstand war vollzählig. Bei der ersten Sitzung waren alle da, außer Heiner Müller. Etwas ironisch meinte Siegfried: »Na, was habe ich gesagt?« Punkt zwölf ging die Tür auf und Heiner sprang mit einem Satz hinein und sagte: »Wollen wir anfangen? Worauf wartet ihr?«

Ursprünglich hatte Peter geplant, seinen literarischen Nachlass der *Königlichen Bibliothek* in Stockholm zu überlassen, weil sie ihn bei seiner Forschung einzigartig unterstützt hatte und er ihr gegenüber große Dankbarkeit empfand. Die *Königliche Bibliothek* nahm es mir übel, dass ich Peters Wunsch nicht erfüllte, aber meine Haltung hatte praktische Gründe. Wenn Peters Nachlass in Stockholm archiviert worden wäre, hätten die Wissenschaftler aus der damaligen DDR keinen Zugang zum Archiv gehabt. Es war ein politisches Statement von mir, den Nachlass in der Akademie der Künste in Westberlin unterzubringen. Eine weitere Ursache waren die ständigen Kürzungen der staatlichen Zuschüsse für die schwedischen Bibliotheken, so dass das Archivieren von Peters Material unverhältnismäßig lange gedauert hätte wie dies z. B. beim literarischen Nachlass von Nobelpreisträgerin Nelly Sachs der Fall war.

Dem Archiv übergab ich sämtliche Manuskripte, Tagebücher und die handgeschriebenen und illustrierten Manuskripte aus den Jugendjahren, alle Briefwechsel, bis auf die Briefe zwischen Peter und mir sowie zwischen ihm und den Kindern. Darüber hinaus wurde die gesamte politische Literatur mit Peters Unterstreichungen und Notizen übergeben.

Für mich ist unsere private Bibliothek auch heute noch ein Problem, denn sie besteht aus unseren gemeinsamen Büchern, die ebenfalls voller Notizen und Unterstreichungen sind, die von Peter, aber auch von mir stammen. Häufig ist nicht zu erkennen, ob es Peters oder mein Strich ist. Peter und ich führten oft einen Dialog via Bücher und unterstrichen Sätze, die jeweils für den anderen interessant sein könnten. Wichtige Stellen wurden doppelt unterstrichen und mitunter auch mit einem Sternchen als Extramarkierung versehen.

Mein Vertrag mit dem Archiv der Akademie der Künste enthielt zwei Bedingungen, die keinen großen Anklang fanden. Die erste und wichtigste Bedingung war, dass ich, sollte sich die politische Lage in der damaligen BRD und in Westberlin radikal verändern und einer totalitären Gesellschaft mit Zensur annähern oder ihr ähnln, das volle Recht hätte, das gesamte katalogisierte Material zurückzubekommen, auch später hinzugekommene Werke, inklusive Archivkataloge. Ich hätte also in diesem Falle seinen Nachlass vollständig einem anderen Archiv anbieten können. Das war ein Zeichen und eine Sicherheitsvorkehrung.

Meine zweite Bedingung war, dass alles zugänglich sein müsse und nichts zensiert werden dürfe. Das Archiv solle allen Interessierten offenstehen.

Schließlich schlug ich vor, zu dem Zeitpunkt, da Peters literarischer Nachlass dem Archiv übergeben wird, eine Ausstellung mit Peters vielseitiger künstlerischer Tätigkeit in den Ausstellungsräumen der Akademie der Künste zu organisieren. Das würde praktisch eine Zusammenarbeit zwischen der Akademie der Künste in Westberlin, dem *Moderna museet* in Stockholm und wenn möglich auch mit der Akademie der Künste in Ostberlin bedeuten.

Die Peter-Weiss-Ausstellung

Die BRD, das neutrale Schweden und die DDR markierten Peters politisches Dreieck. Peters anfängliches soziales Engagement wie auch das psychoanalytische, das später in eine politische Stellungnahme übergehen sollte, bildeten das Leitmotiv für die Ausstellungen. Ich hatte diese initiiert und auch das *Moderna museet* in Stockholm dazu gebracht, mit der Akademie der Künste in Westberlin, die zum großen Teil von der Stadt Berlin finanziert wurde, zusammenzuarbeiten.

Zur schwedischen Finanzierung hat insbesondere der Kulturrat Göran Löfdahl beigetragen. Göran war Germanist und hatte auf Peters Initiative hin zusammen mit ihm, dem Germanistikprofessor Gustav Korlén und Thomas von Vegesack die *Gruppe 47* 1964 zu einem Schriftstellertreffen in Sigtuna eingeladen. Es war die erste Tagung der *Gruppe 47* im Ausland und zugleich der erste groß angelegte Austausch zwischen schwedischen und deutschen Schriftstellern nach dem Krieg gewesen.

Hier wurde der Grundstock dafür gelegt, dass Schriftsteller wie P. O. Enquist, Lars Gustafsson und einige andere schwedische Schriftsteller wahrgenommen und ins Deutsche übersetzt wurden. Ohne Göran Löfdahls Interesse für einen schwedisch-deutschen Kulturaustausch und sein Engagement für die Ausstellung über Peter, wäre es für mich viel schwerer gewesen, eine Zusammenarbeit zwischen zwei deutschen Staaten und Schweden zustande zu bringen. Später wurde Göran Kulturattaché an der schwedischen Botschaft in Bonn, sodass unsere Zusammenarbeit mit vielen anderen Projekten fortgesetzt werden konnte. Leider ist Göran früh verstorben.

Die Ausstellung vorzubereiten und durchzuführen, erforderte ein umfangreiches Ausstattungskonzept für zwei verschiedene Bühnenräume, für den in der Akademie der Künste in Westberlin und für den im Moderna museet in Stockholm. Die Ausstellungen erinnerten an eine Theatervorstellung, nur dass hier anstelle der Schauspieler Peters verschiedene künstlerische Ausdrucksmittel auf der Bühne standen. Führungen, Vorträge und Diskussionsrunden ergänzten die Ausstellung.

Für diese groß angelegte Arbeit wurden Mitarbeiter benötigt, sowohl für das Praktische als auch für das Intellektuelle, und zwar Deutsche und Schweden. Aus Schweden kamen der Künstler Martin West, der Möbelarchitekt Reinhard Roth und der Künstler Mikael Sylwan. Das deutsche Team bestand aus dem Literaturwissenschaftler Jürgen Schutte und seinen Studenten Andreas Schönefeld, Axel Burmeister und Elisabeth Wagner. Die Zusammenarbeit mit der deutschen Gruppe wurde im *Moderna museet* in Stockholm fortgeführt.

Der Germanist und Literaturwissenschaftler Jürgen Schutte wurde mir vom Leiter des Archivs in der Akademie der Künste, Wolfgang Trautwein, empfohlen. Ihm schien Jürgen am besten dafür geeignet, Peters literarisches Werk zu untersuchen und damit zu arbeiten. Für Jürgen bedeutete die Mitarbeit an der Ausstellung ein Auftrag zur rechten Zeit. Er war indirekt von dem neuen Gesetz von 1972, dem Radikalenerlass, auch Berufsverbot genannt, betroffen, demzufolge diejenigen, die der Westdeutschen Kommunistischen Partei angehörten, Kontakte zu ihr unterhalten bzw. mit ihr zusammengearbeitet hatten, nicht in staatlichen Institutionen oder im öffentlichen Dienst angestellt sein durften. Die Arbeit an Peters Ausstellung war hingegen eine freiberufliche Tätigkeit und die Akademie der Künste war nicht staatlich.

Überhaupt hatte das Gesetz über das Berufsverbot in der BRD weitreichende und ungeahnte negative Konsequenzen für die verschiedensten Berufe. Willy Brandt hat sich später öffentlich dafür entschuldigt, dass die Sozialdemokraten zusammen mit den übrigen Parteien an diesem Gesetz mitgewirkt und es akzeptiert hatten. Als das Gesetz aufgehoben wurde, wurde Jürgen Schutte Professor für Literatur an der Freien Universität in Westberlin.

Die Ausstellungen fertigzustellen, nahm vier Jahre in Anspruch. Zur grafischen Gestaltung, zum Aufbau der Ausstellungen und zum Katalog kamen noch vorbereitende Forschungen hinzu. In meiner Naivität hatte ich gedacht, ich könnte nach den Ausstellungen zu Peters Lebenswerk mit seiner Kunst, seinen Filmen und Manuskripten in der Akademie der Künste und im Moderna museet und nach der Übergabe seines literarischen Nachlasses an das Archiv der Akademie der Künste in Berlin nun die Verantwortung anderen kompetenten Leuten übergeben und diesen Teil der Vergangenheit allmählich hinter mir lassen.

Es zeigte sich, dass die Arbeit mit dem Nachlass eigentlich nie endet, fortwährende Arbeit mit einem Material ist, das ein Eigenleben führt. Das bedeutet für mich, Vorworte und Nachworte für neue Buchausgaben zu schreiben, Vorträge zu halten, Theaterdiskussionen zu führen sowie Bibliotheken, Schulen und Plätze mit Peters Namen einzuweihen und vieles andere mehr. Ständig tauchen neue Fragen auf. Vor allem von deutschen Wissenschaftlern, die sich mit Peters Zeit in Schweden zwischen 1939 und 1982 befassen, mit dem Leben in einer für sie oft unbekannten Kultursphäre.

Mein Wissen und die Kontakte, die ich habe und hatte, waren für ihre Forschung unerlässlich, für Dissertationen, Werkeditionen sowie Ausstellungen. Es ging darum, die Wissenschaftler mit der schwedischen, aber auch mit der übrigen skandinavischen Literatur, Kunst und Musik vertraut zu machen, sie darauf hinzuweisen, welche Personen für Peter von Bedeutung waren, welche ihn beeinflusst haben, welche sach- und personengebundene Assoziationen relevant sind, was er vom Skandinavischen gelernt hat.

Es ist bis heute verhältnismäßig wenig sowohl aus der älteren als auch aus der modernen schwedischen, dänischen, norwegischen und finnlandschwedischen Literatur ins Deutsche übersetzt worden. Viele der bislang noch nicht übersetzten literarischen Werke waren Inspirationsquellen für Peters Kunst und literarisches Schaffen und haben auch seinen Blick auf die Gesellschaft geprägt. Man lebt nicht so lange in einem Land, ohne dass man davon beeinflusst wird. Das mangelnde Verständnis für die Kultur in anderen Ländern beruhte natürlich auch auf der langen intellektuellen Isolation, von der die Deutschen in der Zeit des Nationalsozialismus betroffen waren, was sich fatal auf den Kenntnisstand über die Entwicklung anderer Länder ausgewirkt hat, die skandinavischen sicherlich inbegriffen. Es gab viel aufzuholen, das Skandinavische wurde lange hintenangestellt.

Die Kultur- und Sprachverwirrung wurde akut, als ich zusammen mit deutschen Wissenschaftlern Peters Tagebücher deuten sollte. So konnte ihnen das, was uns Schweden ganz natürlich vorkam, völlig fremd sein. Peters Notizen waren auf Schwedisch, Englisch und Deutsch. Zudem hatte er eine ziemlich unleserliche, fast kryptische Handschrift.

Verkürzungen und Namen, die in der schwedischen Sprache selbstverständlich sind, erschienen den deutschen Forschern manchmal als Geheimcode. Das betraf mitunter ganz banale Dinge und Mitteilungen, zum Beispiel »1 l. m. konsum«: Ich hatte ganz einfach Peter angerufen und ihn gebeten, auf dem Heimweg bei *Konsum* einen Liter Milch zu kaufen. Seine Notizbücher sind eine bemerkenswerte Mischung aus einfachen täglichen Ereignissen und ausgeklügelten literarischen und politischen Zusammenhängen. Es gibt eine frühere zweibändige Ausgabe von Peters Tagebüchern bei Suhrkamp und bei Arbetarkultur, *Notizbücher (Notisböcker),* die er selbst bearbeitet, umgeschrieben und auch zusammengestrichen hat. Sie nähern sich eher der Romanform an. Mein Wunsch ist, dass die ursprünglichen Tagebücher so herausgegeben werden, wie sie sind, unredigiert, inklusive einiger Seiten als Faksimile.

Die dritte und abschließende Ausstellung in Ostberlin ist nicht mehr zustande gekommen, da 1989 die Berliner Mauer fiel. Danach konnten Interessierte aus Ost und West sich problemlos zum Tiergarten/Berlin West begeben und sich die Ausstellung in der Akademie der Künste ansehen.

Die Ausstellung folgte Peters Leben von der Geburt bis zum Tod. Ich zeichnete einen Raum nach dem anderen, füllte sie mit zeittypischen Gegenständen und gestaltete sie farblich entsprechend dem bürgerlichen Zuhause jener Zeit, kopierte Fotografien hinein, aber vor allem Peters Gemälde, um seine Entwicklung als Künstler aufzuzeigen.

Am Eingang, wo die Wanderung durch Peters Leben begann, hatte ich ein riesiges Foto des vierjährigen Peters mit seinem Lieblingselefanten – auf Holz geklebt, mit ausgeschnittenen Konturen – platziert. Am Ausgang gab es ein Foto von der Berliner Mauer, auf die ein Graffitikünstler gesprüht hatte: »Who the fuck is Peter Weiss?«

In zwei Schaukästen wurde Peters früheres Leben mit der Künstlerin Helga Henschen bzw. seine Zeit mit der Künstlerin Le Klint dargestellt. Ich wollte aufzeigen, dass sich in der Zweisamkeit von zwei Künstlern die Partner gegenseitig inspirieren. In der Zeit mit Helga malte Peter zum Beispiel blumiger, Motive, die Ähnlichkeiten mit Helgas Malerei aufwiesen, was an seinen ausgestellten Buchumschlägen aus jener Zeit zu erkennen ist. Möglicherweise war dies auch ein Versuch, sich an die schwedische Malerei anzupassen.

In der Zeit mit Le Klint war Peters Malerei chaotischer. Le war dänischer Flüchtling und hatte eine gespaltene Einstellung zur Kunst. Auch dies ist an den Buchillustrationen, die während ihrer Beziehung geschaffen wurden, erkennbar. Was die Arbeitsgemeinschaft zwischen Peter und mir anbelangt, wurde unsere Zusammenarbeit in Film und Theater präsentiert. Sämtliche Bühnenmodelle der Stücke, an denen wir gearbeitet hatten, waren ausgestellt. Meine Konstruktionen von Bühnenräumen waren auf äußerste Kargheit ausgerichtet. Peters Collagen und Buchumschläge aus dieser Zeit waren auch eher strikt architektonisch.

Als ich bei meinen Führungen durch die Ausstellung in der Akademie der Künste über die gegenseitige Inspiration zweier Künstler während ihres Zusammenlebens sprach, wurde ich einmal von einem empörten älteren Mann unterbrochen, der dies eifrig gestikulierend so kommentierte: »Das ist Unsinn! Ein Mann, ein Künstler kann nie von einer Frau beeinflusst werden.«

In mehreren eigens dafür gebauten, klaustrophobischen Räumen wurden einige Inspirationsquellen für Peters Trilogie *Die Ästhetik des Widerstands* gezeigt. In einem Kubus waren Bilder vom rekonstruierten Pergamonaltar, dem Ausgangspunkt für die Trilogie, in einem anderen Kubus Bilder von der Hinrichtungsstätte zu sehen, wo die junge pazifistische Widerstandsgruppe *Die weiße Rose* guillotiniert worden war. Zu der Gruppe gehörten die Geschwister Scholl, die Initiatoren für die Demonstrationen gegen das Naziregime. Es gab auch Fotos von der Hinrichtungsstätte mit den großen Fleischerhaken, an denen die Widerstandsgruppe *Die rote Kapelle* aufgehängt worden war.

Die Ausstellungsarbeit verlief nicht ganz reibungslos, aber das gehört bei solchen Arbeiten dazu. Jürgen Schutte und ich hatten verschiedene Auffassungen vom Visuellen. Ich hatte die Verantwortung für die Bildgestaltung, doch er betrachtete das mit dem Blick eines Archivars, eines Textmenschen. Er wollte am liebsten jeden einzelnen Zettel ausstellen. Ich war der Meinung, dass man aussieben und einen roten Faden haben muss, um die Ausstellungsbesucher nicht zu ermüden. Der Zuschauer muss via neue und überraschende Sinneseindrücke geführt werden.

Während der Ausstellungsarbeit war ich gezwungen, zwischen Stockholm und Berlin zu pendeln. Einmal, als ich zurück nach Berlin kam, hatte das Team das gesamte Ausstellungskonzept geändert. Wenn man ein gut ausgearbeitetes und durchdiskutiertes Konzept, einen Zeitplan und ein festes Budget hat, in dessen Rahmen man sich bewegen soll, kann man nicht mitten im Arbeitsprozess die Grundidee und bereits Festgelegtes ändern. Zudem war die Ausstellungform auch an mehrere Orte und nicht nur an die Räumlichkeiten in Berlin angepasst. Allein das war ein Puzzlespiel. Das ist wohl das Schlimmste, was einem während eines Arbeitsprozesses passieren kann, doch wenn dies geschieht, werde ich ganz schön ungemütlich.

Jürgen war damals frisch verheiratet. Seine Frau Ulrike tauchte im Ausstellungsraum auf, mischte sich wütend ein und verteidigte Jürgen mit den Worten: »So kannst du Jürgen nicht behandeln.« Ich mochte ihre Art, ihn zu verteidigen, änderte aber das Konzept nicht.

Das Ganze war nur von kurzer Dauer; in den späteren Arbeitsprozessen sollten sämtliche Teammitglieder, insbesondere Jürgen, längere Zeit bei mir in Stockholm wohnen, um über und zu Peter zu forschen. Die Ausstellung war für uns der Auftakt einer langen Zusammenarbeit bis zu Jürgens Tod 2018. Für Jürgen wurde Peters Werk eine Lebensaufgabe und nachdem er zum Professor an der Freien Universität ernannt worden war, haben sein Engagement für und sein Wissen über Peters Arbeiten dazu geführt, dass eine große Anzahl seiner Studenten über sämtliche Ausdrucksmittel von Peter promoviert haben.

Unsere Zusammenarbeit nach der Ausstellung erstreckte sich darauf, das Material, das in den Archivsammlungen der Akademie der Künste platziert werden sollte, zu vervollständigen. Das Suchen, Sammeln und die Bearbeitung von Peters Werk, wurde für mich eine Art Trauerarbeit, um die Sehnsucht nach unserer langjährigen Zusammenarbeit und unserem Leben sowie den Verlust derselben konstruktiv zu verarbeiten.

MEMENTO MORI

Dom Juan

Den Vertrag über die Inszenierung von *Dom Juan*. (Dom und nicht Don soll der ursprüngliche Titel gewesen sein) hatte ich schon lange vor Peters Tod. Als es soweit war, mit dem Bühnenbild und den Kostümen anzufangen, war es eine Erleichterung, sich mit etwas zu beschäftigen, das nichts mit meiner Realität zu tun hatte.

Ich reiste nach München, zu einer ersten Besprechung mit Ingmar. *Dom Juan* sollte zunächst am Landestheater in Salzburg aufgeführt werden, später am Cuvilliés-Theater in München inszeniert und schließlich fürs Fernsehen aufgenommen werden. Das waren im Prinzip drei verschiedene Aufträge. Keine Bühne war wie die andere, und eine Inszenierung für Film oder Fernsehen verlangt ein ganz anderes Farbsystem und eine andere Technik.

In Bezug auf das Landestheater in Salzburg war ich anfangs etwas skeptisch. Peter hatte mit diesem Theater schlechte Erfahrungen gemacht. Eigentlich hätte dort *Die Ermittlung* inszeniert werden sollen, was aber seinerzeit wegen der unangenehmen Demonstrationen nicht geschehen ist. Das Thema des Stücks war nichts für Salzburg, aber das Schlimmste waren die Transparente mit Parolen wie: »Wir sind dagegen, dass ein ›kommunistischer Jude‹ unser Theater erobert.« Das war ein Relikt, das darauf zurückzuführen ist, dass Österreich nie mit sich selbst ins Gericht gegangen ist. Das war zwar lange vor *Dom Juan*, aber das schlechte Gefühl war haften geblieben.

Ingmar und ich kamen zu dem Schluss, dass Bühnenbild und Kostüme an Molières Jahrhundert angepasst und das Stück als »schlichtes« Straßentheater von einer Gauklertruppe gespielt werden sollte, die in eine Stadt kommt und auf einem Platz ihre Bühne aufbaut.

Ich entwarf eine Straßenperspektive, inspiriert von einer kleinen Straße in Siena, die zum Teil überdacht ist und an den Seitenfassaden Balkons hat. Diese stilisierte Straße mündete in eine Piazza, einen Platz. Die Pflastersteine und Fassaden waren ziegelrot. Im Hintergrund gab es ein großes Standbild des Komturs und dahinter wurde sein Grabmal angedeutet. Während der ganzen Vorstellung ahnte man im Hintergrund die Bedrohung durch den Komtur und den Tod. Auf diesen Balkons traten in der Schlussszene die früheren Geliebten Dom Juans auf. Alle waren zunächst verschleiert. Als sie später ihre Schleier abnahmen, standen sie dort wie Tote in verschiedenen Stadien der Verwesung und Auflösung.

Wenn ich an einem Bühnenbild arbeite, beginne ich meist mit der Schlussszene. Sie ist das Credo der Inszenierung und das Ziel, auf das ich hinarbeite. Bei der Schlussszene ließ ich mich von einem Buch aus meiner Bibliothek inspirieren: *Les Gisants* (Die Liegenden), das Fotos von Sarkophagen aus dem 17. Jahrhundert mit porträtähnlichen Skulpturen von Königen und Königinnen enthielt, die mit einem brutalen Realismus in verschiedenen Stadien der Verwesung dargestellt sind. Das war ein Thema, das Ingmar inspirierte und zu ihm passte. Für mich war es eine Art, den Tod zu verarbeiten. *Dom Juan* hat mir damals sehr geholfen.

Es wurde eine Art Straßentheater auf der Bühne. Auf der Piazza wurde eine realistische kleine Theaterbühne aufgebaut. Die Requisiten und Trennwände für die Szenenwechsel standen gegen die Fassaden gelehnt. Die schnellen Szenenwechsel meisterten die Schauspieler allein. Die Einfachheit des Bühnenbilds war ungewöhnlich für Salzburg und die Farbenpracht der Epoche fand sich lediglich in den schäbigen zeitgemäßen Kostümen.

Als etwa die Hälfte der Probenarbeit um war, erlebten wir eine andere Art von Straßentheater. Die zehnjährige Nadja war mit nach Salzburg gekommen. Ich konnte sie nach Peters Tod unmöglich so lange allein lassen. Seltsamerweise fühlte sich Ingmar nicht durch sie gestört. Es entstand eine Nähe zwischen ihnen und sie durfte bei den Proben dabei sein. Mal schlief sie zwischen den Bankreihen im Parkett, mal bekam sie von den Schauspielern kleine Aufgaben, z. B. auf ihre Sachen hinter der Bühne aufzupassen. Sie wurde das Maskottchen des Ensembles und war Tag und Nacht dabei, sowohl im Theater als auch abends, nach getaner Arbeit, im Restaurant.

Sie hatte herausgefunden, dass Ingmar fünfundsechzig wird. Ich betonte, dass das still und leise übergangen werden sollte. An seinem Geburtstag, den 14. Juli, bat mich Nadja, den Vorhang zu senken. »Nie im Leben!«, sagte ich, und zwar in dem Bewusstsein, dass Ingmar seine Probe immer auf die Sekunde genau anfing. Ich ging hinunter zum Zuschauerraum und sah, dass der Vorhang unten war.

Ich begriff, dass das, was hinter der Bühne passierte, Nadjas Idee war. Um sie zu schützen, sagte ich zu Ingmar: »Die testen gerade, ob der Vorhang funktioniert.« Wie immer, wenn der Zeitplan platzte, fauchte Ingmar: »Verdammt noch mal, zieht den Scheißvorhang hoch!« Was prompt geschah.

Zu meinem Erschrecken sah ich, dass Nadja, in Schleier gehüllt, mitten auf der Bühne stand. Sie klatschte in die Hände und es erklang Musik. Dann vollführte sie einen Schleiertanz und sagte schließlich, während sie sich tief vor Ingmar verbeugte: »Für dich, Ingmar, und wir gratulieren zum Geburtstag.« Es kam mir vor wie Stunden und ich wäre am liebsten im Erdboden versunken. Aber der Tanz war noch nicht alles. Wieder klatschte Nadja in die Hände und die deutschen und österreichischen Schauspieler sangen im Kanon: »Ja, må han leva« (Hoch soll er leben). Ich war mir ganz sicher, dass Ingmar durchdrehen würde. Er hatte Tränen in den Augen.

Nach Peters Tod wurde Ingmar für längere Zeit ein lieber Freund und für Nadja eine Vaterfigur. Als Zehnjährige bekam sie eine Fernsehrolle in Ingmars Kurzstück *Efter repetitionen* (dt. Nach der Probe). Ich begleitete sie ins Studio, und dort angekommen sagte sie vor versammelter Mannschaft: »Und wo ist meine Garderobe?«

Ingmars Meinung nach war sie ein Schauspieltalent und er ermutigte sie in dieser Hinsicht. Auch später, als wir andere Stücke in München, Salzburg und Stockholm probten, durfte sie bei den Proben dabei sein, ohne dass es ihn zu stören schien. Es war jedenfalls eine wichtige Phase in ihrem Leben, in der sie Geborgenheit spürte. Ingmar war der Erste, den sie anrief, als sie an der Schauspielschule angenommen worden war, und er gab ihr als Erster eine Rolle, in einer Molière-Inszenierung am *Dramaten*, und ließ sie später die Hauptrolle in *Yvonne, Prinzessin von Burgund* spielen.

Während der recht schwierigen Zeit im »Exil« kamen Ingmar und ich uns als Kollegen und Freunde näher. Wir hatten viel Kontakt zueinander, sicher mehr als wir in Stockholm gehabt hätten. Meine langen Gespräche mit Ingmars Frau Ingrid über die Trennung von den Kindern brachten mich auch ihr näher.

Wenn die Kinder nach München kamen, mussten sie gesund sein und durften keine Erkältung haben – die panische Angst, die Ingmar bekam, sobald jemand anfing zu husten, haben Ingrid und die Kinder geprägt. Dann gab es Kontaktverbot.

Ingmar schloss sich nie der Gruppe an, wenn sie nach den Proben ausging. Ingrid fuhr ihn jeden Tag zwischen München und Salzburg hin und her. Was sie während unserer Proben machte, weiß ich nicht.

Das Ensemble bestand aus österreichischen und deutschen Schauspielern und sie führten untereinander angeregte Diskussionen. Bei einer dieser politischen Dispute bemerkte ein deutscher Schauspieler: »Hitler war ja immerhin Österreicher.« »Natürlich, aber Karriere hat er bei euch in Deutschland gemacht«, lautete die österreichische Antwort. Die politischen Diskussionen handelten oft von der Vergangenheit, vom Kommunismus und vom Sozialismus, von der BRD und der DDR.

Der Schauspieler Michael Degen, der Dom Juan spielte, hatte als Kind und Jude den Nationalsozialismus und den Krieg in Berlin überlebt. Er hat in seinen Memoiren diese Kindheit sehr gut geschildert, auch die Deutschen, die ihn unter Lebensgefahr gerettet haben. Hilmar Thate, der Sganarell, Dom Juans Diener, spielte, hatte sich aus Ostberlin und vom Berliner Ensemble abgesetzt, um sich im Westen niederzulassen. Im Salzburger Ensemble verschmolzen viele verschiedene deutsche Schicksale. Seltsamerweise hat Ingmar das nie interessiert.

Die Arbeit in den Werkstätten war nicht einfach. Es zeigte sich, dass ich die erste Frau war, die in Salzburg ein Bühnenbild entworfen hat. Für Kostüme hat es Designerinnen gegeben, aber für das Bühnenbild nur Männer. Allein, ohne Assistenten, dafür mit Kind anzukommen, stieß beim Leiter des Ateliers nicht gerade auf Begeisterung. Er war der Meinung, er könne von einer Frau keine »Befehle« annehmen. Die Arbeit verlief immer schleppender. Ingmar beobachtete das Ganze und wartete neugierig darauf, ob ich wohl einen Wutausbruch bekäme. Er wusste, dass mir das gegen den Strich ging und fragte sich, wie lange es wohl dauern würde, bis ich mir etwas anmerken ließe. Schließlich entlud sich meine Wut und ich brüllte: »Jetzt wird es gemacht, und schnell.« Ingmar war positiv davon überrascht, dass ich die Beherrschung verloren hatte und von meinen Prinzipien für die Zusammenarbeit abgewichen war.

Trotz unterschiedlicher Auffassungen von Theaterdemokratie war das Ergebnis ein technisch, ästhetisch und handwerklich gut funktionierendes Bühnenbild. Ein irrationales Ereignis, das dazu beitrug, dass ich schneller zu meinem Bühnenbild kam, war ein Brief vom *Königlichen Dramatischen Theater* mit Anita Brundahl als Absenderin. Sie weiß, dass ich gegen alles, was mit Titeln zu tun hat, vor allem gegenüber unverdienten, lediglich ererbten, allergisch bin. Auf dem Kuvert an die Dramaturgie stand: »Frau Baronin, Professorin und Bühnenbildnerin Gunilla Palmstierna-Weiss«. Anita hatte das nur geschrieben, um mich zu ärgern, aber das Kuvert hat das Ensemble beeindruckt, vor allem, weil ich sowohl einen meine adlige Herkunft bezeugenden Titel mit allem Drum und Dran hatte, als auch einen im Beruf erworbenen Titel. Wesentlich war auch, dass der jüdische Name Weiss an zweiter Stelle stand. Sonst wurde ich immer Frau Weiss genannt. Dass ich eine Frau war, spielte nun plötzlich keine Rolle mehr.

Während unserer Probenzeit wurde in Salzburg auf sämtlichen Bühnen das jährliche Festival vorbereitet und dafür geprobt. *Jedermann. Das Spiel vom Sterben des reichen Mannes* von Hugo von Hofmannsthal fand in einem in der Nähe befindlichen Arena-Theater statt, mit Klaus Maria Brandauer in der Hauptrolle; seine Proben waren reine Privatvorstellungen.

Auch die Oper *Der Rosenkavalier*, mit Herbert von Karajan als Dirigenten, wurde aufgeführt. Karajans Auftritt erfolgte nicht wie üblich seitlich von der Bühne, sondern von hinten durch den Mittelgang des Zuschauerraums. Die Tür ging auf und mit großem Pomp trat Karajan ein, gefolgt von seiner Frau im Dirndl, der österreichischen Volkstracht, und dahinter die Töchter im selben Kleid. Das Publikum stand auf, verneigte sich tief und einige knieten sogar nieder, genau wie in der katholischen Kirche, wenn die Priester bei Prozessionen das Kruzifix tragen. Eine Ehrung, die sich sehen lassen kann. *Der Rosenkavalier* war eine fantastische Vorstellung, vor allem das Duett in der Schlussszene war unvergesslich. Eigentlich waren es zwei Vorstellungen: eine kurze mit Karajans Einzug, und eine lange auf der Bühne. Als Ingmar und Herbert von Karajan sich trafen, wirkte das auf mich wie Paul Klees Radierung mit den sich verbeugenden Männern von 1903. Siegfried Unseld vom Suhrkamp Verlag kam nach Salzburg. Er wollte Ingmar treffen, was leider nie geschah. Ingmar isolierte sich. Siegfried bestellte zwei Karten, eine für die Generalprobe und eine für die Premiere von *Dom Juan*.

Er wollte sich sowohl mit Peter Handke, der in der Nähe von Salzburg wohnte, als auch mit dem Schriftsteller Thomas Bernhard die Vorstellung ansehen. Beide waren enge Freunde von Siegfried und wurden im Suhrkamp Verlag herausgegeben, aber momentan waren sie zerstritten und konnten nicht in ein und demselben Raum sein. Deshalb musste Siegfried brav zwei Abende hintereinander ins Theater gehen.

Ich hatte Hans Werner Richter und seine Frau Toni aus München eingeladen. Hans Werner, der als Leiter der *Gruppe 47* so viel für zahlreiche damalige und künftige Schriftsteller bedeutet hat, lebte am Ende seines Lebens, als die Gruppe sich aufgelöst hatte, isoliert und einsam in München.

Ich lud noch einen weiteren engen Freund ein, den Violinisten des *LaSalle-Quartetts*, Henry Meyer. Ich hatte ihn kennengelernt, als das Quartett in Gävle spielte und Siegfried Naumann Dirigent und Kapellmeister für das Konzertensemble Gävle war. Mein Vater Kule, der ein guter Violinist war, hatte das Quartett nach Hause eingeladen, und mich ebenfalls. Meyer hatte lange in Auschwitz gesessen und gehörte zu der Kapelle, die für die Gefangenen spielte, wenn sie vom Lager zur Arbeit marschierten und, ihre Toten tragend, ins Lager zurückkehrten. Wir trafen uns gemeinsam mit seinem Partner in verschiedenen Restaurants in Salzburg. Als ein Memento mori und eine bewusste Demonstration trug er immer nur kurzärmliche Hemden. Das passte zwar zur Sommerhitze, hatte aber für ihn ganz bestimmt noch eine andere Bedeutung. Auf dem Unterarm war gut sichtbar seine Nummer aus Auschwitz eintätowiert. Er wollte auch gern Ingmar treffen, aber Ingmar verspürte kein Bedürfnis, ihn zu sehen, obwohl er das *LaSalleQuartett* schätzte.

Die Premiere von *Dom Juan* rückte immer näher. Ingmar wollte nicht dabei sein. In Schweden wäre das in Ordnung gewesen. Dort akzeptierte man, dass Ingmar die Arbeit des Regisseurs mit der letzten Generalprobe als abgeschlossen betrachtete. Ich versuchte, ihm begreiflich zu machen, dass man in Deutschland und Österreich seine Abwesenheit als Distanzierung von der Inszenierung und von den Schauspielern betrachten könnte. Der Regisseur muss bei Premieren dabei sein, um Lobeshymnen, Buhrufe oder schlimmstenfalls Tomaten entgegenzunehmen. So sind die Spielregeln. Man ist mit der Gruppe solidarisch. Ingmar versprach zu kommen.

Am Premierenabend drückte mir der Pförtner am Bühneneingang einen kleinen zerknüllten Zettel in die Hand. Es war ein Stück von einem Telegramm, das Elisabeth Bergner in London an Ingmar geschickt hatte, in dem sie ihm viel Glück wünschte. Auf der Rückseite des Papierfetzens stand mit leicht zittriger Schrift: »Hallo P*, ich komme nicht. Du schaffst das. Ingmar.«* Dem Ensemble sagte ich kein Wort. Als sich die Schlussszene näherte, fragten mich die Schauspieler: »Wo ist Ingmar?« Ich log und erklärte ihnen, dass er immer erst in letzter Minute kommt. Hätte ich gesagt, dass er gar nicht vorhatte zu kommen, wäre ihre Spielfreude verschwunden und die Luft rausgewesen. Da das Ensemble glaubte, er säße als eine Art Kontrollauge irgendwo hinter der Bühne, gab es sein Bestes.

Nach dem ersten Applaus gehen Regisseur und Bühnenbildner meist zusammen mit den Schauspielern auf die Bühne. Ohne Regisseur dort zu stehen, fühlte sich komisch an. Der Vorhang ging hoch, die Schauspieler bekamen Applaus und sahen sich nach Ingmar um. Ich ging allein vorn auf die Bühne, und da stand ich nun, zufällig ganz in Schwarz und ziemlich mager nach Peters Tod. Ich bat um Ruhe, indem ich mit den Armen wedelte – es dauerte bis das Publikum ruhig war – und präsentierte dann eine Ausrede, die ich mir selbst ausgedacht hatte, warum Ingmar nicht da war. Meine Freunde im Publikum dachten bestimmt, ich sei verrückt geworden. Ich fing ganz drastisch an, Ingmar hätte einen Herzinfarkt bekommen und könne deshalb nicht hier sein. »Der Ingmar hat einen Kreislauf ...«

---

* P* bedeutet Palme und Stern – eine gebräuchliche Abkürzung meines Nachnamens.

Weiter kam ich nicht, da die eine Hälfte des Publikums Beifall klatschte und brüllte: »Ach, wie schön, er ist schon tot«, während die andere Hälfte aus Protest gegen erstere pfiff und intensiv applaudierte. Viele Zuschauer fanden die Inszenierung zu brutal. Für andere bedeutete sie die ersehnte Veränderung im traditionsgebundenen Salzburg. *Dom Juan* wurde dann, wie bereits erwähnt, im Cuvilliés-Theater, einem kleinen restaurierten Rokokotheater in München, gespielt und schließlich für das Fernsehen verfilmt.

König Lear

1984 arbeiteten Ingmar und ich an *König Lear* von Shakespeare, eine Inszenierung, über die wir mehr als zwei Jahre diskutiert hatten und die bereits feststand, bevor Ingmar nach Schweden und ans *Dramaten* zurückkehrte. Lasse Pöysti, der damalige Intendant, hatte Ingmar gebeten zurückzukehren, wenn sich die Steuersache geklärt hatte. Wenn es auch selbstverständlich erscheinen mag, so war es doch eine schöne Geste von Pöysti, Ingmar wieder willkommen zu heißen.

König Lear war ein großangelegtes Experiment, das auf der Großen Bühne stattfinden sollte, um die Rückkehr bekanntzugeben. Ingmars Kommentar zu mir war: »Hier sind wir beide zu Hause!« Und zurück am *Dramaten* arbeiteten wir in mehreren Inszenierungen zusammen.

Im *König Lear* von 1984, in der Regie von Ingmar Bergman, bin ich wohl, was die Vereinfachung des Bühnenbilds betrifft, am weitesten gegangen, ohne jedoch auf das Funktionale zu verzichten. Dieses Mal konnte ich meine Intentionen hinsichtlich Bühnenbild und Kostüme voll und ganz ausschöpfen und verwirklichen.

Ingmar hatte sich anfangs einen grauen Raum und schattenhafte Figuren vorgestellt. Schließlich einigten wir uns auf einen ovalen Raum mit blutrotem Boden, einen roten Rundhorizont in demselben Ton sowie auf einen dahinter befindlichen noch höheren schwarzen Rundhorizont.

König Lear ist ein blutiges Drama, in dem Familienbande zerschnitten und grundlegende moralische Werte im unaufhörlichen Kampf um die Macht geopfert werden. Daraus erwuchs Rot als vorherrschende Farbe im Kontrast zu Schwarz – eine spannende Farbkombination, die Assoziationen zu den Machthabern des Nationalsozialismus oder des Faschismus hervorrufen kann. Mit einem solchen Konzept wurde jegliches königliches Gold aus dem Bühnenraum verbannt. Bis auf die Königskrone, die links von der Bühne als Memento platziert worden war. Bei seinem Entré trug der König als einziger einen goldgelben Brokatmantel, eine Anspielung auf den Sonnenkönig, Ludwig XIV. von Frankreich, doch die Farbe hat noch einen weiteren Symbolgehalt. Auf der persönlichen Ebene repräsentiert sie Eifersucht, Ehrgeiz und Verrat. Auf gesellschaftlicher Ebene galt Gelb lange Zeit als Warnsignal für Pest, Gefahr und lebensbedrohliche Risiken. Wenn Lear bei seinem Entré von hinten nach vorn bis zur Vorderbühne schritt, schien es, als trenne eine Flamme die versammelte Menge auf der Bühne.

Im Laufe des Stücks verschwanden allmählich die Farben aus König Lears Kostüm. Am Ende trug König Lear lediglich ein graues Hemd mit einem zerschlissenen Cape darüber. Die einzige Farbe in seinem Kostüm war eine rote Mohnblume im Blumenkranz auf seinem Kopf. Das Rot ist ein symbolisches Relikt aus seiner Vergangenheit, während der Mohn zugleich ein Symbol für den Wahnsinn ist. Die Tochter Goneril und ihr Hofstaat trugen Kleidung in variierenden rotlila Farbtönen, die Tochter Regan und deren Hofstaat solche in verschiedenen karmesinroten Farbtönen. Goneril ist älter und als Frau auf dem Liebesmarkt weniger attraktiv, weshalb ihre Farben jemanden symbolisieren, der keine Chance mehr hat. Regan hingegen repräsentierte mit der klaren roten Farbe sowohl das Sexuelle als auch das Blutrünstige. Man konnte beide Gefolge anhand ihrer Farbtöne voneinander unterscheiden. Im Gewimmel auf der Bühne war das wie ein Meer aus roten Nuancen, doch wenn sie getrennt auftraten, ließen sich die Unterschiede zwischen ihnen deutlich erkennen.

Die jüngste, und am meisten geliebte Tochter, Cordelia, wird im Stück wegen ihrer Aufrichtigkeit verstoßen – ihre wahre Liebe zum Vater wird verkannt. Sie trug ein rosarotes Kleid mit einem dünnen, grauen Stück Stoff darüber. In den ersten Szenen konnte man die rote Farbe erahnen, doch später, bei anderer Beleuchtung, war das Kostüm grau. In dieser Inszenierung befand sich Cordelia meist auf der Vorderbühne und da hätte eine kräftige Farbe nur gestört.

In der ersten Szene gab es zwei Freier für die jüngste Tochter, der eine war in Türkisblau gekleidet, der andere in Flaschengrün. Die Farben zeigten an, dass sie nicht zum Hofstaat von König Lear gehörten, sondern von außen kamen. Diese Farben hatten aber noch eine weitere Funktion. Sie waren dazu da, damit das Rot als mächtiger empfunden werden konnte. Solche Kontraste sind notwendig – einerseits aus szenischen Überlegungen, um zu zeigen, was die Schauspieler repräsentieren, andererseits, um dem Auge die Möglichkeit zu geben, die Farben gänzlich zu erfassen.

Dasselbe gilt für die Beleuchtung. Ein eintöniges Licht ohne Variationen nimmt dem Auge die Möglichkeit, Nuancen wahrzunehmen. Eine gut durchdachte Beleuchtung trägt dazu bei, den Raum zu kreieren, während das Licht zugleich dem Geschehen im Stück folgt.

Das Volk hatte in dem Stück durchweg die bei armen Leuten üblichen Farben - Braun, Grün und Grau. Die Klassenunterschiede ließen sich an der Qualität der Stoffe ablesen, an der Art, wie die Kostüme zugeschnitten und genäht worden waren. Der Graf von Kent verkleidet sich als Mann aus dem Volk, um anonym zu bleiben und von Seinesgleichen nicht erkannt zu werden. Bis zuletzt gehorcht und preist er König Lear, weshalb sein Kostüm im Takt mit Lears Verfall immer unscheinbarer wird. Dazwischen steht der Narr, der zu niemandem gehört. Er trägt ein grünes Narrenkostüm mit einem roten Stofffetzen auf dem Po, der an den roten Hintern eines Pavians erinnert, eine Anspielung auf das königliche Rot.

In der ersten Szene, in der König Lear sein Land unter seinen drei Töchtern aufteilt, wird eine riesige Karte hereingetragen und vor dem König ausgerollt. Ingmar wollte, dass sie »seine« Insel Fårö darstellen sollte. Ich fand das jedoch zu privat, zu realistisch. Es wurde ein Rorschach-Bild, ein großer Farbfleck auf einem Stück Stoff, der zusammengerollt wird. Beim Auseinanderfalten des Stoffes wird das abstrakte Bild eines fiktiven Landes sichtbar. Ich zeichnete die Konturen nach, teilte das Land in drei Teile und markierte Norden, Süden, Osten und Westen. Das passte eher zu den Intentionen des Stücks. Die Rückseite war orange mit königlichen Goldkronen, die beim Hereintragen der Karte zu sehen waren. Ich schlug vor, dass das Stück ansonsten ohne Möbel und ohne Requisiten auskommen sollte.

Stattdessen sollten die Diener und auch das Volk bei Bedarf als Stühle, Tische oder Tragen fungieren.

Für die Vorstellung wurden einige große Männer ausgewählt. Sie hatten riesige, ausgepolsterte und glänzende schwarze Kostüme, hohe Plateauschuhe und trugen auf dem Kopf einen hohen Helm. Durch ihre Größe, Breite und Länge bildeten sie einen Vorhang, andererseits kreierten sie im Laufe des Spiels mit Hilfe ihrer Körper, Kostüme und Waffen die Räume der Männer und der Macht. Ihre Kostüme waren zeitlos und erinnerten ein wenig an Science-Fiction-Kostüme und japanische mittelalterliche Kriegsuniformen, wie sie in Akira Kurosawas Filmen *Die wilde Flucht* und *Die sieben Samureis* anzutreffen sind. Diese Filme hatten, als sie in Schweden zum ersten Mal gezeigt wurden, einen unvergesslichen Eindruck bei mir hinterlassen. Auch der Vertraute des Königs, der Höfling Gloster, trug Schwarz. Das Kostüm war abwechselnd aus schwarzem glänzendem und schwarzem mattem Stoff genäht worden. Symbolisch trug er die schwarzen Nuancen seiner beiden Söhne: das Kostüm des bösen, unehelichen Sohnes war glänzend schwarz, während der gute, in der Ehe geborene, Sohn ein matt schwarzes Kostüm trug.

Im Stück wird einer nach dem anderen ermordet. Die Toten wurden dann am hinteren roten Rundhorizont abgelegt. Ihre Körper wurden mit schwarzen Tüchern bedeckt und so bildeten die Toten ihre eigenen Grabhügel.

Der Raum der Frauen wurde von den Röcken der Hofdamen gebildet. Der Rock wurde in seiner ganzen Weite und Breite hochgehalten und dessen Umfang bildete die Wände des Raums. Die Unterröcke hatten einen anderen orangenen Farbton, wodurch sich die Farbe des Raums änderte

Da die Körper der Akteure als Requisiten verwendet wurden, waren schnelle Szenenwechsel möglich. Das war der äußerste Versuch, ein Stück pur auf die Bühne zu bringen. Eine solche Vereinfachung lässt sich freilich nicht wiederholen – das würde langweilig werden. Das Überraschungsmoment wäre weg. Das in Zusammenarbeit mit der Regie entstandene Bühnenbild in dieser *König Lear*-Inszenierung ist mit einer Ballett- oder Zirkusvorstellung vergleichbar, bei der die Körper oft Teil der Inszenierung sind.

Als wir einmal mit *Dramaten* ein Gastspiel in Tokio hatten und im neuerrichteten Strindbergtheater spielten, habe ich Akira Kurosawa getroffen. In Tokio gab es ein Theater, in dem nur westliche Stücke gespielt wurden, dort führte Kurosawa Regie. In diesem Theater hatten sämtliche Stücke von Peter Premiere, immer einen Tag nach der Premiere in Europa. Dort habe ich den nach meinem Empfinden besten *Hamlet* gesehen, in einer gekonnt japanisierten Form, mit Kostümen und Bühnenbild in ihrer eigenen Tradition. Sparsam, aber dennoch reich an Farbe und Form.

Weitere Dramen

Bei Ingmars und meiner zweiten Zusammenarbeit bei *Nora oder ein Puppenheim* habe ich 1989, inspiriert vom altmodischen Kulissentheater, etwas Neues ausprobiert. Die Idee war, eine realistische Bühne auf unrealistische Art und Weise zu entwerfen. Ich richtete im *Artistfoyer* des *Dramaten* drei verschiedene Räume ein, ausgehend von einem Zuhause des 19. bzw. 20. Jahrhundert. Die Räume wurden von Bengt Wanselius fotografiert und von *Big Image* digital vergrößert. Diese vergrößerten Bilder eines Zuhauses um die Jahrhundertwende wurden als Hintergrund und als Kulissen verwendet. Das war damals neu. Zunächst zweifelten Ingmar und die Techniker des Theaters an dieser Lösung, aber später erkannten sie die Vorteile dieses Arrangements bei Szenenwechseln und auf Tourneen.

In Ibsens Drama gibt es drei Kinder, und mein Vorschlag war, sie anhand eines Mädchen-Porträts auf einem der Kulissenbilder darzustellen. Auf einem Stuhl lag eine Puppe in einem blauen Kleid, was ebenfalls andeutete, dass es hier Kinder gab. Ein einziges Mal, in der Schlussszene, zeigte sich dann ein kleines Mädchen in einem blauen Kleid. Die Puppe und das Kleid des Kindes waren die einzigen blauen Komponenten in diesem Drama. Das Porträt und die Puppe erinnerten daran, dass hier eine Familie wohnte. Somit konnten zwei Kinder und ein Kindermädchen gestrichen und der Fokus auf das Spiel der Hauptpersonen gelegt werden. In der Schlussszene des Stücks, als Nora Mann und Kinder für immer verlässt, wurden aus einer Schrägperspektive sämtliche Kulissen aus Noras Zuhause gezeigt, um daran zu erinnern, was sie verlässt.

1988 arbeiteten Ingmar und ich an *Eines langen Tages Reise in die Nacht (Long Day's Journey Into Night)* von Eugene O'Neill. Das Stück handelt von einer Familie, die das gemeinsame Unglück zusammengeschweißt hat. Die Schauspieler agierten auf einer kleinen, begrenzten Fläche, völlig von der Außenwelt abgeschirmt. Die Szenenwechsel wurden von scheinbar schwebenden Projektionen im Hintergrund bestimmt: das Haus der Familie, eine Tür, eine Tapete mit psychodelischem Muster. In der Schlussszene wurde ein doppelt exponierter, entrindeter Baum gezeigt, dessen Äste ein Netzwerk aus Nerven symbolisierten, die gezwirbelt und miteinander verflochten waren. Das veranschaulichte die gegenseitigen Abhängigkeiten in einer Familie. Auf der Bühne standen, perspektivisch angeordnet, ein paar abgeschlagene Säulen, dieselben Säulen wie im Zuschauerraum des *Dramaten*. In einer Säule war die Whiskyflasche der Hauptperson versteckt, auf einer anderen stand das Madonnenbild der religiösen Ehefrau. Dass ich die Säulen aus dem Zuschauerraum kopiert und auf die Bühne gestellt habe, mag als weit hergeholte Symbolhandlung erscheinen, aber es ging ja nicht nur um das Bühnenbild, sondern vor allem um O'Neill und darum, welche Bedeutung *Dramaten* für ihn gehabt hatte.

Dramaten besaß die alleinigen Rechte an O'Neills dramatischem Werk, da *Dramaten* das erste Theater war, das dank seines Intendanten Karl Ragnar Gierow (1951–63) O'Neills Dramatik Beachtung schenkte. Deshalb vermachte O'Neill das Stück testamentarisch *Dramaten*.

Ein Korbstuhl, den ich im Lager des Theaters fand, passte genau für den Vater, der von Jarl Kulle gespielt wurde. Jarl reagierte verwundert und positiv auf den Stuhl. Dieser Stuhl war nämlich in der Uraufführung von *Eines langen Tages Reise in die Nacht* 1956 verwendet worden. Damals wurde der Vater von Lars Hanson und der Sohn von Jarl Kulle gespielt. Für Jarl war das ein gutes Omen. Aberglaube ist im Theater gar nicht so selten.

Vor der Inszenierung diskutierte ich mit Ingmar darüber, warum er nicht Anita Björk für die Rolle der Ehefrau ausgewählt hat, sondern sie von Bibi Andersson spielen ließ. Die Rolle war Anita wie auf den

Leib geschnitten. Aber er hatte sie Bibi versprochen, und so blieb es dabei.

Ingmar und ich hatten auch eine Abmachung: Wir wollten gemeinsam *Yvonne, Prinzessin von Burgund* inszenieren. Es war das erste Stück, an dem Ingmar und ich in München gemeinsam gearbeitet hatten und wir hatten verabredet, dass wir es in Stockholm in einer konzentrierteren Fassung machen werden. Wenn Ingmar sein Wort gab, hielt er es meist auch, diesmal jedoch nicht. Ingmar hatte Nadja für die Rolle der Yvonne engagiert, entschied sich aber für einen anderen Bühnenbildner. Zunächst dachte ich, er hätte so entschieden, weil es für Nadja wohl zu schwierig gewesen wäre, wenn ich dabei bin, und da war sicher auch etwas dran. Aber auf der Premiere von *Yvonne* sah ich, dass viele von den Ideen, die wir in München diskutiert hatten, auf der Kleinen Bühne umgesetzt worden sind. Ich konnte nicht dagegen protestieren, weil Nadja die Hauptrolle spielte, und damit hat sie ja auch ihren Durchbruch erzielt. Ich wollte ihr das nicht verderben. Es war ihre Hauptrolle, ihre Freude, also schwieg ich, womit Ingmar garantiert gerechnet hatte. Nach dieser Erfahrung begriff ich, dass sich die Situation für mich am *Dramaten* verändert hatte, mit Lars Löfgren als Intendanten war ich dort nicht mehr »zu Hause«.

Eine Schachfigur

Bei zwei verschiedenen Gelegenheiten, 1981 und 1985 hat man mich gefragt, ob ich als Intendantin für *Dramaten* kandidieren möchte. Das erste Mal war nach der Mandatsperiode von Jan-Olof Strandberg, dem glänzenden Schauspieler, der auf Erland Josephson folgte, und das zweite Mal als Nachfolgerin für Lasse Pöysti.

Beim ersten Mal hatte ich mehrere seltsame Gespräche zu absolvieren. Eines davon fand im Reichstagsgebäude im Zimmer einer Abgeordneten statt, die im Vorstand des *Dramaten* war, wo auch Vertreter der Schauspieler und Werkstätten anwesend waren. Währenddessen war die ganze Zeit ein Lausprecher an, damit man eine Rede von Olof Palme hören könnte. Niemand konnte sich konzentrieren. In den wenigen stillen Momenten zwischen den Ausführungen von Olof Palme und von weiteren Parlamentsabgeordneten stellte ich mein Konzept vor. Als man mir auch noch eine klebrige Cola anbot, war das Maß voll und ich bemerkte: »Erstens könnt ihr mir gar nicht ernsthaft zuhören bzw. hören, was ich zu sagen habe, und zweitens versucht ihr mir mit dieser labbrigen Cola den Mund zuzukleben. Ich nehme die Bewerbung als Intendantin am *Dramaten* ernst und akzeptiere nicht, dass man kaum zuhört und nur eine halbherzige Diskussion führt.« Nach dieser Äußerung musste ich einfach den Raum verlassen. Ein anschließendes Gespräch mit den Werkstätten war seriös, bis ein stark angetrunkener Schauspieler auftauchte und versuchte, Handstand zu machen, um zu sehen, ob er mich aus der Fassung bringen könne. Das misslang.

Als ich im Theater das letzte Mal meine Absichten darlegen sollte, brach ich von München aus auf, von der Arbeit an den Inszenierungen *Nora* und *Fräulein Jolie* mit Ingmar. Es gab einen Flugstreik und ich landete in Oslo. Ich rief Peter an und bat ihn, meinen vorab geschriebenen Beitrag vorzulesen. Das war natürlich nicht gut, sondern nur eine Notlösung.

Dann kam Pöysti mit seiner Rede und sagte: »Ich werde wie ein Vater für euch sein.« Pöysti wurde zum Intendanten gewählt. Ich wurde abgelehnt, weil sie meinten, Ingmar würde zu viel Einfluss auf mich nehmen und im Hintergrund die Fäden ziehen. Dieser Gedanke war absurd, doch zu der Zeit wurde Ingmar zum Teil kritisch beäugt.

Ich weiß, dass Pöysti ebenfalls heftig kritisiert wurde, oft zu Unrecht. Es war nicht einfach für ihn, Intendant eines zusammengeschweißten Theaters zu sein, noch dazu in einem anderen Land, selbst wenn es ein Nachbarland ist – wenn man die Intrigen nicht kennt und weder über die kommunale noch über die staatliche Kulturpolitik Bescheid weiß. Die komplizierte Ökonomie war auch ein harter Brocken. Als Ingmar dann ans *Dramaten* zurückkehrte, begann zwischen den beiden ein Kräftemessen und Pöysti ging als Verlierer aus der Schlacht.

Als der dreijährige Vertrag auslief, schied Lasse Pöysti als ein gebrochener Mann aus. Ich, seine frühere Konkurrentin, erhielt einen Anruf von Radio Finnland. Sicherlich hatten sie von mir einen bissigen Kommentar erwartet. Doch ich war im Gegenteil schockiert darüber, wie das Ganze abgelaufen ist. Früher hatte man den Chefposten drei Jahre inne, bekam aber dann im Allgemeinen eine Verlängerung von weiteren drei Jahren und danach eine Leibrente. Lasse Pöysti als Intendanten des *Dramaten* einzustellen und ihn dann ohne die üblichen Konditionen gehen zu lassen, fand ich ungehörig. In Radio Finnland kritisierte ich die Art und Weise, wie Pöysti behandelt worden ist. Im singenden Finnlandschwedisch bekam ich zur Antwort: »Ja, das war dann der einzige anständige Kommentar, den wir aus Schweden bekommen haben!« Es wurde heftig kritisiert, dass ich mich geäußert hatte, und vielleicht war das auch undiplomatisch.

Zum zweiten Mal wurde ich in der Endphase von Pöystis Mandatsperiode als Intendantin vorgeschlagen. Sowohl Ingmar Bergman als auch Erland Josephson fragten mich, ob ich noch einmal kandidieren möchte. Zunächst war ich wegen meiner früheren Erfahrung noch unschlüssig, aber nachdem man mich überredet hatte, ging ich darauf ein, vor allem, weil Erland mir den Rücken stärkte.

In *Dagens Nyheter* schrieb ich einen Artikel darüber, wie ich mir die Zukunft des Theaters vorstellte. Unter anderem setzte ich mich für ein gutes, vom großen Haus getrenntes Kindertheater ein. Damals gab es noch den Pavillon am Nybroplan, der früher der Flugpavillon von SAS und später ein Ausstellungsraum für Möbel gewesen war. Dort im Zentrum von Stockholm wäre der richtige Platz für ein seriöses Kindertheater. Dann nannte ich zehn Punkte, wie man das Theater verändern könnte. Ich betrachtete die Leitungsposition als eine Troika aus dem Intendanten, der Dramaturgie und dem Finanzleiter, wobei der Intendant ein Vetorecht hätte. Viele meinten, es wäre unklug gewesen, schon im Voraus ein Programm vorzustellen, aber ich fand, dass man wissen sollte, wo ich stand und wen man wählte.

Als Gegenkandidat tauchte Lars Löfgren auf. Er hatte ein Jahr davor als Intendant des Fernsehtheaters aufgehört und nach meinen Informationen hatte ihm der Vorstandsvorsitzende am *Dramaten*, Bengt Dennis, den Chefposten versprochen. Deshalb musste er sich rechtzeitig vom Fernsehen lösen. Seltsamerweise lud mich Bengt Dennis zu einer Besprechung an seinem Arbeitsplatz ein. Zu der Zeit war er Leiter der Reichsbank. Es war ein unverbindliches Gespräch, aber dadurch hatte er sich dennoch pro Forma mit mir auseinandergesetzt.

Im Theater gab es eine Abstimmung, die zu meinen Gunsten ausfiel. Dann war plötzlich etwas im Gange. Zufällig war die Presse im Theater, zufällig war Löfgren da und verkündete, dass der Vorstand, nachdem eine kleine Gruppe erneut abgestimmt habe, ihn ernannt hätte. Ingmar hat im letzten Moment eine 5-Öre-Münze geworfen und Lars Löfgren gewählt.

Ich lud Lars Löfgren zum Mittagessen ein und erklärte ihm, dass ich der Meinung sei, wir hätten das Ganze hinter uns gelassen und »no bad feelings« mehr. Es kam anders. Nach Löfgrens Ernennung begann eine triste Ausgrenzung von mir.

Lars Löfgren ist der Intendant gewesen, der das Wort »Königlich« wieder zum Namen von *Dramaten* hinzugefügt hat. Von da an hieß es *Königliches Dramatisches Theater*. Später sollte er eine Stellung am Königlichen Hof bekommen.

Meine Zusammenarbeit mit Pöysti nach dessen Ernennung verlief ungeachtet unserer früheren Konkurrenzsituation reibungslos. Er war fair und fühlte sich durch meine Anwesenheit nicht gestört. An unsere Zusammenarbeit bei der Inszenierung von Peters *Der neue Prozeß* habe ich nur positive Erinnerungen.

Strindbergs Intimes Theater

Im Zusammenhang mit meiner Ausstellung im Kunstmuseum *Waldemarsudde* 1995 nahm der Regisseur Mathias Lafolie Kontakt zu mir auf. Mathias schlug vor, dass wir ein Stück am Strindbergtheater am Norra Bantorget inszenieren sollten, doch dann ging unsere Zusammenarbeit in eine andere Richtung. Anstatt an einem Stück zu arbeiten, initiierten wir beide die Rettung des Strindbergtheaters. Ein einzigartiges Kulturkleinod mit einer noch immer intakten Bühne aus Strindbergs Zeit drohte zu verschwinden.

Eigentümer des Gebäudes war die Gewerkschaft der Grafiker, und die Grafiker verwendeten das alte Theater, das zum Teil leer stand, als Besprechungsraum. Weder der Staat noch die Stadt hatten ein Interesse daran, am wenigsten finanziell, das Theater zu retten. Das Strindbergfestival in Stockholm durfte früher die Räumlichkeiten von den Grafikern mieten.

Wenn man vergleicht, wie Norwegen wirtschaftlich und international das Erbe des Schriftstellers und Dramatikers Henrik Ibsen verwaltet, kann man sich fragen, was sich die Leitung in unserem Kultursektor dabei eigentlich denkt. So viele Klassiker, die sich mit August Strindberg messen können, hat Schweden nicht.

Mathias und ich bildeten die Gruppe »Rettet das Strindbergtheater«. Anfangs nahmen einige Leute aus dem Vorstand des Strindbergfestivals in Stockholm an unseren Besprechungen teil, u. a. der Intendant des *Intimen Theaters (Intima teatern)*, Ture Rangström, der Regisseur Lars Göran Carlsson und der Anwalt Henric Ankarcrona. Mehrere Treffen fanden in Henric Ankarcronas Kanzlei statt. Langsam aber sicher ging allen Teilnehmern die Luft aus, weshalb Mathias und ich die Rettungsaktion allein fortsetzten.

Wir führten mehrere Gespräche mit der damaligen Leiterin des Strindbergmuseums, Katarina Ek-Nilsson. Obwohl sie keinen Theaterintergrund hatte, war sie daran interessiert, später den Posten als Intendantin zu übernehmen, um künftig über die künstlerischen Leiter des Theaters bestimmen zu können. Ein amateurhaftes Gebaren, das Konsequenzen haben sollte.

Fünfeinhalb Jahre arbeiteten Mathias und ich an diesem Projekt. Wir schrieben Diskussionsbeiträge, baten Politiker, Beamte, Privatpersonen und Organisationen um Unterstützung, das Theater vor dem Verschwinden, einem Umbau oder einer zweckentfremdeten Vermietung zu bewahren. Wir nahmen Kontakt zum damaligen Kulturministerium auf, was zu mehreren Treffen mit der Kulturministerin Marita Ulvskog und der Staatssekretärin im Kulturministerium, Gunilla Thorgren, führte. Langsam schenkte man uns mit unserem Projekt Gehör und versprach uns Ressourcen, um ein funktionierendes Theater im Geiste Strindbergs zu schaffen. Das Kulturministerium stellte uns drei Millionen Kronen pro Jahr in Aussicht, bislang waren es null Kronen. Es folgten zahlreiche Zusammenkünfte mit sämtlichen politischen Parteien sowie mit den damaligen Intendanten des *Dramaten* und des *Stockholms stadsteater*.

Unsere Zwei-Mann-Gruppe bekam Verstärkung, zum einen durch Constance von Trolle, die ihre theaterwissenschaftliche Kompetenz einbrachte, zum anderen durch Mikael Sylwan, der die Farben in Strindbergs Malerei erforscht hatte, deren Farbskala mit Strindbergs

Farbgestaltung des Theaters verglichen und dabei große Ähnlichkeiten entdeckt hatte. Wir wollten die für Strindberg typische Farbskala beibehalten. Dazu gehörte auch Strindbergs eigene Beschreibung der Beleuchtung im Zuschauerraum: oberhalb eines dünnen goldgelben an die Decke gespannten Tuchs befanden sich Lampen, die durch das Tuch einen warmen und gelblichen Schein auf das Publikum warfen. Ferner sollten die zeittypischen Säulen im Zuschauerraum restauriert werden. Carl Kylbergs Kopien der Gemälde *Toteninsel* und *Lebensinsel* des Schweizer Künstlers und Symbolisten Arnold Böcklin, die früher im Theater hingen, sollten wieder rechts und links der Bühne angebracht werden. Diese beiden Gemälde dienten Strindberg beim Schreiben seines Dramas *Die Gespenstersonate* als Inspirationsquelle.

Wir wollten das Theater wieder aufbauen, zugleich aber auch erweitern und flexibler machen. Das Theater sollte keine festen Zuschauerreihen haben. Bewegliche Bankreihen sollten dem Theater die Möglichkeit geben, auch den Zuschauerraum als Spielstätte zu verwenden. Ziel war es, das Strindbergtheater wiederherzustellen, ohne daraus ein museales Theater zu machen, – auch dies war im Sinne von Strindberg.

Mikael baute mehrere Modelle in einem Maßstab, der veranschaulichte, wie man die Spielstätten des Strindbergtheaters erweitern könnte. Es fand eine Presseführung für sämtliche Tageszeitungen statt. Anschließend schrieb der Theaterjournalist Calle Pauli von *Dagens Nyheter* einen umfangreichen Artikel, illustriert mit Bildern von unserem Projekt. Bei der Besichtigung sprachen wir auch darüber, wie wir uns das künftige Repertoire vorstellten. Strindbergs Stücke sollten den Ausgangspunkt bilden und in regelmäßigen Abständen wieder aufgeführt werden. Das Theater sollte Klassiker, aber auch zeitgenössische Dramatik spielen sowie Theater, Tanz und zeitgenössischen Zirkus *(Nycirkus)* miteinander verbinden.

Unser Vorschlag war, mit drei dramatischen Werken zu beginnen, um einen Überblick über drei Jahrhunderte zu geben. Das 18. Jahrhundert sollte von dem Stück *Graf Oxenstierna aus Norrköping* von Marquis de Sade repräsentiert werden, ein Drama mit Schwedenbezug. Soviel man weiß, ist es das einzige Stück von de Sade, das man wiedergefunden hat. Ich entdeckte es im Zusammenhang mit meinen Recherchen zu *Marat/Sade* in der *Bibliothèque Nationale* in Paris.

Danach wollten wir ein selten gespieltes Jugendstück von Strindberg *Fritänkaren* (dt. Der Freidenker) aufführen und auf dieses Werk aus dem 19. Jahrhundert sollte Pier Pasolinis Drama *Pylade* (dt. Pylades) in der Übersetzung von Carl Henrik Svenstedt folgen. Letzteres hatte Mathias initiiert und auch die Übersetzung bezahlt.

Mit unserem Konzept gelang es mir, einen Kultursponsor zu finden, der an meinem internationalen Kontaktnetz interessiert und auch bereit war, innerhalb von drei Jahren drei Millionen Kronen jährlich in unser Projekt zu investieren. Die vom Staat versprochenen drei Millionen Kronen, die zwei Millionen, die die Stadt Stockholm bisher in das Strindbergfestival in Stockholm investiert hatte und die nun dem Theater zugutekommen sollten sowie die drei Millionen des Sponsors waren erst einmal ein Anfang.

Während dieses langen Ringens um das Überleben des Theaters, stimmte der Vermieter des Strindbergtheaters, d. h. die Gewerkschaft der Grafiker, über die Zukunft der Theaterräume ab. Man wollte den Vertrag kündigen und die Räumlichkeiten einem anderen Unternehmen überlassen. Jahrelang hatten die Grafiker das Theater unterstützt, aber jetzt hatten sie genug. Mathias und ich nahmen an der Besprechung teil, in der über das Schicksal des Theaters entschieden wurde. Es gelang uns in letzter Minute, den Kündigungsbeschluss aufzuheben und damit die weitere Existenz des Strindbergtheaters zu sichern.

Man stelle sich nun unsere Verwunderung vor, als wir bei der letzten Besprechung mit den Verantwortlichen der Kulturverwaltung erfuhren, dass der Komponist Ture Rangström als Intendant eingesetzt worden ist und fortan als Projektleiter die Verantwortung für den Wiederaufbau des Theaters trägt. Mathias und mein Sponsor zogen sich daraufhin zurück. Meine internationalen Kontakte hatten kein Interesse mehr. Das Kulturministerium senkte den versprochenen Beitrag auf eine Million pro Jahr. Fünf Millionen pro Jahr, also insgesamt fünfzehn Millionen Kronen, fielen damit weg.

Die Künstler, die heute die Möglichkeit haben, in dem Theater aufzutreten, müssen ihre Arbeit zum großen Teil durch Stipendien und eigene Sponsoren finanzieren oder ihre Inszenierungen selbst bezahlen. Das Budget des Theaters reicht dafür nicht aus. Natürlich gibt es hin und wieder gute Vorstellungen, aber eine klare Linie kann es so im Repertoire nicht geben.

Das Theater wurde restauriert. Feststehende, unveränderliche Bankreihen füllen den Zuschauerraum. Auf das flexible System, das wir uns vorgestellt hatten, wurde verzichtet, ebenso auf den schwebenden gelben Stoff an der Decke. Strindbergs Beleuchtung wurde durch einen Sternenhimmel ersetzt. Die Bühne bekam eine Mini-Drehbühne. Was hinter den Kulissen geschah, haben wir nie erfahren. Nach der Restaurierung des Theaters erhielten weder Mathias noch ich eine Einladung zur Eröffnung. Erland Josephson forderte mich auf, dennoch hinzugehen. In ihrer Eröffnungsrede erwähnte Marita Ulvskog, dass Mathias und ich die Initiative zum Fortbestehen des Theaters ergriffen hatten. Der Intendant Ture Rangström und seine Chefin Katarina Ek-Nilsson erwähnten mit keinem Wort, wer das Theater gerettet hat.

Die Einweihung endete mit einer Rede der damaligen Dompröbstin, heute Bischöfin, Caroline Krook, in der sie uns darüber informierte, dass Ture Rangström und sie Cousin und Cousine sind und sie als Kinder zu Hause bei ihren Eltern oft Theater gespielt hätten. Caroline Krook rundete ihre Ausführungen ab, indem sie sagte: »Ja, Ture, jetzt hat jeder sein Theater zum Spielen. Du hast das Strindbergtheater und ich habe die *St.-Nikolai-Kirche* (Storkyrkan).« Sic transit gloria mundi! Emiliy Dickinson schrieb diesen Vers 1852 am Valentinstag an William Howland. Das Gedicht wurde später in der Zeitschrift *Springfield Daily* abgedruckt. Frei übersetzt lautet es:

Sic transit gloria mundi

So vergeht der Ruhm der Welt
How doth the busy bee
Doch wieso bleibt der Fleiß der Biene
Dum vivimus vivamus
Solang wir leben, lasst uns leben
I stay mine enemy –
Vorm Feind verzieh ich keine Miene

Auszug aus Calle Paulis Artikel in Dagens Nyheter, Freitag, den 19. Juni 1998:

... Jetzt gibt es einen genauen Plan, ausgearbeitet von der Bühnenbildnerin Gunilla Palmstierna-Weiss und dem Regisseur Mathias Lafolie, der die Restaurierung des Theaters und ein Konzept für den Betrieb in den ersten drei Jahren umfasst ...

... Ziel ist nicht, ein Museum zu errichten, sondern ein vitales und modern ausgestattetes Theater in einem flexiblen Raum, der unter anderem in ein Arena-Theater verwandelt werden kann ...

... Unsere Idee gründet sich zum Teil auch auf die amerikanische Gruppe La Mamas und ihre Arbeitsweise ...

... Ein Zentrum, Treffpunkt für Wissenschaftler, Schriftsteller und Theaterschaffende, die gemeinsam ihre Ideen ausprobieren, in unserem Fall mit Strindberg als Ausgangspunkt. Eine künstlerisch übergreifende Tätigkeit ...

... eine gemeinsame Angelegenheit für das Strindbergfestival, das Strindbergmuseum, die Strindbergforschung an der Universität, die Kunsthochschulen und Theaterinstitutionen - als Partner, nicht als Konkurrenten ...

... Der internationale Aspekt ist ebenfalls wichtig. Wahrscheinlich ist Strindbergs Intima Teatern im Ausland bekannter als in Schweden ...

... am Norra Bantorget, wo sich das Theater befindet, begann der Kampf um die demokratischen Rechte in Schweden und das waren jene Ideale, für die Strindberg kämpfte. Hier haben August Palm und Olof Palme gesprochen ...

... Ein Hinweis darauf, dass Kultur und Politik zusammengehören, sagt Gunilla Palmstierna-Weiss ...

... Der Bühnenbildner Mikael Sylwan hat anhand von zeitgenössischen Skizzen, Schwarz-Weiß-Fotos und Farbanalysen mit einem computergesteuerten 3D-Programm den Theaterraum in den richtigen Farben wiedererstehen lassen ...

Als Theatermann nutzte Strindberg alle technischen Errungenschaften seiner Zeit.

Fräulein Julie

Bei der Inszenierung von August Strindbergs *Fräulein Julie* am Residenztheater in München unter der Regie von Ingmar Bergman, wurde Peters Übersetzung verwendet. Peter hat drei Dramen von August Strindberg ins Deutsche übersetzt: *Fröken Julie* (dt. Fräulein Julie), *Ett drömspel* (dt. Ein Traumspiel) und *Fadren* (dt. Der Vater). Als Peter an *Fräulein Julie* gearbeitet hat, konnte er Strindbergs Originalmanuskript einsehen. In diesem handgeschriebenen Manuskript entdeckte Peter eine interessante Streichung. Mit einiger Mühe gelang es ihm, herauszufinden, was durchgestrichen worden war. Es ging um einen roten Striemen auf Julies Wange, der am Mittsommerabend, als Julie die Verlobung mit ihrem Verlobten, dem Gerichtsvollzieher, auflöste, entstanden war. Der Verlobte hatte ihr als Antwort mit der Reitgerte einen Schlag aufs Gesicht versetzt.

Die Uraufführung von *Fräulein Julie* fand in Kopenhagen, am *Skandinavischen Versuchstheater* (Skandinaviska försöksteater) statt, das sich im *Dagmarteatern* befand. Siri von Essen spielte Fräulein Julie. Damals zeigte sich, dass das Überschminken des roten Striemens nicht so einfach war. Der weiße Puder haftete nicht, sodass die Rötung zu früh sichtbar wurde. Der Striemen leuchtete zu stark oder wurde verschmiert. Meine Theorie ist, da ihnen aus technischen Gründen das Überschminken nicht gelang, hat der erfahrene Theatermann August Strindberg dieses Detail gestrichen. Das Ereignis wurde stattdessen in einer Replik beschrieben. Außerdem lebten August Strindberg und Siri von Essen damals in Scheidung, sodass der rote Striemen vom Publikum hätte falsch gedeutet werden können, als hätte Strindberg ihr diesen zugefügt.

Im Manuskript steht noch die Bühnenanweisung, dass Fräulein Julie bei ihrem ersten Auftritt auf der Bühne ein weißgepudertes Gesicht hat, doch der rote Striemen wird nicht erwähnt. Stattdessen konnte das weiße gepuderte Gesicht als die in der Oberschicht übliche Gesichtsfarbe aufgefasst werden, die im Kontrast zur natürlichen Haut des Volkes steht, ein Weiß, das im Laufe des Spiels abblättert.

Ich erzählte Ingmar von Peters Entdeckung. Ingmar war interessiert und sagte: »Das kriegen wir hin. Mit der heutigen Schminktechnik können wir erreichen, dass der Striemen im Laufe des Spiels allmählich immer sichtbarer wird.« Das war etwas Neues und Brutales, was Ingmar gefiel.

Im Film ist es leicht, eine solche Veränderung zu arrangieren, aber bei der Wärme auf der Theaterbühne, mit einem verschwitzten Gesicht, wird es zum Problem – vor allem, weil Julie stets auf der Bühne präsent ist und es keine Möglichkeit gibt, die Schminke nachzubessern. Es wurde für uns genauso unmöglich wie zu Strindbergs Zeiten. Ingmar erkannte, genau wie Strindberg, die Schwierigkeit und sagte: »Streich das!«

In beiden Inszenierungen von *Fräulein Julie*, die Ingmar und ich zusammen gemacht hatten, am Residenztheater in München und am *Dramaten*, wurde wenig Farbe verwendet. Das Interessante daran, ein Stück mehrfach zu inszenieren, ist, dass man die Möglichkeit hat, Kostüme weiterzuentwickeln, weshalb sie sich dann auch voneinander unterscheiden.

In unserer Inszenierung von *Fräulein Julie* lag die traditionelle Küche eine halbe Treppe unter der Erde und war in verschiedenen Grautönen gehalten. Die Grauskala des Bühnenbilds folgte denselben Prinzipien wie eine zeitgenössische Radierung. Das Graue konnte mit warmem, rotem Licht oder mit kaltem blauem Licht beleuchtet werden, wodurch der Raum dann seinen Charakter änderte. Die Grautöne erleichterten das Variieren der Beleuchtung. Die Kupferdeckel auf dem Kaminsims in der Küche waren nicht nur als dekoratives Element gedacht, sondern hatten auch eine Funktion für die Beleuchtung. Wenn die Deckel beleuchtet wurden, wurde das Kupferrot reflektiert, was den Bühnenraum in ein warmes Morgenlicht tauchte. Im Laufe des Stücks wird das Licht kälter, bis es am Ende weiß und stechend ist.

Das helllila Kleid von Fräulein Julie kündigte ihren Tod an. Zu Strindbergs Zeiten trug ein junger Mensch niemals Lila. Diese Farbe war den Älteren und Trauernden vorbehalten, die Farbe des sakralen Leids. Die lila Farbe wiederholte sich in dem Flieder, der auf dem Küchentisch stand.

In der Küche herrschte Kristins puritanische Ordnung. Kristins Kostüm war Arbeitskleidung, das für eine Köchin traditionelle graue Baumwollkleid, mit einer gestärkten weißen Schürze und Ärmeln, die kurz über den Handgelenken endeten, um nicht von den praktischen Gegenständen verschmutzt zu werden. Der Rock reichte bis zum Knöchel, streifte aber nicht den staubigen Küchenboden. In der Schlussszene trug Kristin allerdings ihr bodenlanges, enges, schwarzes Sonntagskleid. Jean trug während des ganzen Stückes nur Teile seines Dienstanzugs. Erst in der Schlussszene war er korrekt in schwarzer Livree gekleidet. Da waren Kristin und Jean gerade auf dem Weg zur Kirche. Julie saß zusammengesunken auf einem Küchenstuhl, Jean und Kristin standen wie zwei schwarze Totenraben dahinter. In dieser Schlussszene vor dem Selbstmord trug Julie ein weißes Kleid, das an ein Sterbegewand erinnerte.

Den einzigen Farbtupfer in dieser Inszenierung gab es in einem selten gespielten kurzen Zwischenakt, in dem das betrunkene Volk die Küche in Beschlag nimmt, während Jean hinter einer geschlossenen Tür mit Julie schläft. Die Frauen, die sich hereindrängten, trugen blaue, rote und grüne Kleider, aus qualitativ unterschiedlichen Stoffen. An diesen Stoffen, deren Struktur und an der Art, wie die Kleider geschnitten und genäht waren, konnte man die Klassenunterschiede ablesen. Die Männer waren in schwarze, grobe Anzüge gekleidet und manche von ihnen hatten ein rotes Halstuch um – die verbotene sozialistische Farbe.

In München hatte Ingmar für Julie und Jean zwei kräftige Schauspieler ausgewählt. Vor allem Julie sollte eine starke Frau sein, die langsam gebrochen wird. Aber zwei Wochen vor der Premiere bekam die Schauspielerin einen ihrer manischen Schübe und wurde ausgewechselt. Sie wurde durch eine kleine blonde Schauspielerin ersetzt. Diese war zwar außerordentlich tüchtig, doch die Idee vom Kampf zwischen zwei Riesen war damit hinfällig. In Stockholm passierte etwas Ähnliches. Bei den Proben von *König Lear* sahen wir das Zusammenspiel zwischen Ewa Fröling und Peter Stormare und fanden sie ideal für die Besetzung von Julie und Jean. Als wir mit den Proben anfingen, stellte sich heraus, dass Ewa Fröling schwanger war, weshalb sie dann durch Marie Göranzon ersetzt wurde. Marie war gut als Julie, doch der optische Effekt mit zwei großen Gegenspielern war weg. Eine kleine zarte Julie entspricht der konventionellen Sicht auf sie. Ich schlug Ingmar vor, auf Ewa Fröling zu warten, aber da er immer

extrem pünktlich war, konnte er sich eine Verschiebung nicht vorstellen.
Sowohl die deutsche als auch die schwedische Inszenierung ging auf Tournee. Bühnenbild und Kostüme waren unterschiedlich, was bedeutete, dass auch ich zwei verschiedene Tourneeversionen fertigen musste. Die schwedische Inszenierung wurde am *BAM Theatre* in Brooklyn, New York gespielt. Peter Brook hatte eine Zeitlang am *BAM Theatre* Regie geführt, das der Architekt absichtlich wie ein Abrisshaus aussehen ließ, mit Wänden, die so gestrichen wurden, dass sie heruntergekommen aussahen, damit es in die Umgebung von Brooklyn passte.
Ingmar und Lena Olin, die Marie Göranzon ersetzte, hatten mich gebeten, für die Tournee Julies Kleid zu ändern. Gewünscht wurde ein blutrotes, langes Kleid aus einem dünnen eleganten Stoff. Für Lena war das eine Chance, sich ihrem amerikanischen Agenten zu zeigen. Das hatte zur Folge, dass sich die ganze Inszenierung veränderte und in ein Vorsprechen verwandelte. Für Lena war das gut, aber ich habe zu spät gemerkt, dass das symbolisch und optisch nicht mit dem Bühnenbild übereinstimmt. Das war ein Zugeständnis, das ich beruflich bereue und das die Kritiker, die die Vorstellung in Stockholm gesehen hatten, mit einer gewissen Verwunderung registrierten.

Waldemarsudde

Auf meine retrospektive Ausstellung in Prinz Eugens Waldemarsudde 1995 hatte ich mich jahrelang vorbereitet. Doch ohne die Doktorarbeit von Gunnar Olofgörs über meine Tätigkeit als Bühnen- und Kostümbildnerin hätte ich dieses Projekt nie realisieren können. Durch sein unermüdliches Forschen in meinen Arbeiten sah ich mich gezwungen, mein Arbeitszimmer aufzuräumen und zu ordnen, meine Entwürfe und Modelle zu katalogisieren, alte Artikel herauszusuchen, den gesamten Materialbestand zu sortieren. Eine Arbeit hatte die nächste abgelöst, ohne Pause, sodass ich die Entwürfe und Modelle nur übereinandergestapelt hatte.
Ich wollte in dieser Ausstellung nicht nur einen Teil meiner Theater-

inszenierungen präsentieren, sondern dem Besucher auch überraschende Erlebnisse bieten, ihm zeigen, was alles im Verborgenen geschieht.

Am Eingang der Ausstellung befand sich ein Bild mit einem großen Auge, gezeichnet vom Architekten Ledoux (1736–1806). Die Pupille war ein Loch, durch das die Besucher hindurchsehen konnten. Sie wussten jedoch nicht, dass sich auf der Rückwand die vergrößerte Skizze eines Harlekins befand, der statt eines Gesichts ein Loch von der Größe einer Pupille hatte, weshalb der Harlekin ständig neue Physiognomien bekam, je nach dem, wer hindurchsah.

Insgesamt sollte die Ausstellung zeigen, welche Bedeutung die jeweiligen Ateliers und Werkstätten für die Umsetzung einer Inszenierung haben. Im Zusammenhang mit der Ausstellung verpflichtete ich mich, Vorträge zu halten, woraus schließlich etwa siebzig zweistündige Vorträge mit Führungen wurden.

Die Ausstellung entwickelte ich zusammen mit dem Künstler Martin West, dem Innenarchitekten Reinhard Roth, der Theaterwissenschaftlerin Constance af Trolle und dem Künstler Mikael Sylwan und nahm dafür das ganze Obergeschoß der Wohnung von Prinz Eugen und das Atelier in Beschlag.

Eine Ausstellung vorzubereiten und zu organisieren, macht Spaß, denn dafür sind Recherchen nötig, das weiß ich aus eigener Erfahrung. Verwiesen sei auf meine Ausstellung über Kunsthandwerk und Kunstindustrie für *Riksutställningar* und auf die spätere Ausstellung *200 Jahre Dramaten (Dramaten 200 år)* zusammen mit Constance af Trolle und mit Reinhard Roth als Modellbauer realisiert habe.

In der Ausstellung gab es auch eine kleine Bühne, auf der verschiedene Schauspieler kurze Monologe vortrugen. Die Bühne war von sechs perspektivisch angeordneten »Periakten«, dreieckigen hohen Säulen, eingerahmt und im Hintergrund stand meine »Schrottfigur« aus dem Stück *Gesang vom Lusitanischen Popanz.* Auf der einen Seite der Periakten war jeweils eine Glasvitrine eingebaut. An den übrigen beiden Seiten waren Fotos von den verschiedenen Arbeitsmilieus am Theater bzw. vergrößerte Kostümentwürfe zu sehen. In den sechs Vitrinen gab es Fotos und Gegenstände, die die Arbeit der Werkstätten zeigten: das Anfertigen von Kostümen, Perücken und Requisiten, die Arbeitsabläufe bei den Tischlern, Malern, Bühnenarbeitern und Beleuchtern – kurz gesagt, den ganzen Herstellungsprozess einer

Inszenierung. Im Anschluss daran wurden die Ergebnisse präsentiert: Kostüme, Masken, Perücken und Requisiten. So wurde z. B. gezeigt, wie ein Kostümentwurf in Zusammenarbeit mit den Kostümateliers umgesetzt wird.

Zur Ausstellung gehörte auch noch eine Vitrine mit Manuskripten, die veranschaulichten, wie sich Regisseur und Bühnenbildner bereits in einem frühen Stadium den Text eines Stückes gemeinsam erarbeiten und diesen oft auch bearbeiten. Handgeschriebene Notenhefte zeigten die für den Text komponierte Musik.

1997 wanderte die Ausstellung weiter zum Kunstmuseum Bochum.

Moskau und Odessa

Auf der Ausstellung im Waldemarsudde nahm ein russischer Regisseur Kontakt zu mir auf. Erstaunlicherweise hatte er den schwedisch klingenden Nachnamen Nordström und kam aus Leningrad, dem heutigen Sankt Petersburg. Alexander Nordström war Nachfahre eines nach Russland ausgewanderten Schweden.

Alexander reiste in den 1990er Jahren nach Schweden, um Nachforschungen über seine schwedischen Vorfahren anzustellen. Die Folge war, dass er in Schweden blieb. Er schlug vor, dass wir das Stück *Gustav Wasa* von Strindberg im *Maly Teatr* in Moskau gemeinsam inszenieren sollten. *Maly Teatr* bedeutet Kleines Theater, verfügt aber über mehr Zuschauerplätze als das *Dramaten*. Es liegt neben dem *Bolschoi Teatr*, was soviel wie Großes Theater bedeutet.

Alexander war der Meinung, *Gustav Wasa* würde gut zu der neuen politischen Situation in der GUS nach der Perestrojka passen. Gustav I. Wasa war einst der neue Gesetzgeber, derjenige, der den Grundstein für das gelegt hat, was einmal Schweden sein würde. In Bezug auf Zeit und Bild sollte das Stück in die Gustav-Wasa-Epoche verlegt werden, aber zugleich eine Schilderung der Gegenwart sein.

Ich war an der Arbeit interessiert, stellte aber die Bedingung, dass ich Mikael als Mitarbeiter für das Bühnenbild im *Maly Teatr* dabeihaben dürfte. Mikael ist ein Bühnenbildner mit Computerkenntnissen, was damals neu und am Theater in Moskau nicht so bekannt war. Da wir für die Modelle, Kostümentwürfe und Konstruktionszeichnungen seinen Computer zur Verfügung hatten, konnten wir sämtliche Szenenwechsel veranschaulichen und alles bis hin zur kleinsten Schraube erklären. Das verkürzte die Diskussionen und verringerte den Einsatz eines Dolmetschers.

Die Dolmetscher, die man uns zugeteilt hatte, waren nicht besonders theaterversiert. Der erste war ein früherer Botschafter, der in Afrika gearbeitet hatte und dessen Französisch sehr begrenzt war. Er brauchte die Arbeit, um seine karge Rente aufzubessern. Nach ihm dolmetschte eine Schauspielerin, die für kurze Zeit einen belgischen Geliebten gehabt hatte. Ihre Sprachkompetenz lag nicht im technischen Bereich. Schließlich bekamen wir eine Dolmetscherin, die sich mit Theater bestens auskannte und Englisch sprach. Marina, wie sie hieß, hatte lange an Tschechows Theater, dem *Tschechow-Kunsttheater (MChAT)* in Moskau gearbeitet.

Die Premiere barg für mich eine kleine Überraschung. Normalerweise achte ich sehr genau auf den Symbolwert von Farben, welche Assoziationen die Farben der Kostüme beim Publikum hervorrufen. Nicht immer hat dieselbe Farbe in den verschiedenen Teilen der Erde dieselbe Bedeutung. Ich war davon ausgegangen, dass Moskau relativ nahe an Schweden liegt und deshalb dieselbe Farbsymbolik hätte. Gustav Wasas Hofstaat hatte eine Farbskala von Dunkelblau bis Schwarz.

Gustav Wasa trug eine dunkelblaue Montur, ein Kostüm, das sich an ein altes Gustav-Wasa-Porträt anlehnte. Es erinnerte auch an das Blau im schwedischen Reichswappen. Um die Jugend von Erik XIV. zu betonen, gab ich ihm eine etwas hellere blaue Nuance, auch, um zu markieren, dass er Gustav Wasas Sohn war. Gustav Wasas Handelspartner, Herman Israel, der mächtige Mann der Hanse und Waffenverkäufer trug ein schwarzes Kostüm mit einem Hauch Dunkellila, eine Farbskala, die Macht andeutete. Sein junger Sohn Jacob Israel bekam einen helleren schwarzlila Ton in sein Kostüm, ebenfalls, um seine Jugend und Zugehörigkeit hervorzuheben. Die Farbskala sollte symbolisieren, dass die Älteren Autorität besaßen und die Jüngeren noch jugendliche Zartheit.

Als Erik und Jakob die Bühne betraten, die Arme freundschaftlich umschlungen, ertönte kräftiger Beifall, bevor einer von ihnen auch nur ein Wort gesagt hatte. Zunächst dachte ich, dass gerade diese beiden

Idole wären. Aber das war nicht der Fall, sondern der hellblaue und der blaulila Ton in ihren Kostümen und die Tatsache, dass sie mit umschlungenen Armen auf die Bühne kamen, symbolisierte die damals noch verbotene, unter Strafe gestellte Homosexualität. Man muss sich wirklich informieren und nichts für selbstverständlich halten.

Im zweiten Akt hatten wir einen Bühnenhintergrund, der das alte Stockholm darstellte, aber als das Maleratelier der Werkstätten das Gemälde nach der Vorlage, die sie bekommen hatten, vergrößerte, ähnelte Stockholm einer kleinen russischen Stadt. Sie hatten richtig kopiert, aber ihre Pinselführung war irreführend. Überall hatte die Linie einen minimalen zusätzlichen Schlenker, und an bestimmten Stellen war die Linie breiter. Die Handwerker hatten die alte russische Maltechnik verinnerlicht, sie war wie ein Reflex. Wie sehr man sich auch bemühte, dies zu korrigieren, aus dem alten Stockholm wurde immer wieder eine kleine russische Stadt.

Für die Soldaten wurden Kettenhemden aus Metall benötigt, was in Moskau nicht aufzutreiben war. Russland mangelte es damals noch an Material. Ich fuhr zurück nach Stockholm und kaufte zwanzig Metzgerschürzen aus Metallgewebe, was nicht nur von den Schauspielern geschätzt wurde, sondern auch von der männlich wirkenden Finanzchefin des Theaters. Diese Eiserne Lady nähte sich aus diesem Material einen Rock.

Probleme bereitete uns die finanzielle Abwicklung. Ich hatte mir ausbedungen, dass die Gage für Mikael und mich bar in Dollar ausgezahlt wird, obwohl mir bewusst war, dass es nicht leicht sein würde, Rubel in Dollar umzutauschen. Die Finanzchefin informierte mich darüber, dass wir kaum etwas von dem Honorar bekommen würden, da sie ein Steuersystem hätten, das den größten Teil unserer Einkünfte verschlingen würde. Sofort packte ich meine Entwürfe und Modelle ein, brach die Arbeit ab und sagte, dass wir, wenn der Vertrag nicht eingehalten wird, das Theater verlassen würden. Ihr Gerede über Steuern war offensichtlich ein Bluff.

Ich wusste, dass es für sie nicht leicht war, die Dollar zu besorgen. Das Personal musste alle Wechselstuben abklappern, um Dollar zu kaufen und kehrte dann mit ein paar Tüten, randvoll mit kleinen Scheinen, zurück.

Ich wurde allein zur Finanzchefin gerufen. Sie saß hinter einem langen Tisch, je einen Untergebenen zur Seite. Sie zählten und zählten, doch schließlich bekam ich unser Honorar in etwas zerknitterte Papiertüten gedrückt. Ziemlich schelmisch und mit einem letzten Seitenhieb fragte mich die Eiserne Lady, wie ich nun das Geld außer Landes bringen wolle. »Thats my problem«, erwiderte ich und schnappte mir die Tüten. Ein hilfsbereiter Kulturattaché in der schwedischen Botschaft schickte die Tüten gut verpackt als Diplomatenpost an das Schwedische Institut in Stockholm.

Die Auszahlung der Gehälter an die Schauspieler und das übrige Personal des Theaters war ein Kapitel für sich. Gehalt bekamen sie, wenn es Geld gab, und das war eher unregelmäßig der Fall. Die Gehälter wurden im dunklen, fensterlosen Keller des Theaters ausgezahlt. Die Angestellten konnten tagelang dort sitzen und warten. Auch die als etabliert geltenden, großen Schauspieler warteten dort. Eine hohe und breite, fensterlose beigebraune Wand trennte die Gehaltsempfänger von der Kasse. Ganz oben befand sich eine kleine vierkantige Öffnung, fünfzig mal fünfzig Zentimeter groß. Hin und wieder wurde ein Name aufgerufen und ein magerer Arm mit einigen Scheinen durch die Luke gestreckt. Manchmal wurde der Arm schnell wieder zurückgezogen, entweder hatte man den falschen Namen aufgerufen oder die Summe stimmte nicht. Im Vergleich zu dieser Gruppe fühlte ich mich sehr privilegiert.

Während der Arbeit an Strindbergs Stück *Gustav Wasa* in Moskau begaben wir uns auf die Spuren von Michail Bulgakows Roman *Meister und Margarita*. Die Straßenbahn, von der eine Figur im Buch überfahren und getötet wird, hat immer noch dieselbe Linienführung. Auch die Haustür des Hauses, in dem Bulgakows Margarita wohnte, zu der der Kopf gerollt ist, gibt es noch.

Etwa ein Jahr lang pendelten wir zur Arbeit an der Inszenierung zwischen Stockholm und Moskau. Unsere letzte Heimreise war dramatisch, erinnerte an einen größeren politischen Zusammenhang. An diesem Tag hatte die NATO Belgrad bombardiert. Auf dem Flughafen in Moskau fanden rigorose Kontrollen statt, sodass sich der Zoll die Konstruktionszeichnungen, Kostüm- und Theaterentwürfe etwas genauer ansah. Zum Glück hatten wir das Geld bereits abgeschickt.

Gustav Wasa war meine erste Zusammenarbeit mit Mikael an einem Bühnenbild, die zweite erfolgte an der Nationaloper in Odessa, und zwar an Johann Gottlieb Naumanns Oper *Gustaf Wasa*, mit einem Libretto von Gustav III. und dem Dichter Johan Henric Kjellgren. Auch diese Inszenierung stammte von dem Russen mit schwedischen Wurzeln Alexander Nordström. Im *Maly Teatr* in Moskau war das Wasa-Stück durch seine Machtstruktur aktuell. In Odessa wurde der Intendant für Odessas Oper und Tanztheater darauf angesprochen, dass die Wasa-Oper von einem Befreiungskrieg handelte – eigentlich war es der Befreiungskrieg der Schweden gegen die Dänen, aber aus purem Zufall stimmte die Farbsymbolik in der Oper. Das schwedische Heer kämpfte natürlich unter blau-gelben Fahnen, die Dänen unter roten. Die Farben der Ukraine sind blau und gelb und ihr Feind, die alte Sowjetunion, hatte Rot als Symbol. Die Musik der Oper war zudem für die klassisch ausgebildeten ukrainischen Sänger wie geschaffen.

Das Opernhaus Odessa ist von außen von der großen Wiener Oper inspiriert worden. Die Inneneinrichtung ließ ein französischstämmiger Gouverneur in Odessa im 19. Jahrhundert vom großen Opernhaus in Paris im französischen Rokokostil kopieren. Als wir nach Odessa kamen, sahen wir jedoch nur ein riesiges Plastikpaket. Das Opernhaus war völlig verhüllt. Das Gebäude wurde permanent saniert.

Es hatte sich herausgestellt, dass das Haus allmählich in dem sumpfigen Boden versank, der von unzähligen Gängen durchzogen ist. Im Zweiten Weltkrieg dienten sie Flüchtlingen und vor allem Partisanen, die gegen die deutsche Wehrmacht kämpften, als Versteck. Diese Gänge hatten das Fundament der Oper destabilisiert. Als wir eintrafen, war man gerade dabei, tief unter der Oper Pfähle zu verankern. Auch im Haus hatte man gerade mit umfangreichen Reparaturarbeiten begonnen. Es sah aus wie auf einem Kriegsschauplatz.

Als die Opernleitung Stockholm besuchte, um dort die Diskussionen fortzuführen, zeigten wir ihr das *Schlosstheater Drottningholm (Drottningholmsteatern)* und sondierten dabei auch Möglichkeiten einer Zusammenarbeit, aber es stellte sich heraus, dass diese nicht realisierbar war. Die Inszenierung kam aufgrund der ökonomischen und politischen Situation nicht zustande, aber die vorbereitenden Arbeiten ermöglichten viele Beobachtungen.

Das Meiste in Odessa war heruntergekommen und verfallen. Ich wollte gern die breite Treppe sehen, bekannt aus Eisensteins Film *Pan-*

zerkreuzer Potemkin. Die Treppe hat eine optisch verwirrende Konstruktion, die die Perspektive aufhebt. Unabhängig davon, wo man sich befindet, ist die Treppe gleich breit. Ob man sie von oben, von der Mitte oder von der untersten Stufe betrachtet, man sieht keine schmalere Perspektive.

Wir nutzten auch die Gelegenheit, uns die Ikonenmalerei anzusehen, die in der Sowjetunion verboten war, nun aber wieder aufgenommen wurde. In den Ateliers arbeitete man gänzlich in der alten Maltradition. In einer Werkstatt, die wir besuchten, zeigte uns deren Leiter das technische Verfahren: wie man langsam, Schicht um Schicht, eine Ikone herstellt – eine Zeit und Geduld erfordernde technische und künstlerische Arbeit. Auffallend war, dass sämtliche Jesus-Porträts und Heiligen die Gesichtszüge des Atelierleiters hatten.

Während unseres Aufenthalts brach in der Ukraine die Orangene Revolution aus, sodass die Reparaturen und unsere Proben bis auf weiteres verschoben wurden. Von einem Tag zum anderen war alles Orange. Der große Platz in Kiew war voller Fahnen und überall gab es Stände, die Flaggen, Kleider, Tücher, Socken und Stiefel verkauften – alles in Orange. Aus kommerzieller Sicht war diese Revolution anscheinend gut vorbereitet.

Die Gegner der Orangenen Revolution, die Kommunistenanhänger, standen in kleinen Gruppen zusammen und demonstrierten mit ihren Fahnen, während sie am Denkmal für die Gefallenen des Zweiten Weltkriegs Mahnwache hielten. Zu diesem Zeitpunkt kam es nicht zu Zusammenstößen. Die Demonstrationen verliefen friedlich. Seitdem hat sich viel verändert.

Diese beiden Inszenierungen waren, wie gesagt, meine erste Zusammenarbeit mit Mikael an einem Bühnenbild, aber eigentlich hatte sie bereits Peters Gedenk-Ausstellung in Berlin und der Ausstellung im *Moderna museet* in Stockholm ihren Anfang genommen. Zudem hatte Mikael mir bereits als Jugendlicher assistiert, indem er einige meiner Bühnenmodelle gebaut hat. Bei den Ausstellungen war er ein unentbehrlicher Mitarbeiter, da er über die berufliche Kompetenz verfügte, das Material kannte und mit Peters Arbeit vertraut war. Auch wenn sie in Mikaels Kindheit Konflikte gehabt hatten, so gab es doch in ihren Diskussionen über Kunst, Literatur und Musik gemeinsame Nenner.

200 Jahre Dramaten

Zum 200-jährigen Jubiläum des *Dramaten* schlug ich der Leitung vor, dass man eine historische Übersicht über die Spielstätten, die mit dem *Königlichen Dramatischen Theater* verknüpft waren, geben könnte. Der Intendant Lars Löfgren zeigte kein Interesse und Ingmar war skeptisch.

Ich hatte gerade für *Riksutställningar* die Ausstellung *Form och tradition* (Form und Tradition) über das schwedische Kunsthandwerk von 1880–1980 gemacht und dafür spezielle Vitrinen konstruiert. Die Vitrinen hatten mehrere Funktionen. Die Objekte wurden nicht nur in den Vitrinen ausgestellt, sondern konnten auch an den Seiten, zusammen mit Bildern aus der dargestellten Epoche, angebracht werden. Jede Vitrine war wie eine eigene Ausstellung und konnte unabhängig von den anderen gezeigt werden. Mit eingeklappten Rädern fungierten sie zudem als Verpackungskisten. Die Vitrinen von der Kunsthandwerks-Ausstellung befanden sich immer noch bei *Riksutställningar*, sie passten auch gut zu einer Ausstellung über zweihundert Jahre von *Dramaten*. Der Leiter von *Riksutställningar*, Bengt Skoog, bekundete sein Interesse und befürwortete dieses Projekt, und ich kümmerte mich nicht mehr um die skeptischen Herren Löfgren und Bergman.

Da ich als Bühnen- und Kostümbildnerin so lange mit den Werkstätten des *Dramaten* zusammengearbeitet hatte, erklärten sich viele Maler und Tischler bereit, mich bei diesem Projekt mit praktischer Hilfe zu unterstützen, doch die eigenen, erfahrenen Handwerker von *Riksutställningar* sowie andere Mitarbeiter waren Voraussetzung.

Man kann die zweihundertjährige Geschichte des *Dramaten* aus verschiedenen Perspektiven schildern. Wir, das heißt die Theaterwissenschaftlerin Constance af Trolle und ich, arbeiteten über einen längeren Zeitraum gemeinsam an der Ausstellung. Wir beschlossen, sehr konkret zu sein und die Geschichte des *Dramaten* anhand der verschiedenen Spielstätten im wachsenden Stockholm zu zeigen. Bei der Konstruktion der Bühnenmodelle wurden wir von dem Innenarchitekten Reinhardt Roth unterstützt. Mit szenografischen Mitteln ließ sich das Historische anschaulich darstellen. Vor allem entdeckten wir, dass die früheren Theorien vieler Theaterwissenschaftler über *Boll-*

huset (Königliches Ballhaus) nicht stimmten, da sie nicht dreidimensional gearbeitet hatten.

Im Laufe des Jahres versuchten wir zu rekonstruieren, wie es wohl im Theater, im Zuschauerraum und auf der Bühne ausgesehen haben mag. Die ersten vier Spielstätten – *Bollhuset, Arsenalen, Gustav III. opera* und *Gamla Dramaten* – gibt es nicht mehr, sie gehören zu den Teilen Stockholms, die abgerissen wurden. Dasselbe Schicksal hätte beinahe auch das jetzige Gebäude am Nybroplan ereilt.

Bollhuset wurde 1793 abgerissen und verschwand. Eine Grundrissskizze mit einer recht unsicheren Datierung, einige wenige ziemlich unscharfe Bilder, eins davon auf einem Aquarell-Teller, aber keins von der Inneneinrichtung, ist alles, was vom *Bollhuset* übriggeblieben ist. Dieses Theater legte den Grundstein für das schwedische Theater; dort ordnete Gustav III. an, dass ab sofort in schwedischer Sprache gespielt werden sollte. Um das *Bollhuset* zu rekonstruieren, muss man auf andere Quellen zurückgreifen, wie Abrechnungen, Briefe und anderes mehr. Wie *Arsenalen* am Kungsträdgården ausgesehen hat, wissen wir von Landvermessungszeichnungen und mehreren Abbildungen.

Gustav III. operahus, das Pendant zum *Arvfurstens palats* auf dem *Gustav Adolfs torg*, der 1891 dem Erdboden gleichgemacht wurde, ist deutlich besser dokumentiert. Zeichnungen und Bildmaterial vermitteln einen recht guten Eindruck von dem Gebäude.

Das kleinere Theater in der Kungsträdgårdsgatan wurde 1910 abgerissen und nun sind wir zeitlich so weit gekommen, dass die Zeichnungen durch Fotos ergänzt werden können. An der Rekonstruktion oder besser gesagt, an dem Vorschlag, wie das *Bollhuset* ausgesehen haben könnte, haben wir fast ein ganzes Jahr lang gearbeitet, parallel zu der übrigen Ausstellungsarbeit. Wir haben Modelle konstruiert und sind bei der Berechnung der Größe der Bühnenöffnung von Rechnungen für den Stoff des Vorhangs ausgegangen – man hat ja das Geld für Stoffe nicht unnötig verschwendet. Wir verglichen diese Angaben dann mit denen anderer Theater im Ausland und mit Tagebüchern aus jener Zeit und rechneten aus, wo die Kachelöfen gestanden haben. Eine Arbeit, die noch lange nicht abgeschlossen ist und die man weiterverfolgen kann.

Die Ausstellung ist um sieben Vitrinen herum aufgebaut, mit den Überschriften *Bollhuset, Arsenalen, Gustav III. opera, Gamla*

Dramaten, Dramaten, Lilla scenen und *Übrige Bühnen*. Zu den ersten fünf gehört auch eine kleine dreieckige Vitrine. Jede Vitrine ist so gestaltet, dass sie durch Farbe und Aussehen eine Vorstellung vom Zeitgeist der dargestellten Epoche geben kann.

Kriterium für das in und an den Vitrinen gezeigte Material war, dass an ihm die jeweilige Epoche verfolgt und verglichen werden kann und dass es zeittypisch ist. Nach diesem Prinzip wurden auch die Porträts der Schauspieler ausgewählt, die den Berufstand repräsentieren durften. Natürlich war auch die Qualität des bewahrten und zugänglichen Materials mit ausschlaggebend.

Es gab schon immer ein großes Theaterinteresse in Stockholm. In jeder Vitrine sind auch die übrigen zeitgenössischen Theater vertreten. Die wachsende Zahl von Theatern in Stockholm und im übrigen Land beruhte auf der Aufhebung des königlichen Theatermonopols 1841.

Die Zahl der Theater stieg im zwanzigsten Jahrhundert im Takt mit dem Bevölkerungszuwachs lawinenartig an. Im Rahmen dieser Ausstellung ging es natürlich nur um ein Konzentrat, eine Collage aus zweihundert Jahren Geschichte. In Schweden hat man emsig unser gemeinsames Kulturerbe abgerissen. Mit knapper Not ist das jetzige *Königliche Dramatische Theater* diesem Schicksal entronnen. Der Regisseur und spätere Intendant Gustaf Molander schrieb in jungen Jahren: »Reißt das *Dramaten* ab und baut etwas Neues, Modernes.« Als älterer Theatermann hat er diese Äußerung zutiefst bereut.

Die Ausstellung wurde im Marmor-Foyer des *Dramaten* eröffnet. Nach mehrjähriger Tournee durch ganz Schweden wurde sie im vierten Stock des *Dramaten* untergebracht. Dort war sie längere Zeit für Führungen der *Dramaten*-Guides zugänglich. Bei einer Führung, die ich übernommen hatte, tauchte Ingmar auf und bemerkte im Vorbeigehen: »Du liebst Theater. Das war nicht schlecht.« Heute wird die Ausstellung in den Lagerräumen des *Dramaten* in Gäddviken aufbewahrt.

Die Balkonrede.* Der Künstler als Arbeitgeber

Auf diesem Balkon** wurden öfter Reden für und über August Strindberg gehalten. Das waren kundige Volksredner, scharfsinnige Feministen und literarische Experten. Ich möchte gern über das Phänomen Strindberg als Arbeitsbeschaffer sprechen – als Schriftsteller, Dramatiker, Künstler, Fotograf, Erfinder, Provokateur, Journalist und vieles mehr.

Welche Bedeutung hatten seine kreativen Kunst- und Kulturäußerungen für uns, für unsere Gesellschaft, unser Land und auch international? Welche Bedeutung hatte seine Kreativität für die Beschaffung von Arbeit in Schweden und im Ausland?

Zurzeit leben wir in einem Kulturklima mit einer Politik, die Kultur und deren Äußerungen als etwas Nebensächliches betrachtet, als ein oberflächliches Phänomen, das lediglich zur Erbauung einer kleinen elitären Gruppe da ist.

Schriftsteller, Dramatiker, Künstler, Musiker, Tänzer und viele andere, die innerhalb der Kultur tätig sind, werden von den Politikern als Parias betrachtet. Sind sie noch jung, unbekannt und mittellos, werden sie vielleicht sogar als Parasiten angesehen. Wie viele haben nicht unter dem Existenzminimum leben müssen und leben noch immer so? Und wie viele Begabungen wird es auch künftig kalt erwischen?

Das sind fähige, gutausgebildete Leute, die ironischerweise in dieser Gesellschaft, mit den Steuermitteln dieser Gesellschaft ausgebildet werden, aber selten die Möglichkeit bekommen, in diesem Beruf, zu arbeiten und ihren Lebensunterhalt damit zu bestreiten. Rausgeworfene Steuermittel, rausgeworfenes Wissen, rausgeworfene künftige Arbeitsbeschaffer. Denn der kreative Künstler ist ein großer Arbeitsbeschaffer.

---

* Rede von Gunilla Palmstierna-Weiss am 25. August 1996. Bearbeitet 2013. Diese Überlegungen sind auch für Film, Fernsehen und Musik gültig.
** Der Balkon befindet sich im Schriftstellerhaus (Författarnas Hus) und zeigt zur Drottninggatan in Stockholm. Von dort sieht man die Drottninggatan 85, das Haus, in dem Strindberg seine letzten Lebensjahre bis 1912 verbracht hat.

August Strindberg ist ein Beispiel dafür, was ein kreativer Mensch zustande bringen kann. Aus eigener Kraft und Ausdauer sowie mit der Unterstützung einiger weniger Freunde gelang ihm der Durchbruch als Schriftsteller. Doch nicht in dem Maße, dass er sich nicht mehr um seine Finanzen hätte sorgen müssen. So geht es den meisten in der unsicheren Kulturbranche. Wie viele von ihnen haben nicht schon unterwegs aufgegeben, sind verschwunden oder untergegangen?

Es gibt Männer und Frauen, die trotz Unannehmlichkeiten, niedrigen Gehältern und doppelter Arbeitsbelastung nicht aufgegeben haben, sondern unbeirrt weitermachen, obwohl sie misstrauisch beäugt und von ihrer Umgebung als unbequem eingestuft wurden. August Strindberg ist ein solches Phänomen.

Es stellt sich jedoch die Frage, ob Strindberg nicht mehr Arbeitsmöglichkeiten für mehr Menschen geschaffen hat als zum Beispiel Industriebetriebe wie Volvo, Asea und Elektrolux. Wenn unser Land im Ausland repräsentiert werden soll, wofür entscheiden sich dann die Machthaber? Sie besinnen sich auf die kreativen Künstler. Theater und Tanztourneen, Konzerte, Kunst- und Kunsthandwerk-Ausstellungen und vieles mehr wird von unserer Kultur vorgezeigt. Man staubt bei den Kulturschaffenden ab und organisiert Festivals.

Das Bild von Schweden im Ausland wird meist über die Kultur vermittelt. Man zeigt Künstler aus allen Bereichen und die Werke von Schriftstellern und tut dabei so, als *hätte* man sie ständig unterstützt.

Oft kommt die Investition erst, wenn die Künstler aus eigener Kraft oder nach ihrem Tod bekannt, ja berühmt geworden sind. Derweil laben sich andere an ihrem Leid und erst, wenn die Anerkennung kommt, drückt man sie an die Brust. Doch denkt daran, dass viele der heute Unbekannten und um Anerkennung Ringenden, die künftigen Kulturträger sein werden. Die Avantgarde ist und kann die »klassische«, führende Richtung der Zukunft sein.

Was wäre Schweden ohne August Strindberg, Selma Lagerlöf, Ernst Josephson, Gunnar Ekelöf? Es gibt zahlreiche Beispiele.

Als Schriftsteller hat Strindberg vielen Menschen Arbeit gegeben. Was wären die Buchverlage ohne kreative Schriftsteller? Die Verlage geben ihrerseits Menschen in zahlreichen Berufen Aufträge vom Boten bis zum Verlagsleiter; von der Sekretärin bis zu den Lektoren, den

Grafikern, Korrekturlesern, Übersetzern, Verlagsagenten und vielen anderen. Die Papierherstellung und Buchbinderei nicht zu vergessen. Auch die Bibliotheken und ihr Personal bekommen von kreativen Autoren Arbeit. Das ist eine ganze Armee, die von dem lebt, was diese Schriftsteller geschaffen haben.

In Strindbergs Fall bildet der kreative Schriftsteller zweifellos die Voraussetzung für die Arbeitsmöglichkeiten der anderen. Dennoch bekommt der Kreative als einziger kein festes Gehalt, sondern wird dazu getrieben, unablässig weiter zu schaffen.

Auch als Dramatiker gehörte August Strindberg zu denen, die die meisten Arbeiten für andere geschaffen haben, sowohl in Schweden als auch im Ausland. Sein *Fräulein Julie* ist eines der meist gespielten Stücke der Welt.

Was wäre das Theater mit all den Regisseuren, Schauspielern, Bühnenbildnern, Beleuchtern, Bühnenarbeitern, Souffleusen, Werkstätten, Ateliers, Agenten, Vermittlern, Werbetextern und vielen anderen, wenn es kein Werk als Ausgangspunkt gäbe? Die Grundvoraussetzung sind Werke. Von den Werken werden alle bezahlt – von der Garderobenfrau bis zum Intendanten.

In diesem Fall bilden August Strindberg und andere Schriftsteller den Grundstock – den Ursprung für die Einnahmen. Als Künstler und Maler wurde er im Keim erstickt. Dennoch hat er durch seine Kunst unzählige Arbeitsmöglichkeiten geschaffen, z. B. für Galeristen, Museumsangestellte, Kunsttheoretiker, Kunstbuchautoren, Angestellte in Auktionshäusern, davor auch durch den Kauf von Leinwänden, Pinseln, Farben und Rahmen.

Als Fotograf war Strindberg ein Pionier. Wie viele Bücher und Ausstellungen wurden nicht über seine Fotokunst publiziert? Hinzu kommen auch seine eigenen Einkäufe, um die Fotos überhaupt machen zu können. Und wie viele Dissertationen und Artikel sind nicht über Strindbergs Arbeit und Werk geschrieben worden?

Ich könnte noch weitere Beispiele nennen. Ich möchte damit nur sagen, dass Schriftsteller, Künstler, kreative Menschen, für unsere Gesellschaft unabdingbar sind.

Ein Land, das nicht in seine Talente investiert, ist ein armseliges Land. Nur auf den sogenannten sicheren Trumpf zu setzen, ist zu einfach. Vielleicht befindet sich künftig ein Strindberg unter den bisher

Unentdeckten? Wir wissen nicht, wie viele auf Grund von Beschränktheit, Ungebildetheit und Geiz unterwegs schon abgestürzt sind. Nicht allen ist ein solches Durchhaltevermögen, eine solche Kraft, wie August Strindberg sie hatte, vergönnt. Vielleicht hatten viele von denen, die aufgeben mussten, dasselbe hohe künstlerische Niveau wie er?

Unterstützt auch das Fragile. Denkt daran, dass das, was heute als eigenartig und unbegreiflich angesehen wird, das Fundament für eine künftige Kulturtradition bilden kann. Traut euch, auch das Miniaturhafte wahrzunehmen, dort findet man oft die Speerspitze. Nicht nur auf das Sichere, sondern auch auf das Miniaturformat zu setzen, ist ein demokratisches Recht. Von Strindbergs Stücken und Schriften wurden auch nicht alle von seinen Zeitgenossen akzeptiert! Angenommen, sein Stück *Fräulein Julie* wäre nie herausgegeben worden? Dafür muss man einigen wenigen seiner weitsichtigen Zeitgenossen danken.

Welche Stücke hätten wir verloren, wenn Sartre, Beckett, Ionesco und viele andere nicht von Strindberg inspiriert worden wären?

Meiner Meinung nach lebt das Kulturministerium von dem, was diese Kreativen erschaffen und bewirken. Ohne diese Kulturschaffenden hat das Kulturministerium keine Existenzberechtigung.

Statt dass sich die Kulturschaffenden die Hacken ablaufen müssen, um eventuell an eine Förderung ranzukommen, sollte es Aufgabe des Kulturministeriums sein, die ökonomischen Voraussetzungen für ein Kulturerzeugnis sicherzustellen. Das gilt für alle Bereiche. Sowohl die staatlichen als auch die kommunalen Budgets sind lächerlich klein.

Wenn man aufhört in Kultur zu investieren, dann ist das, als würde man aufhören, in Fortschritt und Forschung zu investieren.

Es hat sich gezeigt, dass in Zeiten von Katastrophen, Krieg und Okkupation, in totalitären Gesellschaften, die Kultur meist eine Freistatt gewesen ist, den Zusammenhalt gefördert und Widerstand geleistet hat.

Ein Land, das weder in seine historisch überlieferte noch in seine zeitgenössische Kultur investiert, beraubt seine Mitbürger ihrer Geschichte und ihrer Zukunft. Das ist ein manipulierbares, sterbendes Land.

Der Diebstahl

Peters Werke wurden in einem gut isolierten Lagerraum in Stockholm aufbewahrt. Den Raum hatte ich von Pontus Hultén übernommen, nachdem er nach Paris gezogen war, um die Leitung des *Centre Pompidou* zu übernehmen. In dem Raum bewahrte ich nicht nur Peters Werke auf, sondern auch eine Sammlung von Arbeiten schwedischer Künstlerinnen – Siri Derkert, Vera Nilsson und anderen. Zudem befanden sich dort meine Kostümentwürfe, meine Bühnenmodelle, einige meiner Keramikarbeiten sowie eine Glassammlung aus den zwanziger Jahren. Das Lager sollte in Kürze geräumt werden. Radikal fing ich an, meine Bühnenmodelle dem Schwedischen Theatermuseum zu schenken. Die gut verpackten Modelle wurden von vier Möbelpackern abgeholt. Als ich nach einiger Zeit wiederkam, war das Lager leergeräumt.

Peters ganze Kunst war weg. Mit allen Zeichnungen, Skizzen und Gemälden waren das insgesamt etwa vierhundert Werke. Ein ganzes Lebenswerk war gestohlen worden, auch meine Sammlung von Arbeiten schwedischer Künstlerinnen sowie einige meiner Kostümentwürfe. Ein Großteil meiner Keramik war ebenfalls weg oder zerschlagen. Ich hatte ein Plakat mit *Picasso et les poitiers* von der Ausstellung in Vallauris aufgehoben, eine Jugenderinnerung, aber auch das war verschwunden. Es war, als hätte man uns unser Leben weggenommen.

Peters Werke waren alle fotografiert worden, nicht aber der übrige Lagerbestand. Es hat mehr als anderthalb Jahre gedauert, herauszufinden, was überhaupt verschwunden war. Nichts von alldem wurde wiedergefunden. Jetzt kann man nichts verkaufen, aber vielleicht warten die Diebe ja, bis alles in Vergessenheit geraten ist. Die Polizei vermutet die Beute in Polen. Viele Werke sind nicht signiert.

Was Peters Kunst betraf, so standen die Gemälde gut verpackt, um in verschiedenen Museen untergebracht zu werden. Man brauchte also nur zuzugreifen. Da waren Profis am Werk. Die Polizei hat keine Fingerabdrücke gefunden.

Berlin

Beim Anflug auf Berlin denke ich daran, dass es sechsundsechzig Jahre her ist, seit ich das erste Mal hier war. Ich sehe all die Häuser und Gebäude, die nach dem Zweiten Weltkrieg saniert oder neu errichtet worden sind, sowohl im früheren Westberlin als auch im früheren Ostberlin und frage mich, was dieser Ort, diese Stadt für mich bedeutet.

In beiden Teilen gibt es Reste aus der Vergangenheit. Das Seltsame ist, dass alles, das Alte wie das Neue ein wenig zu groß, ein wenig zu gewaltig ist. Manche der riesigen, »überlebensgroßen« Gebäude, wie jene am Potsdamer Platz, hätten Hitlers Architekten Albert Speer erfreut, ja genau so aggressiv kommt dies einem vor.

Der frühere Osten, der nie die finanziellen Mittel zur Restaurierung besaß, ließ vieles verfallen. Auch die bedeutenden Kulturdenkmäler. Wie in den sozialistischen Ländern üblich, waren auch die neuen Häuser beige, braun, grau, und machten insgesamt einen tristen Eindruck. Der einzige Farbtupfer in dem Grau war die rote Fahne. Nach der Vereinigung 1990 schwelgte der Osten in Farben: Rosa, Grün, Lila, verschiedene Pastellfarben nebeneinander. Ich kann nicht sagen, dass es immer schön ist, aber festlich ist es allemal. Farbe ist ein menschliches Bedürfnis. Davon ist auch die frühere Westseite angesteckt worden, obwohl Berlin schon immer eine Stadt mit düsteren Farben gewesen ist, außer während des Jugendstils. Frühere Verzierungen wurden restauriert.

Die Menschen mit ihren Städten sind wie Ameisen. Zerstört man einen Teil des Ameisenhaufens, wird er mit Hilfe von Arbeitsameisen und Sklavenameisen wieder aufgebaut.

Berlin hat für mich viele verschiedene Bedeutungen. In der Jugend sah ich eine Stadt in Ruinen. Weit und breit war alles zerstört. Ich kam aus dem von den Deutschen besetzten Holland, eine Jugendliche, die aufgrund ihrer eigenen Erlebnisse kein Mitleid mit den Betroffenen empfinden konnte. Zu dem Zeitpunkt begriff ich auch nicht, dass so viele Kultur- und Kunstschätze zerstört worden waren.

Nicht einmal in meiner wildesten Fantasie hätte ich mir vorstellen können, dass Berlin einmal eine Stadt sein würde, in der ich mich oft aufhalten und arbeiten würde. Lange Zeit wollte ich mit dem Deutschen nichts tun haben. In diesem Land zu leben oder zu arbeiten, war für mich überhaupt keine Option.

Dass ich später im Leben die Möglichkeit bekam, diese turbulenten, aufeinanderfolgenden, politischen Phasen, die 1960er bis 1970er Jahre, mit ihren Spannungen und verschiedenen Fraktionsbildungen vor Ort zu erleben, hat mich sehr bereichert, war ich doch in diesem Zusammenhang nicht nur Beobachterin, sondern auch Teilnehmerin an diesen oft wilden und sehr oft aggressiven Diskussionen. Dadurch konnte ich auch die Situation meiner Altersgenossen verstehen, dass sie gezwungen waren, mit der historischen Vergangenheit abzurechnen. Die Spannung zwischen West- und Ostberlin war ständig präsent und das Gefühl des Eingesperrtseins gab es auf beiden Seiten. Als neutrale Schweden konnten Peter und ich uns frei zwischen diesen beiden Spannungsfeldern bewegen. Wir erlebten die Auswirkungen des Mauerbaus 1961 und ich auch die Folgen des Mauerfalls 1989.

Seit dem Mauerfall und der Vereinigung der Stadt, gibt es hier eine junge, internationalisierte Generation, die ganz anders ist, als die, die ich seinerzeit in Deutschland kennengelernt hatte. Damals war es zum Teil nicht einfach, mit dem veralteten, nach wie vor bestehenden Frauenbild, konfrontiert zu werden. Ich habe mehrmals erlebt, dass ich als Berufstätige kleingemacht wurde. Peter stand da auf meiner Seite und erläuterte, wie weit die Gleichberechtigung in den skandinavischen Ländern fortgeschritten war.

Meine Tochter Nadja hat ein Jahr mit ihrer Tochter Thyra in Berlin gelebt. Nadja war etwas älter als ich damals, als ich mit *Marat/Sade* in Westberlin anfing zu arbeiten.

Nadja hatte alle Möglichkeiten, die das Berlin des 21. Jahrhunderts bietet. Sie sah die Stadt mit dem Blick eines jungen Menschen und begriff, dass sie hier – im Gegensatz zu einer jungen Frau im Berlin der fünfziger und sechziger Jahre – als Berufstätige, als Regisseurin und Schauspielerin die Inspiration und Möglichkeiten bekommt, ihre Ziele zu verwirklichen.

Das positive Ergebnis der Studentenrevolte besteht darin, dass viele der seinerzeit Aktiven wichtige Posten innehaben und durch sie eine andere, demokratischere Sichtweise Einzug gehalten hat. Das ist den Frauen zugutegekommen. Es hat immerhin zwei Generationen gedauert, die Strukturen aufzubrechen.

Thyra, damals zwölf Jahre alt, ging in Berlin zur Schule und hat die Anforderungen an den Wissenserwerb lediglich als etwas Positives erlebt. Auch die Schule hat sich verändert, seit Mikael fast fünfzig Jahre früher seine Erfahrungen in der deutschen Schule gemacht hat. Der Kadavergehorsam samt seinen Bestrafungen ist verschwunden. Einst, Ende des 19. Jahrhunderts, war Berlin ein Kulturzentrum im damaligen Europa. Man braucht nur August Strindbergs Schriften zu lesen, dann begreift man das sehr schnell. Nach dem Ersten Weltkrieg standen im Berlin der zwanziger Jahre Kultur und Kunst hoch im Kurs und die Stadt war ein wichtiger Schmelztiegel für Europa. Es ist unfassbar, wie Berlin den Ersten Weltkrieg, die Depression, den Nationalsozialismus, den Zweiten Weltkrieg, die totale Niederlage sowie die Teilung der Stadt und des Landes überstehen konnte, um schließlich wie Phönix aus der Asche aufzuerstehen und erneut eines der Kulturzentren von Europa zu werden.

Ich dachte, ich hätte meinen Teil geleistet

Ich war davon überzeugt, dass ich, wenn ich den literarischen Nachlass gut untergebracht, die beiden retrospektiven Ausstellungen verwirklicht, Peters Kunst und Filme katalogisiert hätte, meinen Teil geleistet hätte. Dem war nicht so. Es ist zu einem Nebenberuf geworden. Mehr als dreißig Jahre sind vergangen und in einer sich verändernden Welt werden ständig neue Aspekte in Peters Werk entdeckt.

*Peter-Weiss-Platz**

Sehr geehrter Oberbürgermeister nebst Mitarbeiter, sehr geehrter Schwedischer Botschafter Staffan Carlsson, sehr geehrte Peter-Weiss-Gesellschaft und sehr geehrte übrige Anwesende bei der Einweihung des Peter-Weiss-Platzes hier in Potsdam.

---

* Rede bei der Einweihung des Peter-Weiss-Platzes in Potsdam, am 8.11.2010.

Wir, die Familie und Freunde von Peter Weiss, fühlen uns geehrt und sind froh, bei diesem feierlichen Akt dabei zu sein. Dass Peter Weiss mit dem Namen eines Platzes geehrt wird, der von nun an Peter-Weiss-Platz heißen wird, bedeutet, dass sein Werk als Schriftsteller und Künstler sowohl für den Westen als auch für den Osten und seit 1990 für das wiedervereinte Deutschland von Bedeutung ist. Durch diese Namensverleihung ist Peter Weiss von nun an Teil einer lebendigen Tradition, die die Geschichte der Stadt beschreibt.

Peter wurde nicht weit von hier, in Nowawes in Babelsberg, geboren. Er wuchs hier auf, aber wie wir alle wissen, war er gezwungen außer Landes zu fliehen. Er lebte lange als Flüchtling und Emigrant, getrennt von seiner Sprache und seinem Kulturerbe. Während dieser langen Zeit hätte er sich bestimmt nicht einmal in seiner wildesten Fantasie vorstellen können, dass es eines Tages eine Peter-Weiss-Bibliothek, eine Peter-Weiss-Straße, eine Peter-Weiss-Schule, eine Gedenktafel an seinem Geburtshaus geben und er jetzt in Potsdam auch mit einem Platz mit dem Namen Peter-Weiss-Platz geehrt werden würde.

Als ich gebeten wurde, ein paar Worte zu sagen, dachte ich daran, wie und warum Straßen, Gassen und Plätze einen Namen bekommen. In diesem Zusammenhang lohnt es sich zu erwähnen, dass Peter Weiss durch und durch ein Stadtmensch war. Peter ist lieber gelaufen, als sich durch die Stadt kutschieren zu lassen. Auf seinen Stadtwanderungen hat er viele Paar Schuhe zerschlissen. Die Straßen und Plätze einer Stadt spielen in seinem literarischen Werk, in seiner Kunst und in seinen Filmen eine große Rolle. Die Stadt war seine Landschaft. Mit Hilfe der Stadt schilderte er inneres und äußeres Geschehen. Peter und ich sind im Laufe der Jahre unzählige Male gewandert, ja, gelaufen, durch zahlreiche Städte, darunter Stockholm und Berlin, London, Paris, New York, Rom, Havanna und Hanoi und viele andere.

Um eine Stadt, ein Land zu verstehen, lasen Peter und ich die Straßenschilder und Namen der Plätze der Städte, und in Paris, Venedig und Amsterdam auch die Namen der Kanäle ... Mit Hilfe der Namensschilder eigneten wir uns die Geschichte eines Landes an, seine Vergangenheit und seine Gegenwart. Viele Namen, die wir auf den Schildern lasen, waren seit langem vergessen, Namen, die seinerzeit bedeutend waren. Wir haben sie nachgeschlagen und erfahren, welche

Bedeutung sie für ihre Gegenwart gehabt hatten. Das gab uns einen interessanten Einblick in die Vergangenheit der Stadt, aber auch in die Zeit, in der wir leben.

Die Straßenschilder berichteten von der Kultur des Landes und der Stadt, von ihren Schriftstellern, Philosophen, Künstlern und Wissenschaftlern.

Das konnten einst bedeutende Feldherren und Revolutionäre, Könige und Adlige oder frühere historische Ereignisse sein. Manche Namen erinnerten an Berufe, die längst verschwunden sind, an ein bekanntes Zollamt, das heute im Zentrum einer modernen Stadt liegt. In Stockholm gibt es zum Beispiel Schilder, die auf den »Galgenhügel« (galgbacken) oder den Wohnsitz des Henkers* verweisen.

Vergangenheit und Entwicklung einer Stadt werden von den Namen ihrer Plätze und Straßen geprägt. Hier in Berlin gibt es Namen wie Kantstraße, Bleibtreustraße, Lessingstraße, Rosenthaler Straße, Karl-Liebknecht-Straße und Rosa-Luxemburg-Platz, Karl-Marx-Allee, Straße des 17. Juni, Bertolt-Brecht-Straße und viele andere. Vielleicht auch irgendwann eine Straße mit Trotzkis Namen. In Peters Trilogie *Die Ästhetik des Widerstands* werden Straßen und Plätze in Stockholm und Berlin ausführlich beschrieben. In Stockholm ist Magnus Bergh auf Peters Spuren gewandelt und hat viele dieser Stadtwanderungen in verschiedenen Büchern veröffentlicht. In Berlin hat Jürgen Schutte Interessierte anhand der Straßennamen durch Berlin gelotst, die in Peters oben erwähntem Roman beschrieben werden. Es ist erfreulich und aufregend, dass man ab heute, dem 8. November 2010, Peters Geburtstag, hier in Potsdam sagen kann: »Wir treffen uns auf dem Peter-Weiss-Platz«, und vielleicht wird irgendwann ein junges verliebtes Pärchen, wie Peter und ich es waren, sich fragen: »Wer war denn Peter Weiss?«

---

* *Mäster Mikaels gata* – benannt nach dem Wohnsitz des Henkers Mikael Reissuer. (Anm. d. Ü.)

Fortsetzung folgt ...

Ich betrachte unsere Gesellschaft wie sie jetzt ist und vergleiche sie mit der, wie sie Mitte des 19. Jahrhunderts für meinen aus Deutschland eingewanderten, jüdischen Urgroßvater Peder Herzog und seine Frau Bernhardina gewesen ist; wie sich mein Großvater väterlicherseits, Erik Palmstierna, am Ende desselben Jahrhunderts politisch für eine gerechtere Gesellschaft engagiert und seine Frau, meine Großmutter väterlicherseits, Ebba Carlheim-Gyllensköld, sich für das Wahlrecht für Frauen eingesetzt hat. Obwohl sie für ihre Zeit radikal waren, hatten sie viele Werte aus ihrer Kindheit übernommen.

Peters Eltern Eugen Weiss (geborener Feher) und Franciska Hummel, er aus Galizien-Ungarn, sie aus der Schweiz, beide Ende des 19. Jahrhunderts geboren, übernahmen die autoritäre Erziehung aus ihrer Kindheit.

Meine Mutter Vera war ihrer Zeit voraus und wurde, wie viele andere Frauen, ausgegrenzt und zum Schweigen gebracht. Es braucht viele Generationen, um eine Veränderung herbeizuführen, doch in diesen hundertfünfzig Jahren ist einiges passiert. Die Gesellschaft, in der ich heute lebe, ist das Ergebnis einer langsamen Evolution.

Die Haltung zum Zusammenleben von Mann und Frau, zur Ehe und zu Lebensgemeinschaften, zum geteilten Sorgerecht und zu Scheidungen ist nicht mehr dieselbe. Das heißt nicht, dass Beziehungen und Trennungen nun leichter sind, aber die Schmach, die Familienfehden und der Hass gehören größtenteils der Vergangenheit an. Es ist eine Revolution im Stillen und, hoffentlich, ein stetig fortdauernder Prozess zur Erreichung der Gleichberechtigung.

Die Veränderung betrifft nicht nur die Frauen, sondern auch die Männer, die nach dem Zweiten Weltkrieg geboren wurden. Die Männer, die als Väter präsent sein wollen, erleben, wie sich das auf ihre Karrieren auswirkt. Anstatt sich voll und ganz ihrer Arbeit zu widmen, befinden sie sich in derselben Situation wie die meisten berufstätigen Frauen – stets bemüht, den Spagat von Familie, Kindern und Beruf zu meistern. Zwischen meinen Kindern Mikael und Nadja besteht ein Altersunterschied von dreiundzwanzig Jahren. Zwischen ihnen liegt eine ganze Generation und sie wurden in zwei verschiedene Gesellschaftsstrukturen hineingeboren.

Nach ihnen kommt eine weitere Generation. Mikael hat drei Kinder aus seiner früheren Ehe mit der Bildpsychotherapeutin Ragna Sylwan: Kristoffer (1974), Caspar (1979) und Siri (1986). Kristoffer machte zunächst eine Lehre als Möbeltischler, absolvierte aber dann eine Ausbildung zum Zirkusartisten. Seine norwegische Lebensgefährtin, Emily Föyen, ist ebenfalls professionelle Zirkusartistin. Sie arbeiten gemeinsam mit Akrobatik, Jonglieren und Feuertanz und haben auch einen *Nycirkus* (Zeitgenössischer Zirkus oder Cirque Nouveau) mit dem Namen *Circus Le Fou* gegründet. Dieser Zirkus hat mit dem Theater viele Ausdrucksmittel gemeinsam, geht aber von den äußersten Möglichkeiten des Körpers aus – ein physisches Theater mit halsbrecherischen Zirkuseinlagen. Sie haben in Sickla, in Nacka außerhalb von Stockholm ein Zirkuszentrum aufgebaut, in dem sie Fünf- bis Siebenjährige sowie Jugendliche unterrichten. Neben dem Unterricht geben sie auch eigene Vorstellungen. Für ihre beiden Kinder Geira und Embla ist der Zirkus Normalität. Sie wachsen damit auf. Geira wurde übrigens in der Zeit geboren, als Kristoffer und Emily bei mir wohnten.

Caspar lebte als Jugendlicher ebenfalls bei mir, fast ein ganzes Jahr. Eines Tages stand er mit einer Plastiktüte in der Hand vor meiner Tür und wollte bei mir einziehen. Er war damals in der Phase, wo er sich befreien wollte, an allem zweifelte und alles und jeden in Frage stellte, insbesondere die Schule. Er leidet an Legasthenie, worauf in der Schule keine Rücksicht genommen wurde. Obwohl er eine Art Mathe-Genie war, hat man ihn in dieser Richtung nicht gefördert. Ich habe mich sehr bemüht, gute Methoden zu finden, um sein Lesen zu fördern. Ich half ihm bei seinen Aufsätzen, nicht nur in Bezug auf Rechtschreibung und Ausdruck, sondern auch bei dem, was nicht im Text stand. Schnell merkte ich, dass ihm das Auswendiglernen leichtfiel und er die Aufsätze im Kopf formulierte.

Ein Aufsatz sollte von Strindberg und dessen Theater handeln. Gemeinsam haben wir Strindberg erforscht. Statt einer Note stand ein Fragezeichen darunter. Der Lehrer wunderte sich, wie Casper so viel über Strindberg und die Frauenfrage wissen konnte. Die Schule wollte überprüfen, ob Caspar den Aufsatz selbst geschrieben hat. Da er ihn sogar auswendig konnte, blieben seine Kenntnisse zur Frauenfrage dem Lehrer ein Rätsel.

Caspar absolvierte eine Ausbildung innerhalb der Zirkuswelt und spezialisierte sich auf Jonglieren, was eine hohe Konzentration verlangt. Mehr als neun Keulen in der Luft hat bisher noch niemand geschafft, und Caspar ist bei acht. Auch seine Zirkusambitionen näherten sich immer mehr den Ausdrucksmitteln des Theaters an. Er studierte drei Jahre an der *École Supérieure des Arts du Cirque* in Belgien und auch für kurze Zeit in Kiew, in der Ukraine. Während seines Studiums in Brüssel wohnte er mehrere Jahre in einem Wohnwagen und lebte in einem Squat, einem besetzten verlassenen Gebiet. Er hat mit dem *Cirkus Cirkör*, mit *Clowns ohne Grenzen (Clowner utan gränser)* und mit einigen politisch ausgerichteten Gruppen zusammengearbeitet, die in unsichere Gebiete reisen, um dort aufzutreten.

Mit der Gruppe *Naked Ape* reiste er nach Zimbabwe und trat dort als einziger Weißer vor einem tausendköpfigen dunkelhäutigen Publikum auf. Danach trat er in den palästinischen Flüchtlingslagern im Libanon und in Jordanien auf, wo er Jugendlichen die Grundlagen der Zirkuskunst beibrachte. Er reiste auch mehrmals als Zirkuspädagoge in das Westjordanland in Palästina. Die Tourneen in diesen unsicheren Gebieten haben bei ihm Spuren hinterlassen und ihm einen Einblick in die unterschiedlichen Lebensbedingungen von Menschen gegeben.

Caspar ist politisch engagiert und ein kritisch hinterfragender, analysierender Leser politischer und historischer Literatur geworden. So wie Peter spät Marx gelesen hat, liest Caspar als Erwachsener politische Literatur. Durch sein Engagement, seine Neugier und seine Beharrlichkeit hat er seine Legasthenie überwunden und sich eine Lesekompetenz angeeignet, die ihm die Schule nie vermittelt hat. Heute spricht, liest und schreibt er nicht nur auf Schwedisch, sondern auch auf Französisch, Englisch und Arabisch.

Das Arabische resultiert vor allem aus seiner Ehe mit Mays Hajjaj aus Ramallah im Westjordanland. Sie stammt aus einer intellektuellen, akademisch gebildeten, aufgrund ihrer palästinensischen Herkunft zwangsläufig politisch aktiven Familie. Caspars und Mays Ehe hat unsere Familie um eine umfangreiche palästinensische Verwandtschaft aus politisch Engagierten, Nichtgläubigen, Weniggläubigen und tief religiösen Muslimen erweitert.

Mays studiert *cultural managment* an der Universität in Toulouse. Caspar ist ihr dorthin gefolgt und bestreitet seinen Lebensunterhalt mit Zirkusauftritten und Touristenführungen, wobei ihm sein internationaler Busführerschein zugutekommt. Er studiert im Fernstudium Jura, Psychologie, Ökonomie, Statistik und Altarabisch und möchte mit Hebräisch und Chinesisch weitermachen.

Siri, die Jüngste von den dreien, interessiert sich wie ihre Brüder für Zirkus. Ihr Schwerpunkt ist Pädagogik. Sie war auf dem Zirkusgymnasium *St. Botvinds* in Botkyrka, das vom *Cirkus Cirkör* geleitet wird, und absolvierte anschließend ein zweijähriges Reitlehrer-Studium an der *Vretaskolan* außerhalb von Linköping. Nach Abschluss ihres Studiums bekam sie das Angebot, als Dozentin für Zirkus und Reiten an der *Fjordane Folkehøgskule* in Norwegen tätig zu sein, und zog dorthin. Ihre beiden Turnier-Pferde durften ebenfalls mit.

Siri begann ungefähr mit sieben Jahren mit dem Reiten, mit zwölf bekam sie ihr erstes Pferd und ab siebzehn nahm sie an Turnieren teil. Im Zirkus ist Siri als Akrobatin aufgetreten, mit einer Pferdedarbietung; sie beherrscht alle Gangarten. Seit ein paar Jahren ist Siri mit Craig Russell, einem Animateur aus Schottland liiert.

Meine Tochter Nadja ist Schauspielerin und hat ein Engagement am *Königlichen Dramatischen Theater (Dramaten)* in Stockholm. Ihre Ausbildung begann am Theaterschwerpunkt des Gymnasiums *Södra Latin* in Stockholm. Nach dem Abitur bewarb sie sich an der *Konstfack* und an der Schauspielschule *Statens scenskola*. Mit achtzehn wurde sie nach den obligatorischen ersten drei Prüfungen an der Schauspielschule angenommen.

In den Jugendjahren nach Peters Tod schaffte sie es nicht, seine Bücher oder Stücke zu lesen. Doch dann suchte sie sich für die Aufnahmeprüfung an der Schauspielschule eine Rolle aus *Marat/Sade* aus und betonte mir gegenüber, dass das Stück »gar nicht so verkehrt sei«. Ich ging davon aus, dass sie sich für die weibliche Hauptrolle, Charlotte Corday, entschieden hätte, aber nein – es war der aggressive revolutionäre Priester Jaques Roux.

Ich bot ihr an, Regie zu führen, aber davon wollte sie nichts wissen. Später erfuhr ich von einem Jurymitglied, wie sie ihre Rolle gespielt hatte. Sie hatte sich langsam vom Hintergrund bis nach vorn zur Vorderbühne geschlängelt und dann, mit dem Kopf über der Rampe, die revolutionären Repliken geflüstert und gefaucht. Auf diese Idee wäre ich nie gekommen und ich habe auch noch nie gesehen, dass jemand diese Rolle so gespielt hätte.

Die zweite Prüfung war *I never promised you a rose garden* (Ich habe dir nie einen Rosengarten versprochen) von Hannah Green, ein Pseudonym für Joanne Greenberg, die Geschichte eines schizophrenen Mädchens. Als letzte Prüfung las Nadja ein Gedicht von Elmar Diktonius vor, das vom Tod handelte.

Nach Abschluss des Studiums bekamen fünf Studenten der Schauspielschule eine Stelle bei *Dramaten*. Auch wenn sich die Zeiten geändert haben, begann die Festanstellung damit, dass die neu angestellten weiblichen Schauspieler tausend Kronen weniger bekamen als die männlichen. Die Proteste blieben nicht aus.

Nadja begann ihre Tätigkeit am *Dramaten* mit einem Molière-Stück in der Regie von Ingmar Bergman und übernahm später die Hauptrolle in Witold Gombrowitz's *Yvonne, Prinzessin von Burgund*. In dieser Zeit wurde ihre Tochter Thyra geboren, deren Vater der Schauspieler Pontus Gustafsson ist.

Nach fünfzehn Jahren mit größeren und kleineren Rollen am *Dramaten* kam der Durchbruch mit einem Monolog der englischen Dramatikerin Sarah Kane, *4.48 Psychose (4.48 Psychosis)*. Danach wagte Nadja den Schritt von der Schauspielerei zur Regie und inszenierte Sarah Kanes Stück *Durst (Crave)*.

Wie bereits erwähnt, nahm sie ein Sabbatjahr von *Dramaten*, um in Berlin zu wohnen, einerseits, um die Sprache zu lernen, andererseits, um nach ihren Wurzeln zu suchen, vor allem aber, um deutschsprachiges Theater zu sehen. Das führte zu einer eigenen Inszenierung des Stücks *Nico, sphinx of ice* des deutschen Schriftstellers Werner Fritsch an der Schaubühne in Berlin. Das Stück war audiovisuell, mit Musik, es war ein schwedisches Team und das Stück wurde von einer schwedischen Schauspielerin auf Englisch für ein deutsches Publikum gespielt. Etwas Schwereres kann man sich kaum vorstellen.

Wenn ich zurückblicke, ist fast alles Schöpferische aus dem Unmöglichen heraus entstanden. Vielleicht ist das die Voraussetzung für Kreativität. Es ist eine Art zu leben, eine Art zu sein, etwas, was auch an nachfolgende Generationen weitergegeben wird.

Nadja wird sicher weitere Regieaufträge realisieren, auch wenn sie gerade jetzt, während dies geschrieben wird, ihr zweites Kind, Max, bekommen hat, von dem französischen Komponisten und Musiker Philippe Boix-Vives. Seine Familie stammt aus Mallorca und Frankreich. Ihr Sohn Max, benannt nach dem französischen Widerstandskämpfer und Dichter Max Jacob, hat halb Europa in sich und ist Ungar, Tscheche, Schweizer, Deutscher, Jude, Franzose, Mallorquiner und Schwede. Er ist ein Repräsentant für die Völkerwanderung der neuen Zeit, eine Mischung aus verschiedenen Nationen. Meine ganze bereits gemischte Verwandtschaft ist durch ihre neuen Familienmitglieder, die französischen und palästinensischen, noch multinationaler geworden. Philipp hat einmal zu mir gesagt: »Ist es vielleicht so, dass die schwedischen Frauen Macht haben wollen?« »Nein, mein Lieber«, erwiderte ich: »Nicht Macht, sondern égalité – Gleichberechtigung.« Sowohl Frauen als auch Männer können Machtmenschen sein. Das hängt von der Gesellschaftsstruktur ab.

Eigentlich wollte ich mit diesem Zitat abschließen, aber nun wird es eine Zeichnung meiner Enkeltochter Thyra, Nadjas Tochter, sein. Die Zeit in Berlin war eine Phase in ihrem Leben, in der sie sich von einem Kind zu einer Jugendlichen entwickelt hat. Sie zeichnet ständig und probiert immer wieder neue Materialien aus. Das Bild ist ein Teil ihres Lebens. Schon als kleines Kind zeichnete sie in einem eigenwillig absurden, ernsthaften Stil. Sie beobachtet sehr genau und bringt das in ihren Zeichnungen, Gemälden und kleinen Skulpturen zum Ausdruck.

Auffallend ist, dass viele ihrer Bilder an Peters surrealistische Werke erinnern, obwohl Thyra ganz wenig von Peters Kunst gesehen und ihn aus natürlichen Gründen nie getroffen hat. Vielleicht wird das Zeichnen ihre Zukunft sein.

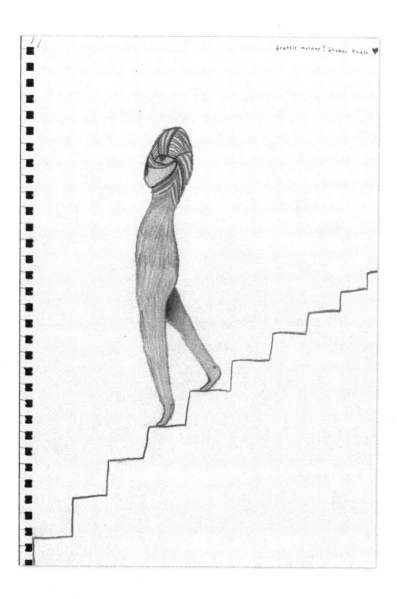

ANHANG

Künstlerische Arbeiten (Auswahl)

Theater – Bühnenbilder, Kostüme und Regie

1952–58 Stockholm, Stockholms Högskola/Studententheater der Universität in der Holländargatan: Bühnenbilder für Theaterstücke von John Millington Synge, Samuel Beckett und Seán O'Casey, Jean Giraudoux und Molière. Regisseure: Per Verner Carlsson und Åke Karlsson. Ankarsrum, Jubiläumsrevue in der Eisenhütte von Ankarsrum, Regie: Åke Karlsson. Regieassistentin bei Per Verner Carlsson in *Den stora Makabern* (Die Ballade vom großen Makabren) von Michel de Ghelderode, Studentteatern, Stockholm und Brügge, Belgien.

1957 *Nalle Puh*, Skolbarnsteatern Stockholm, Regie: Per Verner Carlsson.

1959 *En dörr ska vara öppen eller stängd* (Eine Tür muss offen oder zu sein) von Alfred de Musset, Regie: Andris Blekte, Marsyas, Avantgarde-Theater in der Altstadt (Gamla Stan).

1964 *Marat/Sade* von Peter Weiss, Regie: Konrad Swinarski, Schillertheater, Westberlin.

1964 *Marat/Sade* von Peter Weiss, Regie: Peter Brook, Aldwych Theatre, London.

1965 *Marat/Sade* von Peter Weiss, Regie: Peter Brook, Martin Beck Theatre, New York.

1965 *Macbeth* von William Shakespeare, Regie: Fritz Kortner, Schillertheater, Berlin.

1965 *Marat/Sade* von Peter Weiss, Regie: Frank Sundström in Zusammenarbeit mit Peter Weiss und Gunilla Palmstierna-Weiss, Dramaten, Stockholm.

1966 *Marat/Sade* von Peter Weiss, Film unter der Regie von Peter Brook, Pinewood Studios, London.

1966 *Die Wanze* von Wladimir Majakowski, Regie: Konrad Svinarski, Schillertheater, Berlin.

1966 *Rannsakningen* (Die Ermittlung) von Peter Weiss, Regie: Ingmar Bergman, Dramaten, Stockholm.

1967 *Sången om Skråpuken* (Gesang vom Lusitanischen Popanz) von Peter Weiss, Regie: das Ensemble in Zusammenarbeit mit dem Regisseur Etienne Glaser, Scalateatern, Stockholm.

1967 *Gesang vom Lusitanischen Popanz* von Peter Weiss, Regie: das Ensemble in Zusammenarbeit mit Etienne Glaser, Theater am Turm, Frankfurt am Main.

1967 *Dödsdansen* (Totentanz) von August Strindberg, Regie: Ulf Palme, Dramaten, Stockholm.

1967 *Macbeth* von William Shakespeare, Regie: das Ensemble und Gunilla Palmstierna-Weiss, Theaterhochschule in Havanna, Kuba.

1968 *Viet Nam Diskurs* von Peter Weiss, Regie: Harry Buckwitz, Städtische Bühnen, Frankfurt am Main.

1969 *Heliga Johanna från slakthusen* (Die heilige Johanna der Schlachthöfe) von Bertolt Brecht, Regie: Johan Bergenstråhle, Stadsteatern, Stockholm. Auch das Plakat.

1970 *Trotzki im Exil* von Peter Weiss, Regie: Harry Buckwitz, Düsseldorfer Schauspielhaus, Düsseldorf.

1970 *Blodsbröllop* (Bluthochzeit) von Federico García Lorca, Regie: Donya Feuer und Gunilla Palmstierna-Weiss, Dramaten, Stockholm.

1971 *Show* von Lars Forssell, Regie: Ingmar Bergman, Dramaten, Stockholm. Auch das Plakat.

1972 *Hölderlin* von Peter Weiss, Regie: Lars Göran Carlson in Zusammenarbeit mit Peter Weiss und Gunilla Palmstierna-Weiss, Dramaten, Stockholm.

1973 *Hölderlin* von Peter Weiss, Regie: Hans Anselm Perten, Volkstheater, Rostock.

1973	*Sjung vackert om kärlek* von Gottfried Grafström, Regie: Gunnel Lindblom, Dramaten, Stockholm. Fernsehfassung 1974. Auch das Plakat.
1974	*Figaros Bröllop* (Figaros Hochzeit) von P. A. C. Beaumarchais und W. A. Mozart, Regie: Götz Friedrich, Holland Festival, Scheveningen, Rotterdam und Utrecht, Niederlande.
1974	*Myterna* von Ulla Ryum, Regie: Anita Brundahl. Später wurde die Regie von Erland Josephson übernommen. Dramaten, Stockholm.
1975	*Trettondagsafton* (Was ihr wollt) von William Shakespeare, Regie: Ingmar Bergman, Dramaten, Stockholm.
1976	*Dödsdansen* (Totentanz) von August Strindberg, Regie: Ingmar Bergman, Dramaten, Stockholm.
1977	*Den kaukasiska kritcirkeln* (Der kaukasische Kreidekreis) von Bertolt Brecht, Regie: Lars Göran Carlson, Dramaten, Stockholm.
1977	*Dödsdansen* (Totentanz) von August Strindberg, Regie: Ingmar Bergman, Dramaten, Stockholm. Wurde zwei Jahre später wieder aufgenommen.
1977	*Fadren* (Der Vater) von August Strindberg, Regie: Jan Håkanson, Stadsteatern, Stockholm. Auch das Plakat.
1979	*Der Vater* von August Strindberg, Regie: Hans Lietzau, Residenztheater, München.
1979	*Trettondagsafton* (Was ihr wollt) von William Shakespeare, Regie: Ingmar Bergman, Dramaten, Stockholm sowie Théâtre de l'Odéon, Paris und Mailand 1980.
1980	*Yvonne, Prinzessin von Burgund* von Witold Gombrowicz, Regie: Ingmar Bergman, Residenztheater, München.
1981	*Totentanz* von August Strindberg, Regie: Stephan Stroux, Düsseldorfer Schauspielhaus, Düsseldorf.
1981	*Nora oder Ein Puppenheim* von Henrik Ibsen, Regie: Ingmar Bergman, Residenztheater, München.
1981	*Fräulein Julie* von August Strindberg, Regie: Ingmar Bergman, Residenztheater, München.
1982	*Nya Processen* (Der neue Prozeß) von Peter Weiss, Regie: Peter Weiss und Gunilla Palmstierna-Weiss, Dramaten, Stockholm. Auch das Plakat.

1982 *Fröken Julie* (Fräulein Julie) von August Strindberg, veränderte Regie von Ingmar Bergman, Gastspiele in Westdeutschland.

1983 *Fadren* (Der Vater) von August Strindberg, Regie: Jan Håkanson, Det Kongelige Teater, Kopenhagen. Auch das Plakat.

1983 *Dom Juan* von Molière, Regie: Ingmar Bergman, Salzburger Festspiele, Salzburg.

1983 *Dom Juan* von Molière, Regie: Ingmar Bergman, Bavaria Studios, München.

1983 *Dom Juan* von Molière, Regie: Ingmar Bergman, Cuvilliés-Theater, München.

1984 *Kung Lear* (König Lear) von William Shakespeare, Regie: Ingmar Bergman, Dramaten, Stockholm. Gastspiele in Paris, Barcelona, Mailand, Athen, Amsterdam, Tampere, usw.

1985 *John Gabriel Borkman* von Henrik Ibsen, Regie: Ingmar Bergman, Residenztheater, München. Gastspiel in Athen, Amsterdam, Paris usw.

1985 *Fröken Julie* (Fräulein Julie) von August Strindberg, Regie: Ingmar Bergman, Dramaten, Stockholm. Gastspiele in acht europäischen Städten und in Quebec sowie Fernsehfassung 1986.

1987 *Sanna kvinnor* von Anne Charlotte Leffler, Regie: Gunnel Lindblom, Dramaten, Stockholm.

1987 *Mot ljuset* von Lolo Amble, Regie: Gunnel Lindblom, Dramaten, Stockholm.

1988 *Lång dags färd mot natt* (Eines langen Tages Reise in die Nacht) von Eugene O'Neill, Regie: Ingmar Bergman, Dramaten, Stockholm.

1988 *Fröken Julie* (Fräulein Julie) von August Strindberg, Regie: Ingmar Bergman, Dramaten, Stockholm, Tokio und Moskau.

1989 *Ett dockhem* (Nora oder Ein Puppenheim) von Henrik Ibsen, Regie: Ingmar Bergman, Dramaten, Stockholm. Gastspiele in sieben europäischen Städten sowie in Moskau und Tokio.

1990 *En gång där en källa flöt* von Pierre Ström und Finn Zetterholm, Regie: Jan Tiselius, Riksteatern, achtundsechzig Gastspiele in Schweden.
1991 *Fröken Julie* (Fräulein Julie) von August Strindberg, neue Regieversion von Ingmar Bergman für Gastspiel, Dramaten, Stockholm / New York.
1992 *Landet utan gräns* (Das weite Land) von Arthur Schnitzler, Regie: Jan Håkanson, Stadsteatern, Stockholm. Auch das Plakat.
1995 *Medea* von Euripides, Regie: Karin Engberg, Turnéteater.
1996 *Vem är rädd för Virginia Woolf?* (Wer hat Angst vor Virginia Woolf?) von Edward Albee, Regie: Lars Norén, Vasateatern, Stockholm.
1997 *Så enkel är kärleken* von Lars Norén, Regie: Christian Tomner, Vasateatern, Stockholm.
1998 *Gustav Vasa* von August Strindberg, Regie: Alexander Nordström, Maly teatr, Moskau.
1999 *Gustaf Wasa* von Johan Henric Kellgren und Gustav III., Musik von Johann Gottlieb Naumann, Regie: Alexander Nordström, Opernhaus in Odessa. Aufgrund der Orangenen Revolution abgesetzt.
2003 *Orestien* (Die Orestie) von Aischylos, Regie: Richard Turpin, Teater Tribunalen, Stockholm.

Insgesamt etwa sechzig Stücke, davon neunzehn in Zusammenarbeit mit Ingmar Bergman und elf mit Peter Weiss.

Film

1952–59 Stockholm: Zusammenarbeit mit Peter Weiss, Dokumentarfilme und surrealistische Filme. Hauptrolle in Peter Weiss' Film *Hägringen*.
1967 London, Pinewood United Artists Studios: Szenografie und Kostüme für Peter Brooks Film *Marat/Sade* von Peter Weiss.

1975 Stockholm, Sveriges Television: Szenografie für Gottfried Grafströms *Sjung vackert om kärlek*, ein Film über Gustaf Fröding, Regie: Gunnel Broström.
1983 München, Bavaria Studios: *Dom Juan* von Molière, Regie: Ingmar Bergman.
1987 Stockholm, Sveriges Television: *Fröken Julie* (Fräulein Julie) von August Strindberg, Regie: Ingmar Bergman.

Kunsthandwerk, bedeutende Reliefs

1961 Stockholm, Sveriges Radio: Steinzeugrelief für einen Konferenzraum. Architekt: Poul Kühl.
1965–67 Örebro, Universitätskrankenhaus Örebro: sechzig Quadratmeter Steinzeugreliefs im Eingangsbereich sowie ein Relief im Café des Krankenhauses. Architekt: Erik Brink. (1983 ohne meine Erlaubnis entfernt.)
Örebro, Anbau des Krankenhauses: Farbliche Gestaltung mit selbst entworfenen Steinzeugfliesen.
Örebro, Krankenkasse: farbliche Gestaltung mit selbst entworfenen Steinzeugfliesen.
1966 Falun: Steinzeugrelief in einem Domus-Restaurant. Architekt: Erik Brink.
1967 Rydboholm, Skåvsjöholm, Ausbildungszentrum der Metallarbeiter, Aula: fünf Steinzeugreliefs. Architekt: Poul Kühl.
1969 Upplands Väsby: vierzig Steinzeugreliefs für zwanzig Eingangsbereiche in zehn Hochhäusern. Architekt: Mårten Larsson.
1970–72 Lidingö: RATI Eingangsbereich des Ausbildungszentrums. Architekt: Anders Tengbom.

Lehre und Engagement

1950er und 1960er Jahre:
Dozentin für Kunsthandwerk und Theater an Stockholms Högskolas kursverksamhet, ABF und im Gefängnis Långholmen, Stockholm.

1960–61 Zusammen mit Jöran Salmson und Adelyn Cross-Eriksson Gründung einer Bauhaus-inspirierten Kunstschule, Stockholms Högskolas kursverksamhet.

1969–70 Dozentin für Szenografie und Textildesign an der Kunsthochschule Konstfack.

1970 Mitbegründerin der Kollektivwerkstätten für Künstler in Stockholm.

1976–82 Vorsitzende des Szenografenverbandes.

1968 Verantwortlich für die Stockholmer Zweigstelle des Bertrand-Russell-Tribunals.

1968–74 Mitwirkung am ersten Kulturrat in den 1970er Jahren, der den Bericht SOU 1972:66–67, Ny kulturpolitik (Neue Kulturpolitik), erarbeitete.

1970 Gemeinsam mit Ingrid Rosell und Bengt Berglund Gründung des Fachs Szenografie am Dramatischen Institut, Stockholm.

1979–80 Dozentin für Bühnen- und Kostümbild am Dramatischen Institut, Stockholm.

1981 Mitarbeit beim Strindberg-Symposium, Filmhuset, Stockholm.

1992 Mitglied der Theaterakademie und später deren Vorsitzende.

Einzelausstellungen und Sammelausstellungen

1953 Stockholm, Nationalmuseum *Svenska tecknare* (Schwedische Zeichner), Zeichnungen.
1953 Vallauris *Picasso et les poitiers*.
1954 Stockholm, Kungsträdgården, eigener Stand mit Steinzeug und Keramik.

1954	Paris, Galerie du Siècle, Steinzeug und Design, zusammen mit Torun Bülow-Hübe, Silberarbeiten.
1955	Stockholm, »De unga« (»Die Jungen«, Künstlergruppe), Zeichnungen und Keramik. Einzelausstellung.
1958	Stockholm, Liljevalchs konsthall, Svenska Slöjdföreningen, eigener Stand.
1959	Stockholm, Hötorgshallen, Svenska Slöjdföreningen, eigener Stand.
1961	Stockholm, Brunkebergstorg, Hantverket, Steinzeug und Design. Einzelausstellung.
1965–66	Westberlin, Tiergarten, Berlin Pavillon, Steinzeug, Bühnenbilder und Kostümentwürfe. Einzelausstellung.
1966	Leipzig, Grassimuseum, Bühnenbilder, Kostümentwürfe und Steinzeug. Einzelausstellung.
1967	Gävle, Gävle Museum, Theater und Steinzeug, Einzelausstellung.
1968	Stockholm, Galleri Dr. Glas, Bühnenbilder, Kostümentwürfe, Steinzeug, auch das Plakat.
1969	Mariefred/Stockholm, Wanderausstellung, Szenografie und Kostümentwürfe.
1969	Stockholm, Nationalmuseum, Kostümentwürfe, Kunsthandwerk.
1970	Umeå, Bildmuseet, Bühnenmodelle und Kostümentwürfe und Steinzeug, Einzelausstellung.
1971	Prag, Pragquadrinalen, Bühnenmodelle und Kostümentwürfe.
1971	Norwegen, Henie-Onstad Kunstsenter, Bühnenmodelle und Kostümentwürfe.
1972	Westberlin, Akademie der Künste, Theaterkostüme sowie Entwürfe.
1973	Stockholm, Riksutställningar, Bühnenmodelle und Kostümentwürfe, Wanderausstellung. Ausstellungskonzeption und Katalogtexte.
1975	Prag, Pragquadrinalen, Bühnenmodelle und Kostümentwürfe.
1977	Södertälje, Södertälje Konsthall, Kostümentwürfe.

1978	Stockholm, Postmuseum, Theaterentwürfe.
1979	Prag, Pragquadrinalen, Bühnenmodelle und Kostümentwürfe.
1980	Göteborg, Gerlesborgsskolan, Riksutställningar, Theaterentwürfe.
1981	Stockholm, Riksutställningar. Konzeption der Wanderausstellung für Kunsthandwerk *Form och Tradition 1880–1980*. Mitwirkung mit Steinzeug, Reliefs sowie Katalogtexten.
1988	Paris, Svenska Institutet, Kostümentwürfe.
1989	Umeå, Bildmuseet, Bühnenmodelle, Kostümentwürfe, Reliefs. Einzelausstellung.
1991	Berlin, Akademie der Künste. Mitwirkung an der Peter-Weiss-Ausstellung mit Bühnenmodellen und Kostümentwürfen. Ausstellungskonzeption und Katalogtext.
1995	Stockholm, Moderna Museet, Peter-Weiss-Ausstellung, Bühnenmodelle und Kostümentwürfe. Ausstellungskonzeption und Katalogtext.
1996–97	Stockholm, Prins Eugens Waldemarsudde, Bühnenmodelle, Kostümentwürfe und Kunsthandwerk. Konzeption der Ausstellung. Einzelausstellung.
1997–98	Bochum, Bochum Museum, Bühnenmodelle, Kostümentwürfe und Kunsthandwerk. Konzeption der Ausstellung.

In folgenden Museen und Sammlungen vertreten:

Nationalmuseum, Stockholm, mit Steinzeug und Kostümentwürfen. Kung Gustaf VI Adolf. Sammlungen von Zeichnungen, Stockholm.
Museum Don Hatch, Caracas, Venezuela.
Drottningholms teatermuseum, später Teater- och musikmuseet, mit mehreren Bühnenmodellen.

Konzeption von Ausstellungen

1980 Form och Tradition Svenskt Konsthantverk 1880–1980, Riksutställningar, Stockholm. Wanderausstellung in Zusammenarbeit mit Constance af Trolle.
1987 Dramaten 200 år (200 Jahre Dramaten) Kungliga Dramatiska teatrarna i Stockholm från Bollhuset i Gamla stan fram till Kgl. Dramatiska teatern vid Nybroplan (Die königlichen Dramatischen Theater in Stockholm vom Bollhuset in der Altstadt bis zum Königlichen Dramatischen Theater am Nybroplan), Stockholm. Wanderausstellung. Riksutställningar, Stockholm. In Zusammenarbeit mit Katja Waldén.
1990 Peter-Weiss-Ausstellung in der Akademie der Künste in Berlin.
1991 Peter-Weiss-Ausstellung im Moderna Museet, Stockholm.
1995 Scenografi, eigene Ausstellung im Kunstmuseum von Waldemarsudde, Stockholm.
1997 Szenographie, eigene Ausstellung im Museum Bochum, Bochum.

Werkstätten

1951–55 Keramikwerkstatt Tre Krukor (Drei Krüge), Skansen, Stockholm.
1953 Mitarbeiterin der Keramikwerkstatt Tapis Vert chez Batigne, Vallauris, Frankreich. Einzelstücke und Industrie.
1955–62 Keramikwerkstatt Köpmangatan 5 und Köpmangatan 14, Stockholm
1962–70 Keramikwerkstatt Grevgatan, Stockholm
1978–97 Ateljé Grevgatan 29, 5 tr., Stockholm, Theaterwerkstatt.
1982–05 Ateljé Månvägen 7, Lidingö, Theateratelier.
2005– Ateljé Hornsgatan 29, Stockholm, Theateratelier.

Publikationen

1956 Keramiklehrbuch, Fritzes förlag.
1957 Kinderbuch *Den skära hästen,* Selbstverlag.
1957 Kinderbuch *Ballongfararen,* Selbstverlag.
1968 *Rapport om Förenta Staternas förstärkta angrepp mot Nordvietnam efter den 31 mars 1968* (Bericht über die Angriffe der US-Luftwaffe und -Marine gegen die Demokratische Republik Viet Nam nach der Erklärung Präsident Johnsons über die »begrenzte Bombardierung« am 31. März 1968), in Zusammenarbeit mit Peter Weiss, Cavefors.
1969 *Notiser om det kulturella livet i Demokratiska Republiken Viet Nam* (Notizen zum kulturellen Leben der Demokratischen Republik Viet Nam), in Zusammenarbeit mit Peter Weiss, Cavefors.

In vielen anderen Artikeln und Büchern vertreten, unter anderem in *Kvinnor som konstnärer*, LT 1975 von Anna Lena Lindberg und Barbro Werkmäster (Hg). Gunnar Olofgörs *Scenografi och kostym. Gunilla Palmstierna-Weiss: en verkorienterad monografi*, Dissertation am Institut für Theaterwissenschaft in Stockholm, Carlsson 1995.

Personenregister

A

Abbé Pierre — 166
Adamov, Arthur — 190
Adèle — 54–55, 57, 60–64
Adenauer, Konrad — 391
Adorno, Theodor W. — 357, 390, 393, 394, 399
Åkesson, Birgit — 164, 174, 224, 227
Åkesson, Torvald — 441–442
Alexander Abusch — 342, 382
Alexandersdotter, Christina Carolina (geb. Larsson) — 12
Alfvén, Gunnel — 37, 134, 137–138, 142
Alfvén, Hannes — 139
Alfvén, Hugo — 21
Alfvén, Kersti — 137, 138
Alm, Gösta — 191
Almqvist, Carl Jonas Love — 499
Alvfén, Ingmar — 137
Aminoff, Marianne — 370–371
Andén, Eva — 35
Andersch, Alfred — 279, 339
Andersson, Bibi — 531–532
Andersson, Carl Albert — 239
Andersson, Paul — 225
Ankarcrona, Henric — 536
Anouilh, Jean — 121
Ari, Carina — 186
Arrabal, Fernando — 190
Artaud, Antonin — 190, 192
Arvidson, Stellan — 406
Aschberg, Sven — 408
Augstein, Maria — 439, 441–442, 444
Augstein, Rudolf — 439, 442, 482
Axelsson, Sun — 224, 418
Axen — 472

B

Baader, Andreas — 392, 398
Bachmann, Ingeborg — 279, 361
Bäckström, Claes — 245
Ball, Hugo — 427
Barlog, Boreslaw — 358
Basie, Count — 275
Basso, Lelio — 407
Batista, Fulgencio — 420, 421
Bauer, John — 42
Bazaine, Jean — 57–58, 149, 354–355
Beauvoir, Simone de — 174, 334, 407, 426, 447
Bechet, Sidney — 226
Beckett, Samuel — 193, 213–214, 306, 436, 558
Beijer, Agne — 228
Bell, Daniel — 499
Bellmer, Hans — 200
Benedicks, Michael — 36
Berg, Björn — 165
Berge, Greta — 183
Bergh, Magnus — 281, 564
Bergman, Ingmar — 165, 203, 217, 321–322, 331, 357, 371, 383, 460, 468–490, 526, 534, 541, 569, 574–579
Bergner, Elisabeth — 457–458, 461, 525
Berkéwicz, Ulla — 510
Bernadotte, Estelle — 33

585

Bernadotte, Folke — 33
Bernhard, Thomas — 509, 524
Beskow, Bo — 183
Beskow, Elsa — 161, 301
Beskow, Natanael — 161, 301
Bessler, Albert — 358
Biermann, Wolf — 511
Birkhahn, Isabel — 49
Bismarck, Katharina von — 443
Björk, Anita — 56, 143, 322, 387, 419, 531
Björkmans, Stig — 248
Björlin, Ulf — 371
Blekte, Andris — 182
Blin, Roger — 192, 214
Bloch, Ernst — 308, 439
Blomberg, Erik — 162, 171
Böcklin, Arnold — 471, 537
Bodén, Bertil — 175, 225
Bodén, Ylva — 175
Bois, Curt — 457–458
Boix-Vives, Philippe — 570
Bok, Curtis — 125
Bok, Sissela, geb. Myrdal — 125
Böll, Heinrich — 282, 361
Boman, Barbro — 229
Bondy, François — 485
Bondy, Luc — 485
Bonnier, Gerard — 281
Borgström, Georg — 139
Bosch, Hieronymus — 89, 241, 318, 365
Boye, Karin — 114
Brandauer, Klaus Maria — 523
Brandt, Willy — 227, 514
Branting, Hjalmar — 20, 23
Braque, George — 149
Braun, Karlheinz — 358–359
Brazda, Jan — 175
Brazda, Lucy — 175
Brecht, Bertolt — 121, 215, 236, 282, 333–334, 364, 403, 430, 436, 438, 440, 447, 574–575

Breitbach, Joseph — 354
Breslauer, Hellis — 171, 178, 180
Breton, André — 175, 449
Bring, Maj — 235
Brink, Anders — 277
Brook, Natasha, geb. Parry — 318, 365
Brook, Peter — 318, 358, 364–370, 383, 388–389, 484, 544, 574
Brown, Conrad — 255, 257
Brubeck, Dave — 226
Bruce, Lenny — 469, 471–472
Bruegel d. Ä., Pieter — 318, 365, 459
Brundahl, Anita — 491, 493, 523
Brundin, Lena — 393
Brusewitz, Gunnar — 165
Büchner, Georg — 502
Buckwitz, Harry — 323, 324, 403, 427, 574
Bulgakow, Michail — 549
BÜLOW-HÜBE (Familie)
  Gunlög — 273
  Pia: Siehe Ostermann, Pia
  Sigrun — 273
  Staffan — 273
  Torun — 169, 182, 199, 213, 271–273, 273–276
Buñuel, Luis — 146, 176, 262–264, 369
Burbeck, Eivor — 215
Burchett, Wilfred — 408
Burroughs, William S. — 388

C

Cadier, Axel — 152, 153
Cage, John — 246, 259
Calder, Alexander — 246
Caldwell, Malcolm — 410
Calvin, Jean — 96
Camus, Albert — 436
Canetti, Elias — 497

Carlheim-Gyllensköld, Alfred Edvard Rutger — 23
Carlheim-Gyllensköld, Maria, geb. Ehrenborg — 24
Carlsson, Lars Göran — 326, 439, 536
Carlsson, Staffan — 562
Carlsson, Stig — 225
Carmichael, Stokely — 400, 423
Castro, Fidel — 312, 418–422, 424
Catty, Micheline — 199–200, 420
Celan, Paul — 200–201, 282, 502
César: *Siehe* Garćia, César
Charles, Ray — 261, 275
Claesson, Stig — 151
Clason, Isak Gustaf — 21, 55
Cohn, Fritz — 38
Coleman, Ira — 275
Coleman, Maia — 275
Coleman, Walter — 272, 275
Corso, Gregory — 261
Cox, Courtland — 407
Cropper, Harvey — 257
Cunningham, Merce — 246, 259
Curie, Marie — 413

D

Dagermann, Stig — 280
Dahl, Tora — 162
Dahlberg, Ingrid — 207–208
Dahlin, Hans — 192, 224
Dahlquist-Ljungberg, Ann Margret — 165
Dalai Lama — 252
Dalí, Salvador — 176
Daly, Lawrence — 407
Dante Alighieri — 197, 363, 377, 386, 507
Dardel, Nils — 22
Dasté, Jean — 57–58
Daumier, Honoré — 165
David, Jacques-Louis — 315

Davis, Angela — 399–400, 472
De Sica, Vittorio — 210:
Decroux, Ètienne — 239
Dedijer, Vladimir — 407, 426
Degen, Michael — 522
Dekker, Eduard Douwes — 213
Delacroix, Eugène — 58
Dennis, Bengt — 534
DERKERT (Familie)
Carlo — 112, 165, 205, 207, 218, 221, 239–240, 243–247, 333, 388
Jacob — 230
Johanna — 230
Kerstin, geb. Hildinger — 112, 165, 207, 224–225, 227–235, 243–245, 388
Liv — 233–234
Sara — 233
Sebastian — 230
Siri — 221, 224, 227–236, 245, 435
Tora — 228, 230
Dethorey, Carlota — 199, 216
Dethorey, Ernesto — 199
Deutscher, Isaac — 407, 426
Dickens, Charles — 68, 427
Dickinson, Emiliy — 539
Diderot, Denis — 497
Diktonius, Elmar — 569
Dine, Jim — 259
Dorst, Tankred — 182
Duncan, Isadora — 149
Duncan, Raymond — 149
Duras, Marguerite — 420
Dürer, Albrecht — 451–452
Dutschke, Alfred Willi Rudi — 394–395

E

Edén, Nils — 20
Edenman, Ragnar — 239
Edström, Lars — 221
Edström, Marianne — 224
Edström, Per — 182, 204
Edwall, Allan — 191, 268, 393, 469, 471
Ehrenburg, Ilja — 104
Ehrensvärd, Carl August — 165
Ehrmann, Gilles — 199–200
Einstein, Albert — 471
Eisenstein, Sergej — 550–551
Eisner, Lotte — 211
Eissler, Kurt Robert — 49, 389
Ek-Nilsson, Katarina — 536, 539
Ek, Anders — 236, 333, 480
Ekelöf, Gunnar — 436, 556
Ekelund, Vilhelm — 119
Ekerot, Bengt — 371, 383
Ekman, Marie-Louise — 248
Ekman, Tore — 134
Ekström, Margareta — 215
Eliasson, Jan — 404
Enbom, Fritiof — 206–208
Enquist, P. O. — 476, 513
Ensor, James — 192
Ensslin, Gudrun — 391–399
Enzensberger, Hans Magnus — 285, 361, 500, 509–510
Epton, Beryl — 389
Epton, Bill — 389
Erhard, Ludwig — 391
Ericson, Estrid — 264
Erik XIV. — 547
Eriksson, Erik — 407
Erlander, Tage — 143, 406
Ernst, Max — 260
Esbjörnsson, Britta — 31
Espin Castro, Vilma — 312, 425
Essen, Siri von — 541

F

Fachiri, Adila — 21
Fahlström, Öyvind — 224, 226, 240–243
Falkner-Söderberg, Stella — 140
Falkner, Fanny — 140
Faringer, Solveig — 499
Fassbinders, Rainer Werner — 483
Faustman, Erik »Hampe« — 165, 224
Faustman, Mollie — 235
Feininger, Lyonel — 122
Fellini, Federico — 327, 455, 480
Felsenstein, Werner — 462
Ferdinand II. von Aragón — 98
Feuer, Donya — 371, 574
Filliou, Robert — 200–201
Fischerström, Ivan — 145
Fleetwood, William — 145
Flodén, Hans — 239
Fo, Dario — 204
Forest-Sastre, Eva — 419
Forsberg, Karl-Erik — 170
Forssell, Lars — 151, 216, 225, 469–472, 574
Föyen, Emily — 566
Fragonard, Jean-Honoré — 463
Francis, Sam — 243, 246, 259
Franco, Francisco — 88, 199
Franju, Georges — 211–212
Frank, Pierre — 425
Franqui, Carlos — 312, 420, 424
Freud, Sigmund — 37–38, 40, 64, 114, 177, 390, 507
Freundlich, Otto — 150
Fried, Erich — 340, 396
Friedlaender, Marguerite — 122–124, 259
Friedrich, Götz — 328, 462–465, 575
Frisch, Max — 347, 364, 509, 510
Fritsch, Werner — 569
Fröling, Ewa — 543

G

Gance, Abel — 210
García Lorca, Federico — 466-468, 574
Garćia, César — 420
De Gaulle, Charles — 401
Gebuhr, Svend — 219
Geer-Bergenstråhle, Marie-Louise De: *Siehe* Ekman, Marie-Louise
Genet, Jenet — 190, 192
Ghelderode, Michel de — 191, 573
Gide, André — 475
Gielen, Michael — 464
Gierow, Karl Ragnar — 531
Ginsberg, Alan — 261
Girodias, Maurice — 388
Glaser, Etienne — 393, 574
Godard, Jean-Luc — 58
Goethe, Johann Wolfgang — 436
Gogol, Nikolaj — 193
Goldschmidt, Waldemar — 113
Gombrowicz, Witold — 357, 484-486, 575
Gopal, Ram — 175, 502
Göranzon, Marie — 332, 543-544
Gordimer, Nadine — 497
Göring, Emmy — 129
Göring, Hermann — 128-130
Gorki, Maxim — 236, 333
Goya, Francisco — 318, 365, 432, 468
Granlund, Ingegerd — 218
Grape, Anders — 51
Grass, Günter — 282, 341, 361
Gréco, Juliette — 275
Greenberg, Joanne (Hannah Green) — 569
Greene, Felix — 408
Greene, Graham — 408
Gropius, Walter — 122
Grotowski, Jerzy — 472
Guggenheim, Peggy — 239
Guiler, Hugh Parker (Ian Hugo) — 265
Gulbransson, Olaf — 151
Gullmar, Kai — 181
Günther, Ernst — 496
Gustafsson, Björn — 393
Gustafsson, Lars — 513
Gustafsson, Pontus — 248, 569
Gustav I. Wasa — 546
Gustav III. — 36, 550, 553
Gustav VI Adolf — 581
Gustav V. — 166
Gutenberg, Johannes — 9

H

Habermas, Jürgen — 310, 390, 399, 404
Haffner, Sara — 279
Haffner, Sebastian — 279
Hagelbäcks, Jösta — 248
Haiduk, Manfred — 432
Haijby, Kurt — 166
Hajjaj, Mays — 567
HÅKANSON (Familie)
    Jan — 350, 476, 489, 575-577
    Knut — 44
    Mon — 45
    Pim — 44-45
Halimi, Gisèle — 174, 407-408, 426
Hallqvist, Britt G. — 439
Hamilton, Hugo — 41
Hammarsten, Einar — 139
Hampton, Lionel — 125, 257
Handke, Peter — 282, 509-510, 524
Hannah Green (Pseud.): *Siehe* Greenberg, Joanne
Hanson, Lars — 531
Hansson, Per Albin — 13
Hartmann, Heinz — 37, 389
Hedberg, Hans — 271
Hedvall, Sven — 283

589

Heißenbüttel, Helmut — 278
Hennings, Beth — 17, 18
Henriksson, Alf — 165
Henschen, Folke — 498
Henschen, Helga — 187, 199, 517
Hermansson, C.-H. — 436, 500
Hermelin, Honorine — 235
Hertzman-Ericson, Li — 220
HERZOG (Familie)
   Allan — 11, 14–17, 51, 85, 292, 353
   Bernhardina Wilhelmina, geb. Linmansson — 10, 290, 565
   Birgit »Bisse«, geb. Lewenhaupt — 14–16
   Edith — 11, 12, 292
   Elvira — 11, 292
   Hilda, geb. Larsson-Sanderson — 12–17, 28, 34–35, 93, 112, 145–147, 180
   James — 11
   Jane, geb. Lilliehöök — 14, 15–17
   Marianne — 16
   Mauritz »Murre« — 158
   Oppenheim (Mutter von Peder) — 9
   Orozco, José — 261
   Otto — 11, 14–17, 158–159
   Peder — 9–12, 14, 36–37, 92, 158, 290, 292, 565
   Peder, d. Ä. (Vater von Peder Herzog) — 9
   Sigvard — 14
   Stig — 16
   Sven — 14
   Thelma — 14
   Theresa — 11, 292
   Ulla — 16
Hesse, Hermann — 194, 436
Hilberg, Raul — 93
Hill, Carl Fredrik — 240
Hillarp, Rut — 215
Hitler, Adolf — 38, 66, 78, 109, 197, 398, 522, 560
Hjalmarson, Jarl — 481
Hjertén, Hanserik — 215
Hô Chi Minh — 416
Hodann, Max — 115
Hofmannsthal, Hugo von — 523
Hogarth, William — 318, 365
Hölderlin, Friedrich
Holiday, Billie — 275
Höllerer, Walter — 340
Hollmann, Hans — 439
Holmberg, Sten — 248
Holmdahl, Rudolf »Rulle« — 224
Holmgren, Israel — 30, 45
Höök, Marianne
Horlemann, Jürgen — 323, 403, 404
Horn, Brita von — 159
Howland, William — 539
Hubermann, Leo — 389
Hugo, Ian (Pseud.): *Siehe* Guiler, Hugh Parker
Hultén, Pontus — 151, 204–205, 207, 221, 224, 236–239, 243, 245–249, 258–259, 444, 559

I
Ibsen, Henrik — 489–490, 530, 536, 575
Isabella I. von Kastilien — 98
Isak, Aron — 36
Israel, Herman — 547
Israel, Jacob — 547
Ivens, Joris — 212–213
Izikowitz, Sander — 30, 45

J

Jackson, Glenda — 369
Jacob, Max — 449, 570
Jaensson, Knut — 162
Jakobsson, Lilly — 52
Jalander, Gerissa — 192, 224
Janáček, Leoš — 462
Jansson, Eugéne — 159
Järegård, Ernst-Hugo — 371
Jarry, Alfred — 190
Jensen, Georg — 276
Johansen, Dominique — 212
Johansson, Hubert — 189
Johns, Jasper — 246
Johnson, Uwe — 347, 361, 500, 509-510
Jolin, Einar — 145
Joliot-Curie, Fréderic — 235
Joliot-Curie, Irène — 235, 333
Jonsson, Gustav »Skå-Gustav« — 48, 171, 220, 229
Joos, Kurt — 121
Josephson, Erland — 248, 314, 322, 371, 387, 475, 532-534, 539, 575
Josephson, Ernst — 556
Jovinge-Palmstierna, Lena — 48, 140-142, 257
Jovinge-Söderberg, Lena: Siehe Jovinge-Palmstierna, Lena
Jovinge, Marika — 257
Joyce, James — 436

K

Kafka, Franz — 282, 350, 475, 476, 490-491
Kahlo, Frida — 261
Kane, Sarah — 569
Kantzow, Carin von — 129
Karajan, Herbert von — 523-524
Karl XII. von Schweden — 202
Karl XV. von Schweden — 22

Karles, Anders — 61
Karoll, Carol — 420
Kejne, Karl-Erik — 166
Kerouac, Jack — 261
Key, Einar — 45-46
Kierkegaard, Søren — 357
Kjellgren, Johan Henric — 550
Klaue, Wolfgang — 445
Klee, Paul — 122
Klint, Le — 175-176, 188, 517
Kluge, Alexander — 279, 285
Klüver, Billy — 237, 258
Knutson, Greta — 200
Koeppen, Wolfgang — 509-510
Kollontaj, Alexandra — 164
Kollwitz, Käthe — 157
Korlén, Gustav — 513
Kortner, Fritz — 440, 457-462, 573
Kosnick-Kloss-Freundlich, Jeanne (Hannah) — 150-151
Koval, Alexander — 353-354
Kræmer, Lotten von — 24-25
Kriland, Gösta — 165-166
Krook, Caroline — 539-540
Krook, Margaretha — 480-481
Krüger, Ivar — 65
Krusenstjerna, Agnes von — 57-58
Kühl, Poul — 276-277, 437, 578
Kulle, Jarl — 531
Kurosawa, Akira — 529-530
Kylberg, Carl — 537

L

Laaban, Ilmar — 241
Lafolie, Mathias — 535, 540
Lagerbielke, Mia — 491
Lagercrantz, Bo — 183-184
Lagercrantz, Olof — 139, 203, 500
Lagerkvist, Bengt — 182
Lagerlöf, Selma — 556
Lagerwall, Eva — 18

Lam, Wifredo — 312, 418, 446
Lamm, Esther — 48, 114, 220, 224
Lamm, Martin — 165
Lamm, Staffan — 220, 224, 243-244
Langlois, Henri — 211
LARSON (Familie)
  Anders Magnus — 12
  Barbro — 322, 387
  Hulda — 13
  Lena — 243
  Mårten — 243, 277, 578
Lasseby, Stig — 216
Laurin-Lam, Lou — 418-419, 446
Laurot, Edouard de — 219, 222
Le Duong — 313
Le Phuong — 408
Ledoux, Claude Nicolas — 545
Leffler, Gina — 18
Legér, Fernand — 149
Leirice, Maurice — 420
Leiser, Erwin — 363
Lenin, Vladimir Iljitsch — 23, 119, 429, 507
Lennartsson, Eva-Lisa — 188
Lester, Julius — 423
Levin, Dagny — 49, 171
Lidman, Sara — 407
Lietzau, Hans — 485, 575
Ligeti, György — 191
Liisberg, Bering — 353
Liljebladh, Birgitta — 151
Liljedahl, Bengt — 273
Liljefors, Anders — 277
Limqueco, Peter — 406
LIND (Familie) — 48
  John — 48
  Marika — 48
  Versteegh-Lind, Aina — 48
Lind, Pi — 182
Lindbeck, Eva — 183-186
Lindberg, Oskar — 27

Lindberg, Stig — 277
Lindblom, Gunnel — 479, 575-576
Linde, Ulf — 238, 246
Lindegren, Erik — 225
Lindgren, Arne — 215
Lindner, Paul — 173
Lindqvist, Herman — 23
Lindström, Sune — 277
Lissitzky, El — 247
Livada, Mihail — 215
Ljungdal, Arnold — 162
Ljunggren, Åke — 161-162
Lo-Johanson, Ivar — 163, 172
Löfdahl, Göran — 404, 513
Löfgren, Lars — 532, 534-535, 552
Loos, Adolf — 200
Loren, Sophia — 353
Lorenz, Konrad — 141
Lorre, Peter — 211
Lubitsch, Ernst — 120
Luca, Gherasim — 199-201, 420
Ludwig XIV. — 527
Luft, Rolf — 114
Lundequist, Yvonne — 393
Lundkvist, Artur — 225, 447, 497
Lundmark, Anna — 156-158
Lundquist, Birger — 165
Lundquist, Evert — 245
Luther, Martin — 499
Luxemburg, Rosa — 119, 396, 449
Lybeck, Bertil — 233

M

Magee, Patrick — 368
Magritte, René — 192
Mai Lam — 313, 414
Majakowski, Vladimir — 440, 458
Majewski, Hans-Martin — 359, 367, 371
Malraux, André — 212, 344, 409
Mama Jones — 58

Mandal, Gustaf — 220-221
Mandel, Ernest — 426
Mann, Thomas — 50
Marat, Jean Paul — 354-355
Marceau, Marcel — 239
Marcks, Gerhard — 122
Marcuse, Herbert — 399
Markelius, Sven — 48
Martinson, Harry — 202
Marx Brothers — 120
Marx, Karl — 507, 567
Matthis, Sköld Peter — 401
May, Karl — 436
Mayer, Hans — 280, 358
McCarthy, Joseph — 262
McNamara, Robert — 405
Meckel, Christoph — 494
De Meester, Johan — 119
Johan — 192
De Meester, Johan Jr. — 119-121
Van Meegeren, Han — 127-129, 299
Meinhof, Ulrike — 391-393, 395-400, 426
Meisel, Kurt — 485, 488
Melin, Dag — 116
Mendelaar, Jury — 94, 99
Mendelssohn, Robert von — 130
Meschkat, Gisela, geb. Scholtz — 426
Meschke, Michael — 191
Meyer, Charles — 409-410
Meyer, Henry — 524
Miller, Arthur — 388
Miller, Henry — 265, 436
Mingus, Charlie — 273, 275
Mitchell, Adrian — 367
Mnouchkine, Ariane — 496
Mohammad Reza Pahlavi (Schah des Iran) — 392
Moholy-Nagy, László — 122
Molander, Gustaf — 554

Molander, Olof — 488
Molière — 215, 480, 489-490, 521, 569, 573, 576, 578
Möller-Nielsen, Mona
»Tufsen« — 44
DE MONCHY (Familie)
Allan René — 80-82, 88-89, 92, 98-99, 101, 103, 109, 111, 116-118, 130-131, 135-136, 174
Charles — 69, 83
Loek — 84
Nelleke — 82
Petronella (Petie) — 69, 83-84
René — 64-85, 88-90, 92, 94, 98, 102-103, 105-109, 111-117, 122, 128, 130-134, 134-137, 174, 261, 295, 297
Wim — 256
Morath, Inge — 388
Mörk, Lennart — 468, 499
Morris, Edita — 389
Morris, Ira — 389
Morssing, Ise — 182
Müller, Heiner — 511
Multatuli (Pseudonym): Siehe Dekker, Eduard Douwes
Munthe, Axel — 21
Munthe, Hilda — 21
Mussert, Anton — 71
Musset, Alfred de — 573
Mykle, Agnar — 281
MYRDAL (Familie)
Alvar — 125, 435
Gunnar — 125, 435-436
Jan — 481
Måås-Fjetterström, Märta
Möller-Nielsen, Egon

593

N

Napoleon Bonaparte — 58, 210, 307, 353–354, 360
Naumann, Johan Gottlieb — 577
Naumann, Siegfried — 524
Nemes, Endre — 67
Neuss, Wolfgang — 278, 433
Nguyên Thi Binh — 405, 408
Nguyên Thuong — 410
Nguyên Van Hien Hieu — 410
Nielsen, Monika — 393
Nijinsky, Vaslav — 234
Nilsson, Elis »Snickarn« — 155, 186, 209
Nilsson, Vera — 235, 559
Nilsson, Wiwen — 274
Nin, Anaïs — 265
Nono, Luigi — 382
Nordenfalk, Carl — 236
Nordenström, Hans — 218, 224, 237–238
Nordenström, Monica — 237
Nordlund, Elsa-Brita — 38–40, 50, 105, 106
Nordlund, Gunilla — 224, 245
Nordström, Alexander — 546, 550
Norrman, Lars — 145, 148
Nymann, Gert — 225

O

O'Casey, Seán — 193, 573
O'Neill, Eugene — 531, 576
Odulf, Tor-Ivan — 221
Ohnesorg, Benno — 392–393
Olin, Lena — 544
Olofgörs, Gunnar — 544, 583
Olsén, Nils — 215
Olzon, Staffan — 182
Oscar I. — 11, 292
Ostermann, Pia — 272, 274–275
Östlihn, Barbro — 224, 242
Ostuni, Peter — 258, 259
Ottesen-Jensen, Elise — 114–115, 133
Oud, Jacobus Johannes Pieter — 78, 122–123
Özkök, Lütfi — 419

P

Paalen, Ulla — 183
Palm, August — 540
Palme, Annuska — 224
Palme, Olof — 143–144, 239, 401, 406, 532–533, 540
Palme, Ulf — 217, 224, 477, 574
Palme, Ulric — 22
PALMSTIERNA (Familie)
Carl-Fredrik (Onkel) — 19, 22, 26, 27, 37, 61–62, 143, 201–203, 209, 284
Christina — 37
Ebba (Großmutter), geb. Carlheim-Gyllensköld — 19, 23–25, 27, 34–35, 43–45, 47, 54, 57, 60, 146, 203, 565
Elisabeth »Beth«, geb. Tham — 63–64, 143, 203
Erik (Großvater) — 19–23, 24, 26, 27, 35, 143, 167, 565
Hans — 28–35, 37, 40–55, 60, 62, 64–66, 67–70, 73–82, 84–87, 92–94, 96–99, 101–103, 105, 108–109, 112–113, 115, 125, 130–144, 170–171, 180, 202–203, 231, 256, 261, 294, 296–297, 407, 413
Kule (Vater) — 18–20, 26–31, 34–37, 42, 47–48, 50, 53, 61–62, 64–65, 79, 80, 134, 137, 139, 173, 179–180, 202, 209, 294, 524
Kule d. J. — 37
Lena (Schwägerin):
Siehe Jovinge-Palmstierna, Lena

Måns — 140, 142
Margareta (Cousine) — 63, 203
Margareta (Tante):
Siehe De Seynes, Margareta
Peder, urspr. Peter — 37
Rutger — 37
Stephan — 37
Tom — 140
Vera (Mutter), geb. Herzog —
14–18, 27–33, 40–51, 53, 64–66,
69–71, 75–82, 85, 96, 98–99,
101–107, 109, 111, 113–118, 128,
130–137, 146–147, 294, 389, 565
Pasolini, Pier Paolo — 538
Pauli, Calle — 537, 540
Paulsen, Marit — 143
Paulsson, Valfrid — 141
Peasly, R. C. — 367
Pedersen, Stefi — 114
Pen Pan Jar — 251
Pepper, George — 262
Perten, Hanns Anselm — 432, 574
Pertot, Čelo — 216
Pethrus, Lewi — 227
Petterson, Åke — 193
Petterson, Hjördis — 471
Peymann, Claus — 393, 439–440
Pham Van Dông — 408
Philipsson, Tage — 229
Phong Bac Ho — 411
Piaf, Edith — 275
Picasso, Pablo — 149, 164, 418, 468, 559, 579
Pirandello, Luigi — 325, 428
Piscator, Erwin — 342, 381–382
Platen, Ninni von — 36, 42
Platen, Buster von — 202
Plessen, Marie-Louise von — 245
Pol Pot — 410
Polanski, Roman — 358
Posse, Amelie — 37
Pöysti, Lasse — 491, 496, 526, 532–535
Proust, Marcel — 436

Q

Quensel, Isa — 393
Quensel, Nils — 166

R

Rach, Rudolf — 439, 443
Rådström, Pär — 151
Randis — 199
Rangström, Ture — 44–45, 536, 538–539
Rauschenberg, Robert — 243, 246, 259
Rehnberg, Mats — 183
Reich-Ranicki, Marcel — 280, 309, 359
Reich, Wilhelm — 229
Rembrandt Harmenszoon van Rijn — 126
Remortre, Jean — 72–73
Reutersvärd, Oscar — 245–255
Reuterswärd, Carl Fredrik — 246
Rexed, Bror — 489–500
Riboud, Marc — 408–420
Richard III. von England — 357
Richardson, Tony — 319
Richert, Arvid — 93–105, 109–123
Richter, Hans Werner — 279–280, 284, 339, 340, 375, 524
Richter, Toni — 524
Rietveld, Gerrit — 68–69, 297
Rigoulot, Charles — 152
Rilton, Annastina — 114
Rischbieter, Henning — 278
Rislund, Kerstin — 464
Rivera, Diego — 261
Röhl, Klaus Rainer — 395–397

ROLAND HOLST (Familie)
Adriaan — 119
Annie Roland Holst-De Meester — 118–121, 124–126, 129–130, 265, 305
Eep — 118–120, 126–130
Henriette — 119
Reinout — 120, 124–125
Ritsaert — 120, 124–126, 131
Welmoet, geb. Bok — 125
Rönnow, Gunilla — 191
Di Rosa, Rene — 261
Rosell, Ingrid — 192, 465, 579
Rosen, Ingrid von — 476
Rosenberg-Derkert, Carlo: *Siehe* Derkert, Carlo
Rosenberg, Valle — 232–233
Rosendahl, Sven: *Siehe* Derkert, Sven
Rossanda, Rossana — 420
Roth, Reinhard — 514, 545
Rubens, Peter Paul — 129, 242
Rundquist, Karl Axel — 51
Russell, Bertrand — 405–406, 426
Russell, Craig — 568

S

Sachs, Nelly — 512
De Sade, Marquis — 314, 316, 343, 353–355, 368, 371, 373, 427, 537
Sager, Vera — 201
De Saint Phalle, Niki — 246
Sandberg, Willem — 237
Sandberg, Willy — 224
Sandel, Cora — 18
Santamaría, Haydée — 312, 425
Santesson, Ninnan — 235–236, 333
Sartre, Jean Paul — 153, 334, 357, 407, 426, 436, 447, 502, 558
Sastre, Alfonso — 420
Schat, Peter — 403
Schein, Harry — 114, 223, 248, 404

Schildt, Jurgen — 223
Schiller, Friedrich — 436
Schlemmer, Oskar — 122
Schlöndorff, Volker — 211
Schmidinger, Walter — 487
Schmidt, Sylven — 218
Schnabel, Ernst — 353
Schneider-Lengyel, Ilse — 279, 339
Schoenman, Ralph — 406
Scholl (Geschwister) — 517
Schönefeld, Andreas — 514
Schulze, Wolfgang »Wols« — 149
Schumann, Robert — 21
Schütt, Bertil — 225
Schutte, Jürgen — 514, 517–518, 564
Schutte, Ulrike — 518
Sedova, Natalja — 425–426, 507
Seghers, Anna — 311
Semprun, Jorge — 420
Serbonnet, Jean-Pierre — 275
Sergel, Johan Tobias — 165
Serner, Håkan — 191, 221
DE SEYNES (Familie)
Anne — 55–56, 58, 59
Aurore — 58
Catherine — 55–59, 63, 214, 354, 356, 446
François — 28, 55–57, 59
Henri — 55–56, 59
Jean Baptiste de Seynes-Bazaine — 58
Margareta, geb. Palmstierna — 20, 22, 26, 28, 55–56, 59, 61, 202
Seyrig, Delphine — 58
Tototte — 56, 59
Seyß-Inquart, Arthur — 39, 105
Shakespeare, William — 215, 357, 423, 440, 457, 473–474, 526, 573–576
Shaw, Bernard — 260
Sihanouk, Norodom — 409–410
Simon, Michel — 189

Siqueiros, David — 261
Sirén, Osvald — 249
Sjöberg, Alf — 119, 153, 225, 284, 357, 364, 485, 499
Sjöberg, Elsa — 284, 357
Sjögren, Christer — 183
Sjögren, Peder — 225
Skarne, Allan — 246
Skarsgård, Stellan — 350, 500
Skelton, Geoffrey — 367
Sköld, Otte — 236
Skoog, Bengt — 552
Skytte, Göran — 162
Sloterdijk, Peter — 119
SÖDERBERG (Familie)
  Hjalmar — 140
  Lasse — 419
  Olof A. — 12
  Ragnar — 12
  Tom — 140
Solms, Hanna — 66
Sommelius, Torgny jr. — 217
Sontag, David — 389
Sontag, Susan — 388
Speer, Albert — 109, 560
Spoerri, Daniel — 246
Staffels, Marianne — 200–201
Stahlberg, Inge — 279, 339
Stalin, Josef — 247, 262, 325, 425, 427–428, 432
Stallarholm, Uno — 165
Stavenow, Åke — 182
Steichen, Edward — 260
Steiner-Prag, Hugo — 170
Stetler, Russel — 406
Stormare, Peter — 332, 543
Strandberg, Jan-Olof — 371, 458, 480, 532
Strandberg, Olle — 145
Strandmark, Ena — 216–218, 224–225
Strandmark, Erik — 216–217

Strauß, Franz Josef — 482
Strehler, Giorgio — 325
Strindberg, August — 57, 140, 204, 335, 477, 481, 484–485, 489–490, 536–538, 540–542, 546, 555–558, 566, 574–579
Strömholm, Christer — 151, 180, 186, 224
Stroux, Karl-Heinz — 430
Stroux, Stephan — 481, 489, 575
Struck, Karin — 431
Sundström, Frank — 358, 370–371, 372, 574
Svenstedt, Carl Henrik — 538
Svoboda, Josef — 456
Swedenborg, Emanuel — 21, 23
Sweezy, Paul — 389
Swinarski, Konrad — 316, 358, 361, 440, 458, 573
SYLWAN (Familie)
  Caspar — 566–568
  Christopher — 169
  Embla Sylwan Föyen — 566
  Geira Sylwan Föyen — 566
  Kristoffer — 566
  Mark (Ehemann, geschieden) — 112, 139, 145–153, 155, 159, 161–167, 169–171, 175, 178–180, 201, 255–256, 275, 283, 301
  Mikael (Sohn) — 37, 64, 112, 139, 150, 167–168, 174, 178–181, 186, 193, 221, 255–256, 261, 264, 266, 272, 283–284, 353, 376, 389, 446, 449, 465, 476, 498–499, 514, 536–537, 540, 545–546, 548–549, 551, 562, 565
  Ragna — 566
  Siri — 566, 568
Siv, geb. Lundström — 163
Susanne Sylwan-Pollak — 167
Synge, John Millington — 193, 573
Székely, Edith — 114, 177

Székely, Lajos — 114, 177
Szelke-Eissler, Ruth — 49, 389

T

Takman, John — 401, 407
Tamm, Alfhild — 37
Tamm, Birgitta — 224, 240
Tandberg, Olle — 166
Tanning, Dorothea — 260
Tarkowski, Andrej — 249
Tatlin, Wladimir — 459
Taube, Aino — 350
Taube, Per-Evert — 225
Temple, Shirley — 260
Tengbom, Anders — 446, 578
Terselius, Lil — 472
Thate, Hilmar — 522
Thierbach, Arwed — 195
Thierbach, Hans — 195
Thomaeus, Jan — 165, 187, 216, 226, 229, 243, 244
Thorgren, Gunilla — 536
Tien Lung — 403
Tiers, Adolphe — 353
Timmermans, Felix — 103
Tinguely, Jean — 237, 246
Tito, Josip Broz — 407
Tjerneld, Staffan — 222
Torkeli, Majken — 145
Trautwein, Wolfgang — 514
Trenter, Stieg — 163
Trolle, Constance von — 536
Trotta, Margarethe von — 399
Trotzig, Birgitta — 248
Trotzki, Leo — 325, 425–429, 432, 434, 507
Truffaut, François — 211, 397
Tschechow, Anton Pawlowitsch — 547
Tzara, Tristan — 200

U

Ultvedt, Marianne — 225
Ultvedt, Per Olof — 225, 238, 246
Ulvskog, Marita — 536, 539
Unseld-Berkéwicz, Ulla : *Siehe* Berkéwicz, Ulla
Unseld, Hilde — 508, 509
Unseld, Siegfried — 214, 317, 347, 362, 438–439, 443, 500, 508–510, 524
Uppman, Ragnar — 246

V

Valberg, Birgitta — 236, 333
VAN DER LEEUW (Familie)
Betty — 77
Cees — 77
Koos — 77
Sylvia — 77
Van Gogh, Vincent — 229
Varda, Agnès — 210
Varèse, Edgard — 181
Van der Velde, Theodoor Hendrik — 51
Vegesack, Thomas von — 513
Verdi, Giuseppe — 465
Vermeer, Jan — 127
Verner-Carlsson, Per — 191–193, 476
Versteegh, Aina: *Siehe* Versteegh-Lind, Aina
Vesper, Bernward — 398–399
Vesper, Felix — 398
Vesper, Will — 398
Victoria von Schweden — 24
Vigo, Jean — 189, 210–211
Vinde, Rita — 435
Vinde, Victor — 435–436
Vivaldi, Antonio — 275
Van Vliet, Hubert — 256
Vo Nguyên Giap — 408

Voskuyl, Gijs — 103
Vougt, Ninni, geb. Werkmäster — 18, 113
Vychodil, Ladislav — 476

W
Wägner, Elin — 139
Wagner, Elisabeth — 514
Wagner, Richard — 465
Wahl, Anders de — 21
Wajda, Andrzej — 472
Walcott, Derek — 218, 225
Walcott, Joe — 166
Waldén, Katja — 489, 582
Wallin, Bengt Arne — 393
Walser, Martin — 347, 509, 510
Wanselius, Bengt — 530
Warhol, Andy — 243, 259
Wayne, John — 417–418
Wehner, Herbert — 227
Weigel, Helene — 236, 333, 342, 382
WEISS (Familie)
 Alexander — 196
 Eugen — 194–198
 Franciska, geb. Hummel — 195–198, 565
 Max Weiss-Boix Vives — 570
 Nadja (Tochter) — 142, 175–176, 247–249, 351, 449, 464–465, 489–490, 493–500, 520–521, 532, 561, 565, 568–570
 Paul — 199
 Randi: *Siehe* Rebecca
 Rebecca — 199, 242, 376, 446, 449
 Thyra — 41, 248, 561–562, 569–570
Welles, Orson — 350, 475
Werkmäster, Jerk — 18
West, Martin — 514, 545

WIBOM (Familie)
 Anna-Lena — 203–204, 207, 222, 224, 243–254, 258, 289, 444–446, 497–498
 Gösta — 408
 Klara — 247
 Lisa — 245
Wiegenstein, Rudolf — 280
Wifstrand, Naima — 235
Wigforss, Ernst — 166–167
Wiggen, Knut — 241
Wildenhain, Frans — 121–124, 131, 192
Wimmer, Friedrich »Fritz« — 38–40, 105–107
Wine, Maria — 225, 447
Winkelman, Henri — 88
Wirth, Andrzej — 280
Wittgenstein, Ludwig — 240
Wolf, Christel — 433
Wolf, Konrad — 432–433
Wolf, Markus — 432
Van Wyllek, Greet — 389

X
Xenakis, Iannis — 279

Y
Ygberg, Erik — 47
Ygberg, Nils Herman — 50
Yunkers, Adja — 188

Z
Zola, Èmile — 119
Zorn, Anders — 21